D1726356

150 Jahre
Kohlhammer

Prof. Dr. Alfred Katz

Kommunale Wirtschaft

Leitfaden für die Praxis

Unter Mitarbeit von

Dr. Jan Seidel
Rechtsanwalt, KPMG Rechtsanwaltsgesellschaft mbH

Dr. Nicolas Sonder
Rechtsanwalt, KPMG Rechtsanwaltsgesellschaft mbH

2., erweiterte und überarbeitete Auflage

Verlag W. Kohlhammer

Alfred Katz: Nach Ablegung des Dipl.-Verwaltungswirts (FH), Studium der Rechtswissenschaft, Politik und Wirtschaftswissenschaft in Tübingen und München, Assessorexamen 1972, bis 1975 wissenschaftlicher Assistent an der Universität Tübingen, von 1975 bis 1984 in verschiedenen Funktionen für Staats-, Wissenschafts-, Innen- und Finanzministerium des Landes Baden-Württemberg tätig, von 1984 bis 2000 Erster Bürgermeister der Stadt Ulm/Donau, seither Rechtsanwalt und Kommunalberater sowie Partner bei der SGP Schneider Geiwitz & Partner in Neu-Ulm. Er ist mit einer Vielzahl von Veröffentlichungen vor allem in den Bereichen Verfassungsrecht, Verwaltungswissenschaft, kommunales Wirtschafts- und Abgabenrecht sowie Finanzwissenschaft hervorgetreten. Seit 1991 ist er Honorarprofessor an der Hochschule für Öffentliche Verwaltung und Finanzen in Ludwigsburg.

Im Einzelnen haben die 2. Auflage folgende Autoren bearbeitet:

Dr. N. Sonder: II 4 und 9, III 3 a (zus. mit Seidel), VI 6 und IX (im Teil 1).

Dr. J. Seidel: III 3 a (zus. mit Sonder), VIII (zus. mit Katz) und X (im Teil 1).

Prof. Dr. A. Katz: alle übrigen Teile und Abschnitte.

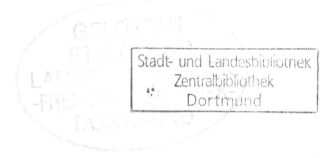

2. Auflage 2017

Alle Rechte vorbehalten
© W. Kohlhammer GmbH, Stuttgart
Gesamtherstellung: W. Kohlhammer GmbH, Stuttgart

Print:
ISBN 978-3-17-030494-9

E-Book-Formate:
pdf: ISBN 978-3-17-030495-6
epub: ISBN 978-3-17-030496-3
mobi: ISBN 978-3-17-030497-0

Für den Inhalt abgedruckter oder verlinkter Websites ist ausschließlich der jeweilige Betreiber verantwortlich. Die W. Kohlhammer GmbH hat keinen Einfluss auf die verknüpften Seiten und übernimmt hierfür keinerlei Haftung.

Vorwort zur 2. Auflage

Die kommunale Wirtschaft kommt nicht zur Ruhe. Sie ist bei stets wachsender Bedeutung weiter im stetigen Umbruch begriffen. Die kommunalen Daseinsvorsorge- und Infrastrukturaufgaben, aber auch die sog. nichtwirtschaftlichen kommunalen Betätigungen werden zunehmend vielfältiger und komplexer. Ausgelöst durch Liberalisierung, Privatisierung, Regulierung, Rekommunalisierung und „Auslagerung" ist vieles im Fluss. Die Energiewende und der Umweltschutz, die rasante Digitalisierung und technischen Entwicklungen, aber auch der „Rekommunalisierung" und besonders die „schleichende" Europäisierung des Wirtschaftsrechts, des Wettbewerbs-, Vergabe- und Beihilferechts tragen dazu bei.

Mehr als zehn Jahre nach der ersten Auflage der „Kommunalen Wirtschaft" erscheint nun eine zweite Auflage mit erweitertem Autorenkreis und der Einarbeitung der aktuellen Entwicklungen, der einschlägigen Gesetzesänderungen und der neuen Rechtsprechung sowie dem zunehmenden Einfluss des Europäischen Rechts (Stand: September 2016). Zu all diesen aktuellen Fragen gibt die Neuauflage auf der Basis des der ersten Auflage zugrunde liegenden erfolgreichen Konzepts eine zuverlässige und verständliche Einführung und bietet – wie der neu gewählte Untertitel „Leitfaden für die Praxis" deutlich unterstreicht – zu den praxisrelevanten Fragen eine vertiefte Darstellung mit sachgerechten Lösungsansätzen. Wie sollen die Aufgaben, Strukturen und Funktionsweisen der Kommunalunternehmen bei Aufrechterhaltung einer aktiven, lebendigen kommunalen Selbstverwaltung gestaltet, wie sollen die Probleme der strategischen Steuerung, des Controllings und der Haftung, der Information und Einflusssicherung, der Energiewende und der Digitalisierung, des Public-Private-Partnerships (ÖPP) und der fortschreitenden wirtschaftsrechtlichen Vorgaben des EU-Rechts – die Schwerpunkte des Leitfadens – sachgerecht gelöst werden? Durch umfassende Hinweise, Fallbeispiele und Muster sowie Satzungs- und Vertragsentwürfe werden der Praxis vielfältige Hilfestellungen und Handlungsanleitungen gegeben. Im Einzelnen wird auch auf das nachstehende Vorwort zur 1. Auflage Bezug genommen und inhaltlich voll verwiesen.

Das Kommunalrecht der Länder ist vielfältig und heterogen. Im Wesentlichen bestehen jedoch einheitliche Strukturen und Vorgaben, die auch das Grundkonzept der 2. Auflage prägen. Einzelne Regelungen sind jedoch durchaus landesspezifisch. Vertieft wird in Teil 1 besonders auf die jeweils landesrechtliche Rechtslage in Bayern, Baden-Württemberg und Nordrhein-Westfalen eingegangen. Das Buch eignet sich für Praktiker und Studierende, besonders für Kommunalpolitiker, für die vielen Gemeinderäte als Aufsichtsratsmitglieder und die zahlreich in Kommunalunternehmen Tätigen.

Prof. Dr. *Alfred Katz* ist seit langem mit allen Facetten der kommunalen Wirtschaft beschäftigt. Er war viele Jahre in der Kommunalpolitik und ist heute als Anwalt bei SGP Schneider, Geiwitz & Partner, Neu-Ulm, tätig. Als Co-Autoren haben an diesem Buch Dr. *Jan Seidel* und Dr. *Nicolas Sonder* mitgewirkt, beide Rechtsanwälte im Bereich Öffentlicher Sektor bei der KPMG Rechtsanwaltsgesellschaft mbH in Nürnberg bzw. Stuttgart. Die Co-Autoren, *die ausschließlich*

Vorwort zur 2. Auflage

ihre persönlichen Ansichten und Meinung wiedergeben, blicken jeweils auf langjährige Erfahrung aus ihrer Praxis bei der Beratung der öffentlichen Hand, insbesondere in den Bereichen des kommunalen Wirtschaftsrechts, des Vergaberechts und des EU-Beihilferechts zurück.

Vielen, die an der völlig überarbeiteten Neuauflage unmittelbar oder mittelbar beteiligt waren, sagen wir schlicht danke. Dies gilt zuförderst dem Kohlhammer Verlag, der sie in Druck gesetzt hat, und Herrn *Bahnert,* der uns rund um die Neuauflage bestens betreut hat. Dies gilt aber ebenso der SGP Schneider Geiwitz & Partner, Neu-Ulm, allen voran Herrn Wirtschaftsprüfer *Werner Schneider.* Ferner bedanken sich die Co-Autoren für die wertvollen Anregungen und Hinweise von Frau *Hübner* und Herrn *Lenk.* Last not least ganz herzlichen Dank an *Marita.*

Im September 2016   Alfred Katz

VI

Vorwort zur 1. Auflage (Auszug)

Zweck und Ziel sowie Strukturen, Aufgaben und Funktionsweisen öffentlicher und insbesondere kommunaler Wirtschaftstätigkeit sind seit Mitte der 90er Jahre verstärkt in Veränderung, im Wandel, in einem Umbruchprozess begriffen. Nicht zuletzt ausgelöst durch die europäische und nationale Liberalisierungs- und Privatisierungsgesetzgebung (Bahn, Post, Telekommunikation, Energie, Abfall, Wasser, ÖPNV usw.) ist vieles in Bewegung. Wissenschaft und Praxis, Gesetzgebung und Rechtsprechung haben Schwierigkeiten und sind mitunter unsicher, die Entwicklungen und Konsequenzen der globalen und internationalen Liberalisierung, d. h. die Ausrichtung kommunaler Unternehmen an wettbewerbsorientierten und marktgerechten Verhaltensmaximen rechtlich in den Griff zu bekommen. Der sich vollziehende Funktionswandel ist in vollem Gange (auch ordnungspolitisch). Das klassische Bild öffentlicher Wirtschaftstätigkeit darf dabei nicht statisch verstanden werden, sondern ist nicht zuletzt aufgrund der europäischen Rahmenbedingungen dynamisch weiter zu entwickeln („neues Leitbild"). Die Vielzahl von spezialgesetzlichen Regelungen die den kommunalen Raum seit Anfang der 90er Jahre maßgeblich beeinflussen und ganz überwiegend durch EU-Recht ausgelöst und überlagert wurden bzw. werden, machen dies augenfällig. Die letzten Jahre waren aber auch geprägt von einer Vielzahl von „Auslagerungen" aus den Kommunalhaushalten, von einem deutlichen Trend zu kommunaler Tätigkeit in Privatrechtsform, sowie von vielfältigen Kooperationsformen in Privat-Public-Partnership-Projekten (PPP), von neuen wettbewerbsorientierten Handlungsformen und von Trends zur Privatisierung.

Der davon ausgehende Anpassungs- und Veränderungsdruck, der noch durch die enormen Finanzprobleme verschärft wird, ist gerade auf der kommunalen Ebene besonders evident und vielfältig. Es wird immer schwieriger, „Gemeinwohlinteressen", die Sicherung einer nachhaltigen Aufgabenerfüllung durch die Kommunen und die Gewährleistung einer modernen, leistungsfähigen Infrastruktur und Daseinsvorsorge mit knappen Ressourcen, einem „Lean-Management" und dem durch Globalisierung, Wettbewerb und Privatisierung entstandenen Handlungsbedarf in ein ausgewogenes Verhältnis zu bringen und mindestens in „Konfliktsituationen" angemessene Einflussrechte der Anteilseigner, der demokratisch legitimierten und letztlich über Steuern sich refinanzierenden Selbstverwaltungsorgane, zu sichern. Die kommunale Wirtschaft als zentraler Eckpfeiler der kommunalen Selbstverwaltung muss, will sie überleben und zukunftsfähig bleiben, diesen Veränderungs- und Modernisierungsdruck aktiv aufgreifen und konstruktiven, innovativen Lösungen zuführen, aber auch nachhaltig von EU, Bund und Ländern kommunalverträgliche Rahmenbedingungen einfordern.

Das vorliegende Buch will dazu einen Beitrag leisten. Es greift die breite Palette der aktuellen Problemstellungen auf und stellt sie in verständlicher, übersichtlicher und praxisorientierter Form dar. Im Teil 1 werden die einschlägigen Themen und Handlungsfelder im Gesamtzusammenhang dargestellt. Dabei wird zur Vertiefung auf eine umfangreichere Darstellung von weiterführenden Fund-

Vorwort zur 1. Auflage (Auszug)

stellen, praktischen Hinweisen usw. ebenso wie auf anschauliche Abbildungen und eine gute Textgestaltung besonderer Wert gelegt. Der Teil 2 enthält die ausführliche und profunde Kommentierung des Rechts der wirtschaftlichen Betätigung des Landes Baden-Württemberg (Kunze/Bronner/Katz, a. a. O., Loseblattausgabe, Erl. zu §§ 102 bis 108 GemO BW). Mit einer synoptischen Darstellung der GO-Bestimmungen aller dreizehn Flächenbundesländer wird der Zugang zu der aktuellen, auf den neuesten Stand gebrachten Kommentierung (GemO BW) bundesweit ermöglicht und stark erleichtert (vgl. unten Teil 2, Abschnitt I). Im Teil 3 werden die Ausführungen durch drei Anlagen abgerundet (Muster einer Eigenbetriebssatzung und eines GmbH-Gesellschaftsvertrags; IDW-Prüfungskatalog zu § 53 HGrG).

Das Buch wendet sich an die Repräsentanten und Vertreter der Anteilseigner der kommunalen Unternehmen. Den demokratisch legitimierten Entscheidungsträgern der kommunalen Wirtschaft, den Räten, Oberbürgermeistern, Bürgermeistern und Verwaltungen, sollen sowohl ein verständlicher Gesamtüberblick als auch praxisorientierte Arbeitshilfen gegeben werden. Aber auch für die Kommunalunternehmen und ihre Geschäftsführungen sowie für alle Kommunalberater und -interessierten wird ein breiter Einstieg in die Gesamtproblematik und ein aktuelles Nachschlagewerk geboten.

Im März 2004   Alfred Katz

Inhaltsverzeichnis

Inhaltsverzeichnis

Inhaltsverzeichnis

Inhaltsverzeichnis

Abkürzungsverzeichnis

A.A.	Anderer Ansicht
a. a. O.	am angeführten Ort
ABL	Amtsblatt
Abs.	Absatz
AEUV	Vertrag über die Arbeitsweise der Europäischen Union
a. F.	alte Fassung
AG	Aktiengesellschaft
AGBG	Gesetz zur Regelung des Rechts der Allgemeinen Geschäftsbedingungen
AktG	Aktiengesetz
Anh.	Anhang
Anm.	Anmerkung(en)
AO	Abgabenordnung
AÖR	Anstalt des öffentlichen Rechts (Kommunalanstalt)
AöR	Archiv des öffentlichen Rechts (Zeitschrift)
Art.	Artikel
Aufl.	Auflage
AVB	Allgemeine Versorgungsbedingungen
Az.	Aktenzeichen
Bad.-Württ./BW	Baden-Württemberg
BAG	Bundesarbeitsgericht
BAGE	Amtliche Sammlung der Entscheidungen des Bundesarbeitsgerichts
BAnz	Bundesanzeiger
BAT	Bundes-Angestelltentarifvertrag
Bay	Bayern/bayerisch
BayBgm	Der Bayerische Bürgermeister (Zeitschrift)
BayGO	Gemeindeordnung für den Freistaat Bayern
BayObLG	Bayerisches Oberstes Landgericht
BayVBl.	Bayerische Verwaltungsblätter (Zeitschrift)
BayVerfGH	Bayerischer Verfassungsgerichtshof
BayVGH	Bayerischer Verwaltungsgerichtshof
BB	Betriebs-Berater (Zeitschrift)
BBesG	Bundesbesoldungsgesetz
BBG	Bundesbeamtengesetz
Bd.	Band
BetrVG	Betriebsverfassungsgesetz
BFH	Bundesfinanzhof
BgA	Betrieb gewerblicher Art
BGB	Bürgerliches Gesetzbuch
BGBl.	Bundesgesetzblatt
BGH	Bundesgerichtshof
BGHZ	Amtliche Sammlung der Entscheidungen des Bundesgerichtshofs in Zivilsachen
BHO	Bundeshaushaltsordnung
BiRiLiG	Bilanzrichtliniengesetz
BMF	Bundesfinanzministerium
Bran	Brandenburg
BR-DS	Bundesratsdrucksache

BRRG	Rahmengesetz zur Vereinheitlichung des Beamtenrechts
BStBl.	Bundessteuerblatt (Zeitschrift)
BT-DS	Bundestagsdrucksache
BV	Verfassung des Freistaats Bayern
BVerfG	Bundesverfassungsgericht
BVerfGE	Amtliche Sammlung der Entscheidungen des Bundesverfassungsgerichts
BVerwG	Bundesverwaltungsgericht
BVerwGE	Amtliche Sammlung der Entscheidungen des Bundesverwaltungsgerichts
BWGZ	Die Gemeinde (Baden-Württemberg, Zeitschrift)
DAWI	Dienstleistungen von allgemeinem wirtschaftlichen Interesse
DB	Der Betrieb (Zeitschrift)
ders.	derselbe
DGO	Deutsche Gemeindeordnung 1936
d. h.	das heißt
DÖV	Die Öffentliche Verwaltung (Zeitschrift)
DrittelbG	Drittelbeteiligungsgesetz
Drs./DS	Drucksache
DStR	Deutsches Steuerrecht (Zeitschrift)
DVBl.	Deutsches Verwaltungsblatt (Zeitschrift)
DVP	Deutsche Verwaltungspraxis (Zeitschrift)
EBV/EigBVO	Eigenbetriebsverordnung
EG (-V)	Europäische Gemeinschaft (Vertrag zur Gründung der …)
EigBG	Eigenbetriebsgesetz
EnWG	Energiewirtschaftsrecht
Erl.	Erläuterungen
EStG	Einkommensteuergesetz
EStR	Einkommensteuer-Richtlinien
EU	Europäische Union
EuGH	Europäischer Gerichtshof
EUV	Vertrag über die Europäische Union
EuZW	Europäische Zeitschrift für Wirtschaftsrecht
EWS	Europäisches Wirtschafts- und Steuerrecht (Zeitschrift)
f.	folgende (Seiten)
ff.	fortfolgende (Seiten)
FAG	Gesetz über den kommunalen Finanzausgleich
Fn.	Fußnote
FSt	Die Fundstelle (Zeitschrift)
GBl.	Gesetzblatt (Bad.-Württ.)
GemHH	Der Gemeindehaushalt (Zeitschrift)
GemHVO	Gemeindehaushaltsordnung
GemO BW	Gemeindeordnung für Baden-Württemberg
GeschO	Geschäftsordnung
GewArch	Gewerbearchiv (Zeitschrift)
GewO	Gewerbeordnung
GewStG	Gewerbesteuergesetz
GF	Geschäftsführer/Geschäftsführung
GG	Grundgesetz für die Bundesrepublik Deutschland
GK	Gemeindekasse (Zeitschrift)
GKZ	Gesetz über kommunale Zusammenarbeit

Abkürzungsverzeichnis

GmbH	Gesellschaft mit beschränkter Haftung
GmbHG	Gesetz betreffend die Gesellschaften mit beschränkter Haftung
GO/GemO	Gemeindeordnung (für jeweiliges Bundesland)
GoB	Grundsätze ordnungsgemäßer Buchführung
GrEStG	Grunderwerbsteuergesetz
GrStG	Grundsteuergesetz
GuV	Gewinn- und Verlustrechnung
GVBl.	Gesetz- und Verordnungsblatt
GWB	Gesetz gegen Wettbewerbsbeschränkungen
Hess	Hessen
HGB	Handelsgesetzbuch
HGrG	Haushaltsgrundsätzegesetz
HKWP	Handbuch der kommunalen Wirtschaft und Praxis
h. M.	herrschende Meinung
Hrsg.	Herausgeber
i. d. F./idF	in der Fassung
IFG	Informationsfreiheitsgesetz
IM/IMK	Innenminister/Innenministerkonferenz
insbes./insb.	insbesondere
InsO	Insolvenzordnung
IR	Infrastrukturrecht (Zeitschrift)
i. S.	im Sinne
IuK	Informations- und Kommunikationstechnik
i. V. m.	in Verbindung mit
JA	Juristische Arbeitsblätter (Zeitschrift)
jPdöR	juristische Personen des öffentlichen Rechts
JuS	Juristische Schulung (Zeitschrift)
Jura	Juristische Ausbildung (Zeitschrift)
JZ	Juristenzeitung (Zeitschrift)
KA	Kommunalanstalt
KAG	Kommunalabgabengesetz
KAV	Kommunaler Arbeitgeberverband
KG	Kommanditgesellschaft; Kammergericht
KHBV	Krankenhausbuchführungsverordnung
KHG	Gesetz zur wirtschaftlichen Sicherung der Krankenhäuser und zur Regelung der Krankenhauspflegesätze (Krankenhausgesetz)
KommHV	Verordnung über das Haushalts-, Kassen- und Rechnungswesen der Gemeinden, der Landkreise und der Bezirke (Kommunalhaushaltsverordnung)
KommJur	Kommunaljurist (Zeitschrift)
KommZG	Gesetz über die kommunale Zusammenarbeit
KonTraG	Gesetz zur Kontrolle und Transparenz im Unternehmensbetrieb
KrW-/AbfG	Kreislaufwirtschafts- und Abfallgesetz
KSchG	Kündigungsschutzgesetz
KStG	Körperschaftsteuergesetz
KStR	Körperschaftsteuer-Richtlinien
KU	Kommunalunternehmen
KUV	Verordnung über Kommunalunternehmen
KWG	Gesetz über das Kreditwesen
LAG	Landesarbeitsgericht
LG	Landgericht

LHO	Landeshaushaltsordnung
LIFG	Landesinformationsfreiheitsgesetz
LKrO	Landkreisordnung
LT-DS	Landtagsdrucksache
LV	Landesverfassung
MeVo	Mecklenburg-Vorpommern
MFG	Mittelstandsförderungsgesetz
MitbestG	Gesetz über die Mitbestimmung der Arbeitnehmer
m. w. N.	mit weiteren Nachweisen
Nds.	Niedersachsen
n. F.	neue Fassung
NJW	Neue Juristische Wochenschrift (Zeitschrift)
NKomVG	Niedersächsisches Kommunalverfassungsgesetz
NKomZG	Niedersächsisches Gesetz über die kommunale Zusammenarbeit
Nr.	Nummer
NVwZ	Neue Zeitschrift für Verwaltungsrecht (Zeitschrift)
NW/NRW	Nordrhein-Westfalen
NWVBl.	Nordrhein-Westfälische Verwaltungsblätter (Zeitschrift)
NZA	Neue Zeitschrift für Arbeitsrecht (Zeitschrift)
NZG	Neue Zeitschrift für Gesellschaftsrecht
OHG	Offene Handelsgesellschaft
OLG	Oberlandesgericht
OVG	Oberverwaltungsgericht
PVG	Personalvertretungsgesetz
PPP/ÖPP	Public Private Partnership
RdA	Recht der Arbeit (Zeitschrift)
Rdn.	Randnummer(n)
RP/RhPf	Rheinland-Pfalz
Rspr.	Rechtsprechung
S.	Seite(n)
Saarl	Saarland
Sachs/sächs	Sachsen/sächsisch
SachsAnh	Sachsen-Anhalt
SchlH	Schleswig-Holstein
SGB	Sozialgesetzbuch
s. o.	siehe oben
sog.	sogenannt
StAnz	Staatsanzeiger
StGH	Staatsgerichtshof
str.	streitig
StT	Städtetag
Thür	Thüringen
TransPuG	Transparenz- und Publizitätsgesetz
TVöD	Tarifvertrag für den öffentlichen Dienst
UmwG	Umwandlungsgesetz
unstr.	unstreitig

Abkürzungsverzeichnis

UStG	Umsatzsteuergesetz
UWG	Gesetz gegen den unlauteren Wettbewerb
v.	von, vom
V/VO	Verordnung
VBlBW	Verwaltungsblätter für Baden-Württemberg
VerfGH	Verfassungsgerichtshof
VerwArch	Verwaltungsarchiv (Zeitschrift)
VG	Verwaltungsgericht
VGH	Verwaltungsgerichtshof
vgl.	vergleiche
VHS	Volkshochschule
VKU	Verband Kommunaler Unternehmen
VOB	Verdingungsordnung für Bauleistungen
VOF	Verdingungsordnung für freiberufliche Leistungen
VOL	Verdingungsordnung für Leistungen
VR	Verwaltungsrundschau (Zeitschrift)
VVDStRL	Veröffentlichungen der Vereinigung der Deutschen Staatsrechtslehrer
VwGO	Verwaltungsgerichtsordnung
WM	Wertpapier-Mitteilungen (Zeitschrift)
WPg	Die Wirtschaftsprüfung (Zeitschrift)
WuV	Wirtschaft und Verwaltung (Zeitschrift)
ZBR	Zeitschrift für Beamtenrecht
Zfk	Zeitschrift für kommunale Wirtschaft
ZGR	Zeitschrift für Unternehmens- und Gesellschaftsrecht
ZHR	Zeitschrift für das gesamte Handels- und Wirtschaftsrecht
Ziff.	Ziffer
ZIP	Zeitschrift für Wirtschaftsrecht
ZKF	Zeitschrift für Kommunalfinanzen
ZögU	Zeitschrift für öffentliche und gemeinwirtschaftliche Unternehmen
ZPO	Zivilprozessordnung

Allgemein informiert umfassend und zuverlässig: *Kirchner*, Abkürzungsverzeichnis der Rechtssprache, 8. Aufl. 2015.

Teil 1: Wirtschaftliche Betätigung der Kommunen

I. Einführung und aktuelle Ausgangslage

1. Problemstellung

Wirtschaftliche Betätigungen/Unternehmen der Gemeinden sind für die Wahrneh- **1** mung der vielfältigen kommunalen Aufgaben ein zentraler „Baustein", **kommunale Unternehmen** unverzichtbare Instrumente für deren Erfüllung. Sie gehören zum Wesen, zum prägenden Bild und zum „**vitalen Kern" der kommunalen Selbstverwaltung,** auch wenn sie nicht unbegrenzt möglich sind und in den Randbereichen „Grauzonen" aufweisen (vgl. *Lange*, Kommunalrecht, S. 720 f.; *Püttner* DVBl. 2010, 1189 ff.). Zweck und Ziel sowie Strukturen, Aufgaben und Funktionsweisen öffentlicher und insbesondere kommunaler Wirtschaftstätigkeit sind seit Mitte der 90er Jahre verstärkt in Veränderung, im **Wandel** begriffen, der nach wie vor anhält. Nicht zuletzt ausgelöst durch die europäische und nationale Liberalisierungs- und Privatisierungsgesetzgebung (Bahn, Post, Telekommunikation, Energie, Abfall, Wasser, ÖPNV usw.; Trend: „**Privat vor Staat**") und die heute eher gegenläufige Entwicklung der **Rekommunalisierung** ist vieles im Umbruch. Wissenschaft und Praxis, Gesetzgebung und Rechtsprechung haben Schwierigkeiten und sind mitunter unsicher, die Entwicklungen und Konsequenzen der globalen und internationalen Liberalisierung, d. h. die Ausrichtung der den kommunalen Unternehmen ambivalent innewohnenden **wettbewerbsorientierten und marktgerechten Verhaltensmaximen** rechtlich in den Griff zu bekommen und mit den Rahmenbedingungen der kommunalen Selbstverwaltung zu „harmonisieren" (vgl. etwa *Bauer* DÖV 2012, 329 ff.; *Budäus/Hilgers* DÖV 2013, 701 ff.; *Guckelberger* VerwArch 2013, 161 ff.). Diese Diskussion darf nicht belastet werden mit unreflektierter Privatisierungs- oder Rekommunalisierungseuphorie, einseitigen, emotionsgeladenen Diskussionen wie etwa staatlich/kommunale Aktivitäten im Wirtschaftsleben seien grundsätzlich ineffektiv und mit großen Gefahren/Risiken für Wettbewerb und Steuerzahler verbunden (nach einer PWC-Studie aus 2014 ist die Rentabilität in etwa gleich!). Auch pauschale Aussagen, dass diese expandierenden Betätigungen die zentrale „hoheitliche Ordnungsfunktion" der öffentlichen Hand stark schwächen, die hoheitlichen und gesetzlich als Pflichtaufgaben den Kommunen überantworteten Aufgaben vernachlässigen oder keiner wirksamen Effizienzkontrolle unterliegen würden, sind unzutreffend. Zweifellos muss neben der Sicherung der Privatautonomie einschließlich der Unternehmerfreiheit und dem durch staatlichen Schutzauftrag zu gewährleistenden fairen, diskriminierungsfreien und Monopole vermeidenden Wettbewerb (Modell der ordo-sozialen Marktwirtschaft) eine Balance mit den einwohnerdienenden Gemeinwohlinteressen als vorgegebene Funktionen kommunaler Wirtschaftstätigkeit hergestellt werden. Es muss ein angemessener Ausgleich zwischen kommunaler Selbstverwaltung einerseits und einem durch Gesetzesvorgaben begrenzten wirtschafts- und marktpolitischen „Vorrangvorbehalt" für die Privatwirtschaft andererseits, eine mit Augenmaß austarierte „Balance" zwischen wirtschaftlicher, unternehmerischer Verantwortung und öffentlichem/kommunalpolitischem/demokratisch legitimiertem Auftrag hergestellt werden. Dabei dürfen die mit einer kommunalwirtschaftlichen Tätigkeit verbundenen Vorteile der Rechtsformwahl wie stärkere Flexibilität, Produktivität, Wettbewerb und Effizienzorientierung, schnelleres Handeln und Reagieren, zügigere Entscheidungsprozesse usw. nicht „erstickt" werden (vgl. Art. 3 Abs. 3 EUV; BT-DS 17/7181S. 24 f.; *Mühlenkamp*, Speyerer Vorträge, Heft 82, S. 1 ff. und 25 ff.; *Katz* VBlBW 2011, 1 ff.; *Thomas* JZ 2011, 485 ff.; *Burgi* NdsVBl. 2012, 225 ff.; *Lange*, a. a. O., Kap. 14 Rdn. 9 ff.; unten Rdn. 46). Der sich vollziehende Funktionswandel ist in vollem Gange (auch ordnungspolitisch). Der Glaube an neoliberale Marktkräfte und die Privatisierungseuphorie sind vor allem seit 2007 einer deutlichen Skepsis gewichen (vgl. etwa *Stober* NJW 2008, 2301; *Bauer* DÖV 2012, 329 ff.). Es wird seit einigen Jahren um ein politisch verantwortungsbewusstes und sachgerechtes **Konzept der Daseinsvorsorge** gerungen (vgl. Art. 28 Abs. 2 GG; Art. 101 ff., 119 Abs. 1 AEUV; GOen). Das klassische Bild öffentlicher Wirtschaftstätigkeit kann deshalb nicht statisch verstanden werden, sondern ist aufgrund dieser Rahmenbedingungen dynamisch weiter zu entwickeln („**neues Leitbild**" aus Aspekten bzw. Ausgleichsmechanismen von regulierendem Staat, aus wettbewerbsrechtlich handelnden Leistungserbringern, aus konsumierenden Verbrauchern, aus demokratisch legitimierten und einwohnerdienenden Tätigkeiten; vgl. etwa *Katz* GemHH 2016, 73 ff.). Die Vielzahl von spezialgesetzlichen Regelungen, die den kommunalen Bereich seit Anfang der 90er Jahre, insbesondere im Energiewirtschafts- und Umweltrecht, im Kreislaufwirtschafts- und Abfallrecht, im Wasserversorgungsrecht, im Telekommunikations- und Personennahverkehrsrecht maßgeblich beeinflussen und ganz überwiegend durch EU-Recht ausgelöst und überlagert wurden bzw. werden, machen dies augenfällig. Die letzten Jahre waren aber auch geprägt von einer Vielzahl von „Auslagerungen" aus den Kommunalhaushalten und einem deutlichen Trend zu kommunaler Tätigkeit in Privatrechtsform (meist bloße Organisationsprivatisierung in die GmbH). Generell sind unreflektierte ordnungspolitische Glaubensbekenntnisse wie „Privat vor Staat"/„Kommunal vor Staat" oder unverhohlener Argwohn/überhöhter Glaube an die Marktkräfte nicht weiterführend. Privatisierung und Rekommunalisierung sind i. S. von komplementären Strategien zur Modernisierung der Aufgabenerfüllung der Kommunen wichtig, stehen prinzipiell gleichberechtigt nebeneinander und sind im **Einzelfall** unvoreingenommen und möglichst ideologiefrei aufgaben-, sach- und situationsspezifisch und unter Berücksichtigung der vielschichtigen Gestaltungsmöglichkeiten zu analysieren, abzuwägen und zu entscheiden. Der Staat hat für beide Alternativen sachgerechte, adäquate Rahmenbedingungen zur Verfügung zu stellen, das öffentliche Wirtschaftsrecht hat dabei eine Schlüsselrolle (Entscheidungs-, Handlungs- und Organisationsoptionen zur zeitgemäßen, effizienten, effektiven, flexiblen und möglichst optimalen Wahrnehmung der Kommunalaufgabe, aber auch Berücksichtigung kommunal- und sozialpolitischer Belange der Daseinsvorsorge und der Gewährleistungsverantwortung; vgl. unten Rdn. 113 ff.; *Mühlenkamp/Schöneich*, in: Wirtschaftsdienst 11/2007, 707 ff. und 716 ff.; *Brüning* VerwArch 2009, 453 ff.; *Collin* JZ 2011, 274 ff.; *Bauer* DÖV 2012, 329 ff. m. w. N.; *Guckelberger* VerwArch 2013, 161 ff.; *Podszun/Palzer* NJW 2015, 1496 ff.; *Lorson/Haustein/Albrecht/Perlick* DB 2015, 2705 ff.; *Fehling* JZ 2016, 540).

Die Bundesländer haben mit einer Reihe von GO-Novellen versucht, einen Teil **2**
dieser Entwicklungen mit mehr oder weniger großem Erfolg aufzuarbeiten.
Zwar ist im Grundsatz unbestritten, dass es sich bei diesen Tätigkeiten um die
Erzeugung, die Bereitstellung oder den Verkauf von Gütern und Dienstleistungen zur Befriedigung materieller Grundbedürfnisse der Einwohner handeln
muss. Die „wettbewerbsbedingten" Forderungen, insbesondere die Eindäm-
mung der „Ausweitung" des öffentlichen Zwecks (neue Geschäftsfelder usw.),
des Subsidiaritäts- und des Territorialprinzips, wurden nach meist intensiven
Diskussionen in den Ländern nur zum Teil berücksichtigt und zudem unter
politischen Aspekten auch unterschiedlich geregelt. Viele der außerordentlich
komplexen Probleme blieben ungelöst bzw. wurden nur vage geregelt und oft
im praktischen Alltag eher ignoriert. Trotz verschiedener Anläufe konnten sich
bisher aber auch weder die Kommunalen Spitzenverbände noch die Länderin-
nen- und -wirtschaftsminister untereinander in wesentlichen Punkten inhaltlich
verständigen. Grund dafür war und ist insbesondere, dass sich nicht zuletzt
ordnungspolitisch sehr extreme, fast „unversöhnliche" Positionen gegenüber
standen und stehen, die sich stark politisch „neutralisieren" (vor allem die
Kommunen, große öffentlich/kommunale Betriebe und VKU einerseits sowie
die Wirtschaft, kleinere und mittlere Privatbetriebe, IHK und Handwerkskammern andererseits; vgl. *Ehlers* DVBl. 1998, 497 ff.; *Britz* NVwZ 2001, 380 ff.;
Katz GemHH 2003, 1 ff.; *Dünchheim/Schöne* DVBl. 2009, 146 ff.). Dies und
auch die z. T. zwangsläufig nur relativ „unbestimmt" festgelegten Gesetzesrege-
lungen führen dazu, dass mitunter von den Kommunen und der Rechtsaufsicht
weniger rechtlich gesteuert, sondern mehr das kommunalpolitische Wollen und
das finanzpolitische Können für kommunale Wirtschaftstätigkeit entscheidend
sind (vgl. *Schoch* DÖV 1993, 377, 383; *Henneke* NdsVBl. 1999, 1, 6; *Broß*
JZ 2003, 874 ff.; *Lattmann* IR 2004, 31 ff.; *Knirsch* GemHH 2016, 28 ff.; vgl.
etwa Teil 2 § 102 Rdn. 41).

2.   Uneinheitliche, kontroverse Standpunkte

Das Recht der öffentlichen/kommunalen Unternehmen ist beginnend mit dem **3**
Inkrafttreten der **DGO 1936** bis Ende der 80er Jahre trotz vielfältigen Diskuss-
onen und unterschiedlichen Positionen in Einzelfragen in den Grundzügen
doch weitgehend einheitlich bewertet worden. Seit **Anfang/Mitte der 90er
Jahre** hat sich dies stark verändert und zwar auf EU-, Bundes-, Landes- und
Kommunalebene. Die Konsequenzen aus diesen Veränderungen werden auf
den einzelnen Ebenen und der Wirtschaft leider sehr unterschiedlich bewertet.
Vor allem die **Landesebene** glaubt, das bisherige öffentliche Wirtschaftsrecht
mit einigen begrenzten Änderungen beibehalten zu können. Von den großen
Kommunalunternehmen, dem Verband kommunaler Unternehmen (**VKU**), verschiedenen Großstädten und einem Teil der Literatur wird dagegen das Recht
der öffentlichen/kommunalen Unternehmen terminologisch, definitorisch und
inhaltlich als wenig schlüssig und zukunftsträchtig sowie als zu kompliziert
und konzeptionslos bezeichnet (*Cronauge* GemHH 1998, 131 ff.; *Moraing*
GemHH 1998, 223 ff.; *Stober* NJW 2002, 2357 ff.; *Schöneich*, in: Wirtschaftsdienst 11/2007, 716 ff.). Die Grundprobleme, die sich vor allem aus der unterschiedlichen Sicht und den **divergierenden Konzepten der Ordnungs- und der
Wettbewerbspolitik**, dem geltenden Kommunalrecht und der praktizierten

Kommunalpolitik sowie dem Management und der Geschäftspolitik der Unternehmen ergeben, manifestieren sich etwa in der außerordentlich divergierenden und zum Teil kaum verständlichen Diskussion auf dem 64. Deutschen Juristentag (vgl. dazu die Beschlüsse, in: NJW 2002, 3073, 3079 ff.; *Meyer* NVwZ 2002, 1479 ff.; *Katz* GemHH 2003, 1 ff.; vgl. auch Monopolkommission, Hauptgutachten XX, 07/2014, S. 439 ff.). Das breite Meinungsspektrum zur kommunalen Wirtschaftsbetätigung lässt sich vereinfacht in **drei Grundströmungen** umschreiben: (1) Die Vertreter der Privatwirtschaft verweisen darauf, dass in einer marktwirtschaftlichen Ordnung ihr der Vorrang gebührt (insb. kostengünstigere, bessere und effizientere Aufgabenerfüllung), für öffentliche/kommunale Unternehmen – auch wenn einige der Privatisierungserwartungen nicht erfüllt wurden – grundsätzlich keine Berechtigung zu wirtschaftlicher Betätigung vorliege (eine von PWC durchgeführteStudie zeigt allerdings, dass Kommunalunternehmen nicht unrentabler arbeiten, ZfK 2014, S. 17). (2) Die öffentliche Hand verfolgt keine einheitliche Strategie. Während der Bund eher auf eine materielle Privatisierungspolitik setzt, lässt sich ein eindeutiger Trend in den Ländern und vor allem in den Kommunen nicht feststellen. Insgesamt herrscht die Meinung vor, dass an dem Kriterium des „öffentlichen Zwecks„ festgehalten werden muss, und der Wettbewerbsgedanke nicht überstrapaziert werden dürfe. (3) Die großen Kommunalunternehmen und ihre Verbände fordern gleiche Wettbewerbsbedingungen und eine Beseitigung kommunalrechtlicher „Hürden" (insbes. Öffentlichkeits-, Territorial- und Subsidiaritätsprinzip; vgl. Rdn. 18 f.; *Mann* JZ 2002, 819 ff.; *Tomerius/Breitkreuz* DVBl. 2003, 426 ff.; *Broß* JZ 2003, 874 ff.; *Steckert* ZKF 2003, 257 ff.). Diese Grundpositionen bzw. -strömungen gelten mit gewissen „Ausschlägen" bis heute (vgl. etwa *Bauer* DÖV 2012, 329 ff.).

3.   Ausgangslage

4   Bei der Analyse und Bewertung von öffentlichen/kommunalen Unternehmen sind vor allem folgende Punkte zu berücksichtigen:

5   – Die **außerordentliche Aufgabenvielfalt** der wirtschaftlichen Betätigung der öffentlichen Hand (Gemeinwohlaufgaben; öffentlicher Zweck): Ver- und Entsorgungsaufgaben, soziale und kulturelle Einrichtungen, bedarfsdeckende und freiheitssichernde Aufgaben, infrastrukturelle, strukturpolitische, konjunkturpolitische, wirtschaftspolitische, wettbewerbsfördernde, technische und ökologische Aufgaben. Dabei sind im Sinne der öffentlichen Daseinsvorsorge und Stadtentwicklung die Verfassungsgrundsätze des Demokratie-, Sozial- und Rechtsstaates sowie die Grundrechte zu gewährleisten, aber auch der technische Fortschritt (z. B. IT) und die sich wandelnden Bedürfnisse der Einwohner zu berücksichtigen.

6   – Das Recht der öffentlichen/kommunalen Unternehmen ist schon dadurch einem beachtlichen Spannungsverhältnis ausgesetzt, weil es als „Schnittmaterie" im **Grenzbereich zwischen öffentlichem und privatem Recht**, zwischen Wirtschaftswissenschaft und Verwaltungswissenschaft einschließlich öffentlicher Betriebswirtschaftslehre, New Public Management, Corporate Governance und Good Governance, zwischen Wirtschaftsprivatrecht und

Wirtschaftsstrafrecht, zwischen Gesellschafts-, Wettbewerbs-, Kartellrecht und Kommunalrecht, zwischen Arbeitsrecht und öffentlichem Dienstrecht, zwischen internationalem und nationalem Recht, zwischen EU-Gemeinschaftsrecht und Verfassungsrecht, zwischen Bundesrecht und Landeskommunalrecht, zwischen allgemeinem und besonderem Verwaltungsrecht, zwischen materiellem, Organisations- und Haushaltsrecht, zwischen Leistungs- und Gewährleistungsverwaltungsrecht, zwischen einer Vielzahl von Public-Private-Partnership-Lösungsansätzen (PPP), zwischen Technisierung und Haushaltskonsolidierung, zwischen Regionalisierung und Globalisierung angesiedelt ist (vgl. dazu *Stober* NJW 2002, 2357). In besonderer Weise wurde in den letzten Jahren das Spannungsverhältnis durch EU-Recht (Art. 106 Abs. 2 AEUV usw.), durch den Vorrang des Wettbewerbsprinzips und der Marktöffnung, durch Wettbewerbs-, Kartell-, Vergabe- und Beihilferechtsnormen im Hinblick auf das weitgehend unveränderte kommunalwirtschaftliche Landesrecht stark belastet, eine Entwicklung, die in der Praxis zunehmend bei großen kommunalen Unternehmen auf Kritik und auf kommunalrechtliche „Barrieren" stößt.

– Neben der und verursacht durch die Aufgabenvielfalt hat sich für die wirt- **7** schaftliche Betätigung eine große Formenvielfalt für öffentliche und vor allem kommunale Unternehmen entwickelt. Für die Unternehmensheterogenität ist auch die Wahlfreiheit der öffentlichen/kommunalen Träger für die konkrete Rechtsform verantwortlich (öffentlich-rechtliche Unternehmenstypen wie Regiebetrieb, Eigenbetrieb, Kommunalunternehmen, Zweckverbände, Stiftungen; privatrechtliche Organisationsformen wie AG, GmbH, GmbH & Co. KG, rechtsfähiger Verein, private Stiftungen usw.; vgl. unten Rdn. 77 ff.).

– Neben der **Aufgaben- und Rechtsformenvielfalt** sind für die Analyse und **8** Bewertung der Kommunalunternehmen aber auch zahlreiche weitere Kriterien zu berücksichtigen: Die örtlichen, sachlichen, personellen und politischen Gegebenheiten, die spezifischen Rahmenbedingungen, die **Größe der Kommune** und der Unternehmen, die örtlichen Ziele, Motive und Argumente für die Rechtsformenwahl, die Finanzsituation der Kommune usw. (vgl. *Püttner*, Zur Reform des Gemeindewirtschaftsrechts, 2002, S. 143 ff.; *Wolff/Bachhof/Stober/Kluth*, AllgVerwR, Bd. 1, 11. Aufl., § 23 II).

– Öffentliche/kommunale Unternehmen haben ihr Handeln nicht maßgeblich **9** am Gewinn zu orientieren („Shareholder value"), sondern sind primär auf die Erfüllung des **Gemeinwohls**, auf die Wahrnehmung öffentlicher Aufgaben verpflichtet (**öffentlicher Zweck**). Ihre Entscheidungen müssen letztlich demokratisch legitimiert sein (Demokratieprinzip). Nach dem Kommunalverfassungsrecht ist – bildlich gesprochen – das **Rathaus der Mittelpunkt der politischen Gemeinde**, der Gemeinderat das Entscheidungszentrum vor allem für strategische Fragen sowie die Kommunalverwaltung die generelle, für örtliche Angelegenheiten zuständige Anlaufstelle für den Bürger. Dem können sich die Kommunalunternehmen grundsätzlich nicht entziehen (*Knemeyer*, Der Städtetag 1992, 317 ff.; OVG Schl.-Holst. ZKF 1999, 273 f.; BerlVerfGH NVwZ 2000 794 ff.; unten Teil 2, § 103 Rdn. 22 ff.).

4. Aktuelles Koordinatensystem

10 Für die wirtschaftliche Betätigung der Kommunen sind im Koordinatensystem zwischen demokratischem Rechtsstaat und freier Marktwirtschaft, zwischen Gesetzesvorbehalten (Gemeinwohl) und Wettbewerb für die Kommunen als Teil der öffentlichen Hand gegenwärtig besonders folgende **sieben Punkte** entscheidend und deshalb zu berücksichtigen (vgl. *Katz* BWGZ 1998, 687 ff.; *Mann* JZ 2002, 819 ff.; *Eichhorn u. a.*, Rollenwechsel kommunaler Unternehmen, 2002, S. 5 ff.; Monopolkommission, Hauptgutachten XX, 07/2014, S. 439 ff.):

11 – Der ständige **Wandel in Politik, Technologie und Bedürfnissen** sowie den faktischen Verhältnissen. In den letzten Jahren hat sich etwa die Beurteilung der Betätigung der Kommunen in den Bereichen Arbeitsmarkt, Wirtschaftsförderung, Telekommunikation grundlegend gewandelt; im Gegensatz zu früher werden diese Sachbereiche mindestens zum Teil als kommunale Aufgabenfelder betrachtet werden müssen.

12 – Änderung zahlreicher **bundesrechtlicher Rahmenbedingungen** (Bahn, Post, Telekommunikation/IT; Energiewende, Energiewirtschaftsrecht, Abfallrecht, Wasserrecht usw.).

13 – Stärkere Durchdringung der kommunalen Aufgabenfelder durch **EU-Recht** (vor allem des Wettbewerbs-, Kartell-, Vergabe- und Beihilferechts; sog. Unbundling usw.).

14 – Änderung des **Verbraucherverhaltens**. Die Abnehmer kommunaler Leistungen wollen zudem über den bloßen Leistungsempfang hinaus umfassend beraten und bedient werden („Full-Service", ganzheitliche Dienstleistungen).

15 – Die angespannte **Finanzsituation der Kommunen**. Die z. T. großen Finanzprobleme „inspirieren" zur Ausschöpfung aller Einnahmemöglichkeiten (z. T. „boomende" Kommunalwirtschaft, „Goldgräbermentalität" auch durch Verkauf).

16 – Verwaltungsreform, „Neues Steuerungsmodell", **New Public Management**, Kommunale Doppik und Budgetierung, Beteiligungsmanagement im „Konzern Stadt", aber auch verstärkt Förderung des wirtschaftlichen Denkens in den Kommunen und Betonung von Konkurrenz und Wettbewerb als wichtige kommunale Handlungsstrategien.

17 – Anpassungen in den **Kommunalunternehmen** (endogene Faktoren wie Kundenorientierung, Verbesserung der betriebswirtschaftlichen, technischen und ökologischen Kompetenzen, Nachhaltigkeit sichern; Transparenz und Effizienz erhöhen).

18 Die Konsequenzen, die aus diesen veränderten Rahmenbedingungen zu ziehen sind, werden unterschiedlich bewertet. Das **breite Meinungsspektrum** reicht von der Auffassung, dass sich die Kommunen auf wenige notwendige Bereiche zurückziehen sollen (z. B. Bund der Steuerzahler: „Städte bleibt bei euren Leisten. Überlasst das Wirtschaften der Wirtschaft"; Monopolkommission: Rekommunalisierungstrend drehen), über die Auffassung, dass sich die wirtschaftliche Betätigung der Kommunen in einer Grauzone abspiele („neue Unübersichtlichkeit"), die wenig überzeugenden Privatisierungen durch Rekommunalisierung abgelöst werden müssten, bis zu der Ansicht, dass die in verschiedenen Aufgabenfeldern eingetretene Liberalisierung und Deregulierung und später verstärkte Regulierung (z. B. Energiewende und Energiemarkt) die Kommunen unvorbereitet treffe und sie dazu noch die finanziellen Auswirkungen zu verkraften hätten. Die Kommunen und ihre Unternehmen dürften nicht allein gelassen werden. Sie müssten auf solche Entwicklungen mit entsprechenden Strategien reagieren können (vgl. oben Rdn. 3; *Lattmann* IR 2004, 31 ff.; Monopolkommission, Hauptgutachten XX, 07/2014, S. 439 ff.).

Die Diskussion über eine wirtschaftliche Betätigung der Kommunen lässt sich **19** nicht mit Schlagworten führen; eine nüchterne, sachliche Analyse ist im Rahmen der rechtlichen Vorgaben und der kommunalen Erfordernisse notwendig. Die veränderten Rahmenbedingungen zwingen zweifellos zu einer Neubesinnung und in weiten Teilen auch zu einer umfassenden **strategischen und operativen Neuausrichtung** (stärkere Markt- und Kundenorientierung; Veränderungen durch veränderte Rahmenbedingungen wie vor allem Marktliberalisierung, damit einhergehendem größeren Wettbewerb und Konkurrenz). Die kommunalen Gesellschaften und Betriebe müssen mit viel Phantasie, Tatkraft und entschlossenem Handeln diese schwierigen Probleme der Umstrukturierung und Neuorientierung auf der Grundlage der jeweils geltenden Rechtsordnung angehen und lösen. Die unreflektierte pauschale Forderung, zur Lösung der schwierigen Situation alle Voraussetzungen und „Fesseln" für die wirtschaftliche Betätigung der Kommunen zu beseitigen, ist genauso unverantwortlich wie ein bloß reagierendes, passives Abwarten (vgl. dazu Rdn. 1, und 63 f.).

II. Kommunale Selbstverwaltung und Kommunalunternehmen

1. Kommunalrechtliche Ausgangslage

Die Kommunalwirtschaft, die wirtschaftliche Betätigung der Gemeinden zur Ge- **20** währleistung und Erfüllung der „**Daseinsvorsorge**" zum Wohle ihrer Einwohner, zur Sicherstellung der für das menschliche Dasein notwendigen Grundbedürfnisse, gehört seit jeher zum **typusprägenden Bild** und zum Wesenskern der kommunalen Selbstverwaltung (Art. 28 Abs. 2 GG: verbürgte, eigenverantwortliche Wahrnehmung aller Angelegenheiten der örtlichen Gemeinschaft). Was im Einzelnen unter dem System Daseinsvorsorge zu verstehen ist und wie die Abgrenzung zu nichtwirtschaftlichen öffentlichen Einrichtungen vorzunehmen ist, wird unterschiedlich beurteilt, ist auch zwischen den Bundesländern im Fluss, hat sich den veränderten Entwicklungen anzupassen und unterliegt in begrenztem Umfange auch politischen Entscheidungen (kommunalem Gestaltungsspielraum; vgl. Rdn. 37 ff.; Teil 2 § 102 Rdn. 1 ff. und 42; Mühlenkamp/Schöneich, in: Wirtschaftsdienst 11/2007, 707 ff. und 716 ff.; Bauer DÖV 2012, 329 ff.). Die Teilnahme von Unternehmen der öffentlichen Hand am Wirtschaftsverkehr ist ein **legitimes Instrument zur Erfüllung öffentlicher Aufgaben**. Zwar gibt es keinen verfassungskräftigen Subsidiaritätsgrundsatz zu Gunsten privater Unternehmen. Gleichwohl ist unbestritten, dass die wirtschaftliche Betätigung der öffentlichen Hand nur unter Beachtung der Grundrechte, des europäischen und nationalen Wettbewerbsrechts sowie sonstiger bundes- und landesrechtlicher, insbesondere kommunalrechtlicher Vorgaben zulässig ist und damit vor allem dem kommunalen Spielraum Grenzen setzt, ihn faktisch einengt. Dabei stehen die unterschiedlichen Interessen zueinander in einem beachtlichen Spannungsverhältnis. Wichtig ist, dass diese Einzelinteressen zu einem **funktionsgerechten Gesamtausgleich** gebracht werden (Interessen der Kommunen, ihrer öffentlichen Unternehmen und der Daseinsvorsorgenutzer sowie der Privatwirtschaft; Wirtschaftlichkeit, Nachhaltigkeit und Qualität; Gewährleistung einer Binnenmarktfreiheit und eines fairen, unverfälschten Wettbewerbs sowie der Bindung an einen öffentlichen Zweck; vgl. *Scholz*, DÖV 1976, 441 ff.; *Tettinger* NJW 1998, 3473 f.; *Püttner* DVBl. 2010, 1189 ff.; *Blanke* DVBl. 2015, 1333 ff.).

21   Unter Berücksichtigung dieser Grundsätze wurden in der **deutschen Gemeindeordnung 1936 (DGO)** Art, Maß und Grenzen der wirtschaftlichen Betätigung der Kommunen festgelegt (§§ 67 ff. DGO). Die Gemeindeordnungen der Länder haben nach 1945 die DGO-Regelungen im Wesentlichen übernommen und der Gemeindewirtschaft bis Anfang der 90er Jahre, abgesehen von länderspezifischen Besonderheiten, trotz einigen definitorischen und inhaltlichen Unklarheiten eine erstaunliche Festigkeit gegeben. Durch Vorgaben des Europarechts ist diese Rechtssituation seit den 90er Jahren allerdings deutlich überlagert (vgl. dazu unten Rdn. 66 ff.; *Blanke* DVBl. 2015, 1333 ff.). Im Kern gilt die DGO-Grundordnung aber im Grundsatz im nationalen Recht bis zur Gegenwart.

> § 67 Abs. 1 DGO hatte bestimmt, dass die Gründung und Errichtung wirtschaftlicher Unternehmen nur zulässig ist, wenn
> – der öffentliche Zweck die Errichtung des Unternehmens rechtfertigt, also dem Wohl der Einwohner dient (**Daseinsvorsorge**),
> – das Unternehmen nach Art und Umfang in einem angemessenen Verhältnis zu der Leistungsfähigkeit der Gemeinde und zum voraussichtlichen Bedarf steht sowie die Erfüllung ihrer öffentlichen Aufgaben nicht beeinträchtigt wird (**Leistungsfähigkeitsfunktion**),
> – der durch das Unternehmen verfolgte Zweck nicht besser und wirtschaftlicher durch einen anderen, insbesondere privaten Träger erfüllt werden kann (**Subsidiaritätsklausel**).

22   Es spricht für politisches Augenmaß und Elastizität dieses Regelwerkes, dass damit die Gemeinden in einem Zeitraum von ca. 80 Jahren in der Lage waren, ihre Aufgaben mit all ihren expansiven Veränderungen, ihrem fundamentalen sozialstaatlichen und technologischen Wandel bewältigen zu können. Das kluge Konzept der §§ 67 ff. DGO mit ihrer **Schrankentrias** stellte und stellt auch heute noch überwiegend einen funktionsgerechten Kompromiss zwischen den unterschiedlichen Interessenlagen dar. Es entspricht nicht der Stellung der Kommunen als Verwalter öffentlicher Angelegenheiten, sich als Unternehmer schrankenlos zu betätigen. Durch die Bindung der wirtschaftlichen Betätigung an den öffentlichen

Zweck, das Wirtschaftlichkeitserfordernis und die eigene Leistungsfähigkeit soll ausdrücklich festgelegt werden, dass die Kommunalunternehmen nicht Selbstzweck sind, sondern nur der im öffentlichen Interesse gebotenen „Daseinsvorsorge" zu dienen haben (Gemeinwohlprinzip) und damit ein ausschließlich auf Gewinnerzielung angelegtes Kommunalunternehmen der öffentlichen Zweckgebundenheit zuwider läuft und nicht zulässig ist. Die kommunalrechtliche Ausgangslage ist vor allem von **drei Zielsetzungen** gekennzeichnet („einwohnernützliche und -befördernde" kommunale Normzwecke, Schutzfunktionen zu Gunsten der Kommunen selbst; *Ehlers* DÖV 1998, 497 ff.; *Püttner* DVBl. 2010, 1189 ff.; VKU, Kommunalwirtschaft auf den Punkt gebracht, 11/2012; *Towfigh* DVBl. 2015, 1015 ff.; unten Teil 2, § 102 Rdn. 8 ff.):

– **Kommunalpolitische Zielsetzung:** Die Begrenzung verfolgt den Zweck, die **23** Entscheidungsfunktion der Gemeindeorgane zu sichern, sich auf die eigentlichen Aufgaben zu konzentrieren und die Verwaltungskraft der Kommune für die zentralen gemeindlichen Verwaltungsaufgaben zu erhalten. Die Gemeinde soll sich nicht „verzetteln", sondern sich in erster Linie ihren Kernaufgaben auch im Sinne der sich verändernden örtlichen Daseinsvorsorge- und Dienstleistungsfunktionen widmen (Konzentration auf den kommunalen Wirkungskreis; Gemeinwohlfunktion; Wohlfahrtsorientierung). Dabei sollen der Einfluss der Kommunen und deren demokratisch legitimierten Gemeindeorgane gewahrt bleiben.

– **Finanzpolitische Zielsetzung:** Die Vorschriften bezwecken den Schutz der **24** Kommunen vor Eingehung übermäßiger wirtschaftlicher Risiken und möglicher finanzieller Verluste. Steuergelder und sonstige Abgaben sollen grundsätzlich nicht für solche Risiken eingesetzt werden (Begrenzung von Risiken und Überforderung im Sinne einer primären Schutzfunktion für die Gemeinde und die wirtschaftlichen Kräfte ihrer Abgabenpflichtigen).

– **Wirtschaftspolitische Zielsetzung:** Im Verhältnis zur Privatwirtschaft soll **25** einer zu extensiven Erwerbstätigkeit der öffentlichen Hand durch die Anbindung an einen öffentlichen Zweck vorgebeugt werden, die Kommunen neben einer Grundsicherung an Daseinsvorsorge auf eine eher ergänzende Rolle beschränkt werden (ordnungspolitische Subsidiaritätsgesichtspunkte sowie Sicherung von Marktwirtschaft und Wettbewerb aus Gründen ökonomischer Funktionstüchtigkeit, Leistungsfähigkeit und Zweckmäßigkeit, Arbeitsteilung, Effizienz, Innovation usw.). Ob und ggf. in welchem Umfang sich daraus unmittelbar ein Rechtsanspruch der Privatwirtschaft vor kommunalem Wettbewerb ableiten lässt, ist umstritten (vgl. Rdn. 64 und 75; von Land zu Land unterschiedlich; nur z. T. drittschützender Charakter; Trend: Drittschutz in begrenztem, zunehmendem Umfange; vgl. BGH NJW 2002, 2645; OVG NW NVwZ 2003, 1520 f. und NVwZ 2008, 1031 f.; VGH BW NVwZ 2008, 1031; OVG Rh.-Pf. DÖV 2011, 611; *Papier* DVBl. 2003, 686 ff.; *Lange* NVwZ 2014, 616 f.; Rdn. 63 f.).

2. Verfassungsrechtliche Absicherung (Art. 28 Abs. 2 GG und LV)

Die Gemeindewirtschaft, Errichtung und Betrieb der öffentlichen Einrichtungen **26** und die wirtschaftliche Betätigung (Aufgaben der örtlichen Daseinsvorsorge,

Schaffung der kommunalen Infrastruktur, mittelbare Wirtschaftsförderung usw.) prägen seit jeher das Wesen der **kommunalen Selbstverwaltung.** Diese Aufgaben- und Tätigkeitsbereiche bestimmen ganz wesentlich Maß und Inhalt politisch aktueller Selbstverwaltungspotenz, zählen zu dem überkommenen und prägenden Bild einer deutschen Kommune, sind für die Autonomie einer Kommune Typus bestimmend und essentiell. Sie sind folglich Teil der institutionellen **Garantie des Art. 28 Abs. 2 GG** und der entsprechenden Artikel der einzelnen Landesverfassungen (**LV;** z. B. Art. 71 ff. LV BW; Art. 78 LV NW). Die wirtschaftliche Betätigung der Gemeinden zählt also zum verfassungsrechtlich verbürgten kommunalen Selbstverwaltungsrecht (eigenverantwortlicher **„vitaler Kern";** zentrale Aufgabenfelder der Kommunalpolitik). Art. 28 Abs. 2 GG manifestiert für **„Angelegenheiten der örtlichen Gemeinschaft"** ein verfassungsrechtliches Aufgabenverteilungsprinzip zu Gunsten der Gemeinden (Allzuständigkeit; BVerfGE 23, 353, 365 ff.; 79, 127, 143 ff.; 91, 228, 236; BVerwGE 98, 273, 275; BGH DÖV 2015, 196 ff.; *Schink* NVwZ 2002, 129 ff.; *Papier* DVBl. 2003, 686 ff.; *Schulz/Tischer* GewArch 2014, 1 ff.; unten Teil 2, § 102 Rdn. 5 ff.). Einen allgemeinen Vorrang der Privatwirtschaft zu Lasten der kommunalen wirtschaftlichen Betätigung enthält nach ganz h. M. das GG nicht (insoweit kein Subsidiaritätsprinzip, das GG ist wirtschaftspolitisch neutral; Hess OVG NVwZ-RR 2005, 425, 427; *Heilshorn* VerwArch 2005, 88 ff. m. w. N.). Das kommunale Selbstverwaltungsrecht beinhaltet einen doppelten Schutzgehalt (**zweigliedriger Garantieinhalt**):

27 – Art. 28 Abs. 2 GG gewährleistet einmal einen bestimmten Aufgabenbestand. Den Gemeinden werden die **Angelegenheiten der örtlichen Gemeinschaft** als eigenständige Aufgabe im Rahmen der staatsorganisatorischen Aufgabenverteilung und damit auch die kommunale Aufgabe „wirtschaftliche Betätigung" zugewiesen (kommunale Verbandskompetenz; als Zuständigkeiten im gemeindlichen Wirkungskreis; sog. **Universalität**). Diese in der örtlichen Gemeinschaft wurzelnden Aufgaben sind für die Kommunen grundsätzlich verpflichtend und bindend. Für deren Wahrnehmung und Aufrechterhaltung stehen sie in der Verantwortung (**kommunale Gewährleistungsverantwortung,** Garantie- und Sicherstellungspflicht). Für gemeinwohlgeprägte und -dienliche, einwohnernützliche, in den Bedürfnissen der örtlichen Gemeinschaft wurzelnde kulturelle, soziale usw. Aufgaben sind folglich einer unbeschränkten Entledigung, einer materiellen Privatisierung Grenzen gesetzt (vgl. BVerfGE 79, 127 ff. und JZ 2012, 676 f.; BVerwGE 123, 159, 165 und NVwZ 2009, 1305 ff.; *Winkler* JZ 2009, 1169 ff.; *Brüning* VerwArch 2009, 453 ff.; *Katz* NVwZ 2010, 405 ff.).

28 – Zum anderen garantiert das Selbstverwaltungsrecht – und darin liegt für die Kommunalwirtschaft in der Praxis der Schwerpunkt – die Eigenverantwortlichkeit der Aufgabenerledigung (sog. **Gemeindeautonomie**), die Art und Weise der selbständigen Wahrnehmung des kommunalen „Wirtschaftens" (Wahlfreiheit bezüglich geeigneter Organisations- und Handlungsformen). Die Gemeinden können aufgrund ihrer Organisationsgewalt, der ihnen als wesentlicher Teil der Selbstverwaltungsgarantie zustehenden **Organisationshoheit,** die Handlungs- und Organisationsformen zur Erfüllung ihrer Aufgaben im Rahmen der Gesetze bestimmen (Regie- oder Eigenbetrieb, Zweckverband oder Stiftung, AG oder GmbH usw.). Den Gemeindeorganen muss also neben dem „ob" auch bezüglich des „wie" der Erledigung kommunaler Aufgaben und damit auch der Rechtsform der wirtschaftlichen Betätigung grundsätzlich eine Wahlfreiheit, mindestens ein gewisser Entscheidungsspielraum verbleiben (kommunale Organisationshoheit; vgl. BVerfGE 91, 228, 236 ff.; BVerwGE 98, 273 ff.; OVG NW DVBl. 2011, 45, 47; *Ruffert* AöR 2001, 27, 32 ff.; *Brüning* VerwArch 2009, 453 ff.).

Die wirtschaftliche Betätigungsgarantie besteht allerdings nur „im Rahmen der   **29** Gesetze" (**Gesetzesvorbehalt**), also nicht im Sinne einer „Unantastbarkeit" einer ganz bestimmten gesetzlichen Ausprägung, sondern nur i. S. einer „Unantastbarkeit" wirtschaftlicher Betätigung als solcher, also eines Grundaufgabenbestandes, sowie einer eigenverantwortlichen Aufgabenerledigung, die erforderlich ist, um im örtlichen Wirkungskreis kraftvoll und aktiv die Kommunalpolitik wahrnehmen zu können (vgl. BVerfGE 79, 127, 143 ff.). Dem Gesetzgeber steht dabei ein Regelungsspielraum zu (bei Ausgestaltungsregelungen mehr, bei „Eingriffen" weniger), der aber in zweifacher Weise begrenzt ist: Zum einen setzt der **Kernbereichsschutz** Schranken (keine Aushöhlung des Wesensgehalts der kommunalen Selbstverwaltung); zum anderen sind bei Eingriffen in den „**Randbereich**" die Grundsätze der Verhältnismäßigkeit und des Willkürverbots anzuwenden. Den Gemeinden muss stets die Möglichkeit kraftvoller Betätigung und eigenständiger Gestaltungsfähigkeit verbleiben (BVerfGE 79, 127, 143 ff.; 91, 228, 238 ff.; BGH DÖV 2015, 196 ff.; *Papier* DVBl. 2003, 686 ff.; unten Teil 2 § 102 Rdn. 5 ff.).

Gemeinden (Gemeindeverbände) sind ein „Stück Staat", in den staatlichen Auf-   **30** bau integriert. Art. 28 Abs. 2 GG ist nicht als Grundrecht gewährleistet, sondern ist eine **Staatsorganisationsnorm**, die die dezentrale Wahrnehmung der Angelegenheiten der örtlichen Gemeinschaft bestimmt und die Kommunalebene strukturiert (staatsorganisatorisches Verteilungsprinzip, **Verbandskompetenz**). Das Recht auf wirtschaftliche Betätigung können die Gemeinden folglich ausschließlich aus dem kommunalen Selbstverwaltungsrecht ableiten (Art. 28 Abs. 2 GG und LV). Eine Berufung auf Art. 12, 14 und 2 Abs. 1 GG, die Berufs-, Gewerbe- und Wettbewerbsfreiheit sowie die Eigentumsgarantie, ist der Gemeinde als staatlichem Hoheitsträger bei der Wahrnehmung ihrer öffentlichen Aufgaben nach ganz h. M. verwehrt. Diese Grundrechte stehen den Kommunen nicht zu. Verfassungsrechtlich ist kommunales Wirtschaftsengagement eben niemals privatautonomes freies Handeln, sondern zweckgebundene Verwaltungstätigkeit, die nur im Rahmen gesetzlich festgelegter Kompetenzen, also nur begrenzt und gebunden ausgeübt werden kann („**gemeinwirtschaftliches Handikap**" der Kommunalunternehmen; vgl. BVerfGE 79, 129, 148 f.; RhPfVerfGH NVwZ 2000, 801 ff.; *Hösch* DÖV 2000, 393 ff.; *Pieroth/Hartmann* DVBl. 2002, 421 ff.; *Rennert* JZ 2003, 385, 390 ff.; Rdn. 57 f.).

3. Landesrechtliche Vorgaben (Kommunalrecht)

Der für die Praxis bedeutsame Rechtsrahmen für die kommunalen Unternehmen   **31** ist traditionell und nach Art. 70 ff. GG in den Kommunalgesetzen der Bundesländer geregelt (Gemeindeordnungen). Ausgehend von den in den §§ 67 ff. DGO enthaltenen Grundsätzen sind die Zielsetzungen und die Systematik des Rechts der wirtschaftlichen Betätigung (kommunale Unternehmen und Beteiligungen) insbesondere geprägt von einer Minimierung der damit für die Gemeinden verbundenen Risiken und Gefahren sowie der Kanalisierung der Vielzahl von auftretenden Interessenkonflikten. Die Landesgesetzgeber versuchen, mit dem Recht der wirtschaftlichen Betätigung einen den sachlichen Erfordernissen und den sich ständig wandelnden Gegebenheiten gerecht werdenden **wirtschaftspolitischen Ordnungsrahmen** bereit zu stellen. Zwischen den Grundsätzen der Einheit der öffentlichen Verwaltung und des politischen Handelns, der Notwendigkeit gesamtheitlicher Steuerung und zentraler Finanzdispositionen, der Erfüllung kommunaler Aufgaben („öffentlicher Zweck" als Primärfunktion), der Entscheidungsprärogative demokratisch gewählter Gemeindeorgane, der Bürgerbeteiligung und demokratischen Kontrolle („aktive Bürgerkommune") sowie der Öffentlichkeit und Transparenz kommunaler Entscheidungsprozesse einerseits sowie den Prinzipien der Unabhängigkeit und Flexibilität der Unternehmen, der Selbstständigkeit und Eigenverantwortlichkeit der Geschäftsführung und der „Gewinnmaximierung", aber auch der Markt- und Wettbewerbsorientierung sowie der Wettbewerbsfähigkeit andererseits besteht ein beachtliches Spannungsfeld. Es ist permanente Aufgabe der Landesgesetzgebung diese **Zielkonflikte** zu einer Synthese von gemeindlich-demokratischer Verwaltungslegitimation und effektiver, konkurrenzfähiger Gemeindewirtschaft, zu einem politik- und funktionstüchtigen **kommunalen Interessenausgleich**, zu einer ganzheitlichen, integralen, kommunalgerechten und -verträglichen „Harmonie" zu bringen. Dazu ist eine Systematik von Zulässigkeitsvoraussetzungen, Inhalten und Grenzen festzulegen sowie adäquate Organisations- und Handlungsformen bereit zu stellen, die eine effiziente Wirtschaftsführung unter gleichzeitiger Wahrung der öffentlichen Gemeindeinteressen, insbesondere durch ausreichende Vertretung und Einflussmöglichkeiten der Gemeindeorgane, aber auch durch die Ausschaltung nicht vertretbarer Risiken gewährleistet.

32   Das **Recht der kommunalen Unternehmen** (wirtschaftliche Betätigung) ist in den einzelnen **landesrechtlichen Gemeindeordnungen** in folgenden Bestimmungen geregelt (vgl. dazu die Synopse der Landesregelungen unten S. 203 ff.):
   – Für Baden-Württemberg in §§ 102 bis 108 GemO;
   – Für Bayern in Art. 86 bis 96 GO;
   – Für Brandenburg in §§ 91 bis 100 BbgKVerf;
   – Für Hessen in §§ 121 bis 127b HGO;
   – Für Mecklenburg-Vorpommern in §§ 68 bis 77 KV M-V;
   – Für Niedersachsen in §§ 136 bis 152 NKomVG;
   – Für Nordrhein-Westfalen in §§ 107 bis 115 GO NRW;
   – Für Rheinland-Pfalz in §§ 85 bis 92 GO RhPf;
   – Für das Saarland in §§ 108 bis 118 KSVG SL;
   – Für Sachsen in §§ 94a bis 102 SächsGemO;
   – Für Sachsen-Anhalt in §§ 128 bis 135 KVG LSA;
   – Für Schleswig-Holstein in §§ 101 bis 109 GO SH;
   – Für Thüringen in §§ 71 bis 77 ThürKO.

33   Das kommunale Wirtschaftsrecht in den einzelnen Gemeindeordnungen der Bundesländer basiert zwar, ausgehend von den in §§ 67 ff. DGO festgelegten

Grundsätzen, auf einem weitgehend gleich gebliebenen Aufbau und Grundstruktur. Aufgrund der wirtschafts- und ordnungspolitischen Vorstellungen in den einzelnen Bundesländern und den Auffassungen über den Stellenwert von Kommunalunternehmen einerseits und dem Schutzumfang wirtschaftlicher Betätigung durch Private andererseits, aber auch der Frage der Steuerung und Kontrolle und der notwendigen Einflussnahme der kommunalen Organe auf ihre wirtschaftlichen Unternehmen unterscheiden sich die Regelungen in Einzelfragen inhaltlich doch z. T. beachtlich und zwar mit zunehmender Tendenz. Die **Innenministerkonferenz** hat zwar immer wieder den Versuch unternommen, durch „**Musterentwürfe**", Empfehlungen und Lösungsvorschläge zu einer relativen Einheitlichkeit des Rechts der Kommunalunternehmen beizutragen. In den letzten Jahren ist dies nur noch mühsam, zum Teil auch nur noch mit alternativen Lösungsansätzen gelungen (vgl. etwa *Ehlers* DÖV 1986, 897 ff. m. w. N.; *Dünchheim/Schöne* DVBl. 2009, 146 ff.; *Berichte* des AK III der Innenministerkonferenz vom 5./6.3. 1998 und 26./27.3.2001; NRW, LT-Drucks. 14/3979). In den Berichten des AK III der IMK von 1998/2001 und 2007 in NRW sind vor allem folgende Themen problematisiert und ein **Handlungsbedarf für gesetzliche Neuregelungen** gesehen worden:

- Rechtfertigung durch einen **öffentlichen Zweck**, die kommunale Leistungsfähigkeit und den voraussichtlichen Bedarf (Weiterentwicklung der Begriffe einschließlich damit verbundener Dienstleistungen: Rand- oder Nebennutzungen bzw. Annex- oder Hilfstätigkeiten von untergeordneter Bedeutung; „Full-Service-Problematik");
- Inhalt und Reichweite des **Örtlichkeitsgrundsatzes**, Grenzen von Lockerungen, länderübergreifende Betätigung, Auslandsbetätigung (Territorialprinzip; Vereinbarkeit mit Art. 28 Abs. 2 GG);
- **Subsidiaritätsprinzip** als „einfache", „verschärfte" oder „sui generis" Subsidiaritätsklausel und Konkurrenzschutz;
- Beibehaltung bzw. Aufgabe der Unterscheidung in wirtschaftliche und **nichtwirtschaftliche Betätigungsbereiche;**
- Mitwirkungsrechte der Kommunen in den Gesellschaftsorganen (inhaltliche Ausgestaltung und Instrumente zur **Steuerung und Kontrolle** einschließlich mittelbarer Beteiligungen);
- Zulässigkeit und Grenzen **neuer Geschäftsfelder;**
- Erweiterung der zulässigen Unternehmensformen, insbesondere die Rechtsform der **Anstalten des öffentlichen Rechts** (Kommunalunternehmen);
- Veränderungen durch neue Wettbewerbssituationen (**EU-Recht**, insbesondere Vergabe- und Beihilferecht; Ausschreibungspflichten);
- Modernisierung und zum Teil auch Privatisierung/Rekommunalisierung sowie Regulierungsstrategien (vor allem bei der Ver- und Entsorgung auch als Konsequenz der Liberalisierung; vgl. etwa Papiere zur „Fortentwicklung der kommunalen Wasserwirtschaft"; Konsequenzen der Energiewende für die Kommunen; zur **Wasserwirtschaft** vgl. *Zabel* DVBl. 2010, 93 ff.; *Kühling* DVBl. 2010, 205 ff.; *Podszun/Palzer* NJW 2015, 1496 ff.).

4.   Europarechtliche Vorgaben (unionsrechtlicher Rahmen)

Neben den bestehenden nationalen Zulässigkeitsvoraussetzungen und Grenzen   **34** der wirtschaftlichen Betätigung der Gemeinden im Rahmen des kommunalen

Selbstverwaltungsrechts (vor allem durch kommunales Landesrecht) wird das kommunale Wirtschaftsrecht inzwischen maßgeblich durch europarechtliche Vorgaben in Form primären und sekundären EU-Rechts überlagert (EUV, AEUV, Verordnungen, Richtlinien, Beschlüsse, vgl. Art. 288 AEUV). So wird der weit überwiegende Teil der von den Kommunen zu erfüllenden Aufgaben durch europarechtliche Vorgaben beeinflusst. Dies macht deutlich, dass sich Recht und Politik der EU in erheblichem Maße auf viele Politik- und Aufgabenfelder der Kommunen nachhaltig auswirken. Bei der in den letzten zwei Jahrzehnten stark fortschreitenden europäischen Integration, die von der Bundesrepublik mitinitiiert und getragen wurde und wird, ist zu beobachten, dass diese politische, wirtschaftliche und friedenssichernde Entwicklung, die erfolgreichste in der Geschichte Europas, teilweise als Nivellierung und Unitarisierung durch einen anonymen Brüsseler „Beamtenapparat" empfunden wird. Auch hatten nur wenige damit gerechnet, dass die europarechtlichen Vorgaben die kommunale Daseinsvorsorge und damit einen Kernbereich des kommunalen Selbstverwaltungsrechts so stark beeinflussen wie dies in den letzten Jahren geschehen ist. **Konfliktpotential** erwächst vor allem daraus, dass die europäische Union gerade in den wirtschaftlichen Betätigungsbereichen der Daseinsvorsorge fortschreitend zahlreiche Regelungskonzepte vorlegt und umsetzt, dass hinsichtlich der Rahmenbedingungen und der näheren Ausgestaltung öffentlicher Daseinsvorsorge in den einzelnen Mitgliedstaaten der EU erhebliche Unterschiede bestehen und dass es in wichtigen Fragen zum Teil an klaren Begriffen und Abgrenzungen und damit zum Teil an der erforderlichen Rechtssicherheit fehlt (vgl. zu den sich gegenüberstehenden Interessen: Bundesvereinigung der kommunalen Spitzenverbände, Forderungen an das neugewählte Europäische Parlament vom 10.4.2014; *Kämmerer* NVwZ 2004, 28 ff., der demgegenüber vor der Aushöhlung des Wettbewerbsprinzips warnt; *Lange* NVwZ 2014, 616 ff.; zum TTIP und den Auswirkungen auf die Kommunen: Positionspapier der Kommunalen Spitzenverbände von Ende 2014, in: Mitt. NRW StGB 2014, 288 ff.; *A. Hille*, TTIP, 2015; *Weiß* DÖV 2016, 661 ff.).

35 Die Vorgaben des **primären Unionsrechts** sind in dem Vertrag über die Europäische Union (**EUV**) und dem Vertrag über die Arbeitsweise der Europäischen Union (**AEUV**) festgelegt. Zielsetzung und Aufgabe der Union ist es, durch die Errichtung eines Binnenmarkts und einer Wirtschafts- und Währungsunion sowie durch gemeinsame Politiken und Maßnahmen in der gesamten Union „auf eine nachhaltige Entwicklung Europas auf der Grundlage eines ausgewogenen Wirtschaftswachstums und von Preisstabilität, eine in hohem Maße wettbewerbsfähige soziale Marktwirtschaft, die auf Vollbeschäftigung und sozialen Fortschritt abzielt, sowie ein hohes Maß an Umweltschutz und Verbesserung der Umweltqualität" hinzuwirken (**Art. 3 EUV**). Von besonderer Bedeutung ist die in **Art. 119 Abs. 1 AEUV** hervorgehobene Verpflichtung der Mitgliedstaaten auf eine Wirtschaftspolitik, die dem **Grundsatz einer offenen Marktwirtschaft mit freiem Wettbewerb** verpflichtet ist. Ein freier Wettbewerb als wirtschaftliches Ordnungssystem wird in den Mittelpunkt eines so herzustellenden Binnenmarkts gerückt und durch die **vier Grundfreiheiten** des freien Waren-, Personen-, Dienstleistungs- und Kapitalverkehrs gewährleistet (vgl. Art. 26 Abs. 2 AEUV; daneben dienen Wettbewerbsregeln, Beihilfevorschriften etc. der Beseitigung der Hindernisse für einen freien Binnenmarkt). Für den Bereich der kommunalen Daseinsvorsorge wird diese Position z. T. als zu einseitig angesehen („Überhöhung" des Wettbewerbs; *Broß* JZ 2003, 874 ff.; vgl. *Kolb* LKV 2006, 97), inzwischen aber weitgehend als feststehend akzeptiert, wenngleich die Konsequenzen in der kommunalen Praxis noch nicht hinreichend bewusst sind (vgl. *Busson/Kirchhof/Müller-Kabisch* KommJur 2014, 88 ff.). Dabei ist freilich nicht zu übersehen, dass die Kennzeichnung als offene Marktwirtschaft sowie die in den Verträgen angelegten Regelungen über Dienstleistungen von allgemeinem wirtschaftlichem Interesse in engen Grenzen Ausnahmen und Interventionen der Mitgliedstaaten oder der Union selbst ermöglichen (vgl. insbes. Art. 14 und 106 Abs. 2 AEUV, ferner Art. 36 Charta der Grundrechte). In **Art. 14 AEUV** ist festgelegt, dass „in Anbetracht des besonderen Stellenwerts, den Dienste von allgemeinem wirtschaftlichem Interesse innerhalb der gemeinsamen Werte der Union einnehmen […], dafür Sorge zu tragen ist, dass die Grundsätze und Bedingungen für das Funktionieren dieser Dienste so gestaltet sind, dass sie ihren Aufgaben nachkommen können". In **Art. 106 Abs. 2 AEUV** heißt es: „Für Unternehmen, die mit Dienstleistungen von allgemeinem wirtschaftlichem Interesse betraut sind, gelten die Vorschriften dieses Vertrages, insbesondere die Wettbewerbsregeln, soweit die Anwendung dieser Vorschriften nicht die Erfüllung der ihnen übertragenen besonderen Aufgabe rechtlich oder tatsächlich verhindert". Beide Ausnahmevorschriften werden allerdings von der EU-Kommission und der europäischen Rechtsprechung restriktiv ausgelegt und somit das Spannungsverhältnis zwischen Wettbewerb und Gemeinwohl, für die effiziente und diskriminierungsfreie Erbringung der Dienstleistungen von allgemeinem Interesse als Voraussetzung für das reibungslose Funktionieren des Binnenmarkts einerseits und der Forderung nach Sonderbehandlung bei kommunaler Wirtschaftstätigkeit zur Erfüllung öffentlicher Aufgaben mit aufgegebenen Gemeinwohlverpflichtungen andererseits, häufig wettbewerbsorientiert gelöst. Nur in den erwähnt engen Grenzen hat der EuGH durch seine „Altmark-Trans"-Rechtsprechung und darauf aufbauend auch die EU-Kommission durch ihr „Almunia-Paket" der Bedeutung der Daseinsvorsorge Rechnung getragen Daher kritisieren die kommunalen Spitzenverbände die aktiv-gestaltende Rolle der Kommission deutlich und fordern unter Berücksichtigung der konkreten nationalen, rechtlichen und tatsächlichen Rahmenbedingungen mehr Spielräume für die Umsetzung des EU-Rechts in nationales Recht (vgl. Bundesvereinigung der kommunalen Spitzenverbände, Forderungen an das neugewählte Europäische Parlament vom 10.4.2014; näheres unten Rdn. 67 f. und 236 ff.).

Im AEUV ist als zentraler Grundsatz der Union eine offene Marktwirtschaft mit **36** diskriminierungsfreiem Wettbewerb festgelegt. Dementsprechend ist es Aufgabe der Europäischen Union, diesen zu gewährleisten und zu schützen. Hierfür sieht die Wettbewerbsordnung in den **Art. 101 ff. AEUV** das Kartellverbot, das Missbrauchsverbot, die Fusionskontrolle sowie Regelungen im Bereich öffentlicher Unternehmen und staatlicher Beihilfen vor. Mit der zunehmenden Europäisierung des Kommunalrechts hat *Papier* zu Recht darauf hingewiesen, dass, desto eher die Verwaltungsgerichte vor die Frage gestellt werden, ob und inwieweit der Gewährleistungsgehalt des Art. 28 Abs. 2 GG in seinem Kernbereich berührt (*Papier* DVBl. 2003, 686, 691 ff.) und damit zusammenhängend die Frage nach der Europafestigkeit des Art. 28 Abs. 2 GG gestellt wird (vgl. auch *Kolb* LKV 2006,

97 ff.), je intensiver die Kommission in diesem Bereich eine extensive Handhabung und Auslegung des EU-Rechts betreibt. Ob sich *Papiers* Hoffnung nach einer Lösung des Spannungsverhältnisses, die er in einer Europäischen Verfassung sieht, die für die kommunale Selbstverwaltung und die kommunale Daseinsvorsorge hinreichend Rechtsgrundlagen beinhaltet, durch die Europäischen Verträge erfüllt, kann durchaus bezweifelt werden. Allein das in Art. 4 Abs. 2 AEUV zum Ausdruck kommende Verständnis von einem Mehrebenensystem unter Einschluss der kommunalen Ebene und dem nunmehr in Art. 5 Abs. 3 EUV normierten Subsidiaritätsprinzip ("Kommunalblindheit" *Mehde*, in: Maunz/Dürig, GG-Kommentar, 74. EL Mai 2015, Art. 28 Abs. 2 GG Rdnr. 8, 9) können insoweit nur als ein richtiggehender Anfang gesehen werden.

Literaturhinweise (EU-Recht): Eingehendere Ausführungen zum Europäischen Unionsrecht vgl. unten Teil 1 Rdn. 67 ff. und 236 ff. je mit weiteren Literaturhinweisen.

5.   Erscheinungsformen kommunaler Wirtschaftstätigkeit

37   Die wirtschaftlichen Betätigungen der Kommunen zur Erfüllung der gemeindlichen Aufgaben, insbesondere der Bedürfnisse ihrer Einwohner in den Bereichen Daseinsvorsorge, Lebensqualität, Infrastruktur usw. sind außerordentlich bunt und vielgestaltig ("gemischtwarenladenähnliche" Aufgabenvielfalt; vgl. bereits oben Rdn. 4 ff.). Die Erscheinungsformen haben sich teilweise historisch entwickelt und sind nur aus ihrem geschichtlichen Kontext zu verstehen, unterliegen aber auch beachtlichen gesellschaftlichen, wirtschaftlichen und technologischen Veränderungen, die ihrerseits wieder von den jeweils herrschenden ordnungs-, wirtschafts- und sozialpolitischen Grundauffassungen sowie heute auch von unionsrechtlichen Regeln geprägt werden (vgl. *Badura* DÖV 1998, 818 ff.; *Püttner* DVBl. 2010, 1189 ff.; *Blanke* DVBl. 2015, 1333 ff.). Zur Illustration der großen Vielfalt in den **klassischen Feldern** kommunaler Wirtschaftstätigkeit wird auf die nachfolgende **Abb. 1** verwiesen (vgl. dazu erste Ausführungsanweisung zur EigBVO vom 22.3.1939, RMBliV 633; *Hidien*, Gemeindliche Betätigung rein erwerbswirtschaftlicher Art, 1981, S. 34 ff.; *Knemeyer*, in: Achterberg/Püttner/Würtenberger, BesVerwR, Bd. I, S. 53, 59; *Wessel* NVwZ 2002, 1083 ff.):

Abb. 1: Aufgabenfelder kommunaler Wirtschaftstätigkeit

Abfallbeseitigungsanlagen;	Bau- und Betriebsgesellschaften;
Abwässerbeseitigungsanlagen;	Bauträgergesellschaften;
Amts- und Mitteilungsblätter;	Behindertenarbeitsbetriebe;
Apotheken;	Bestattungsunternehmen;
Arbeitsvermittlungsstellen;	Blumenläden;
Automobilfabriken;	Brauereien;
Badebetriebe;	Brunnenbetriebe;
Bäckereien;	Buchbindereien;
Bankenbeteiligungen;	Bundesgartenschaugesellschaften;
Bauhöfe für Gartenbau und Straßenbau;	Camping-Gesellschaften;
	Datenverarbeitungszentralen;

Documenta-GmbH;
Druckereien;
Einkaufsgenossenschaften und
-zentralen;
Eisfabriken;
Entwicklungsgesellschaften;
Fahrdienste;
Forstwirtschaftsbetriebe;
Freizeitunternehmen;
Fremdenzimmer-
Vermittlungsstellen;
Fuhrparks mit Werkstätten und
Tankstellen;
Gärtnereibetriebe;
Grundstücke- und Anlagegesell-
schaften;
Hallenbetriebe (Festhallen, Stadt-
hallen, Ausstellungshallen, Mehr-
zweckhallen, Markthallen);
Handwerksbetriebe;
Hotels;
Hotel- und Gaststättenschulen;
Heime (Alters-, Jugend- und Pflege-
heime);
Installationsbetriebe;
Kantinen;
Kohleveredlungsbetriebe;
Kompostwerke;
Kraftfahrzeugkennzeichen-
Verkauf;
Kurbetriebe;
Landwirtschaftliche Betriebe;
Lebensmittelbetriebe;
Möbelbetriebe;
Müllabfuhrbetriebe;
Müllverbrennungsanlagen;
Parks (Tierparks, Freizeitparks,
Olympia-Parks);
Parkhäuser- und Parkplatzgesell-
schaften;
Pfandleihunternehmen;
Reisebüros;
Reinigungsbetriebe;
Reklamebetriebe;

Reparaturwerkstätten (Schreine-
reien, Schlossereien);
Restaurationsbetriebe (Ratskeller,
Schlosscafe, Stadion-Gaststätte);
Sanierungs- und Planungsgesell-
schaften;
Sargfabriken;
Schlachthöfe;
Schuhbesohlanstalten;
Seilbahn-Gesellschaften;
Sparkassen;
Speditionsunternehmen;
Studentenwohnheim-Betriebe;
Textilfarben;
Tierkörperbeseitigungsbetriebe;
Trinkwassergewinnungsbetriebe;
Urproduktionsbetriebe (Braunkoh-
lebergwerke, Güter, Molkereien,
Milchhöfe, Sägewerke, Minen,
Brunnenbetriebe, Kies- und Kalk-
betriebe, Steinbrüche, Ziegeleien,
Mühlen, Torfbrüche);
Verkehrsbetriebe (Straßenbahnen,
Kleinbahnen, Kraftverkehrsbe-
triebe, Industriebahnen, Anschluss-
bahnen, Gleisbetriebe, Hafenbe-
triebe, Speicher, Lagerhäuser,
Häfen, Flughäfen, Fähren);
Verkehrsförderungsgesellschaften;
Verkehrsvereine;
Verlage;
Versicherungsunternehmen;
Versorgungsunternehmen (Gas,
Wasser, Elektrizitäts- und Fernheiz-
werke);
Waagen;
Wäschereien;
Weinkeller;
Weingüter;
Wirtschaftsförderungsgesellschaf-
ten;
Wohnraumvermittlungsstellen;
Wohnungsbauunternehmen;
Zuckerfabriken.

Die rechtlichen und tatsächlichen Rahmenbedingungen und damit auch Leitbild   **38**
und Funktionen der Kommunalunternehmen wandeln sich. Vor allem durch die

europäische und nationale Liberalisierungs- und Privatisierungsgesetzgebung der letzten Jahre wurden für die Kommunalunternehmen deutliche Veränderungen und Entwicklungen eingeleitet (von Gebietsmonopolen zu weitgehend freiem Wettbewerb; vgl. *Britz* NVwZ 2001, 380; *Schink* NVwZ 2002, 129). Das Tätigkeitsspektrum der klassischen Daseinsvorsorge i. S. *Forsthoff's* ist aber auch deshalb in einem beachtlichen Wandel begriffen, weil Fragen wie Wirtschaftlichkeit, Spar- und Rationalisierungszwänge, Finanzknappheit der Kommunen sowie die Sicherung von Arbeitsplätzen, des Standortwettbewerbs und vieles mehr eine zunehmende Rolle spielen (Daseinsvorsorge kein statischer, sondern entwicklungsoffener Begriff; vgl. *Schwarze* EuZW 2001, 334 ff.). Vor allem die Entwicklung, dass kommunale Monopole durch neue Ordnungsrahmen und Wettbewerbssituationen verändert wurden und werden (Energieversorgung, Wasser, Entsorgung, ÖPNV usw.), trägt dazu bei, dass zur Erhaltung der Konkurrenzfähigkeit der Kommunalunternehmen verstärkt in Richtung **Ausdehnung des Absatzmarkts** weit über die Gemeindegrenze hinaus und die **Erweiterung ihrer Produkte und Leistungen** nachgedacht wurde und wird. Dass dabei in Einzelfällen auch über das Ziel hinausgeschossen wurde und unter den Kommunalunternehmen einige wenige „schwarze Schafe" zu verzeichnen sind, ist nicht ganz verwunderlich (von den Rechtsaufsichtsbehörden wäre in diesen Fällen eine etwas aktivere und klarere Position sicher hilfreich; vgl. *Ruffert* VerwArch 2001, 27 ff.; unten Rdn. 188 und BGH NJW 2003, 1318 ff.; BVerwG NVwZ 2016, 72 ff.; *Knirsch* GemHH 2016, 28 ff.; Bertelsmann Stiftung, Kommunalaufsicht 2020). Abstrakt lassen sich die neuen Geschäftsfelder im Wesentlichen in **zwei Kategorien** einteilen:

– Zum einen handelt es sich um außengerichtete Tätigkeiten (Fremdbedarfsdeckung) der Kommunen zur Erschließung und Wahrnehmung von Aufgaben, die sie bisher nicht wahrgenommen haben bzw. um Tätigkeiten, die bereits wahrgenommen wurden, die sich aber durch technische Veränderungen und Neuentwicklungen ausgeweitet und/oder verändert haben.

– Zum anderen werden unter dem Begriff der neuen Geschäftsfelder auch Tätigkeiten verstanden, die bisher ausschließlich oder ganz überwiegend internen Zwecken dienten (Eigenbedarfsdeckung) und nunmehr erstmalig in größerem Umfang Dritten angeboten werden.

39 Die Palette der „**neuen Geschäftsfelder**" ist sehr vielfältig (vgl. dazu UA „Kommunale Wirtschaft" der IMK, Wirtschaftliche Betätigung der Kommunen in neuen Geschäftsfeldern, März 1998; *Henneke* NdsVBl. 1998, 273 ff.; *Schink* NVwZ 2002, 129; *Podzun/Palzer* NJW 2015, 1496 ff.; *Cronauge*, a. a. O., Rdn. 552 ff.). Zu den wichtigsten neuen Geschäftsfeldern, die ganz oder begrenzt zulässig sind, zählen insbesondere (zu den Zulässigkeitsvoraussetzungen und Grenzen vgl. unten Rdn. 45a ff., 50 ff. und Teil 2 § 102 Rdn. 43 ff.):

– Breitbandinfrastruktur/Telekommunikationsdienstleistungen, digitale Vernetzung und dergl. (vgl. etwa *Holznagel/Deckers* DVBl. 2009, 482 ff.);
– Wirtschaftsförderungs- und Beschäftigungsgesellschaften, Technologie- und Existenzgründerzentren, Risikokapitalgesellschaften und dergl.;
– Tourismus- und Veranstaltungsdienstleistungen;
– Consulting- und Planungsdienstleistungen;

- untergeordnete Wartungs-, Installations-, Werkstatt- und ähnliche Arbeiten im Zusammenhang mit Ver- und Entsorgungsdienstleistungen für private Dritte („Full Service" etwa im Energiebereich, Dienstleistungen „Rund ums Haus"; Übernahme von Kfz-Reparaturaufträgen, Garten- und Grünpflege für Private, Fremdleistungen des Bauhofs, der Vermessungsverwaltung usw.; Service-, Reinigungs- und Gebäudemanagementaufgaben und vieles mehr; je als neue, wesentlich oder unwesentlich zusätzlich ergänzende Tätigkeiten oder Einsatz von nicht ausgelasteten Personalkapazitäten; vgl. Rdn. 56a);
- Sozialer Wohnungsbau, Flüchtlingsunterkünfte.

6. Faktische Bedeutung der kommunalen Wirtschaftstätigkeit

Die kommunal- und volkswirtschaftliche Bedeutung der wirtschaftlichen Betätigung der Kommunen ist nach wie vor beachtlich. Teilweise wird die Auffassung vertreten, dass die Kommunalwirtschaft in den letzten Jahren und gegenwärtig „boomt" und sich in vielen Kommunen eine „Goldgräbermentalität" breit gemacht hat (vgl. etwa *Ehlers* DVBl. 1998, 497 f.; *Ruffert* VerwArch 2001, 27 f.; *Schink* NVwZ 2002, 129 f.). Unbestritten ist, dass der zunehmende Umfang und ihre meist lebensnotwendigen Aufgabenbereiche der kommunalen Unternehmen zu einem nicht zu unterschätzenden Wirtschaftsfaktor machen, insbesondere bei den elementaren täglichen Bedürfnissen der **Grundversorgung**: Die Versorgungsunternehmen mit kommunaler Beteiligung beliefern den Großteil der Einwohner (Wasser rd. 90 %, Abwasser rd. 95 %, Energie fast 60 %), städtische Verkehrsbetriebe bedienen in größeren Gemeinden den öffentlichen Nahverkehr weitgehend und auch die kommunalen Wohnungsbauunternehmen versorgen zusammen mit freien gemeinnützigen Wohnungsbauunternehmen die Bevölkerung mit einem wesentlichen Teil der Wohnungen im sozialen Wohnungsbau. Auf die öffentliche Wirtschaft entfällt insgesamt ein Anteil von etwa 10 bis 12 % an der gesamten Bruttowertschöpfung (vgl. *Reidt*, in: Jarass (Hrsg.), Wirtschaftsverwaltungsrecht, 3. Aufl. 1997, § 12; *Cronauge* AfK 1999, 24 ff.). Nach den Berechnungen der Monopolkommission (Hauptgutachten XX, 07/2014, S. 439 ff.) haben sich die Kommunalen Unternehmen zahlen- und umsatzmäßig von 2000 bis 2011 wie folgt entwickelt (**Abb. 2**):

40

Abb. 2: Entwicklung der Kommunalen Unternehmen von 2000 bis 2011

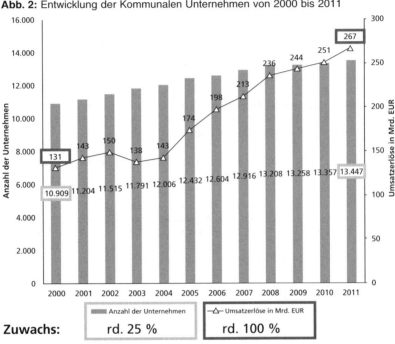

| Zuwachs: | rd. 25 % | rd. 100 % |

41 Leider gibt es für die öffentlichen Unternehmen keine vollständigen Statistiken und damit fehlen verlässliche Zahlen. Deshalb sollen hier zusätzlich die vom **Verband kommunaler Unternehmen e.V. (VKU)** herausgegebenen statistischen Daten für die im VKU inzwischen zusammengeschlossenen knapp 1.500 Kommunalunternehmen dargestellt werden: Rund 115 Mrd. Euro Umsatzerlöse bei knapp 250.000 Beschäftigten (Stand: 2013). Die Entwicklung der Organisationsformen in der kommunalen Praxis hat sich wie folgt entwickelt bzw. stellt sich gegenwärtig wie folgt dar (nur VKU; vgl. **Abb. 3**):

Abb. 3: Organisationsform kommunaler Unternehmen (nur VKU-Mitglieder)

Jahr	EigB		AÖR bzw. KU		AG		GmbH		Zweck-verband		Insge-samt
	Zahl	%	Zahl	%	Zahl	%	Zahl	%	Zahl	%	
1952	477	94,5	–	–	9	1,8	16	3,1	3	0,6	505
1965	613	87,8	–	–	23	3,3	39	5,6	23	3,3	698
1975	460	71,2	–	–	42	6,5	112	17,3	32	5,0	646
1985	412	62,5	–	–	39	6,0	174	26,4	34	5,1	659
1994	360	43,4	–	–	48	5,8	378	45,5	44	5,3	830
2000	292	30,9	19	2,0	51	5,4	531	56,3	51	5,4	944
2002	241	25,0	24	2,5	54	5,6	600	62,2	46	4,7	965

41/StLB-ZB

Jahr	EigB		AÖR bzw. KU		AG		GmbH		Zweck- verband		Insge- samt
	Zahl	%	Zahl	%	Zahl	%	Zahl	%	Zahl	%	
2007	304	24,0	49	3,5	66	5,0	856	61,5	80	6,0	1.355
2013	302	23,0	77	5,0	63	4,0	888	61,0	102	7,0	1.432

7. „Konzern Stadt"

Die herkömmliche zentrale „Mittelpunktsfunktion" des Rathauses (Rat, Bür-   **42**
germeister und Verwaltung) hat sich in der alltäglichen Praxis erkennbar verschoben. Der Trend der letzten Jahrzehnte zu Ausgliederungen aus dem Kernhaushalt vor allem durch Organisationsprivatisierung haben zu einer
beachtlichen **Atomisierung** und teilweise auch Intransparenz, häufig zu zu großem Eigenleben und zu **Untersteuerungseffekten** durch die demokratisch gewählten Kommunalorgane als Anteilseigner geführt. Diese Entwicklung birgt
die Gefahr in sich, dass sowohl die Grundsätze der Einheitlichkeit der Verwaltung sowie der **effizienten Steuerung und Kontrolle** der gesamten kommunalen Aufgabenerfüllung **durch die demokratisch legitimierten Kommunalorgane** verloren
gehen. Durch vielfältige Verschachtelungen und Verflechtungen einerseits sowie
durch Absonderung und Sektoralisierung andererseits wird die notwendige

Abb. 4: Kommunalstrukturen im „Konzern Stadt" [1]

Stadt	Einwoh- nerzahl	städt. Kernhaushalt				komm. Beteiligungen			
		Verw HH Euro in Mio. %	Verm HH Euro in Mio. %	Mitarbeiter Zahl %		Umsatz Euro in Mio. %	Investi- tion Euro in Mio. %	Mitarbei- ter Zahl %	
Augs- burg	260.000	480 17	103 35	4.250 32		2.400 83	189 65	9.200 68	
Freiburg	210.000	457 38	73 43	3.138 46		725 62	97 57	3.638 54	
Hanno- ver	510.000	1.190 40[2]	91,2 37[2]	12.385 65[2]		1.784 60	153 63	6.648 35	
Karls- ruhe	286.000	720 41	145 50	4.312 43		1.010 59	144 50	5.740 57	
Leipzig	490.000	1.941 36	683 45	9.325 58		3.470 64	834 55	6.749 42	
Mann- heim	310.000	715 26	149 20	4.172 35		2.016 74	595 80	7.739 65	
Stuttgart	580.000	1.840 64	396 26	8.700 45		1.040 36	1.150 74	10.450 55	
Ulm	115.000	265 41	60 40	1.543 52		380 59	88 60	1.382 48	
Ausge- wählte Groß- städte in NRW[3]		43	40	47		57	60	53	

1) Die Daten aus 2000 bis 2003 stellen nur ca. Werte dar, die leider nicht auf den neusten Stand gebracht werden konnten.
2) Einschließlich Eigenbetriebe
3) Quelle: IM NRW, Vorschläge zur Gestaltung der Beteiligungsberichte (Bals), 2002, S. 8 und eigene Erhebungen.

Transparenz sowie die erforderliche Klarheit und Verantwortlichkeit der Entscheidungen in Frage gestellt. Diese Entwicklung, die vor allem in den größeren Städten Ähnlichkeiten mit gesellschaftsrechtlichen Konzernen aufweist, wird mit dem Begriff „Konzern Stadt" umschrieben. Sie wird in voller Deutlichkeit erkennbar, wenn man sich die entsprechenden Zahlen vergegenwärtigt. Aus der **Abb.** 3 wird erkennbar, dass sich die Zahl der Ausgliederungen deutlich erhöht hat (Abb. 3 enthält nur die VKU-Mitglieder, tatsächlich haben sie weit stärker zugenommen). Nach der Monopolkommission hat sich die Zahl der Kommunalunternehmen insgesamt allein von 2000 bis 2011 von rd. 10.900 auf rd. 13.500 erhöht (um rd. 25 %, die Umsatzerlöse um rd. 100 %; vgl. **Abb. 2**). Besonders signifikant sind die Zahlen in der vorstehenden **Abb.** 4 (leider konnten keine neueren Daten ermittelt werden; der Bedeutung wegen wurde die Abb. gleichwohl beibehalten). Hier zeigt sich der relativ eindeutige Durchschnittstrend, dass in Kommunen über etwa 50.000 Einwohnern die Haushalts-, Finanz- und Personalzahlen in den ausgegliederten Bereichen mindestens genauso hoch sind wie im Kernhaushalt, in Städten über 100.000 Einwohnern die ausgegliederten Bereiche 60 bis 80 % und der Kernhaushalt lediglich rund 20 bis 40 % ausmacht (vgl. im Einzelnen die vorstehenden Abb. 2 bis 4 sowie unten Rdn. 196 f.; *Knemeyer* Der Städtetag 1992, 317 ff.; *Katz* GemHH 2002, 54 ff.; *Oebbecke*, VBlBW 2010, 1 ff.). Diese Aussagen werden durch eine repräsentative Auswertung „typischer" Großstädte in NRW und eine vom **DIFU** im Jahr 2003 durchgeführte Untersuchung sowie zahlreichen Auswertungen des Verfassers in bad.-württ. und bay. Städten zwischen 2005 und 2010 bestätigt (weitere Ergebnisse: Großstädte haben im Durchschnitt ca. 40 bis 200 Beteiligungen; davon sind 75,7 % GmbHs, 6,8 % GmbH u. Co KGs, 6,1 % AGs; in 77 % der Beteiligungen wird der kommunale Einfluss als zumindest fraglich bezeichnet; vgl. DIFU-Materialien, Privatisierung in Kommunen – Auswertung von Beteiligungsberichten, 2003, Bd. 10; Monopolkommission, XX, 07/2014, S. 439 ff.).

43 Zur Aufgaben- und Finanzverantwortung eines kommunalen Eigentümers (Anteilseigner) gehört zwingend, die Ziele und die Geschäftsentwicklung seiner Unternehmen im Sinne und Interesse der Gemeinde zu beeinflussen und zu kontrollieren sowie die Einhaltung der gesetzlichen Vorgaben sicherzustellen. Mit den GO-Novellen seit Mitte/Ende der 90er Jahre ist diese Zielsetzung durch die Bundesländer i. S. eines **Einflusssicherungskonzepts** konkretisiert und konzeptionell in Richtung eines **Beteiligungsmanagements** weiterentwickelt und verbessert worden (Beitrag zum Aufbau eines Steuerungs- und Controllingsystems; vgl. dazu eingehend unten Rdn. 126 ff.; *Katz* GemHH 2016, 73 ff.). Danach sind vor allem Mehrheitsbeteiligungen so zu steuern und zu überwachen, dass der öffentliche Zweck usw. nachhaltig erfüllt und das Unternehmen wirtschaftlich geführt wird. Die Pflicht zur Steuerung und Überwachung hat nicht nur bloßen „Appellcharakter", sondern enthält die rechtlich verbindliche Vorgabe, durch demokratisch legitimierte Organe eine umfassende Strategie für eine aktive Beteiligungsverwaltung zu entwickeln, umzusetzen, regelmäßig und konsequent zu überprüfen sowie zu optimieren. Vor dem Hintergrund der Stärkung der kommunalen Selbstverwaltung und ihrer Organe, der kommunalen Finanzsituation und der Maßnahmen zur Reform und

Modernisierung der Verwaltung sowie der genannten faktischen Entwicklung ist dies folgerichtig und auch unter dem Aspekt „Corporate Governance" geboten. Operative, Detail- und Übersteuerung ist abzubauen, strategische ziel- und wirkungsorientierte Steuerung ist zu entwickeln und zu stärken (durch Budgetierung und dezentrale Ressourcenverantwortung einerseits sowie Ziel-, Leistungs- und Wirkungsvorgaben mit Kontraktmanagement und strategischen Kernkennzahlen sowie Vorgabenkontrolle andererseits; vgl. dazu etwa KGSt-Berichte 8 und 9/1985 sowie 5/1993 und 8/1994; Deutscher Städtetag, Thesenpapier, 1995; *Katz* GemHH 2002, 265 ff. und 2016, 73 ff.; *Katz*, in: FS für P. Eichhorn, 2007, S. 582 ff.; *Klieve* WPg 2015, Heft 4, S. I; *Fabry/Austen*, a. a. O., S. 596 ff.; unten Rdn. 161 ff.).

Literaturhinweise („Konzern Stadt"): Eingehendere Ausführungen zum Beteiligungsmanagement und Steuerung vgl. unten Rdn. 159 f. und 161 ff. m. w. N. sowie Teil 2 § 105 Rdn. 21 ff.; KGSt Berichte, insb. 19/1992, 5/1993 und 8/1994; zu Bundes- bzw. Landesbeteiligungen vgl. §§ 53 f. HGrG, §§ 65 ff. BHO/LHO und *Wilting* DÖV 2002, 1013 ff.; Kommune zu wertorientierter Führung/value-reporting: Schmalenbachgesellschaft DB 2002, 2337 ff. und Finanz Betrieb 2003, 525 ff.; *Linhos*, Der Konzern Stadt, in: Uni Potsdam, KWI – Arbeitshefte 11, 2006; *Oebbecke*, VBlBW 2010, 1 ff.; KPMG, Der Konzern Kommune in der Krise? Public Governance 12/2015.

8. Herausforderungen und Zielsetzungen

Die aktuellen Entwicklungen von Recht und Praxis der kommunalen Unternehmen lassen unterschiedliche ordnungspolitische Konzepte sowie Leitbilder von Funktionen und Funktionsweisen öffentlicher wirtschaftlicher Tätigkeit erkennen. Vieles wurde und wird in Gesetzgebung, Rechtsprechung und Literatur kontrovers diskutiert, die Veränderungen oder gar Neubestimmung des Leitbilds und der Funktionen kommunaler Unternehmen sind noch im Fluss. Vieles ist vor dem Hintergrund des sich vollziehenden Wandels für die Zukunft der Kommunalunternehmen offen. Dazu werden – vereinfacht ausgedrückt – **drei Grundpositionen** bzw. Entwicklungslinien vertreten: (1) Der „status quo" wird mit kleineren Modifizierungen im Wesentlichen beibehalten. (2) Den Kommunen wird eine volle Teilnahme am Markt, eine wirtschaftliche Betätigung unter gleichen Bedingungen wie der Privatwirtschaft ermöglicht (Aufgabe des „Sonderstatus" kommunaler Unternehmen; Streichung insbesondere des „öffentlichen Zwecks" und des „Territorialprinzips" bei Beachtung der allgemeinen Wettbewerbsordnung). (3) Möglichst viele Bereiche der Kommunalwirtschaft sollen materiell privatisiert werden (strikte Anwendung des „Subsidiaritätsprinzips"; ordnungspolitisches Leitbild eines „schlanken Staates"). Sicher wird keine dieser Positionen, sondern eine „Mischung" aus allen drei als **Zukunftsleitbild** am wahrscheinlichsten sein. Kommunale wirtschaftliche Betätigung wird kompetenz- und zweckgebundene Verwaltungstätigkeit im eigenen Wirkungskreis sein und bleiben, und ist grundsätzlich sowie primär am Gemeinwohl der Gemeindeeinwohner festzumachen. Deshalb müssen gerade kommunale Unternehmen im Rahmen der Liberalisierungsgesetzgebung eine angemessene Behandlung und faire Chance erhalten (vgl. auch unten Teil 2 § 102 Rdn. 3 ff.).

44

Dabei sprechen die aktuellen ordnungspolitischen Ziele von EU, Bund und Ländern durchaus auch für Privatisierungen als Alternative (Liberalisierung

45

bedeutet nicht zwangsläufig „Kommunalisierung"). In manchen Bereichen kommunaler Wirtschaftsbetätigung kann es effektiver sein, nicht alles selbst zu tun, sondern das Tun zu ermöglichen, sich von einer leistenden zu einer **gewährleistenden Kommune** zu wandeln, also eigene Aufgabenerledigung durch ordnungspolitisches Steuern und „regulieren" zu ersetzen (vgl. insbes. die gesetzlichen Vorschriften zu Bahn, Post, Telekommunikation, Energie, Wasser, Abwasser, Abfall, ÖPNV, Sparkassen und die darin enthaltenen normativen und vertraglichen Regelungen zur Sicherstellung der Gemeinwohlbelange). Letztlich entscheidend muss die Antwort auf die Frage sein, wie im Rahmen des Art. 28 GG den **Interessen der Bürger** am besten gedient, wie der Sicherstellungsauftrag der Kommunen am besten erfüllt werden kann und wie dabei die Allgemeininteressen am besten gewährleistet werden können (insbes. allgemeiner und gleicher Zugang für alle, erschwingliche, sozialverträgliche Konditionen und Preise, Kontinuität und Universalität der Dienstleistungen, angemessene Qualität, Ver- und Entsorgungssicherheit, Transparenz und kommunale Mitwirkung in Grundsatzfragen, Berücksichtigung des Umwelt- und Gesundheitsschutzes usw.). Dies sollte weder durch EU-Normen noch durch Bundes- oder Landesgesetze „verordnet", sondern in einem partnerschaftlichen Dialog mit der kommunalen Ebene erarbeitet werden. Angesichts der deutlichen Veränderungen müssen neue Wege überlegt, die Verteilung der Aufgaben und Verantwortlichkeiten überprüft und ggf. neu festgelegt werden. Dabei sollten auch völlig neue Lösungsansätze einbezogen werden. Verstärkte Zusammenarbeit, Kooperationen und Allianzen (interkommunal und mit privaten Unternehmen, PPP usw.) sollten als Alternativen ebenso geprüft werden, wie sich jede Kommune der Grundsatzfrage stellen muss, welche Felder der wirtschaftlichen Betätigung sie für sich festlegt (Aufgabenpositionierung durch Portfolio-Strategie nach -Analyse; weitere Ausführungen vgl. Rdn. 45a ff., 192 ff. und 277 ff. sowie Teil 2 § 102 Rdn. 8 ff.).

Literaturhinweise (zu II. 8.): *Ehlers*, DVBl. 1998, 497 ff.; *Britz*, NVwZ 2001, 380 ff.; *Lattmann*, Der Städtetag 10/2000, 38 ff. und 5/2001, 32 ff.; *Püttner*, u. a. GemHH 2001, 186 f.; *Broß*, JZ 2003, 874 ff.; *Lattmann*, IR 2004, 31 ff.; *Linhos*, Der Konzern Stadt, 2007; VKU, Kommunalwirtschaft auf den Punkt gebracht, Nov. 2012.

9.   Aktuelle Entwicklungen kommunalwirtschaftlicher Betätigung

45a   a) **Allgemeine Trends.** Mehr und mehr werden kommunalrelevante Themenbereiche in die europäische Politik integriert und von dieser beeinflusst. Angesichts der unterschiedlichen Verwaltungstraditionen in den einzelnen Mitgliedstaaten, die bei der Gründung der damaligen EWG bestanden, kommt es bei zunehmender europäischer Integration zwangsläufig auch zu einer Europäisierung des Wirtschaftsrechts. Beispielhaft seien nur die folgenden Bereiche genannt:

- Förderprogramme
- Subventionskontrollen im Bereich kommunaler Wirtschaftsförderung
- Vergaberecht
- Energierecht
- der Verkehrs- und Infrastrukturbereich im Rahmen transeuropäischer Netze
- Telekommunikations- und Energieinfrastruktur

– Fragen des ländlichen Raums infolge der europäischen Agrarpolitikreform etc.

Insbesondere die europarechtlichen Wettbewerbsregeln sorgen dafür, dass kommunalwirtschaftliche Betätigungen in das unionsrechtliche Wettbewerbsregime zunehmend eingebunden werden.

Nachdem in den vergangenen Jahrzenten die Privatisierung und Liberalisierung der öffentlichen Aufgabenbereiche Einzug gehalten hatten, liegt der Trend seit einiger Zeit in der zunehmenden **Rekommunalisierung** insbesondere von Versorgungsaufgaben. Spätestens seit der Finanzkrise wird der öffentlichen Hand wieder mehr Vertrauen entgegengebracht als den Marktkräften. So übernehmen viele Städte und Gemeinden die Aufgaben beispielsweise im Bereich Energieversorgung, Wasser, Forstwirtschaft, Transport oder Abfallentsorgung wieder selbst. Bedeutender Vorteil einer Rekommunalisierung von Versorgungsaufgaben ist die Rückholung von Verantwortlichkeiten und Entscheidungsbefugnissen in die Gemeinde bei gleichzeitiger Leistungsfähigkeit.

Daneben bestehen jedoch auch Nachteile und Risiken: beispielsweise liegt, soweit es sich nicht um kommunale Pflichtaufgaben handelt (Regelfall), die Aufgabenverantwortung und -garantenpflicht sowie das damit verbundene Kostenrisiko vollständig bei der Kommune (vgl. BVerwG NVwZ 2009, 1305 ff.; *Katz* NVwZ 2010, 405 ff.). Nicht zuletzt die Insolvenz der Stadtwerke Gera hat gezeigt, dass auch bei kommunalen Unternehmen ein Fortbestand nicht uneingeschränkt garantiert werden kann (vgl. auch die Kommunalanstalten in BW und Nds.; vgl. *Katz* GemHH 2014, 245 ff.; unten Teil 2 Rdn. 31 ff. zu § 102a). Auch ist eine Rückholung der wirtschaftlichen Aktivitäten durch die öffentliche Hand nicht uneingeschränkt möglich. So müssen insbesondere europäische und nationale Vorschriften, vor allem aus dem Kartellrecht, beachtet werden. Als besonderes Beispiel ist hier der Konflikt zwischen Staat und Markt in den Fällen der Rekommunalisierung der **Strom- und Gasversorgung** zu nennen, die insbesondere in den letzten Jahren durch die Neuvergabe von Konzessionen stattgefunden hat. Die öffentliche Hand musste sich hierbei als Wettbewerber am Markt beteiligen, da die Ausnahmeregelungen der Inhouse-Vergabe wegen § 46 IV EnWG in diesem Falle nicht gelten. Dies hatte jedoch gleichzeitig zur Folge, dass die öffentliche Hand in einer Doppelrolle auftrat, die Missbrauchspotenzial birgt. Neben der Rolle als Wettbewerber waren Städte und Gemeinden gleichzeitig als Hoheitsträger, die über ihre Nutzungsrechte an Verkehrswegen entscheiden, an der Konzessionsvergabe beteiligt.

Nicht zuletzt muss auch die öffentliche Hand den **technologischen Wandel** unserer Zeit mitgehen. An der Digitalisierung sowohl der Kernverwaltung als auch von öffentlichen Unternehmen und vor allem der Bereitstellung einer entsprechenden Infrastruktur wird unabhängig von den derzeitigen Struktur- und Organisationsformen künftig kein Weg vorbeiführen. Der Staat wird vermehrt **digitale Technologien** einsetzen (müssen), um seine Arbeitsweise an der gesellschaftlichen Entwicklung auszurichten. Dazu bedarf es der schrittweisen Implementierung eines E-Government sowie der Umstellung von der Papierakte auf die E-Akte oder der Einführung elektronischer Verwaltungsakte. Die öffentliche Hand wird ihre Prozesse bei der Information und Kommunikation sowohl im Verhältnis zwischen Behörden als auch im Verhältnis zwischen Behörden

45b

und Bürgern neu ausrichten und vereinfachen müssen. All dieser technologische Wandel bedarf jedoch auch eines effizienten und sicheren Konzepts sowie des entsprechenden rechtlichen Rahmens, der teils schon besteht, teils in den nächsten Jahren entwickelt werden wird.

45c   **b) Die Rolle der Energiewende.** Die Energiewende ist von der Politik zu einer der wichtigsten politischen und gesellschaftlichen Aufgaben erklärt worden. So soll der Marktanteil erneuerbarer Energien von 20 % im Jahr 2012 bis auf 35 % im Jahr 2020 und sogar auf 50 % bis zum Jahr 2030 gesteigert werden. Dabei sind nicht nur private Energiekonzerne, sondern ganz besonders auch die öffentliche Hand gefragt, an einer konzeptionellen Ausgestaltung und Umsetzung der Energiewende und einer Förderung erneuerbarer Energien mitzuwirken. So engagieren sich viele Gemeinden – auch im Wege der bereits angesprochenen zunehmenden Rekommunalisierung – bei der Umsetzung der Energiepolitik, die häufig gleichzeitig neue Geschäftsfelder („Arrondierungsgeschäfte" usw.) mit sich bringt (vgl. etwa § 107a GO NRW; unten Rdn. 55 f.). Eines dieser neuen Geschäftsfelder ist die Errichtung sog. „**kommunaler Windparks**". Ein verbreitetes Modell ist dabei der kommunale Bürgerwindpark, bei denen die Bürger neben der Gemeinde selbst an dem kommunalen Unternehmen zur Errichtung und zum Betrieb des Windparks beteiligt sind. Hierdurch soll – entgegen einer weit verbreiteten Abwehrhaltung gegen Windkraftanlagen in der persönlichen Umgebung – eine höhere Akzeptanz des Projekts erzielt werden. Gleichzeitig ist jedoch auch eine entsprechende Steuerung der Bauleitplanung durch die Gemeinde erforderlich. Abhängig von der jeweiligen Gemeindeordnung muss geprüft werden, ob der Ausbau und Betrieb eines Windparks mithilfe von Bürgerbeteiligungen kommunalverfassungsrechtlich zulässig ist (vgl. *Kruse/Legler* ZUR 2012, 348; *Shirvani* NVwZ 2014, 1185; *Knauff* EnZW 2015, 51; *Wolff*, in: Schneider/Theobald, Recht der Energiewirtschaft, 4. Aufl. 2013, § 5 Rechtliche Rahmenbedingungen kommunalwirtschaftlichen Handelns in der Energiewirtschaft, Rn. 1 ff.).

45d   **c) Weitere Sektoren.** Im Bereich **kommunaler Krankenhäuser** ist in der Vergangenheit insbesondere die öffentliche Finanzierung zum Streitfall geworden. Kommunale Krankenhäuser können oftmals, vor allem in ländlich strukturierten Gebieten, nicht wirtschaftlich betrieben werden. Gleichzeitig besteht jedoch eine Betreibensverpflichtung im Sinne der Daseinsvorsorge und der Landeskrankenhauspläne, um die Bevölkerung flächendeckend mit ausreichenden medizinischen Dienstleistungen zu versorgen (vgl. § 3 LKHG BW: Pflichtträgerschaft der Stadt- und Landkreise). Der Grat zwischen aus EU-beihilferechtlicher Sicht zulässiger Defizitfinanzierung öffentlicher Krankenhäuser und verbotener Beihilfe ist schmal und zeigt zugleich den enormen Einfluss des europäischen Rechts auf das kommunale Wirtschaftsrecht der Mitgliedstaaten. Nicht zuletzt war die kommunale Defizitfinanzierung von öffentlichen Kliniken häufig Gegenstand von Entscheidungen der EU-Kommission, der Europäischen Gerichte, aber auch nationaler Gerichte bis hin zum BGH. Die Entscheidungspraxis war dabei stets heterogen. Ob sich in den kommenden Jahren eine einheitliche Linie zur Finanzierung öffentlicher Krankenhäuser entwickeln wird, bleibt abzuwarten. Bis dahin birgt die kommunale Bezuschussung defizitärer Gesundheitsein-

richtungen jedoch weiterhin EU-beihilferechtliche Risiken (*Heinbuch/Käppel/ Wittig* KommJur 2014, 205 und 245; *Bulla* KommJur 2015, 245; *Heise* EuZW 2015, 739; *Genzel/Degener-Hencke*, in: Laufs/Kern, Handbuch des Arztrechts; *Paschalidou*, in: Münchener Kommentar zum Europäischen und Deutschen Wettbewerbsrecht (Kartellrecht), 1. Aufl. 2011, F. Regeln für die Beurteilung staatlicher Beihilfen in bestimmten Sektoren, Rn. 1227 ff.; *Leippe*, in: Praxis der Kommunalverwaltung, Stand: April 2014, Abschnitt E 3 b – Krankenhausfinanzierung, Rn. 39 ff.).
Ebenso betroffen sind kommunale Kliniken von einem stattfindenden Wandel im Vergaberecht. Krankenhäuser der öffentlichen Hand werden in aller Regel öffentliche Auftraggeber i. S. v. § 98 GWB und damit dem Vergaberechtsregime unterworfen sein. Dieses erfährt mit den Neuerungen im europäischen Recht (Richtlinien 2014/23/EU, 2014/24/EU und 2014/25/EU) und deren Umsetzung in nationales Recht durch das Vergaberechtsmodernisierungsgesetz vom 17.2.2016 einen neuerlichen Wandel, der sich auch auf die Auftragsvergaben der öffentlichen Gesundheitseinrichtungen auswirken wird (vgl. unten Rdn. 253 ff.).

Als gänzlich neues Geschäftsfeld der öffentlichen Hand hat sich in den vergangenen Jahren der **Breitbandausbau** entwickelt. Mit der digitalen Agenda 2020   **45e**
hat sich die Bundesregierung das ehrgeizige Ziel einer deutschlandweit flächendeckenden Breitbandversorgung von 50 Mbit/s bis zum Jahr 2018 gesetzt. In einigen Regionen ist ein allein marktgetriebener Ausbau jedoch nicht möglich, da dieser unwirtschaftlich ist und daher von den privatwirtschaftlichen Anbietern nicht ausreichend verfolgt wird. Hier ist die öffentliche Hand gefragt, die Versorgungslücken der teils bereits als Daseinsvorsorgeverpflichtung angesehenen Bereitstellung von breitbandigem Internet zu schließen. Dieses neue Geschäftsfeld bringt für Landkreise und Kommunen jedoch eine Vielzahl an Fragestellungen und Herausforderungen mit sich. So stellen sich insbesondere rechtliche und regulatorische Herausforderungen im Hinblick auf das Geschäftsmodell verbunden mit Fragen der Förderung und Finanzierung des Aufbaus und Betriebs. Bei der Entwicklung eines solchen Breitbandnetzkonzeptes reichen die Organisationsformen in verschiedenen Abstufungen von einem rein privatwirtschaftlichen Betrieb über öffentlich-private Partnerschaften bis hin zu einer rein öffentlichen Trägerschaft mit der Folge einer unterschiedlichen Verteilung des Risikos. Weit verbreitet sind im Zusammenhang mit dem Breitbandausbau interkommunale Kooperationen. Mehrere Kommunen oder ganze Landkreise, einschließlich derer Kommunen, können sich dabei in beispielsweise Zweckverbänden oder GmbHs, neuerdings verstärkt in öffentlich-rechtliche (gemeinsame) Kommunalunternehmen/Kommunalanstalten organisieren und den Ausbau gemeinschaftlich betreiben (vgl. etwa §§ 102a ff. GemO BW; § 107 Abs. 1 Satz 2 GO NRW; § 106a GO Schl.-Holst.; *Holznagel/Beine* MMR 2015, 567; *Sonder/Hübner* KommJur 2015, 441; *Bary* NZBau 2014, 208). Denkbar ist auch eine Einbeziehung in bereits bestehende kommunale Unternehmen wie Stadtwerke. Insbesondere aufgrund deren bestehender Netzinfrastruktur können Synergieeffekte erzielt und Einsparpotenziale generiert werden. Aus Stadtwerkesicht stellt sich die Frage, ob der Breitbandausbau nicht ein neues Geschäftsfeld der modernen Daseinsvorsorge darstellt. Jedoch sind bislang noch nicht alle regulatorischen, finanzierungs- und insbesondere

förderrechtlichen Fragen geklärt. Die Weiterentwicklung dieses neuen Geschäftsfelds der öffentlichen Hand bleibt mit Spannung abzuwarten.

Literaturhinweise (zu II. 9.): *Mehde*, in: Maunz/Dürig, Grundgesetz-Kommentar, 75. EL September 2015, Art. 28 Abs. 2, Rn. 33 ff.; *Bergmann*, Handlexikon der Europäischen Union, 5. Aufl. 2015, Europäische Kommunalpolitik, Ziff. V; *Sonder*, LKV 2012, 202; *Reutzel/Rullmann*, in: Praxis der Kommunalverwaltung, Stand: Februar 2015, E 3 – Rekommunalisierung, Rn. 139 ff.; *Podzun/Palzer*, NJW 2015, 1496; *Marnich*, EnZW 2015, 62.

III. Zulässigkeitsvoraussetzungen und Grenzen

1. Begriff „wirtschaftliches Unternehmen" (wirtschaftliche Betätigung der Kommunen)

46   Die meisten Gemeindeordnungen der Bundesländer enthalten wie bereits die DGO keine definitorische Festlegung des **Begriffes wirtschaftliches Unternehmen**, sondern nur eine in Anlehnung an § 67 Abs. 2 DGO formulierte **Negativabgrenzung**, nach der bestimmte kommunale Betätigungen nicht als wirtschaftliche Unternehmen anzusehen sind (insbes. rein erwerbswirtschaftliche, nur auf Gewinnerzielung ausgerichtete Unternehmen). Nach **§ 107 Abs. 1 Satz 3 GO NRW** „ist als wirtschaftliche Betätigung der Betrieb von Kommunalunternehmen zu verstehen, die als Hersteller, Anbieter oder Verteiler von Gütern oder Dienstleistungen am Markt tätig werden, sofern die Leistung ihrer Art nach auch von einem Privaten mit der Absicht der Gewinnerzielung erbracht werden könnte" („Popitz-Kriterium"; von dieser Begriffsumschreibung gehen die meisten Bundesländer aus, vgl. z. B. Ziff. 1 VwV zu § 102 GemO BW; *Lange*, a. a. O., Kap. 14 Rdn. 9 ff.; unten Teil 2 § 102 Rdn. 17 ff.). In unterschiedlicher Ausprägung ist in den Ländern die hierbei bestehende Konkurrenzsituation (öffentlich/privat) bei kommunaler Wirtschaftstätigkeit durch die **Vorgaben „Bindung an einen öffentlichen Zweck", „Risikobegrenzung"** und **„Subsidiarität"** in bestimmten Bereichen tendenziell zugunsten eines „Erstzugriffs" für die Privatwirtschaft ausgestaltet (bei „Entscheidungsspielräumen" für die Kommunen, vgl. oben Rdn. 1 und Teil 2 § 102 Rdn. 22). Mit den Zulässigkeitsvoraussetzungen soll die wirtschaftliche Betätigung der Kommunen zwar in bestimmten Bereichen (**1**) durch eigenständigere, i.d.R effizientere Organisationsformen ermöglicht, aber (**2**) auf das erforderliche Maß, auf die im öffentlichen Interesse gebotene Versorgung der Einwohner einschließlich entsprechender Dienstleistungen, beschränkt, zugunsten der Privatwirtschaft zurückgenommen werden (Daseinsvorsorgeaufgaben; VGH BW DVBl. 2015, 106; *Fabry/Augsten*, a. a. O., S. 35 ff.; unten Teil 2 § 102 Rdn. 41 m. w. N.). Neben dieser üblicherweise verwandten definitorischen Umschreibung gewinnen, auch wenn viele Fragen wenig eindeutig und umstritten sind, die im **EU-Recht** festgelegten Begriffsdefinitionen zunehmend an Bedeutung. Danach ist für eine kommunale Wirtschaftstätigkeit entscheidend („Dienstleistungen von allgemeinem wirtschaftlichen Interesse"; vgl. §§ 97 ff. GWB und **Art. 101 ff., 106 Abs. 2 AEUV**; „Synonym" zur Daseinsvorsorge), dass es sich einerseits um solche Unternehmen handelt, auf die die öffentliche Hand aufgrund Eigentums, finanzieller Beteiligung, Satzung oder sonstiger Bestimmungen, die die Tätigkeit des Unternehmens regeln, unmittelbar oder mittelbar einen (1) beherrschenden Einfluss ausüben kann und zum anderen, dass es sich um (2) marktbezogene Unternehmenstätigkeiten handelt, die im Interesse der Allgemeinheit erbracht und daher (3) mit besonderen einwohnernützlichen Gemeinwohlverpflichtungen verbunden werden (insbes. Daseinsvorsorge, Aufgaben wie Verkehrs-, Energieversorgungs- und Telekommunikationsdienste; vgl. EuGH EuZW 2004, 241 ff. und 2006, 600 f.; **Art. 2 Abs. 1 Buchst. b** der sog. **EU-Transparenzrichtlinie** i. d. F. der Richtlinie 2006/111/EG, EGAmtsbl. L 318 vom 17.11.2006; *Hellermann* Der Landkreis 2001, 434 ff.; *Weiß* DVBl. 2003, 564 ff.; *Papier* DVBl. 2003, 686, 693 f.; *Cremer* DÖV 2003, 921 ff.; *Sterzinger* DStR 2010, 2217 ff.; *Benecke/Döhmann* JZ 2015, 1018 f.; unten Rdn. 236 ff. und Teil 2 Rdn. 17 ff. zu § 102).

Unstreitig ist, dass der Begriff wirtschaftliches Unternehmen/Betätigung weder   **47** von der Rechtsform (privat- oder öffentlich-rechtliche Organisationsform) noch von der Ausgestaltung des Leistungs- und Benutzungsverhältnisses abhängt (privat- oder öffentlich-rechtliche Kontrahierungsform; öffentlich-rechtliche Gebühren; Anschluss- und Benutzungszwang) und dass er zwischen der Hoheitsverwaltung und der Privatwirtschaft anzusiedeln ist. Innerhalb der gemeindlichen Gesamttätigkeit besitzen die wirtschaftlichen Unternehmen eine gewisse tatsächliche, finanzielle und **organisatorische Selbstständigkeit**, sind aus der Verwaltung ausgegliedert, nehmen am geschäftlichen Verkehr teil und handeln verstärkt nach betriebswirtschaftlichen Arbeitsmethoden. Zu der Privatwirtschaft sind wirtschaftliche Unternehmen vor allem dadurch abzugrenzen, dass sie als Instrument der Gemeinwohlverwirklichung unmittelbar durch einen öffentlichen Zweck gerechtfertigt und damit letztlich durch ihn geprägt sein müssen (Einwohner-, Sozial- und Gemeinwohlnützlichkeit; **einwohnerdienende Zwecke**; vgl. unten Rdn. 53 ff. und Teil 2 Rdn. 17 ff. und 30 ff. zu § 102). Dabei ist der Begriff nicht handlungs-, sondern betriebsbezogen zu verstehen. Es kommt also auf den Unternehmensgegenstand insgesamt und auf die „**Durchdringung**" des kommunalen **Unternehmenscharakters** mit der **Gemeinwohlfunktion**/öffentliche Zwecke an (entsprechend den Grundsätzen § 23 Abs. 3 Nr. 2 AktG, § 3 Abs. 1 Nr. 2 GmbHG; *Scharpf* VerwArch 2005, 485 ff.). Besonders wichtig ist deshalb eine präzise Festlegung des Unternehmensgegenstandes im Gesellschaftsvertrag (vgl. dazu unten Rdn. 138 und Teil 2 § 103 Rdn. 14; *Mann* JZ 2002, 819, 821; OVG Münster NVwZ 2003, 1520 ff.). Im Rahmen der verbürgten Organisationsautonomie haben die Kommunen allerdings auch rechtsstaatliche Verantwortungsklarheit und sozialstaatliche Funktionsgerechtigkeit, Effektivität und besonders das Gebot der demokratischen Legitimation, die Verwirklichung des politischen Willens der Gemeindeorgane sicherzustellen (vgl. *Burgi* VVDStRL 2003, 405, 430 f.; *Brüning* VerwArch 2009, 453, 462 ff.).

Ausgehend von diesen Grundsätzen und unionsrechtlichen Einflüssen, die sich   **48** als einheitliche, grundlegende Merkmale herausgebildet haben, wird ein „wirtschaftliches Unternehmen" i. S. des kommunalen Wirtschaftsrechts dann vorliegen, wenn der Betätigungsbereich bei einer **Dominanz öffentlicher Zwecke** der Befriedigung materieller Lebensbedürfnisse der Einwohner (Gemeinwohlgeprägtheit) mit wirtschaftlicher Wertschöpfung dient, dieser ausgegliedert bzw. verselbstständigt, auf Dauer angelegt, verstärkt von wirtschaftlicher und organisatorischer Festigkeit und Eigenständigkeit, von betriebswirtschaftlichen Arbeitsmethoden und von der Teilnahme am allgemeinen Geschäftsverkehr (Marktgängigkeit) geprägt ist sowie in der Regel von einem Privatunternehmer mit Gewinnerzielungsabsicht betrieben werden könnte und dabei die öffentliche Hand/Kommune bei einem Geschäftsanteil von mehr als 50 % einen beherrschenden Einfluss ausübt (**Begriff des wirtschaftlichen Unternehmens**). Dabei muss aber gesehen werden, dass es sich oft nur um graduelle Unterschiede handelt und nicht immer eine konsequente und befriedigende Abgrenzung möglich ist, dass aber die Festlegung des Begriffs „wirtschaftliches Unternehmen" stets den örtlichen Wirkungskreis und die Befriedigung von Einwohnerbedürfnissen zu berücksichtigen hat, also eng mit dem „Gemeindevolk" und dem „Hoheitsgebiet" verbunden ist (vgl. Rdn. 56 f. und Teil 2 Rdn. 19 ff. zu § 102; § 107 Abs. 1 Satz 2 GO NRW; § 121 HessGO; BVerfG NJW 2011, 1201, 1203; *Krüger* DÖV 2012, 837, 841; *Benecke/Döhmann* JZ 2015, 1018 f.). Diese Grundsätze einschließlich der Zulässigkeitsvoraussetzungen gelten entsprechend der ratio legis grundsätzlich auch für Unter-, Schachtel-, Tochterbeteiligungen, Konzerne und sonstige mit der Kommunalgesellschaft verbundene Unternehmen (**mittelbare Beteiligungen**, i. d. R. bei über 50 %; vgl. § 105a GemO BW; Art. 92 Abs. 2 BayGO; § 108 Abs. 6 Buchst. a GO NRW; *Lange*, a. a. O., Kap. 14 Rdn. 210 ff.). Das Vorliegen eines wirtschaftlichen Unternehmens ist nach diesen Kriterien im Einzelfall sorgfältig zu prüfen.

Aufgrund der kommunalen Selbstverwaltungsgarantie (Organisationshoheit) und der Tatsache, dass den Gemeinden im Rahmen der in den einschlägigen Bestimmungen enthaltenen unbestimmten Rechtsbegriffe (Tatbestandsvoraussetzungen) ein „**Beurteilungsspielraum**" eingeräumt ist, steht dabei den Gemeinden ein begrenzter Entscheidungsspielraum zu, den die Rechtsaufsicht zu respektieren hat (**Einschätzungsprärogative**; vgl. BVerwGE 39, 33 f.; 80, 113, 120; DVBl. 2002, 1409 ff.; BVerfGE 94, 12 ff.; 98, 218, 246; NJW 2001, 1779; OVG NW NVwZ 2008, 1031, 1035; VGH BW DVBl. 2015, 106, 108; *Schmidt-Assmann* DVBl. 1997, 281 ff.; *Ruffert* VerwArch 2001, 27, 37 f.; Teil 2 Rdn. 22 und 37 zu § 102). Hierbei ist mit der h. M. davon auszugehen, dass sich wirtschaftliche Unternehmen und öffentliche Einrichtungen nicht wie klar abgrenzbare Bereiche, sondern als zwei sich stark überschneidende Kreise gegenüberstehen, wobei „öffentliche Einrichtung" der allgemeine, weitere Begriff ist (vgl. *Cronauge*, Kommunale Unternehmen, Rdn. 568 ff.).

49 Von dem Begriff wirtschaftliche Betätigung (wirtschaftliche Unternehmen) werden in allen Gemeindeordnungen bestimmte Betätigungsfelder, die teilweise alle Merkmale einer wirtschaftlichen Betätigung erfüllen, kraft ausdrücklicher gesetzlicher Anordnung ausgenommen und als nichtwirtschaftliche Betätigung bzw. Unternehmen eingeordnet (fiktive **gesetzliche Ausschlüsse**). In allen Gemeindeordnungen sind in den Grundzügen übereinstimmende, in Details durchaus differierende Vorschriften enthalten, die im Einzelnen regeln, was nicht als wirtschaftliches Unternehmen gilt (**Negativabgrenzung i. S. eines Ausschlusskatalogs**, z. T. als Fiktion; vgl. § 102 Abs. 4 GemO BW, § 121 Abs. 2 HessGO, § 107 Abs. 2 GO NRW, § 136 Abs. 3 NKomVG, § 85 Abs. 3 RhPf GO, § 97 Abs. 2 GO Sachsen; vgl. unten Teil 2 Rdn. 15 ff. und 65 ff. zu § 102). Kein wirtschaftliches Unternehmen und damit **nichtwirtschaftliche Betätigung**

liegt nach dieser klassischen, inzwischen weitgehend überholten Abgrenzung vor bei
- Einrichtungen, zu denen die Gemeinde gesetzlich verpflichtet ist,
- Einrichtungen auf den Gebieten der Erziehung, Bildung und Kultur,
- Einrichtungen des Gesundheits- und Sozialwesens, des Sports und der Erholung,
- Einrichtungen des Umweltschutzes, insbes. der Abfallentsorgung oder Abwasserbeseitigung,
- Einrichtungen, die als Hilfsbetriebe ausschließlich der Deckung des Eigenbedarfs der Kommunen dienen.

Solche nichtwirtschaftlichen kommunalen Betätigungen sind grundsätzlich **50** ohne Rücksicht auf die Zulassungsbeschränkungen für wirtschaftliche Unternehmen statthaft, die entsprechenden Voraussetzungen sind folglich nicht zu prüfen (sog. „privilegierte" **Kommunaltätigkeiten**, „Hoheitsbetriebe", bei denen einwohnernützliches Gemeinwohl i. d. R. dominiert, von der Privatwirtschaft nicht mit Gewinnerzielungsabsicht erbracht werden kann, also auch die Subsidiaritätsklausel keine Bedeutung hat; Vermutung für „öffentlichen Zweck", Gewinnerzielung i. d. R. nicht möglich und damit keine Konkurrenz mit der Privatwirtschaft; ausgelöst von OVG Lüneburg, Urteil vom 21.2.1984, in: LT-DS BW 10/5918, S. 21, und heute h. M.; vgl. OLG Düsseldorf NVwZ 2000, 111 f. und 714 f.; OVG NW NZBau 2005, 167; *Britz* NVwZ 2001, 380 ff.; *Fabry/Austen*, a. a. O., S. 84 ff.; *Lange*, a. a. O., Kap. 14 Rdn. 214 ff.; Teil 2 § 102 Rdn. 16). Soweit für nichtwirtschaftliche Betätigungen allerdings die jeweilige Gemeindeordnung die Rechtsform des Eigenbetriebs, der Kommunalanstalt bzw. die Privatrechtsformen zulässt oder für entsprechend anwendbar erklärt, sind die dort jeweils genannten Zulässigkeitsvoraussetzungen anzuwenden (vgl. Lange, a. a. O., Kap. 14 Rdn. 214 ff.; Detterbeck JuS 2001, 1199, 1202; unten Teil 2 Rdn. 15 f. und 65 zu § 102). Im Hinblick auf die oft schwierigen Abgrenzungsfragen wurde die begriffliche **Differenzierung** zwischen wirtschaftlichen und nichtwirtschaftlichen Unternehmen **weitgehend aufgegeben** und die unübersichtliche Rechtslage korrigiert (vgl. § 106a GemO BW; § 108 Abs. 1 Nr. 2 GO NRW; *Kunze/Bronner/Katz*, a. a. O., Rdn. 1 ff. zu § 106a). Im Hinblick auf die historisch gewachsene Systematik, zunehmend aber auch im Hinblick auf die europarechtlichen Bestimmungen sollte diese Abgrenzung gleichwohl noch beibehalten werden (vgl. Art. 106 AEUV, die Wettbewerbs-, Ausschreibungs- und Beihilfevorschriften der EU finden grundsätzlich nur auf wirtschaftliche und nicht auf nichtwirtschaftliche kommunale Tätigkeiten Anwendung; vgl. *Hellermann* Der Landkreis 2001, 434 ff.; Kommission der EG, Grünbuch zu Dienstleistungen von allgemeinem Interesse vom 21.5.2003, KOM (2003) 270 Nr. 2.3; *Cronauge*, a. a. O., Rdn. 403 ff.; unten Rdn. 247 ff.). Auch nichtwirtschaftliche Einrichtungen sind, soweit es mit ihrem öffentlichen Zweck vereinbar ist, nach wirtschaftlichen Gesichtspunkten zu betreiben.

2. Voraussetzungen und Grenzen (insb. „Schrankentrias" und Territorialprinzip)

Die Vorschriften der Gemeindeordnungen der Länder über die Vorgaben zur Zu- **51** lässigkeit der kommunalen wirtschaftlichen Betätigung verlangen – grundsätzlich übereinstimmend, aber im Detail doch teilweise recht unterschiedlich –, dass folgende Voraussetzungen erfüllt sind („**Schrankentrias**"):

- Der öffentliche Zweck, der das Unternehmen rechtfertigt (**Zweckbindung**).
- Die Betätigung nach Art und Umfang, die in einem angemessenen Verhältnis zur **Leistungsfähigkeit** der Gemeinde und zum voraussichtlichen Bedarf steht.
- Bei einem Tätigwerden (in einigen Ländern: außerhalb des Infrastrukturbereichs) der öffentliche Zweck durch andere Unternehmen nicht besser oder wirtschaftlicher erfüllt werden kann (**Subsidiarität**).

52   Die Zulässigkeitsvoraussetzungen gelten stets für die **Errichtung, Übernahme und wesentliche Erweiterung** eines Unternehmens („Momentaufnahme"; vgl. § 102 Abs. 1 GemO BW, Art. 87 Abs. 1 BayGO, § 136 Abs. 1 Satz 2 NdsKomVG, § 85 Abs. 1 RhPfGO; VGH Kassel NVwZ-RR 2009, 852 ff.; *Scharpf* BayVBl. 2005, 549 ff.; *Lange*, a. a. O., Kap. 14, Rdn. 65 ff.; unten Teil 2 Rdn. 25 ff.). In einigen Ländern unterliegt darüber hinaus auch der laufende Betrieb, die Fortführung eines Kommunalunternehmens den Zulässigkeitsvoraussetzungen (mit zunehmender Tendenz; vgl. § 107 Abs. 1 GO NRW, § 121 Abs. 1 HessGO, § 91 BbgKomVerf, § 97 Abs. 1 SächsGO; vgl. *Schneider/Dreßler/Lüll*, Kom. Hess. GO, § 121 Ziff. 4). Eine systematisch/teleologische Auslegung spricht generell dafür, dass die Voraussetzungen sowohl bei Gründung als auch bei **Fortbestand und laufendem Betrieb** zu beachten sind (ratio legis: keine ungerechtfertigte Konkurrenz für die Privatwirtschaft und Vermeidung wirtschaftlicher Risiken in Permanenz; Ausnahme bei Gesetzesänderungen, z. B. KrW/AbfG – Bestandsschutz –; vgl. OVG Münster NVwZ 2003, 1520 f.; VG Gießen NVwZ-RR 2005, 201; *Lange*, a. a. O., Kap. 14 Rdn. 69; *Leder* DÖV 2008, 173, 181 f.). Aus einem bloßen Verstoß dagegen lassen sich allerdings keine drittschützenden Rechte oder ein gesetzliches Verbot i. S. v. § 134 BGB ableiten (vgl. Rdn. 64). Die Rechtsaufsicht hat dies zu überwachen und ggf. zu beanstanden. Sonderregelungen gelten für sog. Altfälle (Art „**Bestandsschutz**" bis zu einem bestimmten Zeitpunkt, von Land zu Land unterschiedlich; vgl. § 121 Abs. 1 Satz 2 HessGO; Art. XI § 1 des NRW-Gesetzes vom 19.3.2007, NWGZ 2007, 380; Nr. 1 des 1. RdErl. zu § 85 GemO BW a. F.; OVG Münster DVBl. 2008, 919; *Lange*, a. a. O., Kap. 14 Rdn. 68 ff.). Zusätzlich zu dieser „Schrankentrias" werden von einem Teil der Literatur als weitere Vorgaben das Örtlichkeits- oder **Territorialprinzip** (Beschränkung auf das Gemeindegebiet) sowie die Sicherstellung eines **angemessenen Einflusses** der demokratisch legitimierten Gemeindeorgane (ausreichende Steuerung und Kontrolle) gefordert. Mit der h. M. sind diese Vorgaben als Teil der Zulässigkeitsvoraussetzung „öffentlicher Zweck" zu verstehen und dort zu behandeln. Schließlich sind hier die Grenzen für die kommunale wirtschaftliche Betätigung durch das europäische und nationale Wettbewerbsrecht zu erwähnen, die gegenwärtig sehr intensiv und kontrovers diskutiert werden (vgl. dazu unten Rdn. 65 ff. und 236 ff.).

53   a) **Öffentlicher Zweck.** Für die Zulässigkeit wirtschaftlicher Unternehmen ist das Vorliegen der Tatbestandvoraussetzung „öffentlicher Zweck" **von ganz zentraler**

Bedeutung. Ein wirtschaftliches Kommunalunternehmen muss durch einen öffentlichen Zweck als „Legitimationserfordernis", als konstitutives, integrierendes Merkmal gerechtfertigt bzw. erforderlich sein, der „öffentliche Zweck" muss einen konkreten sachlichen und territorialen Bezug zur kommunalen Wirtschaftstätigkeit haben (vgl. Art. 28 Abs. 2 GG und LV; §§ 1, 2, 10, 78 f. und 102 Abs. 1 Nr. 1 GemO BW usw.; BVerwGE 39, 329, 334; OVG Münster DVBl. 2008, 919 ff.; *Lange*, Kommunalrecht, Kap. 14 Rdn. 71 ff.). Kommunale wirtschaftliche Betätigung hat eben eine dem Gemeinwohl dienende Funktion, ist ein Instrument zur Erfüllung öffentlicher Zwecke, eine Form zur Erfüllung der den Kommunen zugewiesenen Aufgaben (im öffentlichen Interesse gebotene und einwohnerdienende „Daseinsvorsorge"). Die öffentliche Hand und damit auch die Kommunen sind nicht Selbstzweck, sondern auf Verwirklichung der ihr Kraft Verfassungs- und Rechtsnormen übertragenen Sach- und Verbandskompetenzen gerichtet (**Art. 28 Abs. 2 GG: „Angelegenheiten der örtlichen Gemeinschaft"** als eigene Aufgaben im Rahmen der staatsorganisatorischen Aufgabenverteilung, **auf Gemeindeeinwohner und -gebiet fokussiert;** örtlicher und sachlicher Bezug als Grundvoraussetzung; *Püttner* u. a. ZKF 2001, 178 f.; *Schink* NVwZ 2002, 129, 133 f.; *Mann* JZ 2002, 819 ff.; unten Teil 2 Rdn. 5 ff. zu § 102). Diese Grundposition entspricht der ganz h. M. Im Einzelnen sind zahlreiche Fragen umstritten und im Wandel begriffen. Neue Herausforderungen, veränderte Marktsituationen, technische und globale Entwicklungen, ökologische Gründe und veränderte Einwohnerbedürfnisse erfordern eine **Weiterentwicklung** der Zulässigkeitsvoraussetzungen. Dies gilt insbesondere im Hinblick auf sachliche und territoriale Erweiterungen des „öffentlichen Zwecks" (als nicht statischen, auslegungsbedürftigen Begriff) und damit für die Möglichkeit der partiellen Ausdehnung der kommunalen Wirtschaftstätigkeit („neue" Geschäftsfelder, Rdn. 38 f.). Aus diesen Gründen und im Hinblick auf die veränderte Wettbewerbssituation bestehen hier begrenzte Spielräume von die kommunale wirtschaftliche Betätigung funktionsmodifizierenden Entwicklungs- und Interpretationsmöglichkeiten, die allerdings primär vom Gesetzgeber/von der Rechtsprechung und nicht von Verbands- und Literaturseite zu entscheiden und festzulegen sind (vgl. Art. 87 Abs. 2 BayGO und § 107 Abs. 3 GO NRW). Der Landesgesetzgeber hat in diesem durchaus dynamischen Bereich einen gewissen Gestaltungsspielraum, dem aber durch die vom BVerfG festgelegten Grundsätze Grenzen gesetzt sind (sorgfältige Abwägung der Gemeinwohlinteressen, Übermaßverbot, Verhältnismäßigkeitsgrundsatz; vgl. BVerfGE 97, 127, 153 und NVwZ 1999, 520; RhPfVerfGH NVwZ 2000, 801 ff.; *Stern* BayVBl. 1962, 129 f.; *Britz* NVwZ 2001, 380 ff.; *Schink* NVwZ 2002, 129 ff.; *Scharpf* VerwArch 2005, 485 ff.; *Cronauge*, a. a. O., Rdn. 552 ff.; vgl. dazu insbes. auch Rdn. 55 ff. und Teil 2 Rdn. 30 ff. zu § 102).

Ausgangspunkt für jede wirtschaftliche Betätigung der Kommunen und damit für **54** den Zentralbegriff „öffentlicher Zweck" muss stets die **örtliche Gemeinwohlbindung** sein, die konkrete wirtschaftliche Betätigung muss für den öffentlichen Zweck objektiv erforderlich sein und das Wohl der Einwohner fördern (erforderlicher **Sach- und Gebietsbezug;** vgl. bereits § 67 DGO und die entsprechenden Regelungen in allen Gemeindeordnungen; bloße Gewinnerzielung, rein fiskalische Tätigkeit sollte verhindert, das Gemeinwohlprinzip als Primärziel und Hauptzweck verankert werden; *Lange*, a. a. O., Kap. 14 Rdn. 71 ff.; unten Teil 2, Rdn. 30 ff.).

Kommunale Wirtschaftsunternehmen sind also vor allem Rechtsforminstrumente zur Erfüllung öffentlicher Gemeindeaufgaben. Sie bedürfen einer normzweckkonformen Rechtfertigung, die darin begründet ist, dass für ihr Handeln im Rahmen der kommunalen Verbandskompetenz ein öffentliches Bedürfnis für eine sozial-, gemeinwohl- und damit **einwohnernützliche Aufgabe** gegeben ist. Unternehmensleitziel und Legitimationserfordernis kommunalen Wirtschaftens ist es also, dass eine Leistung erbracht wird, die einen Bedarf befriedigt, der im öffentlichen Interesse der Einwohner vernünftigerweise geboten ist. Die Rechtfertigung eines öffentlichen Zwecks allein wegen „Kompensation von Marktversagen" (unzureichende Marktergebnisse) ist in aller Regel nicht zulässig. „Öffentliches Interesse" setzt voraus, dass die Aufgabe selbst und die kommunalwirtschaftliche Betätigung bei objektiver Betrachtung vernünftigerweise geboten ist (Gemeinwohl- bzw. Wohlfahrtsorientierung; vgl. etwa BVerfGE 59, 216, 229; BVerwGE 56, 110, 119; OVG Münster NVwZ 2008, 1031 ff.; *Scharpf* VerwArch 2005, 485, 502 ff.; *Fabry/Augsten*, a. a. O., S. 95 ff.). Ein „öffentlicher Zweck" liegt nach den Gemeindeordnungen zahlreicher Länder in aller Regel dann vor, wenn eine Tätigkeit der „kommunalen Daseinsvorsorge" wahrgenommen wird (vgl. § 102 Abs. 1 Ziff. 3 GemO BW, Art. 87 Abs. 1 Ziff. 4 bayGO, § 107 Abs. 1 Ziff. 3 GO NRW; **Konzept der Daseinsvorsorge**, vgl. etwa *Brüning* JZ 2014, 1026 ff.). Zwar ist der Begriff „Daseinsvorsorge" wenig präzise, nach dem Gesetzgeber aber weit auszulegen (z. B. Bay., LT-Drucks. 13/10828, S. 19). Danach fallen darunter Stadtplanung und -entwicklung, sozialer Wohnungsbau, nicht aber gehobener Wohnungsbau, Bereitstellung der kommunalen Infrastruktur, ÖPNV, Krankenhauswesen, Bildung, Sport und Kultur, Ver- und Entsorgung und dergleichen (vgl. BW, LT-Drucks. 12/4055, S. 24, 13/4767; OVG Lüneburg KommJur 2009, 190; VGH BW DVBl. 2015, 106 ff.; *Geiger/Aßmann* DVBl. 2012, 1276 ff.; *Piek*, in: www.anwalt.de/rechtstipps/grenzen-der-wirtschaftlichen-betaetigung-von-kommunen_064920.html, vom 8.12.2014; vgl. auch Rdn. 63 f.).

Das **örtliche Gemeinwohl** ist dabei nicht statisch und zu eng i. S. der klassischen Versorgung der Einwohnerschaft mit Elektrizität, Gas, Wasser usw. zu verstehen und auch nicht auf den Bereich der Daseinsvorsorge beschränkt. Der öffentliche Zweck, das Gemeinwohl und die Bedürfnisse der Bürger, sind dynamisch und einem ständigen Wandel unterworfen (vgl. z. B. Kinder-, Jugend- und Senioreneinrichtungen; städtebauliche Entwicklungs- und Sanierungsaktivitäten; IT-/Breitband-Versorgung; sozial- und umweltpolitische Aufgaben sowie begrenzt auch kommunale Wirtschaftsförderung und Arbeitsmarktaktivitäten; vgl. *Erbguth/Schlacke* NWVBl. 2002, 758 ff.; *Harks* DÖV 2003, 114 ff.; BayVerfGH BayVBl. 2008, 237 ff.; Teil 2 § 102 Rdn. 43 ff.). Allerdings kann dabei der öffentliche Zweck nicht ohne Weiteres mit den persönlichen Versorgungsbedürfnissen einzelner Einwohner oder von Gruppen gleichgesetzt werden, sondern es müssen zusätzliche Umstände vorliegen, die die Befriedigung solcher wirtschaftlichen Bedürfnisse zur **öffentlichen Gemeindeaufgabe** machen und deshalb auch ein kommunales Unternehmen rechtfertigen (die bloße persönliche Bedürfnisbefriedigung ist primär eben Sache privater Initiative). Kommunale Unternehmen müssen unmittelbar durch ihre Lieferungen und Leistungen und nicht nur mittelbar durch ihre Gewinne und Erträge dem Wohl der Gemeindeeinwohner dienen. Kommunale wirtschaftliche Betätigung, die allein der Gewinnerzielung, dem „money-making" dient, ist durch keinen öffentlichen Zweck gerechtfertigt, auch wenn die Einnahmen aus einer solchen erwerbswirtschaftlichen Betätigung dem gemeindlichen Haushalt zugutekommen (nur begrenzter Nebenzweck; vgl. BVerfGE 61, 82, 106 f.; BVerwGE 39, 329, 334; OVG NW NWVBl. 2006, 231 ff.; *Papier* DVBl. 2003, 686 ff.; *Glückert/Franßen* NWVBl. 2007, 465 ff.). Der „öffentliche Zweck" ist also gemeinwohldienlich, **einwohnernützig und gemeindebezogen** zu bestimmen, er muss objektiv kommunal erforderlich und vernünftigerweise geboten sein („Durchdringung" des Unternehmenscharakters mit kommunalen Gemeinwohlfunktionen bei einer engen Bindung an Gemeindevolk und Gemeindegebiet; insoweit ist die kommunale Gemeinwohlbindung enger als beim Bund oder Land; Art. 87 Abs. 1 Satz 2 BayGO; vgl. BVerfGE 61, 82, 107 f.; BVerwGE 39, 333 f.; BGH NJW 1987, 60 f.; OVG NW, Beschl. v. 1.4.2008, 15 B 122/08; *Henneke* NdsVBl. 1999, 1 ff.; *Schink* NVwZ 2002, 129 ff.; *Scharpf* VerwArch 2005, 485 ff.; *Dünchheim/Schöne* DVBl. 2009, 146 ff.; unten Teil 2 Rdn. 30 ff. zu § 102).

Die von den kommunalen Unternehmen als relativ restriktiv empfundene Definition des „öffentlichen Zwecks" wird von einem Teil der Literatur und der Praxis u. a. dadurch zu erweitern versucht, dass die sachliche Reichweite dieses Begriffs vor allem durch eine extensive Interpretation der Ausnahmen „Rand- oder Nebennutzungen" bzw. „Annex- oder Hilfstätigkeiten" gerechtfertigt wird. Dieser Ansatz ist, soweit er mit den für Rechtsnormen geltenden Auslegungsmethoden in Einklang steht, in Grenzen legitim. Mit dem Begriff „Neben- oder Randnutzung" wird die wirtschaftliche Betätigung bezeichnet, die eine Kommune „bei Gelegenheit" der Erfüllung ihrer öffentlichen Aufgaben betreibt, um sonst brachliegende Wirtschaftspotenziale und -ressourcen, Consultingdienstleistungen usw., die primär öffentlichen Zwecken dienen, auszunutzen. Solche Tätigkeiten, durch die ein Wirtschaftsunternehmen mit sinnvollen, untergeordneten Nebengeschäften (z. B. zur Ausnutzung vorübergehend freier Kapazitäten) seinen Betrieb abrundet und günstiger gestaltet, sind also dann zulässig, wenn sie **55**
– in einem engen sachlichen und funktionalen Zusammenhang mit der unmittelbar öffentlichen Zwecken dienenden und weiterhin dominierenden unternehmerischen Haupttätigkeit stehen,
– bloße Ergänzungs- und Abrundungstätigkeiten, vorübergehende untergeordnete Zusatzgeschäfte bzw. Randnutzungen darstellen, soweit sie eindeutig hinter dem Hauptzweck des örtlichen Gemeinwohls zurücktreten,
– dem Betrieb dienen,
– keinen neuen Kapazitätsaufbau nach sich ziehen und
– eine sachgerechte Aufgabenerledigung nicht beeinträchtigen
(**kapazitätsauslastende untergeordnete Tätigkeitserweiterungen**; vgl. BVerwGE 82, 29; OVG NW NVwZ 2003, 1520; OVG RhPf DÖV 2006, 611 ff.; Nds. OVG NdsVBl. 2009, 21 f.; *Britz* NVwZ 2001, 380, 384; *Schink* NVwZ 2002, 129, 134 f.; *Reck* DVBl. 2009, 1546, 1551; *Geiger/Aßmann* DVBl. 2012, 1276 ff.). Demnach darf etwa ein Verkehrsunternehmen nicht benötigte Flächen zu Werbezwecken vermieten (Verkehrsmittelreklame) oder zeitweise freie Kapazitäten in eigenen Reparaturwerkstätten vorübergehend für Fremdnutzung einsetzen, ein Schlachthof oder ein Gaswerk seine Abfallprodukte verkau-

fen, kommunale Krankenhäuser einen Kiosk betreiben, in einem Parkhaus in untergeordnetem Umfang Räume zu gewerblichen Zwecken vermietet werden usw. (OVG NW NVwZ 2003, 1520; OVG Lüneburg KommJur 2009, 190). Solche Randnutzungen „partizipieren" am öffentlichen Zweck der Haupttätigkeiten (vgl. *Köhler* BayVBl. 2000, 6; *Jarass*, a. a. O., S. 59 ff.; OVG Münster DVBl. 2004, 133 ff.; *Geiger/Aßmann* DVBl. 2012, 1276 ff.; *Schulz/Tischer* GewArch 2014, 1 ff.; unten Teil 2 Rdn. 35 und 69 f. zu § 102).

56 Ein „öffentlicher Zweck" ist aber dann nicht mehr gegeben, wenn auf Dauer entbehrlich gewordene Kapazitäten aufrechterhalten oder gar neue Kapazitäten geschaffen werden. Dabei sind solche Neben- oder Annextätigkeiten begrifflich nicht statisch, ein für alle Mal feststehend zu verstehen, sondern sind den veränderten technischen und wirtschaftlichen Rahmenbedingungen und Bedürfnissen entsprechend weiter zu entwickeln, wie z. B. durch marktgerechte oder effizienzsteigernde Ergänzung angestammter Tätigkeitsfelder bzw. Zusatzdienste wie Beratung in der klassischen kommunalen Versorgungswirtschaft, um im veränderten Markt wettbewerbsfähig zu bleiben. Letzteres ist allerdings nicht unumstritten. Die Frage, ob **neue Geschäftsfelder** mit dem Ziel einer neuen Marktausrichtung des Kommunalunternehmens i. S. einer „Vollversorgung", „betreuenden" Dienstleistung und dergleichen gezielt aufgebaut werden können (**Full-Service,** Multi-Utility-Strategie, Contracting-In), wird teilweise verneint (vgl. *Schink* NVwZ, 2002, 129, 135; *Stober* NJW 2002, 2357, 2361). Diese Auffassung ist zu eng. Richtigerweise sind solche Zusatz- und Nebenleistungen wie etwa gewisse Zusatzangebote an Beratungs- und Installationsleistungen durch Stadtwerke für ihre Energieversorgung dann zulässig, wenn sie wirtschaftlich gesehen und aufgrund des Sachzusammenhangs bloße unwesentliche Ergänzung oder untergeordnete Nebenleistungen der einem öffentlichen Zweck dienenden Hauptleistung sind, diese nicht behindern und i. d. R. nur vorübergehend oder den veränderten technischen Verhältnissen und Marktgegebenheiten „geschuldet" sind. Sie müssen von der öffentlichen Zweckbestimmung mit umfasst, zur Abrundung einer wettbewerbsfähigen Gesamtleistung notwendig sein, also dem Bedürfnis, angestammte Tätigkeitsfelder marktgerecht zu ergänzen, dienen. Weiter müssen sie zur Abrundung einer wettbewerbsfähigen Gesamtleistung notwendig sein, also dem Bedürfnis dienen, angestammte Tätigkeitsfelder markt- und wettbewerbsgerecht zu ergänzen und neuen technischen oder marktbedingten Entwicklungen und dergleichen anzupassen (Energieberatung, Contracting-Modelle, Smart Grid usw.; unternehmensbezogene, nicht rein handlungsorientierte Sichtweise; Kundenbedürfnisse oder „Marktversagen" nicht allein schon „öffentlicher Zweck"; E-Bike-Verleih für Stadtwerke keine unmittelbar energieverbundene Tätigkeit, LT-DS NW 15/1879; vgl. RhPfVerfGH NVwZ 2000, 801, 803; *Köhler* BayVBl. 2000, 1, 4; *Britz* NVwZ 2001, 380, 385; OVG Münster DVBl. 2004, 133 ff.). Diese Grenze wird i. d. R. beim Aufbau völlig neuer Geschäftsfelder, insbesondere wenn sie eine neue Marktausrichtung oder eine wesentliche Geschäftsausweitung darstellt, überschritten sein (z. B. Pflege-, Instandsetzungs- und sonstige handwerkliche Leistungen von größerem Umfang, Gebäudemanagement, generelles Consulting; vgl. BVerwGE 82, 76, 92 ff.; OLG Hamm NJW 1998, 3504 f.; OLG Düsseldorf DVBl. 2001, 1283, 1286; *Ehlers* DVBl. 1998, 497;

Otting DÖV 1999, 549 ff.; *Ruffert* VerwArch 2001, 27, 42; vgl. auch die relativ ausgewogenen Thesen des Deutschen Städte- und Gemeindebundes, in: Stadt und Gemeinde, 7–8/1998 sowie *Püttner* u. a. DÖV 2002, 735). Die vorstehenden Grundsätze sind für untergeordnete sog. **Annex- und Hilfstätigkeiten** sowie für unwesentliche nicht ausgelastete Nutzungen entsprechend anzuwenden (vgl. Teil 2 Rdn. 35 und 70 zu § 102). Bei der Prüfung der Zulässigkeit solcher ergänzenden Tätigkeiten ist eine differenzierende Betrachtung und Einzelfall bezogene Prüfung unter Berücksichtigung von Gewicht, Dauer, Intensität und Proportionalität zwischen Haupt- und Nebentätigkeit erforderlich (vgl. *Scharpf* DÖV 2006, 23 ff.; *Fabry/Austen*, a. a. O., S. 94 ff.; zur Darlegungs- und Begründungslast sowie zur kommunalen Einschätzungsprärogative vgl. Rdn. 48 und 60 sowie Teil 2 Rdn. 22, 32 und 37 zu § 102 und Rdn. 7 zu § 108). Für energienahe/**energieverbundene Dienstleistungen** und die Energiewende unterstützende Maßnahmen gelten in einigen Bundesländern privilegierte spezialgesetzliche Regelungen zur Belebung des dezentralen, regenerativen Energiemarkts, ohne allerdings die Belange des Handwerks zu beeinträchtigen (vgl. etwa § 121 Abs. 1 und 4 HessGO; § 107a GO NRW; § 116 Abs. 2 GO LSA; LT-DS. NW 15/27 und 867 mit Anhang 1; *Articus/Schneider*, a. a. O., Erl. zu § 107a; z. B. gemeindliche **Photovoltaik- und Windkraftanlagen** sowie kommunale Bürgerwindparks, vgl. *Dazert/Mahlberg* NVwZ 2004, 158 ff.; *Shirvani* NVwZ 2014, 1185 ff.; oben Rdn. 45c).

Einzelfälle (zum „öffentlichen Zweck", dessen Überprüfung der vollen gerichtlichen Kontrolle unterliegt, aber mit Einschätzungsprärogative der Kommune, BVerwG NVwZ 2008, 1031, 1035; VerfGH Rh-Pf DVBl. 2000, 992 ff. und OVG NW NVwZ 2008, 1031 ff.): Die Rechtsprechung zur Begriffsbestimmung des „öffentlichen Zwecks" divergiert nicht nur von Land zu Land, sondern noch mehr von Zivil- zu Verwaltungsrechtsweg und ist auch in der Literatur in der „Feinabgrenzung" umstritten. Deshalb soll hier keine Definition für die einzelnen Bundesländer versucht, sondern der begrenzt justiziable Begriff anhand von Einzelbeispielen verdeutlicht werden:
(1) BVerwGE 39, 329 ff., 82, 29, 34 und OLG Celle GRUR-RR 2004, 374 f.: gemeindliche **Bestattungsdienstleistungen** noch sachgerecht und zulässig; (2) OLG Hamm NJW 1998, 3405 ff. – Gelsengrün – und OLG Karsruhe NVwZ 2001, 712 ff.: **gärtnerische Arbeiten** für Private unzulässig; (3) OLG Düsseldorf NVwZ 2002, 248 ff.: **Gebäudemanagement** unzulässig, keine bloße Annextätigkeit; (4) OVG NW NVwZ 2003, 1520 ff.: Vermietung von Nebenräumen in einem städt. Parkhaus an ein **Fitness-Studio** zulässig (da nur bei Gelegenheit der Verfolgung des Hauptzwecks öff. Parken); (5) OVG NW NVwZ-RR 2005, 198: Einrichten einer **Schilderprägestelle** in eine Kfz-Zulassungsstelle wegen Erleichterungen für die Besucher zulässig; (6) von der Rspr. wurden weiter etwa für zulässig erachtet: Betrieb von Kiosken in Krankenhäusern, Sauna im Zusammenhang mit öffentlichem Bad, OVG Lüneburg KommJur 2009, 190, nicht dagegen **Gebäudemanagement**, das über Annextätigkeit hinausgeht: OLG Düsseldorf DÖV 2001, 912; OVG NW DVBl. 2001, 1283; OVG RhPf. DÖV 2006, 611 ff.; Nds. OVG NdsVBl. 2009, 21 f.; vgl. auch *Hoppe/Uechtritz/Reck*, a. a. O., § 6 Rdn. 5 ff.; ausführlich Teil 2 § 102 Rdn. 43 ff.

56a

57 Nach ganz h. M. liegt ein „öffentlicher Zweck" für ein Kommunalunternehmen grundsätzlich nur dann vor, wenn dessen Tätigkeiten auf die örtliche Gemeinschaft und das Gebiet der Gemeinde bezogen und räumlich begrenzt sind („**Radizierung" auf sachliche und örtliche Kommunalaufgaben; Territorialprinzip;** Handeln „intra muros"). Kommunalwirtschaft ist eben nach geltender Rechtslage nicht Ausübung räumlich ungebundener unternehmerischer Freiheit, sondern hat sich, ob man dies für sinnvoll hält oder nicht, an die geltende verfassungsrechtliche staatliche Kompetenzverteilungsordnung und die einfachgesetzlichen Normen zu halten (**Verbandskompetenz** entsprechend dem Gebietsbezug von Art. 28 Abs. 2 GG, Art. 71 Abs. 2 LV BW, Art. 83 Abs. 1 BayLV, Art. 78 Abs. 2 LV NRW usw. als Kompetenztitel und -grenze; *Ehlers* DVBl. 1998, 504; *Jarass*, a. a. O., S. 32 ff. und 58 f.; *Wolff* DÖV 2011, 721 ff.). Obwohl diese Grundposition die ganz h. M. darstellt, wird immer wieder die Frage der Zulässigkeit kommunalwirtschaftlicher Aktivitäten außerhalb ihres eigenen Zuständigkeitsgebietes heftig diskutiert (**räumliche Ausweitung,** Handeln „extra muros"; nicht einwohnerfixiert). Die unter Wettbewerbsdruck geratenen kommunalen Unternehmen versuchen, neue Absatzmärkte zu erschließen und ihre Position im schärfer gewordenen Wettbewerb zu stärken. Inzwischen haben die Landesgesetzgeber auf diese Entwicklungen reagiert (vgl. insbes. § 102 Abs. 7 GemO BW; Art. 87 Abs. 2 BayGO, § 107 Abs. 3 GO NRW, § 71 Abs. 4 GO Thür). Landesgesetzliche Regelungen lassen grenzüberschreitende wirtschaftliche Betätigung unter bestimmten Voraussetzungen zu. Obwohl in der Literatur immer wieder Kritik und zum Teil auch Zweifel an deren Verfassungsmäßigkeit geäußert werden (vgl. *Ehlers* NWVBl. 2000, 1, 6; *Schink* NVwZ 2002, 129, 136), sind solche Regelungen zulässig, soweit sie die berechtigten Interessen aller betroffenen kommunalen Gebietskörperschaften angemessen wahren und die Kommunen die gebotene Vorsicht vor allem bei zu großen „Ausgriffen" nach außen – einschließlich der damit verbundenen Risiken – walten lassen (Art. 28 Abs. 2 GG steht unter Gesetzesvorbehalt, wobei dem Gesetzgeber ein Gestaltungsspielraum zusteht; verfassungsmäßige Interpretation der unbestimmten Rechtsbegriffe unter Berücksichtigung der Rspr. des BVerfG; vgl. BVerfGE 61, 82, 101; 79, 127, 153; RhPfVerfGH NVwZ 2000, 801, 803; *Britz* NVwZ 2001, 380, 385 f.; *Püttner* DÖV 2002, 731, 735 f.; *Dünchheim/Schöne* DVBl. 2009, 146 151 ff.).

58 In den Bundesländern, in denen eine Regelung für grenzüberschreitende wirtschaftliche Betätigung nicht besteht, gilt das **Territorialprinzip.** Abzulehnen ist die Auffassung, dass das Örtlichkeitsprinzip außerhalb des Bereichs der Hoheitsverwaltung nicht gelte (so etwa *Wieland/Hellermann* DVBl. 1996, 401 ff.; *Moraing* GemHH 1998, 223 f.). Kommunale Verbandskompetenz kann immer nur auf Art. 28 Abs. 2 GG gegründet sein und dies gilt auch für die wirtschaftliche Betätigung. Andererseits ist heute ein zu „rigides" Örtlichkeitsprinzip i. S. einer strikten Festlegung aller kommunaler Aktivitäten ausschließlich auf das eigene Territorium nicht konsequent durchzuhalten, eine behutsame Lockerung durch den Gesetzgeber sinnvoll (vgl. etwa die Sachaufgaben wie ÖPNV, Umweltschutz, Landesplanungsrecht usw.; *Guckelberger* BayVBl. 2006, 293 ff.; *Heilshorn* VBlBW 2007, 161 ff.). Durch einfachgesetzliche Regelungen und in engen Grenzen auch in Ausnahmefällen wie etwa bei Randnutzungen oder Annextätigkeiten in untergeordneter Weise, bei unerheblicher Konkurrenz in einer Kommune bzw. bei privatwirtschaftlicher Nichtbetätigung auf dem betreffenden Gebiet muss dies zulässig sein (vgl. etwa Strom, Gas, Fernwärme, ÖPNV, Telekommunikation; § 107 Abs. 3 GO NRW; § 102 Abs. 7 GemO BW; Art. 87 Abs. 2 bayGO; *Jarass* DVBl. 2006, 1 ff.; *Guckelberger* BayVBl. 2006, 293 ff.; unten Teil 2, § 102 Rdn. 81a ff.). Neben den allgemeinen Zulässigkeitsvoraussetzungen ist zusätzlich zu prüfen, ob der spezifische öffentliche Zweck, dem jedes kommunale Handeln zu dienen hat, einen „**territorialen Ausgriff**", eine Lockerungen des Örtlichkeitsprinzips rechtfertigt oder sogar erfordert, also zulässig ist (vgl. OVG NW NVwZ 2008, 1031, 1034 ff.; *Püttner* DÖV 2002, 731, 737 f.; *Dünchheim/Schöne* DVBl. 2009, 146, 151 ff.). Probleme entstehen vor allem dann, wenn wirtschaftliche Aktivitäten auf dem Boden der Nachbargemeinden gegen deren Willen („feindliche Übernahme") durchgeführt werden sollen. Grenzüberschreitende wirtschaftliche Betätigung erfolgt, soweit keine entsprechende gesetzliche Regelung vorliegt, in der Regelform interkommunaler Zusammenarbeit durch zwischengemeindliche Absprachen, Vereinbarungen und vielfältige Kooperationen (öffentlich-rechtliche oder privatrechtliche Vereinbarungen, Zweckverbände, gemeinsame Kommunalanstalten, Rechtsformen des Privatrechts usw.). Eine über die Gemeindegrenzen hinausgehende Kompetenzerweiterung korrespondiert zwangsläufig mit einer Kompetenzschmälerung anderer Gemeinden (horizontale Schutzgarantie des Art. 28 Abs. 2 GG). Die interkommunalen Beziehungen sind von der staatsorganisationsrechtlichen festgelegten Kompetenzverteilung, von dem Grundsatz der Solidarität in der „Kommunalfamilie", von interkommunaler Partnerschaft, aber nicht von ungezügeltem, ungleichem Wettbewerb geprägt. Stets müssen die berechtigten Interessen der betroffenen Gemeinde, was grundsätzlich eine Einigung oder interkommunale Zusammenarbeit zwischen den Betroffenen voraussetzt, gewahrt werden (**interkommunales Kooperationsprinzip und Rücksichtnahmegebot**, nicht einseitige Expansion; wenn, dann frühzeitige gegenseitige Information und Kommunikation; **Sonderregelung für Strom und Gas** z. B. § 102 Abs. 7 Satz 2 GemO BW; Art. 87 Abs. 2 Satz 2 BayGO; vgl. BVerwGE 40, 323, 329 f. und NVwZ 2005, 958 f.; OVG Münster DVBl. 2008, 919 f.; *Badura* DÖV 1998, 818 ff.; *Scharpf* NVwZ 2005, 148, 151; *Jarass* DVBl. 2006, 1 ff.; *Heilshorn* VBlBW 2007, 161, 163 ff.; *Püttner* DVBl. 2010, 1189 ff.; oben Rdn. 26 ff. und unten Teil 2 Rdn. 36 f. und 81a ff. zu § 102). Eine Ausdehnung der Tätigkeiten über die **Landesgrenzen** hinweg ist grundsätzlich nur aufgrund von staatsvertraglichen Regelungen, solche im **Ausland** i. d. R. nicht bzw. nur aufgrund einer Genehmigung der Rechtsaufsicht zulässig (§ 107 Abs. 3 Satz 3 GO NRW; vgl. etwa *Gundlach* LKV 2002, 264 ff.; *Brüning* DVBl. 2004, 1451 ff.; *Brosius-Gersdorf* AöR 2005, 392, 402; *Wolff* DÖV 2011, 721 ff.).

59 Prinzipiell ist es nicht damit getan, dass die wirtschaftliche Betätigung bei ihrem Beginn einem „öffentlichen Zweck" dient, sondern dass i. S. des „öffentlichen Zweckes" auch entschieden und gehandelt, kommunales Gemeinwohl dauerhaft „gelebt" wird. Das Demokratieprinzip und die **Verantwortlichkeiten der demokratisch legitimierten Organe** des Anteilseigners/Eigentümers für ihre Kommunalunternehmen gebieten dies. Die Gemeindeorgane sind stets für die gesamte Tätigkeit der wirtschaftlichen Kommunalunternehmen verantwortlich und haben mindestens die strategischen Unternehmungsentscheidungen zu treffen (vgl. BVerfGE 10, 89, 102 ff.; DVBl. 2003, 923 ff.; BerlVerfGH NVwZ 2000 794 ff.). Deshalb sind angemessene und effektive Informations- und Einflussrechte festzulegen, eine ausreichende Steuerung und Kontrolle sowie die notwendigen **Ingerenzpflichten** vorzusehen. In den letzten Jahren sind zu diesem Zweck entsprechende Regelungen in die einzelnen Gemeindeordnungen aufgenommen worden. Der Bedeutung wegen werden diese Fragen unten in Abschn. V gesondert behandelt (vgl. Rdn. 126 ff. sowie Teil 2 Rdn. 14 und 19 ff. zu § 103; *Püttner* DÖV 2002, 731, 733; *Mann* JZ 2002, 819 ff.).

60   Für das Vorliegen des öffentlichen Zwecks im örtlichen Wirkungskreis obliegt der Gemeinde grundsätzlich eine **Darlegungs- und Begründungslast** (vgl. etwa § 108 GemO BW, Art. 96 Satz 3 BayGO, § 115 Abs. 1 Satz 2 GO NRW: „Nachweis der gesetzlichen Voraussetzungen"). Sie ist gehalten, das Vorliegen der Tatbestandsvoraussetzungen, des unbestimmten Rechtsbegriffs „öffentlicher Zweck" usw., nachzuweisen (qualifizierte Entscheidungsgrundlage mit entsprechender Dokumentation, Markterkundungsverfahren, Vergleichsberechnungen usw.). Die Rechtsaufsicht hat bei ihrer Prüfung ihrerseits den Kommunen zustehenden „Beurteilungsspielraum" zu beachten (**Einschätzungsprärogative;** Rdn. 48). Bei der Entscheidung sind die gesamten Umstände des Einzelfalles einzubeziehen und die Normzwecke der einschlägigen Vorschriften zu berücksichtigen. Stets ist eine umfassende Einzelfallprüfung erforderlich, bei der allein im Ermessen der Gemeinde stehende kommunalpolitische Zweckmäßigkeitserwägungen nicht ausreichen (vgl. BVerwG DVBl. 2002, 1409 ff. und NVwZ 2014, 589; BGH RdE 2014, 201, 204; RhPfVerfGH NVwZ 2000, 801 ff.; OVG NW NVwZ 2008, 1031, 1035; VGH BW DVBl. 2015, 106, 108;*Ruffert* VerwArch 2001, 27 ff.; *Jarass* DVBl. 2006, 1, 6 f.; *Rautenberg* KommJur 2007, 41 ff.; *Otting/Olgemöller* KommJur 2014, 201, 204; oben Rdn. 48 und unten Teil 2 Rdn. 32 und 37 zu § 102 und Rdn. 1 ff. zu § 108).

61   b) **Leistungsfähigkeit und Bedarf.** Wirtschaftliche Kommunalunternehmen müssen „nach Art und Umfang" in einem angemessenen Verhältnis zur **Leistungsfähigkeit der Gemeinde** und zum voraussichtlichen **Bedarf** stehen (Konkretisierung der allgemeinen Haushaltsgrundsätze; vgl. § 102 Abs. 1 Nr. 2 GemO BW, Art. 87 Abs. 1 Nr. 2 BayGO, § 107 Abs. 1 Nr. 2 GO NRW; *Badura* DÖV 1998, 821). Diese Tatbestandsvoraussetzung bedeutet für die Gemeinden eine **Schutzfunktion vor wirtschaftlichen Risiken** und finanzieller Überforderung und schließt es aus, dass Gemeinden wirtschaftliche Unternehmen errichten, übernehmen, wesentlich erweitern oder sich daran beteiligen, wenn diese aufgrund der Größe und der örtlichen Struktur unwirtschaftlich wären und die kommunale Leistungsfähigkeit, ihre personellen, sachlichen und finanziellen Kräfte überfordern würden („Relationssperre"; Leistungsfähigkeitsgrenze; Minimierung der wirtschaftlichen Risiken und Folgelasten). Erforderlich sind ausreichende personelle und sachliche Ressourcen zu einer effektiven Steuerung und Kontrolle der Unternehmen. Der gegenwärtige und zu erwartende **voraussichtliche Bedarf** im örtlichen Versorgungsgebiet ist qualifiziert zu ermitteln. Über- und Unterkapazitäten und damit Fehlinvestitionen sind zu vermeiden. Ein angemessenes Verhältnis zwischen Leistungsfähigkeit des Unternehmens und gemeindlichem Bedarf soll einen günstigen Betriebserfolg sichern und verhindern, dass ein eventueller Zuschussbedarf den Haushalt belastet und damit allgemein die Erfüllung öffentlicher Gemeindeaufgaben beeinträchtigt (Orientierung am quantitativen und qualitativen Leistungsspektrum vergleichbarer Kommunen; Markterkundungsverfahren und gesicherte Bedarfsprognosen; vgl. *Lange*, Kommunalrecht, Kap. 14 Rdn. 105 ff.; unten Teil 2 Rdn. 38 ff. zu § 102).

Beide Voraussetzungen sind im Einzelfall aufgrund der tatsächlichen Verhältnisse **62** und örtlichen Gegebenheiten sorgfältig zu prüfen und anhand von Analysen, Bewertungen und Prognosen zu ermitteln und zu dokumentieren (gemeindeindividuell durch qualifizierte, nachvollziehbare Vorlagen, Wirtschaftlichkeitsberechnungen, Markterkundungsverfahren usw.; vgl. § 6 HGrG, § 7 BHO/LHO mit VV). Die Begriffe Leistungsfähigkeit und Bedarf stellen unbestimmte Rechtsbegriffe dar, die der Gemeinde einen begrenzten **Beurteilungsspielraum** einräumen („Einschätzungsprärogative"; BVerwG DVBl. 2002, 1409 ff.; *Cronauge* GemHH 1997, 265 ff.; *Ruffert* VerwArch 2001, 27, 41; oben Rdn. 48 und 60 sowie unten Teil 2 Rdn. 37 f. zu § 102).

c) **Subsidiaritätsklausel.** Zu den Zulässigkeitsvoraussetzungen für die Errich- **63** tung, Übernahme, wesentliche Erweiterung oder Beteiligung kommunaler Wirtschaftsunternehmen gehört herkömmlicherweise auch, dass der Zweck des Unternehmens **außerhalb der klassischen kommunalen Daseinsvorsorgebereiche** nicht besser und wirtschaftlicher durch einen anderen erfüllt wird oder erfüllt werden kann (sog. Funktionssperre oder **Subsidiaritätsklausel** bei „Bessererfüllung" durch die Privatwirtschaft; vgl. bereits § 67 DGO; § 102 Abs. 1 Nr. 3 GemO BW, Art. 87 Abs. 1 Nr. 4 BayGO, § 107 Abs. 1 Nr. 3 GO NRW; *Meininger*, in: Fabry/Augsten (Hrsg.), a. a. O., S. 69 ff.). Mit der Subsidiaritätsklausel wird das Ziel verfolgt, im öffentlichen Interesse eine „ungehemmte", sachlich nicht gerechtfertigte wirtschaftliche Betätigung der Gemeinden zu Lasten der Privatwirtschaft zu verhindern, die Kommunen auf ihre primären Gemeindeaufgaben festzulegen und sie vor unkalkulierbaren Risiken zu bewahren. Solche Regelungen beinhalten zwar einen Eingriff in das kommunale Selbstverwaltungsrecht des Art. 28 Abs. 2 GG, der aber aus den vorstehenden Gemeinwohlgründen zulässig ist (vgl. RhPfVerfGH NVwZ 2000, 801 ff.; *Ruffert* VerwArch 2001, 27, 44 ff.; *Schneider* DVBl. 2000, 1257; kritisch: *Moraing* WiVerw 1998, 249 f.; allgemein zum Subsidiaritätsprinzip unten Teil 2 Rdn. 14 zu § 102). Nach den Gemeindeordnungen zahlreicher Länder wird der Anwendungsbereich der Klausel sachlich eingeschränkt, insbes. wenn eine Tätigkeit der „kommunalen Daseinsvorsorge" wahrgenommen wird (vgl. etwa § 102 Abs. 1 Ziff. 3 GemO BW, Art. 87 Abs. 1 Ziff. 4 bayGO, § 107 Abs. 1 Ziff. 3 GO NRW; § 85 Abs. 1 Nr. 3 RhPfGO; **Konzept der Daseinsvorsorge**). Der Begriff „Daseinsvorsorge" ist nach dem Gesetzgeber weit auszulegen. Darunter fallen Stadtplanung und -entwicklung, sozialer Wohnungsbau, nicht aber gehobener Wohnungsbau, Bereitstellung der kommunalen Infrastruktur, ÖPNV, Krankenhauswesen, Bildung, Sport und Kultur, Ver- und Entsorgung und dergleichen (vgl. BW, LT-Drucks. 12/4055, S. 24; VGH BW DVBl. 2012, 182 ff. und 2015, 106 ff.; *Piek*, in: www.anwalt.de/rechtstipps/grenzen-der-wirtschaftlichen-betaetigung-von-kommunen_064920.html vom 8.12.2014; vgl. Rdn. 54 und Teil 2 § 102 Rdn. 42).

64   Das in den Gemeindeordnungen verankerte Subsidiaritätsprinzip lässt sich vereinfacht in „**unechte** oder einfache" Subsidiaritätsklauseln (sog. Funktionssperren; in NRW, Sachsen, Schl.-Hol., M-V) und „**echte** oder verschärfte„ **Subsidiaritätsklauseln** unterscheiden (in BW, Bay., Hessen, Nds., Rh.-Pf., Thür.). Im Einzelnen ist vieles umstritten, nicht zuletzt weil die Regelungen von Land zu Land unterschiedlich sind, die politischen Zielsetzungen nicht selten wechseln und die Klausel teilweise nur für Tätigkeiten außerhalb der Daseinsvorsorge gelten (vgl. z.B. § 102 Abs. 1 Ziff. 3 GemO BW; *Heilshorn* VBlBW 2007, 161 ff.). Der Nachweis für das Vorliegen dieser Zulässigkeitsvoraussetzung ist schwer handhabbar, sehr aufwändig und bietet bei der heutigen Wettbewerbssituation nur begrenzt vernünftige Lösungen. Auch die wichtige Frage, ob ein Verstoß gegen die Subsidiaritätsklausel grundsätzlich **drittschützende Wirkung** besitzt (Norm mit Individualinteressenschutz als subjektiv-öffentliches Recht) oder nur objektiv von Kommunen und Rechtsaufsicht beachtet werden muss, ist generell umstritten und in den Ländern unterschiedlich geregelt, also stets landesspezifisch zu ermitteln (vgl. BGH NJW 2002, 2645 ff.; VerfGH Rh.-Pf. DVBl. 2000, 992, 995; OVG NW NVwZ 2003, 1520 f. und NVwZ 2008, 1031 f.; VGH BW DÖV 2006, 831 f. und DVBl. 2015, 106 ff.; OVG Rh.-Pf. DÖV 2011, 611; *Ruffert* VerwArch 2001, 27, 44 ff.; *Papier* DVBl. 2003, 686 ff.; *Mann* DVBl. 2009, 817 ff.; *Berger* DÖV 2010, 118 ff.; *Jungkamp* NVwZ 2010, 546 ff.; *Berghäuser/Gelbe* KommJur 2012, 47; *Lange* NVwZ 2014, 616 f.; vgl. Rdn. 25 und 75; Teil 2 Rdn. 41 f. zu § 102).

64a   In Bad.-Württ. wurde 2005 eine qualifizierte, „verschärfte" Klausel eingeführt, die trotz einer vom Landesgesetzgeber bis Mitte 2015 beabsichtigten „Entschärfung" heute noch unverändert gilt (LT-DS 13/4767, S 9; LT-DS 15/7610, S. 65; *Weiblen* BWGZ 2006, 469 ff.; *Heilshorn* VBlBW 2007, 161 ff.; *Katz* BWGZ 2016, 365 ff.). Die Rspr. VGH BW DÖV 2006, 831 f., VGH BW DVBl. 2012, 182 ff. und 2015, 106 ff. und die h. M. verstehen wie auch die Gesetzesbegründung § 102 Abs. 1 Nr 3 nF als „echte" Subsidiaritätsklausel, die privaten Wettbewerbern unmittelbaren **Drittschutz** gewährt. In **Bayern** wurde die Subsidiaritätsklausel 1998 mit Änderungsgesetz neu gefasst. Die Rechtslage ist nicht eindeutig (verschärfte Klausel außerhalb der Daseinsvorsorge; vgl. Art. 87 Abs. 1 Nr. 4; *Schulz*, a.a.O., Art. 87 Ziff. 1.6). In **NRW** wurde nach zahlreichen Änderungen 2010 mit dem Revitalisierungsgesetz konträr zur Novelle 2007 die Zielsetzung verfolgt, Kommunalunternehmen die Teilnahme am Markt zu erleichtern, insb. durch Streichung des Erfordernisses eines „dringenden" öffentlichen Zwecks, durch Umwandlung der strengen in eine einfache Subsidiaritätsklausel und durch sektorenspezifische, territoriale und interkommunale Verbesserungen (§§ 107 und 107a; *Articus/Schneider*, a.a.O., § 107 Erl. 1 und 4; *Cronauge*, a.a.O., S. 89 f.; *Dünchheim/Schöne* DVBl. 2009, 146 ff.; *Attendorn* spricht in KommJur 2010, 361, 363 von einer „unendlichen NRW-Änderungsgeschichte"). Die Rspr. des OVG NW NVwZ 2003, 1520 f., NZBau 2005, 167 und NVwZ 2008, 1031 f., die eine drittschützende Wirkung bereits aus dem Begriff „öffentlicher Zweck", § 107 Abs. 1 Nr. 1, ableitet und bejaht, ist nicht zuletzt aufgrund der Rechtsänderungen in den letzten Jahren nicht unumstritten (vgl. etwa *Berger* DÖV 2010, 118 ff.). In **Nds**. wurde mit den NKomVG-Novellen 2006, 2009 und 2011 eine echte Subsidiaritätsklausel mit Drittschutz für Private eingeführt, von der allerdings die Sektoren Energie, Wasser, ÖPNV und Telekommunikation freigestellt sind (vgl. § 136 Abs. 1 NKomVG; LT-DS 16/785 Nds.; *Freese* NdsVBl. 2006, 238 ff., NdsVBl. 2009, 192 ff. und GK 2011, 90 ff.; *Rose*, a. a. O., Kap. 15 Ziff. 2; zur Rspr. in Niedersachsen und Sachsen-Anhalt vgl. auch *Mann* DVBl. 2009, 817, 819 ff.).

Während früher überwiegend kein Drittschutz gewährt wurde, geht in letzter **64b** Zeit in der Rspr der **Trend in Richtung Drittschutz**, private Konkurrenten können ggf. Unterlassungsklage beim zuständigen VG erheben (vgl. OVG Münster DVBl. 2008, 919 ff.; *Lange*, a. a. O., Kap. 14 Rdn. 124 ff.; *Hoppe/Uechtritz/ Reck*, a. a. O., § 6 Rdn. 126 ff.). Eine drittschützende Wirkung wird vor allem bei einer echten, verschärften Subsidiaritätsregelung, bei einem Vorschalten einer Marktanalyse zur Bewertung der Auswirkungen auf das Handwerk, Handel und Industrie bzw. einem Anhörungsverfahren mit deren Verbänden, ggf. auch bei entsprechenden klaren Regelungen in den Mittelstandsgesetzen angenommen (etwa § 102 Abs. 1 Nr. 3 und Abs. 2 GemO BW; Art. 87 Abs. 1 Nr. 4 BayGO; § 107 Abs. 1 Nr. 3 und Abs. 5 GO NRW; § 85 Abs. 1 Rh.-Pf. GO; § 121 Abs. 1 Nr. 3 HessGO; vgl. VerfGH Rh.-Pf. DVBl. 2000, 992, 995; OVG NW NVwZ 2003, 1520 f. und 2008, 1031 f.; VGH BW DÖV 2006, 831 f.). Der **Nachweis** für die Einhaltung der Subsidiaritätsklausel ist von der Gemeinde zu erbringen, die eine Wirtschaftstätigkeit aufnehmen will. Dazu sind alle relevanten Marktgegebenheiten im Hinblick auf Vorhandensein, Leistungsfähigkeit und Effizienz Privater zu prüfen sowie ein Wirtschaftlichkeitsvergleich zwischen der Leistungserbringung durch ein kommunales Unternehmen und einem privaten Anbieter zu erstellen (mit Qualität, Nachhaltigkeit und Zuverlässigkeit; an objektiven Maßstäben ausgerichtete **Prognose**, bei begrenztem kommunalem Beurteilungsspielraum). Dabei sind auch die **landesrechtlichen Ziele der Mittelstandsförderung** zu beachten (Konkurrentenschutz- und Marktanalyseverfahren unter Einbeziehung der Wirtschaft). Das Gebot zur Durchführung solcher Interessen- oder **Markterkundungsverfahren** bzw. des **Branchendialogs** dient auch der Transparenz, der Entscheidungsvorbereitung und -grundlage, aber auch als Nachweis für die Zulässigkeit solcher Tätigkeiten und zur Vorlage an die Rechtsaufsicht (Marktsichtung und Einschätzung, Wirtschaftlichkeitsberechnungen und qualifizierte Prognosen, Leistungsvergleichsbetrachtungen; Dialog mit dem Handwerk, der IHK usw.; vgl. § 102 Abs. 2 GemO BW; § 107 Abs. 5 GO NRW; § 7 BHO/LHO; *Lange*, a. a. O., Kap 14 Rdn. 116 ff.; Teil 2 § 102 Rdn. 60a ff.). In einigen Ländern sind solche Verfahren zwingend vorgeschrieben, was im Zweifel für eine drittschützende Subsidiaritätsklausel spricht. Zum Teil sind davon wieder die Daseinsvorsorgetätigkeiten ausgenommen (vgl. § 102 Abs. 1 Nr. 3 und Abs. 2 GemO BW; § 107 Abs. 5 Satz 2 GO NRW; § 121 Abs. 6 Satz 2 HessGO; OVG Münster NVwZ 2003, 1520 f. und DVBl. 2008, 919 ff.; *Schink* NVwZ 2002, 129, 137 f.; *Berger* DÖV 2010, 118 ff.; *Lange* NVwZ 2014, 616 f.; unten Teil 2 Rdn. 37 und 41 f. zu § 102). Stets ist eine sorgfältige Einzelfallprüfung erforderlich. Zu den zivilrechtlichen Abwehransprüchen, insbesondere §§ 1 und 3 UWG vgl. unten Rdn. 72 ff.

65   d) Einzelfälle. Auf der Grundlage der Begriffsbestimmung „wirtschaftliches Unternehmen" (Rdn. 46 ff.) und der einzelnen Zulässigkeitsvoraussetzungen (Rdn. 51 ff.) sind die konkreten Betätigungsfelder bzw. Tätigkeitsbereiche sorgfältig auf ihre rechtliche Zulässigkeit zu prüfen. Die wichtigsten **klassischen Einzelfälle** und die **neuen Geschäftsfelder** sind oben Rdn. 56a (öffentlicher Zweck), Rdn. 64 ff. (Subsidiaritätsklausel/Drittschutz) und insb. unten im Teil 2 Rdn. 43 bis 54 zu § 102 mit den entsprechenden Fundstellen eingehender dargestellt.

3.   **Weitere begrenzende Rechtsgrundlagen (insbes. europäisches und nationales Wettbewerbsrecht)**

66   Während sich die bisher genannten, in den Gemeindeordnungen geregelten Zulässigkeitsvoraussetzungen primär auf die Errichtung, Übernahme oder wesentliche Erweiterung eines wirtschaftlichen Unternehmens oder einer Beteiligung daran beziehen, also ihren Beginn bzw. ihre Zulassung festlegen, gibt es auch eine Reihe von weiteren Vorschriften, die den Betrieb, die laufende Geschäftstätigkeit solcher Unternehmen, also den „Zustand" wirtschaftlicher Betätigung regeln. Es geht folglich neben den Regelungen über den Zugang zu kommunaler Wirtschaftstätigkeit, die öffentlich-rechtlicher Natur und deshalb dem Verwaltungsrechtsweg zuzuordnen sind, um die Frage des „Ob", ob Gemeinden solche Tätigkeiten aufnehmen und sich am Wettbewerb beteiligen dürfen (die kommunalrechtlichen Zulässigkeitsvoraussetzungen selbst müssen stets, in Permanenz erfüllt sein; vgl. Rdn. 52). Es geht um die Frage der Art und Weise des Betriebs kommunaler Unternehmen im Wirtschaftsverkehr bzw. Wettbewerb, die Frage des „Wie" des Tätigseins und der entsprechenden Wettbewerbshandlungen, für die, soweit die öffentliche Hand in den Formen des Privatrechts tätig wird, das Zivilrecht gilt und damit der ordentliche Rechtsweg gegeben ist. Die neben den kommunalrechtlichen Zulässigkeitsvoraussetzungen (vgl. oben Rdn. 50 ff.) wichtigsten Vorgaben für die kommunale Wirtschaftstätigkeit sollen im Folgenden noch zusammenfassend dargestellt werden.

67   a) Europäisches Unionsrecht. Die Liberalisierungsprozesse, die vor allem durch EU-Recht beeinflusst sind, haben die klassischen Betätigungsfelder der Kommunen erreicht und dort zu deutlichen Veränderungen geführt (**Wettbewerb statt Gebietsmonopole**, vgl. die Energieversorgung, den ÖPNV, aber auch die Entsorgungswirtschaft; Rdn. 34 f.). Zielsetzung des europäischen Unionsrechts ist es, den grundsätzlichen **Vorrang einer „offenen Marktwirtschaft mit freiem Wettbewerb"** und ein System zu verwirklichen, das den Wettbewerb innerhalb des Binnenmarkts vor Verfälschungen schützt, d. h. die Wettbewerbsfähigkeit der europäischen Wirtschaft stärkt und damit einen effizienten Ressourceneinsatz sicherstellt (vgl. Art. 119 AEUV). **Zielmodell** ist ein dreifacher Wettbewerb: „in", „um" und „zwischen" den Infrastrukturen insbes. der Ver- und Entsorgung (vgl. *Theobald* NJW 2003, 324 ff.). Darin liegen spürbare Auswirkungen für die wirtschaftliche Betätigung der öffentlichen Hand begründet. Nach **Art. 106 Abs. 1 AEUV** darf nationales Recht „in Bezug auf öffentliche Unternehmen" keine dem Diskriminierungsverbot des Art. 18 AEUV, den kartellrechtlichen Vorgaben der Art. 101 bis 105 AEUV und den beihilferechtlichen Vorschriften der Art. 107 bis 109 AEUV widersprechenden Maßnahmen treffen oder beinhalten. Als **öffentli-**

che **Unternehmen** gelten all jene, auf die die öffentliche Hand aufgrund Eigentums, finanzieller Beteiligung, Satzung oder vertraglicher Regelung unmittelbar oder mittelbar einen beherrschenden Einfluss ausüben kann (vgl. Art. 2 Abs. 1 EU-Transparenzrichtlinie; oben Rdn. 46). Das Kartell-, Missbrauchs- und Diskriminierungsverbot, die Fusionskontrolle, die Ausschreibungspflichten und das Beihilfeverbot wirken mithin als wesentliche Bestandteile der europäischen Wettbewerbsordnung auf wirtschaftliche Kommunalunternehmen ein. Dem EU-Recht liegt dabei insbesondere das Prinzip der Gleichbehandlung von öffentlichen und privaten Wirtschaftsunternehmen zu Grunde. Die Kommunalunternehmen unterliegen daher grundsätzlich der **Bindung an diese EU-Vorschriften** unter Berücksichtigung der Auslegung durch die Organe der EU und der Rechtsprechung des EuGH (vgl. *Moraing*, in: Püttner, Hrsg., Zur Reform des Gemeindewirtschaftsrechts, 2002, S. 41 ff.; *Jarass*, a. a. O., S. 41 ff.; *Schwarze* EuZW 2000, 613 ff.; *Weiss* DVBl. 2003, 564 ff.; *Papier* DVBl. 2003, 686 ff.; *Broß* JZ 2003, 874 ff.; *EuGH* DVBl. 2002, 392 und NJW 2003, 2515 ff.; eingehend unten Teil 1 Rdn. 236 ff.).

Mit der in **Art. 106 Abs. 2 AEUV** für öffentliche Unternehmen enthaltenen   **68** Sonderregelung wird dieser Grundsatz i. S. einer **begrenzten Ausnahme** eingeschränkt. Art. 106 Abs. 2 AEUV lautet: „Für Unternehmen, die mit Dienstleistungen von allgemeinem wirtschaftlichen Interesse **(DAWI)** betraut sind, gelten die Vorschriften der Verträge, insbesondere die Wettbewerbsregeln, soweit die Anwendung dieser Vorschriften nicht die Erfüllung der ihnen übertragenen besonderen Aufgabe rechtlich oder tatsächlich verhindert. Die Entwicklung des Handelsverkehrs darf nicht in einem Ausmaß beeinträchtigt werden, das dem Interesse der Union zuwiderläuft." Nach Art. 106 Abs. 3 AEUV hat die Kommission die Einhaltung dieser Vorschriften zu überwachen und kann ggf. geeignete Richtlinien oder Entscheidungen an die Mitgliedstaaten richten. Die Interpretation, die inhaltliche Reichweite von Art. 106 Abs. 2 AEUV ist außerordentlich umstritten, zählt nach wie vor zu den meist diskutierten Problemen (die Kommission legt diese Sonderreglung restriktiv aus, die kommunale Praxis fordert unter Hinweis auf Art. 14 AEUV und den hohen Stellenwert der kommunalen Selbstverwaltung in der Bundesrepublik eine extensive Interpretation; vgl. etwa *Papier* DVBl. 2003, 686 ff.). Dies hat für die Kommunalunternehmen mitunter erhebliche Rechtsunsicherheit zur Folge. Es wird aber inzwischen anerkannt, dass nach Inkrafttreten des AEUV die Vorschrift des Art. 106 Abs. 2 AEUV nicht bloß eine Ausnahmevorschrift zu einem vorrangigen Grundsatz der Marktwirtschaft mit freiem Wettbewerb bildet und entsprechend restriktiv zu interpretieren ist, sondern in ihr ein wertemäßiger Gleichklang von Wettbewerb und Daseinsvorsorge zum Ausdruck kommt (**DAWI als Synonym zur Daseinsvorsorge**; vgl. *v. Komorowski* EuR 2015, 310 ff.; *Ronellenfitsch*, in: Hoppe/Uechtritz/Reck (Hrsg.), Handbuch Kommunale Unternehmen, § 2 Rdn. 7). Art. 106 Abs. 2 AEUV ist grundsätzlich dann einschlägig, wenn eine besondere Gemeinwohlverpflichtung vorliegt, die einem Kommunalunternehmen durch einen Hoheitsakt oder vergleichbaren Akt übertragen ist („betraut"), und sonst unter Berücksichtigung des Verhältnismäßigkeitsgrundsatzes die Erfüllung der übertragenen Aufgabe verhindert würde. Das Überleben des Unternehmens muss dabei nicht bedroht sein, es muss sich aber nach der Rechtsprechung des EuGH um eine erheblichere Gefährdung bezüglich der Erfüllung der Gemeinwohlaufgaben handeln (vgl. EuGHE I 2011, 973, Rdn. 76; EuGE II 2010, 3397 Rdn. 137; EuGHE I 1997, 5699, 5778 ff. und 1997, 5815, 5834 ff.; *Storr*, in: Birnstiel/Bungenberg/Heinrich (Hrsg.), Europäisches Beihilfenrecht, Kap. 1 Rdn. 2404; *v. Komorowski* EuR 2015, 310 ff.; insbes. wird auf die eingehenden Ausführungen unten Rdn. 236 ff. verwiesen).

69 Entsprechendes gilt für das **Beihilferecht (Art. 107 bis 109 AEUV)**. Danach ist auch für öffentliche Unternehmen das Beihilfeverbot von besonderer Bedeutung (vgl. nur den Prüfungsstandard 700 des Instituts der Wirtschaftsprüfer – IDW PS 700). Die Kommission und der EuGH gehen von einem weiten **Beihilfebegriff** aus. Danach sind Beihilfen nicht nur zweckgebundene Finanzzuwendungen der öffentlichen Hand (Subventionen i. e. S.), sondern jede Art von Vergünstigung, für die keine marktgerechte Gegenleistung erbracht wird (also z. B. auch Zuschüsse, Befreiungen von Steuern und Abgaben, Zinszuschüsse, Übernahme von Bürgschaften, unentgeltliche oder besonders preiswerte Leistungen, Übernahme von Verlusten oder jede andere Maßnahme gleicher Wirkung soweit sie selektiv, also nicht allgemein wirken). Ziel des Beihilfeverbots ist die **Vermeidung von Wettbewerbsverzerrungen** aufgrund öffentlicher Leistungen an einzelne Unternehmen und Produktionszweige. Das grundsätzliche Beihilfeverbot stellt einen erheblichen Eingriff in die selbstständige nationale und kommunale Wirtschaftspolitik dar (vgl. etwa die Bereiche Wirtschaftsförderung, Landesbanken, Sparkassen, ÖPNV, Krankenhäuser). In den Abs. 2 und 3 des Art. 107 EGV sind eine Reihe von Ausnahmen und Freistellungtatbestände von dem Grundsatz des Beihilfeverbots festgelegt. Auch hier ist im Einzelnen vieles umstritten bzw. vom Ermessen insbesondere der EU-Kommission abhängig (vgl. *Müller-Graff*, in: Vedder/Heintschel v. Heinegg (Hrsg.), Europäisches Unionsrecht, Art. 107 AEUV Rdn. 23 ff.; *Khan*, in: Geiger/Khan/Kotzur (Hrsg.), Kommentar zum EUV/AEUV, Art. 107 AEUV Rdn. 17 ff.).

Nach ständiger Rechtsprechung des EuGH sind für das Vorliegen einer „Beihilfe" und damit des **Beihilfeverbots** folgende **vier Voraussetzungen** erforderlich (vgl. NJW 2003, 2515 ff.; Oberziel des Beihilfeverbots in **Art. 107 Abs. 1 AEUV** ist es, den Binnenmarktwettbewerb vor Verfälschungen zu schützen.):

– Es muss sich um eine staatliche/kommunale Maßnahme oder eine Maßnahme unter Inanspruchnahme öffentlicher Mittel handeln.

– Die Maßnahme muss geeignet sein, den unionsweiten Handel zwischen den Mitgliedstaaten zu beeinträchtigen (Binnenmarktrelevanz).

– Den Begünstigten muss dadurch ein wirtschaftlicher Vorteil gewährt bzw. verschafft werden.

– Durch die Maßnahme muss der Wettbewerb verfälscht werden oder zu verfälschen drohen (z. B. oberhalb Schwellenwert).

Das Beihilfeverbot mit der Beihilfenkontrolle ist ein **Verbot mit** zahlreichen **Ausnahmen:** Legal-, Kommissions- und Ratsausnahmetatbestände in **Art. 107 Abs. 2 und 3 AEUV** (vgl. dazu auch das nachfolgende Prüfungsschema) sowie die **Bereichsausnahme des Art. 106 Abs. 2 AEUV** (Dienstleistungen von allgemeinem wirtschaftlichem Interesse, soweit lediglich Leistungen zur Erfüllung gemeinwirtschaftlicher Verpflichtungen ausgeglichen werden). Maßnahmen, die lediglich als

Gegenleistung für Leistungen zur Erfüllung gemeinwirtschaftlicher Verpflichtungen erbracht werden, stellen deshalb bereits tatbestandlich keine Beihilfen dar, wenn **vier zusätzliche Kriterien** erfüllt sind (allgemein und insbes. für den ÖPNV): (1) klare Definition der gemeinwirtschaftlichen Verpflichtungen, (2) im Vorhinein objektiv und transparent festgelegte Ausgleichsparameter, (3) Ausgleich nur dessen, was zur Erfüllung der gemeinwirtschaftlichen Verpflichtungen abzüglich erhaltener Entgelte zuzüglich eines angemessenen Gewinns erforderlich ist, (4) Erstattung anhand des Kostenmaßstabs eines durchschnittlichen, gut geführten Unternehmens, sofern kein vorheriges Vergabeverfahren stattgefunden hat (also die vier Voraussetzungen: Betrauungsgrundsatz, Vorherigkeits- und Transparenzgebot, Kostendeckungskontrolle, Verfahrensadäquanz). Eine Beihilfe ist folglich mit dem EU-Recht vereinbar, wenn nicht mehr als die Nettomehrkosten der auferlegten Aufgabe ausgeglichen und der Ausgleich im Anschluss an ein offenes, transparentes und nicht diskriminierendes Verfahren für einen angemessenen Zeitraum gewährt wird (vgl. EuGH NVwZ 2003, 461 und NJW 2003, 2515 ff. – Altmark-Trans-Urteil –; vgl. auch BVerwG NVwZ 2001, 320 ff. und 2003, 1114 ff.; *Koenig/Paul*, in: Streinz, Kommentar zum EUV/AEUV, Art. 106 AEUV Rdn. 61 ff.; *Bühner/Sonder*, NZS 2012, 688; vgl. auch unten Rdn. 236 ff.). Abschließend ist darauf hinzuweisen, dass einmalige Beihilfen an ein Unternehmen von weniger als 200.000 Euro in drei Jahren ausgenommen sind (Schwellenwert für Bagatellfälle: „**De-minimis-Regelung**": Verordnung Nr. 1407/2013 vom 18.12.2013, ABl. 2013 L 352/1; *Soltész* EuZW 2014, 89; zur Beihilfeaufsicht, insbes. zum **Genehmigungs- und Notifizierungsverfahren** nach Art. 108 Abs. 3 AEUV: EG-VO Nr. 659/1999 vom 22.3.1999; *Mähring* JuS 2003, 448 ff.).

Prüfungsschema:
(1) **Spezialvorschriften** (Vorrang von leges speciales):
 – Art. 42 AEUV (Landwirtschaft)
 – Art. 93 AEUV (Verkehr)
(2) **Beihilfebegriff (Art. 107 Abs. 1 AEUV**; weite Auslegung; Ziel: Schutz vor Wettbewerbsverfälschungen im Binnenmarkt):
 – Staatliche Maßnahme oder öffentliche Mittel;
 – Vorliegen einer Begünstigung;
 – Begünstigung einzelner Unternehmen oder Produktionszweige (Selektivität);
 – grenzüberschreitende Handelsbeeinträchtigung (Binnenmarktrelevanz);
 – Wettbewerbsverfälschung (tatsächlich oder drohend).
 Zwischenergebnis: Grundsätzliches Beihilfeverbot.
(3) **Formelle Rechtmäßigkeit (Art. 108 Abs. 3 AEUV):**
 Durchführung eines ordnungsgemäßen Notifizierungsverfahrens.
(4) **Ausnahmeregelungen** (materielle Rechtmäßigkeitsregelungen in **Art. 107 Abs. 2 und 3 sowie Art. 106 Abs. 2 AEUV):**
 – Zulässigkeit kraft Gesetzes (Art. 107 Abs. 2: Naturkatastrophen, Neue Bundesländer usw.);
 – Zulässigkeit kraft Entscheidung der Kommission (Art. 107 Abs. 3: Regionalförderung usw.);

- Zulässigkeit kraft Ratsentscheidung (Art. 107 Abs. 3 Buchst. e und Art. 106 Abs. 2 AEUV).

(5) **Rechtsfolgen**
- Bei formeller (fehlende Notifizierung) oder materieller Rechtswidrigkeit: Durchführungs- bzw. Beihilfegewährungsverbot (Art. 108 Abs. 3 Satz 3 AEUV; ggf. 48 f. VwVfG).

70 b) **Verfassungsrechtliche Grenzen.** Das GG geht vom **Grundsatz der wirtschaftspolitischen Neutralität** aus. Ihm lässt sich kein Bekenntnis zu einem bestimmten Wirtschaftssystem, keine Ausschließlichkeit des wirtschaftlichen Handelns und auch kein Vorrang der Privatwirtschaft vor öffentlichen Unternehmen i. S. eines allgemeinen verfassungsrechtlichen Subsidiaritätsprinzips entnehmen (**offenes GG-Marktmodell**, das individuelle Freiheit, soziale Bindung und wirtschaftliche Effizienz, freien Wettbewerb und Solidarität sowie Ökologie und Ökonomie verbindet und ausbalanciert). Ein Prinzip, nach dem u. a. ein öffentliches und damit auch kommunales unternehmerisches Eingreifen erst dann gerechtfertigt wäre, wenn die Privatinitiative versagt hätte und auch andere nichtstaatliche Stellen außerstande wären, die betreffende öffentliche Aufgabe zu erfüllen, findet nach h. M. zu Recht keine Anerkennung i. S. eines unmittelbar geltenden Rechtsgrundsatzes. Das GG garantiert weder den privaten Unternehmern die Ausschließlichkeit des Wirtschaftens oder des Marktes, noch einen generellen Schutz vor öffentlicher Konkurrenz, noch enthält es ein Verbot erwerbswirtschaftlicher Betätigung der Kommunen und der öffentlichen Hand insgesamt. Der kommunalen wirtschaftlichen Betätigung stehen insoweit keine verfassungsrechtlichen Schranken entgegen (vgl. BVerfGE 50, 296, 336 ff.; BVerwGE 23, 304, 306; unten Teil 2 Rdn. 14 zu § 102). Entsprechendes gilt für das „Europäische Subsidiaritätsprinzip". **Art. 5 Abs. 3 EUV** ist ohne kommunalspezifischen Gehalt und beinhaltet keinen Schutz bestimmter innerstaatlicher Strukturen (vgl. Art. 4 Abs. 2 EUV; VerfGH Rh.-Pf. DÖV 2006, 206; *Papier* DVBl. 2003, 686, 691; *Hobe/Biehl/Schroeter* DÖV 2003, 803 ff. mit Vorschlägen zur Stärkung der Komunen auf EU-Ebene).

71 Ähnliches gilt für die sog. **Wirtschaftsgrundrechte** aus Art. 12, 14 und 2 Abs. 1 GG. Diese Grundrechte schützen nicht vor Konkurrenz, auch nicht vor der von Kommunalunternehmen. Bloße Konkurrenz entfaltet keine grundrechtliche Relevanz. Ein grundrechtlicher Abwehranspruch gegenüber wirtschaftlicher Betätigung der öffentlichen Hand wird von der h. M. nur unter ganz engen Voraussetzungen anerkannt. Entweder muss eine „erdrosselnde Wirkung" festgestellt, die Wettbewerbsfreiheit der privaten Konkurrenten in „unerträglichem Maße" eingeschränkt bzw. unzumutbar gemacht werden oder es muss eine Auszehrung der Konkurrenz vorliegen bzw. eine unerlaubte Monopolstellung bestehen. Von diesen drei Sonderfällen abgesehen, haben Private auch Konkurrenz der öffentlichen Hand hinzunehmen (vgl. BVerfGE 50, 290, 366; 97, 67, 77 ff.; BVerwGE 39, 329, 336; 71, 183, 193; NVwZ 2003, 1114 ff.; OVG NW NVwZ-RR 2005, 738; *Schneider* DVBl. 2000, 1250, 1255 f.; *Pieroth/ Hartmann* DVBl. 2002, 421 ff.; *Waechter* JZ 2016, 533 ff.).
Die Kommunen sind bei der Wahrnehmung öffentlicher Aufgaben an die Grundrechte gebunden (Art. 1 Abs. 3 GG). Dies gilt grundsätzlich auch, wenn sie solche

Aufgaben in den Formen des Privatrechts erfüllen. **Grundrechtsadressat** sind folglich in aller Regel neben den Eigengesellschaften auch die von Kommunen beherrschten Unternehmen in Privatrechtsform („**Fiskalgeltung der Grundrechte**"). Für sie gilt die Grundrechtsbindung unmittelbar (**Verwaltungsprivatrecht,** Wahrnehmung öffentlicher Aufgaben in privatrechtlichen Rechtsformen). Bei den übrigen, nicht kommunal beherrschten Unternehmen verbleibt es bei der **Grundrechtsbindung** der hinter der Eigengesellschaft stehenden Körperschaft. Bei Grundrechtseingriffen durch Kommunalunternehmen ergeben sich für Gemeinden als Eigentümer stets Pflichten zur grundrechtsgemäßen Wahrnehmung von Rechten und Einflussmöglichkeiten auf die Beteiligungsgesellschaft (vgl. BVerfG NJW 2011, 1201 ff.; BGH DVBl. 2003, 942 ff.; OVG Münster NVwZ 2003, 1520 ff.; *Pieroth/Hartmann* DVBl. 2002, 421 ff.). Grundsätzlich können sich juristische Personen des öffentlichen Rechts aber nicht auf Grundrechte berufen, sie besitzen **keine Grundrechtsfähigkeit** (z. B. Art. 12, 14 GG). Dies gilt nach h. M. auch für kommunale Unternehmen in Privatrechtsform, auf die die Kommune einen Einfluss hat bzw. nehmen kann („Beherrschungskriterium" i. d. R. bei mehr als 50 % gegeben; vgl. BVerfGE 45, 63, 80; 75, 192, 199 f.; NVwZ 2006, 1041 f. und NVwZ 2011, 1201 ff.; BGH NJW 2006, 1054 f.; *Jochum* NVwZ 2005, 779 ff.; *Krüger* DÖV 2012, 837, 841; *Benecke/Döhmann* JZ 2015, 1018, 1024; *Katz,* Staatsrecht, Rdn. 599 ff.; *Lange,* a. a. O., Kap. 14 Rdn. 180 ff.; a. A. für den Energiebereich *Kühne* JZ 2009, 1071 ff.).

c) Wettbewerbsrechtliche Grenzen (insb. §§ 1 und 3 Abs. 1 UWG). Kommu-   **72** nale Wirtschaftsunternehmen haben aufgrund ihrer finanziellen Potenz und nicht selten auch aufgrund ihrer faktischen Marktstellung (z. T. aus einer früheren Monopolstellung herrührend) häufig gewisse Wettbewerbsvorteile (vgl. Rdn. 39 f.). Die Festlegung der Grenzen für die wirtschaftliche Betätigung durch die öffentliche Hand ist daher im Wettbewerbsrecht ein viel und kontrovers diskutiertes Thema (*Ehlers* JZ 1990, 1089; *Brohm* NJW 1994, 281; *Enuschat* WRP 1999, 405; *Köhler* NJW 2008, 3032 ff.; *Köhler/Bornkamm,* Komm. zum UWG, § 4 Kap. 13). Es ist heute weitgehend unbestritten, dass die öffentliche Hand bei ihrer wirtschaftlichen Betätigung bezüglich ihres **Marktverhaltens,** ihrer Handlungsmodalitäten und dergleichen die Anforderungen des **Wettbewerbsrechts beachten** muss und insoweit der Kontrolle der ordentlichen Gerichte unterliegt (vgl. BGHZ 144, 255, 264 f.; BGH NJW 2002, 2645 ff. und NVwZ 2003, 246 f., BGH GRUR 2012, 201 Rdn. 18; *Schink* NVwZ 2002, 129, 137 ff.; *Mann* JZ 2002, 819, 824; zu den UWG-Novellen 2004 und 2008: *Münker/Kaestner* BB 2004, 1689 ff.; *Köhler* NJW 2004, 2121 ff. und WRP 2009, 109 ff.). Durch ein Verbot des den Wettbewerb gefährdenden, unfairen, unlauteren oder wettbewerbsverzerrenden Verhaltens und Handelns soll ein funktionsfähiger und fairer Wettbewerb für alle Marktteilnehmer, Verbraucher und die Allgemeinheit gewährleistet werden. Offene Fragen gibt es allerdings in der Abgrenzung zum kommunalen Wirtschaftsrecht und zur Bewertung der Frage, in welchen Fällen bei kommunalen Unternehmen eine „Sittenwidrigkeit" i. S. von §§ 1 und 3 ff. UWG gegeben ist.

Auszugehen ist von dem Abgrenzungsgrundsatz der „**Ob- und Wie-Formel**"   **73** (Marktzugangs- und -verhaltensrecht). Danach ist für den „Marktzugang" das

Kartellrecht bzw. kommunale Wirtschaftsrecht und für das „Marktverhalten" das Wettbewerbsrecht i. e. S. (Lauterkeitsrecht), insbesondere §§ 1 und 3 ff. UWG, anzuwenden. Folglich bezieht sich die wettbewerbsrechtliche Beurteilung grundsätzlich nur auf die Art und Weise der Beteiligung der öffentlichen Hand am Wettbewerb. Die davon zu trennende allgemeinpolitische und wirtschaftspolitische Frage, ob sich die öffentliche Hand überhaupt erwerbswirtschaftlich betätigen darf und welche Grenzen ihr insoweit gesetzt sind, ist öffentlich-rechtlich und durch die Kommunalorgane zu regeln. Das UWG regelt also nicht den Zugang zum Wettbewerb (das „Ob"), sondern die **Art und Weise der Beteiligung am Wettbewerb**, d. h. „wie" die öffentliche Hand ihren Wettbewerb, ihr Verhalten am Markt gestaltet (vgl. z. B. § 4 Nr. 4 UWG; BGH NJW 1995, 2352; NJW 2002, 2645 ff.; OLG Nürnberg GRUR-RR 2010, 99 ff.; OLG Hamm WRP 2014, 333 Rdn. 49; BT-Drucks. 15/1487, 31, 41; *Schink* NVwZ 2002, 129, 138 f.; *Ohly* GRUR 2004, 889; *Lange*, a. a. O., Kap. 14 Rdn. 141 ff.; BGH Urteil vom 2.2.2010, Wasserpreise Wetzlar, NJW 2010, 2573 ff.; BGH NJW 2012, 3243 ff. und BB 2015, 1793 ff. – Calw –; zur Gestaltung der Wasserpreise: *Gersdorf* DVBl. 2016, 555 ff.; *Kunze/Bronner/ Katz*, a. a. O., § 102 Rdn. 63 ff.).

74   Nicht zuletzt aufgrund der restriktiven Rechtsprechung der Verwaltungsgerichte, die gegen das „Ob" der kommunalen Wirtschaftstätigkeit meist keinen Rechtsschutz gewährt haben, haben Konkurrenten kommunaler Unternehmen in den letzten Jahren zunehmend mit Erfolg versucht, Rechtsschutz vor den Zivilgerichten unter Berufung auf §§ 1 und 3 ff. UWG zu erhalten. Nach § 3 Abs. 1 UWG (§ 1 a. F.) als Generalklausel des Beispielekatalogs der §§ 4 ff. UWG kann derjenige auf Unterlassung und Schadensersatz in Anspruch genommen werden, der „im geschäftlichen Verkehr unlautere Handlungen vornimmt", die generell gegen die guten Sitten verstoßen (§§ 3 ff. i. V. m. §§ 8 bis 10 UWG; *Köhler* NJW 2008, 3032 ff.). Nach der neuen Rechtsprechung des BGH ist Zweck des § 3 Abs. 1 UWG, die Lauterkeit und Funktionsfähigkeit des Wettbewerbs im Interesse der Marktbeteiligung und der Allgemeinheit zu schützen (**Wettbewerbsverzerrungen durch unlautere Verhaltensweisen**). Der Begriff der Sittenwidrigkeit wird nicht mehr ausdrücklich verwendet (vgl. BGHZ 144, 255, 265; 147, 296, 303; NVwZ 2002, 1141 f.; DÖV 2003, 249 ff.). Die Prüfung, ob eine unlautere geschäftliche Handlung und eine spürbare Beeinträchtigung/Störung des Wettbewerbs auf dem Markt i. S. von § 3 Abs. 1 UWG vorliegt, ist auf dieser Grundlage unter Berücksichtigung der konkreten Umstände des Einzelfalles vorzunehmen; allgemeingültige Aussagen lassen sich nur begrenzt treffen. Die in der Rechtsprechung und Literatur entwickelten und sich herausgebildeten **Fallgruppen** hat der Gesetzgeber in den letzten Novellen im Wesentlichen übernommen und in den §§ 4 ff. UWG umgesetzt (vgl. *Schink* NVwZ 2002, 129, 139; *Fabry/Augsten*, a. a. O., S. 122 ff.; *Wollschläger* IR 2004, 82 ff.; *Lettel* BB 2004, 1913 ff.; *Münker/Kaestnet* BB 2004, 1689 ff.; *Köhler* WRP 2009, 41 ff.; ausführlich *Köhler/Bornkamm*, Komm. zum UWG, Erl. zu § 4; unten Teil 2 Rdn. 59 f. zu § 102):

- Unlautere Ausnutzung von Vorteilen, die mit der besonderen Stellung von Kommunalunternehmen gegenüber anderen Marktteilnehmern verbunden sind (Verquickung öffentlicher und privater Interessen bzw. öffentlich-rechtlichen Aufgaben mit erwerbswirtschaftlichen Tätigkeiten; Missbrauch der amtlichen Autorität und des Vertrauens in die Objektivität und Neutralität der Amtsführung; Ausnutzen von amtlich erhaltenen Informationen; Ausnutzen amtlicher Stellung und Beziehungen usw.; BGH NJW 2003, 752 ff. – Kfz-Schilderprägebetrieb –);

– Missbrauch der Marktstärke und Finanzkraft kommunaler Unternehmen (z. B. sachwidrige Ausnutzung von Einflussmöglichkeiten, Konkurrenz verdrängende Preisunterbietung, Verstoß gegen das Beihilfeverbot, Verdrängung privater Konkurrenten durch Preis-Dumping usw.);

– Ausnutzen enger räumlicher Verbindungen zwischen Amt und Kommunalunternehmen sowie Verquickung hoheitlicher Zulassungen mit kommerziellen kommunalen Verkaufstätigkeiten (z. B. Verkauf von Kfz-Kennzeichen, „FullService" für Bestattungen im Friedhofsamt; BGH NJW 1987, 60 f. – Bestattungsbetrieb –);

– Auftragsvergabe zu Gunsten kommunaler Unternehmen ohne Ausschreibung oder Bevorteilung durch vergaberelevante Informationen, einseitige Werbung für kommunale Unternehmen und einseitige Ausübung hoheitlicher Befugnisse (z. B. Beeinflussung von Ermessensentscheidungen der Verwaltung);

– Vorsätzliche, nachhaltige und schwerwiegende Verstöße gegen öffentlich-rechtliche Vorschriften (insbes. Verletzungen von GO-, Mittelstands- und ähnlichen Vorschriften, die vor allem von den Rechtsaufsichtsbehörden zu überwachen sind; umstritten).

Für die Kommunen von weitreichender Bedeutung ist die Frage, ob die gemeinde-   **75** wirtschaftsrechtliche Unzulässigkeit einer Betätigung zugleich einen Verstoß gegen § 3 Abs. 1 UWG nach sich zieht und damit einen Unterlassungsanspruch eines privaten Mitbewerbers begründen kann. Dazu werden sehr unterschiedliche Meinungen vertreten. Nach h. M. liegt bei einer Verletzung von GO-Vorschriften grundsätzlich noch kein Verstoß gegen das UWG vor. Erst bei Hinzutreten weiterer Umstände, insbesondere einem Verhalten, das eine unlautere Störung des Wettbewerbs auf dem Markt hervorruft, ist § 1 UWG erfüllt (vgl. Rdn. 72 f.). Im Übrigen ist entscheidend, ob die in Frage stehende Zulässigkeitsvoraussetzung des Gemeindewirtschaftsrechts eine wertbezogene oder wertneutrale Norm darstellt, also „drittschützende Wirkung" entfaltet oder nicht. Während früher überwiegend kein Drittschutz gewährt wurde, geht in letzter Zeit in der Rspr der **Trend in Richtung Drittschutz**, private Konkurrenten können ggf. Unterlassungsklage beim zuständigen VG erheben (vgl. OVG Münster DVBl. 2008, 919 ff.; *Lange*, a. a. O., Kap. 14 Rdn. 124 ff.; *Hoppe/Uechtritz/Reck*, a. a. O., § 6 Rdn. 126 ff.). Eine drittschützende Wirkung wird vor allem bei einer echten, verschärften Subsidiaritätsregelung, bei einem Vorschalten einer Marktanalyse zur Bewertung der Auswirkungen auf das Handwerk, Handel und Industrie bzw. einem Anhörungsverfahren mit deren Verbänden, ggf. auch bei entsprechenden klaren Regelungen in den Mittelstandsgesetzen angenommen (etwa § 102 Abs. 1 Nr. 3 und Abs. 2 GemO BW; Art. 87 Abs. 1 Nr. 4 BayGO; § 107 Abs. 1 Nr. 3 und Abs. 5 GO NRW; § 85 Abs. 1 Rh.-Pf. GO; § 121 Abs. 1 Nr. 3 HessGO; vgl. VerfGH Rh.-Pf.

DVBl. 2000, 992, 995; OVG NW NVwZ 2003, 1520 f. und 2008, 1031 f.; OVG NW NVwZ 2008, 1031 f.; VGH BW DÖV 2006, 831 f. und DVBl. 2015, 106 ff.). Im Hinblick auf die Vielzahl der GO-Novellierungen in den letzten Jahren (Markterkundungsverfahren, prozedurale Schutzregelungen zu Gunsten Privater, Verschärfung der Subsidiaritätsklauseln, landesgesetzliche Mittelstandsregelungen usw.; vgl. etwa § 106b GemO BW und §§ 1 bis 3 Mittelstandsförderungsgesetz BW) wird man die Rechtsentwicklungen in den einzelnen Bundesländern sorgfältig prüfen und aufmerksam verfolgen müssen (vgl. dazu ausführlich oben Rdn. 63 ff. und unten Teil 2 Rdn. 59 f. zu § 102 und Rdn. 43 zu § 103).

76   d) **Kartellrechtliche Grenzen** (insbes. GWB). Das Gesetz gegen **Wettbewerbsbeschränkungen (GWB)**, das in mehreren Novellen, zuletzt durch Gesetz vom 17.2.2016 (BGBl. I S. 203), stark dem Unionsrecht angeglichen wurde (Art. 101 bis 109 AEUV), verfolgt das Ziel, den freien Wettbewerb zu schützen und eine freiheitliche Ordnung der wirtschaftlichen Beziehungen aller Marktbeteiligten herzustellen bzw. zu sichern (wirtschafts- und gesellschaftspolitische Funktion des Wettbewerbs). Das GWB unterstellt, dass ein freier und effektiver Wettbewerb der Gesamtwirtschaft und allen Marktbeteiligten den größten Nutz- und Schutzeffekt bringt. Die Abgrenzung zwischen den Regelungsbereichen von UWG und GWB sind nicht immer eindeutig und zum Teil überlappend. Grundsätzlich ist das GWB auf den **Bestandsschutz des Wettbewerbs** und die Offenhaltung von Märkten (Frage des „Ob"; Wettbewerb als Institution), das UWG auf den Schutz der lauteren Art und Weise von Wettbewerbshandlungen (Frage des „Wie"; Marktverhalten) ausgerichtet. Das GWB soll nicht nur bestehenden Wettbewerb aufrechterhalten, sondern auch die Möglichkeit schaffen bzw. offen halten, in den Wettbewerb zu anderen Unternehmen zu treten. Der Geltungsbereich des GWB wird nach § 185 Abs. 1 GWB ausdrücklich auf öffentliche Unternehmen erstreckt, die ganz oder teilweise im Eigentum der öffentlichen Hand stehen oder die von ihr verwaltet oder betrieben werden.

77   Nach § 1 **GWB**, der zentralen Norm des Kartellrechts, sind Vereinbarungen zwischen miteinander im Wettbewerb stehenden Unternehmen, Beschlüsse von Unternehmensvereinigungen und aufeinander abgestimmte Verhaltensweisen, die eine spürbare Verhinderung, Einschränkung oder Verfälschung des Wettbewerbs bezwecken oder bewirken, verboten (**Kartellverbot**, das von einer individual- und institutionenschützenden sowie verbraucherorientierten Zwecksetzung ausgeht). Der kartellrechtliche Schutz wird, anders als in der UWG-Systematik, nicht durch eine Generalklausel, sondern durch eine Vielzahl von Einzeltatbeständen gewährleistet (vgl. *Imenga* NJW 1995, 1921 ff.; *Jung* IR 2004, 55 ff.; *Fuchs* WRP 2005, 1384 ff.; *Kahlenberg/Haellmigk* BB 2008, 174 ff.; *Fabry/Augsten* (Hrsg.), a.a.O., S. 141 ff.; PWC (Hrsg.), a.a.O., Rdn. 396 ff.; *Zimmer*, in: Immenga/Mestmäcker, a.a.O., § 1 Rdn. 6 ff.). Zu den §§ 97 ff. GWB, dem öffentlichen **Vergaberecht**, vgl. unten Rdn. 253 ff.

Die Kontrollinstrumente des GWB gliedern sich insbesondere in folgende **Gruppen:**
–   Verbot wettbewerbsbeschränkender Vereinbarungen (§ 1 GWB);
–   Freigestellte Vereinbarungen (§ 2 GWB);

- Mittelstandskartelle (§ 3 GWB);
- Verbot des Missbrauchs einer marktbeherrschenden Stellung (Missbrauchsfälle; §§ 19 bis 21 GWB);
- Anwendung des Europäischen Wettbewerbsrechts (§ 22 GWB; Art. 101 f. AEUV);
- Zusammenschlusskontrolle (Kontrolle der Marktstruktur und des Zusammenschlusses; §§ 35–43 GWB).

IV. Rechts- und Organisationsformen kommunaler Wirtschaftstätigkeit

1. Überblick

Die Rechts- und Organisationsformen kommunaler Wirtschaftsunternehmen **78** unter denen die Gemeinden im Rahmen ihrer **Organisationsautonomie** wählen können, sind sehr vielgestaltig Art. 28 Abs. 2 GG; vgl. Rdn. 26 ff.). Üblicherweise werden sie untergliedert bzw. systematisch eingeteilt einerseits nach dem Grad der rechtlichen oder organisatorischen Verselbstständigung gegenüber der Kommune sowie andererseits nach dem Kriterium, ob es sich um eine öffentlich-rechtliche oder privatrechtliche Organisationsform handelt. Die in der Praxis am **häufigsten** benutzten **Rechts- und Organisationsformen** ergeben sich aus der nachfolgenden **Abb. 5 (S. 54).**

Die zahlenmäßige Entwicklung der Organisationsformen hat sich in der **kom-** **79** **munalen Praxis** zu Gunsten der privatrechtlichen Organisationsformen verschoben (Trend zu formeller Ausgliederung). Nachdem in den 50er und 60er Jahren rund 90 % der VKU-Mitglieder in der Rechtsform des Eigenbetriebs organisiert waren, ist der entsprechende Anteil heute auf rd. 20 % zurückgegangen, die neue öffentliche Kommunalanstalt von 0 auf rd. 5 % gestiegen. Im gleichen Zeitraum ist die Zahl der privatrechtlichen Organisationsformen deutlich angewachsen (GmbH von rund 3 % auf über 60 %; AG von rund 2 % auf rd. 5 %). Der Stellenwert und die wirtschaftliche Bedeutung vor allem der GmbH ist stark angestiegen (vgl. etwa *Hansen* GmbHR 2004, 39 ff.; *Pitschas/Schoppa* DÖV 2009, 469). Die Rechtsform des Zweckverbands und die neue Organisationsform des Kommunalunternehmens als Anstalt des öffentlichen Rechts haben gegenwärtig eine eher noch untergeordnete Bedeutung (rd. 5 %). Durch jüngste gesetzgeberische Maßnahmen zur Verbesserung der interkommunalen Zusammenarbeit könnte sich dies etwas ändern (vgl. Rdn. 112 ff. und Teil 2 § 102b Rdn, 23 ff.). Die statistische Entwicklung der Rechts- und Organisationsformen der VKU-Mitglieder ist in der Abb. 3 im Einzelnen dargestellt (vgl. oben Rdn. 41).

Abb. 5: Rechts- und Organisationsformen

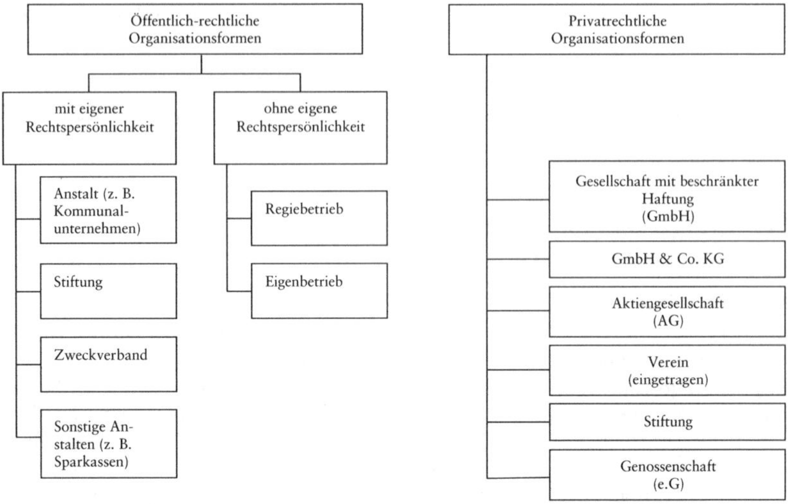

Öffentlich-rechtliche Organisationsformen		Privatrechtliche Organisationsformen
mit eigener Rechtspersönlichkeit	ohne eigene Rechtspersönlichkeit	
Anstalt (z. B. Kommunalunternehmen)	Regiebetrieb	Gesellschaft mit beschränkter Haftung (GmbH)
Stiftung	Eigenbetrieb	GmbH & Co. KG
Zweckverband		Aktiengesellschaft (AG)
		Verein (eingetragen)
Sonstige Anstalten (z. B. Sparkassen)		Stiftung
		Genossenschaft (e.G)

2. Kompetenz für die Rechtsformwahl

80   Den Kommunen steht im Rahmen ihrer Organisationshoheit als Teil der kommunalen Selbstverwaltungsgarantie (Art. 28 Abs. 2 GG) das Recht zu, für ihre Unternehmen unter Beachtung der rechtlichen Vorgaben die Organisationsform nach Zweckmäßigkeitsgesichtspunkten zu wählen (**Prinzip der organisatorischen Wahlfreiheit**). Bereits in der DGO und heute in allen Gemeindeordnungen der einzelnen Bundesländer ist dieses Wahlrecht bei Einhaltung der gesetzlichen Zulassungsvoraussetzungen (insbesondere die „Schrankentrias"), bestätigt und verankert. Die Rechtsformwahl als originär **kommunalpolitische Entscheidung** im Rahmen der Gemeindeautonomie (Organisationshoheit; vgl. Rdn. 26 ff.; *Pitschas/Schoppa* DÖV 2009, 469 ff.; *Pitschas/ Schoppa*, in: Mann/Püttner, Handbuch der kommunalen Wissenschaft und Praxis, Band 2, 3. Aufl. 2011, Teil 12, § 43) ist von den Rechtsaufsichtsbehörden nur begrenzt überprüfbar. Die Aufsichtsbehörde ist grundsätzlich nicht befugt, ihr Ermessen an die Stelle des Organisationsermessens der Gemeinde zu setzen. Im Unterschied dazu ist die Einhaltung der gesetzlichen Tatbestandsvoraussetzungen von der Gemeinde zu begründen und nachzuweisen und von der Rechtsaufsicht regelmäßig sorgfältig zu prüfen (kommunale Darlegungslast bei Beurteilungsspielraum; vgl. Rdn. 28, 48 und 60). Auch bei der Wahl einer Rechtsform des Privatrechts muss die kommunale Wirtschaftstätigkeit durch einen öffentlichen Zweck legitimiert sein, einen sachlichen und territorialen Gemeinwohlcharakter usw. besitzen (Art. 28 Abs. 2 GG), also neben dem mehr formell anzuwendenden Gesellschaftsrecht eben auch das Kommunalrecht beachten (vgl. Rdn. 51 ff. und 126 ff.; zu den Argumenten und einzelnen Bewertungskriterien für die Rechtsformenentscheidung vgl. unten Rdn. 113 ff.).

3. Öffentlich-rechtliche Organisationsformen

a) Regiebetrieb. Der Regiebetrieb als „Urtyp" der wirtschaftlichen Betätigung   **81**
der Kommunen ist keine eigenständige Organisations- und Rechtsform, besitzt
keinerlei Verselbstständigung, sondern stellt einen rechtlich, organisatorisch,
leitungsmäßig, haushaltsrechtlich und wirtschaftlich **unselbstständigen Teil der**
Kommunalverwaltung dar (ein Art „Kommunalamt" oder Abteilung für bestimmte wirtschaftliche Aufgaben). Im Rahmen der gemeindlichen Organisationsgewalt kann der Regiebetrieb zu seiner Optimierung in begrenztem Umfange speziell gestaltet werden (etwa durch den „Brutto-Regiebetrieb", neben
dem „Netto-Regiebetrieb"). Die Einbindung des Regiebetriebs in den allgemeinen Zuständigkeitsrahmen der Kommunalverwaltung bedeutet insbesondere,
dass

- der Regiebetrieb keine selbstständigen Organe und damit keine besonderen Entscheidungskompetenzen besitzt und die Kommunalverwaltung
  unmittelbare, umfassende Einwirkungsmöglichkeiten auf den Regiebetrieb hat,
- alle Einnahmen und Ausgaben im kommunalen Haushaltsplan veran-
  schlagt werden, d. h. den haushaltsrechtlichen Grundsätzen und dem
  Gesamtdeckungsprinzip voll unterliegen,
- das Personal in den allgemeinen Stellenplan eingebunden und somit in
  das öffentliche Dienstrecht einbezogen ist.

Die volle Einbindung des Regiebetriebs in die Gemeindeverwaltung hat einer-   **82**
seits den Vorteil, dass die Kommune größtmögliche Einflussmöglichkeiten besitzt (politische Steuerung usw.). Andererseits weist diese Organisationsform
die der öffentlichen Verwaltung allgemein zugeschriebenen Nachteile auf (unzureichende unternehmerische Autonomie usw.; vgl. unten Rdn. 86 f.). Regiebetriebe werden in der Praxis üblicherweise für kommunale Hilfsbetriebe (zur
Eigenbedarfsdeckung der Verwaltung wie z. B. Bauhof, Fuhrpark, Gärtnerei,
Friedhof, Kantine usw.) und häufig auch, vor allem in kleineren Gemeinden,
für nichtwirtschaftliche oder kostenrechnende Einrichtungen geführt (z. B. Abwasser, Abfall, Friedhöfe, Schlachthöfe; vgl. BVerwGE 39, 333). Die Bedeutung
dieser Organisationsform ist begrenzt (mit weiter abnehmender Tendenz).

Literaturhinweise (Regiebetrieb): *Reiff*, BWGZ 1990, 97; *Cronauge*, Kommunale Unter-
nehmen, 6. Aufl., Rdn. 28 ff. und 129 ff.; *Wolff/Bachof/Stober/Kluth*, AllgVerwR II, § 95
Rdn. 202; *Hoppe/Uechtritz/Reck*, a. a. O., § 7 Rdn. 23 ff.; *Lange*, a. a. O., Kap. 14
Rdn. 167; *Siemer*, ZKF 2003, 204 ff.; unten Teil 2 Rdn. 83 zu § 102; *Brüning*, in: Mann/
Püttner, Handbuch der kommunalen Wissenschaft und Praxis, Band 2, 3. Aufl. 2011,
§ 44 Rn. 1–24.

b) Eigenbetrieb. Die Rechtsform des Eigenbetriebs gehört seit der Eigenbe-   **83**
triebsverordnung von 1938 (EigBVO) zum herkömmlichen und maßgeschnei-
derten „klassischen Arsenal der gemeindlichen Unternehmensorganisation".
Der Eigenbetrieb verkörpert eine spezifische, auf die Bedürfnisse gerade öko-
mischer Rationalität zugeschnittene kommunale Organisationsform (keine eigene Rechtsfähigkeit, aber beachtliche wirtschaftliche Selbstständigkeit). Die

Grundprinzipien des Eigenbetriebsrechts, eines von der übrigen Gemeindeorganisation getrennten Sondervermögens mit eigener Kassen- und Kreditwirtschaft, eigener Buch- und Finanzführung sowie eigener Wirtschafts-, Erfolgs-, Stellen-, Vermögens- und Finanzplanung, hat sich insgesamt über Jahrzehnte gut bewährt. Das Eigenbetriebsrecht wird durch eine Betriebssatzung ergänzt und dadurch auch an die örtlichen und betrieblichen Besonderheiten angepasst (Art. 88 Abs. 5 BayGO, § 114 Abs. 1 GO NRW, § 3 Abs. 1 EigBG BW; vgl. OLG Düsseldorf NVwZ 2000, 111 ff.; *Scholz* DÖV 1976, 441, 444; *Schoepke* VBlBW 1995, 417 ff.; *Zeiss*, in: Püttner (Hrsg.), HKWP, Bd. 5, S. 153 ff.; *Gern*, a. a. O., Rdn. 401 ff.; PWC (Hrsg.), a. a. O., Rdn. 469 ff.). In verschiedenen Novellen zum Eigenbetriebsrecht haben die Bundesländer den Anwendungsbereich des Eigenbetriebsrechts inzwischen deutlich erweitert und in erheblichem Umfang den praktischen Bedürfnissen angepasst (z. B. auch für nichtwirtschaftliche Unternehmen; vgl. unten Teil 2 Rdn. 86 ff. zu § 102).

84   Die Rechtsform des Eigenbetriebs wurde entwickelt, um insbesondere für kommunale Versorgungs- und Verkehrsbetriebe eine Organisationsform zur Verfügung zu haben, durch die eine wirtschaftliche Betriebsführung unter gleichzeitiger Gewährleistung der notwendigen Steuerungs-, Einwirkungs- und Kontrollmöglichkeiten durch die Gemeinden sichergestellt werden kann (Durchsetzung kommunaler Unternehmenspolitik). Der **rechtlich unselbstständige** Eigenbetrieb soll eben die Einheit der Gesamtverwaltung wahren, zugleich aber jene Sonderstellung einräumen, die ein nach betriebswirtschaftlichen Grundsätzen handelndes und teilweise im Wettbewerb stehendes Unternehmen benötigt und den modernen unternehmerischen Organisations- und Führungsanforderungen entspricht (besonders sinnvolle und maßgeschneiderte **Synthese zwischen den Polen Wirtschaftlichkeit und Kommunalinteressen**). Charakteristisch für den Begriff des Eigenbetriebs ist also einerseits die organisatorische sowie finanz- und haushaltswirtschaftliche Verselbstständigung (einschließlich der teilweisen Schaffung eigener Organe) sowie andererseits der Mangel an rechtlicher Selbstständigkeit, die auch in der engen organschaftlichen Verbindung zu Rat und Verwaltung zum Ausdruck kommt („Schnittstelle" zwischen kommunaler Verwaltung und eigenständigem Unternehmen). Die Selbstständigkeit ist eine organisatorische/haushaltswirtschaftliche und mangels eigener Rechtsfähigkeit keine rechtliche. Gegenüber Dritten handelt und haftet die Kommune. Kursbestimmung, Steuerung und Controlling bleiben bei den Gemeindeorganen und gewährleisten damit weitgehend die demokratische Legitimation (vgl. *Schoepke* VBlBW 1994, 81 ff.; *Cronauge*, a. a. O., Rdn. 176 ff.; *Hille*, a. a. O., S. 35 ff.).

85   Das Recht der Eigenbetriebe ist in den einzelnen Bundesländern in den Grundzügen in den Gemeindeordnungen, im Detail meist in besonderen Gesetzen geregelt (Eigenbetriebsgesetze, EigBG; EigBVO; vgl. Art. 88 BayGO, § 127 hessGO, § 140 NKomVG, § 114 GO NRW, § 86 GO Rh-Pf, § 95 GO Sachsen mit den entsprechenden Eigenbetriebsgesetzen). Der Anwendungsbereich des Eigenbetriebsrechts ist heute in den meisten Gemeindeordnungen relativ weit gefasst: Eigenbetriebsfähig sind alle wirtschaftlichen Kommunalunternehmen, wenn Art und Umfang eine selbstständige Wirtschaftsführung rechtfertigen, aber unter bestimmten zusätzlichen Voraussetzungen grundsätzlich auch nichtwirtschaftliche Unternehmen bzw. Einrichtungen (§ 106a GemO BW; § 107 Abs. 2 Satz 2 GO NRW) und Hilfsbetriebe, die ausschließlich zur Deckung des Eigenbedarfs der Gemeinde dienen. Dadurch ist es möglich, auch nichtwirtschaftliche Unternehmen und Einrichtungen in dieser Rechtsform zu führen, zu deren Betrieb die Kommunen gesetzlich verpflichtet sind (z. B. Abwasser- und Abfallbeseitigung, die Einrichtungen von Bildung, Kultur, Sport, Gesundheits- und Wohlfahrtspflege sowie öffentliche Einrichtungen ähnlicher Art; vgl. z. B. § 1 f. EigBG BW, Art. 88 Abs. 6 BayGO, § 107 Abs. 2 Satz 3 GO NRW). Im Allgemeinen ist für diese Fälle vorgeschrieben, dass deren Art und Umfang eine selbstständige Wirtschaftsführung rechtfertigen müssen. Mit der Erweiterung des Anwendungsbereichs sollen die organisatorischen und betriebswirtschaftlichen Vorteile der Rechtsform des Eigenbetriebs für geeignete „klassische" Verwaltungsbereiche nutzbar gemacht sowie die Verwaltungsmodernisierungsinstrumente „dezentrale Ressourcenverantwortung" und „Budgetierung" gefördert werden (z. B. Ver- und Entsorgung, Theater, VHS, Alten- und Pflegeheime, Bäder, Bauhof, Fuhrpark usw.; Sonderregelungen für Krankenhäuser, z. B. in BW: § 38 LKHG und KrHRVO; *Dahlheimer* BWVP 1996, 78 ff.; *Giebler* VBlBW 1999, 255; *Weiblen* BWGZ 1999, 1005 ff.; PWC (Hrsg.), a. a. O., Rdn. 469 ff.; vgl. unten Teil 2 Rdn. 90 ff. zu § 102).

Als **Vorteile des Eigenbetriebs** im Vergleich insbesondere zum Regiebetrieb und   **86**
zur GmbH werden vor allem genannt:

- Größere Flexibilität bezüglich Finanzierung, Investitionen und Personalausstattung (u. a. auch hinsichtlich Vergütung).
- Effektivere, raschere, kürzere und unternehmerisch orientierte Entscheidungsstrukturen und -prozesse (durch eigene Organe, Durchführung des operativen Geschäfts durch die Betriebsleitung, optimierte Entscheidungs- und Arbeitsabläufe usw.).
- Mehr Transparenz und Erfolgskontrolle durch Sonderrechnung (kaufmännisches Rechnungswesen, Bilanz, GuV usw.).
- Ermöglichung einer Unternehmensführung nach betriebswirtschaftlichen Grundsätzen bei gleichzeitiger Gewährleistung einer weitgehenden Kontrolle und Einflussnahme durch die demokratisch legitimierten Gemeindeorgane (Rat, BM/OB).

Diese Aufzählung der Vorteile zeigt, dass sich der Eigenbetrieb, der ähnlich wie   **87**
das Kommunalunternehmen/-anstalt zwischen Regiebetrieb und GmbH als „Mittellösung" angesiedelt ist, unter bestimmten Rahmenbedingungen nach wie vor als besonders geeignet anbietet (insbesondere für kleine und mittlere Kommunen). Rechnungswesen und Wirtschaftsführung vermitteln eine verbesserte Transparenz, die erfahrungsgemäß dem Rat Entscheidungen in wichtigen Angelegenheiten erleichtert, die Verwaltung von operativen Aufgaben entlastet und letztlich zu einer größeren Akzeptanz auch von unpopulären Entscheidungen (z. B. Entgelterhöhungen) in der Öffentlichkeit führt. Die Aufbau- und Ablauforganisation sowie

die Betriebsabläufe können flexibler gestaltet und besser optimiert werden. Die Werksleitung kann selbstständig das operative Geschäft erledigen und die Organe des Eigenbetriebs sich besser auf die strategischen Fragen konzentrieren. Der Einfluss der Trägerverwaltung (Eigentümer) und die Sicherstellung der Steuerung und Kontrolle durch die demokratisch legitimierten Kommunalorgane sind gewährleistet. Diese wichtigen Eckpunkte und Fragen können und sollen stark gemeinde- und unternehmensindividuell in der **Eigenbetriebssatzung** präzisiert und geregelt werden (Zuständigkeiten und Kompetenzen der Organe: Rat, Werksausschuss, Bürgermeister, Werksleitung; Zweck und Betriebsgegenstand; Wirtschaftsführung, Rechnungswesen usw.; vgl. dazu PWC (Hrsg.), a. a. O., Rdn. 469 ff., *Wettling* KommJur 2004, 35 ff. und die **Mustersatzung** unten Teil 3, **Anlage 1**). Zum Teil wird das Eigenbetriebsrecht, vor allem wegen seiner rechtlichen Unselbstständigkeit und der engen Verbindung mit den Gemeindeorganen, kritisch beurteilt. Im Hinblick darauf, dass eine kommunale wirtschaftliche Betätigung durch einen öffentlichen Zweck gerechtfertigt sein, einen unmittelbaren Bezug zu den Gemeindeaufgaben und stets die örtliche Kommunalpolitik Primat haben muss, ist der weiterentwickelte Eigenbetrieb auch heute noch eine **funktionsadäquate Organisationsform.** Bei Vorliegen bestimmter Rahmenbedingungen wird in der Literatur nicht zu Unrecht von einem gelungenen „Spagat" zwischen betriebswirtschaftlicher Unternehmensführung und ausgeprägter Einflussnahme durch die Trägergemeinde, von einem kommunalpolitischen „Attraktivitätsvorrang" des Eigenbetriebs gesprochen (vgl. *Scholz/Pitschas,* in: Püttner (Hrsg.), HKWP, Bd. 5, S. 128 ff.; *Schoepke* Der Städtetag 1995, 211 ff.; *Cronauge,* a. a. O., Rd. 176 ff.; unten Teil 2 Rdn. 99 zu § 102).

88   Zu den Einzelheiten des Eigenbetriebsrechts, insbesondere der Rechtsgrundlagen, Verfassung und Verwaltung, Wirtschaftsführung und Rechnungswesen, steuer- und arbeitsrechtliche Fragen wird auf die Ausführungen in Teil 2 § 102 Rdn. 82 ff. und die Spezialliteratur verwiesen (vgl. etwa PWC (Hrsg.), a. a. O., Rdn. 469 ff.).

Literaturhinweise (Eigenbetriebe): *Brüning,* in: Mann/Püttner, Handbuch der kommunalen Wissenschaft und Praxis, Band 2, 3. Aufl. 2011, § 44, Rn. 25 ff.; *Zeiss,* Das Eigenbetriebsrecht der gemeindlichen Betriebe, 5. Aufl., 1998; *Scholz/Pitschas,* in: Püttner (Hrsg.), HKWP, Bd. 5, S. 128 ff.; *Ade/Böhmer/Brettschneider/Herre/Lang/Notheiss/Schmid/Steck,* a. a. O., Rdn. 859 ff.; *Cronauge,* a. a. O., Rdn. 176 ff.; *Klein/Uckel/Ibler,* a. a. O., Teil 4; *Hille,* a. a. O., S. 35 ff.; *Hoppe/Uechtritz/Reck,* a. a. O., § 7 Rdn. 32 ff.; PWC (Hrsg.), a. a. O., 2015, Rdn. 469 ff.; *Scholz,* DÖV 1976, 441 ff.; *Knemeyer,* Der Städtetag 1992, 317 ff.; *Schoepke,* VBlBW 1994, 81 ff. und 1995, 417 ff.; *Siemer,* ZKF 2003, 204 ff.; *Wettling,* KommJur 2004, 35 ff.; unten Teil 2 Rdn. 86 ff. zu § 102; Teil 3 Anlage 1 (Mustersatzung).

89   **c) Rechtsfähige Anstalt des öffentlichen Rechts (Kommunalunternehmen).** Kommunalunternehmen mit eigener Rechtspersönlichkeit in der Organisationsform des öffentlichen Rechts sind als eine adäquate Rechtsform für die wirtschaftliche Betätigung immer wieder gefordert worden. Man wollte eigene Rechtsfähigkeit, mehr Autonomie, Marktnähe und Flexibilität als dies der Eigenbetrieb bietet, bei guten Steuerungs- und Einflussnahmemöglichkeiten sowie unter Nutzung der öffentlich-rechtlichen Vorteile und bei verstärkter demokratischer Legitimation als bei privatrechtlichen Rechtsformen. Mit Ausnahme der Sparkassen, denen diese Organisationsform in den Landessparkassengesetzen verliehen worden ist, ist dieses Anliegen lange Zeit nicht aufgegriffen worden. Seit Mitte der 90er-Jahre wurde von dieser alternativen Gestaltungsmöglichkeit Gebrauch gemacht und den Kommunen mittlerweile in fast allen Lädern durch entsprechende spezialgesetzliche Ermächtigungen die Möglichkeit eingeräumt, die Anstalt des öffentlichen Rechts (AÖR) als zusätzliche Rechtsform auszuwählen (Gesetzesvorbehalt; vgl. §§ 102a ff. GemO BW; Art. 89 ff. BayGO, §§ 86a, 86b GO Rh-Pf., § 114a GO NRW, §§ 141 ff. NKomVG; vgl. ausführlich Teil 2, Erl. zu §§ 102a f.). Mit der AÖR (auch als Kommunalunternehmen/ Kommunalanstalt bezeichnet) können die Gemeinden Wirtschaftsunternehmen in dieser Organisationsform errichten oder bestehende Regie- und Eigenbetriebe im Wege der Gesamtrechtsnachfolge in eine solche Rechtsform umwandeln. Die Rechtsverhältnisse der AÖR basieren auf Landesrecht und werden im Einzelnen durch eine von der Kommune zu erlassende Anstaltssatzung geregelt. Werden die kommunalgerechten Gestaltungsmöglichkeiten in der Satzung allerdings nicht genutzt, so die Erfahrungen der Praxis, stellt die AÖR neben der AG die am stärksten verselbstständigte Organisationsform dar. Die Kommune kann der AÖR alle gemeindlichen Aufgaben (eigener oder übertragener Wirkungskreis, hoheitliche und kommunalwirtschaftliche, freie und gesetzlich festgelegte Pflichtaufgaben), i. d. R. einzelne oder alle mit einem bestimmten Zweck zusammenhängende Aufgaben, ganz oder teilweise übertragen und zwar entweder nur zur Aufgabenerledigung oder, was überwiegend der Fall sein wird, mit „befreiender" Wirkung für die Kommune (bloße Aufgabendurchführung oder volle kommunale Aufgabenübertragung mit Gewährleistungsverantwortung; für die Bereiche wirtschaftliche und privilegierte nichtwirtschaftliche Betätigung, vgl. §§ 114a Abs. 1 Satz 2 und 108 Abs. 1 Nr. 1 und 2 GO NRW). Der Anstaltszweck, Unternehmensgegenstand und die der AÖR zur Erledigung übertragenen Aufgaben sind sorgfältig und präzise in der Anstaltssatzung festzulegen (vgl. § 102 Abs. 1 und 103 Abs. 3). Eine Satzungsregelung, durch die die Anstalt berechtigt sein soll, alle den Anstaltszweck fördernden Geschäfte zu betreiben, stellt keine ausreichend konkrete Festlegung des Anstaltsgegenstands dar und ist entsprechend zu präzisieren (vgl. VG Dessau VerwRR MO 2000, 375; *Schulz*, a. a. O., Art. 89 BayGO Nr. 3).Sie kann ferner durch gesonderte Satzung einen Anschluss- und Benutzungszwang zugunsten der Anstalt festlegen, das Benutzungsverhältnis öffentlich-rechtlich gestalten und ihr weitere Satzungsbefugnisse einräumen (z. B. Abgabensatzung) sowie auch die Dienstherrnfähigkeit für Beamte ermöglichen. Da die landesgesetzlichen Ermächtigungsregelungen z. T. nur wenige Vorgaben i. S. von Mindestregelungen vorschreiben, bestehen für die Gemeinden bei der Ausgestaltung der Anstaltsverfassung beachtliche Spielräume, die genützt werden sollten (vgl. Teil 2 § 102a Rdn. 11 ff. und Teil 3 Anlage 3 – AÖR-Mustersatzung –). Für die noch relativ „junge" Rechtsform kommunalen Handelns gibt es noch nicht allzu viel praktische Erfahrungen, aber auch relativ wenig Rspr. und Literatur (vgl. etwa *Hoppe/Uechtritz/Reck*, a. a. O., § 7 Rdn. 63 ff.; *Menzel/Hornig* ZKF 2000, 178 ff.; *Rose* GemHH 2003, 205 ff.; *Waldmann* NVwZ 2008, 284 ff.; *Pencereci/Brandt* LKV 2008, 293 ff.; *Hoppe/Nüßlein* GemHH 2009, 112 ff.; PWC (Hrsg.), a. a. O., S. 1 ff.; eingehend unten Teil 2, Erl. zu § 102a f.; zu den Vergleichskriterien Kommunalunternehmen zu GmbH: *Tomerius/Huber* GemHH 2009, 126 ff. und 145 ff.).

90   Rechtsgrundlage für die Anstalt öffentlichen Rechts (AÖR) ist neben den Gemeindeordnungen und den darauf erlassenen **Rechtsverordnungen** vor allem die von der Kommune zu beschließende **Anstaltssatzung.** Die AÖR ist mit eigener Rechtspersönlichkeit ausgestattet. Träger können nur Kommunen sein, weshalb eine AÖR im Rahmen der kommunalen Aufgabenübertragung auch selbst Träger von öffentlichen Rechten und Pflichten sein kann (unter Beachtung der kommunalen Verbandskompetenz und der allgemein geltenden Zulässigkeitsvoraussetzungen). Die AÖR tritt insoweit in die Pflichtenstellung der Kommunen ein (materiell-rechtlicher Pflichtenübergang) und ist entsprechend den zwischen AÖR/Kommune getroffenen Festlegungen berechtigt und verpflichtet, die ihr übertragenen Aufgaben eigenverantwortlich mit Satzungsrecht, Dienstherrneigenschaft usw. wahrzunehmen. Die Kommunen sind als Anstaltsträger im „Gegenzug" verpflichtet, die notwendige finanzielle Ausstattung und Unterstützung sicherzustellen (Anstaltslast/Gewährträgerschaft; vgl. § 102a Abs. 8 GemO BW; Art. 89 Abs. 4 BayGO; § 114a Abs. 5 GO NRW). Da die AÖR i. d. R. selbst Aufgabenträger ist, tritt sie in direkte Leistungsbeziehungen mit den Nutzern (einschließlich Satzungs- und Entgelterhebungsrecht). Insoweit unterscheidet sich die Aufgabenübertragung an eine AÖR ganz wesentlich von einer Beauftragung einer kommunalen Eigengesellschaft oder einem privaten Dritten. Obwohl die AÖR rechtlich selbstständig ist, haftet die Kommune in den meisten Ländern als Gewährsträger für Verbindlichkeiten der AÖR uneingeschränkt, soweit die Gläubiger nicht aus dem Vermögen befriedigt werden können (subsidiäre, aber grundsätzlich unbegrenzte **Gewährträgerhaftung,** Ausfallgarantie des AÖR-Trägers; vgl. etwa *Hoppe/Nüßlein* GemHH 2009, 113 f.; *Benne* ZKF 2015, Nr. 7, S. 7 ff.; unten Teil 2 § 102a Rdn. 31 ff.; Problem: mögliche Konsequenzen wegen Beihilfeverbot, Art. 107 AEUV; OLG Celle NdsVBl. 2002, 221, 223; *Lux* NWVBl. 2000, 7, 12; PWC (Hrsg.), a. a. O., S. 24 ff.; zur Sonderregelung Nds: *Hogewege* NdsVBl. 2008, 33 f. und *Hoppe/Nüßlein* GemHH 2011, 121 ff.; zu BW: *Katz* BWGZ 2016, 365 ff.). Eine AÖR ist also grundsätzlich nicht insolvenzfähig (vgl. Teil 1 Rdn. 188). Eine AÖR kann nur von einer Kommune errichtet werden und hat deshalb i. d. R. nur einen Träger. Inzwischen haben aber zahlreiche Länder auch die Möglichkeit gemeinsamer AÖR für mehrere Gemeinden/Landkreise eröffnet, um die interkommunale Zusammenarbeit zu erleichtern (vgl. etwa §§ 24a ff. GKZ BW; Art. 1 Abs. 2 Satz 2 und 49 f. BayKommZG; §§ 27 ff. GKG NRW; über den Umweg einer vorausgehenden Gründung eines Zweckverbandes können z. T. auch mehrere Kommunen Träger einer GmbH sein). Die AÖR kann, da ihre Träger nur Kommune sein können, aber nach Maßgabe der Anstaltssatzung andere Unternehmen oder Einrichtungen gründen oder sich daran beteiligen (durch Unterbeteiligungen/Tochtergesellschaften auch mit privaten Dritten; vgl. § 102b Abs. 3 Nr. 4 GemO BW; § 114a Abs. 4 GO NRW; Art. 89 Abs. 1 Satz 2 BayGO; *Mayen* DÖV 2001, 110, 119 f.; *Ehlers* ZHR 2003, 546 ff.; *Tomerius/Huber* GemHH 2009, 126 ff. und 145 ff.; vgl. ausführlich Teil 2, Erl. zu §§ 102a f.).

91   Die **innere Verfassung und Organisation** der AÖR ergibt sich aus Gesetz und Anstaltssatzung (vgl. etwa § 114a GO NRW). Sie ist überwiegend in Anlehnung an die gesellschaftsrechtlichen GmbH- bzw. AG-Strukturen festgelegt, teilweise aber auch dem Eigenbetriebsrecht angenähert („Vorstandsverfassung"). In den einzelnen Bundesländern ist die rechtliche Normierungstiefe (Detaillierungsgrad) recht unterschiedlich ausgestaltet. Organe der Anstalt sind der Vorstand und der Verwaltungsrat. Dem Vorstand kommt primär die Außenvertretung und operative Geschäftsführungs- und dem Verwaltungsrat im Wesentlichen die Aufsichts- und Überwachungsfunktionen sowie die strategische Steuerung und Kontrolle zu. Die Positiva der AÖR werden darin gesehen, dass sie die Kompetenz zu öffentlich-rechtlichem Tätigwerden und zur Ausübung hoheitlicher Befugnisse besitzt, dass sie nicht qua Rechtsform die Steuerpflicht auslöst, volle Dienstherreneigenschaft besitzt, ihr Rechnungswesen gesondert nach den Regeln der kaufmännischen doppelten Buchführung führt (mit Wirtschaftsplan, Stellenplan, Jahresabschluss einschließlich Lagebericht) sowie der Rechtsaufsicht und Rechnungsprüfung unterliegt und so erhalten bleibt. Die Satzung kann und sollte die durch die Selbständigkeit häufig „erkauften" Einflusseinbußen durch die Festlegung angemessener Informations-, Steuerungs-, Einfluss- und Kontrollrechte zu Gunsten des demokratisch legitimierten kommunalen Hauptorgans ausgleichen und bei Fragen von grundsätzlicher Bedeutung Zustimmungsvorbehalte bzw. Weisungsrechte für den Gemeinderat festlegen (Ingerenz- und Informationspflichten; vgl. dazu *Lange*, a. a. O., S. 898 f.; *Waldmann* NVwZ 2008, 284 ff.; *Katz* BWGZ 2016, 365 ff.; Mustersatzung: Teil 3, Anlage 3; zu Haftungsfragen: *Empt* ZIP 2016, 1053 ff.). Die steuerliche Behandlung der AÖR entspricht jener der Kommune selbst (vgl. ausführlich zur AÖR/KA: Teil 2, Erl. zu §§ 102a f.).

Literaturhinweise (AÖR): *Schraml,* in: Mann/Püttner, Handbuch der kommunalen Wissenschaft und Praxis, Band 2, 3. Aufl. 2011, § 45; *Kirchgässner/Knemeyer/Schulz,* Das Kommunal-Unternehmen, 1997; *Wolff/Bachof/Stober,* Bd. 3, § 88; *Cronauge,* Kommunale Unternehmen, 6. Aufl., Rdn. 50, 149 und 216 ff.; *Gern,* a. a. O., Rdn. 401 ff.; *Hille,* a. a. O., S. 39; *Klein/Uckel/Ibler,* a. a. O., Teil 3; PWC (Hrsg.), Öffentlich-rechtliche Unternehmen der Gemeinden, 2015, S. 1 ff., 24 ff.; *Hoppe/Uechtritz/Reck,* a. a. O., § 7 Rdn. 63 ff.; *Lange,* a. a. O., S. 896 ff.; *Menzel/Hornig,* ZKF 2000, 178 ff.; *Henneke,* VBlBW 2000, 337 ff.; *Hecker,* VerwArch 2001, 261 ff.; *Rose,* GemHH 2003, 205 ff.; *Waldmann,* NVwZ 2008, 284 ff.; *Hoppe/Nüßlein,* GemHH 2009, 112 ff.; *Tomerius/ Huber,* GemHH 2009, 126 ff. und 145 ff.; *Katz,* BWGZ 2016, 365 ff.

d) Zweckverband. Der Zweckverband ist als rechtsfähige Körperschaft des öf- **92** fentlichen Rechts die adäquate und **kommunaltypische** öffentlich-rechtliche **Organisationsform für die interkommunale Zusammenarbeit,** die eine lange Tradition besitzt und deren Bedeutung trotz einer gewissen „Schwerfälligkeit" heute noch zunimmt. In der Rechtsform von Zweckverbänden werden die unterschiedlichsten kommunalen Aufgaben innerhalb der „kommunalen Familie" gemeinsam wahrgenommen. Schwerpunktbereiche sind die Aufgaben der Ver- und Entsorgung (Wasserversorgung, Abfall- und Abwasserbeseitigung usw.) sowie Bildung und Kultur (Volkshochschule, überörtliches Schulzentrum usw.). Die Rechtsform des Zweckverbands ist dabei nicht nur auf wirtschaftliche Unternehmen beschränkt, sondern umfasst nahezu alle Angelegenheiten der kommunalen Gemeinschaft (Grenzen: Existenzaufgaben und Zuständigkeiten, die konstitutiv für die Selbstverwaltung sind, zum Wesen einer Gemeinde gehören; *Lange,* a. a. O., S. 1268 ff.; zu den Problemen mit dem EU-Vergaberecht: *Veld-*

boer/Eckert DÖV 2009, 859 ff.; *Teuber* GemHH 2012, 58 ff.; unten Rdn. 253 ff.). Der Zweckverband ist eine Körperschaft des öffentlichen Rechts zur gemeinsamen Wahrnehmung bestimmter, im Einzelnen durch Verbandssatzung möglichst konkret festzulegender kommunaler Aufgaben. Die zu erfüllenden Aufgaben gehen mit allen Rechten und Pflichten auf den Zweckverband über. Er verwaltet seine Angelegenheiten im Rahmen der Gesetze und seiner Satzung unter eigener Verantwortung (vgl. auch unten Rdn. 112 ff.; Teil 2 § 102 Rdn. 101 f.; z. B. §§ 1 GKZ BW; Art. 1 ff., 40 BayKommZG).

93   **Verfassung und Verwaltung** des Zweckverbands sind in ihren Grundstrukturen und wesentlichen Inhalten in den Landesgesetzen über kommunale Gemeinschafts- bzw. Zusammenarbeit festgelegt. Soweit das Landesrecht keine zwingenden Vorschriften enthält, können die Zweckverbände in den von ihnen zu erlassenden **Verbandssatzungen** ihre Angelegenheiten autonom, allerdings sorgfältig und präzise, festlegen (Satzungen sind i. d. R. genehmigungspflichtig; z. B. § 7 GKZ BW). Alle Zweckverbandsgesetze sehen zwei Organe vor, die Verbandsversammlung und den Verbandsvorsitzenden (zur Haftung: *Zichel Wehnert* DÖV 2011, 310 ff.). Die Zweckverbände finanzieren sich regelmäßig über eine Umlage bei den Verbandsmitgliedern, die keine Beihilfe nach Art. 107 AEUV darstellt (BVerwG DVBl. 2011, 486). Sie unterliegen der Rechtsaufsicht. Grundsätzlich unterscheidet man noch zwischen freiwilligen Verbänden und sog. Pflichtverbänden.

94   In dem Zweckverbandsrecht der Länder wird die Möglichkeit eröffnet, dass Gemeinden und Landkreise als Zweckverband auch **wirtschaftliche Unternehmen** führen können (vgl. § 20 GKZ BW, Art. 39 BayKommZG, § 26 ZG Nds, §§ 22 und 27 ff. GKG NRW). Die Voraussetzung für die Errichtung und die Grundsätze für den Betrieb von wirtschaftlichen Unternehmen durch einen Zweckverband richten sich nach den einzelnen landesrechtlichen Regelungen (zu NRW: *Müller* DÖV 2010, 931 ff.). Darin ist festgelegt, dass in den meisten Fällen auf Verfassung, Verwaltung und Wirtschaftsführung sowie das Rechnungswesen des Zweckverbands die für die Eigenbetriebe geltenden Vorschriften mit gewissen Modifikationen Anwendung finden bzw. durch Verbandssatzung gelten (z. B. § 20 GKZ BW; Art. 40 Bay KommZG).

Literaturhinweise (Zweckverband): *Cronauge*, a. a. O., Rdn. 168, 344; *Lange*, a. a. O., S. 1278 ff.; *Hoppe/Uechtritz/Reck*, a. a. O., § 7 Rdn. 144 ff.; *Fabry*, in: Fabry/Augsten (Hrsg.), a. a. O., S. 57 f.; PWC (Hrsg.), a. a. O., Rdn. 290 ff.; *Kirchgässner*, in: Kirchgässner/Knemeyer/Schulz, Kommunal-Unternehmen, S. 29 ff.; *Schink*, VerwArch 1994, 251, 275; unten Teil 2 § 102 Rdn. 83 und 85.

95   **e) Stiftungen des öffentlichen Rechts.** Als weitere mögliche Organisationsform für kommunale Wirtschaftsunternehmen gibt es noch die **rechtsfähige Stiftung des öffentlichen Rechts**, soweit die Kommunen zu deren Errichtung gesetzlich ermächtigt sind. Da die gesetzlichen Ermächtigungsgrundlagen in einigen Ländern fehlen, ist die praktische Bedeutung dieser Rechtsform unterschiedlich. Unter Stiftung versteht man die „Widmung von Vermögen zur dauerhaften Erfüllung eines bestimmten Zwecks". Stiftungen sind dadurch gekennzeichnet, dass sie keinen Anteilseigner haben und ein zur Zweckerfüllung ausreichend ertragreiches Vermögen vorhanden sein muss, also die Stiftung in der Lage ist, aus den Erträgen ihres Vermögens ihren Stiftungszweck nachhaltig zu erfüllen. **Kommunale Stiftungen** sind örtliche Stiftungen, die Zwecke verfolgen, die in den Bereich der kommunalen Aufgaben liegen. Für sie gelten einerseits die kommunalrechtlichen Vorgaben der jeweiligen Gemeindeordnung und zum anderen die jeweiligen Stiftungsgesetze der Bundesländer sowie § 80 ff. BGB (z. B. § 100 GemO BW). Kommunale Stiftungen verfügen i. d. R. über zwei Organe, den Stiftungsvorstand, dem die Geschäftsführung und Vertretung obliegt, sowie den Stiftungsrat oder das Kuratorium als überwachendes und entscheidendes Organ. In diesen Organen sollten zur Einflusssicherung die Vertreter der Kommunen mehrheitlich vertreten sein. Da die Einbringung von Gemeindevermögen in eine Stiftung grundsätzlich nur dann zulässig ist, wenn der Stiftungszweck nicht anders erreicht werden kann, ist die Stiftung als organisatorische Regelform für die Führung eines wirtschaftlichen Kommunalunternehmens meist wenig geeignet (vgl. etwa § 101 Abs. 4 GemO BW; *Katz*, in: Kunze/Bronner/Katz, § 101 Rdn. 83 ff. GemO BW; § 100 GO NRW; OVG NRW DVBl. 2013, 449 ff.; *Schulte* GemHH 2013, 130 ff.; zur **Bürgerstiftung:** *Katz*, in: Kunze/Bronner/Katz, § 101 Rdn. 2 und 89).

Literaturhinweise (öff. Stiftungen): *Wolff/Bachof/Stober/Kluth*, AllgVerwR II, § 98 Rdn. 13 f.; *Seifart/v.* Campenhausen, HdB des Stiftungsrechts, 4. Aufl., 2014; *Fabry/Augsten* (Hrsg.), a. a. O., S. 43 und 768 ff.; *Hille*, a. a. O., S. 45; *Schmid*, KommPr 1998, 39 ff.; *Geiger*, Der Städtetag 3/2003, S. 6 ff.; *Schlüter/Krüger*, DVBl. 2003, 830 ff.; *Andrich*, DVBl. 2003, 1246 ff.; *Bock/Fabijancic-Müller/Stingl/Schwink,* Gemeinden und Stiftungen, 2006; *Bockamp/Krüger*, KommJur 2009, 88 ff.; *Schulte*, GemHH 2013, 130 ff.

4. Privatrechtliche Organisationsformen

Entsprechend der Organisationshoheit und dem Grundsatz der **Rechtsformen-** **96** **wahlfreiheit** als Ausfluss der kommunalen Selbstverwaltungsgarantie (Art. 28 Abs. 2 GG) stehen den Kommunen für ihre wirtschaftliche Betätigung grundsätzlich die im Privatrecht vorgesehenen Organisationsformen formell zur Verfügung. Da die Gemeindeordnungen der Länder allerdings gerade für die privatrechtlichen Organisationsformen besondere Zulässigkeitsvoraussetzungen aufstellen, wird die Wahlfreiheit insoweit rechtlich begrenzt, faktisch eingeschränkt und rechtlich „überlagert". Dies gilt insbesondere für die in allen Ländern gesetzlich festgelegten zwingenden Vorgaben des Sach- und Gebietsbezugs, der Haftungsbeschränkung und der Sicherstellung von ausreichenden Informations-, Einflussrechten und Einwirkungspflichten (vgl. Rdn. 54, 58 und 126 ff.). Durch diese **gesetzlichen Einschränkungen** sollen insbesondere die mit privatrechtlichen Organisationsformen verbundenen Gefahren (z. B. Gesellschafts- vor Kommunalrecht, Rdn. 98) sowie die Sicherstellung der kommunalen Aufgabenerfüllung und das „Entscheidungsprimat" der demokratisch legitimierten Kommunalorgane erreicht werden (unter unternehmerischer Verantwortung ist der öffentliche/kommunalpolitische Auftrag zu erfüllen; vgl. *Mann* JZ 2002, 819 ff.; *Altmeppen* NJW 2003, 2561 ff.; *Pitschas/Schoppa* DÖV 20009, 469 ff.). Darüber hinaus sind in den GOen einiger Länder noch zusätzlich Vorrang- bzw. **Subsidiaritätsregelungen** festgelegt: Vorrang der öffentlichen vor privatrechtlichen Rechtsformen (§ 117 Abs. 1 Nr. 1 GO Sachs-

Anh., § 102 Abs. 1 Nr. 1 GO SH), AG nachrangig, also nur, wenn andere Rechtsformen nicht ebenso gut geeignet sind (§ 103 Abs, 2 GemO BW, § 122 Abs. 1 Nr. 4 HessGO, § 108 Abs. 4 GO NRW; vgl. *Hoppe/Uechtritz/Reck*, a. a. O., § 7 Rdn. 13 ff.; *Lange*, a. a. O., Kap. 14 Rdn. 204 ff.).

97   Die **gesellschaftsrechtlichen Rechtsformen** sind durch einen „numerus clausus" gekennzeichnet. Damit ist das Prinzip der Vertragsfreiheit nicht außer Kraft gesetzt, aber relativiert. Stets besteht eine umfassende Freiheit, aus den gesellschaftsrechtlichen Typen die gewünschte Rechtsform auszuwählen. Aus Gründen der Rechtssicherheit und des Verkehrsschutzes ist der numerus clausus, der Rechtsformenzwang grundsätzlich notwendig. Wer eine gesellschaftsrechtliche Rechts- und Handlungsform schafft, die ein eigenes Vermögen hat, die im Geschäftsverkehr handelt und haftet, klagt oder verklagt werden kann, muss gesetzliche Mindestvoraussetzungen erfüllen (vgl. allerdings § 52 GmbHG). Er hat im Rechtsverkehr nur die Wahl zwischen solchen vorgegebenen Rechtsformen, deren Organisation und Haftungsverfassung vom objektiven Recht geordnet ist. Dabei ist aber auch das Kommunalrecht zu berücksichtigen (vgl. dazu unten Rdn. 126 ff.). Im Gesellschaftsrecht haben sich sehr unterschiedliche variationsreiche Rechtsformtypen herausgebildet. Es gibt (**1**) Rechtsformen mit ausgeprägtem, vom Gesetz festgelegten Regeltypus (z. B. AG). Das Gesetz sorgt hier für relativ umfassende Normierung, homogene Gestaltung und klärt die meisten Rechtsfragen. Für den Gesellschaftsvertrag (Satzung) bleiben nur noch relativ geringe Gestaltungsmöglichkeiten. Im Unterschied dazu steht (**2**) die typenmäßig vorgebildete GmbH-Rechtsform, die durch das weitgehend dispositive GmbH-Gesetz ganz überwiegend offen und durch Gesellschaftsvertrag (Satzung) gestaltbar, variierbar ist und auf die konkreten Bedürfnisse ausgerichtet werden kann, soweit dies in der Satzung/dem Gesellschaftsvertrag geregelt ist (GmbH mit „breiten Typenvariationsmöglichkeiten", § 52 GmbHG; *Altmeppen* NJW 2003, 2561 ff.; *Schmidt*, Gesellschaftsrecht, 4. Aufl., §§ 3 und 5 II und III m. w. N.; unten Rdn. 101 ff.; Teil 2, Erl. zu §§ 103 und 103a).

98   Als privatrechtliche Organisationsformen kommen vor allem körperschaftlich organisierte Kapitalgesellschaften für die Kommunen in Betracht (AG und GmbH). Abgesehen von den privatrechtsformabhängigen Voraussetzungen, die jede Gesellschaft einhalten muss, ist für Kommunalunternehmen besonders zu beachten, dass zur Begegnung bzw. Minimierung der mit privatrechtlichen Organisationsformen verbundenen Gefahren und Risiken im Hinblick auf die gemeindewirtschaftsrechtlichen Voraussetzungen und öffentlich-rechtlichen Handlungsgrundsätze zusätzliche Vorgaben landesgesetzlich festgelegt sind. Dies führt mitunter zu Spannungssituationen zwischen Loyalitäts- und Treuepflichten als Gesellschaftsorgan einerseits und Interessenwahrnehmungs- und Loyalitätspflichten gegenüber der entsandten Kommune andererseits, zu Konfliktlagen zwischen bundesgesetzlichem Gesellschaftsrecht und landesgesetzlichem Gemeindewirtschaftsrecht (nicht nur **Art. 31 GG:** Bundesrecht bricht Landesrecht, sondern auch die föderalen Kollisionsregeln in **Art. 72 ff. GG;** vgl. zu diesem Konflikt unten Rdn. 126 ff.; *Katz* GemHH 2016, 73 ff.). Bei der Lösung dieses Spannungsverhältnisses ist zwar nach h. M. grundsätzlich davon auszugehen, dass sich die Gemeinden dieser Organisationsformen so zu bedienen haben, wie sie das Zivil- und Gesellschaftsrecht in ihren Grundstrukturen zur Verfügung stellt (gewisser Vorrang des Bundesrechts; zur Kollisionsdogmatik: *Towfigh* DVBl. 2015, 1016 ff.; *Katz* GemHH 2016, 73 ff.; unten Rdn. 126 und 131). Allerdings ist es durch Landesrecht möglich, zur Sicherstellung des öffentlichen Zwecks und der gemeindlichen Aufgabenerfüllung die vorhandenen Spielräume zu nutzen und durch gesetzliche Vorschriften die kommunalen Gemeinwohlinteressen zur Geltung zu bringen (integrale Bindung an die das Verfassungsrecht konkretisierenden zentralen GO-Bestimmungen, Demokratie-, Rechts- und Sozialstaatsgebot; Verankerung der kommunalen Aufgabenerfüllung im Gesellschaftsvertrag: Gegenstand und Zweck des Unternehmens; kommunale Einflusssicherung durch entsprechende Kompetenzzuordnung, Organbestellungsrechte usw.; **Informations-, Steuerungs- und Kontrollmechanismen;** vgl. *Mann* JZ 2002, 819 ff.: *Towfigh* DVBl. 2015, 1016 ff.; unten Teil 2 Rdn. 14 zu § 103). Alle Landesgesetzgeber haben von dieser Möglichkeit im Rahmen der entsprechenden GO-Bestimmungen Gebrauch gemacht, wobei die diesbezügliche Regelungsintensität in den einzelnen Ländern im Detail differiert (wichtig ist entspr. **Ausgestaltung des Gesellschaftsvertrags/der Satzung;** vgl. z. B. §§ 103 ff. GemO BW; Art. 92 ff. BayGO; § 108 GO NRW; §§ 137 ff. NdsKomVG). Unter Berücksichtigung dieser Vorgaben ist für jedes Kommunalunternehmen im Einzelfall sorgfältig die Zulässigkeit der wirtschaftlichen Betätigung zu prüfen (nach den landesspezifischen Besonderheiten, dem jeweiligen Unternehmensgegenstand usw.; vgl. unten Rdn. 113 ff. und 126 ff.).

Zusammenfassend sollen die im Wesentlichen in allen Bundesländern geltenden **99** Zugangsvoraussetzungen für die Errichtung, Übernahme, wesentliche Erweiterung oder Beteiligung einer Kommune an einem Unternehmen der Privatrechtsform nochmals dargestellt werden (vgl. neben Rdn. 51 ff. insbes. unten Teil 2 Rdn. 12 ff. zu § 103):

- Die Voraussetzungen der „**Schrankentrias**" (Sicherstellung des öffentlichen Zwecks und der Haftungsbegrenzung sowie das Subsidiaritätsprinzip; vgl. oben Rdn. 51 ff.);
- „Gesteigerte", angemessene **Einflusssicherung** in den Unternehmensorganen, insbesondere im Aufsichtsrat oder dem entsprechenden Überwachungsorgan (vgl. z. B. § 103 Abs. 1 Ziff. 2 und 3, Abs. 3 sowie § 103a GemO BW; Art. 92 Abs. 1 Ziff. 1 und 2 sowie Art. 93 Abs. 2 BayGO; § 108 Abs. 1 Ziff. 6 und 7 sowie Abs. 4 GO NRW; unten Rdn. 126 ff.);
- Regelungen zu einer angemessenen Sicherstellung der **Finanzsteuerung und -kontrolle** (insbesondere Berichtswesen, Informationsrechte, Aufstellung einer Wirtschafts- und Finanzplanung, Jahresabschluss, Lagebericht, Befugnisse nach § 53 f. HGrG, Risiken; vgl. etwa § 103 Abs. 1 Nr. 5 sowie § 105 GemO BW, Art. 94 BayGO, § 122 Abs. 1 Ziff. 4 und § 123 hessGO, § 108 Abs. 2 und § 112 GO NRW; unten Rdn. 148 ff.).

Unter Berücksichtigung dieser Vorgaben, die für eine Reihe von privatrechtli-   **100** chen Organisationsformen ein „K.o.-Kriterium" darstellen (z. B. Haftungsbegrenzung bei GbR und OHG), sind für wirtschaftliche Kommunalunternehmen vor allem folgende privatrechtliche Organisationsformen geeignet und hier näher zu prüfen:

101 a) **Gesellschaft mit beschränkter Haftung (GmbHG).** In der kommunalen Praxis ist die **GmbH** nicht zuletzt wegen ihrer sehr flexiblen Ausgestaltungsmöglichkeiten und der leicht handhabbaren Formalitäten bei Gründung usw. die beliebteste und am meisten gewählte Privatrechtsform (mit zunehmender Tendenz, vgl. oben Rdn. 41 f. mit Abb. 3; *Altmeppen* NJW 2003, 2561 ff.; *Hansen* GmbHR 2004, 39 ff.). Die GmbH ist eine aus einem oder mehreren Gesellschaftern bestehende Gesellschaft mit eigener Rechtspersönlichkeit, die ein in Stammeinlagen zerlegtes Stammkapital besitzt und bei der die Gesellschafter nur mit ihrem Geschäftsanteil haften (vgl. §§ 1, 5, 13 GmbHG). Die GmbH ist nicht auf einen bestimmten Zweck festgelegt. Nach § 1 GmbHG kann sie zu jedem zulässigen Zweck gegründet werden. Damit ist die GmbH aus gesellschaftsrechtlicher Sicht **universell einsetzbar**, also nicht nur für gewerbliche Zwecke, sondern z. B. auch als „Non-Profit-Gesellschaft"/nichtwirtschaftliches Unternehmen und damit für Kommunen breit einsetzbar. Für die Beliebtheit der GmbH kommt hinzu, dass das weitgehend den Gesellschaftern zur Disposition überlassene GmbH-Recht eine **weite Gestaltungsfreiheit** zulässt (weitgehende Satzungsautonomie; vgl. §§ 45 ff. GmbHG, insb. § 45 Abs. 2 und § 52). Typus bestimmend für die GmbH ist die organisationsrechtliche Elastizität des GmbH-Rechts, die starke Stellung der Kapitaleigner (Gesellschafter, Eigentümer als oberstes Organ), der grundsätzlichen Allzuständigkeit der Gesellschafterversammlung, die Weisungsabhängigkeit der Geschäftsführung und die Möglichkeit, Gesellschaftszweck, Zuständigkeiten usw. weitgehend frei gestaltend und gemeindespezifisch im Gesellschaftsvertrag zu regeln (Satzungsautonomie; GmbHG weitgehend als dispositives Recht; vgl. §§ 37, 45 ff. und 52 Abs. 2 GmbHG).

Das GmbH-Recht ist vom Grundsatz der Privatautonomie beherrscht, kennt im Unterschied zum Aktienrecht nicht das Prinzip der formellen Satzungsstrenge und gestattet deshalb atypische Gestaltungsformen, wo nicht zwingendes Recht, gesetzliche Verbote (§ 134 BGB) oder die guten Sitten (§ 138 BGB) entgegenstehen. Im Unterschied zur AG sind die formellen und materiellen Anforderungen sowie der Publikumsschutz deutlich zurückgenommen und erheblich mehr Gestaltungsfreiheit erlaubt. Der Aufsichtsrat ist gemäß § 52 Abs. 2 GmbHG fakultativ und die entsprechend anzuwendenden AktG-Vorschriften sind dispositiv, können durch den Gesellschaftsvertrag abgeändert werden (vgl. § 52 **Abs. 1 Hs. 2 GmbHG;** Vorrang der Satzungsregelungen). Diese die GmbH prägende **„Öffnungsklausel"** ermöglicht für den nicht mitbestimmungspflichtigen Aufsichtsrat nahezu sämtliche vertragliche Ausgestaltungen, wie etwa die Zusammensetzung und innere Ordnung, qualifizierte Mehrheiten und Vetorechte, die Zuteilung der Aufgaben und Kompetenzen auf Gesellschafterversammlung, Aufsichtsrat und Geschäftsführung individuell zu regeln sowie – was besonders wichtig ist – den „öffentlichen Zweck" zum Gesellschaftszweck/Unternehmensgegenstand zu machen (§§ 1, 3 Abs. 1 Nr. 2, 33 Abs. 2 und 53 Abs. 2 GmbHG). Die Frage der „Typengesetzlichkeit" kommt deshalb nur begrenzt zum Tragen, für fakultative Aufsichtsräte kann die entsprechende Anwendung der AktG-Vorschriften weitgehend ausgeschlossen werden (vgl. *Scholz/Schneider,* GmbHG § 52 Rdn. 68; *Gaul/Otto,* GmbHR 2003, 7; Ausnahmen nur unter dem Aspekt Schutz der Beteiligten und Arbeitnehmer, enger Kernbereich der Treue- und Interessenwahrnehmungspflichten, Verkehrsschutz und öffentliche bzw. kommunale Interessen). Grenzen für die Ausgestaltung der Organe und ihrer Kompetenzen sind: zwingend den Gesellschaftern/-versammlung und der Geschäftsführung gesetzlich vorbehaltene Aufgaben sowie die für einen Aufsichtsrat in einer GmbH typusbestimmenden und prägenden Mindest- bzw. Wesenskernaufgaben und -kompetenzen, die die Arbeitsfähigkeit des Aufsichtsrats und das zu schützende Vertrauen in den Rechtsverkehr verlangen, insb. Kernfunktionen, Ordnungsprinzipien und Grundzuständigkeiten wie etwa Mindestüberwachungs- und Kontrollfunktionen; *Strobel* DVBl. 2005, 77 ff.; *Mann* VBlBW 2010, 7, 11; *Pauly/Schüler* DÖV 2012, 339, 344; Rdn. 126, 131 und 142). Wo der Gesetzgeber zwingende Regelungen nicht für notwendig hielt, ist Vertragsfreiheit die Regel. Ein der Vertragsfreiheit übergeordneter „Typenzwang" ist dem geltenden GmbH-Recht also grundsätzlich fremd. Folglich kommt einer **kommunalgerechten Gestaltung** wirtschaftlicher Tätigkeit über die sorgfältige Ausgestaltung des Gesellschaftsvertrags eine besonders hohe Bedeutung zu (insbes. Unternehmensziele, -gegenstand, Kompetenzverteilung, **Informations-, Steuerungs-, Kontroll- und Weisungsrechte,** vgl. unten Rdn. 131 ff.; *Schmidt,* Gesellschaftsrecht, § 33 und 34; *Baumbach/Hueck/Zöllner,* GmbH-Gesetz, § 45 Rdn. 2 ff. und § 52 Rdn. 14, 89 f.; *Katz* GemHH 2002, 54 ff.; *Altmeppen* NJW 2003; 2561 ff.; zur Modernisierung des GmbH-Rechts durch das MoMiG 2008: *Weller* GemHH 2008, 224 ff.; *Seibert/Böttcher* ZIP 2012, 12, 16 f.; *Katz* GemHH 2016, 73 ff.).

Für **mitbestimmungspflichtige Unternehmen** gilt dies allerdings für die Ausgestaltung der inneren Ordnung nur eingeschränkt. Im Anwendungsbereich des MitbestG und des DrittelbG sind die Ausgestaltungsmöglichkeiten des § 52 Abs. 1 HGB vor allem durch die umfangreiche Verweisung auf Vorschriften des AktG deutlich eingeschränkt (vgl. etwa §§ 7, 25, 31 und 37 MitbestG; §§ 1 Abs. 1 Nr. 3 und 4 DrittelbG). Für große Eigen- und Beteiligungsunternehmen ist ein **Aufsichtsrat obligatorisch:** §§ 1 Abs. 1 Nr. 3 und 4 Abs. 1 DrittelbG (seit 1.7.2004; früher § 77 BetrVG 1952; vgl. BT-DS 15/2542, S. 10) schreibt dies für Unternehmen mit mehr als 500 (**Drittelparität**), §§ 1, 4 f. und 25 MitBestG für mehr als 2000 **Arbeitnehmer** zwingend vor (**Parität**). Während die Paragrafen des DrittelbG 2004 die kommunalen Einflussmöglichkeiten bei entsprechenden Gesellschaftsvertragsregelungen nur in begrenztem Umfange beeinträchtigen, bedeuten die Bestimmungen des MitBestG doch eine stärkere Annäherung an die Regelungen des AktG (vgl. dazu unten Rdn. 126 und 131). MitbestG und DrittelbG verfolgen besonders das Ziel der Integration der Arbeitnehmerinteressen. Der Aufsichtsrat ist als Gesellschaftsorgan gleichwohl dem Gesellschaftsinteresse verpflichtet. Die Gesellschafter/Gesellschafterversammlung bleiben als originäres Entscheidungszentrum in ihrer vorrangigen Position (vgl. BerlVerfGH NVwZ 2000, 794 ff.; *Hecker* VerwArch 2001, 261 ff.; *Unruh* VerwArch 2001, 531 ff.; *Gaul/Otto* GmbHR 2003, 6, 11 f.; *Stück* DB 2004, 2582; *Schmidt,* Gesellschaftsrecht, §§ 16 IV und 36 IV;

102

Scholz/K. Schmidt, GmbHG, § 52 Rdn. 13 ff. und 71 ff.; *Roth/Altmeppen*, a. a. O., § 52 Rdn. 53 ff.; *Fabry/Austen*, a. a. O., Teil 3 Rdn. 264 ff.; *Katz* GemHH 2016, 169 ff.; unten Teil 2 Rdn. 44 zu § 103). Zu Unternehmen mit Beherrschungsvertrag bzw. faktischem Konzern vgl. OLG Düsseldorf GmbHR 2007, 154; *Deilmann* NZG 2005, 659. Für GmbH-Kommunalunternehmen sind hierbei auch die Leitlinien und Grundsätze des Personalvertretungsrechts mit einzubeziehen (vgl. z. B. §§ 1, 2, 7 und 70 ff. LPVG BW).

103   Eine GmbH kann durch einen oder mehrere Gesellschafter (natürliche oder juristische Personen) durch Gesellschaftsvertrag gegründet werden (§ 1 f. GmbHG). Seit der GmbH-Novelle von 1980 ist unbestritten, dass auch eine „Ein-Personen-Gesellschaft" gegründet werden kann (für Kommunalunternehmen der Regelfall). Seiner Rechtsnatur nach ist der **Gesellschaftsvertrag**, der auch als Satzung bezeichnet wird, ein Organisationsvertrag. Unabhängig von den landesgesetzlichen Vorschriften des Gemeindewirtschaftsrechts muss der Gesellschaftsvertrag nach § 3 **GmbHG** mindestens enthalten (vgl. dazu den **Muster-Gesellschaftsvertrag** unten Teil 3, **Anlage 2**; Musterverträge in: ZKF 2004, 155, 179 und 201):
- Firma und Sitz der Gesellschaft,
- Gegenstand des Unternehmens,
- Betrag des Stammkapitals (mindestens 25.000 Euro),
- Betrag der von jedem Gesellschafter auf das Stammkapital zu leistenden Einlage.

Weitere Vertragsinhalte sind in den Gemeindeordnungen vorgeschrieben (z.B: § 103 f. GemO BW; Art. 92 BayGO; § 108 GO NRW).

104   Jede GmbH muss mindestens zwei notwendige **Organe** besitzen: Die Gesellschafter als das oberste und wichtigste Willensbildungsorgan (Gesellschafterversammlung) und den oder die Geschäftsführer als Handlungsorgan. Daneben kann ein **fakultativer** (bei bis zu 500 Arbeitnehmern), im Fall der mitbestimmten GmbH muss sogar ein **obligatorischer Aufsichtsrat** (bei über 500), die einem unterschiedlichen Rechtsregime unterliegen, oder ggf. kann auch ein Beirat vorhanden sein (vgl. § 52 GmbHG; § 1 Abs. 1 Nr. 3 DrittelbG, §§ 6, 25 MitbestG; Rdn. 102). Auch in den mitbestimmungsfreien kommunalen GmbHs ist im Unterschied zur Privatwirtschaft in aller Regel durch den Gesellschaftsvertrag ein Aufsichtsrat festgelegt. Charakteristisch für die innere Struktur der GmbH ist neben der großen Flexibilität und Ausgestaltungsmöglichkeit durch den Gesellschaftsvertrag besonders die maßgebliche, starke Stellung der Gesellschafterversammlung und die Bindung der Geschäftsführung an Weisungen der Gesellschafter (vor allem bei Eigengesellschaften/Einmann-GmbHs als Regelfall; vgl. §§ 30 f., 37 und 43 GmbHG; *Altmeppen* NJW 2003, 2561 ff.; unten Rdn. 144).

Die **Kompetenzaufteilung** auf Gesellschafterversammlung, Aufsichtsrat und Geschäftsführung sowie die Festlegung von angemessenen Informations-, Einfluss-, Steuerungs- und Kontrollrechten ist entsprechend den konkreten landesrechtlichen Rahmenbedingungen, örtlichen Verhältnissen, bestehenden Strukturen und agierenden Personen sorgfältig im Gesellschaftsvertrag festzulegen. Stets sind zur Sicherstellung des öffentlichen Zwecks, der kommunalen Aufgabenerfüllung usw., angemessene Einwirkungsrechte und Einflusspflichten für die demokratisch legitimierten Gemeindeorgane vorzusehen (in den GeschO-Regelungen und vor allem im Gesellschaftsvertrag; Festlegung eines kommunaladäquaten, die Gemeindeinteressen berücksichtigenden Unternehmensgegenstands/Gesellschaftszwecks; vgl. § 103 Abs. 1 Nr. 3 GemO BW; Art. 92 Abs. 1 Nr. 2 BayGO; § 108 Abs. 1 Nr. 6 GO NRW; vgl. § 52 GmbHG, Rdn. 101 und insb. 126 ff.). Dabei sind die Vorteile der GmbH (Flexibilität, zügige Entscheidungsprozesse usw.) und die Nachteile (geringere Transparenz, begrenzte Entscheidungs- und Mitwirkungsmöglichkeiten usw.) gegenüber den öffentlich-rechtlichen Organisationsformen sorgfältig abzuwägen und durch eine adäquate Ausgestaltung des Gesellschaftsvertrags zu „harmonisieren". Der **Aufsichtsrat** hat besonders die Kontroll- und Überwachungs- sowie Beratungsfunktionen wahrzunehmen (Recht- und Ordnungsmäßigkeit, Zweckmäßigkeit und Wirtschaftlichkeit mit kommunaler Zielerreichungskontrolle; § 111 Abs. 1 AktG; BGHZ 36, 296 ff.; 114, 127 ff.; OVG NW GmbHG 2010, 92 ff.; *Altmeppen* ZIP 2010, 1973 ff.; *Keiluweit* BB 2011, 179 ff.; *Meier* ZKF 2011, 226 ff.; *Köhler/Schwind* NdsVBl. 2012, 210 ff.). Wichtige, insbesondere strategische Entscheidungen sollten, was sich aus ihrer zentralen, **dominierenden Stellung** innerhalb der GmbH-Organe ergibt, der **Gesellschafterversammlung**, die an die Organe der Kommune „rückgekoppelt" ist (Bürgermeister, Rat), zugeordnet werden. In der Gesellschafterversammlung wird die Gemeinde kraft Amtes durch den Bürgermeister und z.T. durch weitere Personen vertreten, die gegenüber der Gemeinde auskunftspflichtig sind. Die Stimmabgabe erfolgt einheitlich und die zuständigen Gemeindeorgane müssen bzw. können Richtlinien und Weisungen für die Stimmabgabe unbeschränkt der Gesellschafterversammlung erteilen (entspr. den internen Entscheidungsverfahren; in aller Regel kein Geschäft der laufenden Verwaltung). Zur Klarstellung sollte dies in der Hauptsatzung usw. sowie dem Gesellschaftsvertrag verankert werden (vgl. etwa §§ 103a, 104 Abs. 1 GemO BW, Art. 92 Abs. 1 Satz 2 und 93 Abs. 1 BayGO, §§ 108 Abs. 4 und 113 Abs. 1 GO NRW, §§ 87 Abs. 3 und 88 Abs. 1 GO RhPf; BGH BB 1997, 1223; HessVGH LRRZ 2008, S. 420 ff.; *Katz* GemHH 2002, 54 ff.; *Altmeppen* NJW 2003, 2561 ff.; *Strobel* DVBl. 2005, 77 f.; *Keiluweit* BB 2011, 1795 ff.; *Lange*, a.a.O., Kap. 14 Rdn. 232 ff.; *Katz* GemHH 2016, 73 ff.; im Einzelnen wird darauf unten in Rdn. 131 ff. zurückzukommen sein; vgl. auch Teil 2 Rdn. 13 ff. und 46 f. zu § 103; Teil 3, Anlage 2).

Der/Die **Geschäftsführer** führen die Geschäfte der Gesellschaft und vertreten **105** diese gerichtlich und außergerichtlich im Rahmen des GmbH-Rechts und des Gesellschaftsvertrags. Sie haben der Gesellschafter und dem Aufsichtsrat ausreichend zu informieren und ihnen vollständig zu berichten. Von dem Gesellschafter sind sie uneingeschränkt weisungsabhängig (vgl. §§ 35 ff. und 48 Abs. 3 GmbHG; vgl. *Peltzer* JuS 2003, 348 ff.; *Altmeppen* NJW 2011, 3737 ff.; *Pauly/Schüler* DÖV 2012, 339, 345; *Heller*, a.a.O., S. 104 ff.). Aufgaben und Kompetenzen des **Aufsichtsrats**, soweit er durch Gesellschaftsvertrag vorgesehen oder gemäß dem DrittelbG bzw. MitBestG (Rdn. 102) vorgeschrieben ist, können individuell, je nach den örtlichen Bedürfnissen, festgelegt werden. Nach der in § 52 GmbHG festgelegten „Öffnungsklausel" ist die Anwendung des AktG dispositiv, d.h. sie können durch den Gesellschaftsvertrag abgeändert und weitgehend frei gestaltet werden (zur Arbeit des Aufsichtsrats und zu seiner Professionalisierung: *Lutter/Krieger*, Rechte und Pflichten des Aufsichtsrats, 6. Aufl., 2014; *Heller*, a. a. O., S. 31 ff.; *Elsing/Schmitt* BB 2002, 1705 ff.; *Lutter* DB 2009, 775 ff.; zur **Haftung** bzw. Strafbarkeit des Aufsichtsrats und der Geschäftsführer: §§ 116, 93 AktG bzw. § 52 GmbHG; BGH BB 2010, 2657 ff.; *Kiefner/Langen* NJW 2011, 192 ff.; *Bihr/Philippsen* DStR 2011, 1133 ff.; *Pauly/Beutel* KommJur 2012, 446 ff.; *Loritz/Wagner* DStR 2012, 2189 ff.; *Meyer* DÖV 2015, 827 ff.; **modifiziert durch GO'en:** freigestellt soweit nicht Vorsatz und grobe Fahrlässigkeit, soweit sie weisungsgebunden handeln, besteht keine Haftung; vgl. auch § 104 Abs. 4 GemO BW, Art. 93 Abs. 3 BayGO, § 113 Abs. 6 GO NRW; zur **Haftung aus mangelhafter Compliance-Organisation:** LG München I ZIP 2014, 570 ff.; zu Siemens-Schmiergeldzahlungen *Seibt/Cziupka* DB 2014, 1598 ff. sowie zum VW-Abgas-Skandal *Altmeppen* ZIP 2016, 97 ff. und unten Rdn. 173a ff.). Neben den **Überwachungs- und Kontrollaufgaben** sowie der Vorberatung der Beschlüsse der Gesellschafterversammlung hat der Aufsichtsrat unter Berücksichtigung der kommunalen Gemeinwohlbelange (Unternehmenszweck) und der Vorgaben der Gesellschafter auch die Aufgaben der Mitwirkung an der Festlegung der Geschäftspolitik und der strategischen Zielvorgaben. Der Aufsichtsrat und seine Mitglieder sind Gesellschaftsorgane. Dies gilt auch für die von der Gemeinde entsandten Vertreter. Soweit nichts anderes bestimmt ist, besitzen die einzelnen Mitglieder ein ungebundenes Mandat zur Wahrnehmung der GmbH-Interessen. Sie unterliegen gegenüber der Gesellschaft einer Treue- und Loyalitätspflicht, haben die Sorgfaltspflicht eines ordentlichen und gewissenhaften Geschäftsleiters anzuwenden und die Verschwiegenheitspflichten zu beachten, allerdings unter Berücksichtigung des Kommunalrechts, das im Gesellschaftsvertrag zu verankern und umzusetzen ist (§ 116 i. V. m. § 93 AktG; § 52 GmbHG; vgl. *Katz* GemHH 2016, 169 ff.; unten Rdn. 126, 131 ff.). Die in aller Regel von der Gemeinde **zu besetzenden Positionen (Personalkompetenz)** sollten stets von der Gemeinde benannt und vom Rat/von der Gesellschafterversammlung bestellt werden (vgl. § 46 Nr. 5 i. V. m. § 52 GmbHG; für die Mitarbeitervertreter der mitbestimmten Unternehmen über 500 Mitarbeiter vgl. § 1 Abs. 1 DrittbG, § 31 MitbestG, § 84 AktG; *Keiluweit* BB 2011, 1795 ff.; *Koch* VerwArch 2011, 1 ff.). Auch dies dient der kommunalen Einflusssicherung.

Die Aufgaben und Pflichten des Aufsichtsrats sind in den letzten Jahren außergewöhnlich stark gestiegen, teils durch Gesetzgebung und Rechtsprechung, teils durch die zunehmende Komplexität (vgl. z. B. gestiegene Ingerenzpflichten, KonTraG, TransPuG, UMAG, BilMoG, BilRUG, Kodex, Energiewende). So fordert etwa die Rspr. für die Aufsichtsratsmitglieder, dass sie die „anfallenden Geschäftsvorgänge ohne fremde Hilfe verstehen und sachgerecht beurteilen können". Der Aufsichtsrat kann dies in zwei bis vier Sitzungen pro Jahr kaum leisten. **Professionalisierung** und **Qualifizierung** sind für die Aufsichtsratstätigkeit, ebenso wie eine sorgfältige Auswahl der Personen und eine gute Organisation dringend gefordert (§ 104 Abs. 2 GemO BW, § 113 Abs. 3 und 4 GO NRW; zu den Rechten und Pflichten der Gesellschaftsorgane unten Rdn. 131 ff. sowie den Muster-Gesellschaftsvertrag unten Teil 3, Anlage 2; vgl. BGHZ 114, 127 ff.; 153, 47 ff.; BGH DB 2009, 509; *Schmidt*, Gesellschaftsrecht, § 36; *Hille*, a. a. O., S. 50 ff.; *Lohner/Zieglmeier* BayVBl. 2007, 581; *Lutter* DB 2009, 775 ff.; *Koch* VerwArch 2011, 1 ff.; zu Regierungskommission 2002 und

Deutscher Kodex „**Corporate Governance**" sowie zur Verbesserung der Aufsichtsratsarbeit vgl. etwa ZIP 2002, 452 ff.; *Gaul/Otto* GmbHR 2003, 6 ff.; *Mutter/Gayk* ZIP 2003, 1773 ff.; *Malik*, a. a. O., S. 51 ff. und 179 ff.; *Seidel* ZIP 2004, 285 ff. und 1933 ff.; Deutscher Städtetag, Eckpunkte eines Public Corporate Governance Kodex, 05/2009; LG München I ZIP 2014, 570 ff.; AK CGR DB 2016, 2130 ff.). In der Praxis wird bei kommunaler wirtschaftlicher Betätigung vereinzelt auch unter Beachtung der Begünstigungsvoraussetzungen des Gemeinnützigkeitsrechts die **gemeinnützige GmbH** in Anspruch genommen (§§ 51 ff. AO; Kommunen und deren Gesellschaften sind nach h. M. gemeinnützigkeitsfähig; BFH GmbHR 2014, 778 ff.). Zu den Voraussetzungen, den Grenzen und dem EU-Recht vgl. etwa BFH BStBl.II 1985, 162 und 2007, 8 f. und 628 f.; BFHE 244, 194, 200 f.; KG DStR 2012, 1195; *Persche* DStR 2009, 207 ff.; *Musil* DStR 2009, 2453 ff.; *Winheller* DStR 2012, 1562 ff.; *Roth* GmbHR 2015, 953 ff.; *Weitemeyer/Klene* DStR 2016, 937 ff.

Eine besondere Rechtsform bildet die **GmbH & Co. KG**, die Wesenselemente **106** von Personengesellschaft und Kapitalgesellschaft mitgliedschaftlich verbindet (Einheit des Unternehmens bei Nebeneinander zweier Gesellschaften). Die GmbH & Co. KG ist eine KG, an der eine GmbH als persönlich haftender Gesellschafter beteiligt ist. Neben dem Gesellschaftsvermögen der KG haftet den Gesellschaftsgläubigern damit nur die GmbH als Komplementär nach §§ 161, 128 HGB unbeschränkt persönlich, während die Kommanditisten nur auf ihre Haftungseinlage beschränkt haften (vgl. § 171 ff. HGB). Soweit sich eine kommunale Beteiligung auf die Komplementär-GmbH beschränkt, kann diese gesellschaftsrechtliche Mischform grundsätzlich für kommunale Unternehmen gewählt werden (Haftungsbeschränkung wie bei der GmbH; Sicherung der Einflussmöglichkeiten durch große Gestaltungsfreiheit des Gesellschaftsvertrags möglich). Die GmbH & Co. KG kann folglich grundsätzlich dann als Rechtsform für ein wirtschaftliches Unternehmen durch eine Kommune in Betracht gezogen werden, wenn sich deren Beteiligung auf die Komplementär-GmbH beschränkt, sowie Zweck und Betätigung der GmbH sich in der Komplementär- einschließlich der Geschäftsführungsfunktion beschränken und damit Haftungsbegrenzung und Einflusssicherung gewährleistet ist. Als Vorteil wird mitunter genannt, dass die GmbH & Co. KG als Personengesellschaft nicht der Körperschaftssteuer unterliegt und, da keine Doppelbesteuerung stattfindet, mitunter steuerliche Vorteile auftreten können. Als Nachteile werden das komplexere Vertragswerk sowie die geringere Transparenz angesehen („Doppelgesellschaft"). In der kommunalen Praxis spielt diese Rechtsform nur eine untergeordnete, seit der Steuerreform 2000 und 2008 eine leicht zunehmende Rolle (vgl. *Schmidt*, Gesellschaftsrecht, § 56; *Cronauge/Westermann*, a. a. O., Rdn. 125 f.; *Fabry/Augsten*, a. a. O., S. 346 ff.; unten Teil 2 Rdn. 25 und 33 zu § 103).

b) Aktiengesellschaft (AktG). Die Aktiengesellschaft (AG) stellt eine Gesell- **107** schaft mit eigener Rechtspersönlichkeit und mit einem in Aktien zerlegten Grundkapital dar, für deren Verbindlichkeiten den Gläubigern nur das Gesellschaftsvermögen haftet (§ 1 AktG). Die AG ist Körperschaft und gehört rechtssystematisch in die Kategorie der Vereine. Sie ist juristische Person des Privatrechts und der klassische Vertreter des **Modells der Kapitalgesellschaft**. Für Ihre Verbindlichkeiten haftet den Gläubigern lediglich das Gesellschaftsvermögen (mindestens ein in Aktien zerlegtes Grundkapital von 50.000,00 Euro). Wie die GmbH kann auch die AG für jeden rechtlich zulässigen Zweck sowie von einer oder mehreren Personen gegründet werden. Das Aktienrecht ist geprägt von einer strengen Trennung von den Kapitaleignern („Aktionäre") einerseits und dem Management (Vorstand und Aufsichtsrat; „Fremdorganschaft") andererseits. Bei keiner Rechtsform ist die Verselbstständigung des Unternehmens von den Kapitaleignern/Eigentümern so ausgeprägt wie bei der AG („verfasstes Unternehmen", was durch die Mitbestimmungsregelung noch verstärkt wird). Charakteristisch für das Aktienrecht ist die strenge **Funktionstrennung zwischen Aufsichtsrat und Vorstand** sowie die konsequente Geltung des Prinzips der **formellen Satzungsstrenge,** wonach vom Aktienrecht nur abgewichen werden darf, wenn dies im AktG ausdrücklich zugelassen ist (§ 23 Abs. 5 AktG; Ausnahme z. B. § 394 AktG; ergänzende Regelungen in der Satzung oder GeschO sind zulässig). Hinzu kommt der aktienrechtliche Grundsatz, nachdem die Organe allein den Unternehmensinteressen und keinerlei Weisungen verpflichtet sind (§§ 76, 84, 111 Abs. 5 und 116 i. V. m. 93 AktG). Da Ausnahmen nur in wenigen Fällen vorgesehen sind, gilt für Verfassung und Verwaltung das AktG als zwingendes Recht (zur verfassungskonformen Interpretation des AktG bei kommunalen Unternehmen vgl. Rdn. 101, 126, 131 und 147). Deshalb ist die formelle Organisationsstruktur der Aktiengesellschaften weitgehend homogen und von einem kommunalen Kapitaleigner nur sehr begrenzt zu beeinflussen (vgl. z. B. §§ 107 Abs. 3, 311 und 394 AktG; BGHZ 36, 296 ff.; Münchner Kom. zum AktG, Vor § 394 Rdn. 40 ff.; *Cronauge*, a. a. O., Rdn. 163 f. und 267 ff.; *Hille*, a. a. O., S. 64 ff.; *Will* VerwArch 2003, 248 ff.; *Vetter* GmbHG 2011, 449 f.; *Keiluweit* BB 2011, 1795 ff.; zur Aktienrechtsnovelle 2016, *Söhner* ZIP 2016, 157; unten Teil 1 Rdn. 131d und 147, Teil 2 Rdn. 23 ff. zu § 103).

108   Organe der AG sind der Vorstand, die Hauptversammlung und obligatorisch der Aufsichtsrat. Die Mitglieder des **Vorstands** werden vom Aufsichtsrat für die Dauer von fünf Jahren bestellt. Ihre Hauptaufgaben liegen in der Geschäftsführung und Vertretung der AG. Die Stellung des Vorstands einer AG ist durch zwingende gesetzliche Vorschriften besonders abgesichert und damit ihre Eigenständigkeit gegenüber der Kommune beachtlich (u. a. Abberufung nur aus wichtigem Grund, vgl. § 76 ff., 84 Abs. 3 und 90 AktG; *Peltzer* JuS 2003, 348 ff.; *Rau* GemHH 2007, 241 ff.). Dem **Aufsichtsrat** obliegen insbesondere die Aufgaben der Bestellung und Abberufung des Vorstands sowie die **Überwachung und Kontrolle** der Tätigkeit der Geschäftsführung (Rechtmäßigkeitskontrolle, Ordnungsmäßigkeit und Wirtschaftlichkeit; vgl. §§ 84 und 111 AktG). Das Prinzip der formellen Satzungsstrenge (vgl. § 23 Abs. 5 AktG) beinhaltet u. a. die weitgehende Unabhängigkeit der Vorstandsmitglieder und auch der Aufsichtsratsmitglieder und damit die grundsätzliche Unzulässigkeit von bindenden Weisungen an diese Organe sowie die Pflicht der Organe, bei ihren Entscheidungen nur die Gesellschaftsbelange zu berücksichtigen. Aufsichtsratsmitglieder können allerdings unter den in § 103 AktG genannten Voraussetzungen von der Gesellschafterversammlung abberufen werden (§§ 76, 93, 101 ff., 116 und 117 AktG; **zum Aufsichtsrat einer AG allgemein:** *Lutter/ Krieger*, a. a. O., 6. Aufl., 2014; *Ruhwedel/Epstein* BB 2003, 161 ff.; *Altmeppen* NJW 2003, 2561 ff.; vgl. auch die aktuelle Diskussion zur Publizität, Corporate Governance usw., Rdn. 105 und 173a ff.; KonTraG, TransPuG; IAS, GAAP, IPSAS; vgl. *Lüder* DÖV 2000, 837 ff.; *König* DÖV 2001, 617 ff.; *Vogelpoth* WPg 2001, 752 ff.; *Katz* GemHH 2002, 265 ff.; oben Rdn. 105 und unten Rdn. 149 ff.). Dadurch ist der kommunale Einfluss in der AG in aller Regel sehr begrenzt. Aus diesem Grund haben auch einige Gemeindeordnungen bei der Anwendung privatrechtlicher Unternehmensformen eine Subsidiaritätsklausel zu Lasten der AG und zu Gunsten der GmbH festgelegt (vgl. z. B. § 103 Abs. 2 GemO BW; § 108 Abs. 3 GO NRW; § 87 Abs. 2 GO RhPf; § 95 Abs. 2 SächsGemO).

In der Praxis sind AGs besonders als wirtschaftliche Unternehmen in Großstädten gegründet worden (typische Form von Großbetrieben mit erheblichem Kapitalbedarf). Die **Mitbestimmungserfordernisse**, insbesondere die Regeln zur paritätischen Besetzung des Aufsichtsrats bei Unternehmen mit mehr als 2.000 Beschäftigten bzw. Drittelparität bei Unternehmen mit mehr als 500 bis 2.000 Mitarbeitern, sind zu berücksichtigen (vgl. Rdn. 101 und Teil 2 Rdn. 44 zu § 103). Durch das Gesetz für **kleine Aktiengesellschaften** und Deregulierung des Aktienrechts von 1994 sind zwar einige formale Modalitäten vereinfacht worden, jedoch sind diese Änderungen für die Bewertung aus kommunaler Sicht unbedeutend (vgl. etwa *Klausen*, Das Gesetz über die kleine AG, ZIP 1996, 609 ff.; *Seibert/Kiem* (Hrsg.), Die kleine AG, 5. Aufl. 2008).   **109**

Das Spannungsverhältnis zwischen dem kommunalen Verfassungsrecht einerseits und dem Gesellschaftsrecht andererseits wird bei der AG prinzipiell zu Gunsten des Gesellschaftsrechts entschieden (insbes. bezüglich der Einwirkungsrechte des Anteilseigners auf die AG-Organe (vgl. Rdn. 131d)). Das Aktienrecht bietet dazu – allerdings bezüglich Bedeutung und Umfang in umstrittener Weise – in begrenztem Umfang gewisse vertragliche oder faktische Möglichkeiten zur Verbesserung der Einflussmöglichkeiten an (vgl. §§ 15 ff., 291 ff. und 311 ff. AktG; **aktienrechtlicher Vertragskonzern** i. S. der § 291 ff. AktG und **faktischer Konzern** i. S. der § 311 ff. AktG). Da die Gemeinden nach umstrittener aber h. M. als Unternehmen i. S. von § 15 ff. AktG anzusehen sind, findet das Konzernrecht auf das Verhältnis Gemeinde/Eigen- oder Beteiligungsgesellschaft mit gemeindlichem Mehrheitsbesitz – wenn nicht direkte – so doch jedenfalls entsprechende Anwendung (vgl. BGHZ 69, 334 ff.; 74, 359 ff.; 135, 107 ff.; OLG Celle NVwZ-RR 2000, 754 ff.; *Stober* NJW 1984, 449, 455; *Schmidt*, Gesellschaftsrecht, §§ 30 IV und 31; unten Teil 2 Rdn. 23 zu § 103 und Rdn. 22 zu § 104). Der hierbei erforderliche „**beherrschende**" **Einfluss** der Gemeinde auf die Beteiligungsunternehmen und der vom Konzernrecht vorausgesetzte besondere Interessenkonflikt zwischen Gesellschafter und Gesellschaft (Besorgnis sog. „**Konzernkonflikte**") werden i. d. R. vorliegen bzw. können grundsätzlich sichergestellt werden. Bei der Errichtung einer AG müssen dazu entsprechende Unternehmens- bzw. Organisationsverträge abgeschlossen werden („**Beherrschungsverträge**", Ergebnisabführungsverträge usw.; §§ 291 ff.   **110** und 308 ff. AktG; vgl. *Koch* DVBl. 1994, 667 ff.; *Spannowsky* ZGR 1996, 400, 423 ff.; *Timm* JuS 1999, 760 ff. und 867 ff.; *Mayen* DÖV 2001, 110 ff.; *Keßler* GmbHR 2001, 320 ff.; zu den „Holding-Modellen": BerlVerfGH DVBl. 2000, 51 ff.; *Schmehl* JuS 2001, 233 ff.; *Hecker* VerwArch 2001, 261 ff.; *Benecke* BB 2003, 1190 ff.; unten Rdn. 189 f.).

111   c) **Sonstige privatrechtliche Organisationsformen.** Als weitere, nicht von vornherein gegen zentrale Zulässigkeitsvoraussetzungen des Kommunalrechts verstoßende privatrechtliche Organisationsformen wie insbes. BGB-Gesellschaft, OHG, KG, nicht rechtsfähiger Verein, sind hier der Vollständigkeit halber noch folgende Rechtsformen zu nennen:

- **Rechtsfähiger Verein** (§§ 21 ff. BGB; vgl. dazu *Cronauge*, a. a. O., Rdn. 157 f.; *Fabry/Austen*, a. a. O., S. 50 f.; unten Teil 2 Rdn. 27 zu § 103);
- **Erwerbs- und Wirtschaftsgenossenschaft** (eG; §§ 1, 2, 13 GenG; *Schmidt*, Gesellschaftsrecht, § 41; unten Teil 2 Rdn. 30 zu § 103);
- **Rechtsfähige Stiftung des Privatrechts** (vgl. z. B. § 101 GemO BW; § 100 GO NRW; Stiftungsgesetze der Bundesländer; Kommentare zu §§ 80 ff. BGB; *Cronauge*, a. a. O., Rdn. 161 f.; *Seifart/v. Campenhausen*, HdB des Stiftungsrechts, 4. Aufl. 2014; *Geiger*, Der Städtetag 3/2003, 6 ff.; oben Rdn. 95; zur sog. Bürgerstiftung vgl.: *Schick*, Stiftung und Sponsoring, 1999, S. 23 ff.; *Katz*, in: Kunze/Bronner/Katz, a. a. O., § 101 Rdn. 1 ff. und 89).
- **BGB-Gesellschaft** (§ 705 BGB; vgl. aber § 103 Abs. 1 Satz 1 Nr. 4 und Satz 2 GemO BW; BGH NJW 2001, 1056 ff.; *Forst/Traut* DÖV 2010, 210 ff.).

5.   **Organisationsformen interkommunaler Zusammenarbeit**

112   Die Zusammenarbeit zwischen Körperschaften des öffentlichen Rechts, insbesondere Kommunen, sowie Kooperationsformen mit Privaten innerhalb einer „Privat-Public-Partnership" (PPP/ÖPP; vgl. dazu unten Rdn. 192 ff.) werden zunehmend wichtiger. Auf solche **interkommunale Kooperationsformen**, die auch für die kommunale Wirtschaftstätigkeit bedeutsam sind, wurde bereits eingegangen bzw. wird noch eingegangen (vgl. Rdn. 92 ff. und 192 ff.). Der Vollständigkeit halber sollen hier die wichtigsten öffentlich-rechtlichen Organisationsformen noch zusammengefasst dargestellt werden (vgl. *Fabry/Augsten* (Hrsg.), a. a. O., Rdn. 44 ff.; *Cronauge*, a. a. O., Rdn. 144 ff.; DST-Beiträge, A Heft 31, 2003):

- Öffentlich-rechtliche oder privatrechtliche **Verträge und Vereinbarungen;**
- **Zweckverbände** als Körperschaften des öffentlichen Rechts (vgl. etwa §§ 1 ff. GKZ BW; §§ 1 ff. WVG);
- **Gemeinsame Kommunalunternehmen** (als gemeinsame selbstständige Anstalt des öffentlichen Rechts; z. B. §§ 24a f. GKZ BW; Art. 49 f. Bay KommZG; § 27 GKG NRW; § 3 f. NKomZG);
- Privatrechtliche Gemeinschaftsunternehmen (vor allem **GmbH und AG**).

Das steigende Interesse der Kommunen an der interkommunalen Zusammenarbeit spiegelt sich nicht zuletzt darin wider, dass die Landesgesetzgeber in den vergangen Jahren aktiv geworden sind, indem sie den Kommunen das Zweckverbandsrecht vereinfacht haben sowie neue Rechts- und Organisationsformen wie das Gemeinsame Kommunalunternehmen zur Verfügung stellten (vgl. §§ 24a f. GKZ BW; Art. 2 GO, 49 ff. Bay KommZG; §§ 27 f. GKG NRW; §§ 3, 4 NKomZG). Auch die hergebrachten Modelle der Zusammenarbeit wie die öffentlich-rechtliche Vereinbarung und der Zweckverband spielen in der kommunalen Wirtschaft nach wie vor eine nicht zu unterschätzende Rolle.

a) Öffentlich-rechtliche Vereinbarung. Durch die öffentlich-rechtliche Vereinbarung können Gemeinden und Landkreise vereinbaren, dass eine Körperschaft bestimmte Aufgaben für alle Beteiligten erfüllt. Die öffentlich- rechtliche Vereinbarung ist als normsetzender öffentlicher-rechtlicher Koordinationsvertrag zu verstehen, hinsichtlich dessen der übertragende Vertragspartner regelmäßig zur Zahlung eines Entgelts in Form einer angemessenen und kostendeckenden Entschädigung, der übernehmende Teil zur Erbringung der übertragenen Aufgabe verpflichtet wird. Zur Wirksamkeit der Vereinbarung bedarf es regelmäßig der Genehmigung durch die Rechtsaufsichtsbehörde. Hinsichtlich des Grades der Übertragung wird zwischen der delegierenden Vereinbarung, bei der das Recht und die Pflicht zur Aufgabenerfüllung und damit die Trägerschaft der Aufgabenerfüllung übergeht, und der **bloß mandatierenden Vereinbarung**, bei der die Trägerschaft der Aufgabe unberührt bleibt und lediglich die Durchführung der Aufgabe geschuldet wird, unterschieden. Auf die **delegierende Vereinbarung** soll hier etwas näher eingegangen werden: Mit ihr entzieht sich die übertragende Kommune gewissermaßen ihrem ureigensten Aufgaben-, aber auch Pflichtenkreis (Gewährleistungsverantwortung). Infolge dessen gehen die Rechte und die Pflichten zur Aufgabenerfüllung auf die übernehmende Körperschaft über (§§ 25 ff. GKZ BW; Art. 7 ff. Bay KommZG). Dies geht sogar so weit, dass die diesen Aufgabenkreis berührende Satzungshoheit der übernehmenden Körperschaft auf das Gebiet der übertragenden Körperschaften erweitert wird. Anders als beim Zweckverband innerhalb der Verbandsversammlung und bei der Gemeinsamen Kommunalanstalt innerhalb des Verwaltungsrats sind die Mitwirkungsrechte – regelmäßig in Form von Beanstandungsrechten hinsichtlich Beschlüssen der übernehmenden Körperschaft – bei der öffentlich-rechtlichen Vereinbarung nur fakultativ vorgesehen (§ 25 Abs. 2 GKZ BW; Art. 10 Abs. 2 Bay KommZG; § 5 Abs. 4 NKomZG). Die öffentlich- rechtliche Vereinbarung, die zunächst als losestes aller Kooperationsmodelle erscheint, stellt folglich im Ergebnis die für die übertragende Gemeinde einschneidendste Zusammenarbeit dar, was vor dem Hintergrund gerechtfertigt ist, dass die übertragende Kommune der übernehmenden Kommune nicht in die Aufgabenwahrnehmung „hineinregieren" soll (vgl. *Wolff/Bachof/Stober/Kluth*, a. a. O., II § 98 Rdn. 105 ff.).

b) Zweckverband. Der Zweckverband ist die klassische, adäquate und kommunaltypische öffentlich-rechtliche Organisationsform für die interkommunale Zusammenarbeit (vgl. bereits Rdn. 92 ff.). In der Rechtsform von Zweckverbänden werden die unterschiedlichsten kommunalen Aufgaben innerhalb der „kommunalen Familie" gemeinsam wahrgenommen. Schwerpunktbereiche sind die Aufgaben der Ver- und Entsorgung (Wasserversorgung, Abfall- und

Abwasserbeseitigung usw.) sowie Bildung und Kultur (Volkshochschule, über-örtliches Schulzentrum usw.). Die Rechtsform des Zweckverbands ist dabei nicht nur auf wirtschaftliche Unternehmen beschränkt, sondern umfasst na-hezu alle Angelegenheiten der kommunalen Gemeinschaft. Der Zweckverband ist eine Körperschaft des öffentlichen Rechts zur Wahrnehmung bestimmter, im Einzelnen durch **Verbandssatzung** festgelegter konkreter kommunaler Auf-gaben einschließlich wirtschaftlicher Kommunalunternehmen. Er verwaltet seine Angelegenheiten im Rahmen der Gesetze und seiner Satzung unter eigener Verantwortung. Verfassung und Verwaltung des Zweckverbands sind in ihren Grundstrukturen und wesentlichen Inhalten in den Landesgesetzen über kom-munale Gemeinschafts- bzw. Zusammenarbeit festgelegt. Soweit das Landes-recht keine zwingenden Vorschriften enthält, können die Zweckverbände in den von ihnen zu erlassenden Verbandssatzungen ihre Angelegenheiten auto-nom festlegen (Satzungen sind i. d. R. genehmigungspflichtig). Alle Zweckver-bandsgesetze sehen zwei Organe vor, die Verbandsversammlung und den Ver-bandsvorsitzenden. Die Zweckverbände finanzieren sich regelmäßig über eine Umlage bei den Verbandsmitgliedern. Grundsätzlich unterscheidet man noch zwischen freiwilligen Verbänden und sog. Pflichtverbänden (vgl. z. B. §§ 20 ff. GKZ BW, Art. 39 Bay KommZG, § 26 NKomZG, § 22 GKG NRW; vgl. dazu bereits oben Rdn. 92 ff.).

Literaturhinweise (Zweckverband): *Wolff/Bachof/Stober/Kluth*, AllgVerwR II, § 98 Rdn. 44 ff. und 105 ff.; *Cronauge*, a. a. O., Rdn. 168; *Engel/Heilshorn*, § 23 Rdn. 28 ff. und Rdn. 488 ff.; *Fabry/Augsten* (Hrsg.), a. a. O., S. 57 f.; *Gass*, a. a. O., S. 107 ff.; *Kirch-gässner*, in: Kirchgässner/Kremeyer/Schulz, Kommunal-Unternehmen, S. 29 ff.; *Schink*, VerwArch 1994, 251, 275; *Hoppe/Uechtritz/Reck*, a. a. O., § 7 Rdn. 144 ff.; oben Rdn. 92 ff. und unten Teil 2 § 102 Rdn. 83 und 85.

112c   **c) Gemeinsames Kommunalunternehmen/Anstalt des öffentlichen Rechts.** Das Gemeinsame Kommunalunternehmen stellt wie der Zweckverband eine eigene Rechtspersönlichkeit dar, die von mehreren kommunalen Gebietskörperschaf-ten getragen wird. Hinsichtlich der rechtlichen Ausgestaltung gelten neben den kooperationbedingten Spezialregelungen die Regeln über die rechtsfähige An-stalt des öffentlichen Rechts weitestgehend entsprechend (vgl. bereits Rdn. 89 ff. und insb. Teil 2 Rdn. 23 ff. zu § 102b). Hinsichtlich organisatori-scher Instrumentarien – wie beispielsweise der Anstaltssatzung – wird auf das Zweckverbandsrecht und die GO-Bestimmungen entsprechend Bezug genom-men (vgl. etwa §§ 24a f. GKZ BW; Art. 49 Bay KommZG, Bay. LT-DS 15/ 1063, S. 16 f.; § 27 GKG NRW; *Kronewitter/Täuber* KommJur 2008, 401 ff. und 444 ff.; PWC (Hrsg.), a. a. O., Rdn. 334 ff.). Neben der originären Errich-tung eines Gemeinsamen Kommunalunternehmens ist den Kommunen auch das Recht eingeräumt, einem bereits bestehenden Kommunalunternehmen oder Gemeinsamen Kommunalunternehmen beizutreten, bestehende Regie- und Ei-genbetriebe in ein gemeinsames Kommunalunternehmen auszugliedern oder ein Unternehmen in der Rechtsform einer Kapitalgesellschaft, an dem aus-schließlich kommunale Körperschaften des öffentlichen Rechts beteiligt sind, in ein Gemeinsames Kommunalunternehmen umzuwandeln. Die beteiligten Kommunen wahren ihre Mitwirkungsrechte als Mitglied des Verwaltungsrats (als Aufsichts- und Kontrollorgan usw.) des Kommunalunternehmens und durch Mitwirkungs- bzw. Weisungsrechte in wesentlichen Angelegenheiten. Wie die rechtsfähige Anstalt des öffentlichen Rechts stellt auch das Gemeinsame Kommunalunternehmen eine „junge" Rechtsform dar, zu der bisher nicht allzuviel Erfahrungen vorliegen. Ob sie neben dem Zweckverband und der GmbH gewählt wird und sich durchsetzt, bleibt der zukünftigen Entwicklung vorbehalten (vgl. *Kronawitter* KommJur 2008, 401 ff.). Im Einzelnen wird auf Rdn. 89 ff. und besonders auf Teil 2, § 102b Rdn. 23 ff. verwiesen (zu den europarechtlichen Rahmenbedingungen, insb. zum europäischen Wettbewerbs- und Vergaberecht sowie zu dem Beihilfeverbot, vgl. Rdn. 236 ff. und 253 ff.).

Literaturhinweise (AÖR): *Kirchgässner/Knemeyer/Schulz*, Das Kommunal-Unternehmen, 1997; *Wolff/Bachof/Stober/Kluth*, Bd. 3, § 88; *Cronauge*, Kommunale Unternehmen, 6. Aufl., Rdn. 216 ff. und 378 ff.; *Gern*, a. a. O., Rdn. 401 ff.; *Hille*, a. a. O., S. 39; *Klein/Uckel/Ibler*, a. a. O., Teil 3; PWC (Hrsg.), Öffentlich-rechtliche Unternehmen, 2015, Rdn. 334 ff.; *Hoppe/Uechtritz/Reck*, a. a. O., § 7 Rdn. 63 ff.; *Lange*, a. a. O., S. 896 ff.; *Menzel/Hornig*, ZKF 2000, 178 ff.; *Henneke*, VBlBW 2000, 337 ff.; *Hecker*, VerwArch 2001, 261 ff.; *Rose*, GemHH 2003, 205 ff.; *Waldmannn*, NVwZ 2008, 284 ff.; *Tomerius/Huber*, GemHH 2009, 126 ff. und 145 ff.; *Katz*, BWGZ 2016, 365 ff.

d) Vergaberecht bei interkommunaler Zusammenarbeit (vgl. eingehend **112d** Rdn. 253 ff., 266). Bis 2014 war die Frage, in welchen Fällen von einer vergabefreien In-House-Vergabe oder interkommunalen Kooperation auszugehen ist, insbesondere anhand der Rechtsprechung des EuGH beantwortet worden (EuGH NVwZ 2009, 898 ff. – Stadtreinigung Hamburg –; EuGH, Urteil vom 13.6.2013 Rs. C-386/11 – Piepenbrock –). Eine Festlegung der Kriterien durch den Gesetzgeber erfolgte zunächst nicht. Das Europäische Parlament und der Rat haben dann am 26.2.2014 die Richtlinie über die öffentliche Auftragsvergabe und zur Aufhebung der Richtlinie 2004/18/EG erlassen (RL 2014/24/EU). Diese regelt in ihrem Art. 12 öffentliche Aufträge zwischen Einrichtungen des öffentlichen Sektors. Durch die Richtlinie werden erstmals die bisher nur durch die Rechtsprechung geprägten Institute der In-House-Vergabe und der interkommunalen Zusammenarbeit kodifiziert. Im nationalen Recht ist die Problematik in den §§ 97 ff. GWB, insbesondere bei der Auslegung des Begriffs des (vergabepflichtigen) „öffentlichen Auftrags" (§ 99 GWB) und in § 108 GWB verankert (die §§ 97 ff. GWB – neu – sind in Teil 2 unter dem § 106b abgedruckt). Gemäß Art. 90 RL 2014/24/EU sind die Mitgliedstaaten verpflichtet, eine Umsetzung der Richtlinie bis zum 18.4.2016 vorzunehmen. Für den Zeitraum bis zum Ablauf der Umsetzungspflicht findet die Richtlinie zwar keine unmittelbare Anwendung, sie ist aber bei der Anwendung des nationalen Rechts – das bisher keine ausdrücklichen Ausnahmen für interkommunale Kooperationen enthält – heranzuziehen (so h. M. z. B. In-House-Vergaben nach Art. 12 Abs. 1 bis 3 RL BGHZ 138, 55, 60 ff.; OLG Düsseldorf, Beschluss v. 6.6.2011, Az.: VII Verg 39/11; OLG Schleswig, Beschluss v. 4.11.2014, Az.: 1 Verg 1/14; *Sudbrock* KommJur 2014, 41 ff.; a. A. OLG Koblenz, Beschluss v. 3.12.2014 Az.: Verg 8/14). Der Bundesgesetzgeber hat nunmehr mit Gesetz vom 17.2.2016 (BGBl. I S. 203 ff.) und der Vergaberechtsmodernisierungsverordnung vom 12.4.2016 (BGBl. I S. 624 ff.) die EU-Regelungen (insb. Art. 12 RL 2014/24/EU) „eins zu eins" insb. in das GWB umgesetzt (vgl. BT-DS 18/6281; vgl. unten Rdn. 266).

§ 108 GWB – neu – regelt erstmals den Bereich der von der Anwendung des
Vergaberechts ausgenommenen öffentlich-öffentlichen Zusammenarbeit. Damit wird nun gesetzlich mehr Klarheit geschaffen, unter welchen Voraussetzungen zwischen öffentlichen Auftraggebern geschlossene Verträge von der Anwendung des Teils 4 des GWB ausgenommen sind. § 108 dient der Umsetzung
von Art. 17 der Richtlinie 2014/23/EU, Art. 12 der Richtlinie 2014/24/EU und
Art. 28 der Richtlinie 2014/25/EU. Grundsätzlich soll das Vergaberecht öffentliche Auftraggeber nicht in ihrer Freiheit beschränken, die ihnen übertragenen
öffentlichen Aufgaben gemeinsam mit anderen öffentlichen Auftraggebern
oder eigenen Unternehmen zu erfüllen. Allerdings ist der Umstand, dass beide
Parteien einer Vereinbarung selbst öffentliche Auftraggeber sind, allein nicht
ausreichend, um die Anwendung des Vergaberechts auszuschließen. Hierfür
müssen vielmehr weitere Voraussetzungen erfüllt sein. Dadurch sollen insbesondere Wettbewerbsverzerrungen im Verhältnis zu privaten Unternehmen vermieden werden. Über Art und Umfang herrschte bislang allerdings mangels
gesetzlicher Regelungen oftmals Ungewissheit. Die neuen EU-Vergaberichtlinien schaffen insofern zusammen mit den neuen Vorschriften zur öffentlich-
öffentlichen Zusammenarbeit mehr Rechtssicherheit für öffentliche Auftraggeber und Auftragnehmer.
Im Wesentlichen wird damit die Rechtsprechung des EuGH kodifiziert. § 108
GWB unterscheidet entsprechend der Vorgaben der EU-Richtlinien grundsätzlich zwischen der Zusammenarbeit auf vertikaler und horizontaler Ebene.
Während die Zusammenarbeit auf vertikaler Ebene die verschiedenen **Inhouse-
Konstellationen** betrifft und in den Abs. 1 bis 5 geregelt ist, ist die horizontale
Zusammenarbeit von öffentlichen Auftraggebern (bei Beteiligung von Kommunen oftmals auch interkommunale Kooperation genannt) in Abs. 6 geregelt.
§ 108 GWB regelt nicht die Fälle, in denen Befugnisse und Zuständigkeiten
für die Ausführung öffentlicher Aufgaben zwischen öffentlichen Auftraggebern
oder Gruppen von öffentlichen Auftraggebern durch Vereinbarungen, Beschlüsse oder auf anderem Wege übertragen werden, ohne dass insoweit eine
Vergütung für vertragliche Leistungen vorgesehen ist. Diese Fälle unterfallen –
ungeachtet der in § 108 GWB geregelten Ausnahmen – von vornherein nicht
diesem Teil, da es sich, wie auch Art. 1 Abs. 6 der Richtlinie 2014/24/EU fest-
hält, um Angelegenheiten der internen Organisation handelt. § 108 Abs. 1
GWB dient der Umsetzung von Art. 12 Abs. 1 der Richtlinie 2014/24/EU und
betrifft die klassischen Inhouse-Konstellationen, in denen ein öffentlicher Auftraggeber gemäß § 99 Nr. 1 bis 3 eine von ihm kontrollierte juristische Person
des privaten oder öffentlichen Rechts beauftragt. Zu den Einzelheiten vgl. insb.
§ 108 Abs. 1 bis 8 GWB (vgl. BT-DS 18/6281, S. 79 f.; unten Rdn. 266).
Einer der Dauerbrenner des Vergaberechts ist die Inhouse-Problematik bzw. die
Fragestellung, wie man damit dem Vergaberecht „entkommt". Die In-House-
Vergaben und auch die interkommunalen Kooperationen sind durch das neue
EU-Vergaberecht erweitert worden. Dies betrifft insbesondere die Heraufset-
zung des Wesentlichkeitskriteriums auf 80 % sowie auch die ausdrückliche
Regelung der Vergaberechtsfreiheit von Beschaffungen zwischen „öffentlichen
Schwestern" sowie von Beschaffungen einer „kommunalen Tochter" gegen-
über ihrer „städtischen Mutter" (inverse Vergabe). Für die – horizontale –
öffentlich-öffentliche Partnerschaft ist trotz des Verzichts auf eine „echte" Zu-

sammenarbeit für die Vergaberechtsfreiheit für die Zukunft noch unklar, was unter den „kooperativen Konzepten" als Voraussetzung für eine Ausschreibungsfreiheit zu verstehen ist. Auch wird die Ausfüllung des Begriffsmerkmals der „Überlegungen im Zusammenhang mit dem öffentlichen Interesse" in Zukunft noch der Klarstellung bedürfen.

e) **Umsatzsteuer bei interkommunaler Zusammenarbeit.** Der mit dem Steueränderungsgesetz 2015 (vom 5.11.2015, BGBl. I S. 1834) neue § 2b UStG legt in Abs. 3 Nr. 1 und 2 fest, unter welchen Bedingungen interkommunale Zusammenarbeit in den Bereich sog. „hoheitlicher Tätigkeiten" der Kommunen fällt, also wann keine größeren Wettbewerbsverzerrungen vorliegen und damit die Umsatzsteuerpflicht nicht greift. Dies ist nach § 2b Abs. 3 UStG gegeben, wenn die Leistungen der Zusammenarbeit nur von Kommunen (Körperschaft des öffentlichen Rechts, auch von kommunalem Zweckverband) erbracht werden dürfen (Nr. 1) oder wenn die Zusammenarbeit durch gemeinsame spezifische öffentliche Interessen bestimmt wird (Nr. 2), was regelmäßig der Fall ist, wenn eine langfristige Vereinbarung besteht, die Leistungen dem Erhalt der öffentlichen Infrastruktur dienen, die Leistungen nur gegen Kostenerstattungen erbracht werden und die leistende Kommune im Wesentlichen gleichartige Leistungen an andere Kommunen erbringt (Buchst. a–d). Solche Kooperationen, z. B. auch bei der Erbringung von Back-Office-Leistungen, sind nicht umsatzsteuerpflichtig. Da diese Neuregelung eine deutliche Zäsur in der Umsatzbesteuerung darstellt, ist § 2b UStG erst ab 1.1.2017/31.12.2020 anzuwenden (vgl. die Übergangsregelung in § 27 Abs. 22 UStG). § 2b UStG leitet einen Systemwechsel in der Besteuerung juristischer Personen des öffentlichen Rechts ein, schafft etwas mehr Rechtssicherheit und erleichtert die zunehmend wichtige Zusammenarbeit von Kommunen, u. a. weil sie aufgrund des demografischen Wandels und der bestehenden Notwendigkeit von Einsparungen in immer größerem Umfang zur Zusammenarbeit gezwungen sind. Treten Kommunen oder ein kommunaler Zweckverband aber in den Wettbewerb um privatwirtschaftliche Aufträge ein, ist dies künftig nicht mehr umsatzsteuerrechtlich privilegiert. Kommunalunternehmen werden überwiegend nicht von § 2b UStG erfasst (insb. GmbH, AG; zum Steueränderungsgesetz 2015 vgl. etwa *Belcke/Westermann* BB 2015, 1500 ff. und BB 2016, 87 ff.; *Gohlke* GemHH 2016, 37 ff.; *Fiand* KStZ 2016, 29 ff.; vgl. auch unten Rdn. 181). **112e**

6. Kriterien für die Rechtsformentscheidung

Die Wahl der adäquaten Organisationsform für kommunale Wirtschaftsunternehmen ist für die kommunale Aufgabenerfüllung, für die Sicherstellung des Gemeinwohls und der Bedürfnisse der Einwohner, für die Bürgerinnen und Bürger der Gemeinde und ihrer Organe sowie für die kommunale Politik von nicht zu unterschätzender Bedeutung. Abgesehen von vereinzelt in den Gemeindeordnungen festgelegten Vorrangstellungen (vgl. § 103 Abs. 2 GemO BW; § 108 Abs. 4 GO NRW; § 129 Abs. 1 Nr. 1 KVG LSA; öffentlich vor privat, GmbH vor AG) gibt es für die Formenwahl zunächst grundsätzlich keinen generellen Vorzug einer Organisationsform, aber eine Vielzahl unterschiedlicher, sich z. T. widersprechender objektiver und subjektiver Aspekte, Faktoren und Auswahlmassstäbe. Deshalb ist es besonders wichtig, Kriterien zu entwi- **113** ckeln, die die individuellen örtlichen Gegebenheiten, die Ziele und Zwecke des Unternehmensgegenstands einbezieht und unter Abwägung der spezifischen Vor- und Nachteile wirtschaftlichen Handelns eine möglichst optimale und transparente Rechtsformentscheidung ermöglicht (**gemeindeindividuelle allgemeine Bewertungskriterien** zur aufgabenadäquaten Ausgestaltung der Organisationsstruktur). Bei der Entscheidungsfindung sind meist außerordentlich vielschichtige Rahmenbedingungen, die Größe und Struktur der Kommune und des zu gründenden Unternehmens, eine konkrete Vorgabe und Analyse der Unternehmensziele und -aufgaben sowie des Marktumfeldes, die Möglichkeiten der Steuerung und Einflussnahme, das jeweils geltende Fach-, Wettbewerbs-, Steuer-, Haftungs-, Tarifvertragsrecht usw., aber z. T. auch historische, politische und gesellschaftliche Faktoren, konkrete Bedürfnisse, handelnde Personen, Parteien, Verbände, Interessengruppen usw. einzubeziehen. Generell sind für die vielgestaltigen Aufgabenbereiche sehr unterschiedliche rechtliche, organisatorische, steuerliche, finanzwirtschaftliche, personelle und politische Entscheidungsparameter zu berücksichtigen. Die für die Rechtsformwahl häufig angeführten Argumente der Wirtschaftlichkeit, Flexibilität, Effizienz, Wettbewerbsfähigkeit und Autonomie korrespondieren regelmäßig mit der Gewährleistung und nachhaltigen Sicherstellung der Daseinsvorsorgeziele und öffentlichen Zweckbindung, dem Verlust an Verantwortung, politischem Einfluss und Kontrolle der demokratisch legitimierten Kommunalorgane sowie an Rechtsschutz und staatlicher Aufsicht, dem Verlust an Eigeninitiative, Wahlfreiheit und bürgerschaftlichem Engagement.

All diese Kriterien sind unvoreingenommen und sorgfältig miteinander abzuwägen, in einer möglichst optimal miteinander zu verbindenden Weise zu einer guten und angemessenen Rechtsformwahl zusammenzuführen („integrative Analyse" und Bewertung der Faktoren im Einzelfall; *Pitschas/Schoppa* DÖV 2009, 469 ff.; *Hoppe/Uechtritz/Reck*, a. a. O., S. 133 ff. und 771 ff.). „Modetrends" wie Deregulierung, Privatisierung oder Rekommunalisierung sollten dabei eher gering gewichtet werden. Letztlich geht es vor allem darum, eine einwohnerdienliche und -nützliche, eine wirtschaftlich effektive, steuerlich vorteilhafte sowie rechtssichere und demokratiegesteuerte Rechtsform für die Erfüllung der Kommunalaufgaben zu finden. Grundlage jeder Rechtsformwahl und deren Umsetzung ist eine sorgfältige und präzise Ausgestaltung der Satzung bzw. des **Gesellschaftsvertrags**, für die man sich genügend Zeit nehmen sollte (insb. eindeutige, präzise Festlegung des Gesellschaftszwecks/Unternehmensgegenstands, klare Kompetenz- und Verantwortungsverteilung, angemessenes Informations- und Einwirkungssystem usw.).

Die Rechtsformentscheidung hat vorrangig insbesondere folgende drei **Grundsatzziele bzw. -funktionen** zu erfüllen (i. S. einer **Ersten Prüfungsstufe**; vgl. auch oben Rdn. 1 f. und unten Rdn. 126 ff. sowie Teil 2 Rdn. 1 bis 3 zu § 103):

114 – Aufgabenerfüllungsfunktion: Entsprechend den gegenwärtigen und zu erwartenden Aufgaben, die durch das wirtschaftliche Unternehmen erfüllt werden sollen, muss die Organisationsform eine möglichst optimale kommunale Aufgabenerfüllung gewährleisten (Gemeinwohlverwirklichung, Erreichung des öffentlichen Zweckes, Geeignetheit zur Erreichung der Unternehmensziele, funktionsgerechte Organisationsstruktur);

– **Steuerungsfunktion:** Die Rechtsform hat als Mittel und Instrument zur Un-   **115**
ternehmenssteuerung durch die demokratisch legitimierten Entscheidungsorgane der Kommune eine zentrale Bedeutung (kommunale Einflusssicherung, Informations- und Kontrollrechte). Durch sie muss sichergestellt sein,
dass grundsätzlich die besonders wichtigen, strategischen Entscheidungen,
durch die demokratisch legitimierten Kommunalorgane getroffen werden,
ihnen mindestens im Konfliktfall ein Letztentscheidungsrecht in diesen Fragen zusteht (Funktionen der Steuerung und Kontrolle; Gebot hinreichender
demokratischer Legitimation; vgl. im Einzelnen unten Rdn. 126 ff.);

– **Wirtschaftlichkeitsfunktion:** Die Art und Weise der kommunalen Aufga-   **116**
benerfüllung muss effizient, effektiv sowie möglichst sparsam und wirtschaftlich erledigt werden (Haushaltsgrundsätze: § 77 Abs. 1 GemO BW;
§ 75 GO NRW). Eine umfassende wirtschaftliche Rationalität und eine dafür erforderliche Flexibilität sind von zentraler Bedeutung (Prinzip der ökonomischen Rationalität).

Diese Grundsatzziele müssen in einem weiteren Schritt „heruntergebrochen"   **117**
und operationalisierbar gemacht werden (**Zweite Prüfungsstufe**, wobei die Prü-
fungsstufen nicht immer klar voneinander abgrenzbar sind). Neben der Erfüllung des kommunalen Auftrags, der Sicherstellung des „öffentlichen Zwecks",
sind bei der Rechtsformenwahl die Auswirkungen zu berücksichtigen, die die
konkrete Rechtsform auf Informations-, Einfluss-, Steuerungs- und Kontroll-
strukturen, auf die Einbindung in die Gesamtverwaltung, die Wirtschaftsplanung und das Rechnungswesen, auf die Finanzierungsmöglichkeiten, das öffentliche Dienstrecht und die Personalpolitik, auf das Steuerrecht, das Vergabe-
und Beihilferecht hat (VOB, VOL und EU-Recht; Art. 106 f. AEUV), aber auch
die zunehmende Erkenntnis, dass bei marktfähigen Produkten die Wettbewerbsfähigkeit stets im Auge gehalten werden muss und dass Wettbewerbs-
und Konkurrenzsituationen für Verbesserungen der Effizienz und Effektivität
besonders geeignet sind, und vieles mehr. Die Vor- und Nachteile der einzelnen
Rechtsformen sind in einer **konkreten Einzelfallprüfung** sorgfältig und transparent gegeneinander abzuwägen, zu entscheiden und zu dokumentieren. Den
kommunalen Entscheidungsträgern bleibt dabei im Rahmen der rechtlichen
Vorgaben ein politischer Gestaltungs- und Entscheidungsspielraum. Die wichtigsten, sehr vielfältigen und unterschiedlichen Gesichtspunkte, **Entscheidungsparameter bzw. Bewertungskriterien** können wie folgt zusammengefasst werden:

– **Allgemeine und kommunalrechtliche sowie -politische Kriterien:** Optimale   **118**
Aufgabenerfüllung bei angemessenen Einfluss- und Weisungsrechten durch
die Kommunalorgane (Lenkungs- und Kontrollfunktion); Sicherstellung
und Optimierung des gemeindlichen „öffentlichen Zwecks" bei möglichst
breitem Leistungsangebot, guter Qualität, Versorgungssicherheit und sozi-
alverträglichen Preisen; Bedarfsgerechtigkeit, Sicherheit und Nachhaltigkeit, technologischem Fortschritt usw.; hoher Grad der Erreichung kommunalpolitischer Ziele und Wirkungen, die im Vorhinein möglichst konkret
festgelegt werden sollten; transparente Entscheidungsabläufe und Ge-

schäftspolitik; Gewährleistung des Entscheidungsprimats der demokratisch legitimierten Kommunalorgane (vgl. Rdn. 126 ff.).

119 – **Organisatorische und personelle Kriterien:** Effiziente Aufbau- und Ablauforganisation sowie klare Entscheidungsstruktur und „schlanke" Prozesse; dynamische und flexiblere Unternehmensführung; Einheit der Kommunalverwaltung („Konzern Stadt"); Fragen des Personals, der Dienstherrenfähigkeit, der Vergütung, des öffentlichen Dienst- und Tarifvertragsrechts, der Personalvertretung bzw. Mitbestimmung usw.; Leitbild und Unternehmenskultur, aber auch der Mitverantwortung und Motivation der Mitarbeiter und ganz allgemein der Personalentwicklung.

120 – **Steuerliche Kriterien:** Steuerliche Auswirkungen der jeweiligen Rechtsform und Unterschiede in der Besteuerung (Vor- und Nachteile insbes. bezüglich Mehrwertsteuer und Ertragssteuern; z. B. die Entsorgungsbereiche Abfall und Abwasser, die gegenwärtig noch als hoheitliche Tätigkeitsfelder verstanden werden und deshalb in öffentlich-rechtlicher Organisationsform nicht steuerpflichtig und folglich vorteilhafter sind); Steueroptimierung durch „Querverbund", BgA, jPdöR, Vorsteuerabzug usw.; häufige Steuerrechtsänderungen sind allerdings hier mit zu berücksichtigen (vgl. Rdn. 180 ff.; *Strahl* DStR 2010, 193 ff.; *Belcke/Westermann* BB 2015, 1500 ff. und 2016, 87 ff.).

121 – **Betriebswirtschaftliche Kriterien:** Steigerung der Wirtschaftlichkeit und Rentabilität: Optimale Betriebsgröße, Markterfordernisse; Rationalisierung und Wirtschaftlichkeit; Controlling und Risikomanagement; Wirtschaftsplanung und Rechnungswesen; Haftungsfragen und Haftungsrecht; Ausschreibungspflichten und Vergaberecht, insb. Inhouse-Fähigkeit (vgl. dazu Rdn. 148 ff.; 174 ff. und 253 ff.).

122 – **Finanzielle Kriterien:** Finanzierungsüberlegungen und -politik; Gestaltung der Eigen- und Fremdkapitalausstattung, der Innen- und Außenfinanzierung, Kapitalmarkterwägungen; bilanzrechtliche Aspekte; Abgaben- und Entgeltpolitik (KAG, Kostenbegriff usw.); Ratingfragen, Risikobegrenzung und Entlastung des Kommunalhaushalts.

123 – **Möglichkeit der Beteiligung Dritter:** In vielen kommunalen Aufgabenfeldern gewinnt zunehmend die Beteiligung privater oder öffentlicher Dritter an Bedeutung. Deshalb ist die Möglichkeit der interkommunalen Zusammenarbeit oder der Kooperation mit privaten Dritten im Rahmen von „Public-Privat-Partnership" oft als Entscheidungskriterium wichtig (Zusammenarbeit in Zweckverbänden, Gemeinsame Kommunalanstalt, GmbH, AG, vielfältige ÖPP/PPP-Kooperationsformen usw.; vgl. auch Rdn. 112 ff. und 192 ff.).

124 – **Kommunalpolitische Kriterien:** Kommunale Aufgabenerfüllung durch Unternehmen bzw. wirtschaftliche Betätigung spielt sich nicht im „entpolitisierten" Raum ab. Sie sollte weder von reiner Parteipolitik noch von reinem Gewinnstreben oder autonomer Technokratie geprägt sein. Die Entscheidungen basieren auf politischer Zweckmäßigkeit und der politischen Einschätzung der Bedürfnisse der Gemeindeeinwohner (gemeinwohldienlich, Bedürfnisbefriedigung, Versorgungssicherheit, Qualität und Preis). Das hat zur Folge, dass das „Ob" und das „Wie" der Wahrnehmung gemeindlicher Aufgaben, mindestens in den grundsätzlichen strategischen Fragen, durch die demokratisch legitimierten Gemeindeorgane zu entscheiden ist. Dabei handelt es sich grundsätzlich um Ermessensentscheidungen, die dem Primat der Kommunalpolitik unterliegen und nur begrenzt rechtlich überprüfbar sind. Diese kommunalen **Ingerenzpflichten** sind in den Gesellschaftsverträgen/Satzungen durch angemessene Informations-, Einfluss-, Steuerungs- und Kontrollrechte der Kommunalorgane auf die Unternehmen sicherzustellen („Primat" der Politik; vgl. Rdn. 126 ff.).

Da die Kommunen nach den Bestimmungen der einzelnen Gemeindeordnungen **125** die Aufnahme einer wirtschaftlichen Betätigung (Gründung usw. eines Kommunalunternehmens) anzeigen oder genehmigen lassen müssen und dabei die gesetzlichen Zulassungsvoraussetzungen darzulegen haben, ist eine sorgfältige Bewertung und Dokumentation der Kommunalentscheidung anhand vorstehender Kriterien notwendig (vgl. z. B. § 108 GemO BW; Art. 96 BayGO; § 115 GO NRW; § 152 NKomVG). Dabei ist in jedem Einzelfall eine umfassende Prüfung notwendig. Die Entscheidungskriterien sind sorgfältig gegeneinander abzuwägen, um die richtige Entscheidung für die optimale Organisationsform zu treffen. Es empfiehlt sich, diesen Abwägungsvorgang in einer **qualifizierten Entscheidungsgrundlage** zusammenzufassen (Rats-Drucksache; mit transparenten und nachvollziehbaren Unterlagen, Berechnungen, Vergleichen, Gutachten usw.; vgl. oben Rdn. 60 und Teil 2 Rdn. 37 zu § 102 sowie Rdn. 1 zu § 108; Kriterien für Kommunalunternehmen/GmbH: *Tomerius/Huber* GemHH 2009, 126 ff. und 145 ff.). Allgemeingültige Antworten oder Empfehlungen sind nur begrenzt möglich.

Literaturhinweise (Rechtsformentscheidung, Bewertungskriterien): *Pitschas/Schoppa*, in: Mann/Püttner (Hrsg.), Handbuch der kommunalen Wissenschaft und Praxis, Band 2, 3. Aufl. 2011, § 43; *Püttner*, in: Püttner (Hrsg.), Zur Reform des Gemeindewirtschaftsrechts, S. 143 ff.; *Schmidt*, Gesellschaftsrecht, § 5 II; *Fabry/Augsten* (Hrsg.), a. a. O., Teil 1 Rdn. 91; *Hille*, a. a. O., S. 68 ff.; *Hoppe/Uechtritz/Reck*, a. a. O., S. 133 ff.und 771 ff.; *Cronauge*, a. a. O., Rdn. 129 ff.; *Schoepke*, VBlBW 1994, 81 ff.; *Mann*, JZ 2002, 819 ff.; *Altmeppen*, NJW 2003, 2561 ff.; *Mühlenkamp/Schöneich*, in: Wirtschaftsdienst 11/2007, 707 ff. und 716 ff.; *Pitschas/Schoppa*, DÖV 2009, 469 ff.; *Kappel*, BWGZ 2009, 432 ff.; Institut für den öffentlichen Sektor e.V., in: Public Governance, 2011, S. 12 ff.

Zusammenfassung der Bewertungskriterien (i. S. einer „Checkliste"):
- Aufgabenerfüllung, kommunale
  - Gewährleistung der Aufgabenerfüllung für die Einwohner
  - Allgemeinheit, Versorgungssicherheit, Nachhaltigkeit
  - Soziale Preise
  - Qualität
  - Bedürfnisanpassung, Innovation
- Einflusssicherung, kommunale
  - Einfluss- und Mitwirkungsrechte
  - Informations- und Steuerungsinstrumente, Berichtspflichten
  - Controlling

- Handlungsfähigkeit
  - Flexibilität
  - zügige Entscheidungsprozesse
  - optimale und aufgabenadäquate sowie „schlanke" Organisations-
    strukturen
- Effizienz und Wirtschaftlichkeit
  - Rationalisierung, Optimierung, Kosten
  - Berichts- und Rechnungswesen
  - Steuerliche Aspekte
  - Finanzierungsüberlegungen
- Sonstige
  - Personalgewinnung und -entwicklung, Mitbestimmung
  - Möglichkeit interkommunaler Zusammenarbeit und ÖPP/PPP
  - Bindung an Vergabewesen, Beihilferecht usw.
  - Haftungsbegrenzung, Risikominimierung.

V. Einflusssicherung in Kommunalunternehmen (Ausgestaltung der Steuerungs- und Controllingrechte und -pflichten)

1. Gewährleistung der kommunalen Aufgabenerfüllung (öffentlicher Auftrag)

126 Wie ein „roter Faden" zieht sich durch das Recht der öffentlichen/kommunalen Wirtschaftsunternehmen das **Grundverständnis**, dass deren Berechtigung und damit deren Errichtung und Betrieb stets von einem von ihnen zu erfüllenden öffentlichen/kommunalen Auftrag, von einem **örtlich radizierten Gemeinwohlzweck** der Kommunen beherrscht sein muss. Dabei wird aber dem Kommunalunternehmen in aller Regel lediglich die ordnungsgemäße Aufgabenerfüllung übertragen, die Aufgabenverantwortung und -trägerschaft selbst muss letztlich bei der Gemeinde verbleiben (Demokratie-, Rechtsstaats- und Sozialstaatsprinzip; sozialstaatliche Daseinsvorsorge; Ausnahmen: Kommunalanstalt und Zweckverband; **Instrumentalfunktion** der Organisationsform zur Erfüllung öffentlicher Zwecke; **Primärfunktion**: Gemeinwohlbezogene, einwohnernützliche Kommunalaufgaben i. S. von Angelegenheiten der örtlichen Gemeinschaft – Art. 28 Abs. 2 GG –, insb. meist von Pflichtaufgaben, die den Kommunen durch ausdrückliche gesetzliche Regelung übertragen worden sind; vgl. Rdn. 27 und 51 ff.; BVerfG JZ 2012, 676 f.; BVerwG NVwZ 2009, 1305 ff.; *Brüning* VerwArch 2009, 453 ff.; *Katz* NVwZ 2010, 405 ff.). Dies bedeutet, dass auch in den Fällen, in denen eine Kommune durch Organisationsprivatisierung die Wahrnehmung kommunaler Aufgaben auf ein Wirtschaftsunternehmen überträgt, die Aufgabenverantwortung beim Aufgabenträger verbleibt, also die Kommune sich der Letztverantwortung in einer demokratischen Legitimationskette nicht entziehen kann (**Gewährleistungs- und Sicherstellungspflichten**; überwiegend gesetzliche Pflichtaufgaben der Gemeinden, z. B. Entsorgung, Trinkwasser, ÖPNV, Krankenhäuser). Deshalb kann die häufig vertretene Auffassung – **Gesellschaftsrecht** bricht Kommunalrecht – mindestens nicht uneingeschränkt gelten. Vor allem bei der GmbH sind im Unterschied zur AG die formellen und materiellen Anforderungen sowie der Publikums-/ Gläubigerschutz deutlich zurückgenommen und erheblich mehr an Gestaltungsfreiheit eingeräumt. Die bloße Wahl einer nach Kommunalrecht unter bestimmten Voraussetzungen möglichen privatrechtlichen Organisationsform im Rahmen kommunaler Organisationshoheit bedeutet auch nicht zwingend eine uneingeschränkte und gleiche Anwendung aller Gesellschaftsrechtsregelungen (föderale Kollisionsregeln in Art. 72 ff. und 31 GG; BGHZ 36, 296, 306; 64, 325 ff.; 169, 98 ff.; BVerwG NJW 2011, 3735 ff.; *März*, Bundesrecht bricht Landesrecht, 1989, S. 85 ff. und 119 ff.; *Gersdorf*, Öff. Unternehmen im Spannungsfeld zwischen Demokratie- und Wirtschaftlichkeitsprinzip, 2000, 1 ff.; *Engelbrecht*, Kollisionregeln im föderalen Ordnungsverbund, 2010, S. 105 ff.; *Lohner/Ziegelmeier* BayVBl. 2007, 581 ff.; *van Kann/Keiluweit* DB 2009, 2251 ff.; *Altmeppen* NJW 2011, 3737; *Towfigh* DVBl. 2015, 1016 ff.). Die **Verfassungsordnung** (Art. 20 und 28 GG: Rechts-, Demokratie- und Sozialstaatsprinzip sowie kommunale Selbstverwaltung; vgl. BVerfGE 79, 127, 143 f. und 151 f.; BVerwGE 123, 159, 165) und das **Landeskommunalrecht** stellen zur **Einflusssicherung** für kommunales Handeln in Privatrechtsform letztlich **drei zentrale Grundanforderungen** mit hinreichenden Mechanismen und Instrumenten auf, an die die wirtschaftliche Betätigung der Kommunen und die Organisationsgestaltung ihrer Unternehmen grundsätzlich gebunden sind (vgl. insbes. BVerwG NVwZ 2009, 1305 ff. und NJW 2011, 3735 ff.; *Katz* NVwZ 2010, 405 ff. und GemHH 2016, 73 ff.; Rdn. 101 ff. und 131):

(1) Die Unternehmen müssen der Erfüllung öffentlicher/kommunaler, sozialer, kultureller usw. Aufgaben dienen, die örtlichen Angelegenheiten rechtsstaatlich erfüllen (dies gilt besonders für die große Zahl von gesetzlichen Pflichtaufgaben),

(2) die wesentlichen Unternehmensentscheidungen sind letztlich von demokratisch legitimierten Entscheidungsträgern der kommunalen Selbstverwaltung, den Organen Gemeinderat und Bürgermeister, zu treffen, für die sie die Gesamtverantwortung und eine nicht beseitigbare Garantenstellung innehaben, und

(3) zur Gewährleistung dieser beiden Anforderungen müssen den Kommunen für diese Organe **ausreichende Informations-,** Ingerenz- und Kontrollrechte zur Verfügung stehen.

Die Tätigkeit der Unternehmen muss auf der Grundlage verlässlicher Informationen und hinreichender Transparenz angemessen gesteuert und kontrolliert werden können. Nicht oder nur unwesentlich steuerbare Kommunalunternehmen wären mit der „Wirkkraft" der Art. 20, 28 Abs. 1 und 2 GG, insb. dem Gebot demokratischer Legitimation, nicht vereinbar. Andererseits ist aber zu beachten, dass die Ingerenzrechte usw. nicht grenzenlos sein können, nicht so weit gehen dürfen, dass die gewählte gesellschaftsrechtliche Rechtsform nur noch eine „Scheinorganisation" ohne jegliche elementaren Kompetenzen, ohne einen Kernbereich typusprägender und -bestimmender Funktionen – vor allem die Überwachung und Kontrolle der Geschäftsführung – darstellen und erhebliche Rechtsunsicherheit im Rechtsverkehr bringen würden. Stets sind einschlä-

gige Rechtsnormen und Beurteilungsspielräume in diesem Sinne verfassungs-
und kommunalangemessen und die praktischen Bedürfnisse der kommunalen
Selbstverwaltung berücksichtigenden Anforderungen auszulegen sowie die Ge-
sellschaftsverträge/Satzungen entsprechend auszugestalten (Näheres zum „Kollisionskonzept" : Rdn. 131; so auch §§ 65 ff. BHO/LHO; §§ 53 f. HGrG; z. B.
§§ 51a und 52 GmbHG; § 394 AktG; z. B. § 103 Abs. 1 Nr. 5 GemO BW,
Art. 94 BayGO, § 108 Abs, 1 Nr. 8 GO NRW; zur Diskussion: Antrag „Gegen
Geheimniskrämerei" BT-DS 16/395 aus 2006 und RegE einer AktG-Novelle
aus 2011/2012, BT-DS 17/8989 und 14214; *Bungert/Weltich* ZIP 2011, 160,
164 und ZIP 2012, 300 ff.; *Seibert/Böttcher* ZIP 2012, 12 ff.; *Drinnhausen/
Keinath* BB 2012, 395 ff.; zur AktG-Novelle 2016, insb. zu § 394 Satz 3
AktG – neu –: BT-DS 18/4349, *Grunewald* NZG 2015, 609 f.; *Ihrig/Wandt* BB
2016, 6,13 f.; vgl. BVerfG DVBl. 2003, 923 ff.; BVerwG NJW 2011, 3735 ff.;
BerlVerfGH NVwZ 2000, 794 ff.; OVG NRW DÖV 2002, 917 f.; BayVGH,
Urteil v. 8.5.2006 – 4 BV 05.756; VGH München NVwZ-RR 2012, 769 f.;
Katz GemHH 2002, 54 ff.; *Strobel* DVBl. 2005, 77 ff.; *Sydow/Gebhardt*
NVwZ 2006, 986; *Wilhelm* DB 2009, 944; *Brüning* VerwArch 2009, 453,
470 f.; *Altmeppen* NJW 2011, 3737; *Pauly/Schüler* DÖV 2012, 339 ff.; unten
Rdn. 137, 139 und 142 sowie Teil 2 Rdn. 14, 19 und 22 f. zu § 103; vgl. neben
den LIFGen die kommunalrechtlichen Informationsrechte und -pflichten, z. B.
§§ 41b, 43 Abs. 5 GemO BW; §§ 113 Abs. 5 und 55 GO NRW; Art. 93 Abs. 2
und 30 Abs. 3 BayGO; NdsOVG DVBl. 2009, 920; OVG NRW NVwZ-RR
2010, 650; *Katz* BayBgm 2013, 398 ff.; zu „**Open Governement**", **IFG** und
Transparenzoffensive HH: *Schulz* VerwArch 2013, 327 ff.; *Hoffmann/Söhnke*
KommJur 2014, 126 ff.; *Gusy* JZ 2014, 171 ff.; *Stumpf* VerwArch 2015,
499 ff.; *Benecke/Döhmann* JZ 2015, 1018 ff.).

127   Für die kommunale Aufgabenerfüllungs- und Gewährleistungsfunktion müssen
im Hinblick auf die i. d. R. auftretenden rechtlichen Konfliktsfelder, divergierenden Interessenlagen und Loyalitätspflichten, die insbesondere bei einer Organisationsprivatisierung zwischen Gesellschaftsrecht und Kommunalrecht
entstehen können (Rdn. 98), die Kommunen über Steuerungsmöglichkeiten
verfügen, um jederzeit auf die Erfüllung des öffentlichen Auftrags Einfluss nehmen und einem „Versickern" des öffentlichen Kommunalauftrags vorbeugen
zu können (kommunale **Informations-, Steuerungs-, Einwirkungs- und Überwachungsrechte** und -pflichten; *Lange*, a. a. O., Kap. 14 Rdn. 224 ff.; *Bissinger*,
Bay KPV, 2011; *Katz* GemHH 2016, 73 ff.).

Den Kommunen stehen dafür als Eigentümer/Anteilseigner vor allem fol-
gende **Einwirkungsinstrumente** zur Verfügung (vgl. *Fabry/Augsten*, a. a. O.,
S. 40 ff.; *Katz* GemHH 2016, 169 ff.):
– Ausgestaltung des **Gesellschaftsvertrags** (Satzung; vgl. dazu eingehend
  unten Rdn. 132 ff.);
– Regelungen in der **Hauptsatzung** der Gemeinde, in den **Geschäftsord-
  nungen** für Aufsichtsrat und Geschäftsführung, in Zielvereinbarungen,
  Verwaltungsanweisungen usw.;
– Festlegung von Informations- und Einsichtsrechten, vor allem Aufbau
  eines zeitnahen Informationssystems und eines effektiven Berichtswesens

(keine Steuerung ohne Informationen! Vgl. etwa §§ 53 f. HGrG; § 90 AktG; §§ 45 und 51a GmbHG);
– Einrichtung und Umsetzung eines **Beteiligungsmanagements** mit -controlling (vgl. dazu untern Rdn. 161 ff.).

Neben einer eindeutigen Festlegung und konsequenten Praktizierung dieser Instrumente ist aber für Erfolg und Effektivität der **faktischen kommunalen Einflussmöglichkeiten** vor allem entscheidend, dass das Konzept von allen Beteiligten möglichst mit entwickelt, insbesondere aber mitgetragen, umgesetzt und „gelebt" wird. Dabei handelt es sich eigentlich um eine pure Selbstverständlichkeit. Ein Privatmann würde eine GmbH in aller Regel nicht gründen und betreiben, wenn er nicht in den wesentlichen Sach- und Personalfragen maßgebliche Einflussrechte besitzen würde. Dies muss aus den vorgenannten Gründen noch mehr für eine kommunale Beteiligung mit dem Primärziel der öffentlichen Aufgabenerfüllung gelten, die demokratisch legitimiert und entsprechend rechenschaftspflichtig ist sowie deren Risiken letztlich der Steuerzahler zu tragen hat (insbes. GmbH; es gibt zwar kein besonderes „Kommunal-GmbH-Recht", aber ein kommunalgerecht interpretiertes und ausgestaltetes Recht für Kommunalunternehmen; *Altmeppen* NJW 2003, 2561 ff.).   **128**

Im Rahmen von entsprechenden **GO-Novellierungen** haben die einzelnen Bundesländer in den 90er Jahren in unterschiedlichem Umfang gesetzliche Regelungen getroffen bzw. Vorgaben normiert, die **sicherstellen sollen,** dass auch bei kommunalem Handeln in Privatrechtsform die Erfordernisse der öffentlichen Aufgabenerfüllung gewährleistet und angemessene Einflussrechte garantiert werden. Durch ein **System von Einwirkungs-, Steuerungs-, Informations-, Mitsprache- und Kontrollrechten und „Mechanismen"** wurden die kommunalen Gestaltungsmöglichkeiten von den Landesgesetzgebern im Rahmen des bundesgesetzlichen Gesellschaftsrechts deutlich verstärkt, „kommunalgerecht" modifiziert und festgelegt, dass sie über den Gesellschaftsvertrag konsequent umzusetzen sind (Ingerenzpflichten). Bei prinzipiellem **Vorrang des bundesgesetzlichen Privatrechts** (Art. 74 Nr. 12, 31 GG) und dem nach der h. M. in der gesellschaftsrechtlichen Rechtsprechung und Literatur daraus abzuleitenden Grundsatz, dass sich die Kommunen bei der Wahl einer Rechtsform des privaten Rechts dieser Organisationsform so zu bedienen haben, wie sie das Zivil- und Gesellschaftsrecht zur Verfügung stellt, kann der Landesgesetzgeber mindestens die vorhandenen Gestaltungsspielräume, die das Bundesrecht den Gesellschaften etwa bei der Ausgestaltung des Gesellschaftsvertrags belässt, nutzen, um den Kommunen i. S. ihrer spezifischen, gemeinwohlgebundenen Aufgabenstellung Handlungsmöglichkeiten und -pflichten vorzugeben und ihre Einhaltung sicherzustellen. Das bei einer wirtschaftlichen Betätigung der Kommunen in Privatrechtsform zentrale Kriterium „öffentlicher Zweck" kann und muss deshalb im Rahmen der rechtlichen und vertraglichen Möglichkeiten zur Geltung gebracht werden („**Harmonisierung**" des Spannungsfeldes Gesellschafts-/Kommunalrecht i. S. einer „Kommunalverträglichkeit", insbes. zur Erfüllung des einwohnernützlich öffentlichen Zwecks sowie zur Wahrung demokratischer und rechtsstaatlicher   **129**

Grundsätze; integrale Bindung an die durch das Sozialstaatsgebot und das Kommunalrecht vorgegebenen öffentlichen Zwecke; vgl. BGHZ 36, 296, 306; BerlVerfGH NVwZ 2000, 765 ff.; OVG NRW DÖV 2002, 917 f.; *Hecker* VerwArch 2001, 261 ff.; *Brüning* VerwArch 2009, 453, 470 f.; *Brötzmann* GmbHR 2011, 1205 ff.; *Fehling* JuS 2014, 1057 ff.; *Katz* GemHH 2016, 73 ff.).
Einzelne Beispiele: (1) Für Bad.-Württ. §§ 103 ff. GemO, die einen angemessenen, im Ländervergleich leicht überdurchschnittlichen Standard an Ingerenzrechten beinhalten (insb. durch die GemO-Novelle 1999), vgl. LT-DS 12/4055, S. 17 ff.; *Katz* GemHH 2002, 54 ff.; *Umlandt* DNV 5/2000, 12 ff.; Teil 2 Rdn. 14 ff. und 46 zu § 103; (2) für **Bayern:** Art. 92 ff. GO, die bei entsprechender Wahrnehmung ausreichende, im Länderdurchschnitt liegende Einwirkungsmöglichkeiten festlegen (insb. durch die GO-Novelle 1998), LT-DS 13/10828; *Schulz* BayVBl. 1997, 518 ff.; *Knemeyer* BayVBl. 1999, 1 ff.; *Zugmaier* BayVBl. 2001, 233 ff.; *Bissinger,* Bay KPV, 2011; (3) für **Nordrh.-Westf.:** § 108 f. GO, die i. V. m. dem Gesellschaftsvertrag beachtliche, überdurchschnittliche Einfluss-, Steuerungs- und Kontrollrechte vorsehen (insb. durch die GO-Novellen von 1994, 1999 und 2007), LT-DS 14/3979; *Hamacher/Geerlings* NWVBl. 2008, 81 ff. und 90 ff.; *Dünchheim/Schöne* DVBl. 2009, 146 ff.; *Articus/Schneider,* Kom. zur GO NRW, Erl. zu § 108; *Cronauge,* a. a. O., Rdn. 313, 315, 333.

130   Zentrale Voraussetzung für die Errichtung und den Betrieb eines kommunalen Unternehmens vor allem in Privatrechtsform ist es, dass dem kommunalen Anteilseigner **angemessene Informations- und Einwirkungsrechte** und -möglichkeiten auf die Gesellschaft eingeräumt werden. Die Kommunen und ihre demokratisch gewählten Gemeindeorgane (Eigentümer, meist Einmann-Gesellschaft) können die Verantwortung für kommunale wirtschaftliche Betätigung nur dann übernehmen, wenn sie angemessene Einsichts- und Einflussrechte auf das Unternehmen besitzen (Informations-, Steuerungs- und Kontrollrechte bzw. -mechanismen; Berichtspflichten, § 90 AktG, § 51a GmbHG). Die Gemeinden müssen deshalb im Rahmen der rechtlichen Möglichkeiten alle Mittel ausschöpfen, um gut informiert und sachgerecht die grundlegenden und wichtigen Ziele und Entscheidungen der Geschäftspolitik vorgeben, maßgeblich beeinflussen, überwachen und kontrollieren zu können (**Absicherungspflichten durch** entsprechende Satzungs- oder **Gesellschaftsvertragsregelungen**). Insbesondere durch

- klare Festlegung von Unternehmenszielen und Gesellschaftszwecken, präzise Bestimmung des Unternehmensgegenstands entsprechend der öffentlichen Aufgabenstellung,
- Organbildung, klare und möglichst ausgewogene Kompetenzzuordnung und -abgrenzung auf die Organe,
- Vorschlagsrechte, Bestellung bzw. Wahl und Abberufung der Organe,
- Beteiligungsmanagement,
- spezifisches Informationssystem und Berichtswesen, Zielerreichungskontrolle, Controllingkonzept, Aufsicht,
- wirksame Sanktionsmechanismen usw.

ist dies abzusichern (Teil 2 § 103a Rdn. 4 ff. und § 102a Rdn. 11 ff.; vgl. auch Jahresabschluss- und Betätigungsprüfung; zu den jeweiligen landesgesetzlichen Konzepten vgl. etwa §§ 103 f. und 105 GemO BW; Art. 92 bis 94 BayGO; § 108 GO NRW; §§ 137 und 150 NKomVG; § 87 f. GO RhPf). In der Regel wird ein **angemessener Einfluss** dann gegeben sein, wenn eine Kommune entsprechend ihrem Gesellschaftsanteil den Gesellschaftszweck und den Unternehmensgegenstand bestimmen und erfüllen kann, ohne die Organisationsstruktur der jeweiligen Rechtsform und deren Vorteile im Wesenskern zu tangieren (Erreichung des primären „Kommunalzwecks"). Bei strategischen Entscheidungen und kommunalpolitisch wichtigen Einzelfragen (einschließlich Personalentscheidungen) sowie bei Angelegenheiten mit größeren haushaltsrelevanten Auswirkungen sollte ein verstärkter, i. d. R. entscheidender Einfluss bestehen. Die Gemeinden müssen also in ihren Eigen- oder Beteiligungsunternehmen ausreichende, in wichtigen Fragen maßgebliche Beteiligungs-, Mitsprache- und Kontrollrechte besitzen (vgl. BVerwG NJW 2011, 3735 ff.; *Mann* JZ 2002, 819 ff.; *Altmeppen* NJW 2003, 2561 ff.; *Brüning* VerwArch 2009, 453, 461 ff.; *Meier* ZKF 2011, 226; *Pauly/Schüler* DÖV 2012, 339 ff.; unten Rdn. 131 ff.).

2. Einflusssicherung bei der GmbH

a) Grundpositionen, Kollisionskonzept. In der kommunalen Praxis ist die mit **131** Abstand am häufigsten vorkommende und weiter zunehmende Rechtsform die GmbH (vgl. Rdn. 41 f. und 79). Diese Entwicklung und Bedeutung ist einerseits mit Vorsicht, andererseits aber durchaus auch positiv zu bewerten. Das GmbHG stellt weitgehend dispositives Recht dar, sodass vor allem über den Gesellschaftsvertrag Einwirkungsrechte zur Gewährleistung der einflusssichernden Steuerungs- und Überwachungsfunktionen durch entsprechende Kompetenzzuordnungen usw. festgelegt und auf die Kommunen übertragen werden können, die Gesellschaftsform GmbH sehr flexibel gestaltet werden kann (weitreichende Satzungsautonomie der GmbH; vgl. §§ 45 ff., 51a und 52 GmbHG; § 394 AktG). Dadurch kann sichergestellt werden, dass **grundlegende, strategische Fragen** an die Gemeindeorgane „rückgekoppelt" werden und dass der/die Vertreter der Gemeinde in der Gesellschafterversammlung bei wichtigen, zentralen Angelegenheiten kommunalrechtlich an eine vorhergehende Beschlussfassung des Gemeinderats gebunden ist/sind (soweit nicht die Zuständigkeit des Bürgermeisters gegeben ist). Ähnliches gilt in begrenztem Umfang für den Aufsichtsrat (vgl. oben Rdn. 126 und unten Rdn. 138 ff.). Gerade deshalb kommt der Ausgestaltung des Gesellschaftsvertrags bei der GmbH eine ganz zentrale Bedeutung zu (allerdings ohne die Rechtsformstruktur und deren Vorteile zu stark zu tangieren). Durch einflusssichernde Regelungen bei der Ausgestaltung der Rechte, Pflichten, Aufgaben und Zuständigkeiten der Gesellschaftsorgane lässt sich der kommunalrechtlich und -politisch notwendige Einwirkungsgrad der Gemeindeorgane festlegen (u. a. entsprechend der jeweiligen kommunalrechtlichen und -politischen Gewährleistungsverantwortung gegenüber den Bürgern, den potenziellen Finanz- und Haushaltsrisiken usw.; vgl. auch die „Corporate-Governance-Diskussion"; vgl. Rdn. 105 und 152 sowie allgemein auch unten Teil 2 Rdn. 14, 19, 22, 46 f. zu § 103 und Rdn. 1 ff. zu § 103a). All dies kann aber alles andere als frei von Konflikten und Interessenkollisionen gelöst werden und ist zudem rechtlich stark umstritten. Daraus folgt auch zwangsläufig ein vorprogrammierter Rollenkonflikt. Die Aufsichtsratsmitglieder und auch die Geschäftsführer sind „**Diener zweier Herren**" und das noch bei föderal geprägten Gesetzgebungskollisionen. Bei mitbestimmtem Aufsichtsrat sind sie zudem verstärkt den Arbeitnehmerinteressen, also drei Herren und zwei bzw. **drei Rechtsregimen** verpflichtet: überwölbt vom Verfassungsrecht gesellschaftsrechtlich dem Unternehmen und kommunalrechtlich der Kommune. Aus der rechtlichen Einordnung, den Interessenlagen und dem Spannungsfeld von Information, Berichterstattung, Verschwiegenheit und Weisungen treten immer wieder Konflikte auf, die sorgfältig geprüft und ausgewogen entschieden werden müssen. Diese schon komplizierte Situation wird noch durch die umfangreiche Verweisungstechnik in § 52 Abs. 1 GmbHG und den Mitbestimmungsgesetzen sowie der „Öffnungsklausel" in § 52 Abs. 1 letzter Hs. GmbHG verschärft (*Ulmer/Heermann* GmbHG § 52 Rdn. 275 spricht von einer „komplizierten Rechtslage, in der vier Schichten übereinander lagern"). Das Ineinandergreifen dieser Regelungskomplexe und -techniken bereitet rechtlich und praktisch beträchtliche Schwierigkeiten, die nicht einseitig, sondern aufgaben- und tätigkeitsspezifisch, z. T. auch typusgeprägt ausgeglichen und gelöst werden müssen. Besonders durch eine sorgfältige Gestaltung der Satzungen/Gesellschaftsverträge sind Konflikte und Kollisionen der betroffenen Rechtsregime usw. zu vermeiden bzw. zu minimieren (vgl. etwa *Pauly/Schüler* DÖV 2012, 339, 345; *Towfigh* DVBl. 2015, 1016 ff.; *Katz* GemHH 2016, 73 ff.).

131a   Dazu werden zahlreiche unterschiedliche Meinungen, vereinfacht dargestellt insbesondere **zwei Grundpositionen** vertreten (vgl. BVerwG NJW 2011, 3735 ff.; *Altmeppen* NJW 2003, 2561 ff.; ders., in: FS U. Schneider, 2011, S. 1 ff.; *Pauly/Schüler* DÖV 2012, 339 ff.; *Heidel* NZG 2012, 48 ff.; *Lange* NVwZ 2014, 616 ff.):

(1) Die vor allem vom BGH und der gesellschaftsrechtlichen Literatur vertretene Grundposition geht davon aus, dass für das Verhältnis Gesellschaftsrecht/Kommunalrecht Art. 31 GG ausschlaggebend („Bundesrecht bricht Landesrecht"), die BGH-Lehre vom Vorrang des Gesellschaftsrechts entscheidend ist. Danach genießen die Gesellschaftsinteressen und -belange vor denen des Entsendungsberechtigten (öffentliche Körperschaft, Kommune; Gemeinwohl) klaren Vorzug usw. Dieser Auffassung liegt zugrunde, dass, wer privatrechtliche Gesellschaftsformen nutzt, auch deren Regularien voll zu akzeptieren hat, das Kommunalrecht in diese Bereiche nicht eindringen kann. Wenn sich eine Kommune in diesen Fällen nicht dem Gesellschaftsrecht voll unterwerfen wolle, müsse sie aus der Privatrechtsform aussteigen. Das Vertrauen des Rechtsverkehrs in das GmbH-Recht und der Gläubigerschutz würden dies erfordern (seit BGHZ 39, 296, 306; 69, 334, 340; 169, 98 ff.; *Keßler* GmbHR 2000, 71, 76 ff.; *Wilhelm* DB 2009, 944 f.; *Ulmer/Heermann* GmbHG § 52 Rdn. 145 ff.; oben Rdn. 126).

(2) Die Gegenmeinung spricht kommunalen Gesellschaften als Teil der Kommunen (Art. 28 Abs. 2 GG, LV) wegen ihrer Bindung an das Gemeinwohl eine Sonderstellung zu, die aber nicht beliebig, sondern nur

im Rahmen der konkreten „öffentlichen Zwecke", der von dem Kommunalunternehmen wahrzunehmenden Gemeinwohlinteressen (Unternehmensgegenstand) und rechtlichen Vorgaben begründet werden kann. So dürfen auch bei einer privatrechtlichen Kommunalgesellschaft die Kompetenzen des demokratisch legitimierten Willensbildungs- und Entscheidungsorgans Gemeinderat, die von den Kommunen häufig aufgrund gesetzlicher Vorgaben wahrzunehmenden sozialstaatlichen Daseinsvorsorgeaufgaben, die Garantie der kommunalen Selbstverwaltung und das die Verfassungsnormen (Art. 20 Abs. 2 und 28 GG; LV) konkretisierende und ergänzende Kommunalrecht nicht unberücksichtigt bleiben (vgl. BVerwG 123, 159, 165 und NJW 2011, 3735 ff. mit Anm. *Altmeppen*; *Weckerling-Wilhelm/Mirtsching* NZG 2011, 327 ff.; *Bunge* DVBl. 2014, 1500 ff.; *Towfigh* DVBl. 2015, 1016, 1020 ff.).

Nach h. M. ist zu differenzieren zwischen Gesellschaften mit **obligatorischem** **131b** **und fakultativem Aufsichtsrat.** Fakultativ bei Unternehmen bis 500 Mitarbeiter und innerhalb der obligatorischen zwischen solchen nach dem DrittelbG (§ 1 Abs. 1 Nr. 3; über 500–2000 Mitarbeiter) und solchen nach dem MitbestG (§§ 6, 25; über 2000 Mitarbeiter). Ausgangspunkt ist, dass bei der GmbH die Gesellschafter (insb. bei der Einmann-GmbH/Eigengesellschaft) eine dominierende, willensbildende Stellung besitzen und Aufgaben, Stellung usw. des Aufsichtsrats und damit auch das Gebot der ausschließlichen Wahrnehmung der Unternehmensinteressen nach § 52 Abs. 1 GmbHG abdingbar, disponibel sind, gesellschaftsvertraglich grundsätzlich frei geregelt werden können. Für die Aufsichtsratmitglieder stellt die Weisungsunabhängigkeit keinen ungeschriebenen allgemeinen gesellschaftsrechtlichen Grundsatz dar. Die Ausgestaltung der Aufgaben und Rechte besonders des **fakultativen Aufsichtsrats** ist Sache der Gesellschafter, § 52 GmbHG enthält keine bindenden Vorgaben, sondern überlässt den Gesellschaftern, dies bei großer organisatorischer Gestaltungsfreiheit im Gesellschaftsvertrag zu regeln. Dies gilt besonders für den kommunalen Regelfall der Eigengesellschaft, die allein das Unternehmensinteresse bestimmt. Ausgenommen ist, um überhaupt noch von einem arbeitsfähigen, GmbH-geprägten Gremium sprechen zu können, ein Mindestbestand von Kernkompetenzen entsprechend § 111 AktG (Mindestkompetenzanforderungen an ein Überwachungsorgan, auch als zwingender Gläubigerschutz; vgl. BVerwG NJW 2011, 3735 ff.; *Roth/Altmeppen*, GmbHG, § 52 Rdn. 3; *Keßler* GmbHR 2000, 71, 77; *Altmeppen* NJW 2003, 2561 ff.; *Pauly/Schüler* DÖV 2012, 339 ff.; *Zichel/Herrmann* DÖV 2014, 111 ff.; oben Rdn. 101).

Für **mitbestimmte Gesellschaften** ergeben sich unterschiedliche, aber stärker eingeschränkte Möglichkeiten der satzungsmäßigen Kompetenzzuteilung und Ausgestaltung des Aufsichtsrats. Über das Ausmaß der den Gesellschaftern verbleibenden Spielräume sind zusätzlich vor allem die Intensität des jeweiligen Mitbestimmungsregimes (angemessene, z. T. übergeordnete Arbeitnehmerinteressen als besonderer Teil der Unternehmensinteressen; vgl. *Kort* AG 2012, 605 f.; hierbei sind auch die Grundsätze des Personalvertretungsrechts zu bedenken, vgl. §§ 1, 2, 7 und 70 ff. LPVG BW) und die Ausgestaltung der einschlägigen Mitbestimmungs- und Verweisungsnormen entscheidend. Im Hinblick auf Drittelparität und volle Parität sowie die etwas stringenteren, engeren Vorschriften und AktG-Verweisungen des MitbestG (vgl. etwa neben § 25 besonders §§ 27 Abs. 1 und 3, 31 MitbestG) sind die Gestaltungsspielräume für MitbestG-Gesellschaften noch restriktiver als bei einer GmbH nach dem DrittelbG (§ 1 Abs. 1 Nr. 3).

Hierbei auftretende Konflikte sind unter Sicherstellung der für die GmbH typusbestimmenden zentralen Stellung der Gesellschafter als oberstem, grundsätzlich allzuständigen Organ zu lösen, sind i. S. einer bestmöglichen Berücksichtigung aller Interessen zu entscheiden (vgl. MünchKomm GmbHG/*Spindler* § 52 Rdn. 2 und 14 ff., 241 und 553 ff.; *Scholz/Schneider* GmbHG § 52 Rdn. 71 ff.; *Keiluweit* BB 2011, 1795 ff.; vgl. auch *Götze/Winzer/Arnold* ZIP 2009, 245 ff.). Zur Lösung dieser Fragen bietet sich das in den nächsten beiden Absätzen dargestellte „**Kollisionskonzept**" an (vgl. etwa BVerwG NJW 2011, 3735 ff.; *Brenner* AöR 2002, 222 ff.; *Brüning* VerwArch 2009, 453 ff.; *Towfigh* DVBl. 2015, 1016 ff.).

131c   Häufig werden die **Besonderheiten kommunaler Gesellschaften**, ihre Eigenart als „Zwischenerscheinungsform" zwischen kommunaler „Öffentliche Zwecke"/Gemeinwohlverwirklichung und dem mit gesellschaftsrechtlichen Privatrechtsformen in der Regel primär verfolgten Gesellschaftsziel Gewinnmaximierung, nicht genügend berücksichtigt (vgl. etwa BGH NJW 2005, 1720 f.; BayVGH NVwZ-RR 2007, 622; *van Kann/Keiluweit* DB 2009, 2251 ff.; *Lange*, a. a. O., Kap. 14 Rdn. 9 ff.). Die Auffassung, dass wenn eine Gemeinde bewusst die Ebene des Privatrechts/Gesellschaftsrechts betritt, sie sich damit grundsätzlich uneingeschränkt deren Regeln unterwerfen muss, kann mindestens in dieser umfassenden Form nicht gelten (vgl. dazu BVerwG NJW 2011, 3735 ff.; *Altmeppen* NJW 2011, 3737 ff.; *Pauly/Schüler* DÖV 2012, 339, 343; *Katz* GemHH 2016, 169 ff.). Das Gesellschaftsrecht steht nicht außerhalb der verfassungsmäßigen Ordnung. Verfassungsrechtlich ist kommunales Wirtschaftsengagement kein privatautonomes Handeln, sondern zweckgebundene Verwaltungstätigkeit (BVerfGE 21, 362, 369; 61, 82, 100 ff.; 79, 129, 148 f.; StGHBW DVBl 1999, 1351; VGH BW NVwZ 1985, 432; RhPfVerfGH NVwZ 2000, 801 ff.; OVG Münster NVwZ 2003, 1466, 1468 f.). Ein Kommunalunternehmen kann sich mit dem formalen Betreten der Privatrechtsordnung eben nicht schlicht von Art. 20 und 28 GG sowie dem Kommunalrecht (ausschließliche Landesgesetzgebung) verabschieden. Der verfassungsrechtlich und demokratisch legitimierte Gemeinderat muss deshalb mindestens in wichtigen, strategischen Fragen hinreichende Informations-, Einfluss- und Kontrollrechte usw. besitzen. Auch Bürgerbeteiligung darf nicht ausgeschlossen bleiben. Den Kommunen sind durch Art. 28 Abs. 2 GG „Angelegenheiten der örtlichen Gemeinschaft" überantwortet, sie dürfen zum Schutz der Privatwirtschaft nur öffentliche Aufgaben wahrnehmen und dürfen keine „Gewinnmaximierung" betreiben. Für die Kommunalaufgaben besitzen sie eine voll verantwortliche Garantenstellung, der sie sich nicht entziehen können und für die der Steuerzahler letztlich haftet (Rdn. 37 ff.; zu ähnlichen Problematiken: Insolvenz- oder Kommunalrechtsregime bzw. Registergerichts- oder Rechtsaufsichtsregime; vgl. *Katz* GemHH 2014, 245 ff.; *Towfigh* DVBl. 2015, 1016, 1022).

Die von Kommunalunternehmen bei der Wahrnehmung von „Öffentlichen-Zweck-Aufgaben" zu beachtenden Unternehmensinteressen/Gesellschaftszwecke kann nur der Erfüllungs- bzw. Gewährleistungsverantwortliche, also die Gemeindeorgane bestimmen. Ganz überwiegend ist dies auch durch spezialgesetzliche Regelungen im Einzelnen festgelegt. Insgesamt besteht also bei einem Kommunalunternehmen eine deutlich andere Ausgangslage und Situation, Zwecksetzung und Unternehmensgegenstand als bei einer klassischen GmbH nach dem GmbHG. Im Übrigen sind landesgesetzliche Konkretisierungen fundamentaler verfassungsrechtlicher Vorgaben nicht einfach durch Art. 31 GG zu beseitigen. Die Beachtung zentraler Staatsstrukturprinzipien (Art. 20, 28 GG) kann durch einfaches Gesetzesrecht weder des Bundes noch der Länder aufgehoben bzw. wesentlich gelockert, sondern nur durch „ausschließliches" Landeskommunalrecht konkretisiert und ergänzt werden. Die „Kollisionsvermeidungsnormen" der Art. 72 ff. und 31 GG greifen hier nicht, sodass Ausgestaltungen und Präzisierungen des Art. 28 Abs. 2 GG bzw. der entsprechenden LV-Normen primär durch GO/GemO-Bestimmungen zu erfolgen haben, die mindestens begrenzt auch auf das GmbH-Recht einwirken und dort zu berücksichtigen sind. Auch ist einer Gemeinde im Rahmen des kommunalen Selbstverwaltungsrechts das Recht der organisatorischen Wahlfreiheit garantiert (kommunale Organisationsautonomie; Rdn. 26 ff., 80 und 96). Deshalb ist die z. T. vertretene Auffassung, dass Kommunalunternehmen, die sich nicht an das Gesellschaftsrecht halten wollen, eine AG oder GmbH nicht wählen dürfen, unzutreffend. Sicher besteht die kommunale Selbstverwaltungshoheit nicht schrankenlos, sondern „im Rahmen der Gesetze" (auch der Rechtsnormen zur freien Marktwirtschaft und dem Wettbewerb). Stets muss aber der Wesensgehalt der Art. 20 und 28 Abs. 2 GG gewährleistet und der Eingriff verhältnismäßig sein (vgl. BVerfG NVwZ 2010, 2010, 2012 und JZ 2012, 676 f.; BGH NVwZ 2014, 807 ff.; BVerwG NVwZ 2009, 1305 f. und NJW 2011, 3735 ff.; OVG Bautzen AG 2012, 883; *Brüning* VerwArch 2009, 453 ff.; *Brötzmann* GmbHR 2011, 1205, 1208 f.; *Heidel* NZG 2012, 48 ff.; *Hellermann* EnWZ 2014, 339, 445; *Podszun/Palzer* NJW 2015, 1496 ff.; *Towfigh* DVBl. 2015, 1016, 1022).

Bei diesem Grundsatzstreit kann eine ausgleichende, alle Vorschriften und Faktoren einbeziehende „**harmonisierende Interpretation**" weiterhelfen (eine Art „praktische Konkordanz" i. S. eines ausgewogenen Ausgleichs, einer angemessenen Abwägung kollidierender Rechtsnormen zur Gewährleistung der **Einheit der Rechtsordnung**; vgl. etwa BVerfG NJW 2007, 753 ff.; BVerwG NJW 2002, 3344 ff.; *Lindner* JZ 2016, 697 ff.). Dazu müssen Verfassungs- und Kommunalrecht (Art. 20, 28 GG, LV, GO), Gesellschaftsrecht und bei mitbestimmten Gesellschaften auch das „Mitbestimmungstelos" angemessen berücksichtigt, in einer intradisziplinären Wechselwirkung „legitimiert" und ein im Einzelfall vernünftiges Ergebnis erzielt werden. Da die das einfache Gesetzesrecht „überwölbenden" GG- bzw. entsprechenden LV-Vorgaben bzw. -Bindungen gewährleistet sein müssen und die Zulassung und Ausgestaltung kommunaler Unternehmen in Privatrechtsform an der Schnittstelle zweier Rechtsregime erfolgt, kann es auch keinen strengen, generellen Vorrang, keine absolute Sperrwirkung zugunsten des Bundesgesellschaftsrechtsregimes geben. Auf der Grundlage des systema-

131d

tisch-teleologischen Sinngehalts und Zwecks sowie der „ratio" und dem institutionellen Wertegehalts dieser Rechtsnormen sind für die einzelnen **Fallgruppen**
funktional sachgerechte, adäquate und praktikable Norminterpretationen bzw.
Lösungen zu finden (Gesamtwürdigung der Normbereiche unter besonderer Be-
rücksichtigung des Verfassungsrechts und der föderal geprägten Rechtsregime-
kollisionen sowie wechselseitiger „Auffangordnungen"; vgl. dazu insb.
Rdn. 133 ff., insb. Rdn. 139, 140 und 142; vgl. *Ulmer/Heermann* GmbHG § 52
Rdn. 276 f.; *Katz*, Staatsrecht, 18. Aufl., Rdn. 109 ff. und 557 ff.; *Brüning* JZ
2014, 1026 ff.; *Towfigh* DVBl. 2015, 1026, 1021 ff.; *Fehling* JZ 2016, 540, 543;
Lindner JZ 2016, 697 ff.).
Die einschlägigen Rechtsnormen sind verfassungskonform (Beachtung der
Staatsstrukturprinzipien und die Wirkkraft der Art. 20 und 28 GG darf nicht
„ausgehebelt" werden; uninformierte Mandatsträger sind „Papiertiger") und
kommunalangemessen (Berücksichtigung der kommunalen Selbstverwaltung
und ihrer praktischen Bedürfnisse) auszulegen, also kommunalverfassungs- und
funktionsgerecht zu interpretieren. Dabei sind i. S. eines „Wesensgehalts" die Beachtung eines engen Kernbereichs elementarer Mindestaufsichtsratskompetenzen und das kommunale Entscheidungsprimat in zentralen, besonders bedeutsamen Angelegenheiten „unantastbar", nicht disponibel. Die typusprägenden
Grundstrukturen der Gesellschaftsrechtsform, insb. ein Mindestbestand von
Kernkompetenzen und elementaren Funktionen (insb. die Überwachungsfunktion; § 111 Abs. 1 und 2 AktG), müssen ebenso gewahrt bleiben wie in besonders
bedeutsamen Angelegenheiten die Letztentscheidungsverantwortung der demokratisch legitimierten Organe (kein demokratischer „Scheinprimat", aber auch
keine kompetenzlose, markt- und arbeitsunfähige „GmbH-Scheinorganisation";
vgl. Rdn. 126). Unternehmerische Entscheidungen sind entsprechend wahrzunehmen. Im Gesellschaftsvertrag ist dies entsprechend zu verankern und zu präzisieren. Auch wenn mit diesem Lösungsansatz mitunter rechtsoffene Räume und
Rechtsunsicherheiten vor allem durch die interpretatorischen Wertungen und
Abwägungen verbleiben, stellt die hier vertretene **„Kollisionskonzeption"** ein
Auslegungsinstrument dar, das zu sachgerechten und ausgewogenen Lösungen
führt, vor allem, wenn eine sorgfältige Vertragsgestaltung stattfindet und die
Prüfpflichten der Rechtsaufsicht, aber auch der Notare und Registergerichte effektiv ausgeübt werden. Es gilt für die Abgrenzung der Verantwortungsbereiche
und das Zustandekommen „guter" Ergebnisse zwischen öffentlicher Hand
(Kommunen) und Privatwirtschaft das richtige Maß, aufgaben- und bedarfsadä-
quate Entscheidungskriterien und Lösungen zu finden (vgl. BVerwGE 106, 280,
287; 127, 155, 157; NJW 2011, 3735 ff.; HessStGH NVwZ 2013, 1151; *Brüning*
JZ 2014, 1026 ff.; *Schladebach* Der Staat 2014, 263; *Towfigh* DVBl. 2015, 1016,
1021 ff.; *Katz* GemHH 2016, 73 ff.; *Lindner* JZ 2016, 697 ff.).

132   In einer kommunalen GmbH sind also als Einwirkungsmöglichkeiten der Gemeinde auf das Kommunalunternehmen vor allem die inhaltlichen Festlegungen
im **Gesellschaftsvertrag (Satzung)** sowie in einer GeschO und z. T. im Konzessionsvertrag von entscheidender Bedeutung (zu den inhaltlichen Festlegungen vgl.
oben Rdn. 130). Das GmbHG überlässt das gesellschaftsvertragliche Rechtsverhältnis den Gesellschaftern zur Disposition. Die organisationsrechtliche Elastizität des GmbH-Rechts, die starke Stellung der Gesellschafter/-versammlung als

höchstem Organ, die Weisungsabhängigkeit der Geschäftsführung und die Möglichkeit, Gesellschaftszweck, Unternehmensgegenstand, Zuständigkeiten usw. weitgehend freigestaltend im Gesellschaftsvertrag zu regeln, ist für die GmbH typusbestimmend (Satzungsautonomie; **GmbHG weitgehend als dispositives, individuell gestaltbares Recht;** vgl. §§ 37, 45 ff. und 52 Abs. 1 GmbHG). Diese Gestaltungsmöglichkeiten können insoweit durch Kommunalrecht genutzt, durch entsprechende gesetzliche Vorgaben für Kommunalunternehmen vorgeschrieben werden (Ingerenzrechte und -pflichten usw.; vgl. etwa §§ 103 Abs. 1 und 3 sowie 103a GemO BW). Folglich hat die Geschäftsführung, abgesehen von wenigen zwingend vorgeschriebenen Aufgaben, keinen abgesicherten Autonomiebereich eigenverantwortlichen Handelns, sondern hat die Regelungen des Gesellschaftsvertrags und die Beschlüsse der Gesellschafterversammlung zu beachten. Die Herrschaft über die GmbH liegt bei den Anteilseignern (Gesellschafterversammlung als höchstem, dominierendem Organ, das den Inhalt der Satzung und die Gesellschaftsinteressen festlegt). Sie können „ihren Mann" zum Geschäftsführer wählen und die kommunalen Interessen unter anderem sogar durch Weisungen durchsetzen. Ein angemessener kommunaler Einfluss kann also bei einer GmbH weitgehend gesichert werden (vgl. §§ 37 Abs. 1 und 45 GmbHG). Für das fakultative Organ Aufsichtsrat gilt dies mit wenigen Einschränkungen entsprechend (vgl. § 52 Abs. 1 Hs. 1 GmbHG). Sind allerdings die Vorschriften des DrittelbG oder des MitBestG anzuwenden (bei Unternehmen über 500 bzw. 2.000 Arbeitnehmern), werden die Einwirkungsmöglichkeiten nach dem DrittelbG teilweise, nach dem MitBestG deutlich reduziert (vgl. *Baumbach/Hueck*, GmbHG, § 52 Rdn. 73 ff.; *Katz* GemHH 2002, 54 ff.; *Gaul/Otto* GmbHR 2003, 6, 11 f.; *Pauly/ Schüler* DÖV 2012, 339 ff.; oben Rdn. 102 und 131b ff.).

b) Einzelne Fallgruppen (Zuständigkeiten, Rechte und Pflichten von Gesell-   133 schafterversammlung, Aufsichtsrat und Geschäftsführung).
(1) Aufgabenkreis der Gesellschafter: Die Kommunen haben im GmbH-Gesellschaftsvertrag festzulegen und damit sicherzustellen, dass die **Gesellschafterversammlung** über die strategischen sowie unternehmerisch und politisch wichtigen Angelegenheiten beschließt (vgl. § 103 ff. GemO BW; Art. 92 ff. BayGO; § 108 f. GO NRW). Da es sich hierbei in aller Regel nicht um Aufgaben der laufenden Verwaltung handelt, also nicht der Bürgermeister, sondern der Rat dafür zuständig ist, hat das demokratisch legitimierte Hauptorgan der Gemeinde, der Rat, diese Entscheidungen letztlich zu treffen. In Anlehnung an die in **Bad.-Württ.** mit den GemO-Novellen 1999 und 2005 eingeführte Regelung zur Sicherstellung eines angemessenen Einflusses bei GmbHs wird dabei zwischen ausdrücklich der Gesellschafterversammlung zugewiesenen Mindest- und in der Regel ihr zu übertragende Sollzuständigkeiten differenziert (Verankerungspflichten i. S. von **Mindest- und Sollkompetenzen** in den Gesellschaftsverträgen; vgl. LT-DS 12/4268 und 13/4767; *Weiblen* BWGZ 1999, 1005 ff.; *Katz* GemHH 2002, 54 ff.; *Heilshorn* VBlBW 2007, 161 ff.; *Heller*, a. a. O., S. 31 ff.). Zu entsprechenden GO-Novellen in **Bayern** (LT-DS 13/10828; *Schulz* BayVBl. 1997, 518 ff.; *Knemeyer* BayVBl. 1999, 1 ff.) und **NRW** (LT-DS 14/ 3979; *Hamacher/Geerlings* NWVBl. 2008, 81 ff. und 90 ff.; *Dünchheim/ Schöne* DVBl. 2009, 146 ff.; *Articus/Schneider*, a. a. O., Erl. zu § 107; oben Rdn. 129; vgl. auch den **Muster-Gesellschaftsvertrag** unten Teil 3, **Anlage 2**):

134 (2) **Obligatorische Zuständigkeiten.** Der kommunalpolitischen und sachlichen Bedeutung wegen sind nach § 103a GemO BW im Gesellschaftsvertrag der Gesellschafterversammlung folgende **Entscheidungskompetenzen zwingend** zu übertragen (ähnliche Regelungen in Art. 92 Abs. 1 Satz 2 BayGO; § 108 Abs. 4 GO NRW; § 87 Abs. 3 GO RhPf; vgl. auch § 46 GmbHG):

- Der Abschluss und die Änderung von Unternehmensverträgen i. S. der §§ 291 und 292 Abs. 1 AktG (Beherrschungs-, Ergebnisabführungs- und andere Unternehmensverträge).
- Die Übernahme neuer Aufgaben von besonderer Bedeutung im Rahmen des Unternehmensgegenstands (nicht zuletzt im Hinblick auf Risiken einer Betätigung in neuen Geschäftsfeldern sowie aus kommunalpolitischen Gründen).
- Die Errichtung, der Erwerb und die Veräußerung von Unternehmen und Beteiligungen, sofern dies im Verhältnis zum Geschäftsumfang der Gesellschaft wesentlich ist (dem Gemeinderat müssen stets die in § 39 Abs. 2 Nr. 11 und 12 GemO BW genannten Angelegenheiten zur Beschlussfassung verbleiben).
- Die Feststellung des Jahresabschlusses und die Verwendung des Ergebnisses (§ 42a GmbHG).

135 (3) **Soll-Zuständigkeiten.** In der kommunalen Praxis werden häufig durch Gesellschaftsvertrag weitere, über die gesetzlichen Vorschriften hinaus gehende Kompetenzen auf die **Gesellschafterversammlung** übertragen. Dies ist zur Wahrnehmung der kommunalen Steuerungs- und Kontrollfunktionen meist geboten, weil nur dadurch eine ausreichende Steuerung und Überwachung, ggf. durch Weisungsrechte, durch die Gemeinde festgelegt und ausgeübt werden kann, also häufig nur so angemessene Einfluss- und Mitwirkungsmöglichkeiten sicherzustellen sind und eine demokratische „Rückkopplung" erfolgen kann (vgl. § 46 GmbHG und auch die Praxis von privaten GmbHs, die weitgehend so verfährt). Als **Soll-Zuständigkeiten** sollten deshalb sinnvollerweise der Gesellschafterversammlung insb. übertragen werden (bei Einbindung von GF und Aufsichtsrat):

- Festsetzung und Änderung des Wirtschaftsplans sowie des Finanzplans.
- Bestellung und Abberufung der Geschäftsführer.
- Ausübung der Gesellschafterrechte bei wichtigen Unterbeteiligungen (mittelbare Kommunalbeteiligungen).
- Bestellung des Abschlussprüfers.
- Beschlussfassung über Angelegenheiten von besonderer, nachhaltiger politischer und/oder finanzieller Bedeutung (insbes. von Maßnahmen, die die Haushaltswirtschaft der Stadt über das laufende Jahr hinaus in erheblichem Maße beeinflussen bzw. beeinflussen können oder besonders stark die Bürgerinteressen berühren).
- Die Festlegung von wichtigen strategischen Unternehmenszielen.

136 Welche dieser **Aufgaben/Kompetenzen im konkreten Einzelfall** der Gesellschafterversammlung und damit dem Gemeinderat übertragen werden, ist unter Berücksichtigung der speziellen Rahmenbedingungen und Gegebenheiten sorgfältig zu ermitteln und festzulegen (vgl. Rdn. 104; *Strobel* DVBl. 2005, 77 f.). Davon sind die originären Kernaufgaben des Aufsichtsrats, vor allem seine Kontroll- und Überwachungsfunktionen, auszunehmen (§ 111 AktG, § 52 GmbHG; BGHZ 114, 127 ff.; *Vetter* GmbHR 2011, 449 f.). Die Gemeinden sollten in der Regel die in Rdn. 135 genannten, über den Mindestkatalog hinausgehenden Zuständigkeiten auf die Gesellschafterversammlung zusätzlich übertragen, also um diese strategisch wichtigen Kompetenzen erweitern (**alternativ: Weisungs- und Zustimmungsrechte; Rdn. 142 ff.**). Dabei können als **Entscheidungskriterien** dienen: Umfang und Bedeutung des Bilanz- und Umsatzvolumens, der Risikopotentiale, der Gemeindegröße, der Zusammensetzung des Aufsichtsrats, der kommunalpolitischen Bedeutung der Aufgabenerfüllung und deren stetige Sicherstellung usw. (vgl. *Hille*, a. a. O., S. 54 f.; *Katz* GemHH 2002, 54 f.). Das dagegen häufig ins Feld geführte Argument, dass die dafür erforderlichen Entscheidungsprozesse zu aufwändig seien, kann meist nicht geteilt werden. Bei einer guten zeitlichen und inhaltlichen Vorbereitung, Koordinations- und Verfahrensgestaltung ist dies, wie die Praxis in zahlreichen Städten zeigt, ohne nennenswerte Schwierigkeiten lösbar. Im Übrigen zeigt die Erfahrung, dass sich der Gemeinderat bei wichtigen Themen und strategischen Fragen der Kommunalunternehmen meist nicht einfach „ausklinken" lässt (ggf. über Anfragen, Anträge usw.). Auch das immer wieder bemühte Argument der „Vertraulichkeit" ist im Zeitalter von transparenter Rechnungslegung und „gläserner" Bilanzen sowie des Ratings und dem Trend zur Öffentlichkeit nur sehr begrenzt stichhaltig (internationale Standards, Analysten, Rating-Agenturen, IFG-Ziele usw.; eingehender Rdn. 139).

Typusbestimmend für die GmbH ist die organisationsrechtliche Elastizität des   **137** GmbH-Rechts, die starke, dominierende Stellung der Kapitaleigner (Gesellschafter, Eigentümer), die Weisungsabhängigkeit der Geschäftsführung und die Möglichkeit, Gesellschaftszweck, Unternehmensgegenstand, Zuständigkeiten usw. weitgehend frei gestaltend im Gesellschaftsvertrag zu regeln (**Satzungsautonomie**, GmbHG bei fakultativem Aufsichtsrat weitgehend als dispositives Recht; vgl. §§ 37, 45 ff. und § 52 Abs. 1 GmbHG; vgl. Rdn. 131 ff.). Für mitbestimmungspflichtige Unternehmen gilt dies allerdings vor allem für operative, innerbetriebliche Angelegenheiten nur eingeschränkt (vgl. § 1 Abs. 1 Nr. 3 DrittelbG und §§ 1, 4 ff. und 25 MitBestG, wonach bei mehr als 500 bzw. 2.000 Arbeitnehmern ein Aufsichtsrat obligatorisch vorgeschrieben ist; vgl. Rdn. 102, 126 und 132). Auch für den Bereich des Aufsichtsrats können im Gesellschaftsvertrag zur Sicherung des Einflusses des Kapitaleigners und der kommunalen Aufgabenerfüllung vielfältige Regelungen verankert werden, die allerdings in ihrer Intensität zwischen fakultativem und obligatorischem Aufsichtsrat unterschiedlich weit bzw. begrenzt auszugestalten sind. Stets ist auch bei einem nur fakultativen Aufsichtsrat ein Mindestbestand von Kernkompetenzen nach dem GmbH-Recht sicherzustellen bzw. es darf bei einem obligatorischen Aufsichtsrat die Wirkkraft der Art. 20 und 28 mit dem Argument des Art. 31 GG nicht „ausgehebelt" werden (vgl. Rdn. 101 ff., 126 und 131; generell und besonders bei einem Abrücken vom „GmbH-Leitbild" ist dies im Gesellschaftsvertrag hinreichend bestimmt festzulegen; BVerwG ZIP 2011, 2054;

BGH NJW 1997, 1985 ff.; OVG NW GmbHR 2010, 92 ff.; *Altmeppen* NJW 2003, 2561 ff.; *Brüning* VerwArch 2009, 453, 470 f.; *Keiluweit* BB 2011, 1795 ff.; Rdn. 126 und 142). Im Einzelnen ist manches umstritten und es empfiehlt sich zur Sicherung der Einfluss-, Steuerungs- und Überwachungsfunktion u. a. folgende **wichtigen Punkte und Problemfelder** zu beachten und in dem Gesellschaftsvertrag zu verankern (vgl. dazu auch den **Muster-Gesellschaftsvertrag** unten Teil 3, **Anlage 2**):

138   **(4) Bindung an Gesellschaftszweck und Unternehmensgegenstand:** Der „Gesellschaftszweck" (gemeinsames Ziel für den Zusammenschluss der Gesellschafter und finale Ausrichtung der Gesellschaft) und der „**Unternehmensgegenstand**" (konkret vereinbarter Tätigkeitsrahmen, die Art und Weise der gesellschaftlichen Betätigung, innerhalb dessen das gemeinsame Engagement stattfinden soll) sind im **Gesellschaftsvertrag** festzulegen und auf den öffentlichen Zweck der konkreten Gemeindeaufgabe auszurichten (Verankerung der kommunalen Zielvorgaben; vgl. § 103 Abs. 1 Nr. 2 GemO BW; Art. 92 Abs. 1 Nr. 1 BayGO; § 108 Abs. 1 Nr. 7 GO NRW). Der als Legitimationsgrundlage kommunaler Unternehmen fungierende „öffentliche Zweck" soll frei von Interessen- und Rechtskonflikten klar und eindeutig festgelegt sein. Die Tatsache, dass dies in fast allen Gemeindeordnungen zwingend vorgeschrieben ist, zeigt, dass auch der Landesgesetzgeber eine möglichst präzise Festlegung des öffentlichen Zwecks im Gesellschaftsvertrag als notwendige Grundbedingung zur Schaffung eines steuerungstauglichen Kommunalunternehmens in Privatrechtsform für geboten hält (als „Geschäftsgrundlage" und „**Tätigkeitsrahmen**" zur **Steuerung** sowie zur Aufgabenerfüllungs-, Erfolgs- und Wirkungskontrolle; **Festlegung von Ingerenzpflichten**). Durch die Aufnahme des „öffentlichen Zwecks" in den Gesellschaftsvertrag als Unternehmensgegenstand wird das kommunale Gemeinwohlinteresse unzweideutig zum Eigeninteresse des Kommunalunternehmens, an dem sich alle Gesellschaftsorgane auszurichten haben. Dadurch wird auch der Konflikt bezüglich des Vorrangs des bundesgesetzlichen Gesellschaftsrechts vor dem Kommunalrecht weitgehend entschärft (Weisungsmöglichkeiten auch über §§ 6 Abs. 3, 37 f., 45 und 52 GmbHG; vgl. BVerwG NVwZ 2012, 115 ff.; OVG NW NVwZ 2007, 609; *Roth/Altmeppen*, a. a. O., § 1 Rdn. 4 ff.; *Schulz* BayVBl. 1996, 97 f.; *Mann* JZ 2002, 819, 822; *Katz* GemHH 2002, 54, 56; *Pauly/Schüler* DÖV 2012, 339 ff.; *Schiffer/Wurzel* KommJur 2012, 52 ff.; *Katz* GemHH 2016, 73 ff.). Die Umsetzung dieses Gebotes könnte etwa wie folgt festgelegt werden (vgl. auch Teil 3 Anlage 2, § 2):

> „Zweck und Gegenstand des Unternehmens ist die nachhaltige Erfüllung der kommunalen Daseinsvorsorgeaufgabe ... in der Gemeinde ... mit ...".

Ergänzt werden sollte diese Regelung durch folgende Gesellschaftsvertragsvorschrift:

> „Die Gesellschaftsorgane sind im Rahmen der Gesetze in besonderer Weise dem Gesellschaftszweck und Unternehmensgegenstand verpflichtet und haben die Kommunalinteressen als Unternehmensinteressen wahrzunehmen."

(5) **Informationrechte und -pflichten** sowie deren Vertraulichkeit: Fragen der **139**
Öffentlichkeit, Transparenz und Vertraulichkeit besonders der kommunalen
GmbH, deren Aufsichtsratssitzungen und deren -angelegenheiten sind immer
wieder rechtlich und politisch schwierige und sensible Themen und konflikt-
strächtigen gesellschafts- und kommunalrechtlichen sowie politischen Interessenkollisionen ausgesetzt. Soweit Angelegenheiten von Kommunalgesellschaf-
ten vom Aufsichtsrat entschieden werden, ist umstritten, ob Informationen an
die Kommune bzw. an die Ratsmitglieder herausgegeben und ob diese im Rat
oder in den Ratsfraktionen behandelt und vorberaten werden dürfen oder ob
Räte als Aufsichtsräte hier voll der gesellschaftsrechtlichen Loyalitätspflicht
zur Vertraulichkeit unterliegen (Geheimhaltung als notwendiges Korrelat zum
Informationsrecht; nicht darunter fallen Informationen für die kein Geheimhal-
tungsbedürfnis besteht). Es ist sorgfältig zu prüfen, über was, an wen, wann
und ggf. unter welchen Umständen informiert bzw. berichtet werden muss oder
kann (grundsätzlich § 394 AktG neu analog bei verfassungskonformer Nor-
minterpretation; aber auch Gestaltungsspielraum bzw. Lückenschließung über
§§ 52 Abs. 1 und 85 GmbHG i. V. m. §§ 116, 93 Abs. 1 AktG und etwa § 113
Abs. 5 GO NRW; §§ 53, 54 HGrG, §§ 67 ff. BHO/LHO; *Strobel*, Verschwie-
genheits- und Auskunftspflicht kommunaler Vertreter im Aufsichtsrat öff. Unternehmen, 2002, 75 ff.; *van Kann/Keiluweit* DB 2009, 2251 ff.; *Luther* Jura
2013, 449 f.; *Söhner* ZIP 2016, 151, 157; eingehend oben Rdn. 126 und 131).
Durch die Einfügung des Satzes 3 in § 394 AktG Ende 2015 besteht jetzt die
keiner Verschwiegenheitspflicht unterliegende Berichtspflicht ausdrücklich
auch aufgrund Gesellschaftsvertrag und Rechtsgeschäft. Bei gesellschaftsvertraglicher Absicherung besteht nunmehr im erforderlichen Umfange eine Berichtspflicht der Aufsichtstatsmitglieder an die Kommune (vgl. BT-DS 18/4349,
S. 33; *Grunewald* NZG 2015, 609 ff.; *Ihrig/Wandt* BB 2016, 6, 13 f.). „Spiegelbildlich" zum Recht auf Erteilung von Auskünften und der Gewährung von
Informationen besteht eine die Gesellschaft schützende Pflicht zur Verschwiegenheit, zu einem nicht mißbräuchlichen und für die Gesellscahft nachteiligen,
sondern verantwortungsbewußten Umgang mit den erlangten Informationen.
Die im GmbHG geregelten Informations-, Auskunfts- und Einsichtsrechte sind
in Angelegenheiten der Gesellschaft individuell in § 51a und kollektiv in zahlreichen Einzelregelungen festgelegt (Berichtspflichten z. B. in §§ 46 und 49;
Grenzen: § 51a Abs. 2 und 3). Gegenstand des **Informationsrechts nach § 51a
GmbHG** sind alle Angelegenheiten der Gesellschaft, die nach ganz h. M. in
einem sehr weiten, umfassenden Sinne zu verstehen sind (die Wahrnehmung
der Gesellschafterdominanz erfordert eine umfassende Information vgl. BGHZ
135, 48, 54; 152, 339; OLG München NJW-RR 2008, 423; *Scholz/Schmidt*
GmbHG § 51a Rdn. 19; *Roth/Altmeppen* GmbHG § 51a Rdn. 5 ff.; *Weiß*
DÖV 2016, 661 ff.).

Dieser **Informationsanspruch** richtet sich an die Gesellschaft, den die Ge- **139a**
schäftsführer zu erfüllen haben. Die Geltendmachung des Informationsan-
spruchs steht nach umstrittener, aber h. M. dem Gesellschafter, bei einer Kommune dem vertretungsberechtigten Organ Bürgermeister oder seinem Vertreter,
nicht einem einzelnen Gemeinderatsmitglied zu. Den Gemeinderatsmitgliedern
müssen aber zur effektiven Wahrnehmung ihres „Mandats" hinreichende In-

formationen in allen kommunalen Angelegenheiten, wozu auch die Kommunalunternehmen zählen, zur Verfügung gestellt werden (über § 394 Satz 3 AktG mit Festlegung im Gesellschaftsvertrag). Unabhängig davon gewährt das Kommunalrecht dafür in unterschiedlichem Umfange relativ umfassende Auskunftsrechte, die den Räten faktisch über den Bürgermeister eine weitgehend gesellschaftergleiche Rechtsstellung mit den generell einzuhaltenden Grenzen des § 51a Abs. 2 GmbHG einräumen (z. B. §§ 24 Abs. 4 und 43 Abs. 5 GemO BW; §§ 55 Abs. 1 und 113 Abs. 5 GO NRW; § 123 HessGO; §§ 56, 91 Abs. 4 und 138 NKomVG; BVerwG BeckRS 2010, 47850; OVG Lüneburg DVBl. 2009, 920 f.; VerfGH Sachsen BeckRS 2009, 46031; OVG Münster NVwZ-RR 2010, 650; *Passarge/Kölln* NVwZ 2014, 982 ff.; vgl. auch BayVerfGHE 59, 144 ff. und BayVBl. 2014, 464 ff.). Da alle **Gemeinderäte zur Verschwiegenheit verpflichtet** sind (notwendiges Korrelat zum Informationsrecht; vgl. etwa §§ 35 Abs. 2 und 17 Abs. 2 GemO BW; Art. 20 BayGO; § 30 GO NRW; § 40 NKomVG), diese kommunale Verschwiegenheitspflicht der gesellschaftsrechtlichen Geheimhaltungspflicht nach § 51a Abs. 2 GmbHG/§§ 93 Abs. 1 Satz 3 und 394 AktG weitgehend entspricht und gleichwertig ist und sie ja als kommunales Hauptorgan letztlich den Gesellschafter verkörpern, muss eine Information und Vorberatung in nichtöffentlichen Rats-, Ausschuss- und auch Fraktionssitzungen mindestens in Angelegenheiten von besonderer Bedeutung möglich sein (nicht in politischen Parteien; das Argument, wegen Größe und Zusammensetzung des Rates sei Geheimhaltung nicht gewährleistet, ist rechtlich nicht zu halten). Für die Fraktionsberatungen hat der Vorsitzende in angemessener Weise auf die Einhaltung der Verschwiegenheit zu achten. Ausgenommen davon werden in der Regel besonders vertrauliche Dinge bleiben müssen, namentlich Betriebs- und Geschäftsgeheimnisse, deren Offenbarung einem Kommunalunternehmen großen Schaden zufügen könnte sowie ein vertraulicher Kernbereich wie Beratungsverlauf und Abstimmungsverhalten/-ergebnis (entspr. § 51a Abs. 2 GmbHG und § 394 AktG; „Kollisionskonzeption", vgl. Rdn. 131; weitere Abwägungskriterien: der das Kommunalrecht beherrschende Grundsatz der Öffentlichkeit, Funktions- und Kontrollfähigkeit des Aufsichtsrats, berechtigte Ansprüche Privater und des Allgemeinwohls sowie zwingende Unternehmensinteressen; BayVGH BayVBl. 2006, 534, 536; *Roth/Altmeppen,* GmbHG § 52 Rdn. 3 und 29; *Zieglmeier* ZGR 2007, 144, 157 ff.; *Bungert/ Weltich* ZIP 2011, 160, 164; *Spindler* ZIP, 2011, 689 ff.; *Seibert/Böttcher* ZIP 2012, 12, 16 f.; *Bunge* DVBl. 2014, 1500 ff.; *Katz* GemHH 2016, 73 ff.).

139b   Die hier vertretene Position (vgl. oben Rdn. 96 ff., 126 und 131) folgt insbesondere aus der dominierenden Stellung der GmbH-Gesellschafter, den allgemeinen, umfassenden, alles Wichtige und Mitteilungswerte beinhaltenden **Informationsrechten und Berichtspflichten** der Gesellschafter und Geschäftsführer (etwa aus §§ 46 und 51a GmbHG/§ 394 AktG neu bzw. den GO/GemO-Regelungen), den praktischen Erfordernissen kommunaler Entscheidungsprozesse auf der Grundlage der durch Kommunalrecht dem Rat und den Gemeinderäten insoweit eingeräumten gesellschafterähnlichen Stellung (vgl. §§ 24 Abs. 4 und 43 Abs. 5 GemO BW, § 55 Abs. 1 GO NRW), aber auch aus einer demokratie- und kommunalverfassungsrechtlichen Interpretation der gesellschaftsrechtlichen Regelungen sowie aus den Grundprinzipien der Informationsfreiheitsrechte des IFG, die auch grundsätzlich für kommunal beherrschte Unternehmen gelten (vgl. z. B. § 1 Abs. 1 IFG; § 2 Abs. 1 Nr. 3 LIFG BW; „Transparenzoffensive"; *Stumpf* VerwArch 2015, 499 ff.). Es wäre – überspitzt formuliert – nicht verständlich, wenn ein demokratisch legitimiertes Ratsmitglied als Teil des Gesellschafters weniger Informationen erhielte, als jede Person über das IFG. Diejenigen, die berechtigt und verpflichtet sind, auf Aufsichtsrat und Geschäftsführung Einfluss auszuüben, Weisungen zu erteilen und dergleichen, müssen zwingend ausreichend informiert, über die bedeutenden Angelegenheiten und wichtige Entwicklungen im Geschäftsverlauf unterrichtet sein. Nach mittlerweile h. M. gilt dies bei einer gesellschaftsrechtlichen Absicherung mindestens für den fakultativen Aufsichtsrat in Eigengesellschaften/ Einmann-Gesellschaften bzw. kommunal „beherrschten" Gesellschaften. Bei besonders wichtigen, strategischen Fragen hat dies auch für mitbestimmte Gesellschaften zu gelten (vgl. § 394 AktG analog). Ob Gemeinderäte die Informationen direkt erhalten oder sich über den Bürgermeister besorgen, ist dann eher zweitrangig. Aus diesen Gründen ist es auch sinnvoll und zulässig, den Ratsmitgliedern vertraulich die Aufsichtsrat-Tagesordnungen und Beschlussergebnisse postalisch oder online zugänglich zu machen (Art. 20, 43 f., 28 Abs. 2 GG; Informations- und Interpellationsrechte; auf dem Demokratieprinzip basierende Pressegesetze und IFG-Zielsetzungen: Allgemeines Informationsfreiheitsrecht, Verbesserung der Öffentlichkeit, Transparenz und Demokratie; §§ 1 ff. IFG; § 41b GemO BW, §§ 1 ff. LIFG BW; Art. 93 Abs. 2 Satz 2 BayGO, § 125 HessGO, § 113 Abs. 5 GO NRW; BVerfG NJW 2011, 1201; BVerwG NVwZ 2015, 669 ff. und 675 ff.; BGH NJW 2005, 1720 und DVBl. 2005, 980; BayVerfGH NVwZ 2007, 204, 207; BayVGH BayVBl. 2006, 534 ff.; VerfGH NW DVBl. 2008, 1380; HbgVerfG NVwZ 2014, 135, 138; *Scholz/K.Schmidt*, GmbHG, § 46 Rdn. 114 und § 51a Rdn. 4 und 18; *Altmeppen* NJW 2003, 2561 ff.; *Will* VerwArch 2003, 248, 265; *Zieglmeier* ZGR 2007, 144, 157 ff.; *Heidel* NZG 2012, 48 ff.; *Passarge/Kölln* NVwZ 2014, 982 ff.; *Bunge* DVBl. 2014, 1500 ff.; *Passarge/Kölln* NVwZ 2014, 982 ff.; *Katz* BayBgm 2013, 398 ff.; *Benecke/Döhmann* JZ 2015, 1018 ff.; *Adler* DÖV 2016, 630 ff.; vgl. auch die Entwicklungen zur Transparenz des Rechnungswesens und der Bilanz, zum Rating usw.). Es empfiehlt sich dringend, dies im Gesellschaftsvertrag klarzustellen und damit auch die Problematik der „Alibi-Regelung" „vorbehaltlich entgegenstehender gesetzlicher Vorschriften" weitgehend zu entschärfen (vgl. dazu *Katz* GemHH 2002, 54, 56 m. w. N.; *Altmeppen* NJW 2003, 2561, 2666; zu den kommunalrechtlichen Informationsrechten und -pflichten, mindestens die rechtzeitige Unterrichtung des Gemeinderats in allen Angelegenheiten von besonderer Bedeutung vgl. § 43 Abs. 5 GemO BW; Art. 3 Abs. 3 BayGO; § 55 GO NRW; §§ 56 und 138 NKomVG; NdsOVG DVBl. 2009, 920; OVG NRW NVwZ-RR 2010, 650; *Katz* BayBgm 2013, 398 ff.; Rdn. 126; vgl. GmbH-Mustersatzung Teil 3 Anlage 2, § 11 Abs. 5).

(6) **Sitzungsöffentlichkeit:** Die Frage der Sitzungsöffentlichkeit des Aufsichts- **140** rats, die immer wieder gefordert wird, ist ebenso schwierig zu klären (vgl. § 109 AktG). Die Übertragung des im Kommunalrecht zentralen, aus dem Demokratieprinzip erwachsenen Grundsatzes der Sitzungsöffentlichkeit auf kommunale GmbHs wird überwiegend abgelehnt. Überwiegend mit der rechtlich schwer nachvollziehbaren Begründung, dass interessengerechte und das Gesellschaftswohl fördernde Beratungen nur „geheim" gewährleistet seien, nur wenn

dadurch Unabhängigkeit und Sachungebundenheit, Freisein vom Wähler und von Parteifreunden gesichert würden (vgl. BGH NJW 2005, 1720 f.; VGH München NVwZ-RR 2007, 622 ff.; VG Regensburg LKV 2005, 369 f. mit Anm. *Ziegelmeier*, S. 338; *Wilhelm* DB 2009, 944 ff.; vgl. auch den Antrag „Gegen Geheimniskrämerei": BT-DS 16/395 aus 2006 und einen RefE einer AktG-Novelle aus 2010, *Diekmann/Nolting* NZG 2011, 6, 10; oben Rdn. 126 und 131). Die Problematik ist sachlich und differenziert zu bewerten und zu entscheiden. Bei einem fakultativen Aufsichtsrat ist dies, wenn der Gesellschaftsvertrag eine entsprechende Regelung enthält, begrenzt zulässig (vgl. § 35 GemO BW; Art. 52 i. V. m. 55 Abs. 2 BayGO; dabei zu berücksichtigende Abwägungskriterien: Öffentlichkeitsgrundsatz und Gemeinwohl, Funktions- und Kontrollfähigkeit des Aufsichtsrats, wichtige Unternehmensinteressen, berechtigte Interessen von Privatpersonen). Folgende Formulierung wird noch für vertretbar gehalten:

> „Soweit nicht das öffentliche Wohl und berechtigte Interessen Einzelner oder besonders vertrauliche Angaben bzw. schutzwürdige Geheimhaltungsinteressen der Gesellschaft entgegen stehen, kann ein Tagesordnungspunkt öffentlich verhandelt werden. Der Vorsitzende legt dies im Benehmen mit der Geschäftsführung fest. § 35 Abs. 1 Satz 3 GemO BW (bzw. die vergleichbare GO-Vorschrift) gilt entsprechend".

Aus Gründen der Rechtssicherheit („gerichtsfeste Beschlüsse), sollte von einer solchen Regelung eher sparsam Gebrauch gemacht werden (bejahend: BayVGH BayVBl. 2006, 534; NVwZ-RR 2007, 622 ff.; *Katz* GemHH 2002, 54, 56; *Meiski* NVwZ 2007, 1355 ff.; *Spindler* ZIP 2011, 691 f.; Bay.LT-DS 15/7754 aus 4/2007: Nichtöffentlichkeit als Regelfall; h. M. ist restriktiv und eher verneinend: OVG NW NWVBl. 1997, 67 ff.; *Lohner/Zieglmeier* BayVBl. 2007, 581). Im Hinblick auf die Bedeutung des Öffentlichkeitsprinzips und des Transparenzgebots bei der Wahrnehmung „Öffentlicher-Zweck" und Daseinsvorsorgeaufgaben im kommunalen Bereich ist für fakultative und obligatorische Aufsichtsratssitzungen eine Veröffentlichung der Tagesordnung und der gefassten Beschlüsse zulässig und sollte, von besonders gelagerten Fällen abgesehen, praktiziert werden (vgl. Rdn. 131; VG Regensburg LKV 2005, 1720 f.; BayVGH NVwZ-RR 2007, 622 ff.; *Katz* BayBgm 2013, 398 ff.; vgl. GmbH-Mustersatzung Teil 3 Anlage 2, § 7 Abs. 3).

141   (7) **Teilnahme an Aufsichtsratssitzungen:** Auch bezüglich der Frage der Teilnahme von weiteren Personen an Aufsichtsratssitzungen gibt es keine eindeutige Rechtsauffassung (unter Hinweis auf § 109 Abs. 1 AktG h. M. wohl nein). Mindestens bei fakultativen Aufsichtsräten muss es zulässig sein, in dem Gesellschaftsvertrag festzulegen, dass vom Gesellschafter bestimmte Vertreter an den Sitzungen des Aufsichtsrats teilnehmen können (z. B. einzelne Räte als Fraktionsvertreter, Kämmerer, Leiter der Beteiligungsverwaltung usw.; kein Teilnahmerecht aller Ratsmitglieder). Dies muss in engen Grenzen auch für mitbestimmungspflichtige Unternehmen gelten (insb. nach dem DrittelbG). Folgende Formulierung wird vorgeschlagen (vgl. *Baumbach/Hueck/Zöllner*,

Komm. zum GmbHG, Rdn. 40 und 51 zu § 52; *Lohner/Zieglmeier* BayVBl. 2007, 581; vgl. GmbH-Mustersatzung Teil 3 Anlage 2, § 11 Abs. 5):

> „Ein von der Stadt ... bestimmter Vertreter/-in nimmt als ... an den Aufsichtsratssitzungen teil, soweit der Aufsichtsratsvorsitzende im Einzelfall nichts anderes bestimmt. Über die Teilnahme weiterer Personen entscheidet der Aufsichtsrat."

(8) **Weisungsrechte und -gebundenheit:** Zur Sicherstellung der Einfluss- und   **142** Mitwirkungsrechte in kommunalen GmbHs spielt die Frage der **Weisungsgebundenheit von Gemeindevertretern** im Aufsichtsrat eine wichtige Rolle. Da die Gemeinden verpflichtet sind, ihre Unternehmen so zu führen, dass der öffentliche Zweck erfüllt wird, muss sichergestellt werden, dass auf die Unternehmen ein für die örtliche Aufgabenerfüllung ausreichender Einfluss der Gemeinde zur Gewährleistung des Primärzwecks „kommunales Gemeinwohl" gewahrt ist. Nur bei entsprechenden Einfluss- und Kontrollrechten sowie Einwirkungspflichten darf eine Privatrechtsform gewählt werden. Dies kann besonders wirkungsvoll dadurch erreicht werden, wenn Unternehmensleitung und Aufsichtsrat, die höchstpersönliche und eigenverantwortliche Mandate ausüben, besonders in wichtigen und strategischen bedeutenden Fragen an die Weisungen der Gemeinde, insbes. des Rats, gebunden werden (vgl. etwa §§ 103 Abs. 1 Nr. 3 und 104 Abs. 1 Satz 3 GemO BW). Eine umfassende, generelle Weisungsgebundenheit wird von der heute h. M. als unzulässig angesehen. Begründet wird dies mit den Rechtskonflikten, die in dem Spannungsverhältnis von dem dem Landeskommunalrecht grundsätzlich übergeordneten Bundesgesellschaftsrecht liegen (Art. 31 GG), aber vor allem auch mit den bei der Erfüllung öffentlicher Aufgaben in zivilrechtlichen Gesellschafts- und Handlungsformen häufig innewohnenden Ziel- und Interessenkollisionen. So besitzen die Vorstands- und Aufsichtsratsmitglieder grundsätzlich eine selbstständige Stellung. Sie haben bei ihrer Arbeit die Sorgfalt eines ordentlichen und gewissenhaften Geschäftsleiters anzuwenden, haben Vertraulichkeit zu wahren und dürfen nur „zum Wohl der Gesellschaft", also unabhängig und nicht weisungsgebunden, tätig werden (**gesellschaftliches Loyalitäts- und Treueverhältnis,** Sorgfaltspflichten, kein imperatives Mandat; vgl. §§ 93, 111 und 116 AktG; § 43 GmbHG). Andererseits sind aber auch neben den verfassungsrechtlichen Vorgaben der Art. 20 und 28 Abs. 2 GG (insb. Kommunale Selbstverwaltung, Demokratie- und Sozialstaatsprinzip, sozialstaatliche Daseinsvorsorge) die öffentlich-rechtlichen Vorschriften für Kommunalunternehmen zu berücksichtigen und die für die GmbH in § 52 Abs. 1 GmbHG eröffneten Möglichkeiten im Gesellschaftsvertrag i. S. von erhöhten Anforderungen voll auszuschöpfen (vgl. auch §§ 45 f. und 51a GmbHG, § 394 AktG). In diesen Kollisionslagen, einer für die Mandatsträger bestehenden „Doppelfunktion", einem „**doppelten Rechtsregime und Interessenkonflikt**", geht das als Bundesrecht erlassene Gesellschaftsrecht dem Kommunalrecht zwar grundsätzlich vor (Art. 31 GG; vgl. dazu Rdn. 101, 126 und 131). Nach h. M. kann aber der Gesellschafter bzw. Entsender auf der Grundlage entsprechender möglichst ausdrücklicher Regelungen im Gesellschaftsvertrag (in der Satzung „bestimmt") der Geschäftsfüh-

rung und den Aufsichtsratsmitgliedern zur Wahrung der Gemeindebelange Vorgaben machen, Weisungen erteilen und Richtlinien geben, insbesondere dann, wenn (1) sie mit dem im Gesellschaftsvertrag festgelegten kommunalen Unternehmensgegenstand übereinstimmen, (2) den kommunalen Unternehmensgegenstand wesentlich fördern und (3) der öffentliche Zweck als Gesellschaftszweck festgelegt ist (§ 52 Abs. 1 Hs. 2 GmbHG; §§ 101 Abs. 2 und 394 AktG als Sondervorschrift für Weisungsgebundenheit für Kommunalvertreter; vgl. BVerwG NJW 2011, 3735 ff.; BT-Protokoll 4/121, S 14; OVG Bautzen AG 2012, 883; *Heidel* NZG 2012, 48 ff.; *Mann* VBlBW 2010, 7 ff.; *Altmeppen* NJW 2011, 3737).

142a   Dies gilt allerdings nicht generell und uneingeschränkt. Es ist nach umstrittener, aber wohl h. M. zutreffender Weise zu differenzieren zwischen obligatorischen und fakultativen Aufsichtsratsgremien (Unternehmen bis 500 Mitarbeiter) und innerhalb der obligatorischen zwischen solchen nach dem MitbestG (§§ 6, 25; über 2000 Mitarbeiter) und solchen nach dem DrittelbeG (§ 1 Abs. 1 Nr. 3; über 500–2000 Mitarbeiter). Ausgangspunkt ist, dass die ausschließliche Wahrnehmung der Unternehmensinteressen, die Weisungsfreiheit als Normalzustand, für die Aufsichtsratsmitglieder nach § 52 Abs. 1 GmbHG abdingbar ist, die Weisungsunabhängigkeit keinen ungeschriebenen allgemeinen gesellschaftsrechtlichen Grundsatz darstellt, sondern besonders beim fakultativen Aufsichtsrat disponibel ist. Die Ausgestaltung der Aufgaben und Rechte eines fakultativen Aufsichtsrats ist Sache der Gesellschafter, § 52 GmbHG enthält keine bindenden Vorgaben, sondern überlässt den Gesellschaftern, dies bei großer organisatorischer Gestaltungsfreiheit im Gesellschaftsvertrag flexibel und individuell zu regeln, d. h. von den Kommunen können und müssen die kommunalrechtlichen Ingerenz-Vorgaben in den Gesellschaftsvertrag umgesetzt werden. Dies gilt besonders für Eigengesellschaften/Einmann-GmbHs, die allein das Unternehmensinteresse bestimmen, die Definitionshoheit über das Wohl der Gesellschaft besitzen. Ausgenommen sind, um überhaupt noch von einem arbeitsfähigen, GmbH-geprägten Gremium sprechen zu können, ein Mindestbestand von Kernkompetenzen wie z. B. § 111 Abs. 4 Satz 2 AktG (der Kern der Überwachungsaufgaben/Kontrollfunktionen muss unabhängig, weisungsfrei bleiben; vgl. BVerwG NJW 2011, 3735 ff.; BGH NZG 2011, 950; *Scholz/Schmidt*, GmbHG § 47 Rdn. 105; *Keßler* GmbHR 2000, 71, 77; *Altmeppen* NJW 2003, 2561 ff.; *Heidel* NZG 2012, 48 ff.; *Pauly/Schüler* DÖV 2012, 339 ff.; *Ziche/Herrmann* DÖV 2014, 111 ff.; oben Rdn. 101, 131 ff.). Auch beim obligatorischen Aufsichtsrat müssen „Einwirkungen" auf die Aufsichtsratsmitglieder in besonders wichtigen, strategischen Fragen sowie im Rahmen einer kommunalverfassungsgerechten Interpretation der Regelungen des Gesellschaftsrechts über den Gesellschaftsvertrag zulässig sein (Gesamtwürdigung der einschlägigen Normbereiche, vgl. Rdn. 131 letzter Absatz; *Heidel* NZG 2012, 48 ff.; *Katz* GemHH 2016, 73 ff.).

142b   Unbeschränkt bindende Weisungen, die mit den Gesellschaftsinteressen in Konflikt treten können, sind nach ganz h. M. prinzipiell unzulässig. **Vorgaben und Gestaltungsgrenzen für Weisungen** bestehen einerseits aus den kommunalrechtlichen Regelungen (Ingerenzrechte und -pflichten, öffentlicher Zweck usw.) und andererseits aus der einem Aufsichtsrat nach Gesellschaftsrecht immanenten personalen Verantwortung, seinen ihn wesensmäßig prägenden Treue-, Kontroll- und Überwachungsfunktionen und -pflichten, die von einem weisungsfreien Autonomiebereich der Organwalter geprägt sind (Aufsichtsrat und Geschäftsführung nicht bloße „Boten" kommunaler Entscheidungen; anders als bei der Gesellschafterversammlung; vgl. BGHZ 36, 296, 303 ff.; 169, 98, 106; *Keßler* GmbHG 2000, 71, 77; *Strobel* DVBl. 2005, 77 ff.; *Weckerling/Mirtsching* NZG 2011, 327 f.; *Pauly/Schüler* DÖV 2012, 339 ff.; vgl. auch Rdn. 126 und 137). Zur Lösung sind die in Rdn. 101 ff., 126 und 131 ff. dargestellten Grundsätze sowie die Stärke eines Eingiffs, die Intensität der Weisung usw. heranzuziehen und die Einzelfragen differenziert zu beurteilen: Bei Unternehmen mit fakultativem Aufsichtsrat ist grundsätzlich eine Weisungsbindung zulässig (bei Ausschöpfung von § 52 Abs. 1 letzter Hs. GmbHG), bei obligatorischem Aufsichtsrat mitbestimmter Unternehmen von begrenzt weisungsgebunden (§ 1 Abs. 1 Nr. 3 DrittelbeG) bis weitgehend weisungsfrei (§§ 6, 25 MitbestG; vgl. oben und Rdn. 102 und 131b). Ausgenommen hiervon sind die Beachtung eines engen Kernbereichs einerseits elementarer Mindestaufsichtsratskompetenzen und andererseits kommunale Weisungen in zentralen, besonders bedeutsamen Angelegenheiten („Kollisionskonzeption", vgl. Rdn. 131 ff.). Die Grundthese, dass die Organmitglieder einer GmbH die Belange der Gesellschaft zu vertreten haben, wird allerdings dadurch stark relativiert, dass der kommunale Aufgabenzweck, die einwohnernützlichen Gemeindeinteressen, nach den Gemeindeordnungen als Unternehmensgegenstand im Gesellschaftsvertrag zu verankern und festzulegen ist. Dadurch werden Interessenkollisionen vermieden, mindestens minimiert (vgl. §§ 103 Abs. 1 Nr. 2 und 104 Abs. 3 GemO BW, Art. 92 Abs. 1 Nr. 1 BayGO, § 113 Abs. 1 GO NRW; § 65 Abs. 6 BHO; vgl. Rdn. 127, 138 f.).

Nach zutreffender Auffassung kann der Kommunalgesetzgeber, ohne gegen den **142c** Vorrang des Gesellschaftsrechts zu verstoßen, in diesem Rahmen gesellschaftsrechtliche Gestaltungsspielräume ausfüllen und „kommunalgerecht normieren". Die Rechtsnormen selbst sind kommunalverfassungskonform zu interpretieren und die unternehmerischen Ermessensspielräume der Aufsichtsratsmitglieder entsprechend wahrzunehmen (vgl. §§ 291, 308 AktG; §§ 37 f., 45 und 52 GmbHG; BVerwG NJW 2011, 3735 ff.; OVG NW NVwZ 2007, 609 ff.; *Altmeppen* NJW 2003, 2561, 2565 und NJW 2011, 3737 ff.; *Strobel* DVBl. 2005, 77 ff.; *Zieglmeier* LKV 2005, 338, 340; *Keiluweit* BB 2011, 1795 ff.; *Schiffer/Wurzel* KommJur 2012, 52 ff.; *Pauly/Schüler* DÖV 2012, 339 ff.; *Ziche/Hermann* DÖV 2014, 111 f.; *Lange*, a. a. O., Kap. 14 Rdn. 251 ff.). Durch eine entsprechende Gestaltung des **Gesellschaftsvertrags** ist dies sorgfältig abzusichern und konkret zu regeln. Die Verantwortlichen haben dafür erhöhte Anforderungen zu erfüllen, sind zu einer besonderen Sorgfalt verpflichtet. Eine bloß pauschale Nichtanwendbarkeitsvorschrift von Bestimmungen des AktG im Gesellschaftsvertrag reicht, soweit ein entspr. Weisungsrecht nicht durch Gesellschaftsvertragsauslegung i. S. von „hinreichend bestimmt" ermittelt werden kann, nicht aus (BVerwG NJW 2011, 3735 ff. = BayNot 2012, 322 ff. mit Anm. *Leitzen*; *Altmeppen* NJW 2011, 3737 ff.; *Pauly/Schüler* DÖV 2012, 339 ff.). Stets ist auch zu berücksichtigen, dass die kommunalen Gemeinwohlinteressen/öffentlichen Zwecksetzungen des Unternehmensgegenstands auf demokratisch legitimierten Mehrheitsentscheidungen der Gemeinde basieren, für die nach Art. 28 Abs. 2 GG nur die gewählten Organe legitimiert sind. Dies gebietet eine kommunalverfassungskonforme Interpretation der gesellschaftsrechtlichen Regelungen. In besonders wichtigen, strategischen Fragen müssen deshalb auch bei obligatorischen Aufsichtsräten in kommunal beherrschten Gesellschaften Weisungen grundsätzlich zulässig sein (vgl. Rdn. 126. 131 ff. und 139). Unter sorfältiger Abwägung von Art. 72 ff. und 31 (Bundesgesellschaftsrecht geht Landeskommunalrecht vor) und den verfassungsrechtlichen Vorgaben in Art. 20 und 28 GG (Demokratie, Kommunale Selbstverwaltung, Sozialstaat, sozialstaatliche Daseinsvorsorge, die sich nicht mit der bloßen Rechtsformwahl durch die Kommunen abschütteln lassen) sowie dem Interesse des allgemeinen gesellschaftsrechtlichen Geschäftsverkehrs/Gläubigerschutzes und der kommunalen Zwecksetzungen ist dies im Einzelfall zu entscheiden. Noch manches ist dabei aufzuarbeiten. Deshalb sind solche Fragen umso mehr im Gesellschaftsvertrag konkret zu regeln (vgl. BVerwG ZIP 2011, 2054 ff.; *Roth/Altmeppen*, GmbHG § 52 Rdn. 3, 14 und 29; *Altmeppen* NJW 2003, 2561 ff. und NJW 2011, 3737 ff.; *Zieglmeier* LKV 2005, 338 ff.; *Pauly/Schüler* DÖV 2012, 339 ff.; vgl. GmbH-Mustersatzung Teil 3 Anlage 2, §§ 13 Abs. 3 letzter Satz und 17 Abs. 1).

143   Im Hinblick auf die weitgehend dispositiven Regelungen der §§ 6 Abs. 3, 37, 38, 45 und 52 GmbHG stehen den Kommunen in den Gesellschaften, in denen sie die gesellschaftsvertraglichen Möglichkeiten entsprechend den gesetzlichen Vorgaben besitzen und an denen sie allein oder mehrheitlich beteiligt sind, relativ umfassende Einwirkungsmöglichkeiten und auch Weisungsrechte zu. Nach § 37 GmbHG ist die Geschäftsführung weisungsgebunden. Eine entsprechende Bestimmung für den Aufsichtsrat enthält das GmbHG zwar nicht; über Regelungen im Gesellschaftsvertrag kann jedoch ein im Wesentlichen ähnliches Ergebnis erzielt werden. Im Kommunalrecht ist ausdrücklich festgelegt, dass die von der Kommune entsandten Aufsichtsratsmitglieder bei ihrer Tätigkeit auch die besonderen Interessen der Gemeinde zu berücksichtigen haben (vgl. Art. 93 Abs. 2 BayGO, § 113 Abs. 1 und 5 GO NRW, § 104 Abs. 3 GemO BW sowie die entsprechenden Regelungen in § 65 Abs. 4 LHO bzw. § 65 Abs. 6 BHO; *Katz* GemHH 2002, 54 ff.; *Altmeppen* NJW 2003, 2561 ff.). Eine solche **gesellschaftsvertragliche Regelung** könnte etwa wie folgt formuliert werden (vgl. dazu **GmbH-Mustersatzung** Teil 3 Anlage 2, §§ 2, 7 Abs. 2 und 3, 9 Abs. 3, 13 Abs. 3 letzter Satz und 17 Abs. 1):

„Die von der Stadt … entsandten Mitglieder haben bei ihrer Aufsichtsratstätigkeit im Rahmen der Gesetze in besonderer Weise die Interessen der Stadt …, die im Wesentlichen mit dem Unternehmensgegenstand übereinstimmen (§ 2 des Gesellschaftsvertrags), zu berücksichtigen. Sie haben die Stadt über alle wichtigen Angelegenheiten der Gesellschaft im Aufgabenbereich des Aufsichtsrats frühzeitig zu unterrichten. Die Stadt … kann ihnen, unbeschadet ihrer Aufsichtsratspflichten, in folgenden Einzelfällen … Vorgaben machen und Weisungen erteilen".

144   c) **Einwirkungsrechte auf die Geschäftsführung.** Die hervorgehobene, starke Stellung der Gesellschafterversammlung in der GmbH kommt besonders auch in ihren Kompetenzen gegenüber der Geschäftsführung zum Ausdruck. Die Geschäftsführer führen zwar die Geschäfte der Gesellschaft und vertreten diese gerichtlich und außergerichtlich (§ 35 Abs. 1 GmbHG); ihre Vertretungsbefugnis kann aber durch Gesellschaftsvertrag oder Gesellschafterbeschluss im Innenverhältnis stark eingeschränkt werden (§ 37 GmbHG). Weiter liegt die Bestellung und Abberufung der Geschäftsführer nach §§ 38 und 46 Nr. 5 GmbHG in der Zuständigkeit der Gesellschafterversammlung. Durch das umfassende Weisungsrecht und die jederzeitige Abrufbarkeit der Geschäftsführer kann eine Kommune in aller Regel ihre Geschäftspolitik und die Erfüllung des öffentlichen Zwecks zum Tragen bringen. Die Kehrseite des umfassenden Weisungsrechts ist allerdings, dass bei entsprechendem Handeln u. U. nicht die Geschäftsführung, sondern die Gesellschaft nach den Grundsätzen des faktischen Konzerns haftet. Die Geschäftsführer unterliegen grundsätzlich der Verschwiegenheitspflicht (vgl. § 93 Abs. 1 Satz 3 AktG, § 52 GmbHG). Diese Pflicht wird aber überlagert von § 51a GmbHG, wonach jeder Gesellschafter ein umfassendes Auskunfts- und Einsichtsrecht gegenüber der Geschäftsführung im Hinblick auf Angelegenheiten der Gesellschaft besitzt (vgl. BGHZ 135, 48, 54; *Altmeppen* NJW 2003, 2561, 2566 f.). Für die Geschäftsführung sollten möglichst klare Vorgaben ihrer Rechte und Pflichten im **Gesellschaftsvertrag** und in einer **Geschäftsordnung** festgelegt werden.

d) Sonstige Einflusssicherung. Die Einflusssicherung in kommunalen GmbHs   **145** erfolgt auch durch effektive und effiziente Informations- und Beteiligungsregelungen, Rechnungslegungs-, Prüfungs- und Offenlegungsbestimmungen sowie ein qualifiziertes Beteiligungsmanagement mit Beteiligungsbericht. Dazu wird auf die Ausführungen unten Rdn. 148 ff. und 161 ff. verwiesen. Stets empfiehlt es sich, dies möglichst im Konsens eindeutig im Gesellschaftsvertrag oder der Geschäftsordnung festzulegen. Darüber hinaus sollten die Kommunen zur **Problemsensibilisierung** und -reduzierung durch Richtlinien und Leitfäden sowie durch Fortbildungs- und Qualifizierungsmaßnahmen die komplexe Materie transparenter und verständlicher machen (für die Praxis ist dies besonders wichtig; vgl. dazu auch den **Muster-Gesellschaftsvertrag** unten Teil 3, **Anlage 2**).

e) Effiziente Unternehmensführung. Die vorstehenden Ausführungen zu den   **146** einzelnen Einwirkungsmöglichkeiten insbes. des kommunalen Gesellschafters dürfen nicht den Eindruck aufkommen lassen, dass die Unternehmensführung maßgeblich vom kommunalen Eigentümer betrieben wird. Zwar sind die Einflussrechte auf die Unternehmensziele, den Betriebszweck und den Unternehmensgegenstand sowie auf die kommunale Aufgabenerfüllung vor allem im Konfliktsfall sehr bedeutsam, doch wird dadurch in der Praxis die Dominanz und die hervorgehobene **aktive Rolle der Geschäftsführung** bei normalem Geschäftsverlauf kaum tangiert. Die Geschäftsführung hat in der GmbH den operativen Betrieb weitgehend selbstständig zu erledigen und auch die strategischen Angelegenheiten zu entwickeln, vor- und aufzuarbeiten und nach der Entscheidung durch die Gesellschafterversammlung oder/und den Aufsichtsrat umzusetzen. Die innere Verfassung, Organisationsstruktur und Kompetenzverteilung muss so sensibel vorgenommen werden, dass einerseits die Geschäftsführung zu aktivem, kreativem und weitsichtigem Handeln motiviert wird und andererseits die Kommunalorgane die strategischen Ziele und die kommunale Aufgabenerfüllung, für die sie gegenüber dem Bürger die demokratische Verantwortung tragen, mindestens im „Konflikts- oder Krisenfall" steuern und kontrollieren können.

3. Einflusssicherung in der AG

147 Anders als bei der GmbH sind bei der AG die Einwirkungsmöglichkeiten der Aktionäre (Anteilseigner) auf die Geschäftsführung sehr eingeschränkt (vgl. oben Rdn. 96 ff.). Der Vorstand einer AG ist von Hauptversammlung und Aufsichtsrat weitgehend weisungsunabhängig und vor Ablauf seiner Amtszeit nur abrufbar, wenn ein wichtiger Grund vorliegt (vgl. §§ 76 ff., 82 und 84 Abs. 3 AktG). Ähnliches gilt für das Verhältnis Hauptversammlung/Aufsichtsrat. Dies beruht darauf, dass das Aktienrecht von einer strengen Trennung von den Kapitaleignern einerseits und dem Management (Vorstand und Aufsichtsrat) andererseits geprägt ist. Bei keiner Rechtsform ist die Verselbstständigung des Unternehmens gegenüber den Kapitaleignern (Rechtsträger) so ausgeprägt wie bei der AG. Charakteristisch für das Aktiengesetz ist weiter die strenge **Funktionstrennung** zwischen Aufsichtsrat und Vorstand sowie die konsequente Geltung des Prinzips der **formellen Satzungsstrenge**, wonach vom Aktienrecht nur abgewichen werden darf, wenn dies im Aktiengesetz ausdrücklich zugelassen ist. Ergänzende Regelungen sind in der Satzung oder GeschO zulässig (§ 23 Abs. 5 AktG; Ausnahmen sind nur in ganz wenigen Fällen vorgesehen, z. B. § 394: Aufsichtsratsmitglieder, die auf Veranlassung einer Gebietskörperschaft in den Aufsichtsrat gewählt oder entsandt worden sind, unterliegen hinsichtlich der Berichte, die sie der Gebietskörperschaft zu erstatten haben, keiner Verschwiegenheitspflicht). Dies bedeutet u. a. (1) die weitgehende Unabhängigkeit der Vorstandsmitglieder und auch der Aufsichtsratsmitglieder und damit die grundsätzliche Unzulässigkeit von bindenden Weisungen an diese Organe sowie (2) die Pflicht der Organe, bei ihren Entscheidungen nur die Gesellschaftsbelange zu berücksichtigen, sowie (3) nur begrenzte Informationsrechte des Aufsichtsrats (Regel-, Sonder- und Anforderungsberichte; vgl. die Regelungen in §§ 76, 90, 93, 111, 116 und 117 AktG). Zur verfassungskonformen Auslegung des AktG bei Kommunalunternehmen und zum kommunalen „Entscheidungsprimat" in essentiellen Grundsatzfragen der Gesellschaft vgl. Rdn. 126 ff., insb. 131d – Kollisionskonzept – (vgl. *Altmeppen* NJW 2003, 2561 ff.; *Strobel* DVBl. 2005, 77 ff.; *Keiluweit* BB 2011, 1795 f.; *Katz* GemHH 2016, 169 ff.). Dadurch ist der gemeindliche Einfluss in der Gesellschaft sehr begrenzt, weshalb auch einige Gemeindeordnungen eine besondere Subsidiaritätsklausel zu Lasten der AG festgelegt haben (vgl. z. B. § 103 Abs. 2 GemO BW). In der Praxis nicht zu unterschätzen ist allerdings die Möglichkeit der Abberufung von Aufsichtsratsmitgliedern durch die Hauptversammlung (vgl. 103 AktG; zu den Möglichkeiten **konzernrechtlicher Lösungsansätze** vgl. Rdn. 110 und Teil 2 Rdn. 22 zu § 104; *Pauly/Schüler* DÖV 2012, 339, 345 f.; zur Aktienrechtsnovelle 2016 und der Berichtpflicht nach § 394 Abs. 1 AktG vgl. *Söhner* ZIP 2016, 157).

4. Steuerung und Controlling durch Rechnungslegung, Jahresabschlussprüfung usw.

148 Das Rechnungswesen, die Rechnungslegung und die verschiedenen für kommunale Gesellschaften vorgeschriebenen Prüfungen können und sollten grundsätzlich die Basis für ein effektives und effizientes Steuerungs- und Controllingsystem bilden und so entwickelt werden, dass es auch praxisorientiert und mit zusätzlichen modernen Instrumenten genutzt werden kann (aggregierte, aussagekräftige Daten, Soll-/Ist-Vergleiche, Kennzahlen, Benchmarks, leistungs-, wert- und wirkungsorientierte Kennziffern usw.). Hier liegen nicht selten ungenutzte Ressourcen brach (vgl. allgemein etwa *Baetge/Jerschensky* DB 1996, 1581 ff.; Schmalenbach-Gesellschaft DB 2002, 2337 ff. und Finanz-Betrieb 2003, 525 ff.; *Baum/ Coenenberg/Günther*, Strat. Controlling, 5. Aufl. 2013).

a) Allgemeine Bedeutung. Die Vorschriften über die Rechnungslegung, den Jah- **149** resabschluss und die Prüfung sind für ein Unternehmen und seine Organe, ebenso wie für dessen Eigentümer, Gläubiger, Kunden, Mitarbeiter und nicht selten auch für die Öffentlichkeit von großer praktischer Bedeutung. Auf der Grundlage eines aussagekräftigen und periodengerecht zuordnenden **Rechnungswesens** dienen Rechnungslegung, Jahresabschluss und Prüfung unternehmensintern der Dokumentation, der Information, der Planung und Entscheidungsvorbereitung, aber auch der Rechenschaftslegung und Kontrolle für die Organe und Anteilseigner der Gesellschaft und extern der Information, der Rechenschaftslegung und Kontrolle, aber auch der Transparenz (**Dokumentations-, Informations-, Rechenschaftslegungs-, Kontroll- und Öffentlichkeitsfunktion**). Um diese wichtigen Funktionen und Aufgaben erfüllen zu können und auch eine betriebswirtschaftliche Vergleichbarkeit und Aussagekraft der Jahresabschlüsse zu erreichen, muss der Gesetzgeber Rahmenvorgaben festlegen. Mit dem Bilanzrichtliniengesetz vom 19.12.1985 (BGBl. I S. 2355) und den daran anknüpfenden GO-Novellen der Länder (z. B. in BW: Gesetz zur Änderung kommunalrechtlicher Vorschriften vom 18.5.1987, GBl. S. 161) sowie mit dem Gesetz zur Kontrolle und Transparenz im Unternehmensbereich vom 27.4.1998 (BGBl. I S. 786 ff.; KonTraG), dem Transparenz- und Publizitätsgesetz vom 19.7.2002 (BGBl. I S. 2681 ff.), dem Bilanzrechtmodernisierungsgesetz vom 25.5.2009 (BGBl. I S. 1102, **BilMoG**), dem Bilanzrichtlinien-Umsetzungsgesetz vom 17.7.2015 (BGBl. I S. 1245; **BilRUG**) und den einzelnen GO-Novellen der Länder Mitte/Ende der 90er Jahre wurde dieses Ziel in wesentlichen Teilen realisiert (vgl. dazu *Großfeld* NJW 1986, 955 ff.; *Pfründer* BWVP 1988, 5 ff.; *Müller-Prothmann* BWVP 1994, 83 ff.; *Förschle* Der Betrieb 1998, 889 ff.; *Weiblen* BWGZ 1999, 1005 ff.; *Fabry/Augsten*, a. a. O., S. 415 ff.; unten Teil 2 Rdn. 1 ff. zu § 105).

b) Gesetzessystematik und allgemeine Anforderungen. Das **Bilanzrichtlinienge-** **150** **setz – BiRiLiG –** vom 19.12.1985 (BGBl. I S. 2355) hat für die Rechnungslegung und Prüfung der Kapitalgesellschaften eine Vielzahl bundesgesetzlicher Vorschriften abgelöst. Im Unterschied zur früheren Regelung unterliegen neben der AG grundsätzlich alle Kapitalgesellschaften den Vorschriften über die Aufstellung eines Jahresabschlusses und der Prüfungspflicht (vgl. §§ 238 ff. HGB; zu den Ausnahmen bzw. Erleichterungen für kleine und mittelgroße Gesellschaften vgl. §§ 266, 267, 276, 288, 316 Abs. 1 und 319 Abs. 1 Satz 2 HGB). Die Pflichten über die Rechnungslegung und die Prüfung ergeben sich damit für Beteiligungsunternehmen grundsätzlich unmittelbar aus den Vorschriften des Dritten Buches des HGB. Die mit dem BiRiLiG eingeführten Anforderun-

gen an Rechnungslegung und Prüfung entsprechen im Wesentlichen dem aktienrechtlichen Standard, der in das Dritte Buch des HGB weitgehend inhaltlich
übernommen wurde. Die §§ 242–261 HGB enthalten für alle Kaufleute geltende Bestimmungen über den Jahresabschluss, die §§ 264–289a HGB ergänzende Vorschriften über die Rechnungslegung der Kapitalgesellschaften (insbes.
AG und GmbH), die §§ 316–324a HGB einheitliche Prüfungsbestimmungen
(Regelfall nach § 53 Abs. 1 HGrG) und die §§ 325–329 HGB Vorschriften zur
Offenlegung des Jahresabschlusses. Für kommunale Unternehmen in Privatrechtsform enthält das Dritte Buch des HGB nunmehr für Kapitalgesellschaften
eine umfassende bundesrechtliche Regelung für die Rechnungslegung und Prüfung. Für Landesrecht ist grundsätzlich kein Raum und weitgehend auch kein
praktischer Bedarf mehr vorhanden (vgl. *Großfeld* NJW 1986, 955 ff.; *Hom-
melhoff/Priester* ZGR 1986, 463 ff.; *Pfründer* BWVPr 1988, 5 ff.).

151   Mit dem Gesetz zur Kontrolle und Transparenz im Unternehmensbereich –
KonTraG – vom 27.4.1998 (BGBl. I S. 786 ff.) und dem Transparenz- und Publizitätsgesetz – **TransPuG** – vom 19.7.2002 (BGBl. I S. 2681 ff.) wurden die
angestrebten Reformen des Handels- und Gesellschaftsrechts weiter umgesetzt.
Ziel dieser „Artikelgesetze" war zum einen die Verbesserung der internen und
externen Unternehmensüberwachung (Controlling) durch Ausweitung der
Kontrollfunktion des Aufsichtsrats und der Eigentümerversammlung sowie die
Ausdehnung von Inhalt und Umfang der Abschlussprüfung. Zum anderen
wurde die Unternehmenspublizität gegenüber allen Marktteilnehmern durch
Ausweitung der Berichterstattungs- und Offenlegungspflichten des Vorstandes
sowie die Berichtspflichten des Jahres- bzw. Konzernabschlussprüfers erhöht
(vgl. *Pellens/Bonse/Gassen* DB 1998, 785 ff.; *Saitz/Braun*, Das KonTraG, Wiesbaden 1999; *Baetge/Krumnow/Noelle* DB 2001, 769 ff.; *Bosse* DB 2002,
1592 ff.; *Gaul/Otto* GmbHR 2003, 6 ff.). Mit dem Bilanzrechtmodernisierungsgesetz vom 25.5.2009 (**BilMoG**, BGBl. I S. 1102) und dem Bilanzrichtlinien-Umsetzungsgesetz vom 17.7.2015 (**BilRUG**. BGBl. I S. 1245) wurden die
Berichts-, Transparenz- und Prüfungsbestimmungen nochmals erweitert bzw.
verschärft (vgl. *Lüdenbach/Freiberg* BB 2009, 1230 ff.; *Bauer/Kirchmann/Saß*
WPg 2009, 143 ff.; *Papenfuß/Schmidt* DB 2012, 2585 ff.; *Schiffers* GemHR
2015, 1018 ff.; *Fink/Schmidt* DB 2015, 2157 ff.; *Zwirner/Petersen* WPg 2015,
811 ff.). Die Ausdehnung der Prüfungs- und Berichtspflichten ist nicht nur für
die AG, sondern nach §§ 316 ff. HGB für alle großen und mittelgroßen Kapitalgesellschaften vorgeschrieben (vgl. §§ 317, 321, 322 HGB; §§ 42a und 87
GmbHG). Da nach den GO-Vorschriften prinzipiell für alle Kommunalunternehmen die Vorschriften des Dritten Buches des HGB für große Kapitalgesellschaften anzuwenden sind, richtet sich die Prüfung der Kommunalunternehmen nach den Vorschriften des **HGB für große Gesellschaften** (§§ 267, 316 ff.
HGB). Die im HGB vorgesehenen größenabhängigen Erleichterungen für
kleine und z. T. für mittelgroße Kapitalgesellschaften sind folglich i. d. R. nicht
anwendbar (§§ 266 ff. HGB). Zwar kann durch Landesrecht das bundesgesetzliche HGB selbst nicht geändert werden, doch kann ein Landesgesetz vorschreiben, dass die Gemeinden dafür zu sorgen haben, dass in der Satzung oder im
Gesellschaftsvertrag festzulegen ist, dass bei kommunalen Beteiligungsunternehmen stets das für große Kapitalgesellschaften geltende Recht des HGB an-

zuwenden ist (vgl. z. B. § 103 Abs. 1 Nr. 5 GemO BW; § 65 Abs. 1 Nr. 4 BHO; *Jakobi* Der Städtetag 1986, 411; *Pfründer* BWVP 1988, 5 ff., 10). Damit ist die Einheitlichkeit und Kontinuität im Wesentlichen gewahrt. Zusätzlich haben Kommunalunternehmen in Privatrechtsform nach Landesrecht die Rechte und Pflichten aus §§ 53 f. HGrG auszuüben.

Neben den nationalen handels- und gesellschaftsrechtlichen Vorschriften finden **152** in jüngster Zeit verstärkt international anerkannte Normensysteme Eingang in die Rechnungslegung deutscher Unternehmen (vgl. die Befreiungsoption bzw. Öffnungsklausel in § 292a HGB). Besondere praktische Bedeutung erlangen hierbei die Rechnungslegungsvorschriften des International Accounting Standards Committee (**IAS**) und die US-amerikanischen Generally Accepted Accounting Principles (**US-GAAP**). In dieser Entwicklung spiegelt sich die allgemeine Erkenntnis, dass im Zeitalter der Globalisierung und Liberalisierung die Bilanzierungs- und Rechnungslegungsvorschriften des HGB zu stark vorsichtsgeprägt, gläubiger- sowie vergangenheitsorientiert und zu wenig eigentümer-, entscheidungs-, risiken-, zukunfts- und wertorientiert ausgestaltet sind sowie mehr Tranzparenz und Publizität, bessere Vergleichbarkeit und tatsachengetreuere Abbildung der realen Unternehmenslage dringend geboten sind (**Prinzip des „true and fair view and presentation"**; Shareholder-/Stakeholder-Value-Denken; Corporate-Governance; wertorientiertes Controlling sowie Risikomanagement; möglichst Quartalsberichterstattung; Unternehmensstrategie mit qualifiziertem Controlling; Benchmarking, Best Practices usw.; vgl. etwa *Coenenberg*, Jahresabschluss und Jahresabschlussanalyse, 24. Aufl. 2016, S. 31 ff.; *Achleitner/Behr*, International Accounting Standards, 3. Aufl. 2003; *Ruter/Sahr/Waldersee*, Public Corporate Governance, 2005; *Baetge/Krumnow/Noelle* DB 2001, 669 ff.; *König* DÖV 2001, 617 ff.; *Zeitler* DB 2003, 1529 ff.; *Hommelhoff/Mattheus* BB 2004, 93 ff.; *Jahn* ZRP 2004, 68 ff.). Für das öffentliche Rechnungswesen (public sector) sind entsprechende Studien und Arbeitspapiere durch den International Federation of Accountants – Public Sector Committee (IFAC-PSC) erarbeitet worden; internationale Standards für ein ressourcenorientiertes Rechnungswesen der öffentlichen Hand wurden und werden erarbeitet (**IPSAS/EPSAS**; vgl. *Lüder* DÖV 2000, 837, 841; *Vogelpoth* WPg 2001, 752 ff.; *Bolsenkötter* GemHH 2003, 169 ff.; *Gerhards* DÖV 2013, 70 ff.; *Schubert/Slabon* GemHH 2015, 136 ff.; *Schwemer/ Hauschild* GemHH 2015, 193 ff.; unten Rdn. 172). Diese im Grundsatz richtige und notwendige Entwicklung, die aufgrund der Bilanzskandale Enron, Worldcom, Xerox und der die globale Finanzkrise auslösende Lehmann Brothers Insolvenz angestoßen wurde, müssen i. S. von Grundsätzen ordnungsgemäßer Rechnungslegung sachgerecht und bereichsspezifisch weiterentwickelt werden (vgl. etwa IDW Symposion, Harmonisierung der öff. Rechnungslegung, WPg Sonderheft 1/2015, S 1 ff.; *Bergmann* WPg 2016, 524 ff.).

Im Rahmen der Verwaltungsreform kommt – was hier nur kurz erwähnt wer- **153** den soll – der Reform des kommunalen Haushalts- und Rechnungswesens und damit auch der Rechnungslegung und Prüfung und letztlich der Steuerung und des Controllings eine Schlüsselrolle zu, die mindestens mittelbar auf die Rechnungslegung der Kommunalunternehmen Auswirkungen hat bzw. haben wird (z. B. **„Konzernrechnungslegung und -bilanz"** bzw. Gesamtabschluss, vgl.

§ 95a GemO BW; § 116 GO NRW; *Kütting/Grau/Seel* DStR 2010, Beiheft zu Heft 22, S. 22 ff.; *Weller* GemHH 2010, 135 ff.; *Semelka/Veldboer/Meier* GemHH 2012, 205 ff.; zum „Neuen kommunalen Finanzmanagement": *Bals* Der Städtetag 1998, 785 ff. und ZKF 2003, 321 ff.; *Lüder*, Konzeptionelle Grundlagen des Neuen Kommunalen Rechnungswesens, Speyerer Verfahren, 2. Aufl., Stuttgart 1999; *Detemple/Marettek* ZögU 2000, 271 ff.; *Budäus/Küpper/Streitferdt* (Hrsg.), Neues öffentliches Rechnungswesen, Wiesbaden 2000; *Lüder* DÖV 2000, 837 ff.; *Vogelpoth* VM 2001, 24 ff.; *Lüder*, Neues öffentliches Haushalts- und Rechnungswesen, Berlin 2001; *Frischmuth* GemHH 2003, 75 ff.; *Katz*, in: Kunze/Bronner/Katz, Komm. zur GemO BW, Rdn. 49 ff. zu § 77 und Erl. zu § 95a; *Cordes/Odenthal* GemHH 2016, 97 ff.; zum **Rating** für Kommunen: *Pfitzer* GemHH 2003, 49 ff.; *Walter* GemHH 2004, 1 ff.; *Frischmuth/Richter* Der Städtetag 2008, 25 ff.).

154   c) Jahresabschlussprüfung, insbes. Prüfung nach §§ 316 ff. HGB. Der Jahresabschluss und der Lagebericht sind für Kommunalunternehmen in Privatrechtsform mit Kaufmannseigenschaft nach §§ 242 ff. und 264 ff. HGB aufzustellen und nach §§ 316 ff. HGB zu prüfen. Bei dem in § 53 HGrG bezeichneten Beteiligungsumfang sind öffentliche Unternehmen in aller Regel zusätzlich verpflichtet, die Rechte nach § 53 **Abs. 1 Nr. 1 und 2 HGrG** auszuüben (**erweiterte Jahresabschlussprüfung** als verbindliche Vorgabe). Mit dieser Regelung soll u. a. sichergestellt werden, dass die kommunalen Interessen auch bei einer Aufgabenwahrnehmung in Privatrechtsform berücksichtigt und erfüllt werden. Angemessene Einflussnahme erfordert qualifizierte Informationen und umfassende Kenntnisse gerade auch durch die Prüfungsberichte und -ergebnisse der erweiterten Prüfungshandlungen nach § 53 HGrG. Im Folgenden sollen die wichtigsten von Kommunalunternehmen in Privatrechtsform durchzuführenden Prüfungen bzw. Prüfungsteile, die sich teilweise überlappen, dargestellt werden (unter Einbeziehung von KonTraG und KapAEG, TransPuG, IDW-Prüfungsstandards usw.; vgl. *Soldner*, Komm. zum HGrG, Erl. zu § 53; *Will* DÖV 2002, 319 ff.). Daneben ist auch noch auf die im Landesrecht geregelte **örtliche und überörtliche Rechnungs- und Betätigungsprüfung** hinzuweisen, die von den Kommunen zu beachten ist und die mehr sein sollte als nur eine Finanzkontrolle (auch zeitnahe Beratung, Vergabe- und Korruptionsprüfungen, Unterstützung der Gremien usw.; § 54 HGrG; vgl. SächsVerfGH NVwZ 2005, 1057; *Kölz/Strauß* GemHH 2005, 224 ff. – mit Checkliste –; *Heller*, a. a. O., S. 124 ff.; *Kämmerling* GemHH 2009, 8 ff.; Teil 2 Rdn. 39 f. zu § 103; § 105 Rdn. 11).

155   Die Prüfung, die die Gemeinden gesetzlich sicherzustellen haben, umfasst zunächst die **Jahresabschlussprüfung nach §§ 316 ff. HGB** (für große Gesellschaften mit den Änderungen durch das KonTraG und das KapAEG; § 53 Abs. 1 Nr. 1 HGrG). In diese Prüfung ist die Buchführung (§§ 238–241 HGB), die Jahresbilanz (§ 266 HGB), die G+V-Rechnung (§ 275 HGB), der Anhang (§§ 284–288 HGB) und besonders auch der **Lagebericht** (§ 289 HGB) einzubeziehen (vgl. § 103 Abs. 1 Nr. 5 GemO BW; § 108 Abs. 1 Nr. 8 GO NRW; IDW AK „Lagebericht" WPg 2016, 538 ff.). Sie hat sich weiter darauf zu erstrecken, ob die gesetzlichen Vorschriften und die sie ergänzenden Bestimmungen des Gesellschaftsvertrags (Satzung) beachtet worden sind. Sie ist so anzulegen, dass Unrichtigkeiten und Verstöße gegen diese Bestimmungen, die sich auf die Darstellung des sich nach § 264 Abs. 2 HGB ergebenden Bildes der Vermögens-, Finanz- und Ertragslage des Unternehmens wesentlich auswirken, bei gewissenhafter Berufsausübung erkannt werden. Die Abschlussprüfung erstreckt sich also grundsätzlich auf die Einhaltung aller für die Rechnungslegung geltenden Regeln. Die Grundsätze ordnungsgemäßer Buchführung (GoB) gehören mit dazu (vgl. §§ 317, 321 f. HGB; IDW PS 450: Grundsätze ordnungsmäßiger Berichterstattung bei Abschlussprüfungen, WPg 1999, 601 ff.; IDW PS 400: Grundsätze für ordnungsmäßige Erteilung von Bestätigungsvermerken bei Abschlussprüfungen, WPg 1999, 641 ff.; zum neuen **Bestätigungsvermerk**: *Naumann/Schmidt* WPg 2015, Sonderheft S. 37 ff.; IDW RS HFA 1 und IDW PS 350: Zur Aufstellung und Prüfung des Lageberichts, WPg 1998, 653 ff.; *Kajüter* DB 2004, 197 ff.; *Hommelhoff* DB 2012, 445 ff.; *Baumbach/Hopt*, Kommentar zum HGB, Erl. zu §§ 317, 321 und 322; *Saitz/Frank*, Das KonTraG, 1999; *Bolsenkötter* GemHH 2003, 169 ff.; zum AReG 2016: *Schilka* ZIP 2016, 1316 ff.; **Konzernabschluss** bzw. Gesamtabschluss: vgl. *Küttjng/Grau/Seel* DStR 2010, Beiheft zu Heft 22, S. 33 ff.; *Weller* GemHH 2010, 135 ff.; *Schruff* WPg 2011, 855 ff.; *Semelka/Veldboer/Meier* GemHH 2012, 205 ff.; allgemein vgl. *Detemple/Marettek* ZögU 2000, 271 ff.; *Srocke* GemHH 2004, 53 ff. m. w. N.).

d) Prüfung der Ordnungsmäßigkeit der Geschäftsführung. Nach § 53 Abs. 1   **156**
Nr. 1 HGrG hat die Prüfung der Kommunalunternehmen in Privatrechtsform zusätzlich die Ordnungsmäßigkeit der Geschäftsführung zu umfassen. Ziel der **Geschäftsführerprüfung** ist es, für Unternehmen in mehrheitlich öffentlicher Trägerschaft (Mehrheitsanteile bei kommunalen Körperschaften usw. i. S. v. § 53 HGrG) regelmäßig eine Aussage darüber zu treffen, ob die Geschäftsführung ihre Aufgaben und Geschäftspolitik i. S. des Trägers und damit auch der Bürger erfüllt (öffentlicher Zweck) und eine nachhaltige Erfüllung dieser Kommunalaufgaben gewährleistet ist (i. S. der Sorgfalt eines ordentlichen und gewissenhaften Geschäftsleiters, § 93 Abs. 1 Satz 1 AktG und § 43 Abs. 1 GmbHG). Prüfungsgegenstände sind nach dem **Fragenkatalog PS 720** insbes. (1) **Organisation** der Geschäftsführung (Aufbauorganisation, Zusammenwirken der Ebenen, Zweckmäßigkeit der Aufgaben- und Zuständigkeitsabgrenzung usw.), (2) **Instrumentarium** der Geschäftsführung (Rechnungswesen, Planungsinstrumente, Controlling, Informationssystem, Risikomanagement usw.) und (3) **Tätigkeit** der Geschäftsführung (Information und Dokumentation, Koordination und Entscheidungsvorbereitung, Einhaltung von Gesetz, Gesellschaftsvertrag und Organbeschlüssen, Berichterstattung, Auftragsvergaben usw.). Der Prüfungsmaßstab orientiert sich, soweit keine Zielvereinbarungen oder andere betriebswirtschaftlichen Soll-Vorgaben festgelegt sind, an der Einhaltung von gesetzlichen, gesellschaftsvertraglichen oder ähnlichen Vorschriften (vgl. § 93 AktG, § 43 GmbHG, § 103 Abs. 3 GemO BW). Um der Tendenz zur eher formaljuristisch und vergangenheitsbezogen geprägten Geschäftsführerprüfung entgegenzuwirken, sollte sie in dem Gesellschaftsvertrag und/oder der GeschO für die Geschäftsführung sowie in mittelfristigen Zielvorgaben bzw. Zielvereinbarungen näher festgelegt werden (insbes. unter Beachtung des Prüfungsstandards **IDW PS 720: Fragenkatalog** zur Prüfung der Ordnungsmäßigkeit der Geschäftsführung und der wirtschaftlichen Verhältnisse nach § 53 HGrG, Stand: Sept. 2010, Fragenkreise 1–16, abgedruckt unten

Teil 3, Anlage 3; vgl. *Lenz* WPg 1987, 672 ff.; *Forster* WPg 1994, 791 ff.; *Loitz* BB 1997, 1835 ff.; unten Rdn. 177). Vgl auch die nachstehende **Abb. 6:**

Abb. 6: Prüfungsbereiche nach § 53 HGrG

157 e) **Prüfung der Vermögens-, Finanz- und Ertragslage.** Nach § 53 Abs. 1 Nr. 2 HGrG hat die Prüfung ausdrücklich auch die **Vermögens-, Finanz- und Ertragslage,** die tatsächlichen wirtschaftlichen Verhältnisse, darzustellen und zu beurteilen (im Wesentlichen schon durch die Jahresabschlussprüfung nach HGB und Ordnungsmäßigkeitsprüfung abgedeckt; vgl. Rdn. 155 f.). Diese Prüfung hat insbes. anhand folgender Fragenkreise zu erfolgen:

- Wesentliche Veränderungen,
- Vorgänge von besonderer Bedeutung,
- ungewöhnliche Abschlussposten und stille Reserven,
- Finanzierung,
- Angemessenheit der Eigenkapitalausstattung,
- Ertragslage,
- Liquidität und Rentabilität,
- verlustbringende Geschäfte und ihre Ursachen,
- Gewinnverwendung,
- Jahresfehlbetrag und seine Ursachen,
- Möglichkeiten zur Verbesserung der Ertragslage usw.

Bei der Beantwortung der Fragen sind die Größe, die Rechtsform und die Branche des jeweiligen Unternehmens angemessen zu berücksichtigen. Obwohl in § 53 Abs. 1 Nr. 2 HGrG vom Wortlaut her nur eine „Darstellung" gefordert wird, geht die ganz h. M. davon aus, dass der Darstellung eine Prüfung vorausgehen muss (vgl. IDW PS 720 Fragenkatalog zu § 53 HGrG, insbes. Fragenkreise 11–16, abgedruckt unten **Teil 3, Anlage 3**).

f) Risikomanagement und dessen Prüfung. Sowohl aufgrund von § 53 HGrG **158**
als auch nach dem KonTraG und dem BilMoG 2009 sind Kommunalunternehmen in Privatrechtsform zur Einrichtung und Prüfung eines angemessenen **Risikofrüherkennungssystems** verpflichtet (insbes. § 91 Abs. 2 AktG, der als Neuregelung des KonTraG Ausstrahlungswirkung auf den Pflichtenrahmen der
Geschäftsführer auch der anderen Gesellschaftsformen hat; vgl. §§ 264, 289,
315, 317 HGB). Mit der Einführung des Gesamt-/Konzernabschlusses, ist dies
noch dringlicher geworden (§ 95a GemO BW; § 116 GO NRW; Erstellung eines
„Gesamtlageberichts"; *Semelka/Veldboer/Meier* GemHH 2012, 205 ff.; *Cordes/
Odenthal* GemHH 2016, 97 ff.). Für ein angemessenes **Risikomanagement** und
ein angemessenes internes Überwachungssystem zu sorgen, gehört zu den Sorgfaltspflichten des Vorstands bzw. der Geschäftsführung (Risikovermeidung bzw.
-reduktion, Haftungsrisiken, Prüfungsbeanstandungen, **Corporate Compliance-
Anforderungen**, IDW PS 980: AKEIÜ DB 2010, 1509 ff.; *Wolf* DStR 2011,
997 ff.; vgl. **§ 91 Abs. 2 AktG; § 93 AktG; § 43 Abs. 1 GmbHG**). Die Notwendigkeit und Anforderungen an ein solches Compliance-Mangementsystem sind
durch das Urteil des LG München I vom 10.12.2013 noch stärker in den Fokus
gerückt (ZIP 2014, 570 ff. = AG 9/2014 mit Anm. *Simon* – Siemens-Schmiergeldzahlungen –; *Seibt/Cziupka* DB 2014, 1598 ff.; *Makowicz/Wüstemann* BB 2015,
1195 ff.; zum VW-Abgas-Skandal vgl. *Altmeppen* ZIP 2016, 97 ff.; ausführlich
Rdn. 173a ff.). Nach dem **LG München I** besteht eine nicht delegierbare Pflicht
des gesamten Vorstands, sein Unternehmen so zu organisieren und zu beaufsich-
tigen, dass keine Gesetzesverletzungen stattfinden. Bei Gefährdungslagen ist
„eine auf Schadensprävention und Risikokontrolle angelegte Compliance-Organisation" einzurichten. Damit sollen den Fortbestand des Unternehmens gefährdende Entwicklungen wie Verstöße gegen gesetzliche Vorschriften (Legalitätspflichten), vor allem risikobehaftete Geschäfte, Betriebsabläufe und dergleichen,
Unrichtigkeiten der Rechnungslegung, die sich auf die Vermögens-, Finanz- und
Ertragslage der Gesellschaft wesentlich auswirken können, möglichst frühzeitig
identifiziert und analysiert, erfasst und bewertet, vermieden oder minimiert werden (rechtzeitige Information über die unternehmerische Risikolage; vgl. allgemein: IDW PS 980; *Brenner/Nehrig* DÖV 2003, 1024 ff.; *Otto/Fonk* GemHH
2011, 225 ff.; *Withus* WPg 2015, 261 ff.). Was im Einzelfall als angemessen anzusehen ist, muss nach den Verhältnissen, der Eigenart und Größe des Unternehmens und der Komplexität dessen Struktur, aber auch den Erfahrungen aus der
Vergangenheit entschieden werden (*Ewelt-Knauer* WPg 2016, 941). In der Regel
erfordert ein solches Risikomanagementsystem folgende **Teilsysteme bzw. Elemente** (vgl. etwa *Schmidt* u. a. WPg 2016, 944 ff.: IDW EPS 981):

- Errichtung und Einrichtung des Risikofrüherkennungssystems;
- Internes Überwachungssystem (organisatorische Sicherungsmaßnahmen, Interne Revision, Kontrollen);
- Controlling als zielgerichtete Koordination von Planung, Informationsversorgung, Reporting, Steuerung und Kontrolle (sog. Aktivitäten-Viereck);
- Frühwarnsystem (Definition der Beobachtungsfelder, Risikokennzahlen
  usw.).

Der Abschlussprüfer hat die Einrichtung eines angemessenen Risikomanagementsystems und eines funktionsfähigen internen Überwachungssystems zu prüfen. Das Ergebnis der Prüfung ist im Prüfungsbericht in einem besonderen Teil darzustellen. Dabei ist auch darauf einzugehen, ob es eingerichtet ist, ob es geeignet ist, seine Aufgaben zu erfüllen und ob Maßnahmen erforderlich sind, um das Überwachungssystem zu verbessern (§ 321 Abs. 4 HGB; vgl. IDW PS 340 und 350 – Prüfung nach § 317 Abs. 4 HGB – WPg 1999, 658 ff.; IDW PS 720 – Fragenkatalog zu § 53 HGrG, Risikofrüherkennungssystem –; IDW PS 980; ISO 19600; *Spannagel* DStR 1999, 1826 ff.; *Lück* BB 2001, 2312 ff.; *Theisen* BB 2003, 1426 ff.; *Schmitz* GemHH 2006, 154 ff.; *Glinder* GemHH 2008, 241 ff.; *Heller*, a. a. O., S. 194 ff.; *Schwarting* GemHH 2013, 121 ff.; *Körner/Derfuß/Lenz* GemHH 2016, 129 ff.).

5. Berichtswesen und Zielvereinbarung

159 **Aufgabe des Berichtswesens** ist es, die im Rechnungswesen enthaltenen oder sonst erhobenen Daten (Soll-Ist-Vergleiche, Zeitreihen, Kennzahlen, Vergleichswerte, Wirkungs- und Qualitätsindikatoren usw.) zu aggregieren, aufzubereiten und in komprimierter, aussagekräftiger und in für den jeweiligen Empfänger verständlicher Form zur Verfügung zu stellen. Entsprechend den konkreten örtlichen Verhältnissen müssen die Daten und Fakten der Berichterstattung den speziellen Bedürfnissen und Erfordernissen jeder Verantwortungsebene angepasst sein (Rat, Verwaltungsspitze, Fachbereichs-, Abteilungsleiter usw.). Das Berichtswesen soll in seiner Endausbaustufe aus einem System von unterschiedlichen Teilberichten bestehen, das nach dem Modell einer Pyramide aufgebaut ist, d. h. die Informationen in der Verantwortungshierarchie nach oben hin immer weiter verdichtet und zu einem Gesamtsystem verbunden werden. Ausgehend von den Anforderungen, die aufgrund der speziellen Rahmenbedingungen und Bedürfnisse vor Ort an Inhalt und Gestaltung der Berichte gestellt werden, sind entsprechende **Vorgaben und Berichtsmuster** festzulegen wie

– zeitnahe und rechtzeitige Information;
– Jahres- und Quartalsberichte,
– regelmäßige oder anlassbedingte Berichterstattung,
– Finanz-, Leistungs- oder Wirkungsberichte usw.;
– Verwendung von Ampelfarben Rot-Gelb-Grün zum schnellen Erkennen von Handlungsbedarf etc.

Ein solches qualifiziertes Berichts- und Controllingkonzept ist zu entwickeln und mit entsprechender EDV-Software in die Tat umzusetzen (einschließlich eines Finanz-, Leistungs-, Wirkungs-, Risiko-, Investitions- und Umweltcontrollings; evtl. i. V. mit dem Gesamtabschluss, § 95a GemO BW, Art. 102a BayGO; § 116 GO NRW; vgl. § 90 AktG; Städtetag BW, Leitfaden Beteiligungscontrolling, 1999, S. 12 ff.; Deutscher Städtetag, Städtische Wirtschaft, 2002, S. 11 ff.; *Löhr/Rattenhuber* GemHH 2001, 1 ff.; *Hornung/Mayer/Wurl* FAZ 14.10.2002, S. 26; *Ast* VerwArch 2003, 574 ff.; zur IPSAS-Berichterstattung im öffentlichen Sektor: *Blab/Haller* WPg 2014, 1251 ff.).

Zu einer nachhaltigen, erfolgreichen Kommunalpolitik allgemein und zur Re-   **160**
alisierung eines leistungsfähigen Beteiligungsmanagements speziell gehört
heute, dass überlegt, diskutiert und festgelegt wird, welche Ziele generell mit
den Beteiligungen im Rahmen der übergeordneten städtischen Ziele erreicht
werden sollen (**kommunalpolitische Oberziele**; öffentlicher, einwohnernützlicher Primärzweck; infrastrukturelle Sicherstellungsfunktion usw.). Diese allgemeinen kommunalen Oberziele müssen dann in operationalisierbare, in
konkrete **Handlungsprogramme** herunter gebrochen bzw. gefasst werden
(nach dem Leitmotiv: „Nur wer weiß, wo er hin will, kommt auch an"; **Zielvereinbarung** durch **Kontraktmanagement**). Deshalb müssen für ein kommunales Unternehmen klar formulierte, möglichst konkrete Ziele festgelegt oder
vereinbart und ihre Erreichung überwacht werden (Ziele zum Unternehmensgegenstand, Leistungsprogramme, Finanzrahmen usw.; Aufbau eines Zielsys-
tems zur Unterstützung der kommunalen Steuerung und des Controllings;
Heller, a. a. O., S. 220 ff.). Die Ziele sollten in umsetzbarer Form möglichst
mittelfristig, mindestens für das kommende Geschäftsjahr vereinbart werden.
Methodisch hat sich für die Erarbeitung der strategischen Steuerung durch
Ziele das Instrument „**Balanced-Scorecard**" bewährt, das schematisch nachstehend in der **Abb. 7** dargestellt ist (konkrete und messbare Größen, Men-
gengerüst, Zielerreichungs- und Kostendeckungsgrade, Leistungsqualitäten,
Leistungs- und wirkungsbeeinflussende Indikatoren, Finanz- und Personal-
ziele, weitere Kennziffern usw.).

Literaturhinweise (Berichtswesen/Zielvereinbarung): KGSt-Bericht 4/1998 „Kontraktmanagement: Steuerung durch Zielvereinbarung"; KGSt-Bericht 3/2012: Steuerung
kommunaler Beteiligungen; Deutscher Städtetag, Städtische Wirtschaft, 2002, S. 7 ff.;
Fiedler/Kreft/Lührs, GemHH 1999, 29 ff.; *Löhr/Schröder*, Der Städtetag 8/1999, 11 ff.;
Heinz, VOP 11/2000, 13 ff.; *Ossadnik*, BB 2003, 891 ff.; *Heller*, Aufsichtsrat in öff.
Unternehmen, 2013; *Günther/Niepel*, Zeitschrift für Planung & Unternehmenssteuerung, 2006, 323 ff.; *Lasar*, Verwaltung & Management 2014, 248 ff.; zu ganzheitlichen,
integrativen, wertorientierten Führungssystemen, „value-reporting" und Management-
Summary: Schmalenbach-Gesellschaft DB 2002, 2337 ff. und FinanzBetrieb 2003,
525 ff.; zu Benchmarking und interkommunalen Vergleichen: *Kuhlmann* VerwArch
2003, 99 ff.; vgl. auch unten Rdn. 171 f. mit Abb. 9.

Abb. 7: Strategische Steuerung durch Ziele (mit dem Instrument „Balanced-Scorecard")

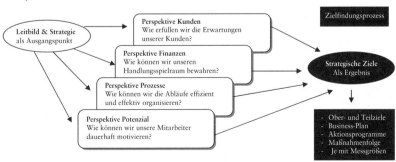

VI. Beteiligungsmanagement und -Controlling

1. Inhalt und Funktionen

161 Inhalt und Funktionen des Beteiligungsmanagements/-verwaltung werden nicht ganz einheitlich definiert. Unbestritten gehören alle Unternehmen in Privatrechtsform dazu (enger Begriff). Sinnvollerweise sind aber alle kommunalen Betätigungen darunter zu subsumieren, die nicht im Kernhaushalt enthalten sind, also alle Einrichtungen und **Unternehmen außerhalb des Kommunalhaushalts,** „jenseits" des Regiebetriebs (weiter Begriff; insbes. auch Eigenbetriebe, Zweckverbände, kommunale Stiftungen und Vereine; ausgenommen Bagatellbeteiligungen). Kernhaushalt/-planung und die im Beteiligungsbericht zusammengefassten Unternehmen und Beteiligungen sind die zentralen Bestandteile für eine einheitliche **Gesamtsteuerung,** für die Festsetzung, Umsetzung und Kontrolle der gesamtstädtischen Ziele der Kommune. Inhaltlich fallen darunter die zur Erfüllung dieser Informations-, Steuerungs- und Überwachungspflichten notwendige Festlegung der strategischen Unternehmensziele der Kommune (aus ihrer Eigentümerstellung sowie ihrer Aufgaben- und Finanzverantwortung heraus) und die Koordination der kommunalen Gesamtinteressen (im gesamten kommunalen Verbund, umfassendes Bild vom „**Konzern"** Stadt heute auch über den **Gesamtabschluss** zur Gesamtsteuerung; § 95a GemO BW; Art. 102a BayGO; § 116 GO NRW; *Oebbecke* VBlBW 2010, 1 ff.; *Cordes/Odenthal* GemHH 2016, 97 ff.). Ebenso gehören dazu die Beachtung der normativen Vorgaben und die nachhaltige Verfolgung und Sicherstellung der Kommunalinteressen mit den zu Gebote stehenden kommunal- und gesellschaftsrechtlichen sowie tatsächlichen Einflussmöglichkeiten insbes. über ihre Vertreter in den Unternehmensorganen. Weiter sind die Zielerreichung und die Geschäftsentwicklung zu überwachen sowie bei Planabweichungen die notwendigen Konsequenzen zu ziehen. Vor allem durch den starken Trend zur „Ausgliederung" aus dem Haushalt (formelle Privatisierung) hat der Gesetzgeber seit den 90er Jahren zahlreiche Regelungen eingeführt, die ausreichende Ingerenzrechte und ein effektives, aktives Beteiligungsmanagement sicherstellen sollen. Dies wird auch mit dem Gesamtabschluss verfolgt (Beitrag zur Steigerung der Transparenz und als Grundlage für strategische gesamtstädtische Entscheidungen). Auch über das Beteiligungsmanagement ist auf ein ausgewogenes Verhältnis zwischen einer durchaus gewollten Selbstständigkeit einerseits und der Sicherstellung von Einfluss- und Kontrollmöglichkeiten bei der Erledigung öffentlicher Aufgaben außerhalb der Kernverwaltung durch die Kommune andererseits zu achten. Diese Ziele sollten durch die Aufstellung von Richtlinien, Leitfäden und durch Fortbildungs- und Qualifizierungsmaßnahmen unterstützt werden (vgl. dazu GPA BW, Geschäftsbericht 2000, S. 52 ff.; Städtetag BW, Leitfaden Beteiligungscontolling, 1999; *Bals,* in: Innenministerium NRW, Gestaltung der Beteiligungsberichte, 2003; *Fiedler/Kreft/Lührs* GemHH 1999, 29 ff.; *Weiblen* BWGZ 2000, 183 f.; *Hille,* Beteiligungsmanagement, S. 1 ff.; *Katz,* in: FS für P. Eichhorn, 2007, S. 582 ff.; *Weiblen,* in: Fabry/Augsten, a. a. O., S. 596 ff.; KGSt-Bericht 3/2012; Sächs. IM/KLV, a. a. O., Leitfaden, 11/2014, mit Mustern; zur Verwaltung von Bundes-/Landesbeteiligungen: §§ **65 ff. BHO/LHO;** jährliche Beteiligungsberichte des BMF; Hinweise der BReg. zur Beteiligungsverwaltung vom 24.9.2001, GMBl. 2001, 709 ff.; *Wilting* DÖV 2002, 1013 ff.).

Nach überwiegender Meinung wird das Beteiligungsmanagement als Oberbegriff für alle Aktivitäten und Maßnahmen verstanden und gliedert sich aus der
Sicht der Kommunen in **vier wesentlichen Bereiche:** (1) Beteiligungspolitik, (2)
Beteiligungsverwaltung, (3) Beteiligungscontrolling und (4) Mandatsbetreuung
(vgl. auch nachstehende **Abb.** 8):

– **Beteiligungspolitik(-steuerung):** Aufnahme, Analyse, Überprüfung und   **162**
   Festlegung der strategischen Ausrichtung der Unternehmen der Gemeinde;
   Formulierung und Vorgabe der kommunalen Unternehmens- und Beteili-
   gungsziele einschließlich ihrer Verträglichkeit mit den Zielen der Gemeinde
   (Gesellschaftszweck mit präzisen Aufgabenbereichen); Entwicklung von
   Sach-, Leistungs- und Finanzvorgaben, Kennzahlen usw.; Finanzplanung;
   Portfolioanalyse, -ausrichtung, -management und Entwicklung der Ge-
   schäftsfelder; Fragen der Kooperationen, der Privatisierung und ähnliche
   grundsätzliche Problemfelder.

– **Beteiligungsverwaltung:** Funktionen der Koordination, der Information,   **163**
   der Dokumentation und der Überwachung, also Aufgaben i. S. einer „Geschäftsstelle" zur Abarbeitung der eher geschäftsordnungsmäßigen Aufgaben (Einhaltung formaler Kriterien; Vorbereitung, Durchführung und
   Nacharbeitung von Sitzungen, Überwachung der Festlegung und Einhaltung der kommunalen Ingerenzrechte, von Recht- und Ordnungsmäßigkeit,
   Beschlussausführungskontrolle usw.; Organisation und Umsetzung von
   Verwaltungsaufgaben; gesellschafts- und steuerrechtliche Fragen; Informationsaustausch, ausreichende, gute Berichterstattung, Dokumentation
   usw.).

– **Beteiligungscontrolling:** Rechtzeitige Zurverfügungstellung der steuerungs-   **164**
   relevanten Informationen (Berichtswesen); Gewährleistung der kommunalen Einflusssicherung; Aufarbeitung, Auswertung, Verdichtung und Bewertung der einschlägigen Daten und Informationen; Erarbeitung von
   Entscheidungsgrundlagen und -alternativen (Portfolioanalysen, pro und
   contra; Entscheidungshilfen, strategische Optionen, Abwägungsprozesse);
   Finanz-, Leistungs- und Wirkungscontrolling (mittelfristige Soll-/Ist-Ver-
   gleiche, Abweichungsanalysen, Kennzahlen, Betriebsvergleiche, Benchmarking, Erarbeitung von Zielvereinbarungsvorschlägen usw.); Aufbau eines
   Berichtswesens von zeitnaher, regelmäßiger und anlassbedingter Berichterstattung usw. (vgl. Städtetag BW, Leitfaden Beteiligungscontrolling, 1999;
   Löhr/Rattenhuber GemHH 2001, 1 ff.; Deutscher Städtetag, Städtische
   Wirtschaft, April 2002; unten Rdn. 171 f.; *Lasar,* Verwaltung & Management 2014, 248 ff.).

– **Mandatsbetreuung:** Fachliche Unterstützung und Beratung der von der Ge-   **165**
   meinde in die Unternehmensorgane entsandten Mitglieder (Vertreter; insbes. auch des Aufsichtsratsvorsitzenden); Sichtung und ggf. Erläuterung
   und Kommentierung der Sitzungsvorlagen; Abgabe von Stellungnahmen,
   Empfehlungen und gutachterlichen Äußerungen mit pro und contra, Alternativen usw.; Information und Qualifizierung der entsandten Mitglieder
   und Vertreter; Steuerungs- und Entscheidungshilfen; Durchführung von Se-

minaren, Workshops usw. Die Mandatsträger/Gemeinderäte sollten insb. ausreichend informiert sein und nachvollziehen können, ob die politischen Vorgaben erfüllt sind (Geschäftspolitk, Finanz- und Ertragslage usw.).

Abb. 8: Aufgabenfelder des Beteiligungsmanagements

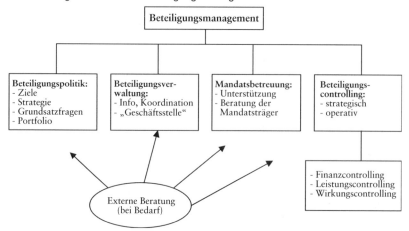

2. **Organisation und Zuständigkeiten**

166   Die **organisatorische Zuordnung** des Beteiligungsmanagements innerhalb der Kommunalverwaltung kann nicht generell beantwortet werden (der von der Stadt Leipzig beschrittene Sonderweg einer stadteigenen Consulting-Gesellschaft ist rechtlich äußerst zweifelhaft und nicht zu empfehlen). Deren Zweckmäßigkeit und Effizienz hängt von der Größe und Struktur der Gemeinde, von Art und Umfang der Beteiligungen usw., aber auch von den handelnden Akteuren ab. Allgemein ist eine Zuordnung zum Bürgermeister (OB; etwa als Stabsstelle) oder zur Kämmerei zu empfehlen (bei Städten über ca. 250.000 E. ist auch eine dezentrale Organisation mit zentralen Komponenten denkbar; vgl. *Fiedler/Kreft/Lührs* GemHH 1999, 29 ff.; *Hille*, a.a.O., S. 152 ff.; *Katz*, FS Eichhorn, 2007, 582 ff.; KGSt, Bericht B3/2012).

167   Die Aufgaben des Beteiligungsmanagements sind von der Organisationseinheit in der Kommunalverwaltung sehr **sensibel auszuüben.** Deren Mitarbeiter haben zwar zu initiieren, vorzubereiten, zu beraten und Controlling wahrzunehmen, sie besitzen aber weder unternehmerische Verantwortung noch Entscheidungskompetenzen. Die Geschäftsführung der einzelnen Gesellschaften hat den operativen Betrieb weitgehend selbstständig zu erledigen und auch die strategischen Angelegenheiten zu entwickeln, aufzuarbeiten und nach der Entscheidung durch den Aufsichtsrat oder die Gesellschafterversammlung umzusetzen (vgl. Rdn. 146 und 171). Das Beteiligungsmanagement ist also vor allem stabsähnliche „**Servicestelle"** i.S. von Geschäfts-, Koordinations-, Überwachungs- und teilweise Initiativfunktionen, als aktiver Informationsversorger und unterstützender Berater für Verwaltungsleitung, Gemeinderat und die kommunalen

Vertreter in den Unternehmensorganen (Eigentümerinteressen des Kapitaleigners; „Scharnier" zwischen Politik und Verwaltung, zwischen Kommune und Unternehmen, ohne den Kontakt zu einer Seite zu vernachlässigen). Nach offener und fairer Beratung sollten diese Fragen in entsprechenden Geschäftsordnungsregelungen festgelegt oder anderweitig schriftlich fixiert werden (Gesellschaftsvertrag, Hauptsatzung, GeschO, VV usw.; vgl. dazu und zur personellen Ausstattung: *Katz*, FS Eichhorn, 2007, 582 ff.).

3. Beteiligungsbericht

In den Gemeindeordnungen wird von der Gemeinde die **jährliche Erstellung** eines   **168** Beteiligungsberichts gefordert, in dem **Rechenschaft** über die Entwicklung der Unternehmen in Privatrechtsform insbes. gegenüber dem Gemeinderat und den Einwohnern gegeben wird. Mit diesem Bericht soll ein Beitrag zu größerer Transparenz hinsichtlich ihrer ausgegliederten Aufgabenerfüllung in Privatrechtsform geleistet werden und dazu dienen, Informations-, Steuerungs- und Controllingdefizite rechtzeitig zu erkennen und möglichst zu vermeiden, aber auch einen wesentlichen Beitrag zur Gesamtsteuerung der Kommune zu leisten (vgl. etwa GPA BW; Geschäftsbericht 2009, C.5). Er ist auch bei nur einem Kommunalunternehmen zu erstellen und sollte sich neben den zwingend vorgeschriebenen Beteiligungen auf alle Bereiche erstrecken, die nicht im Kernhaushalt der Gemeinde unmittelbar enthalten sind (Eigenbetriebe, Zweckverbände, kommunale Stiftungen usw.; vgl. auch den inzwischen verbindlich vorgeschriebenen konsolidierten Gesamtabschluss, etwa § 95a GemO BW). Weiter ist zu empfehlen, auch Mitgliedschaften und dergleichen in den Bericht aufzunehmen. In BW ist der Beteiligungsbericht bei unmittelbaren Beteiligungen unabhängig von der Höhe der Anteile zu erstellen. Bei mittelbaren Beteiligungen bedarf es einer Erstellung nur, wenn deren Höhe mehr als 50 % beträgt. Bei mittelbaren Beteiligungen mit weniger als 25 % können die Angaben auf wenige Eckdaten und Grundaussagen beschränkt werden (insbes. Unternehmensgegenstand, Beteiligungsverhältnisse und Stand der kommunalen Aufgabenerfüllung; vgl. § 105 Abs. 2 GemO BW). Die Gemeindeordnungen der anderen Bundesländer enthalten ähnliche, im Detail teilweise unterschiedliche Regelungen (vgl. Art. 94 Abs. 3 BayGO; § 117 GO NRW).

Der **Mindestinhalt** des Beteiligungsberichts ist gesetzlich im Einzelnen festge-   **169** legt (vgl. § 105 Abs. 2 Satz 2 GemO BW; § 117 GO NRW; Städtetag BW, Leitfaden Beteiligungscontrolling, 1999, S. 15 ff.; Deutscher Städtetag, Städtische Wirtschaft, April 2002, S. 10; *Weiblin*, in: Fabry/Augsten, a. a. O., S. 596 ff.; *Bals*, in: Innenministerium NRW, Gestaltung der Beteiligungsberichte, 2003; zur gebotenen „Betätigungsprüfung" mit Checkliste: *Kölz/Strauß* GemHH 2005, 224 ff.). Insbesondere:

– Gegenstand, Zweck und Ziele des Unternehmens, Beteiligungsverhältnisse (Anteilseigner mit Beteiligungsanteil).
– Stand der Erfüllung des öffentlichen Zwecks des Unternehmens (Übereinstimmung mit dem Gesellschaftsvertrag, Erfüllung der Sach- und Finanzziele nach Inhalt und Umfang, quantitative und qualitative Einhaltung der Zielvorgaben, der Finanz-, Leistungs- und Wirkungsziele; Soll-/Ist-Vergleiche, Kennzahlen, Betriebsvergleiche usw.).

– Für das letzte Geschäftsjahr die Grundzüge des Geschäftsverlaufs, außerordentliche Vorgänge, die Lage des Unternehmens, die Kapitalzuführungen und -entnahmen; im Vergleich mit den Werten des vorangegangenen Geschäftsjahres die durchschnittliche Zahl der Beschäftigten (nach Gruppen), die wichtigsten Kennzahlen der Vermögens-, Finanz- und Ertragslage des Unternehmens sowie die gewährten Gesamtbezüge der Mitglieder der Geschäftsführung und des Aufsichtsrats (entsprechende Geltung der §§ 285 Nr. 9 und 286 Abs. 4 HGB; vgl. Beteiligungs-, Geschäftsführer- und Risikoprüfung und -management, Rdn. 154 ff.; Kennzahlen und Früherkennungssysteme auch für die weitere Geschäftsentwicklung, Kontraktmanagement usw.).

170   Zwar ist mit dem Beteiligungsbericht eine Grundlage geschaffen, die als Informationsquelle ein Mindestmaß an öffentlichkeits- und entscheidungsrelevanten Daten zur Verfügung stellt. Im Wesentlichen fordern allerdings die gesetzlichen Regelungen (vgl. etwa § 105 Abs. 2 GemO BW) lediglich vergangenheitsbezogene Daten, die nur bedingt als Steuerungsinstrument für Gemeinderat und Verwaltung tauglich sind. Deshalb sollten in den Bericht auch Indikatoren und Controllingelemente aufgenommen werden, die ein **vorausschauendes Beteiligungsmanagement** sowie frühzeitige Handlungs- und Steuerungsaktivitäten ermöglichen (Vorgabe möglichst operationabler Gemeinde- und Unternehmensziele, steuerungs- und zukunftsorientierte Kennzahlen, Vereinbarung strategischer Ziele, insbes. bezüglich Betriebsgegenstand, Leistungsprogramm und Finanzrahmen; Finanzplanung, Wirtschafts- und Vermögensplan; Chancen- und Risikenanalyse, Früherkennungssysteme und dergl., aber auch Zielerreichungs-, Leistungs- und Wirkungskontrolle; eine DIFU-Untersuchung aus 2003 hat dies eindringlich bestätigt; vgl. etwa Sächs. IM/KLV, a. a. O., S. 44 ff. sowie Rdn. 42, 159 f. und 171 f. sowie Teil 2 Rdn. 21 ff. zu § 105).

4.   Beteiligungscontrolling

171   Die Funktion kommunaler Wirtschaftsunternehmen als Instrumente zur kommunalen Aufgabenerfüllung und die Letztverantwortung der Kommunen als i. d. R. alleiniger oder maßgeblicher Gesellschafter erfordern eine angemessene und – wenn notwendig – eine wirksame Steuerung und Überwachung der Kommunalunternehmen durch den Eigentümer/Anteilseigner (insbes. in Krisen- und Konfliktsfällen; vgl. auch die Diskussion der letzten Jahre zum Thema „Corporate Governance"). Dies bedeutet, dass eine gewisse „Untersteuerung" ggf. zu korrigieren ist, heißt aber nicht, in operative Aufgaben einzugreifen. Für das operative Geschäft sind in den Kommunalunternehmen die Geschäftsleitungen voll verantwortlich. Der kommunale Gesellschafter sollte sich – abgesehen von den gesetzlich vorgegebenen Aufgaben – insbesondere auf die **Steuerung über Zielvereinbarungen** und Rahmenrichtlinien beschränken. Je mehr sich die Kommune in das operative Geschäft der Beteiligungen „einmischt", desto mehr werden die Verantwortlichkeiten verwischt und das unternehmerische Handeln der Geschäftsleitungen „gebremst" (vgl. Rdn. 146). Das Beteiligungsmanagement hat sich stets an den Bedürfnissen und Interessen der Gesellschafteraufgaben zu orientieren. Dabei ist strategisches Controlling, die Frage „Machen wir das Richtige?", sicher häufig nicht von der Frage „Machen wir das Richtige richtig?" zu trennen, weil sich beide Bereiche teilweise gegenseitig bedingen und/oder miteinander verknüpft sind. Gleichwohl müssen sich die Aufgaben des Beteiligungsmanagements an den **vier Zieldimensionen** Erfüllung des „öffentlichen Zwecks", Rechtmäßigkeit, Leistungsqualität und Kosteneffizienz messen lassen, auf die qualifizierte Einschätzung von Einwohnerbedürfnissen, Ressourcen, Investitionen und Produkten sowie auf deren Entwicklungen, Chancen und Risiken konzentrieren. Um Fehlentwicklungen gegenzusteuern, sind zukunftsweisende Entwicklungen zu fördern, die nachhaltige Sicherstellung der Unternehmensziele und der Einhaltung der Zielvereinbarungen zu gewährleisten, die kommunale Aufgabenerfüllung, die Gestaltung des kommunalen Aufgabenportfolios und dergleichen mehr zu überprüfen (vgl. dazu etwa *Hille*, a. a. O., S. 119 ff.; Säch. IM/KLV, a. a. O., S. 15 ff.; *Hack* ZKF 2005, 1 ff.; *Klieve* WPg 2015, Heft 4, S. I; zum Chancen- und Risikomanagement: *Glinder* GemHH 2008, 241 ff.).

Zum **strategischen Beteiligungscontrolling** sind insbesondere folgende Aufga-   **172** ben zu zählen (meist in Zusammenarbeit mit den Unternehmen; vgl. dazu oben Rdn. 159 f. mit Abb. 7 und nachstehende **Abb. 9**):

– Berichtswesen einschließlich Beteiligungsbericht (rechtzeitige Zurverfügungstellung steuerungsrelevanter und verständlicher Informationen vor allem i. S. von Servicefunktionen für Rat, Verwaltungsspitze und Gesellschafter).
– Aufarbeitung, Auswertung, Verdichtung und Bewertung wichtiger Daten und Informationen.
– Rechtzeitige Beteiligung der Kommune an „Weichenstellungen" beim Wirtschaftsplan und Jahresabschluss.
– Finanz-, Leistungs- und Wirkungscontrolling (Soll-/Ist-Vergleiche, Zeitreihen, Abweichungsanalysen usw.).
– Investitionscontrolling (einschließlich Abstimmung mit Fach- und Umweltplanungen).
– Kennzahlen, Betriebsvergleiche, Benchmarking usw.
– Erarbeitung von Unternehmensstrategien, Zielvereinbarungsvorschlägen und dergleichen (mit Alternativen).
– Chancen- und Risikomanagement („Frühwarnsystem").
– Portfolio- und Produktkritik und -analyse.
– Umsetzungsstrategien, Erfüllung der kommunalen Aufgaben bzw. des Unternehmensgegenstands (Erreichung des „öffentlichen Zwecks", quantitative und qualitative Aspekte; leistungs- und wirkungsbezogene Zielerreichungsgrade usw.).

Abb. 9: Kommunale Strategieimplementierung (insbes. Umsetzung der Ziele)

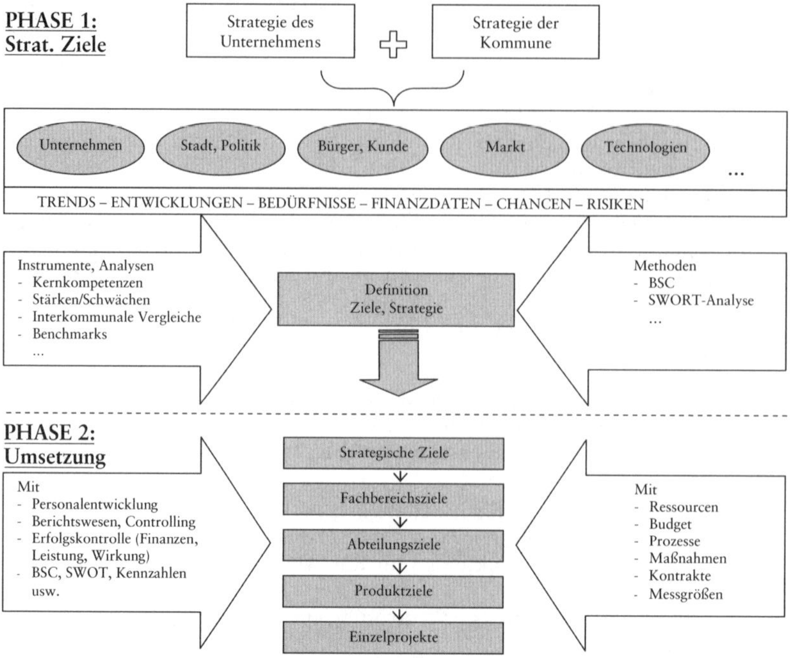

PHASE 1:
Strat. Ziele

| Strategie des Unternehmens | ⊕ | Strategie der Kommune |

Unternehmen   Stadt, Politik   Bürger, Kunde   Markt   Technologien   …

TRENDS – ENTWICKLUNGEN – BEDÜRFNISSE – FINANZDATEN – CHANCEN – RISIKEN

Instrumente, Analysen
- Kernkompetenzen
- Stärken/Schwächen
- Interkommunale Vergleiche
- Benchmarks
…

Definition
Ziele, Strategie

Methoden
- BSC
- SWORT-Analyse
…

PHASE 2:
Umsetzung

Mit
- Personalentwicklung
- Berichtswesen, Controlling
- Erfolgskontrolle (Finanzen, Leistung, Wirkung)
- BSC, SWOT, Kennzahlen
usw.

Strategische Ziele
↓
Fachbereichsziele
↓
Abteilungsziele
↓
Produktziele
↓
Einzelprojekte

Mit
- Ressourcen
- Budget
- Prozesse
- Maßnahmen
- Kontrakte
- Messgrößen

5. Erfolgsfaktoren und Instrumente

173 Für ein effektives und effizientes Beteiligungsmanagement sind aufgrund langjähriger Erfahrungen folgende **Erfolgsfaktoren** bzw. **Instrumente** besonders wichtig und weitgehend unverzichtbar, sollten aber auch regelmäßig hinterfragt und weiterentwickelt werden (vgl. *Katz*, FS Eichhorn, 2007, S. 582 ff.):

– Orientierung an den Bedürfnissen der kommunalen Mandatsträger und der Verwaltung, der Bürgerinnen/Bürger, Wirtschaft usw. und Maximierung des „Citizen-Value" (Gemeinwohlerfüllung; attraktiver, lebenswerter Standort; ausreichende Information und Öffentlichkeit).

– Orientierung an den Zielen der Kommunen und Beitrag der Unternehmen dazu (gesamtheitliche städtische „Konzernziele") und Absicherung in den Satzungen/Gesellschaftsverträgen.

– Vereinbaren statt anweisen, „controllen" statt überwachen (sensibles, psychologisch einfühlsames Vorgehen bei klaren schriftlichen Regelungen in Gesellschaftsvertrag, Hauptsatzung, Verwaltungsvorschriften, Geschäftsordnungen usw.).

– Transparenz, kommunalpolitische Konfliktminimierung, Public Corporate Governance, Compliance (Rdn. 173a ff.).

– Konzentration auf strategische Steuerung und Controlling sowie Aufbau eines Zielvereinbarungssystems in Abstimmung mit dem Unternehmen (stufenweise Einführung eines Kontraktmanagements auf möglichst breiter Akzeptanz mit Umsetzungs- und Überprüfungskonzepten).
– Anreiz- und erfolgsorientierte Entlohnungskomponenten.
– Stärkere Einbindung und „Qualifizierung", Schulung und Beratung des Anteilseigners (insbes. Gemeinderat, Aufsichtsrat, z. T. auch Verwaltung).
– Aussagekräftige Berichte, Leitfaden, Handbuch usw.

Literaturhinweise (Beteiligungsmanagement): *Ade* (Hrsg.), Handbuch kommunales Beteiligungsmanagement, 1997; *Bals,* in: Innenministerium des Landes NRW (Hrsg.), Vorschläge und Hinweise zur Gestaltung der Beteiligungsberichte der Kommunen, 2002; Deutscher Städtetag, Städtische Wirtschaft, 2002; *Hille,* Grundlagen des kommunalen Beteiligungsmanagements, 2003; *Katz,* GemHH 2002, S. 265 ff.; KGSt, Kommunale Beteiligungen I bis V, KGSt-Berichte Nr. 8 und 9/1985, 7 und 8/1986 und 15/1988 sowie 3/2012; Städtetag BW, Leitfaden Beteiligungscontrolling, 1999; *Fiedler/Kreft/Lührs,* GemHH 1999, 29 ff.; *Klopfer,* KommP 2/2003, S. 34 ff.; *Weiblen,* in: Fabry/Augsten (Hrsg.), a. a. O., S. 596 ff.; *Huffmann,* in: Mann/Püttner, Handbuch der kommunalen Wissenschaft und Praxis, Band 2, 3. Aufl. 2011, § 51; *Horvath,* Das Controllingkonzept, 8. Aufl. 2016; DIFU-Berichte 4/2003, S. 8 f.; DIFU-Materialien, Band 10/2003 (Privatisierung in Kommunen – eine Auswertung kommunaler Beteiligungsberichte); *Gampe/Iltgen,* GemHH 2004, 25 ff.; *Günther/Niepel,* Zeitschrift für Planung & Unternehmenssteuerung, 2006, 323 ff.; *Katz,* in: Bräunig/Greiling (Hrsg.), FS für P. Eichhorn, 2007, S. 582 ff.; Deutscher Städtetag, Strategien guter Unternehmensführung, 2009; *Lasar,* Verwaltung & Management 2014, 248 ff.; Sächsisches IM/KLV, Leitfaden zum kommunalen Beteiligungsmanagement, 11/2014; Speyerer Tagung, GemHH 2016, 42 f.

6. Compliance in öffentlichen Unternehmen

Unter dem **Begriff Compliance** wird allgemein der Zustand regelkonformen **173a** Handelns verstanden (Einhaltung von Recht, Gesetz und internen Richtlinien). Daneben sind auch die Maßnahmen davon umfasst, die zur Einhaltung bestimmter Rechtssätze führen. Die Geschäftsführung eines Unternehmens ist im Rahmen der von ihr einzuhaltenden Legalitätspflicht zur Compliance verpflichtet (vgl. etwa *Thole* ZHR 2009, 504 ff.). Compliance bedeutet nicht nur, keine Gesetzesverstöße anzuordnen oder zu begehen, sondern auch die Begehung durch organisatorische Maßnahmen zu verhindern (*Beisheim/Hecker* KommJur 2015, 49, 50; *Stück* GmbHR 2016, 561 ff.). Obwohl die Geschäftsführung unmittelbar die Legalitätspflicht zu beachten hat, hat der Aufsichtsrat die Einhaltung zu prüfen (*Schneider* ZIP 2016, Beilage zu 22, S. 70 ff.).

Hinsichtlich der **Rechtsfolgen** von Non-Compliance bietet es sich an, zunächst **173b** die persönliche Ebene und sodann die Ebene des Unternehmens zu betrachten. Bezüglich der Leitungs- und Aufsichtsorgane ist zunächst auf das gesellschaftsrechtliche Haftungsrecht (insbesondere § 43 GmbHG und § 93 AktG) und das allgemeine Zivilrecht zu verweisen. Daneben kommen auch strafrechtliche Sanktionen in Betracht. Zu nennen sind für den öffentlichen Sektor insbesondere die Korruptions- und Bestechungsdelikte der §§ 299 ff., 331 ff. StGB. Teilweise sind diese Delikte sogenannte Sonderdelikte, können insbesondere also nur von Amtsträgern im strafrechtlichen Sinne (§ 11 Abs. 1 Nr. 2 StGB) begangen werden. Unter bestimmten Voraussetzungen kann eine Strafbarkeit aber auch durch ein Unterlassen begründet werden (grundlegend BGH NJW 2009, 3173 ff., „BSR-Entscheidung"). Beachtung fand aus haftungsrechtlicher Sicht im Bereich der Privatwirtschaft die „Siemens/Neubürger"-Entscheidung (LG München I NZG 2014, 345 ff.). Der Beklagte wurde in erster Instanz zu einer empfindlichen Schadenersatzzahlung verurteilt; in zweiter Instanz verglichen sich die Parteien. Besondere Relevanz entfaltet dieses Urteil insofern, als ein Compliance-System vorhanden war, dies aber als unzureichend angesehen wurde. Ebenso beachtenswert weist das Urteil darauf hin, dass beim Vorstand stets eine Gesamtverantwortung verbleibt, auch wenn die Aufgaben auf untere Ebenen verlagert wurden. Das Haftungsrecht weicht bei öffentlichen Unternehmen nicht grundlegend von dem der privaten Unternehmen ab, sodass diese Rechtsprechung auch bei kommunalen Unternehmen beachtet werden muss.

173c Konsequenzen für das Unternehmen können einerseits allgemeine zivilrechtliche Haftungsansprüche, sowie Bußgelder gegen das Unternehmen sein (insbesondere § 130 Abs. 2 OWiG, Unterlassen der sog. gehörigen Aufsicht). Strafrechtliche Sanktionen können (derzeit) hingegen nur gegen natürliche Personen, nicht jedoch gegen juristische Personen verhängt werden. Weiterhin existieren Regeln im Verwaltungs- und Disziplinarrecht oder dem Datenschutzrecht, die besondere Relevanz für öffentliche Unternehmen haben (vgl. *Sonder* vr 2014, 230). Rechtlich nicht greifbar und auf den ersten Blick finanziell schwer bezifferbar ist letztlich der etwaige Reputationsschaden. Gerade von öffentlichen Unternehmen wird gefordert, dass sich diese an Recht und Gesetz halten. Umso schwerer wiegen hier entsprechende Verstöße.

173d Die Geschäftsführung ist also gehalten, Maßnahmen zu ergreifen, die entsprechende Verstöße verhindern und spiegelbildlich eine Ahndung und Aufdeckung sicherzustellen, falls es doch zu einem Verstoß kommt. Abhängig von Größe und Risikosituation des Unternehmens ist ein sog. **Compliance-Management-System** angezeigt. Dies wird häufig an einen Prüfstandard des Instituts der Wirtschaftsprüfer angelehnt (IDW PS 980 und 981; *Ewelt-Knauer* WPg 2016, 597 ff. und 941; *Schmidt* u. a. WPg 2016, 944 ff.). Als die **sieben Grundelemente** werden gesehen:

- Compliance-Kultur,
- Compliance-Ziele,
- Compliance-Risiken,
- Compliance-Programm,
- Compliance-Organisation,
- Compliance-Kommunikation und
- Compliance-Überwachung und -Verbesserung (IDW PS 980 Tz. 23).

Im Rahmen der **Compliance-Kultur** ist es insbesondere erforderlich, dass sich die Geschäftsführung zu Compliance bekennt („tone at the top"). Das Management legt die Ziele des Compliance-Management-Systems fest, die erreicht werden sollen, also besonders relevante Teilbereiche und zugehörige Regeln. Damit verbunden ist die Frage nach den Compliance-Risiken, also welche tatsächlichen Risiken bestehen und wie wahrscheinlich ein Eintritt ist (zum Kommunalen Mischkonzern: *Wilbert* CCZ 2015, 213 ff.). Darauf basierend ist ein Compliance-Programm zu implementieren, das den Eintritt dieser Risiken verhindern soll und Maßnahmen bei erkannten Verstößen vorsieht. Darauf angepasst ist die Compliance-Organisation nach Rollen und Aufgaben. Damit diese Maßnahmen auch ausreichend bei Mitarbeitern und ggf. weiteren Personen bekannt sind, bedarf es eines entsprechenden Kommunikationskonzepts. Schließlich ist das Compliance-Management-System fortlaufend zu überwachen und ggf. fortzuentwickeln. Häufig werden im Unternehmen schon Prozesse und Vorgaben vorhanden sein, die Compliance (zumindest in Teilen) bereits sicherstellen. Im Rahmen der Befassung mit dem **Compliance-Programm** können diese nochmal systematisch erfasst und den Risiken zugeordnet werden. Dies hat nicht selten den positiven Nebeneffekt der Analyse der Geschäftsprozesse. So können etwaige veraltete Strukturen aufgedeckt und Effektivität und Effizienz des Unternehmens gesteigert werden. Allerdings ist hier darauf hinzuweisen, dass ein Compliance-Management-System nach IDW PS 980 – auch wenn es durch einen Wirtschaftsprüfer geprüft wurde – nicht automatisch zu einer Enthaftung führen muss (vgl. *Böttcher* NZG 2011, 1054, 1056 ff.). Gleichwohl lässt sich das Vorgehen der Geschäftsleitung anhand der sieben Grundelemente strukturieren (zum Risikomanagement vgl. Rdn. 158).

Als typische Risikofelder für öffentliche Unternehmen können insbesondere **173e** Kartellrecht, Vergaberecht, Preisrecht sowie Sponsoring und Spenden genannt werden (ausführlich *Otto/Fonk* CCZ 2012, 161, 162 ff.). Ein weiteres, jedoch in der Praxis noch teilweise übersehenes Problem stellt sich im Bereich des europäischen Beihilferechts (instruktiv *Sonder* KommJur 2013, 121 ff.). Je nach Gegenstand des Unternehmens lässt sich dieser Katalog beliebig fortführen. Daher steigt die Bedeutung, die rechtlichen Anforderungen an das Unternehmen zu durchleuchten, um die Compliance handhabbar zu machen. Bund, Bundesländer und manche Kommunen erarbeiten vor diesem Hintergrund sogenannte „Public Corporate Governance Kodizes", die gegebenenfalls Beachtung finden müssen.

Zusammengefasst sind folgende Punkte für eine wirksame Compliance bei öf- **173f** fentlichen Unternehmen zu beachten (vgl. auch Rdn. 158):

– Kenntnis der Risikotreiber im Unternehmen und damit verbundene Kenntnis aller relevanten Normen.
– Aufsetzen von Richtlinien, die die relevanten Themenfelder abdecken.
– Implementierung der Richtlinien und Maßnahmen, die die Compliance-Organisation unterstützen (etwa Vier-Augen-Prinzip, Vertragsmanagement, Vollmachtenregel, Compliance Manager, Schulungen, Ombudsstelle).
– Bekenntnis der Geschäftsleitung zu Compliance, Kommunikation der Richtlinien und Prozesse, sowie ggf. Verankerung der Verpflichtungen in den Arbeitsverträgen der Mitarbeiter und Lieferantenverträgen.
– Verantwortlichkeitsklärung, insbesondere bei mehreren Geschäftsleitern.

- Aufdeckung von Non-Compliance und entsprechende Aktionen bei Aufdeckung (etwa Sanktionsmechanismen, Handlungsvorgaben, Ansprechpartner).
- Regelmäßige Überprüfung der Wirksamkeit.
- Verbindung mit weiteren gesellschaftsinternen Einheiten (insbesondere Interne Revision) und externen Einheiten (insbesondere Beteiligungsmanagement).

Literaturhinweise (Compliance in öffentlichen Unternehmen): Gemeinsame Stellungnahme der Kommunalen Spitzenverbände 12/2009, in: LT-DS. NRW 14/2961, S. 1 ff.; IDW, Prüfungsstandard PS 980 von 3/2009; *Beisheim/Hecker*, KommJur 2015, 49; *Löw*, JA 2013, 88; *Otto/Fonk*, CCZ 2012, 161; *Passarge*, NVwZ 2015, 252; *Sonder*, vr 2014, 229; *Achauer*, ZfK 2014, S. 25 ff.; VKU, Compliance in kommunalen Unternehmen, 2. Aufl. 2014; *Stober/Ohrtmann* (Hrsg.), Compliance, 2015; *Cordes*, Die Compliance-Organisation, 2016; *Stück*, GmbHR 2016, 561 ff.

VII. Betriebsführung wirtschaftlicher Unternehmen

1. Besondere Wirtschaftsgrundsätze

174 In den Gemeindeordnungen gelten die Tatbestandsvoraussetzungen und ihre Grenzen sowie die Wirtschaftsgrundsätze der wirtschaftlichen Betätigung kommunaler Unternehmen sowohl bei der Gründung (Beginn), der Errichtung, Übernahme, Beteiligung oder wesentliche Erweiterung eines Kommunalunternehmens (vgl. § 107 Abs. 1 GO NRW; § 102 Abs. 1 GemO BW) als auch – abgesehen von einigen wenigen „Bestandsschutzfällen" – für den Betrieb und die **laufende Geschäftstätigkeit;** sie sind entsprechend einzuhalten. Darüber hinaus ist aber auch das Handeln nach der Betriebsaufnahme, der „Zustand" **wirtschaftlicher Betätigung,** zusätzlich nach gesetzlich festgelegten besonderen Unternehmenszielen und -grundsätzen durchzuführen (vgl. etwa §§ 102 Abs. 3 und 103 Abs. 3 GemO BW; Art. 95 BayGO; § 109 GO NRW; § 136 NKomVG). Die wirtschaftlichen Unternehmen müssen insb. so geführt werden, dass ihr öffentlicher Zweck nachhaltig und stetig erfüllt wird (**Primärfunktion;** Leitziel und Hauptzweck). Daneben sollen sie für den Gemeindehaushalt noch einen Ertrag abwerfen (Sekundärzweck; Nebenziel). Diese Bestimmungen statuieren also einen eindeutigen Vorrang der öffentlichen Zweckerfüllung (Muss-Vorschrift). Die Gewinnerzielung ist nur **Sekundärfunktion** (Nebenzweck; Soll-Vorschrift). Im Vordergrund stehen die gemeindlichen Aufgaben i. S. einer auch in der Art und Weise ihrer Durchführung dem Gemeinwohl verpflichteten und den sozialen Belangen gerecht werdenden Bedürfnisbefriedigung. Dabei besteht aber eine Wechselwirkung zwischen vor allem diesen beiden, aber auch den **betriebswirtschaftlichen Unternehmenszielen** insoweit, als (1) einerseits auch die vorrangige öffentliche Aufgabenerfüllung dem **Wirtschaftlichkeitsprinzip** unterliegt (Optimierungsgebot, zwischen eingesetzten Mitteln und erzielten Ergebnissen; Rational- oder ökonomisches Prinzip; vgl. etwa § 77 GemO BW; Art. 61 BayGO; § 75 GO NRW; entsprechend den allgemeinen Haushaltsgrundsätzen und den gesellschaftsrechtlichen Handlungsmaximen; *Schliesky* DVBl. 2007, 1453 ff.; *Klug* GemHH 2016, 86 ff.). Wirtschaft-

lichkeit ist nicht nur mit Rentabilität oder Gewinnstreben gleichzusetzen, sondern bedeutet auch die Anwendung des Rationalprinzips bei der wirtschaftlichen Betätigung: Ein vorgegebenes Ziel ist mit einem möglichst geringen Aufwand an Mitteln zu erreichen bzw. mit einem gegebenen Bestand an Mitteln ist ein möglichst günstiges Ergebnis zu erzielen. (2) Andererseits ist eine dauerhafte und erfolgreiche Aufgabenerfüllung nur gesichert, wenn neben einer angemessenen **Finanz- bzw. Eigenkapitalausstattung** die Substanzerhaltung gewährleistet, Mittel für technische und wirtschaftliche Fortentwicklungen erwirtschaftet und soweit wie möglich auch eine marktübliche Eigenkapitalverzinsung erzielt wird. (3) Um die „Doppelfunktion" der kommunalen wirtschaftlichen Betätigung (Primär- und Sekundärziele) möglichst gut organisieren und erfüllen, steuern und überwachen zu können, bedarf es schließlich verstärkt **betriebswirtschaftlicher Methoden und Instrumente**, ein darauf ausgerichtetes effizientes Rechnungs- und für Kommunen geeignetes Prüfungswesen (einschließlich entsprechender Steuerungs-, Planungs- und Controlling-Methoden). Solche Ansätze versucht die „Öffentliche Betriebswirtschaftslehre" und das „Non-profit-Management" zu entwickeln (vgl. etwa *Fabry/Augsten*, a. a. O., S. 380 ff.; *Eichhorn*, Öffentliche Betriebswirtschaftslehre, 2004; *Helmig/Boenigk*, Nonprofit-Management, 2012).
Im Einzelfall ist sorgfältig zwischen einer möglichst optimalen einwohnernützlichen/kommunalpolitischen Aufgabenerfüllung und einer möglichst wirtschaftlichen Aufgabendurchführung sowie einer Soll-Gewinnerzielung abzuwägen. Wirtschaftsführung und Rechnungslegung haben sich an diesen Zielen auszurichten und sind entsprechend auszugestalten (betriebs- und finanzwirtschaftliches **Konzept der Gemeinwohl- oder Sozialwirtschaftlichkeitverwirklichung** bei Priorität der Zweckerfüllung und dauernder Leistungsfähigkeit im Dienst am Gemeindeeinwohner; vgl. *Münch*, in: HKWP, Bd. 5, S. 71 ff.). Mit der in den Kommunen fast flächendeckenden Einführung der Doppik werden diese Ziele auf eine breitere Basis gestellt. Erfüllt ein wirtschaftliches Unternehmen den öffentlichen Zweck nicht mehr oder wird die finanzielle Leistungsfähigkeit der Gemeinde nicht nur vorübergehend in unvertretbarem Maße strapaziert, so hat die Gemeinde die erforderlichen Maßnahmen rechtzeitig zu ergreifen, ggf. sogar die wirtschaftliche Betätigung einzustellen (Rationalisierung, Kooperationen, in Einzelfällen auch teilweise oder volle Schließung bzw. Veräußerung des Betriebs usw.; vgl. *Ruffert* VerwArch 2001, 27, 47 ff.; *Lange*, Kommunalrecht, S. 888 f.; unten Rdn. 192 ff. und 230 ff. sowie Teil 2 Rdn. 61 ff. zu § 102; zu den Pflichten und der Reichweite der Kommunalaufsicht vgl. BVerwG NVwZ 2016, 72 ff.; *Knirsch* GemHH 2016, 28 ff.).

Nach diesen besonderen **Grundsätzen der Wirtschaftsführung** sind die Gemeinden zu einer stetigen Erfüllung des öffentlichen Zwecks verpflichtet (Muss-Vorschrift; Grundsatz der Nachhaltigkeit; zum **öffentlichen Zweck** vgl. oben Rdn. 51 ff.). Die Gemeinde muss ihre wirtschaftlichen Unternehmen in finanzieller, sachlicher und personeller Hinsicht so ausstatten, dass der örtliche Bedarf jederzeit ausreichend gedeckt werden kann und der Betrieb auf Dauer funktionsfähig bleibt. Störungen und Unterbrechungen in den Lieferungen und Leistungen sind zu minimieren usw. (Leitziele: Qualitativ und quantitativ angemessene Bedarfsdeckung und Leistungserfüllung, Versorgungssicherheit, sozial

175

adäquate Entgelte und damit effiziente und wirtschaftliche Aufgabenwahrnehmung, Gesundheits-, Umweltschutz usw.; angemessenes Stammkapital, Be-
triebsmittel/Unternehmensvermögen, Personal usw.). Die Kommunen haben
die Einhaltung dieser Ziele durch geeignete Steuerungs- und Controllingmaß-
nahmen usw. sicherzustellen und die allgemeinen Grundsätze des Gemeindewirtschaftsrechts zu beachten. Eine einzelne wirtschaftliche Betätigung darf
nicht zu Lasten der übrigen gemeindlichen Aufgabenerfüllung gehen (vgl. *Wieland* DVBl. 1999, 1470 ff.; *Hörster* DVBl. 2001, 710 ff.; *Fabry/Augsten*,
a. a. O., S. 391 ff.; unten Teil 2 Rdn. 61 ff. zu § 102).

176   Wirtschaftliche Unternehmen sollen einen Ertrag für den Gemeindehaushalt
abwerfen (**Rentabilitätsgebot als Soll-Vorschrift**). Diese Voraussetzung verlangt
von den Betrieben keine Gewinnmaximierung, sondern unter Beachtung des
Vorrangprinzips der öffentlichen Zweckerfüllung zulässigerweise nach Möglichkeit die Erzielung eines angemessenen Gewinns. Dabei sind auch die kommunalrechtlichen Grundsätze der Einnahmebeschaffung und des Kommunal-
abgabenrechts zu berücksichtigen (insbes. Grundsatz der Rücksichtnahme auf
die wirtschaftlichen Kräfte der Abgabenpflichtigen; das kommunalabgaben-
rechtliche Prinzip der maximalen Kostendeckung). Das Ertragsstreben muss
also mit der öffentlichen Zielsetzung des Unternehmens und mit dessen besonderer Stellung als kommunale Einrichtung abgestimmt werden. Bei der Dominanz des öffentlichen Zwecks und der Priorität der besonderen Inpflichtnahme
der kommunalen Unternehmen als Instrumente für die Bedürfnisbefriedigung
der Einwohnerschaft ist ggf. teilweise oder ganz auf einen Ertrag zu verzichten.
In speziell gelagerten Einzelfällen können in engen Grenzen auch Verluste zulässig sein; dies ist i. d. R. insbes. dann zu rechtfertigen, wenn sonst das Primärziel gefährdet oder sozial tragbare Entgelte nicht erreicht werden können (z. B.
ÖPNV, KITA-Entgelte). Das nur als „Soll" normierte Rentabilitätsgebot, das
ein Streben nach Ertrag und keine Gewinngarantie festlegt, muss im Konfliktfall zurücktreten bzw. Ausnahmen zulassen. Kommunalpolitisch bedingte, betriebszielfremde Einnahmeausfälle, z. B. aufgrund von sozial gestaffelten Preisvergünstigungen, sollten in Form von Zuschüssen aus dem Haushalt der
Gemeinde ausgeglichen werden. Die Einführung eines „Null-Tarifs" ist bei
wirtschaftlichen Unternehmen grundsätzlich nicht zulässig (vgl. *Wolf* AfK
1963, 170; *Gern/Wössner* VBlBW 1997, 246 ff.; *Schaffarzik* NJW 2003,
3250 ff.; *Katz*, in: Kunze/Bronner/Katz, a. a. O., § 78 Rdn. 17, 29 und § 102
Rdn. 63 ff.; unten Teil 2 Rdn. 63 f. zu § 102; zur **Wasserpreisgestaltung:** BGH
NJW 2010, 2573 ff.; *Kühling* DVBl. 2010, 205 ff.; *Bürger/Herbold* NVwZ
2012, 1217 ff.; *Daiber* NJW 2013, 1990; *Gersdorf* DVBl. 2016, 555 ff.).
Die Höhe des anzustrebenden Ertrags ist nicht ausdrücklich geregelt. Grundsätzlich gilt, dass ein Gewinn in Höhe einer **angemessenen Verzinsung des Eigenkapitals**, angemessener Beträge für Rückstellungen und Rücklagen sowie
der notwendigen Mittel für die technische und wirtschaftliche Entwicklung des
Unternehmens erwirtschaftet wird (die Abschreibungen sind dabei mindestens
aus den Herstellungs- und Anschaffungskosten, wenn möglich aus den Wiederbeschaffungskosten einschließlich dem Aufwand für technische Neuerungen zu
berechnen; vgl. § 102 Abs. 3 GemO BW; § 109 GO NRW; Art. 95 BayGO).
Die Kommunen sind ganz allgemein verpflichtet, ihre Unternehmen nach ratio-

nellen und wirtschaftlichen Gesichtspunkten und Grundsätzen zu führen (Rational- oder ökonomisches Prinzip als wichtige Handlungsmaxime; Erreichung optimaler Leistungen bei möglichst geringen Kosten). Das Streben nach Wirtschaftlichkeit bei der Erfüllung gemeindlicher Aufgaben mit unternehmerischen Mitteln ist ein wichtiges Instrument kommunaler Unternehmenspolitik (vgl. *Wolf* AfK 1963, 151; *Ruffert* VerwArch 2001, 27, 47 ff.; *Cremer* DÖV 2003, 921 ff.; *Klug* GemHH 2016, 86 ff.; Teil 2 Rdn. 63 f. zu § 102).

2. Rechnungswesen

Das Wirtschaften im öffentlichen Bereich beinhaltet eine besondere Verantwortung, da ggf. Steuergelder zur Finanzierung herhalten müssen. Folglich muss ein „Rechnungswesen" bereitgehalten werden, das die notwendigen Daten und Informationen zur Planung und Strategie, Durchführung und Kontrolle der betrieblichen Sachverhalte einschließlich der Markt- und Absatzerfordernisse, aber auch Informationen zur öffentlichen Zweckerfüllung liefert (durch Erfassung, Aufbereitung, Bereitstellung und Dokumentation; Kostenrechnung, Statistik, Betriebsvergleiche, Zwischenberichte, Lagebericht usw.). Das Finanzgebaren kommunaler Wirtschaftsunternehmen bedarf folglich besonderer Regelungen der Rechnungslegung und Kontrolle, aber auch einer gewissen Transparenz (Dokumentations-, Informations-, **Rechenschaftslegungs-, Kontroll- und Öffentlichkeitsfunktion**). In den Gemeindeordnungen werden dazu neben der generellen Anwendung der für große Kapitalgesellschaften geltenden Vorschriften (§§ 316 ff., 238 ff. und 264 ff. HGB, GmbHG, AktG; GoB) und der Sicherstellung der Rechte aus §§ 53 f. HGrG eine Reihe von zusätzlichen, im Detail von Land zu Land unterschiedlichen Regelungen getroffen (vgl. etwa §§ 103 Abs. 1 Ziff. 5 und 105 GemO BW; Art. 91 und 94 BayGO; §§ 108 und 114a GO NRW). Im Einzelnen wird dazu auf die vertiefenden Ausführungen oben Rdn. 148 ff. verwiesen (vgl. Reform der öffentlichen Rechnungslegung, WPg Sonderheft 04/2004; allgemein: *Fabry/Augsten*, a. a. O., S. 415 ff.; PWC (Hrsg.), a. a. O., Rdn. 851 ff. und 1034 ff.; *Bergmann* WPg 2016, 524 ff.; zum IPSAS-Rahmenkonzept und zur Harmonisierung der öff. Rechnungslegung in Europa: *Gerhards* DÖV 2013, 70 ff.; *Schwemer/Hauschild* GemHH 2015, 193 ff.; Müller-Marques Berger/Heiling WPg 2015, 171 ff.; IDW Symposion, WPg 2015, Sonderheft 1; zur HGB-Bilanzierungspraxis öffentl. Unternehmen nach BilMoG 2009: *Papenfuß/Schmidt* DB 2012, 2585 ff.). Zur Transparenz und Entflechtung im Energiebereich („**Unbundling**") vgl. Teil 2 Rdn. 9 und 17 zu § 107; zum **Rating** in Kommunen und ihren Unternehmen vgl. *Pfitzer* GemHH (insbes. „Basel-II") 2003, 49 ff., *Walter* GemHH 2004, 1 ff., *Frischmuth/Richter* Der Städtetag 2008, 25 ff.

177

3. Wirtschaftsplanung

Das öffentliche/kommunale Finanzgebaren wird traditionell und aus guten Gründen nicht nur durch ein leistungsfähiges Rechnungswesen, die Rechnungslegung und die Jahresabschlussprüfung gewährleistet, sondern in besonderer Weise durch den Haushaltsplan und die mittelfristige Finanzplanung maßgeblich gesteuert, controllt und die dauernde Leistungsfähigkeit sichergestellt (i. S. von Steuerungs-, Programm-, Bedarfsdeckungs-, Bewirtschaftungs- und Kontrollfunktionen; Planabweichungen usw.). Das „**Budgetrecht**" (einschließlich der Haushalts- bzw.

178

Wirtschaftsplanung mit fünfjähriger Finanzplanung) ist für eine Kommune die maßgebliche, tragende Säule, das zentrale Instrument zur Steuerung und Kontrolle. Vor diesem Hintergrund ist es konsequent und entspricht den heutigen Forderungen einer soliden Wirtschaftsführung, dass die Gemeindeordnungen für alle wirtschaftlichen Betätigungsformen die Aufstellung eines Wirtschaftsplans und einer fünfjährigen Finanzplanung zwingend vorschreiben (vgl. etwa § 103 Abs. 1 Nr. 5a GemO BW; Art. 94 Abs. 1 Ziff. 1 BayGO; § 108 Abs. 2 Ziff. 1a GO NRW; für Eigenbetriebe ist dies in den Eigenbetriebsgesetzen festgelegt). Danach ist vor Beginn eines jeden Wirtschaftsjahres ein **Wirtschaftsplan** i. S. einer qualifizierten, aus betrieblichen Rechenwerken und Kennzahlensystemen entwickelten operativen Planung aufzustellen, der in aller Regel aus dem Erfolgsplan, dem Vermögensplan und der Stellenübersicht sowie einer fünfjährigen Finanzplanung, die auch strategische Planungselemente umfassen sollte, besteht. Der Wirtschaftsplan ist auf der Grundlage einer Vergangenheitsauswertung und einer qualifizierten Zukunftsprognose unter Berücksichtigung des jeweiligen Unternehmenszwecks zu erstellen. Er legt Ziel und Umfang der wirtschaftlichen Betätigung in der Planperiode fest. Die Aufstellung des Wirtschaftsplans ist Aufgabe der Werksleitung bzw. der Geschäftsführung. Die Beschlussfassung über die Feststellung des Wirtschaftsplans sollte im Hinblick auf seine Bedeutung für die Steuerung und Kontrolle grundsätzlich der Gesellschafterversammlung vorbehalten sein und vor Beginn des Planjahres erfolgen (bei Eigenbetrieben ist dies Sache des Gemeinderats, bei der Kommunalanstalt sollte die Ratszustimmung festgelegt sein). Im Hinblick auf eine möglichst große Einheitlichkeit sollte jede Kommune diese Fragen nach einheitlichen Grundsätzen in den Eigenbetriebs- oder Unternehmenssatzungen bzw. in den privatrechtlichen Gesellschaftsverträgen konkret festlegen (vgl. GPA BW, Geschäftsbericht 2000, S. 59 ff.; *Fabry/Augsten*, a. a. O., S. 393 ff.; PWC (Hrsg.), a. a. O., Rdn. 956 ff.; **Mustersatzungen** in Teil 3, Anlage 1 bis 3).

179 Alle öffentlichen Hände, Bund, Länder und Gemeinden, sind verpflichtet, eine **mehrjährige Finanzplanung** aufzustellen (vgl. § 50 HGrG und § 16 Abs. 2 StabG). Damit soll ein längerfristiger Überblick über die Entwicklung der Finanzsituation, die Erlöse und Aufwendungen, also die Ertragssituation, aber vor allem auch die nachhaltige Sicherstellung des Unternehmenszwecks, insbes. die Erfüllung der kommunalen Aufgaben auf der Grundlage von strategischer Unternehmensplanung und Zielvorgaben (Kontraktmanagement), sowie die Finanzierbarkeit der Investitionen erreicht werden (einschließlich Investitions- und Kredittilgungsplan). Die Planung ist rechtzeitig aufzustellen, festzulegen und jährlich fortzuschreiben (finanzwirtschaftliche Kontinuität, Stabilität, Liquidität und Rentabilität; Aufgaben-, Investitions- und Kredittilgungsplan; mittelfristiges Rahmenprogramm für die künftige Wirtschaftsführung). Der Finanzplanungszeitraum umfasst fünf Jahre (Aufstellungsjahr, Planungsjahr und drei weitere Vorausplanungsjahre; vgl. etwa § 85 Abs. 1 GemO BW; § 84 GO NRW). Mindestinhalt der Finanzplanung ist ein Investitionsprogramm, eine nach Jahren gegliederte Übersicht über die Entwicklung der Ausgaben und des Finanzierungsbedarfs sowie der Deckungsmittel des Vermögensplans entsprechend der für diesen vorgeschriebenen Ordnung, und eine Übersicht über die Entwicklung der Erlöse und Aufwendungen des Unternehmens, insbes. bezüglich der Positionen, die sich auf den Haushalt der Gemeinde im Finanzplanungszeitraum auswirken (Zu-

und Abflüsse; z. B. Konzessionsabgaben, Verwaltungskostenbeiträge, Straßenentwässerungskostenanteile, kommunale Zuschüsse, Verlustausgleiche, Gewinnabführungen, Eigenkapitalerhöhungen, Darlehensgewährung usw.; §§ 14 f. EigBG BW; § 17 BayEBV). Zur Erreichung des mit der Finanzplanung verbundenen Zieles, die künftige Entwicklung der wirtschaftlichen Verhältnisse (Vermögens-, Finanz- und Ertragslage) auf eine ausreichend gesicherte Grundlage zu stellen und qualifiziert zu prognostizieren, wird die Finanzplanung über die Mindestvoraussetzungen hinaus methodisch und inhaltlich weiterentwickelt werden müssen (GPA BW, Geschäftsbericht 2000, S. 59 ff.; *Heller*, a. a. O., S. 213 ff.; PWC (Hrsg.), a. a. O., Rdn. 1018 ff.).

4. Steuerliche Fragen der Kommunalunternehmen

Der Grundgedanke der Besteuerung der öffentlichen Hand ist primär nicht die Generierung von Staatseinnahmen (nur Umschichtung von einer öffentlichen Hand in die andere), sondern erfolgt aus dem Gebot der **Wettbewerbsneutralität im Steuerrecht**. Deshalb sind kommunale wirtschaftliche Betätigungen, die in Konkurrenz zu privatwirtschaftlichen Unternehmen treten oder treten können, steuerrechtlich stets besonders zu prüfen. Grundsätzlich unterliegen die Einkünfte der Kommunen, die mit wirtschaftlichen Tätigkeiten in Zusammenhang stehen, der Steuerpflicht (vgl. BFH ZKF 2011, 180 und 190; *Heine/Kretz* KStZ 2009, 208 ff.; *Seer/Klemke* BB 2010, 2015 ff.; *Sterzinger* DStR 2010, 2217 ff.; *Kronawitter* KStZ 2012, 81 ff.). In der Praxis wird den steuerlichen Fragen, insbes. im Vorfeld der Wahl bzw. Änderung der Rechtsform, häufig eine hohe, mitunter auch überhöhte Bedeutung beigemessen (vgl. etwa *Fiand* KStZ 2008, 107 ff.). Bei der steuerlichen Beurteilung ist grundsätzlich zwischen öffentlich-rechtlichen und privatrechtlichen Organisationsformen zu differenzieren. Für die **Besteuerung öffentlich-rechtlicher Unternehmen** ist sowohl die Organisationsform, als auch die Art der Tätigkeit von entscheidender Bedeutung. Die zentrale Frage ist zunächst also, ob es sich bei der einzelnen Tätigkeit um die Ausübung hoheitlicher Gewalt oder um wirtschaftliche Betätigung handelt. Hinsichtlich der Wahl der Rechtsform sind zwei Fallgruppen zu unterscheiden:

- Die Kommune wählt für ihr Handeln/ihre Betätigung eine **Organisationsform des Privatrechts** (Eigen- und Beteiligungsgesellschaft usw.). Nach R 6 Abs. 7 KStR 2004 bzw. R 4.1 Abs. 7 KStR 2015 – neu – wird nicht auf die Art der Tätigkeit, sondern allein auf die Rechtsform des Unternehmens abgestellt.
- Die Kommune handelt in einer **Organisationsform des öffentlichen Rechts** und es liegt ein BgA bzw. ein Gewerbebetrieb vor (Regie- oder Eigenbetrieb, AÖR usw.; § 4 Abs. 1 bis 5 KStG). Nur wenn der Betrieb überwiegend der Ausübung öffentlicher Gewalt dient, ist er als Hoheitsbetrieb von der Steuerpflicht befreit (zur Abgrenzung hoheitlicher von wirtschaftlicher Tätigkeit vgl. BMF vom 11.12.2009 BStBl. I S. 1597 ff.).

Sofern Kommunen die Organisationsform des Privatrechts wählen, wird häufig eine GmbH bevorzugt. Kapitalgesellschaften sind kraft Rechtsform körperschaftssteuerpflichtig (§ 1 Abs. 1 Nr. 1 und 6 i. V. m. § 4 KStG), gewerbesteuerpflichtig (§ 2 Abs. 2 Satz 1 GewStG; § 2 GewStDV) und umsatzsteuerpflichtig (§ 2 Abs. 1 UStG).

181   Im Rahmen von **Organisationsformen des öffentlichen Rechts** unterliegen kommunale Tätigkeiten dann der Körperschafts- und der Umsatzsteuer (bis 31.12.2016), wenn sie als **Betrieb gewerblicher Art – BgA –** zu qualifizieren sind (§ 1 Abs. 1 Nr. 6 i. V. m. § 4 KStG; *Beier/Zemke*, in: PWC (Hrsg.), a. a. O., Rdn. 1573 ff.; *Cronauge* a. a. O., Rdn. 549 ff.). Der BgA ist eine steuerliche Fiktion, die im Einzelfall zu prüfen ist. Während der BgA im **Ertragssteuerbereich** zunächst weiterlebt, ist dies im Umsatzsteuerrecht ab dem 1.1.2017 nicht mehr der Fall (vgl. unten Rdn. 181a). Nach § 4 Abs. 1 Satz 1 KStG umfasst der BgA alle Einrichtungen, die (1) einer nachhaltigen wirtschaftlichen Tätigkeit (2) zur Erzielung von Einnahmen außerhalb der Land- und Forstwirtschaft dienen und (3) die sich innerhalb der Gesamtbetätigung der juristischen Person wirtschaftlich herausheben. Die Absicht, Gewinn zu erzielen, und die Beteiligung am allgemeinen wirtschaftlichen Verkehr sind dabei nicht erforderlich (§ 4 Abs. 1 Satz 2 KStG).

Zu den BgAs zählen auch Betriebe, die der Versorgung der Bevölkerung mit Wasser, Energie und ÖPNV dienen, nicht dagegen Leistungen, die den Kommunen „eigentümlich und vorbehalten" sind, z. B. Abfall und Abwasser (Entsorgung mit Benutzungszwang), die als hoheitliche Tätigkeiten eingestuft werden (vgl. BFH BStBl. II 1997, 139 ff. und 1998, 410 ff.; BFH BStBl. 2009, 1022; BFH DStR 2010, 1280 ff.; BFH ZKF 2012, 94 ff.; *Seer/Klemke* BB 2010, 2015 ff.; *Kronawitter* ZKF 2012, 25 ff. und 108 ff.; *Grauer* DB 2016, 1663; *Belcke/Westermann* BB 2016, 1687 ff.). Die gemeinnützig anerkannten Tätigkeiten i. S. von §§ 51 bis 68 AO sind von der Körperschaftsteuer befreit, sofern die in der Abgabenordnung festgelegten Voraussetzungen eingehalten werden (vgl. § 5 Abs. 1 Nr. 9 KStG). Die **Buchführungspflichten** des BgA sind in §§ 140 f. AO geregelt. Im Unterschied dazu knüpft die Gewerbesteuerpflicht nicht an einen BgA, sondern an das Vorliegen eines Gewerbebetriebs an. Ein **Gewerbebetrieb i. S. des GewStG** ist dann gegeben, wenn die Voraussetzungen des BgA erfüllt sind und zusätzlich die Tatbestandsmerkmale der Gewinnerzielungsabsicht und der Teilnahme am allgemeinen wirtschaftlichen Verkehr vorliegen (vgl. § 15 Abs. 2 EStG i. V. m. § 2 GewStG, § 2 Abs. 1 GewStDV). Zur Kapitalertragsteuer vgl. § 20 Abs. 1 Nr. 10 EStG, BMF BStBl. I 2002, 935 und 2005, 831; *Hölzer* GemHH 2003, 57 ff.; *Beier/Zemke*, in: PWC (Hrsg.), a. a. O., Rdn. 1646 ff.

181a   Im Bereich der **Umsatzbesteuerung der öffentlichen Hand** gibt es mit Wirkung zum 1.1.2017 einen Paradigmenwechsel (bei schriftlicher Erklärung nach § 27 Abs. 22 UStG ab dem 1.1.2021): Mit der Einführung des § 2b UStG durch das Steueränderungsgesetz 2015 wird die bisherige Anknüpfung des Umsatzsteuerrechts an den Begriff des BgA aufgegeben und ein eigenständiger umsatzsteuerlicher Unternehmerbegriff für die öffentliche Hand eingeführt. Nach dem von der EuGH- und BFH-Rechtsprechung geprägten Art. 13 Abs. 1 MwStSystRL, der in den neuen § 2b UStG weitestgehend übernommen wurde, gelten juristische Personen des öffentlichen Rechts (jPöR) nicht als Unternehmer, soweit sie Tätigkeiten ausüben, die ihnen im Rahmen öffentlicher Gewalt obliegen, es sei denn, die Behandlung als Nichtunternehmer würde zu größeren Wettbewerbsverzerrungen führen (Hoheitsbetriebe, § 2b Abs. 1 und 2 UStG; EuGH EWS 2009, 291; BFH BB 2010, 2088 und 2012, 1070; *Meyer/Westermann* BB 2013, 1629 ff.; *Fiand* KStZ 2016, 29 ff.; *Trost* GemHH 2016, 89 ff.). Wettbewerbsverzerrungen liegen nach § 2b Abs. 2 UStG nicht vor, wenn der von der jPöR aus gleichartiger Tätigkeit erzielte Umsatz voraussichtlich 17.500 Euro nicht übersteigen wird oder vergleichbare, auf privatrechtlicher Grundlage erbrachte Leistungen einer Steuerbefreiung unterliegen, bei denen keine Option zur Umsatzsteuer möglich ist. Die Umsatzbesteuerung bei interkommunaler Zusammenarbeit ist jetzt gesondert in § 2b Abs. 3 UStG geregelt (vgl. oben Rdn. 112e; *Gohlke* GemHH 2016, 37 ff.; *Trost* GemHH 2016, 89 ff.). In allen anderen Fällen sind sie umsatzsteuerpflichtig (der bisherige § 2 Abs. 3 UStG wurde ersatzlos gestrichen). Die ab dem 1.1.2017 geltende neue EU-konforme Regelung enthält nach wie vor zahlreiche auslegungsbedürftige Begriffe und wird sich noch in der Praxis einspielen und bewähren müssen (vgl. *Belcke/Westermann* BB 2015, 1500 ff. und 2016, 87 ff.; *Fiand* KStZ 2016, 29 ff.).

Häufig diskutiert werden Möglichkeiten der steuerlichen Entlastung durch die **182** Wahl der Rechtsform der Unternehmen. Dies gilt vor allem für die Fragen des **steuerlichen „Querverbunds"** und des „Vorsteuerabzugs". Grundsätzlich können mehrere Betriebe gewerblicher Art oder ein solcher mit einem Hoheitsbetrieb steuerrechtlich nicht zusammengefasst werden. Für jeden ist das zu versteuernde Einkommen gesondert zu ermitteln. Ein Verlustausgleich findet nicht statt (vgl. § 4 Abs. 2 bis 5 KStG). Neben der Alternative eines **vertikalen Verbundes** (durch Organschaft im Mutter-Tochter-Verhältnis, Beherrschungs- und Gewinnabführungsvertrag; § 291 AktG; vgl. *Watrin* NVwZ 2002, 140 ff.) kann aber unter ganz bestimmten Voraussetzungen steuerlich eine „**Querverbundslösung**" interessant sein. Nach § 4 Abs. 6 Satz 1 KStG ist eine Zusammenfassung mehrerer Betriebe gewerblicher Art in drei Fällen möglich:

- – wenn sie gleichartig sind oder einander ergänzen (**Nr. 1**),
- – wenn eine wechselseitige technisch-wirtschaftliche Verflechtung besteht (**Nr. 2**) oder
- – wenn Betriebe gewerblicher Art i. S. des § 4 Abs. 3 KStG vorliegen (**Nr. 3**).

Für die erste **Fallgruppe in Nr. 1** wird der Begriff „Gleichartigkeit" nicht einheitlich interpretiert. Der Begriff darf sicher nicht zu eng, nur auf identische Betätigungsfelder ausgerichtet, ausgelegt werden. Die h. M. geht deshalb davon aus, dass auch einander ergänzende Betriebe noch unter das Zusammenfassungskriterium fallen (z. B. Telekommunikation/Breitband-/Energienetze; so BFH/NV 2003, 511; *Belcke/Westermann* BB 2012, 2473 ff. und BB 2016, 87 ff.). Ob darunter noch sog. Kettenverflechtungen (alle Sporteinrichtungen einer Gemeinde) zu subsumieren sind, ist umstritten und wird gegenwärtig vom BMF geprüft. **Fallgruppe Nr. 2:** Nach § 4 Abs. 6 Satz 1 Nr. 2 KStG können im Querverbund verschiedene Tätigkeiten im kommunalen Unternehmen mit steuerlicher Wirkung u. a. dann zusammengefasst werden, wenn zwischen zwei Betrieben nach dem Gesamtbild der tatsächlichen Verhältnisse objektiv eine enge, wechselseitige technisch-wirtschaftliche Verflechtung von einigem Gewicht besteht (z. B. Energie/Bäder/**Blockheizkraftwerke**; so BMF vom 12.11.2009, BStBl. I 2009, 1303; BMF vom 11.5.2016, DStR 2016, 1164; *Bittscheidt/Westermann/Zemke* KStZ 2014, 26 ff.; *Belcke/Westermann* BB 2015, 1500 ff. und BB 2016, 1687 f.). Solche steuerlichen Querverbünde werden nur begrenzt anerkannt und ihre Zulässigkeitsvoraussetzungen ändern sich nicht selten. Deshalb ist es erforderlich, dass im Einzelfall rechtzeitig eine verbindliche Auskunft der Finanzverwaltung eingeholt wird (vgl. BMF BStBl. I 2003, 437 f. und 2009, 1303 ff. sowie BStBl. 2012 I, 60 und 2014 I, 119; *Heine* KStZ 2009, 146 ff.; *Strahl* DStR 2010, 193 ff.; *Westermann/Prechtl* KStZ 2010, 149 ff.; *Belcke/Westermann* BB 2012, 2473 ff., 2015 1500 ff. und 2016, 87 ff.; *Westermann/Zemke* KommJur 2013, 1 ff.; *Sterzinger* BB 2014, 479 ff.; *Gosch*, Kommentar zum KStG, § 4 Rdn. 118 ff.; zu Querverbund und **BgAs als Dauerverlustbetriebe** vgl. etwa BFHE 181, 277 ff.; FG Düsseldorf EFG 2003, 1408 ff.; FG Münster DStZ 2015, 851; *Geißelmeier/Bargenda* DStR 2009, 1333 ff.; *Westermann/Prechtl* GemHH 2010, 149 ff.). **Fallgruppe Nr. 3:** Nach § 4 Abs. 6 Satz 1 **Nr. 3** i. V. mit § 4 Abs. 3 KStG (Versorgung der Bevölkerung mit Wasser, Gas, Elektrizität oder Wärme, öffentlicher Verkehr oder Hafenbetrieb) ist eine Zusammenfassung vor allem zwischen defizitären ÖPNV-Betrieben und gewinnbringenden Energiebetrieben interessant.

182a   Sind die Lieferungen und Leistungen eines Kommunalunternehmens/BgA umsatzsteuerpflichtig, ist der Betrieb nach § 15 Abs. 1 Nr. 1 UStG zum **Vorsteuerabzug** berechtigt. Dies kann, vor allem bei größeren Investitionen, zunächst zu beachtlichen Finanzierungsvorteilen führen, die allerdings durch Umsatzsteuerbelastungen in späteren Jahren ganz oder teilweise aufgezehrt werden können. Ob für ein Unternehmen die Vor- oder Nachteile überwiegen, also welcher finanzielle Netto-Effekt eintritt, kann letztlich nur nach **Einzelfallprüfung** entschieden werden (für den **Entsorgungsbereich:** *Reimann* ZKF 1995, 242 ff.; *Cronauge/Dedy* GemHH 1997, 217 ff.; *Tomerius/Huber* GemHH 2009, 145. 148 f.; *Cronauge*, a. a. O., Rdn. 533 ff.; zur Besteuerung **interkommunaler Kooperationen** und Beistandsleistungen: *Meyer* KommJur 2012, 131 ff.; oben Rdn. 112e).
Beim Bundesfinanzhof (BFH) war bis zum Jahr 2013 ein Revisionsverfahren (Az. I R 58/11) anhängig, indem es u. a. um die Rechtskonformität des **steuerlichen Querverbunds** ging. Weil der BFH deutlich machte, auch prüfen zu wollen, ob die gesetzlichen Bestimmungen zum steuerlichen Querverbund mit EU-Beihilfenrecht in Einklang stünden, wurde wegen der möglicherweise weitreichenden Bedeutung einer BFH-Entscheidung und der dabei evtl. eintretenden finanziellen Auswirkungen für die Kommunen die Klage letztlich zurückgenommen. Die Diskussionen um den steuerlichen Querverbund sind dadurch freilich nicht erledigt und dauern an.

Literaturhinweise (Steuerliche Fragen): Kommentare zum KStG, UStG und GewStG; *Klein/Uckel/Ibler*, Kommunen als Unternehmer, Teil 9; *Augsten*, in: Fabry/Augsten (Hrsg.), a. a. O., S. 311 ff.; *Mann/Püttner*, a. a. O., § 49; *Beier/Zemke*, in: PWC (Hrsg.), Öffentlich-rechtliche Unternehmen, 2015, Rdn. 1573 ff.; *Cronauge*, a. a. O., Rdn. 205 ff. und 533 ff.; *Hille*, a. a. O., S. 25 ff.; *Hoppe/Uechtritz/Reck* (Hrsg.), HdB Kommunale Unternehmen, 3. Aufl., 2012, § 11; *Klostermann*, ZKF 2002, 74 ff.; *Leippe*, ZKF 2002, 268 ff. und 2003, 5 ff.; *Gastl*, DStZ 2003, 99 ff.; *Heine/Kretz*, KStZ 2009, 208 ff.; *Ster-*

zinger, BB 2014, 479 ff.; *Belcke/Westermann*, BB 2012, 2473 ff., 2015, 1500 ff. und 2016, 87 ff.; *Trost*, GemHH 2016, 89 ff.

5. Personalfragen (kommunale Mitarbeiter)

Die in den einzelnen Organisationsformen teilweise recht unterschiedliche Be-   **183**
antwortung der Fragen des Personal-, Dienst- und Arbeitsrechts sollen hier
nur in einem groben Überblick mit einigen wenigen Schwerpunkten dargestellt
werden (vgl. zur Personalwirtschaft: GPA BW, Geschäftsbericht 2016, S. 52 ff.
und die nachstehenden Literaturhinweise). Eine **schematische Übersicht** über
die rechtlichen Unterschiede in den einzelnen kommunalen Unternehmensformen vermittelt die nachfolgende **Abb. 10:**

Abb. 10: Personalrechtliche Grundlagen (Übersicht)

Bereich	Regiebetrieb	Eigenbetrieb	Kommunalunternehmen (AÖR)	GmbH
Mitarbeiter	Angestellte und Arbeiter; Beamte (Dienstherrenfähigkeit der Gebietskörperschaft)	grundsätzlich wie beim Regiebetrieb	Angestellte und Arbeiter; Beamte (Dienstherrenfähigkeit des Kommunalunternehmens)	Angestellte und Arbeiter; keine Beamte (Möglichkeit der Dienstüberlassung)
Arbeitsrechtliche Grundlagen	Beamtenrecht bzw. TVöD	Beamtenrecht bzw. TVöD	Beamtenrecht bzw. TVöD	Flexibilität bei Anwendung von TVöD (Bindung für Übergangszeitraum, Mitgliedschaft im KAV)
Personalbewirtschaftung	Gemeinde ist Arbeitgeber der Beschäftigten

es gibt einen verbindlichen Stellenplan beschränkte eigene Personalwirtschaft | Gemeinde ist Arbeitgeber der Beschäftigten

es gibt einen verbindlichen Stellenplan eigene Personalwirtschaft je nach Delegation | Kommunalunternehmen ist Arbeitgeber der Beschäftigten eigene Personalwirtschaft | GmbH ist Arbeitgeber der Beschäftigten

eigene Personalwirtschaft |
| Unternehmensbestimmungen | – | – | – | Mitbestimmung im Aufsichtsrat (§ 1 DrittelbG 2004 und §§ 1, 4 MitbG); Ausnahme: Tendenzbetrieb (Krankenhaus) |
| Betriebsebene | Personalvertretungsrecht (LPersVG) | Personalvertretungsrecht (LPersVG) | Personalvertretungsrecht (LPersVG) | Betriebsverfassungsrecht; Einschränkungen bei Tendenzbetrieben (§ 118 BetrVG) |

Die Gründung, Ausgründung oder Umwandlung eines rechtlich selbstständigen   **184**
Kommunalunternehmens hat wegen des damit verbundenen Arbeitgeberwechsels vielfältige Auswirkungen auf die Mitarbeiter. Mit der Umwandlung etwa

eines Regiebetriebs in eine GmbH endet das Arbeitsverhältnis mit der Kommune (vgl. § 324 UmwG). Die GmbH tritt nach § 613a BGB kraft Gesetzes in die Rechte und Pflichten der bestehenden Arbeitsverhältnisse ein. Unbeschadet dieser Gesetzesautomatik bei einem **Betriebsübergang** empfiehlt es sich, soweit Personal/Mitarbeiter betroffen sind, zwischen Gebietskörperschaft und rechtlich selbstständigem Betrieb einen **Personalüberleitungsvertrag** abzuschließen. In aller Regel wird es notwendig sein, über die zwingenden, nicht disponiblen Mindestregelungen des § 613a BGB hinaus zur Klarstellung, Absicherung der Mitarbeiter und Erhaltung des Arbeitsfriedens in Abstimmung mit dem Personalrat/Betriebsrat notwendige Festlegungen zu treffen (z. B. Anrechnung von Dienst- und Beschäftigungszeiten, Weitergewährung von freiwilligen Zuwendungen, Mitgliedschaft im kommunalen Arbeitgeberverband, Zusatzversorgung, Fragen der Personalvertretung usw.; vgl. BGH NJW 2006, 1792, BAG NJW 2009, 3260; *Bauer/v. Steinau/Steinrück* ZIP 2002, 457 ff.; *Gaul* ZIP 2002, 634 ff.; *Fabry/Augsten*, a. a. O., S. 206 ff.). Die vertrauensbildende Wirkung von offener, regelmäßiger Information und entsprechenden Maßnahmen darf nicht unterschätzt werden (zu Personalüberleitungsverträgen mit Mustern: *Klein/Uckel/Ibler*, a. a. O., Kennzahl 54.14 und 54.15; *Hille*, a. a. O., S. 71 ff.; *App* GemHH 2003, 232 f.; *Tomerius/Huber* GemHH 2009, 126, 128 ff.; zu den Beteiligungsrechten des Personalrats bei Privatisierungen vgl. BVerwG NVwZ 2004, 887; *Wollenschläger/von Harbou* NZA 2005, 1081, 1086).

185   Die Mitarbeiterbeteiligung ist eine wichtige permanente Aufgabe der Personalverwaltungen. Formal erfolgt sie bei einem öffentlich-rechtlichen Unternehmen nach dem jeweiligen **Landespersonalvertretungsgesetz** und bei Betrieben in der Organisationsform des Privatrechts nach dem DrittelbG bzw. **Mitbestimmungsgesetz** (Abgrenzung nach der Rechtsform des Unternehmens) und bezieht sich vor allem auf Organisation, Arbeitsablauf und personelle sowie soziale Einzelentscheidungen. Für Unternehmen in Privatrechtsform (GmbH, AG) mit mehr als 2000 Arbeitnehmern ist nach §§ 1, 4, 6 ff. MitBestG praktisch eine paritätische Mitbestimmung vorgeschrieben. Für die Unternehmen mit mehr als 500 Beschäftigten gelten die §§ 1 ff. DrittelbG vom 18.5.2004; danach sind 1/3 der Aufsichtsratsmitglieder einer AG oder GmbH von den Arbeitnehmern zu wählen. Bei Eigengesellschaften und von Kommunen dominierten Unternehmen in Privatrechtsform werden Umfang und Grenzen der Mitwirkung nicht einheitlich beurteilt. Nach zutreffender Auffassung (h. M.) muss dabei in den wesentlichen Unternehmensentscheidungen der demokratisch legitimierte Rat ein Letztentscheidungsrecht haben und alle von der Kommune entsandten Aufsichtsratsmitglieder deren Gemeinwohlbindung unterliegen (vgl. auch die Grundsätze und Systematik des Personalvertretungsrechts, etwa §§ 1, 2, 7 und 70 ff. LPVG BW). Im Einzelnen ist vieles umstritten, auch ob Kommunalunternehmen in Privatrechtsform eine flexiblere und i. d. R. günstigere Personalwirtschaft und Besoldungsstruktur ermöglichen können (sorgfältige Einzelfallprüfung unabdingbar; vgl. VerfGH NRW JZ 1987, 242 ff.; VerfGH RhPf NVwZ 2000, 801 ff.; BerlVerfGH NVwZ 2000, 794 ff.; BVerfG DÖV 1996, 74 ff.; *Ehlers* JZ 1987, 218, 224 ff.; *Battis/Kersten* DÖV 1996, 584 ff.; *Unruh* VerwArch 2001, 531 ff.; *Hoppe/Uechtritz/Reck*, a. a. O., §§ 12 und 16 Rdn. 56 ff.; unten Teil 2 Rdn. 97 zu § 102 und Rdn. 44 zu § 103).

Literaturhinweise (Personalfragen): *Palandt*, Komm.BGB, § 613a Rdn. 1 ff.; *Schaub*, Arbeitsrecht HdB, 16. Aufl. 2015; *Fabry/Augsten* (Hrsg.), a. a. O., S. 206 ff.; *Hille*, a. a. O., S. 71 f.; *Klein/Uckel/Ibler*, a. a. O., Kennzahlen 34 und 54; *Püttner*, in: HKWP, Bd. 5, S. 184 ff.; *Battis/Kersten*, DÖV 1996, 584 ff.; *Hecker*, VerwArch 2001, 261 ff.; *Unruh*, VerwArch 2001, 531 ff.; zu den Fragen von leistungsorientierten Vergütungssystemen und Modellen der Mitarbeiterbeteiligung vgl. *Ziche* SächsVBl. 2001/2, S. 2 ff.; *Blatzheim/Rümler*, GemHH 2003, 248 ff.; GPA BW, Geschäftsbericht 2016, 52 ff.

6. Kommunale Haftung und Insolvenz

a) Ausgangslage. Die Situation der Kommunen ist gegenwärtig vor allem durch   **186**
drei Entwicklungen geprägt:

(1) Gegenwärtig kann zwar nicht von einer bundesweiten „Finanzkrise", aber insgesamt doch von einer Finanzknappheit der kommunalen Haushalte, die die „dauernde Leistungsfähigkeit" der Gemeinden z. T. problematisch erscheinen lässt,

(2) von Strukturveränderungen, die die Kommunen nicht beeinflussen können, aber finanziell spürbar belasten (vor allem der Stadtwerke- und Krankenhausbereich; Energiewende, Flüchtlingsströme usw.) und

(3) von einer nach wie vor verstärkten Ausgliederung von kommunalen Aktivitäten (Gemeindeaufgaben) vom städtischen Haushalt in Organisationsformen des Gesellschaftsrechts, insbesondere die GmbH, gesprochen werden.

Dabei trägt auch das für Kapitalgesellschaften Typus bestimmende Merkmal der Haftungsbeschränkung zur Attraktivität dieser formellen Privatisierung bei (vgl. oben Rdn. 1 ff. und 44 f.). Diese generellen Entwicklungen und die Diskussionen über konkrete Beispiele machen die **Aktualität der Fragen zur Insolvenz und Haftung** der Kommunen und ihrer Unternehmen evident (vgl. etwa die viel diskutierte Finanzsituation der **Stadt Berlin**, die Gewährsträgerhaftung kommunaler Sparkassen oder das Urteil des OLG Celle vom 12.7.2000 zu einer kommunalen KurbetriebsGmbH, in: DB 2000, 2261 ff., GmbHR 2001, 342 ff.; *Parmentier* ZIP 2001, 551 ff.; zur 2014 heiß diskutierten Insolvenz der **Stadtwerke Gera** vgl. *Katz* GemHH 2014, 245 ff. m. w. N.; KPMG, Stadtwerke in der Insolvenz, Public Governance 12/2015; zum Konkurs einer städtischen Beschäftigungsgesellschaft: OLG Düsseldorf ZIP 1995, 465 ff.). Trotz dieser deutlich zunehmenden Aktualität in Einzelfällen kann und wird diese Problematik aber – und darauf ist im Hinblick auf die Rechtsnatur der Thematik relativierend hinzuweisen – eher nicht auf „breiter Front", aber doch in einigen Branchen auch künftg eine Rolle spielen (Stadtwerke, Krankenhäuser). Die Sicherstellung der kommunalen Aufgabenerfüllung und des örtlichen Gemeinwohls der Menschen, das Demokratieprinzip und die Kommunale Selbstverwaltung (Art. 28 Abs. 2 GG) sowie die rechtlichen Vorgaben und die Kommunalpolitik, eben die besonderen Rahmenbedingungen des öffentlichen/kommunalen Raumes, lassen dies nicht zu. Die Ratio Legis von § 12 Abs. 1 Nr. 2 InsO i. V. m. den Landesregelungen will die Funktionsfähigkeit und die Erfüllung der öffentlichen Aufgaben der Kommunen, die oft gesetzlich zwingend vorgeschrieben sind, sicherstellen. Für diese Bereiche kann folglich grundsätzlich nicht das „Insolvenz-Regime", sondern es muss ein „Kommunalrechts-

Regime" gelten, das dies gewährleistet, dafür die Verantwortung und ggf. die Risiken übernimmt. Die verfassungsrechtlich garantierten Handlungs- und Entscheidungskompetenzen der Kommunalorgane können nicht einfach durch den Insolvenzverwalter und die Gläubigerversammlung ersetzt werden. Kommunale Selbstverwaltung ist auch in Privatrechtsform „Erfüllung von örtlich radizierten Gemeinwohlaufgaben zur Zukunftsgestaltung des Gemeinwesens", bei soliden Finanzen unter einer effektiven Aufsicht und finanziellen Gesamtverantwortung des Landes, in das sie verfassungsrechtlich inkorporiert sind, und nicht insolvenzrechtlicher Gläubigerschutz. Die kommunale Aufgabenerfüllung, die Daseinsvorsorge und Grundversorgung der Menschen muss gewährleistet sein, muss fortbestehen und darf auch bei kommunalen privatrechtlichen Organisationsformen nicht einfach den Gläubigerinteressen „geopfert" werden (vgl. *Brüning* GemHH 2014, 241 ff.; *Katz* GemHH 2014, 245 ff. m. w. N.; die noch h. M. geht von einer rein formalen Betrachtungsweise aus).

Zahlreiche Kommunalunternehmen arbeiten mit einer sehr knappen Finanzausstattung und im Hinblick auf die Erfüllung „öffentlicher Zwecke" nicht selten unrentabel. Dies liegt in aller Regel nicht an der mangelnden Fähigkeit dieser Unternehmen, wirtschaftlich und mit Gewinn zu arbeiten, sondern an der Struktur der Leistungen, die sie zu erbringen haben (Ursachen: Eintreten kommunaler Unternehmen bei Marktversagen; von Haus aus „Verlustbringer"; Unterkapitalisierung usw.). Deshalb entspricht es auch gängiger Praxis, dass solche Unternehmen und Einrichtungen der kommunalen Daseinsvorsorge zumindest teilweise aus allgemeinen Haushaltsmitteln finanziert werden (vgl. etwa *Siekmann*, in: Püttner (Hrsg.), Zur Reform des Gemeindewirtschaftsrechts, 2002, S. 159 ff., 170 ff.; *Katz* GemHH 2004, 49 ff. und GemHH 2014, 245 ff.; zur EU-Beihilfeproblematik vgl. oben Rdn. 69).

187   **b) Problemstellung.** Soweit die Kommunen, basierend auf ihrem Selbstverwaltungsrecht und ihrer Organisationshoheit, privatrechtliche Organisationsformen zur Erfüllung öffentlicher Aufgaben wählen, schreibt das Gemeindewirtschaftsrecht u. a. vor, dass nur solche Formen zulässig sind, bei denen die Haftung der Trägerkörperschaft auf einen bestimmten Betrag beschränkt ist (vgl. Rdn. 96 ff. und Teil 2 Rdn. 28 ff. zu § 103). Nun könnte man fragen, ob es überhaupt zulässig ist, dass sich eine Kommune bei der Erfüllung eines „öffentlichen Zwecks" durch die Wahl einer privatrechtlichen **haftungsbeschränkenden Organisationsform** selbst der unbeschränkten Haftung entzieht (etwa im Insolvenzfall). Grundsätzlich ist jedoch mit der h. M. davon auszugehen, dass der Träger eines privatrechtlichen Kommunalunternehmens nicht automatisch für deren Verbindlichkeiten haftet (soweit es sich nicht um Kommunalaufgaben mit Gewährleistungscharakter/Gemeinwohlsicherung bzw. gesetzliche Pflichtaufgaben handelt; vgl. BVerfG NJW 2010, 505 ff.; BVerwG NVwZ 2009, 1305 f.; *Brüning* VerwArch 2009, 453, 465 ff.; *Katz* NVwZ 2010, 405 ff.). Erforderlich wäre dafür eine ausdrückliche gesetzliche Regelung (Gewährträgerhaftung, z. B. bei der selbstständigen Kommunalanstalt, vgl. dazu Teil 2 § 102a Rdn. 31 ff.) oder eine Garantieübernahme. Eine solche Haftungsbegrenzung gilt jedoch nicht für nichtrechtsfähige Sondervermögen, Regiebetriebe und Eigenbetriebe. Deren Verbindlichkeiten sind uneingeschränkt und unmittelbar Schulden des Trägers selbst. Durch die Bildung von rechtlich unselbstständigem Sondervermögen kann sich eine Kommune nicht der Haftung entziehen (vgl. *Püttner,* Die öffentlichen Unternehmen, 2. Aufl. 1985, S. 186; *Siekmann* VBlNW 1993, 361, 366 ff.; *Gundlach* DÖV 1999, 815 ff.).

Für diese sehr komplexen haftungs- und insolvenzrechtlichen **Fragestellungen**   **187a**
sind vor allem folgende Themen von hervorgehobener Bedeutung (vgl. dazu etwa *Siekmann,* in: Püttner (Hrsg.), a. a. O., S. 159 ff.; *Weger/Jesch* DÖV 2003, 672 f.; *Katz* GemHH 2014, 245 ff.):

– Grundsätzliche Fragen der Insolvenzfähigkeit von Kommunen und deren Wirtschaftsunternehmen;
– Finanzierungsverantwortung für kommunale Unternehmen, insbesondere Pflicht zur angemessenen Kapitalausstattung bzw. Unterkapitalisierung;
– Haftungsfragen der Kommune durch Vertrag, Verschulden bei Vertragsverhandlungen oder durch enttäuschten Vertrauensschutz;
– Fragen der Haftung nach konzernrechtlichen Grundsätzen, insbesondere im „qualifizierten faktischen Konzern" (vgl. §§ 302 f. und 311 ff. AktG), bzw. bei „existenzvernichtenden Eingriffen".

c) **Insolvenzfähigkeit der Kommunen und ihrer Unternehmen.** § 12 Abs. 1   **188**
InsO bezweckt, die **Funktionsfähigkeit des Staates** und anderer öffentlichen Organisationen vor allem zur öffentlichen Aufgabenerfüllung auch in finanziellen Krisen insofern aufrechtzuerhalten, als die Handlungskompetenzen ihrer Organe rechtlich davon unberührt bleiben und nicht durch insolvenzrechtlich begründete Handlungskompetenzen ersetzt werden sollen. In § 12 Abs. 1 Ziff. 2 InsO ist für Kommunen festgelegt, dass über das Vermögen einer juristischen Person des öffentlichen Rechts, die der Aufsicht eines Landes untersteht, die Eröffnung eines Insolvenzverfahrens unzulässig ist, wenn das entsprechende Landesrecht dies bestimmt. Die **Insolvenzunfähigkeit** auch der Kommunen ist Ausdruck der „Immunität" juristischer Personen des öffentlichen Rechts von einem Insolvenzverfahren. Die „ratio legis" dieser Bestimmung beinhaltet vor allem, die Funktionsfähigkeit des Staates/der öffentlichen Verwaltung zur Gewährleistung der Erledigung ihrer öffentlichen Aufgaben aufrecht zu erhalten (vgl. dazu allgemein: *Lehmann,* Die Konkursfähigkeit juristischer Personen des öffentlichen Rechts, 1999, S. 92 ff.; *Ott,* in MünchKommInsO-, § 12 Rdn. 1 ff.; *Uhlenbruck* (Hrsg.), Komm. InsO, § 12 Rdn. 1 ff.). Da in allen Bundesländern festgelegt ist, dass ein Insolvenzverfahren über das Vermögen **der Kommunen** unzulässig ist, sind Kommunen einschließlich ihrer rechtlich unselbstständigen Eigenbetriebe vom Insolvenzverfahren und von jeglichen Maßnahmen des Insolvenzverwalters freigestellt (vgl. etwa § 45 AGGVG BW; Art. 25 bayAGGVG; § 128 GO NRW). Ob diese Grundsätze auch für andere kommunale Körperschaften, Anstalten und Stiftungen des öffentlichen Rechts gelten, ist landesrechtlich geregelt, z. T. umstritten und kann nur nach sorgfältiger Einzelfallprüfung entschieden werden (vgl. unten Rdn. 188, zweitletzter Absatz; *Püttner,* Die öffentlichen Unternehmen, 2. Aufl., S. 186 f.; *Uhlenbruck* (Hrsg.), Komm. InsO, § 12 Rdn. 9 m. w. N.; *Katz* GemHH 2004, 49 ff. und 2014, 245 ff.; zur Kommunalanstalt vgl. oben Rdn. 90 und Teil 2 § 102a Rdn. 31 ff.).

Die Gläubiger der Kommunen sind darauf verwiesen, ihre titulierten Ansprüche ggf. im Wege der Einzelzwangsvollstreckung gemäß § 882a ZPO zu verfolgen. Dabei ist eine Vollstreckung in Sachen unzulässig, die der Erfüllung öffentlicher Aufgaben dienen (**Fiskusprivileg;** § 882a Abs. 2 ZPO). Besonders muss allerdings beachtet werden, dass § 882a ZPO durch landesrechtliche Spezialvorschriften überlagert wird (§ 15 Nr. 3 EGZPO; vgl. etwa § 127 GemO BW; Art. 77 BayGO; § 131 GO Schl.-Hol.; § 128 GO NRW). Voraussetzung für Zwangsvollstreckungsmaßnahmen wegen Geldforderungen gegen eine Kommune ist danach das Vorliegen einer Zulassungsverfügung der Rechtsaufsichtsbehörde oder dergleichen (je nach Landesrecht; vgl. etwa VwV zu § 127 GemO BW). Im Übrigen gelten die allgemeinen Vorschriften, insbesondere §§ 803 ff., 882a, 883 ff. ZPO. Die Aufsichtsbehörde hat insoweit grundsätzlich keine Einstandspflicht für die „insolvente" Körperschaft (vgl. *Lehmann,* a.a.O., S. 103, 107 f.; *Uhlenbruck* (Hrsg.), Komm. InsO, § 12 Rdn. 8).

188a Nach dem jeweils geltenden Landesverfassungs- und Kommunalrecht hat allerdings gerade auch die **Rechtsaufsichtsbehörde** für die Solidität des kommunalen Haushaltsgebarens, der Sicherstellung der dauernden Leistungsfähigkeit, eine hervorgehobene „Garantenstellung" zur Vermeidung von gemeindlichen „Finanzkrisen" sowie von Insolvenzen von Kommunalunternehmen. Deren Bedeutung einschließlich der damit verbundenen aktiven Rechtspflichten wird nicht immer deutlich genug gesehen und wahrgenommen (besondere Schutzpflichten auch und gerade der Aufsicht; BGH NJW 2003, 1318 ff.). In besonders gelagerten Einzelfällen kann sich daraus in engen Grenzen ein Haftungsanspruch der Gemeinde an die Rechtsaufsicht ergeben (vgl. etwa BGH NJW 2003, 1318 ff.; OLG Celle DZWIR 2001, 160 f.; bei der Anwendung des BGH-Urteils ist eine gewisse Zurückhaltung geboten und § 254 BGB zu berücksichtigen: *v. Mutius/Groth* NJW 2003, 1278 ff.; *Müller* GemHH 2003, 181 ff.; *Teichmann* JZ 2003, 960 f.; *Duve* DÖV 2009, 574 ff.; *Katz* GemHH 2014, 245 ff.).
Immer wieder wird auf dem Hintergrund großer Haushaltsprobleme der öffentlichen Hände und der finanziellen Unbeweglichkeit der Kommunalhaushalte von „Zahlungsunfähigkeit" oder „Insolvenz" konkreter Gemeinden gesprochen. Vereinzelt werden deshalb nicht ganz ohne Grund Überlegungen zur Insolvenzfähigkeit von Kommunen angestellt. So hat etwa *C. Paulus* vor kurzem ausgeführt, dass im Hinblick auf die dazu **international intensiv geführte Debatte** die scheinbar unverrückbare Aussage des § 12 Abs. 1 InsO keineswegs für alle Zeiten als Tabu verstanden werden kann, sondern ein auf die speziellen Bedürfnisse angepasstes Gemeindeinsolvenzverfahren ernsthaft in Erwägung gezogen werden sollte (vgl. *Paulus* WM 2002, 725 ff., ZInsO 2003, 869 ff. und ZInsO 2014, 2465 ff. je m.w.N.; zu der **USA-Regelung Chapter 9-Verfahren/ Detroit:** *Niederste Frielinghaus* DÖV 2007, 636 ff.; *Mears* ZInsO 2015, 1813 ff.; vgl. allgemein *Hitzel* DÖV 2015 600 ff.). Zwar mag eine Finanznotlage in deutschen Gemeinden diese Überlegungen aus der Sicht einer einzelnen Kommune als verlockend erscheinen lassen, doch dürfte der Gedanke eines generellen Gemeindeinsolvenzverfahrens unter gesamtstaatlichen und wirtschaftspolitischen Gesichtspunkten für Deutschland insgesamt kontraproduktiv und deshalb nicht zu empfehlen sein. Mögliche Auswirkungen einschließlich

der „Stolperfallen" im Europäischen Beihilferecht sind bisher nicht hinreichend untersucht worden. Die international geführten Diskussionen und Entwicklungen in anderen Staaten sollten gleichwohl aufmerksam verfolgt werden.

Wie für die Kommunen schließt § 12 Abs. 1 Nr. 2 InsO i. V. mit den entspre- **188b**
chenden Landesvorschriften ein Insolvenzverfahren ebenfalls für die **übrigen juristischen Personen des öffentlichen Rechts,** insbesondere die staatlichen und kommunalen Körperschaften, Anstalten und Stiftungen des öffentlichen Rechts, die der Rechtsaufsicht des Landes unterstehen, grundsätzlich aus. Allerdings ist die Rechtslage in den einzelnen Bundesländern im Detail durchaus unterschiedlich und deshalb sorgfältig zu prüfen (vgl. etwa § 45 BWAGGVG, § 25 BayAGGVG, § 26 HessVwVollstreckungsG, § 8a Rh-PfAGZPO). Für diese juristischen Personen des öffentlichen Rechts hat die Insolvenzunfähigkeit zur Folge, dass sie im Unterschied zu den privaten Unternehmen nicht in die Sicherungssysteme für das Insolvenzgeld (Lohnfortzahlung durch die Arbeitsverwaltung) und die betriebliche Altersversorgung (Pensionsversicherungsverein) einzahlen müssen. Da diese Sicherungssysteme somit im Falle der Zahlungsunfähigkeit bzw. Überschuldung der betreffenden juristischen Personen nicht eingreifen, knüpft § 12 Abs. 2 InsO an den Ausschluss der Insolvenzfähigkeit aufgrund Landesrechts entsprechende Einstandspflichten des jeweiligen Landes, die sowohl Insolvenzgeldansprüche als auch Versorgungslasten umfassen (laufende Ansprüche und Anwartschaften; vgl. §§ 358 ff. SGB III, § 10 BetrAVG). Da sich aus dieser Bestimmung durchaus erhebliche fiskalische Belastungen für die Bundesländer ergeben können, überlegen bzw. versuchen einzelne Länder immer wieder diese Haftungsrisiken zu reduzieren (vgl. etwa § 102a Abs. 8 GemO BW). Dies gilt gegenwärtig noch nicht für die Kommunen selbst, aber für die übrigen juristischen Personen des öffentlichen Rechts, die grundsätzlich nach Maßgabe des § 11 InsO insolvenzfähig sind, der Aufsicht eines Landes unterliegen (§ 12 Abs. 1 Nr. 2 InsO) und in einem Wettbewerbsverhältnis zu anderen Personen des Privatrechts oder des öffentlichen Rechts stehen. Für die **kommunalen Sparkassen** war die Insolvenzunfähigkeit umstritten (vgl. BGHZ 90, 161, 168 ff.; BVerwGE 64, 248, 257 f.; 75, 318, 324 f.; *Scholl* JuS 1981, 88, 92; *Oebbecke* DVBl. 1981, 960 ff.). Durch den „Brüsseler Kompromiss" der EU-Kommission vom 17.7.2001 fielen nach dem 18.7.2005 u. a. die kommunalen Gewährträgerschaften weg, die Anstaltslast wurde modifiziert und dem EU-Beihilferecht unterworfen. Inzwischen wurde in den Sparkassengesetzen der Bundesländer die Insolvenzfähigkeit der Sparkassen ab 19.7.2005 hergestellt (vgl. etwa § 8 BWSparkG; *Kruse* NVwZ 2000, 721 ff.; *Oebbecke* GemHH 2001, 169 ff.; *Münstermann* ZKF 2001, 194 ff. und GemHH 2007, 49 ff.; *Krämer* GemHH 2002, 37 ff.; *Böhm* DÖV 2008, 547 ff.; unten Teil 2 § 102 Rdn. 72 ff.; zur Kommunalanstalt vgl. oben Rdn. 90 und Teil 2 § 102a Rdn. 31 ff.).

Im Unterschied zu den juristischen Personen des öffentlichen Rechts ist für **188c**
kommunale Unternehmen in der Form von rechtsfähigen juristischen Personen **des Privatrechts** die Eröffnung eines Insolvenzverfahrens nach h. M. grundsätzlich möglich. § 11 InsO ist nach h. M. eben auch auf Gesellschaften anzuwenden, deren Gesellschafter ganz oder überwiegend Gemeinden sind (Eigen- oder

Beteiligungsgesellschaften). Der Umstand, dass die öffentliche Hand, insbesondere Kommunen, Allein- oder Mitgesellschafter solcher Unternehmen sind, ändert nach dieser Auffassung nichts an deren Insolvenzfähigkeit, steht also der Durchführung eines Insolvenzverfahrens nicht entgegen. Es wird allein formal auf die Rechtsform und nicht materiell, auf den inhaltlichen Charakter der vom Kommunalunternehmen wahrgenommenen öffentlichen Aufgaben, abgestellt (zur Insolvenzantragspflicht der Geschäftsführung vgl. §§ 15 f. InsO). Diese formelle Betrachtungsweise greift zu kurz und sollte durch eine materielle Zuordnung bzw. Abgrenzung ersetzt werden (Kommunalrechts-, nicht Insolvenzrechtsregime; vgl. oben und ausführlich *Katz* GemHH 2014, 245 ff.). Etwas anderes gilt nach h. M. nur, soweit spezielle Rechtsvorschriften dies ausdrücklich festlegen (vgl. *Ott*, in: MünchKommInsO, § 12 Rdn. 15 ff.; *Uhlenbruck* (Hrsg.), Komm. InsO, § 12 Rdn. 9 ff.).

189 **d) Vertrags- oder vertragsähnliche Haftung der Kommunen für ihre Unternehmen.** Kommunale Gesellschafter müssen auch für Ansprüche und Verbindlichkeiten ihrer Kommunalunternehmen in Privatrechtsform einstehen bzw. für entsprechende Forderungen der Gläubiger für diese Unternehmen haften, wenn sich eine Gemeinde zur Übernahme solcher Zahlungen rechtsverbindlich verpflichtet hat. Dies erfolgt durch entsprechende **vertragliche oder vertragsähnliche Vereinbarungen** mit Rechtsbindungswillen zwischen Gesellschafter und Gesellschaft bzw. Gläubiger, insbesondere durch Bürgschafts-, Garantie- oder Gewährleistungsverträge und diesen wirtschaftlich gleichkommende Rechtsgeschäfte (einschließlich von Verlustabdeckungsverträgen, „harten" **Patronatserklärungen**, Schuldbeitritte und dergleichen; vgl. § 88 GemO BW, Art. 72 BayGO, § 86 GO NRW, § 86 NKomVG; BAG DB 2008, 1526; OLG Stgt. GmbHR 2007, 651, 655; *Hermann/von Woetke* BB 2012, 2255 ff.). Dabei ist zu beachten, dass solche Vereinbarungen durch einen rechtswirksamen Ratsbeschluss legitimiert sein müssen (keine Geschäfte der laufenden Verwaltung) und eine dafür notwendige Genehmigung durch die Rechtsaufsichtbehörde erteilt sein muss (vgl. BGH NJW 1999, 3335 f.; OLG Celle DB 2000, 2261 ff.; OLG Dresden NVwZ 2001, 836 f.; *Weger/Jesch* DÖV 2003, 672 ff.). Eine vertragsähnliche Haftung durch Verschulden bei Vertragsverhandlungen (culpa in contrahendo) wird in aller Regel nicht vorliegen. Zwar ist diese Rechtsfigur grundsätzlich auch auf öffentlich-rechtliche Körperschaften anwendbar, doch wird im Hinblick auf die Erfordernisse eines Ratsbeschlusses und einer aufsichtsbehördlichen Genehmigung nur in seltenen Ausnahmefällen ein dafür erforderliches schutzwürdiges Vertrauensinteresse, das dann enttäuscht worden ist, vorliegen (vgl. BGHZ 41, 287 ff.; BGH ZIP 2008, 1526; OLG Celle DB 2000, 2261 ff.; *Weger/Jesch* DÖV 2003, 672, 675).
Eine vertragsähnliche Haftung der Kommunen für ihre Unternehmen bzw. „gesteigerte" **Insolvenzabwendungspflichten** des kommunalen Gesellschafters wird zum Teil aus den kommunalen Pflichten zur Vorhaltung angemessener kommunaler Daseinsvorsorgeeinrichtungen (Ver-, Entsorgung, ÖPNV, Krankenhäuser usw.), aus dem Rechts- und insbesondere dem Sozialstaatsprinzip, aus dem „öffentlichen Zweck" und aus der Sicherstellung ausreichender Einfluss- und Kontrollrechte abgeleitet. Die Kommunen müssten für die daraus entstehenden Verbindlichkeiten einstehen („Einstandspflicht" des kommunalen

Gesellschafters i. S. einer Garantie für andauernde Solvenz im Rahmen der Erfüllung öffentlicher Aufgaben; so etwa *Kuhl/Wagner* ZIP 1995, 433 ff.; etwas differenzierter *Parmentier* DZWIR 2002, 500 ff.; *Smid* DZWIR 2007, 2191). Die h. M. argumentiert, dass im Hinblick auf die in den Gemeindeordnungen zugelassenen Organisations- und Rechtsformen des Privatrechts, konsequenterweise die zivil- und gesellschaftsrechtlichen Normen des Bundes auch mit Haftungsbeschränkung beachtet werden müssen. Für die GmbH sei die Haftungsbegrenzung und die wirtschaftliche Risikoverteilung typusbestimmend in den §§ 1, 5, 13 und 30 f. GmbHG klar geregelt (begrenzte Haftung und Insolvenzfähigkeit; vgl. etwa § 103 Abs. 1 GemO BW und § 87 Abs. 1 GO NRW; § 65 BHO/LHO). Das **Prinzip der Trennung** von Gesellschaft und Gesellschafter, das dem Gesellschaftsrecht zugrunde liegt, und die damit verbundene und gewollte normative Verteilung und Begrenzung der wirtschaftlichen Risiken würden dies erfordern (auch im Insolvenzfall; zur „Durchgriffshaftung" vgl. Rdn. 190; vgl. § 65 BHO/LHO; § 124 UmwG; zum Ganzen vgl. LG Hannover DZWIR 1999, 413 ff.; OLG Celle DB 2000, 2261 ff.; *Püttner*, Die öffentlichen Unternehmen, 2. Aufl., 1985, S. 186 f.; *Ehlers* DÖV 1986, 897 ff.; *Hauser*, Die Wahl der Organisationsform kommunaler Einrichtungen, 1987, S. 170 ff.; *Parmentier* ZIP 2001, 551 ff.; *Weger/Jesch* DÖV 2003, 672 ff.; *Katz* GemHH 2004, 49 ff.). Ob mit der h. M. die stringente Haftungsbeschränkung auch für Kommunalunternehmen strikt anzuwenden und generell durchzuhalten ist, ist nicht eindeutig (mindestens faktisch). Die Gemeindeordnungen haben zwar zur besseren Wahrnehmung öffentlicher Aufgaben privatrechtliche Organisations- und Handlungsformen bereitgestellt, ganz sicher damit aber nicht die Möglichkeit eröffnet, dass sich die Kommunen ihren Gemeinwohlaufgaben, besonders den gesetzlichen Pflichtaufgaben, durch Insolvenz „entledigen" können. Auch ist im Rechtsverkehr mit der Erfüllung öffentlicher Aufgaben ein hervorgehobenes Vertrauen in die Solvenz des kommunalen Aufgabenträgers verbunden. Ob und inwieweit daraus rechtlich eine besonders schutzwürdige, garantieähnliche Haftung begründet werden kann, bleibt umstritten (vgl. *Kuhl/Wagner* ZIP 1995, 433 ff.; *Smid* DZWIR 2007, 2191; *Brüning* GemHH 2014, 241 ff.; eingehend *Katz* GemHH 2014, 245 ff.).

e) **„Durchgriffshaftung" auf die Kommunen für ihre Unternehmen.** Aus den   **190** vorstehenden Ausführungen in Rdn. 189 ergibt sich, dass Gemeinden für ihre Unternehmen, soweit keine rechtsverbindlichen Zusagen oder vertraglichen Vereinbarungen festgelegt sind, grundsätzlich keine Haftung übernehmen müssen bzw. keinen Ansprüchen oder Zahlungsverpflichtungen ausgesetzt sind. Von diesem auf Gesellschaftsrecht basierenden Ergebnis lässt die h. M. in engen Grenzen Ausnahmen zu. Im Einzelnen ist dabei allerdings vieles nicht eindeutig geklärt.
Die zivilrechtliche Rechtsprechung und Literatur gewährt sehr restriktiv und unabhängig davon, wie man die Frage der Insolvenzfähigkeit/-unfähigkeit der Kommunen und ihren Unternehmen in Privatrechtsform beantwortet (vgl. *Katz* GemHH 2014, 245 ff.), Ausnahmen vom „Trennungsprinzip" des § 13 GmbHG. Dies gilt auch in den Fällen der sog. „**Durchgriffshaftung**" auf den Gesellschafter, die auch für Kommunalunternehmen mit ihren zunehmend konzernähnlichen Strukturen anwendbar sind. Obwohl im Einzelnen vieles umstritten ist, haften sie

in besonderen, atypischen Fällen, nämlich dann, wenn das Verhalten der Gesellschafter oder die Ziele der Rechtsformwahl mit dem Zweck des § 13 Abs. 2 GmbHG nicht vereinbar sind (insbes. bei GmbH-Rechtsform- und Institutsmissbrauch). Bei Anwendung dieser teleologisch einzuschränkenden Norm erfolgt eine persönliche Haftung der Gesellschafter entsprechend § 128 HGB (begrenzte „Durchgriffshaftung" auf das Gesellschaftervermögen z. B. bei Missachtung des Bestandsinteresses, gravierender Verletzung von Gläubigerinteressen, Missbrauch der GmbH-Rechtsform und beherrschender Leitungsmacht, existenzvernichtendem Vermögensentzug; Fallgruppen siehe Rdn. 190b; vgl. BGHZ 149, 10 ff.; 150, 61 ff.; 151, 181 ff.; 173, 246 ff. ff.; 179, 344 ff.; *Lutter/Hommelhoff*, GmbHG-Kom., § 13 Rdn. 11 ff. und 25 ff.; *Scholz/Bitter*, GmbHG-Kom., § 13 Rdn. 60 ff. und 128 f.; *Palandt*, BGB-Kom., Einf. vor § 21 Rdn. 12 ff. und § 826 Rdn. 35 ff.; *Altmeppen* NJW 2002, 321 ff. und ZIP 2002, 961 ff.; *Lieder* DZWIR 2005, 309 ff.; *Pfeifer* JuS 2008, 490 ff.; *Kölbl* BB 2009, 1194 ff.; *Hermann/von Woedtke* BB 2012, 2255 ff.).

190a   Im Grundsatz erkennt die h. M. an, dass der Kapitalschutz der §§ 30 und 31 GmbHG bestimmte nachteilige oder atypische Eingriffe in das Vermögen und die Interessen der Gesellschaft nicht regelt und der dadurch bestehende lückenhafte Gläubigerschutz durch zusätzliche Schutzinstrumente ergänzt werden muss (etwa bei Einpersonen-GmbH, faktischem Konzern, Beherrschungsverträgen; vgl. BGH NJW 2007, 2689, 2691; *Lutter/Hommelhoff*, GmbHG-Kom., § 13 Rdn. 26 und Anh. zu § 13 Rdn. 13 ff., 42 ff.). Das früher dazu vom BGH entwickelte Haftungskonzept nach den Grundsätzen des „Qualifizierten faktischen Konzerns" als eigenständige Rechtsfigur einer „Durchgriffshaftung" (Außenhaftung; bei Rechtsmissbrauch des Trennungsgrundsatzes) wurde aufgegeben, das **Haftungsmodell des „existenzvernichtenden bzw. -gefährdenden Eingriffs"** entwickelt und durch dieses ersetzt, in der ersten Generation als Außenhaftung analog § 128 HGB, § 266 Abs. 1 StGB, § 93 InsO (BGH NJW 2001, 3622 ff. und NJW 2002, 1803 ff. sowie 3024 ff.) und in der zweiten Generation als **Innenhaftung nach § 826 BGB, § 80 InsO** (BGH ab NJW 2007, 2689 ff.). Nach heute ganz h. M. handelt der existenzvernichtend in das Gesellschaftsvermögen eingreifende Gesellschafter rechtsmissbräuchlich, wenn dieser Eingriff zur Insolvenz der Gesellschaft führt oder diese vertieft (missbräuchliche Schädigung der Gläubigerinteressen, betriebsfremden Zwecken dienende „Ausplünderung" des Gesellschaftsvermögens, sittenwidrige „Selbstbedienung", § 242 BGB). Diese heute nicht mehr gesellschaftsrechtlich, sondern deliktsrechtliche Haftung eines Gesellschafters auf Schadensersatz gegenüber der Gesellschaft ist eine besondere Fallgruppe des § 826 BGB (Innenhaftung; vgl. BGHZ 149, 10 ff.; 150, 61 ff.; 173, 246 ff.; *Lutter/Hommelhoff*, GmbHG-Kom., § 13 Rdn. 11 ff. und 25 ff.; *Altmeppen* NJW 2002, 321 ff.; *Gehrlein* WM 2008, 761 ff.; *Dauner-Lieb* ZGR 2008, 35 ff.; *Hönn* WM 2008, 769 ff.). Das neue Konzept setzt einen vorsätzlichen und sittenwidrigen Eingriff in das Vermögen der Gesellschaft voraus, durch den deren Insolvenz herbeigeführt oder vertieft wurde. Die Einzelheiten dieser deliktischen Haftungsvoraussetzungen sind noch nicht hinreichend geklärt und z. T. umstritten. Dies gilt besonders auch für deren Anwendbarkeit in kommunalen Unternehmensverbund- bzw. Konzernsituationen (vgl. BGHZ 173, 246 ff.; 176, 204 ff.; 179,

344 ff. und WM 2012, 1034 ff.; *Palandt*, BGB-Kom., § 826 Rdn. 35 ff. und vor § 21 Rdn. 12 ff.; *Lutter/Hommelhoff*, GmbHG-Kom., § 13 Rdn. 25 ff.; *Hermann/von Woedtke* BB 2012, 2255 ff.; vgl. auch *Altmeppen* ZIP 2016, 97 ff.).

Die Berufung eines Gesellschafters auf das Haftungsprivileg des § 13 Abs. 2 **190b** GmbHG (Trennungsprinzip) wird also in begrenzten „Durchgriffshaftungsfällen" aufgehoben, d. h. die Haftung für Gesellschaftsverbindlichkeiten trifft die Gesellschafter nur in besonderen Fallkonstellationen unmittelbar (persönliche Ausfallhaftung). Dies gilt insbesondere für folgende **vier Fallgruppen** (manches ist umstritten und die Fallgruppenabgrenzung „fließend"; vgl. etwa *Hermann/ Woedtke* BB 2012, 2255 ff.; *Katz* GemHH 2014, 245, 251 ff.):

(1) **Fälle der Vermögens- oder Sphärenvermischung:** Ein solcher Haftungsfall analog § 128 HGB wird als Missbrauchstatbestand anerkannt, wenn die Trennung von Gesellschafts- und Gesellschaftervermögen als konstituierende Basis der Haftungsbeschränkung aufgehoben oder stark verschleiert wird (fehlende bzw. praktisch unmögliche Abgrenzung zwischen Gesellschafts- und Privatvermögen; organisatorische, räumliche oder personelle „Vermischung", „Verschiebung" usw.; vgl. BGHZ 95, 330, 334; 125, 366 ff.; 165, 85, 91; Strohn ZInsO 2008, 706 ff.; Hermann/von Woedtke BB 2012, 2255, 2257). Da die Gemeindeordnungen zur Verhinderung dieser „Vermischung" Regelungen enthalten und die Rechnungsprüfung über deren Einhaltung zu wachen hat, dürften solche Fälle bei Kommunalunternehmen eigentlich nicht vorkommen. Gleichwohl haben sich zunehmend auch im Stadtwerkebereich „Konzernstrukturen" herausgebildet, die nur schwer zu durchschauen und teilweise dem steuerlichen Querverbund geschuldet sind. Hinzu kommt das deutlich angewachsene „Abschieben" von klassischen Kommunalaufgaben des Kernhaushalts in ein kommunales Unternehmen (u. a. Pflichtaufgaben, stark defizitäre Aufgabenbereiche, die zulässige Führung von nichtwirtschaftlichen Unternehmen und Einrichtungen in Privatrechtsform usw.).

(2) **Fälle der „Unterkapitalisierung" (materielle):** Solche Fälle sind dann gegeben, wenn die Kapitalausstattung einer Gesellschaft eindeutig und für Insider klar erkennbar unzureichend ist („kreditunwürdige", auf Dauer nicht „lebensfähige" Gesellschaft). Diese Fallgruppe ist umstritten, da sie nur schwer nach objektiven Kriterien feststellbar ist und die Eigenkapitalausstattung nach dem GmbH-Recht weitgehend autonom im Gesellschaftsvertrag festgelegt werden kann (§ 5 Abs. 1 GmbHG: Mindeststammeinlage 25.000 Euro). Zwar besteht grundsätzlich die Pflicht der Eigentümer, die Gesellschaft mit einem angemessenen Stammkapital auszustatten und diese Stammeinlage zu erhalten (§§ 5, 19 ff., 30 f. GmbHG; vgl. auch § 12 Abs. 2 EigBG BW), doch wird dies durch die dem GmbH-Recht innewohnende Privatautonomie des Allein- oder Mehrheitsgesellschafters, die im Gesellschaftsvertrag und im Handelsregister publiziert und damit den Gläubigern transparent gemacht werden muss, stark relativiert. Eine „Durchgriffshaftung" der Gläubiger auf die Gesellschafter entsprechend § 128 HGB kommt folglich nur in Fällen besonders gravierender, qualifiziert materieller „Unterkapitalisierung" in Betracht (vgl. Bitter ZIP 2010, 1 ff.; Hölzle

ZIP 2010, 913 f.; der BGH löst solche Fälle über eine besondere Fallgruppe des § 826 BGB; BGHZ 173, 246 ff.; 179, 344 ff. und WM 2012, 1034 ff.; Altmeppen ZIP 2008, 1201; Strohn ZInsO 2008, 706 ff.). Ob diese Grundsätze auch gelten, wenn der Gesellschafter eine Kommune ist, ist im Hinblick auf die unterschiedliche Zielsetzung von Kapitalgesellschaften durch Private oder Kommunen umstritten. Die Voraussetzung eines „öffentlicher Zwecks" und i. d. R. die Pflicht zur kommunalen Aufgabendurchführung verlangen zwar keine erhöhte, dem öffentlichen Gesellschaftszweck angemessene Kapitalausstattungspflicht. Die Kommunen haben aber für ihre Aufgabenerfüllung und deren Finanzierung einzustehen („insolvenzunfähige" Haftungs- und Ausgleichspflichten, die durchgängig praktiziert werden). Dies gilt etwa auch, wenn ein Geschäftsbereich im „Kommunalkonzern" über den steuerlichen Querverbund die Verluste eines anderen Bereichs bisher ausgeglichen hat und dies nicht mehr möglich ist. Die Kommune ist dann verpflichtet, die Defizite aus dem Kernhaushalt zu bezahlen (z. B. Energie/ÖPNV; vgl. auch die nächste Fallgruppe; Parmentier ZIP 2001, 551 ff. und DZWIR 2002, 500, 502; Stober NJW 2002, 2357; Wilhelmi DZWIR 2003, 45 ff.).

(3) **Fälle der „existenzgefährdenden Unternehmensbeherrschung":** Solche Fälle liegen vor, wenn eine Gesellschaft von einem Gesellschafter „beherrscht" wird und diese beherrschende Leitungsmacht für die Gesellschaft missbräuchlich ausgeübt wird (im Rahmen von Gewinnabführungs- und Beherrschungsverträgen, §§ 291 ff. AktG; Gesellschaft als bloße Abteilung, als reiner „Befehlsempfänger" des „Konzerns Stadt"; stark einseitige, gesellschaftsgefährdete Verteilung der Risiken und Chancen; ruinöse Beherrschungs- und Gewinnabführungsverträge, dauerhaft schädigende oder rücksichtslose, stark einseitige Maßnahmen der Gesellschafter/„Konzernleitung" usw.). Mit dieser Fallgruppe können Verlustausgleichspflichten usw. nicht begründet werden, die sich als Realisierung des normal erkennbaren unternehmerischen Risikos darstellen (vgl. §§ 13 Abs. 2 und 30 f. GmbHG). Diese „Durchgriffshaftung" greift aber in jenen Ausnahmefällen, in denen stark existenzgefährdende bzw. -vernichtende Eingriffe oder die Überbürdung unvertretbarer Risiken bzw. Verluste vorgenommen wurden, also die Rechtsform der GmbH missbraucht bzw. die besondere Treuepflicht der Gesellschafter evident verletzt wurde. Die meist schwierigen Darlegungs- und Beweislagen legen es nahe, von diesem Rechtsinstitut der „Durchgriffshaftung" nur nach sorgfältiger Prüfung Gebrauch zu machen (vgl. BGHZ 149, 10 ff.; 150, 61 ff.; NJW 2002, 3024 ff.; OLG Celle DB 2000, 2261 ff.; *Kuhl/Wagner* ZIP 1995, 433 ff.; *Parmentier* ZIP 2001, 551 ff. und DZWIR 2002, 500 ff.; *Katz* GemHH 2004, 49 ff.).

(4) **Deliktische Haftung:** Grundsätzlich bestehen keine deliktischen Ansprüche nach §§ 823 und 826 BGB (vgl. BGHZ 41, 287 ff.; OLG Celle DB 2000, 2261 ff.; *Weger/Jesch* DÖV 2003, 672, 675). Der BGH hat allerdings seit 2007 das Verbot existenzvernichtender Eingriffe als besondere Fallgruppe des § 826 BGB ausgestaltet und ersetzt. Bei sittenwidriger, vorsätzlicher Schädigung der Gesellschaft greift die „Existenzvernichtungshaftung" als deliktische Innenhaftung (ausführlicher oben Rdn. 190; BGHZ 173, 246 ff.; 176, 204 ff.; 179, 344 ff. und WM 2012, 1034 ff.).

Diese Grundsätze und die aus den Fallgruppen abzuleitenden Haftungspflich-   **190c**
ten gelten auch für kommunale Gesellschaften. Zwar haben die Kommunen
für ihre Unternehmen keine umfassenden Garantiepflichten und besitzen –
wenn man dies als zulässig erachtet – als Gesellschafter auch zivilrechtlich
keine gesteigerte Insolvenzabwendungspflicht (vgl. *Raiser* ZGR 1996, 462;
Kuhl/Wagner ZIP 1995, 435 ff.; OLG Celle DB 2000, 2261 ff.). Sie haben aber
stets zu gewährleisten, ohne jede Unterbrechung für ihre öffentlich-rechtlichen
Pflichten und die Erfüllung der kommunalen Aufgaben geradezustehen, diese
sicherzustellen und insoweit „solvent" zu sein. Auch die Rechtsaufsicht hat
dies zu überwachen und ggf. einzuschreiten (vgl. etwa BVerwG NVwZ 2011,
424 ff.; Hess.VGH KStZ 2012, 133 f.; *Katz* GemHH 2014, 245, 248). Es wäre
deshalb bildlich gesprochen widersinnig und praxisfern, über ein kommunales
Unternehmen zivilrechtlich ein Insolvenzverfahren zu eröffnen, um dann nach
einer „logischen Sekunde" die Kommune öffentlich-rechtlich wieder zur Erfüllung der Gemeindeaufgaben, des öffentlichen Zwecks, zu verpflichten. Selbst
wenn man § 12 Abs. 1 Nr. 2 InsO rein formal auslegt, müsste der Insolvenz-
richter im Eröffnungsbeschluss wenigstens all die Vermögensgegenstände benennen, die für die kommunale Aufgabenerfüllung unentbehrlich und damit
nicht verwertbar sind (z. B. grundsätzlich alle Vermögensgegenstände des Verkehrsbetriebs; vgl. § 882a Abs. 2 ZPO; Jahrbücher des Sächs. OVG, Bd. 35,
S. 78 ff.; *Parmentier* ZIP 2001, 551, 555 und DZWIR 2002, 500, 502). All
dies zeigt, dass aus den dargelegten Gründen die Insolvenzunfähigkeit nur
„materiell" aus- und festgelegt werden kann.

f) Zusammenfassung

Die **wesentlichen Ergebnisse** lassen sich wie folgt kurz zusammenfassen: **191**
–   Städte und Gemeinden einschließlich ihrer Eigen- und Regiebetriebe so-
    wie Kommunalunternehmen, die der Aufsicht eines Landes unterstehen,
    sind nicht insolvenzfähig (vgl. § 12 InsO i. V. m. Bestimmungen des Lan-
    desrechts). Die Kommunen haften insoweit uneingeschränkt für alle Ver-
    bindlichkeiten. Kommunale Unternehmen in der Rechtsform des Privat-
    rechts unterliegen dagegen nach heute h. M. dem Insolvenzrecht, sind
    also insolvenzfähig ohne dass dies – von ganz wenigen Ausnahmen abge-
    sehen – in den letzten 80 Jahren relevant geworden ist.
–   Eine unmittelbare Haftung der Kommunen für ihre Unternehmen in Pri-
    vatrechtsform ist stets aufgrund entsprechender vertraglicher Vereinba-
    rungen bzw. Zusagen mit Rechtsbindungswillen gegeben. Eine **„Durch-
    griffshaftung"** auf die Kommunen als Allein- oder Mehrheitsgesellschafter
    ihrer Unternehmen in Privatrechtsform kommt in engen Grenzen entspre-
    chend den dargestellten Fallgruppen in Betracht (insbes. Fälle von stark
    existenzgefährdenden bzw. -vernichtenden Eingriffen).
–   Die verfassungs- und kommunalrechtlichen Bestimmungen, Sinn und
    Zweck des § 12 InsO sowie die genannten faktischen und rechtlichen
    Entwicklungen, aber auch praktische Bedürfnisse und handhabbare Re-
    geln erfordern heute eine deutliche Korrektur der h. M. Die bloße Beru-
    fung auf den Wortlaut der §§ 11 und 12 InsO und das rein formale
    abstellen auf die rechtliche Organisationsform bei der Bestimmung von

insolvenzfähig/-unfähig ist für öffentliche/kommunale Aufgaben nicht geeignet. Die Zuordnung bzw. **Abgrenzung hat materiell zu erfolgen.**
- Nicht das „Insolvenzregime", sondern nur ein „Kommunalrechtsregime", das ggf. zur Behebung von Mängeln und Defiziten weiterzuentwickeln ist, ist geeignet, die Probleme in den Griff zu bekommen bzw. zu lösen. Die Länder haben über Finanzausstattung und Aufsicht ihre Pflichten angemessen zu erfüllen. Ein „Staatskommissar" (Insolvenzverwalter) kann nur über die Kommunalaufsicht eingesetzt und seine Tätigkeit muss von ihr unter Beteiligung der kommunalen Organe begleitet und kontrolliert werden. Das **„Kommunale Rechtsregime"** muss Leitlinie sein und bleiben
- Sollte man sich gleichwohl für die Insolvenzfähigkeit von Kommunalunternehmen in Privatrechtsform (Stadtwerken) entscheiden, müsste dafür das **Insolvenzrecht modifiziert**, dem Kommunalrechtsregime stark angenähert, sachgerecht und praktikabel gestaltet werden. Es müsste vor allem eine mindestens beratende Beteiligung der gewählten Kommunalorgane und eine starke Einbindung der Aufsicht in das Insolvenzverfahren festgelegt und wenn erforderlich für den kommunalen Bereich qualifizierte „Verwalter" bzw. „Beauftragte" bestellt werden. Nur so können die Funktionsfähigkeit der Kommunen und ihre öffentliche Aufgabenerfüllung gewährleistet und diese auch gegenüber den Befriedigungsinteressen der Gläubiger effektiv vertreten werden. Auch das Insolvenzplanverfahren nach §§ 217 ff. InsO müsste entsprechend angepasst werden.
- In all den Verfahren sollte mehr Transparenz in der Sachdarstellung, den Zahlen und Analysen, mehr unabhängige Kontrolle sowie **mehr Offenheit und Öffentlichkeit** gegenüber dem Bürger hergestellt werden. Die Extremfälle der letzten Zeit sollten ein dringender „Weckruf" für ähnlich bedrohte Kommunen und Stadtwerke sein (Detroit, Oberhausen, Stadtwerke Gera usw.).

Es liegt in der Natur der hier behandelten Thematik, des Haftungs- und Insolvenzrechts für Körperschaften des öffentlichen Rechts sowie den eingetretenen Entwicklungen begründet, dass in nicht wenigen Teilbereichen z. Z. keine eindeutigen Antworten auf zahlreiche Fragen gegeben werden können. Vieles ist bei deutlich zunehmender Aktualität und praktischer Relevanz gegenwärtig im Umbruch begriffen. Die Suche nach angemessenen Lösungen beschäftigt Praxis, Literatur und Rechtsprechung gleichermaßen. Besonders Bund, Länder und Kommunen sind gut beraten, diese Gesamtproblematik zügig aufzugreifen, die Fakten aufzuarbeiten, offen zu analysieren und abzuwägen sowie nach angemessenen und für die Praxis sachgerechten und tauglichen Lösungen zu suchen. Da der Großteil der Aufgaben, den die Kommunen inzwischen in Privatrechtsform wahrnehmen, der kommunalen Aufgabenerfüllungspflicht unterliegen, als gesetzlich festgelegte Pflichtaufgaben weitergeführt werden müssen, und zu befürchten ist, dass nach Jahrzehnten, in denen solche Fälle glücklicherweise nicht relevant waren, in absehbarer Zeit – wie der Fall Stadtwerke Gera zeigt – in größerer Zahl auftreten können, besteht akuter Handlungsbedarf (vgl. *Brüning* GemHH 2014, 241 ff.; *Katz* GemHH 2014, 245 ff.).

VIII. Privatisierung kommunaler Aufgaben (PPP usw.)

1. Ausgangslage

Wandel und Reform der öffentlichen Verwaltung, neue Formen des Verwal- **192**
tungshandelns und zunehmend auch Probleme und Chancen, die aus der teils
noch fortschreitenden, teils bereits wieder auf dem Rückzug befindlichen **Privatisierung** und Liberalisierung bisher öffentlicher Aufgabenbereiche, insbesondere in der Erbringung von Dienstleistungen der Daseinsvorsorge, erwachsen
können, werden breit und kontrovers diskutiert und stehen im Fokus des kommunalen Interesses. Die Diskussion wurde ursprünglich von **zwei Grundströmungen** beherrscht:

(1) Zum einen wird vorgetragen, dass auch für wesentliche Teile der öffentlichen Aufgaben die Zukunft im Wettbewerb, in der Deregulierung und
Konkurrenz liegt und nur der Wettbewerb zu einem ständigen Lernpro-
zess, zu Innovationen und Fortschritt zwingt, also – vereinfacht ausgedrückt – zur Bewältigung der aktuell drängenden strukturellen und finanziellen Herausforderungen und Probleme diese „Turbo-Instrumente"
dringend eingesetzt werden müssen.

(2) Die gegenteilige Meinung mahnt zur Vorsicht mit der Anwendung dieses
Instrumentariums und verweist im Wesentlichen auf die bewährten
Grundsätze der Rechts- und Sozialstaatlichkeit, des Gemeinwohls, der
kommunalen Selbstverwaltung und der demokratischen Legitimation in
kommunalen Aufgabenbereichen. Kommunales Gemeinwohl und örtliche demokratische Legitimation seien mindestens genauso wichtig wie
Wettbewerb („Konkurrieren ja, Privatisieren nein"). Die Bürger und Gemeinden seien eben nicht nur Dienstleister und Kunden, sondern weit
mehr.

Nachdem zu Beginn des neuen Jahrtausends noch ein Übergewicht der erstge-
nannten Position erkennbar war, hat in jüngerer Zeit letztere Ansicht mehr
und mehr an Boden gewonnen, insbesondere sichtbar an den Rekommunalisierungstendenzen im Energiebereich. Rechtlich erhielt diese Position zudem
Auftrieb durch die „Weihnachtsmarkt-Entscheidung" des BVerwG (Urteil
vom 27.5.2009, in: NVwZ 2009, 1305 ff., hierzu *Katz* NVwZ 2010, 405).
Mehr und mehr hat sich daher in jüngerer Zeit – zudem beeinflusst durch die
Erfahrungen, Erfolge und Misserfolge von Privatisierungen in Deutschland
und Europa – eine **vermittelnde Ansicht** herausgebildet, die pauschale und
schlagwortartige Aussagen zum Für und Wider von Privatisierungen ablehnt,
sondern stets eine einzelfallbezogene Betrachtung darüber verlangt, ob die
Entlassung einer kommunalen Aufgabe in den privaten Raum rechtlich zulässig, möglich, zweckmäßig und wünschenswert ist (vgl. etwa *Cronauge*, Kommunale Unternehmen, Rdn. 480; Katz NVwZ 2010, 405; *Boehme-Neßler*
LKV 2013, 481; *Podszun/Palzer* NJW 2015, 1496; *Knauff* EnWZ 2015, 51;
Leisner-Egensperger NVwZ 2013, 1110; aus der älteren Literatur *Bauer*
VVDStRL 54, 252 ff.; ders. VerwArch 1999, 561 ff.; *Peine* DÖV 1997,
353 ff.; *Voßkuhle* VerwArch 2001, 184 ff.; *Mayen* DÖV 2001, 110 ff.; *Burgi*

NVwZ 2001, 601 ff.; *Eifert* VerwArch 2002, 561 ff.; *Hille,* KWI-Arbeitsheft 3/2002; *Siemer,* GemHH 2003, 178 ff.).

193 Im Folgenden werden die Ausgangslage und die Rahmenbedingungen dargestellt, die Erscheinungsformen systematisiert sowie die Entwicklungslinien und Trends, die kommunalrechtlichen Bedingungen und Ziele dargestellt. Dies geschieht unter besonderer Berücksichtigung von Erfahrungen und Erkenntnissen aus der kommunalen Praxis und bezieht auch vertragsgestalterische Aspekte mit ein. Dabei ist auch zu berücksichtigen, dass die Gesamtthematik unverändert beachtlichem Wandel unterworfen ist und die nachfolgenden Ausführungen nur als ein „**Situationsbericht**" des Jahres 2016 verstanden werden können (vgl. etwa *Burgi* NdsVBl. 2012, 225 ff.).

194 a) **Ursachen und Motivation von Privatisierung und Rekommunalisierung.** Die **Privatisierungsdiskussion** wird vor allem von folgenden Entwicklungen geprägt:
– Wandel der tatsächlichen Verhältnisse und der „Einstellung" zur Privatisierung („Privatisierungsschub"; Trend: Mehr Markt, weniger Staat);
– Änderung der bundesrechtlichen Rahmenbedingungen (Regulierung);
– EU-Recht (freier Markt, Wettbewerb, Diskriminierungsfreiheit);
– Änderung des Verbraucherverhaltens (Bürger mehr als Kunde!?);
– Hierarchie und bürokratische Organisation stoßen an Grenzen („schlanker" Staat, Investitionsstau);
– angespannte Finanzlage („Schuldenbremse");
– Verwaltungsreform, Neues Steuerungsmodell, Wettbewerb („Konzern Stadt").
Demgegenüber speist sich die **Rekommunalisierungstendenz** insbesondere aus folgenden Entwicklungen:
– Akzeptanzverlust der Privatwirtschaft als Folge von Finanz- und Wirtschaftskrise;
– enttäuschte Erwartungen aus Privatisierungen der Vergangenheit, die teilweise zu Oligopolen, höheren Preisen und Abstrichen bei Qualität und Effizienz geführt haben;
– zunehmender Wunsch nach stärkerer Regionalität, Gemeinwohlorientierung und Nachhaltigkeit, und damit verbunden nach stärkerem kommunalem Einfluss und erhöhter demokratischer Legitimität.

195 Letztlich kann die – in Teilen bereits historisch anmutende – Privatisierungsdiskussion vor allem auf folgende **Gründe** bzw. „**Treiber**" fokussiert werden:

(1) Die Entwicklung des geltenden Rechtsrahmens, insbesondere auf EU-Ebene, aber auch durch den Bundesgesetzgeber;
(2) der verstärkte Trend der Gemeinden selbst zu privatrechtlichen Organisationen, Kooperationen, Fusionen, neuen Geschäftsfeldern usw.;
(3) die zunehmenden Forderungen der Privatwirtschaft, der Wirtschaftsorganisationen und Kammern auf strikte Einhaltung des Subsidiaritätsgrundsatzes;

(4) die Suche nach neuen Handlungsformen sowie Bündelung aller Kräfte zur Bewältigung der strukturellen und finanziellen Probleme auch der Kommunen

(vgl. *Di Fabio* JZ 1999, 58 ff.; *Burgi*, Funktionale Privatisierung und Verwaltungshilfe, 1999, S. 48 ff.; *Eifert*, VerwArch 2002, 561 ff.; *Rennert* JZ 2003, 385 ff.; *Hübner*, KommJur 2004, 54 ff.; *Katz* NVwZ 2010, 405 ff.; *Burgi* NdsVBl. 2012, 225 ff.; *Boehme-Neßler* LKV 2013, 481 ff.).

b) Aufgabenbereiche. Die Privatisierung von Aufgaben erfolgt in einem föderalen Staat wie der Bundesrepublik Deutschland auf allen Ebenen (Bund, Länder, Landkreise, Gemeinden). Nach dem „Privatisierungsschub" auf der **Bundes**- und zum Teil auch auf der **Länderebene** in den 90er Jahren lag das Schwergewicht zuletzt verstärkt auf der **kommunalen Ebene.** Klassische Schwerpunkte der Privatisierung im Kommunalbereich sind: Energie und Nahverkehr, Wasser und Entsorgung. Wichtige Einzelbereiche (**Abb. 11**):   **196**

Abb. 11: Privatisierungsbereiche

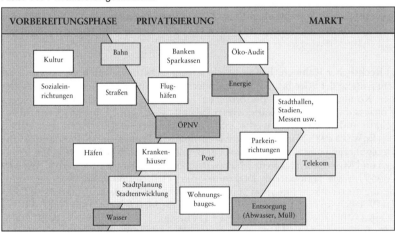

Auf der Ebene der kommunalen Selbstverwaltung sind inzwischen viele Bereiche nicht mehr im Gemeindehaushalt enthalten, sondern in vielfältiger Form „ausgegliedert". In Gemeinden über 50.000 Einwohnern liegt der Anteil der ausgegliederten Bereiche bei 50 bis 75 %, der Anteil, der im Gemeindehaushalt nach wie vor enthalten ist, bei 25 bis 50 % (bezogen auf das Finanzvolumen des „Konzernhaushalts"; vgl. dazu oben Rdn. 40 ff. mit Abb. 2 bis 4). In diesen Zahlen kommt die finanziell/wirtschaftliche Bedeutung und damit auch die politische Dimension dieser grundsätzlich „privatisierungsfähigen" **Bereiche** auf der kommunalen Ebene deutlich zum Ausdruck. Im Einzelnen sind dies: **197**

- Stadtwerke und Verkehrsbetriebe (derzeit rund 900)
  - Energie (Strom, Gas, Fernwärme)
  - Wasser
  - ÖPNV, Schienengebundener Regionalverkehr
  - Neue Geschäftsfelder (Dienstleistungen, Telekommunikation, Consulting usw.).
- Entsorgungsbetriebe (in den alten Bundesländern ganz überwiegend kommunal)
  - Abwasserbeseitigung einschließlich Klärwerke
  - Abfallentsorgung (Müllbeseitigung).
- **Wohnungsbauunternehmen**
  - sozialer Wohnungsbau (rund 50 % des gemeinnützigen Wohnungsbaus)
  - freier Wohnungsbau.
- **Einrichtungen für Großveranstaltungen** (Kongresszentren, Messen, Stadien, Großhallen für Sport- und Kulturveranstaltungen usw.).
- **Krankenhauswesen** (einschließlich sonstiger Gesundheitseinrichtungen, Alten- und Pflegeheime).
- Bereich der öffentlichen Banken und **Sparkassen.**
- **„Outsourcing"-geeignete Bereiche** (z. B. Gebäudemanagement, Parkhäuser etc.).

198 c) **Rechtlicher Rahmen.** Die rechtlichen Rahmenbedingungen haben sich vor allem Anfang der 90er-Jahre stark verändert. So wurden etwa bei leitungsgebundenen Kommunalaufgaben die örtlichen Monopole, der Abschluss langfristiger Konzessions- und Demarkationsverträge und „gesicherte" Entgelte (Preise) abgeschafft und durch Wettbewerbs- und Transparenzregelungen ersetzt (vgl. insbes. das EnWG 1998). Vor allem aber das **europäische Primär- und Sekundärrecht** zur Deregulierung und Liberalisierung, zur Beseitigung von Wettbewerbsbehinderungen und Monopolen („offene Marktwirtschaft mit freiem Wettbewerb", Art. 119 AEUV) sowie Transparenz, Diskriminierungsfreiheit und Ausschreibung veränderten die rechtliche Situation „fast unbemerkt" außerordentlich stark (vgl. *Peine* DÖV 1997, 353 ff.; *Ruffert* AöR 1999, 237 ff.; *Mehde* VerwArch 2000, 540 ff.; *Weiß* DVBl. 2003, 564 ff.; *Schliesky* DVBl. 2003, 631 ff.; *Papier* DVBl. 2003, 686 ff.; Grünbuch der EU-Kommission zu Dienstleistungen von allg. wirtsch. Interesse, KOM 2003/270). Im Einzelnen sind insbesondere zu benennen (vgl. dazu Rdn. 67 ff. und insbes. Rdn. 236 ff.):

- **EU-Rechtsrahmen** (AEUV, Art. 2 ff., 101 ff.; 107 f.; EU-VO'en, z. B. 1370/2007; freier Wettbewerb, Beihilfe- u. Vergaberecht);
- **Post-, Telekommunikations- und Bahnreform** (Art. 87e, f. GG; TKG 1996; PostG 1997; Bahnreform 1994);
- **WHG**, vom 31.7.2009 (BGBl. I S. 2585), zuletzt geändert durch Gesetz vom 11.4.2016 (BGBl. I S. 745): vgl. §§ 50 und 56 WHG sowie LWGe, z. B. §§ 44 und 46; LWG BW (öffentliche Wasserversorgung und Abwasserbeseitigung als weisungsfreie Pflichtaufgaben);

- KrWG vom 24.2.2012 (BGBl. I S. 212), zuletzt geändert am 4.4.2016 (BGBl. I S. 569), – vormals KrW/AbfG –: vgl. §§ 17 und 20 KrWG sowie LAbfGe, z. B. §§ 6 ff. LAbfG BW;
- EnWG, mit Novellen 1998 und 2003, vom 7.7.2005 (BGBl. I S. 1970), zuletzt geändert am 19.2.2016 (BGBl. I S: 254).

Unverändert geblieben sind mit Ausnahme des Art. 23 GG die nationalen Ver-   **199** fassungsnormen, insbesondere **Art. 28 Abs.** 2 GG und die entsprechenden Bestimmungen der Länderverfassungen und im Wesentlichen auch das **Kommunalrecht** der Länder. Dies gilt besonders für das
- **Kommunale Selbstverwaltungsrecht**, Daseinsvorsorge, wirtschaftliche Betätigung, Planungs- und Organisationshoheit sowie den
- „Öffentlichen Zweck" (Gemeinwohl), Territorialprinzip (örtliche Radizierung), Subsidiarität („**GO-Schrankentrias**").

Durch diese Rechtsentwicklung werden die Kommunen in ihrer Aufgabenerfül-   **200** lung durch normative Festlegungen auf europäischer Ebene in ihrem durch das deutsche Verfassungsrecht geschützten Selbstverwaltungsrecht eingeschränkt. Dies gilt in besonderer Weise für die „Dienstleistungen von allgemeinem wirtschaftlichen Interesse" (durch Ausschreibungswettbewerb, Vergabe- und Beihilferecht; „Privatisierung durch die Hintertür"). Mitunter wird dem EU-Recht im Hinblick auf die föderalen Strukturen der Bundesrepublik „**Landes- und Kommunalblindheit**" vorgeworfen. Über diese Fragen wurde in der Vergangenheit intensiv und kontrovers diskutiert (vgl. *Rennert* JZ 2003, 385 ff. und *Papier* DVBl. 2003, 686 ff.).

Die Privatisierungsdiskussion wurde auch dadurch verstärkt, dass die **Tarifver-**   **201** **tragssysteme** von Ver.di einerseits und den anderen Gewerkschaften andererseits in den letzten Jahrzehnten stark auseinander gedriftet sind. Dies gilt beispielsweise für den öffentlichen Nahverkehr, wo die tariflichen Personalkosten um bis zu 1/3 differierten. Deshalb ist es nicht verwunderlich, dass vor allem Nahverkehrsbetriebe der öffentlichen Hand nach kostengünstigeren Lösungen suchen („Personalgestellungs-GmbHs" usw.).

d) **Privatisierungsdiskussion.** Dass wir uns in einem **grundlegenden Wandel**   **202** befinden, ist unbestritten. Politik, Wirtschaft und Gesellschaft stehen vor großen Herausforderungen, die mindestens nicht allein mit den herkömmlichen Methoden und Instrumenten gelöst werden können. Die **treibenden Kräfte** dieses die Strukturen verändernden Wandels sind vereinfacht ausgedrückt: Rasante Veränderungen in den Feldern Technologie, Demographie, Ökologie und öffentliche Verschuldung sowie in der daraus resultierenden wachsenden Komplexität und Steuerungsunfähigkeit der politischen, wirtschaftlichen und gesellschaftlichen Systeme. Die Einsicht wächst, dass die in die richtige Richtung weisenden Antworten von Deregulierung, Liberalisierung und zum Teil auch Privatisierung geprägt sein müssen und der Wandel von der Industrie- zur Dienstleistungsgesellschaft weitergeführt und verstärkt zu einer Wissensgesellschaft entwickelt werden muss. Die Grundsätze, Regeln und Mechanismen von Liberalisierung, freier Markt, Wettbewerb und den vier Grundfreiheiten (freier Waren-, Personen-, Dienstleistungs- und Kapitalverkehr) müssen folglich zur Lösung der dringenden Strukturprobleme auch in Politik und Gesellschaft, in öffentlichen, kulturellen und sozialen Bereichen angemessen ein- und umgesetzt werden (Hauptelemente: Möglichst autonome, friktionsfreie Prozesse, Minimierung der Kosten, Maximierung der Transparenz usw.). Die im Ansatz richtige **These** „**Effizienzsteigerung durch mehr Markt** und weniger Staat", muss zur Bewältigung der Probleme verstärkt eingesetzt werden (Wettbewerb und Transparenz als Reformmotoren; zum Teil auch „künstlicher Wettbewerb"). Auch kann dabei auf das Zusammenführen von öffentlichem und privatem Wissen und Engagement, auf die Nutzbarmachung des gesamten „Know-Hows" nicht verzichtet werden (i. S. von „Zukauf privater und wirtschaftlicher Denk- und Handlungsrationalität"; vgl. *Kupjetz/ Eftekharzadeh* NZBau 2013, 142; *Kneup/v. Kaler* NVwZ 2015, 1401; *Schmidt-Aßmann* NuR 2000, 598 f.; *Burgi* NVwZ 2001, 601 f.; *Eifert* VerwArch 2002, 561 ff.; *Articus* Der Städtetag 7–8/2002, S. 6 ff.; *Hille*, KWI-Arbeitsheft 3/2002, S. 5 ff.; *Siemer* GmbHH 2003, 178 ff.). Die öffentliche Hand ist in vielen Aufgabenfeldern auf die Mitwirkung Privater und deren Ressourcen angewiesen. Dies gilt in besonderer Weise für die Kommunen, von denen die Bürger Lebensqualität, ein wirtschaftsfreundliches Klima, eine gute und ausreichende haushalts- und wirtschaftsnahe Infrastruktur sowie soziale und kulturelle Einrichtungen, also möglichst optimale „harte" und „weiche" Standortfaktoren erwarten.

203   Neue Handlungsformen und Zusammenarbeit gerade auch in **Privat-Public-Partnership-Projekten (ÖPP/PPP)** in unterschiedlichsten Kooperationsformen sind in unserer von strukturellen und finanziellen Problemen stark belasteten Zeit ein Gebot der Stunde. Markt und Wettbewerb bedeuten aber **nicht Verzicht auf Regeln**, Liberalismus ist nicht mit „Regellosigkeit" gleichzusetzen. Die Festlegung sorgfältig durchdachter, ausgewogener, angemessener und auf die konkreten Gegebenheiten angepasste sowie auf das Wesentliche beschränkte Regeln („**Regulierungen**") sind Teil des Konzepts freie Marktwirtschaft und der vielfältigen Kooperationsmodelle zur Sicherstellung einer ausreichenden, flächendeckenden, sicheren und preisgünstigen Versorgung. Dies gilt auch für die Diskriminierungsfreiheit, eine ausgewogene „Vertragsparität" einschließlich der zu berücksichtigenden Gemeinwohlinteressen, für die Informations- und Einflussrechte usw. (in einem freiheitlichen sozialen Rechtsstaat bedingen sich Privatisierung und Regulierung gegenseitig; Regulierung als Ordnungsinstrument liberalisierter Bereiche). Die Rolle der öffentlichen Hände besteht also weniger darin, den privaten Akteuren zu befehlen, sondern ihnen die Spielregeln vorzugeben und darüber zu wachen, dass diese eingehalten werden (vgl. *Ruffert* AöR 1999, 237 ff.; *Schmidt-Aßmann* NuR 2000, 598 f.; *Burgi* NVwZ 2001, 601 ff.; *Voßkuhle* VerwArch 2001, 184 ff.; *Malik*, Die neue Corporate-Governance, 3. Aufl. 2002, S. 335 ff.; *Weiß* DVBl. 2002, 1167 ff.; *Papier* DVBl. 2003, 686 ff.; *Bullinger* DVBl. 2003, 1355 ff.; *Hübner* KommJur 2004, 54 ff.; *Katz* NVwZ 2010, 405 ff.; *Boehme-Neßler* LKV 2013, 481 ff.).

204   Die ehemalige Privatisierungseuphorie ist einer gewissen „**Nachdenkphase**" und Nüchternheit gewichen. Nach dem starken Privatisierungsschub in der zweiten Hälfte der 90er Jahre (insbesondere Bahn, Post, Telekommunikation) hat insbesondere die seit 2008 schwelende Finanzkrise die Probleme und Gefahren umfassender Privatisierung und Deregulierung deutlich gemacht. Die ökonomischen Vorteile von Privatisierungen haben sich überwiegend in Grenzen gehalten, stattdessen sind die mit ihnen einhergehenden Steuerungs- und Kontrollverluste von Politik und Kommunen deutlich zutage getreten. Vor diesem Hintergrund werden insbesondere im Bereich kommunaler Infrastruktur Privatisierungen vielfach rückgängig gemacht, zum Teil auch Überlegungen zur künftigen Verhinderung von Privatisierungen angestellt (vgl. *Boehme-Neßler,* LKV 2013, 481). Auf der anderen Seite sind die dringenden strukturellen und finanziellen Probleme der öffentlichen Hand, die den Privatisierungsschwung mit ausgelöst hatten, keinesfalls gelöst und in Teilen prekärer als zuvor (z. B. Sanierungsstau in öffentlichen Einrichtungen und Infrastruktur, Nothaushaltskommunen). Gerade die Prüfung neuer Beschaffungs- und Finanzierungsstrukturen hat zuletzt Ideen zu neuartigen Kooperationsmodellen der öffentlichen Hand mit privaten Finanzierungspartnern z. B. in öffentlichen Infrastrukturfonds oder Bürgerfonds hervorgebracht. Insofern wird die Diskussion um die Einbeziehung privaten Kapitals und Wissens in die Lösung der geschilderten Probleme angesichts der beschriebenen Ernüchterung allenfalls differenzierter, jedoch nicht leiser werden.

Weitere **Beispielsfälle (Privatisierung):** Telekommunikation (*Bullinger* DVBl. 2003, 1355, 1357 ff.; *Stober* DÖV 2004, 221 ff.); Autobahnen (*Kupjetz/Eftekharzadeh* NZBau 2013, 142); Bundeswehrdienstleistungen (*Dietlein/Heinemann* NVwZ 2003, 1080 ff.; *Gramm* DVBl. 2003, 1366 ff.); Abfallwirtschaft (*Müller* DVBl. 2002, 1014 ff.; *Frenz* DÖV 2002, 1028 ff.; *Beckmann* VerwArch 2002, 371 ff.); ÖPNV (*Sellmann* DVBl. 2003, 358 ff.; *Heiß* VBlBW 2003, 429 ff.; *Müller* GemHH 2003, 241 ff.; *Mietzsch* IR 2004, 53 ff.); Weihnachtsmärkte (BVerwG NVwZ 2009, 1305 ff.; *Katz* NVwZ 2010, 405 ff.); Maßregelvollzug (*Schladebach/Schönrock,* NVwZ 2012, 1011 ff.). Zu neuartigen Kooperationen bei der Finanzierung öffentlicher Infrastruktur vgl. den Bericht der Expertenkommission „Stärkung von Investitionen in Deutschland", April 2015, sowie *Kneuper/v. Kaler* NVwZ 2015, 1401.

2. Begriffliches, Systematik, Fallgruppen

a) Die Begriffe „Privatisierung" und „kommunale Aufgaben". Der Begriff   **205** „Privatisierung" wird alles andere als einheitlich verstanden. Sein definitorischer Inhalt ist sehr vielgestaltig und wird meist sehr differenziert festgelegt (formelle, funktionelle und materielle Privatisierung; echte und unechte Privatisierung usw.). Dies liegt vor allem darin begründet, dass inzwischen eine außerordentliche Vielfalt von Sachverhaltsvarianten entwickelt wurde und der Begriff häufig als politische, zum Teil auch als ideologische, mit unterschiedlichem Inhalt versehene „Allzweckwaffe" herhalten muss. Nach herkömmlichem Verständnis spricht man von Privatisierung dann, wenn öffentliche (kommunale) Aufgaben, die bisher von der öffentlichen Hand (Bund, Länder, Kommunen) durchgeführt wurden, auf private Personen oder Gesellschaften übertragen werden. Dieser traditionelle begriffliche Ansatz ist heute zu eng und entspricht nicht mehr den aktuellen Zielen der Privatisierung (vgl.

oben Rdn. 194 ff. und 202). Ausgehend von der überwiegend vorgenommenen Differenzierung nach der **formellen** Organisationsprivatisierung, der **funktionalen** Privatisierung und der **materiellen** Aufgabenprivatisierung (drei **Grundformen**) sind in dem Privatisierungsbegriff auch alle Mischformen, Kooperations- und Betreibermodelle sowie Public-Private-Partnership-Projekte (ÖPP/PPP) einzubeziehen, in denen neben Kommunen **auch Private beteiligt** sind. Nur eine solche, relativ weite Definition des Begriffs „Privatisierung" wird der Thematik gerecht. Zur Bewältigung der aktuellen Herausforderungen durch neue Handlungsformen ist dies geboten. Die bloße „Aufgabe" und der „Ausverkauf" von kommunalen Aufgaben auf breiter Front würde der in unserem Gemeinwesen bewährten Selbstverwaltung nicht gerecht. „Privatisierung" kann also nicht bloße „Entkommunalisierung" bedeuten, sie muss auch Zusammenarbeit und Kooperation, die PPP-Modelle mit beinhalten (z. B. muss es bei Privatisierung der Leistungserbringung möglich sein, die der Leistungserbringung zu Grunde liegenden demokratisch legitimierten Aushandlungsprozesse in den Kommunen zu belassen; vgl. *Brüning*, in: Schulte/Kloos (Hrsg.), HB Öff. Wirtschaftsrecht, 2016, S. 181 ff.; *Boehme-Neßler* LKV 2013, 481; *Katz* NVwZ 2010, 405; *Bauer* DÖV 1998, 89 ff.; *Mehde* VerwArch 2000, 540 ff.; *Mayen* DÖV 2001, 110 ff.; *Burgi* NVwZ 2001, 601 ff.; *Eifert* VerwArch 2002, 561 ff.; *Fischer/Zwetkow* NVwZ 2003, 281 ff.; *Broß* JZ 2003, 874 ff.; *Kopp/Ramsauer*, Komm. VwVfG, Einf. Rdn. 103 ff.).

206 Auch für die begriffliche Festlegung der „kommunalen Aufgaben" gibt es eine Vielzahl von systematischen Ansätzen. Die herkömmliche Typologie wird vereinfacht wie folgt vorgenommen:

- **Klassische Kommunalaufgaben**
  - klassisch-hoheitliche Aufgaben
  - schlicht-hoheitliche Aufgaben
- **Leistungsaufgaben und Daseinsvorsorge**
  - Pflichtaufgaben
  - Freiwillige Aufgaben („öffentlicher Zweck" dominant) ⎫
  - Aufgaben der wirtschaftlichen Betätigung ⎬ Umbruchbereiche
  (nach GemO) ⎭
- **Sonstige freiwillige kommunale Aufgaben.**

207 „Privatisierungsfest", also einer Privatisierung nicht zugänglich ist grundsätzlich der gesamte Bereich der Hoheits- und Eingriffsverwaltung, etwa die innere und äußere Sicherheit, ordnungs- und ortspolizeiliche Aufgaben, Standesamtswesen, Bauordnungsrecht und dergleichen. Im Bereich der Leistungsverwaltung sind zahlreiche Felder grundsätzlich einer Privatisierung zugänglich, allerdings können sich hier aus prinzipiellen verfassungsrechtlichen, traditionsgeprägten, gemeinwohl- und einwohnerdienlichen Gründen sowie dem konkreten Aufgabenbereich Einschränkungen ergeben (**Privatisierungsgrenzen**). So ist bei grundlegenden, gesetzlichen Pflichtaufgaben und dergleichen, insbesondere der „Grundsicherung" der Einwohner, nicht die

Kommunalaufgabe selbst, sondern nur die Aufgabendurchführung privatisierbar. Auch versteht das **BVerwG** die Garantie der kommunalen Selbstverwaltung nicht als bloßes Recht, sondern zugleich als prinzipielle Pflicht zur Wahrnehmung der Angelegenheiten der örtlichen Gemeinschaft und folgert daraus, dass die Gemeinden dafür die Verantwortung tragen und eine wirksame Sicherung und Wahrnehmung ihrer kommunalen gemeinwohlverwirklichenden Aufgaben gewährleisten müssen. Die Kommunen können sich nicht einfach von ihren öffentlichen Aufgaben zurückziehen, sich des **Gemeinwohlsicherstellungsauftrags** „entledigen". Sie müssen nach der zutreffenden Auffassung des BVerwG mindestens gemeinwohlsichernde Regulierungen und angemessene Steuerungs-, Einfluss- und Überwachungsrechte festlegen. Eine Kommune muss in solchen Fällen fähig sein, in Konfliktsituationen, bei widerstreitenden Interessen usw. das der Aufgabe zugrunde liegende Gemeinwohl zum Tragen zu bringen und insoweit das „Recht des letzten Wortes" zu besitzen (i. S. eines „Gewährleistungsverantwortungskonzepts"; BVerwG NVwZ 2009, 1305 ff.; *Voßkuhle* VVDStRL 2003, 266 ff.; *Templin* VerwArch 2009, 529, 536 ff.; *Katz* NVwZ 2010, 405 ff.). Hieraus kann sich daher neben den Pflichtaufgaben der Ver- und Entsorgung, ÖPNV, Krankenhäuser usw. auch ein „privatisierungsfester" Bereich wesentlicher Teile der Felder Bildung, Soziales, Kultur, Gesundheit oder Umwelt ergeben, soweit diese Gemeinwohlinteressen dies gebieten (vgl. *Peine* DÖV 1997, 353 ff.; *Hammer* DÖV 2000, 613 ff.; *Mayen* DÖV 2001, 110 ff.; *Gusy* VerwArch 2001, 344 ff.; *Tomerius/Breitkreuz* DVBl. 2003, 426 ff.; *Baumann* DÖV 2003, 790 ff.; *Katz* NVwZ 2010, 405 ff.; *Brüning* JZ 2014, 1026 ff.).

b) Formen der formellen, funktionellen und materiellen Privatisierung. Die **208** Rechtsformen, Organisationsformen, die Aufgabenverantwortung und der bestehende Rechtsrahmen (rechtliche Instrumente) sind bei den verschiedenen Privatisierungsvarianten außerordentlich vielfältig. In dem nachfolgenden **Schaubild** ist der Versuch gemacht, diese in vereinfachter Form zu systematisieren (**Abb. 12**):

Abb. 12: Varianten möglicher Rechts- und Organisationsformen

Rechtsformen	Organisationsformen	Kommunale Aufgabenverantwortung	Rechtsrahmen (rechtliche Instrumente)

– Regiebetrieb im Kommunal-Haushalt
– Eigenbetrieb (unselbst., aber getrennte Wirtschaftsführung)
– Kommunale Unternehmen
  – öffentlicher Betrieb (u. a. AnstaltöR)
  – Zweckverbände
  – Eigengesellschaft
  – Beteiligungsgesellschaft
– Auftrag an Privaten (Dritter als Erfüllungsgehilfe, Verwaltungshelfer etc.)
– „Beliehener" Unternehmer (nur wenn gesetzl. vorgesehen, z. B. Öko-Audit)
– Konzessionierung
– Materielle Privatisierung
	– Teil der Kommunalverwaltung
	– Kommunalunternehmen
	– öffentl.-rechtl.
	– privatrechtl.
	– PPP-Lösungen:
	  – Kooperationsmodell
	  – Betriebsführungsmodell
	  – Betreibermodell
	  – Contractingmodell
	  – Leasingmodell
	  – Fortfaitierung
	  – Konzessionsmodell
	– Vollständige Privatisierung
	  – Verkauf
	  – Outsourcing
		– Erfüllungsverantwortung (eigene volle Wahrnehmung)
		– Qualifizierte Rahmen- und Gewährleistungsverantwortung (Zielerreichung durch Leistung Dritter)
		– Einfache Koordinierungsund Regulierungsverantwortung (Zielvereinbarung, Mediation)
		– Keine Verantwortung
			– Verf.-rechtl. Rahmen:
			Art. 28, 33 IV, 20 GG
			– Kommunalrecht (§§ 1 ff., 102 ff. GO BW usw.)
			– Sonstige Rechtsvorschriften (GWB, UWG, Kartell- und Vergaberecht usw.)
			– Regulierungserfordernisse (vertragl. Rahmen, Vertragsgestaltung:
			  – öffentl.-rechtl. Vertrag
			  – Zivilrecht)

209 c) „Regulierungsintensität" kommunaler Aufgaben. Die Privatisierungsdiskussion der letzten Jahre ist stark geprägt von einer differenzierten Systematik von Privatisierungsvarianten, insbesondere unter dem Aspekt einer aufgabenadäquaten und funktionsgerechten Verantwortungsverteilung (Fallgruppen, „abgestufte" Bereiche je nach dem Grad der Regulierungsbedürftigkeit). Es gibt eben **nicht nur Wettbewerb**; es gibt **auch Gemeinwohlverpflichtungen!** Deregulierung und öffentlicher Aufgabenersatz sind sachangemessen zu berücksichtigen. Je nach den Spezifika der konkreten Kommunalaufgabe sowie Art und Intensität der betroffenen Gemeinwohl- und Kommunalinteressen sind bei einer Privatisierung Vorkehrungen zu treffen, um in der Regel durch „Regulierungen" die Aufgabenerfüllung und die öffentlichen Interessen sicher zu stellen („**Gewährleistungsverantwortung**"). Je nach den konkreten aufgabenbedingten Erfordernissen sind Informations-, Transparenz-, Einfluss-, Steuerungs- und Kontrollregelungen sowie ggf. Vorkehrungen für „Krisenfälle" vorzusehen und auszuhandeln (vgl. BVerwG NVwZ 2009, 1305 ff.; *Hermes*, Staatliche Infrastrukturverantwortung, 1998, S. 128 ff. und 323 ff.; *Gramm*, Privatisierung und notwendige Staatsaufgaben, 2001; *Burgi* NVwZ 2001, 601 ff.; *Eifert* VerwArch 2002, 561 ff.; *Tomerius/Breitkreuz* DVBl. 2003, 426; *Bullinger* DVBl. 2003, 1355 ff.; *Masing* VerwArch 2004, 151 ff.; *Katz*, NVwZ 2010, 405 ff.).

Es können **vier Fallgruppen**, die sich allerdings teilweise überschneiden, gebil-   **210**
det werden (bei abnehmender Regulierungsintensität und zunehmender Vertragsgestaltung):

- **Hoheits- und Eingriffsbereiche**, Ordnungsgewährleistung,
  Kernbereiche insbesondere der Freiheitsgewährleistung, Siche-
  rung der Grundrechtsordnung, des Gewaltmonopols und des
  sozialen Rechtsstaats.
- Bereiche mit stärkerer öffentlicher **Infrastrukturverantwor-
  tung** und Regulierung
  - Raum-, Eigentums- und ggf. Enteignungsbedarf sowie -an-
    gewiesenheit.
  - Raumordnungs- und Planungsrecht.
  - Leitungsgebundenheit.
  - Sicherstellung der Grundversorgung (Gewährleistungsfunk-
    tion für Sicherheit, Bedarfsgerechtigkeit, Flächendeckung,
    soziale Preise).
  - Sicherung des allgemeinen Marktzugangs, technische Min-
    dest- und Qualitätsstandards.
- Partieller, z. T. auch „künstlicher" Wettbewerb bei geringerer
  Regulierung(z. B. Netze).
- **Vollständiger Wettbewerb** (nur wettbewerbsfördernde Rah-
  menordnung).

[Seitliche Beschriftung: abnehmende Regulierungsintensität / zunehmende Vertragsgestaltung]

3.   **Entwicklungslinien und Trends**

a) **Pro und Contra der kommunalen Aufgabenprivatisierung.** Die aktuelle Pri-   **211**
vatisierungsdiskussion ist – wie bereits erwähnt – außerordentlich vielgestaltig,
uneinheitlich und zum Teil sehr kontrovers. Die wichtigsten gegenwärtig vorge-
brachten Argumente im Sinne eines Pro und Contra sollen nochmals stichwortar-
tig zusammengefasst werden (vgl. etwa *Bauer* VVDStRL 54, 252 ff. und Verw-
Arch 1999, 561 ff.; *Burgi*, Funktionale Privatisierung und Verwaltungshilfe,
1999; *Hellermann*, Örtliche Daseinsvorsorge und gemeindliche Selbstverwaltung, 2000; *Burgi* NVwZ 2001, 601 ff.; *Weiß*, Privatisierung und Staatsaufgaben, 2002; *Hille* KWI-Arbeitsheft 3/2002; *Kämmerer* NVwZ 2004, 28 ff.; *Stein*
DVBl. 2010, 563 ff.; *Brüning* JZ 2014, 1026 ff.).

Für die Privatisierung öffentlicher Aufgaben (**Pro-Argumente**) werden vor al-   **212**
lem genannt:

- „Daseinsvorsorge" wird für den Bürger am besten durch mehr Markt
  und weniger Staat erfüllt (Kostentransparenz und Wettbewerb als Reformmotoren).
- Größere Dynamik, Effizienz und Innovation durch privatwirtschaftli-
  ches Handeln (durch Schaffung einer „offenen Marktwirtschaft mit
  freiem Wettbewerb").
- Vorteile durch Kostensenkung; Reduzierung der Abgabenlastquote
  durch „Verschlankung" der öffentlichen Hände.

- Die öffentliche Hand hat für ihre wirtschaftliche Betätigung das „Subsidiaritätsprinzip" zu beachten (Rechtfertigungsbedürftigkeit kommunalen Wirtschaftens).
- In der GG-Wirtschaftsordnung ist wirtschaftliche Tätigkeit in aller Regel Aufgabe der Privatwirtschaft (Subsidiarität der öffentlichen Hände).
- Politischer Wettbewerb nicht rational (kollektive Entscheidungsprozesse als Dilemma).
- Alternative Finanzierungsmöglichkeiten, die gegenüber konventionellen Modellen Spielräume ermöglichen (z. B. mit Blick auf Schuldenbremsen, Nothaushaltsbeschränkungen etc.).

213   Gegen die Privatisierung von Kommunalaufgaben (**Contra-Argumente**) werden im Wesentlichen vorgetragen:

- Recht auf kommunale Selbstverwaltung (Aushöhlung der Autonomie des kommunalen Handelns; demokratisch-politische Funktion; Selbstverwaltungspflicht; Stadt bzw. Bürger sind nicht mit bloßem Dienstleister bzw. Kunden gleichzusetzen).
- Festlegung und Umsetzung politischer Ziele (wie z. B. der Energiewende).
- Nur mit starken Städten ist „Staat zu machen"; mit „abgehalfterten" Gemeinden ist Selbstverwaltung unattraktiv und nur beschränkt möglich („Einflussknick"? Bloße „Rosinenpickerei"?).
- Sicherstellung „sozialer Ausgewogenheit" (Rechts- und Sozialstaatsprinzip; Gemeinwohl).
- Von EU und Bund/Land ist das „innerstaatliche Subsidiaritätsprinzip" zu beachten.
- Privatisierung kein Allheilmittel, erzeugt eher „Fieberzustände" und wird „überhöht" gesehen; Insolvenzrisiko.
- Bei „gleichen Rahmenbedingungen" keine finanziellen Vorteile (vgl. GWB, VOB, VOL, HOAI, Mittelstandsrichtlinien, Tarifverträge usw.; z. T. unterschiedliches Steuerrecht).

214   **b) Wandel und Veränderungen.** Ausgehend von der Erkenntnis, dass die Privatisierung/PPP von kommunalen Aufgaben sehr differenziert und nach deutlich unterschiedlicher Regulierungsintensität beurteilt werden muss (Fallgruppen), sind Privatisierungs- und PPP-Entscheidungsprozesse von einigen Entwicklungslinien geprägt, die sich immer stärker verdichten. Die Fragen, wohin geht's, was sind die **Trends für den Wandel**, lassen sich holzschnitzartig mit folgenden Schlagworten umschreiben (vgl. etwa *Cronauge*, Kommunale Unternehmen, Rdn. 469 ff.; *Hermes*, Staatliche Infrastrukturverantwortung, 1998; *Bauer* DÖV 1998, 89 ff.; *Burgi* NVwZ 2001, 601 ff.; *Weiß* DVBl. 2002, 1167 ff.; *Bullinger* DVBl. 2003, 1355 ff.; *Gersdorf* JZ 2008, 831 ff.):

- Von Omnipotenz zu Subsidiarität und Dezentralisierung
  - von alles „Tun" zum „Ermöglichen"
  - von fordern zu fördern
  - von eigener Aufgabenwahrnehmung zu bloßer rechtlicher Steuerung und Gewährleistung.
- Von ausufernder Leistungsverwaltung (Daseinsvorsorge) zu Deregulierung und Wettbewerb
  - von öffentlicher „Überforderung" zu Aufgabenprivatisierung
  - von öffentlicher Leistungserfüllung zu bloßer Steuerungsverantwortung
  - von öffentlicher Aufgabenerledigung über Kooperation und Förderung zu Konkurrenz und „Regulierungen" (insbes. Daseinsvorsorge).
- Von den Sozial- und Wohlfahrtsfunktionen zu mehr Ordnungs- und Steuerungsfunktionen (von Vollleistung zu bloßer Gewährleistung; Wandel vom leistungsgewährenden Versorgungsstaat zum leistungsgewährleistenden Ordnungsstaat).
- Strategien zur Kostenreduzierung
  - Optimierung der Aufbau- und Ablauforganisation
  - technische Rationalisierungsmaßnahmen (u. a. IuK-Technologien)
  - Überlegungen zur Senkung von Personalausgaben
  - Neue Geschäftsfelder (lokal, regional, überregional usw.).
- Kooperationsmöglichkeiten (Optimierung der Organisations- und Rechtsformen; interkommunal/regional; PPP/ÖPP, Outsourcing etc.).
- Fusions- oder Verkaufsüberlegungen (Portfolioanalyse).

Die bisherigen Erfahrungen mit Privatisierungen/PPP zeigen, dass diese neuen **215** Handlungsformen nicht „blind" übernommen werden können, sondern dass jeweils entsprechend den speziellen Gegebenheiten, Rahmenbedingungen und der kommunalen Aufgabenstellung eine sehr sorgfältige und vorausschauende **Gesamtprüfung** dringend erforderlich ist. Stets sollten Antworten auf folgende Fragen versucht werden: Liegt die Zukunft einer konkreten Kommunalaufgabe im Wettbewerb? Welches sind die zur öffentlichen Aufgabenerfüllung dringend gebotenen Regulierungserfordernisse? Was sind die Bedürfnisse der Bürger? Insgesamt gesehen ist dabei der Trend erkennbar, dass im Zweifel Wettbewerb und Konkurrenz als „Motoren" ständig i. S. der erforderlichen Wirtschaftlichkeits-, Lern- und Innovationsprozesse wirken und deshalb unter Berücksichtigung der Grundsätze der Subsidiarität und Deregulierung bevorzugt werden sollten. Für das Vorgehen, die möglichen Rationalisierungspotentiale und Effizienzwirkungen kann die Einteilung in folgende **drei Fallgruppenvarianten** hilfreich sein:

(1) klassischer, nicht-marktlicher Kommunalbereich (kein Wettbewerb, nur Leistungs- und Kostenvergleiche, z. T. interkommunal, Benchmarking);
(2) Bereiche mit „künstlichen" bzw. „Quasi-marktlichen" Wettbewerbsformen (insbes. verwaltungsinterne Dienstleistungsmärkte);
(3) Bereiche des Marktwettbewerbs mit öffentlicher Ausschreibung usw.

Vgl. dazu etwa *Eifert* VerwArch 2002, 561 ff.; *Büdenbender* DÖV 2002, 375 ff.; *Siemer* GemHH 2003, 178; *Broß* JZ 2003, 874 ff.; *Bullinger* DVBl. 2003, 1355 ff.; *Horn/Peters* BB 2005, 2421 ff.; *Schoch* NVwZ 2008, 241 ff.). Bei den gegenwärtig enormen strukturellen und finanziellen Problemen ist eine Konzentration der Kommunen auf die wesentlichen Aufgaben und Fragestellungen anzuraten (weniger, das dann richtig wahrgenommen wird, ist oft mehr). Zu konkreten Beispielen aus der Praxis wird auf *Katz*, a.a.O., 2003, S. 4, 27 ff. verwiesen.

216   **c) Generelle strategische Optionen.** Die Kommunen können dabei generell zwischen mehreren strategischen Optionen wählen. Je nach Ausgangssituation, Interessenlage und konkretem Aufgabenbereich sind vor einer Privatisierungs- oder PPP-Entscheidung die möglichen Handlungsoptionen sorgfältig zu prüfen. Allgemein kommen dafür folgende **vier prinzipielle Optionsmöglichkeiten** infrage (**Abb. 13**: Ziff. 1 scheidet als Handlungsalternative aus; Ziff. 4 wird in der Regel nur in Einzelfällen sinnvoll sein; überwiegend wird zwischen den Alternativen 2 und 3 zu wählen sein):

Abb. 13: Strategische Optionen

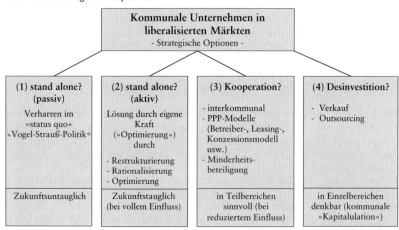

(1) stand alone? (passiv)	(2) stand alone? (aktiv)	(3) Kooperation?	(4) Desinvestition?
Verharren im »status quo« »Vogel-Strauß-Politik«	Lösung durch eigene Kraft (»Optimierung«) durch - Restrukturierung - Rationalisierung - Optimierung	- interkommunal - PPP-Modelle (Betreiber-, Leasing-, Konzessionsmodell usw.) - Minderheitsbeteiligung	- Verkauf - Outsourcing
Zukunftsuntauglich	Zukunftstauglich (bei vollem Einfluss)	in Teilbereichen sinnvoll (bei reduziertem Einfluss)	in Einzelbereichen denkbar (kommunale »Kapitalulation«)

217   **d) Regulierungserfordernisse im Einzelnen.** Es wurde bereits mehrfach darauf hingewiesen, dass die Alternative zu einer umfassenden Aufgabenwahrnehmung durch die Kommune nicht eine vollständige Weggabe dieser Aufgaben mit der Konsequenz bedeutet, dass keinerlei Einflussmöglichkeiten mehr bestehen. Vielmehr gibt es eine Vielzahl von **Misch- und Zwischenlösungen** je nach den Gegebenheiten und Umständen des Einzelfalls. So sind etwa bei den vorstehend genannten Optionen 2 und 3 sowie zum Teil auch bei 4 „Regulierungen" durch Gesetz, Verordnung, Satzung und zunehmend durch öffentlich-rechtliche oder privatrechtliche Verträge notwendig und immer wichtiger. Dabei geht es aber nicht um umfassende Regulierungen, sondern vor allem um zielgerichtete Steuerung zur kommunalen Aufgabenerfüllung und der Wahrnehmung wichti-

ger Gemeinwohlbelange (**Gewährleistungs- und Verantwortungsregelungen** zur Sicherstellung des „öffentlichen Zwecks"; vgl. BVerwG NVwZ 2009, 1305 ff.; *Katz* NVwZ 2010, 405 ff.; *Bauer* DÖV 1998, 89 ff.; *Schuppert* (Hrsg.), Jenseits von Privatisierung und „schlankem" Staat, 1999; *Eifert* VerwArch 2002, 561 ff.; *Voßkuhle* VVD StRL 2003, 266 ff.; *Schoch* NVwZ 2008, 241 ff.). Im Einzelfall sind vor allem **drei Ziele** im Sinne einer **Synthese** ausgewogen in Einklang zu bringen (vgl. z. B. § 8 ÖffPrivZusG Schl.-H.):
(1) Deregulierung, Regulierungsbegrenzung und freie Vertragsgestaltung;
(2) Sicherstellung des Gemeinwohls und der Kommunalinteressen durch Verantwortlichkeits-, Gewährleistungsregelungen usw. auch in Krisenfällen;
(3) Ermöglichung von Privatisierungs- oder PPP-Modellen, die auch für Private interessant und lukrativ sein können.

Im Einzelnen geht es vor allem um folgende **Regulierungserfordernisse:**   **218**
–   Marktkonstituierende Rechtsregeln und deren Absicherung.
–   Gewährleistung von ausreichenden, nachhaltigen und sicheren Dienstleistungen zu angemessenen Konditionen („Privatisierungs- bzw. Kooperationsfolgerecht") zur angemessenen Sicherstellung der Kommunalaufgabe
–   Zugangs- und Nutzungsbedingungen sowie Ausschluss von Diskriminierung
–   Zuverlässigkeit, Sachkunde und Leistungsfähigkeit des „Dritten"
–   angemessene und vertretbare Entgeltfestlegung (sozialverträgliche Preise und Tarife)
–   Regelungen für „Konfliktfälle", insbesondere bei Leistungsstörungen (Rückabwicklung, Widerruf, a.o. Kündigung, Heimfallrecht, Ersatzvornahme, Insolvenz usw.)
–   Befristung, Rückkaufs- und Selbsteintrittsrechte, Konventionalstrafen, Haftungsfragen usw.
–   Einfluss-, Mitwirkungs-, Informations- und Kontrollrechte (Beirat; Wirtschaftsplan, Jahresabschluss; Prüfungsrechte nach HGrG, GO/GemO etc.).
–   Kein Entgegenstehen besonders wichtiger öffentlicher Interessen (Umweltschutz, Gesundheit, Verbraucherschutz, Verschlechterung der Infrastruktur; bei „Blick" für's Gesamte, ganzheitliche Betrachtung).
–   Festlegung von Leistungs- und Qualitätsstandards, Versorgungssicherheit, technische Anforderungen usw., ggf. mit Qualitäts- und Wirkungskontrolle.
–   Festlegungen für die Entgeltgestaltung (§ 78 GemO BW, KAG, BauGB usw.).
–   Regelungen für einen gleichen und diskriminierungsfreien Zugang zur Infrastruktur für Mitbewerber (z. B. Durchleitungsrechte, Transparenz).
–   Regelungen bezüglich der Mitarbeiter (Personalübernahme- bzw. Personalgestellungsvertrag; Mitwirkung des Personal- bzw. Betriebsrats).
–   Praktische Vertragsgestaltung (zur kommunalen Einflusssicherung, Steuerung und Kontrolle; Ingerenzpflichten; Sicherstellung der Gewährleistungsverantwortung).

219 Diese Regelungen sind bei ausgewogener Berücksichtigung von Wettbewerb und Gemeinwohl auf das sachlich gebotene und aufgabenangemessene Maß zu begrenzen (als **Instrument zur Ordnung „liberalisierter"** Bereiche, zur Austarierung von Interessenkonflikten, insbes. zur angemessenen, aufgabenadäquaten Berücksichtigung und Befriedung der Gemeinwohlinteressen; Mann JZ 2002, 819 ff.; Bullinger DVBl. 2003, 1355 ff.; *Horn/Peters* BB 2005, 2421 ff.). Dabei wird von der überwiegenden Meinung davon ausgegangen, dass das geltende Zivil- und öffentliche Recht, insbesondere das BGB, HGB, Gesellschaftsrecht, VwVfG usw. zusammen mit den Möglichkeiten der Vertragsgestaltung durch private oder öffentlich-rechtliche Verträge ausreichend Möglichkeiten für gebotene „Regulierungserfordernisse" bietet und deshalb zusätzliches, neues Verwaltungskooperations- oder Privatisierungsfolgerecht nicht für erforderlich gehalten wird (vgl. etwa § 8 ÖffPrivZusG Schl.-H.; Becker ZRP 2002, 303 ff.).

4. Kommunale Bedingungen und Ziele

220 a) **Kommunalrechtliche Vorgaben.** Die Gemeindewirtschaft, Errichtung und Betrieb von öffentlichen Einrichtungen und Unternehmen sowie die wirtschaftliche Betätigung ganz allgemein prägen seit jeher das **Wesen der kommunalen Selbstverwaltung** (Aufgaben der örtlichen Daseinsvorsorge, Schaffung der kommunalen Infrastruktur usw.; vgl. z. B. §§ 1, 2, 10, 77 ff. und § 102 ff. GemO BW). Diese Aufgaben und Tätigkeitsbereiche bestimmen ganz wesentlich das Maß politisch aktueller Selbstverwaltungspotenz, zählen zu dem überkommenen und prägenden Bild einer deutschen Kommune, sind für die kommunale Autonomie typusbestimmend und essentiell. Sie sind folglich Teil der institutionellen Garantie des Art. 28 GG und der entsprechenden Bestimmungen der Länderverfassungen (z. B. Art. 71 LV BW). Die wirtschaftliche Betätigung der Gemeinden zählt also zum verfassungsrechtlich verbürgten kommunalen Selbstverwaltungsrecht. Diese **wirtschaftliche Betätigungsgarantie** besteht allerdings nur „im Rahmen der Gesetze" (Gesetzesvorbehalt), also nicht im Sinne einer „Unantastbarkeit" einer ganz bestimmten gesetzlichen Ausprägung, sondern nur im Sinne einer Unantastbarkeit „wirtschaftlicher Betätigung als solcher" sowie im Sinne eines Mindestaufgabenbestands und einer eigenverantwortlichen Aufgabenerledigung, eben um im örtlichen Wirkungskreis kraftvolle und aktive Kommunalpolitik wahrnehmen zu können (vgl. dazu eingehend oben Rdn. 26 ff. sowie unten Teil 2 Rdn. 5 ff. zu § 102; *Britz* NVwZ 2001, 380 ff.; *Schink* NVwZ 2002, 129 ff.; BVerfGE 79, 127, 143 ff. und NVwZ 1999, 520; RhPfVerfGH NVwZ 2000, 801 ff.; *Musil* DÖV 2004, 116 ff.; *Katz* NVwZ 2010, 405 ff.).

221 Jede öffentliche Wirtschaftstätigkeit muss Gemeinwirtschaft sein, muss also einen öffentlichen Zweck verfolgen, dem Gemeinwohl dienen und die Risiken für die Bürger minimieren. Bloße, primär auf Gewinnstreben ausgerichtete Erwerbswirtschaft scheidet also nach ganz herrschender Meinung aus. Deshalb sind im Grundsatz zu Recht für die wirtschaftliche Betätigung der Kommunen Zulässigkeitsvoraussetzungen, die sog. **„Schrankentrias"**, entwickelt und festgelegt worden. Auf dem Hintergrund der Erfahrungen aus der Weltwirtschaftskrise Ende der 20er/Anfang der 30er Jahre wurden im Jahr 1936 in § 67 der DGO erstmals diese Zulässigkeitskriterien, die im Wesentlichen bis heute fort gelten, gesetzlich verankert. Im Einzelnen geht es um folgende Voraussetzungen (vgl. ausführlich oben Rdn. 46 ff. und 51 ff. sowie unten Teil 2 Rdn. 25 ff. zu § 102; BVerwGE 39, 329 ff.; *Rennert* JZ 2003, 385 ff.; *Papier* DVBl. 2003, 686 ff.; *Jungkamp* NVwZ 2010, 546; *Brüning* JZ 2014, 1026 ff. und NVwZ 2015, 689; *Lange*, a. a. O., Kap. 14 Rdn. 9 ff.):

- **Öffentlicher Zweck (z. B. § 102 Abs. 1 u. 2 GemO BW)**   **222**
  - Teil der kommunalen Aufgabenerfüllung
  - Gemeinwohlinteresse, Bedürfnisse der Einwohner
  - Sicherstellung des öffentl. Zwecks; bei der GmbH insbesondere im Gesellschaftsvertrag (Einfluss durch Steuerung und Kontrolle; §§ 103 Abs. 1, 103a GemO BW).

- **Leistungsfähigkeit und Bedarf der Gemeinde**   **223**
  - Art und Umfang der Tätigkeit bzw. des Unternehmens
  - Haftungsbegrenzung, Schutz vor finanziellen Risiken.

- **Örtlichkeitsprinzip (Art. 28 Abs. 2 GG; Verbandskompetenz)**   **224**
  - Selbstverwaltungsrecht aller Angelegenheiten der örtlichen Gemeinschaft
  - Legitimationsbasis: Gemeinwohlbelange der Gemeindeeinwohner.

- **Subsidiaritätsprinzip (z. B. § 102 Abs. 1 GemO BW; einfacher oder echter Subsidiaritätsvorbehalt)**   **225**
  - Marktgegebenheiten (Aufgabe nicht besser und wirtschaftlicher durch Privaten erfüllbar)
  - Vergleich von Preis und Güte der Leistung.

Der Betrieb öffentlicher Einrichtungen und wirtschaftlicher Unternehmen ist in **226** den letzten Jahren vor dem Hintergrund des sich ständig **wandelnden wirtschaftspolitischen Ordnungsrahmens** (Privatisierung, Subsidiarität, EU-Rechtsordnung usw.) und den damit verbundenen neuen Wettbewerbssituationen zunehmend in die Diskussion geraten und problematischer geworden. Zwischen den dabei einschlägigen Grundsätzen besteht ein beachtliches Spannungsfeld, insbes. zwischen
- der Einheit der öffentlichen Verwaltung und des politischen Handelns,
- der Notwendigkeit gesamtheitlicher Steuerung und zentraler Finanzdispositionen,
- der Erfüllung kommunaler Aufgaben („öffentlicher Zweck") als Primärfunktion,
- der Entscheidungsprärogative demokratisch gewählter Gemeindeorgane,
- der Bürgerbeteiligung und demokratischen Kontrolle sowie
- der Öffentlichkeit und Transparenz kommunaler Entscheidungsprozesse,
- den Prinzipien der Unabhängigkeit und Flexibilität der Unternehmen,
- der Eigenverantwortlichkeit der Geschäftsführung und der „Gewinnmaximierung", aber auch
- der Markt- und Wettbewerbsorientierung.

Es ist permanente Aufgabe gerade auch der Gesetzgebung, diesen **Zielkonflikt** zu einer Synthese von gemeindlich-demokratischer Verwaltungslegitimation und effektiver, konkurrenzfähiger Gemeindewirtschaft, zu einem politik- und funktionstüchtigen kommunalen Interessensausgleich, zu einer kommunalgerechten und -verträglichen „Harmonie" zu bringen (vgl. dazu etwa die Diskussionen auf dem 64. DJT in NJW 2002, 3073, 3079 ff.; *Ehlers* NJW-Beil, 23/2002, S. 1141 ff.; *Henneke* Der Landkreis, Heft 10/2002; *Meyer* NVwZ 2002, 1479 ff.; *Katz* GemHH 2003, 1 ff. m. w. N.).

227 Das Kommunalrecht mit seinen angemessenen Zulässigkeitsvoraussetzungen einerseits und der fortschreitende Prozess der europäischen Integration mit der Schaffung einer „offenen Marktwirtschaft mit freiem Wettbewerb" andererseits (vgl. Art. 106, 107 und 119 AEUV), bringen vor allem für die **Dienste der kommunalen Daseinsvorsorge** Schwierigkeiten und werden insbesondere von den großen Kommunalunternehmen als „Handicap" im Wettbewerb gesehen. Europarechtliche Vorgaben insbesondere im Bereich des Wettbewerbs-, Vergabe- und Beihilferechts nehmen längst Einfluss gerade auf die von den Kommunen traditionell wahrgenommenen Aufgaben der Daseinsvorsorge. Wissenschaft und Praxis, Gesetzgebung und Rechtsprechung haben Schwierigkeiten und sind mitunter unsicher, die Entwicklungen und Konsequenzen der globalen und europäischen Liberalisierung, d. h. die Ausrichtung der Aufgaben der Daseinsvorsorge an wettbewerbsorientierte und marktgerechte Verhaltensmaximen rechtlich in den Griff zu bekommen. Der sich vollziehende Funktionswandel ist in vollem Gange (auch noch ordnungspolitisch; vgl. dazu Rdn. 34 ff., 66 ff. und 236 ff.). Das klassische Bild öffentlicher Wirtschaftstätigkeit ist aufgrund dieser Rahmenbedingungen weiter zu entwickeln, aber auch die bewährte kommunale Selbstverwaltung für alle Gemeinden funktionstüchtig zu erhalten („**Neues Leitbild**"; vgl. insbes. *Lattmann* Der Städtetag 7–8/2000, S. 17 ff.; *Katz* GemHH 2003, 1 ff.; *Rennert* JZ 2003, 385 ff.; *Tomerius/Breitkreuz* DVBl. 2003, 426 ff.; *Papier* DVBl. 2003, 686 ff.; *Broß* JZ 2003, 874 ff.; *Kämmerer* NVwZ 2004, 28 ff.; unten Rdn. 277 ff.).

228 **b) Sicherstellung des „Kommunalwohls".** Unabhängig von den notwendigen Regulierungsanforderungen bei der Privatisierung/PPP von öffentlichen Aufgaben generell ist auch in den Gemeindeordnungen der einzelnen Länder festgelegt, dass bei einer Privatisierung/PPP von kommunalen Aufgaben der öffentliche Zweck, die gesamtstädtischen Interessen, das „Kommunalwohl" sichergestellt sein muss. Die Kommunen können sich ganz überwiegend nicht einfach der Kommunalaufgaben „entledigen", sondern nur ihre Erfüllung/Durchführung auf Private übertragen (vgl. z. B. §§ 1 f., 10, 77 ff. und 102 ff. GemO BW; vgl. BVerwG NVwZ 2009, 1305 ff.; OVG Schl.Holst. ZFK 1999, 273 f.; BerlVerfGH NVwZ 2000, 794 ff.; *Knemeyer* Der Städtetag 1992, 317 ff.; *Hecker* VerwArch 2001, 261 ff.; *Katz* GemHH 2002, 54 ff. und 265 ff.; *Tomerius/Breitkreuz* DVBl. 2003, 426 ff.; *Katz* NVwZ 2010, 405 ff.; oben Rdn. 46 ff. und unten Teil 2 Rdn. 19 ff. zu § 103 und Rdn. 1 ff. zu § 103a).

229 Die Gemeinden haben die Verpflichtung, dass auch nach einer Privatisierung/PPP die **Aufgabenerfüllung kommunalgerecht funktioniert**. Die „Kooperations- bzw. Gewährleistungsverantwortung" ist von den Kommunen je nach den konkreten Umständen durch entsprechende geeignete und angemessene Informations-, Transparenz-, Steuerungs-, Einfluss- und Kontrollrechte sicherzustellen. Dabei ist die Festlegung des ganzheitlich zu verstehenden „Kommunalwohls" im Hinblick auf die zum Teil sehr unterschiedlichen Interessen einer Vielfalt von Betroffenen und Beteiligten oft schwer zu ermitteln und festzulegen. Vereinfacht kann dies graphisch wie folgt umschrieben werden (**Abb. 14**):

Abb. 14: Umsetzung gesamtstädtischer Interessen (Schema)

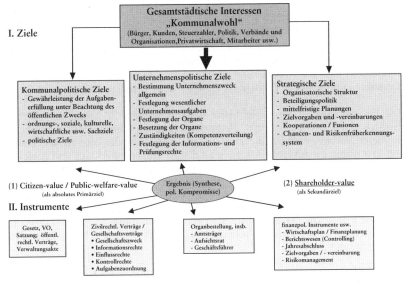

5.   Gestaltungsvarianten von Public-Private-Partnerships (ÖPP/PPP)

Die Gestaltungsmöglichkeiten in PPP-Projekten sind vielfältig. Ein bekanntes **230** Modell ist das **PPP-Inhabermodell**, bei dem die Kommune Eigentümer der betreffenden Anlagen bzw. Immobilien bleibt und dem privaten Partner ein Nutzungs- und Betriebsrecht eingeräumt wird; zur Refinanzierung erhält der private Partner ein monatliches Leistungsentgelt. Dem gegenüber steht das **PPP-Erwerbermodell**, das während des Leistungszeitraums einen Eigentumsübergang an den privaten Partner sowie ein Nutzungsrecht der Kommune vorsieht; am Ende des Leistungszeitraums wird das Eigentum (zurück) an die Kommune übertragen. Ohne zwingenden Eigentumsübergang kommt das **PPP-Leasingmodell** aus, bei dem das Eigentum von Anfang an beim privaten Partner liegt und die Kommune am Ende der Vertragslaufzeit eine Erwerbsoption zu einem fest kalkulierten Restwert hat. Im **PPP-Vermietungsmodell** besteht bei Vertragsende ebenfalls eine solche Erwerbsoption, allerdings bildet die monatliche Rate im Unterschied zum Leasingmodell lediglich an der marktüblichen Miete und der Betriebsvergütung, nicht jedoch an der Investition des privaten Partners (vgl. hierzu etwa Bundesministerium für Verkehr, Bau und Stadtentwicklung, Gutachten „PPP im öffentlichen Hochbau", 2003; *Brüning*, in: Schulte/ Kloos (Hrsg.), HB Öff. Wirtschaftsrecht, 2016, S. 184 ff.).

231 Daneben haben sich weitere PPP-Modelle etabliert. Das **PPP-Konzessionsmodell** lässt sich mit den beschriebenen Modellen kombinieren und hat zum Inhalt, dass die Vergütung nicht in einer Entgeltzahlung, sondern im Recht des privaten Partners zur Nutzung seiner Leistungen in Form von Entgelten oder Gebühren der Nutzer besteht; hierbei liegen die Chancen und Risiken beim privaten Partner. Eine mit Blick auf kommunale Energieziele interessante Variante stellt das **PPP-Contracting** dar: Hierbei übernimmt der private Partner den Einbau oder die Optimierung bestimmter technischer Anlagen oder Anlagenteile der Kommune, oft im Inhabermodell. Die Vergütung richtet sich in der Regel nach den erzielten Einsparungen im Vergleich zu den bisherigen Energiekosten der Kommune. Schließlich ist das **PPP-Gesellschaftsmodell** zu erwähnen, das eine Vertragsvariante der beschriebenen Modelle darstellt mit der Besonderheit, dass die Realisierung über eine Projektgesellschaft erfolgt, an der Kommune und privater Partner als Gesellschafter beteiligt sind.

232 Die **Finanzierung** ist ein wesentlicher Bestandteil von PPP-Modellen. Hierfür hat sich in der Praxis zum einen die **Forfaitierung mit Einredeverzicht** etabliert. In dieser Variante werden die Forderungen gegenüber der öffentlichen Hand auf Erstattung der Investitionskosten an den Kreditgeber verkauft und zugleich seitens der öffentlichen Hand ein Einredeverzicht erklärt, so dass der Kreditgeber keine Aufrechnung mit etwaigen qualitativen Mängeln aus der Betriebsphase zu befürchten hat (vgl. *Schweiger*, NZBau 2011, 137). Demgegenüber werden bei der **Projektfinanzierung** die Zahlungen an die Leistungserfüllung bzw. die Erlöse aus der Betriebsphase gekoppelt. In dieser Variante tragen die Kreditgeber die Projektrisiken folglich mit (vgl. ÖPP-Initiative NRW, Leitfaden „Finanzierungspraxis bei ÖPP", 2010).

233 Einen begrifflichen Gegenpart zur Privatisierung bildet die **Rekommunalisierung**. Hierunter wird die Rückholung von Privaten überlassenen Leistungen in die kommunale Verantwortung verstanden. Diese ist grundsätzlich in allen Bereichen denkbar, in denen kommunale Leistungen Privaten überlassen wurden; der derzeitige Hauptanwendungsbereich findet sich jedoch im Bereich der Versorgung mit Trinkwasser, Energie und Verkehr (vgl. *Leisner-Egensperger* NVwZ 2013, 1110; *Podszun/Palzer* NJW 2015, 1496). Der rechtliche Rahmen verhält sich hier spiegelbildlich zu den bereits dargestellten Möglichkeiten und Grenzen kommunalwirtschaftlicher Betätigung. Speziell im aktuell häufigsten Anwendungsbereich, der Rekommunalisierung der **Strom- und Gasversorgungskonzessionen**, tritt mit den Regelungen des EnWG und des GWB ein eigener Rechtsrahmen hinzu. Hintergrund ist, dass Kommunen bei der Vergabe ihrer Wegenutzungsrechte eine (lokale) marktbeherrschende Stellung zugeschrieben wird, wodurch sie den Vorgaben der §§ 19, 20 GWB sowie des Art. 102 AEUV unterfallen und daher Bewerber um Energiekonzessionen weder unbillig behindern noch diskriminieren dürfen – auch nicht zugunsten des eigenen Stadtwerkeunternehmens. Die Vergabe von Konzessionsverträgen (§ 46 EnWG) hat sich daher an den Zielen des § 1 EnWG zu orientieren, ansonsten droht die kartellrechtliche Nichtigkeitsfolge (§ 134 BGB). In diesem Bereich hat sich inzwischen ein eigenes, an das Vergaberecht angelehntes Rechtsgebiet mit eigenem Rechtsschutz entwickelt (vgl. „Gemein-

samer Leitfaden von Bundeskartellamt und Bundesnetzagentur zur Vergabe
von Strom- und Gaskonzessionen und zum Wechsel des Konzessionsnehmers";
Kermel/Wagner RdE 2014, 221 ff.; *Podszun/Palzer*, NJW 2015, 1496).

Im Hinblick auf die gravierenden strukturellen und finanziellen Probleme von   **234**
Staat und Kommunen, Wirtschaft und Gesellschaft, sind in besonderer Weise
die Kommunen gefordert, bei der Wahrnehmung und Erfüllung ihrer Aufgaben
besonders auf folgende **Handlungsstrategien und Instrumente** zu achten:

– Transparenz und Controlling der Kosten, der Qualitäten und Wirkun-
   gen.
– Interkommunale Vergleiche, Benchmarking, Wettbewerb usw.
– Interkommunale Zusammenarbeit, Kooperationen mit Privaten (PPP).
– Privatisierung (in Teilbereichen).

Nur unter **Nutzung** dieser Handlungsstrategien und Instrumente, nur bei Im-   **235**
plementierung der daraus folgenden Anstoß-, Lern-, Überprüfungs- und Inno-
vationsfunktionen können die Kommunen die Zukunftsherausforderungen
meistern. Für Privatisierung/PPP ist zwar die „Pisa-Studie" kein unmittelbar
anwendbares Beispiel. Die Wirkung der Studie zeigt aber lehrreich und ein-
drucksvoll, wie Vergleiche, Konkurrenz, Wettbewerb usw. selbst im Bildungs-
bereich wirken und spürbar Bewegung bringen können. Dies sollte Mut machen!

IX. Dienstleistungen von allgemeinem wirtschaftlichem Interesse

1. Europäisches Daseinsvorsorge-Konzept

Mehrfach wurde bereits darauf hingewiesen, dass der fortschreitende Prozess   **236**
der europäischen Integration in vielfältiger Weise immer stärker auf die kommunale Selbstverwaltung und die kommunale Daseinsvorsorge einschließlich
ihrer Wahrnehmung durch kommunale Unternehmen rechtlich und tatsächlich
einwirkt (vgl. Rdn. 34 ff. und 67 ff.). Noch immer kennzeichnen **Konflikte und
Spannungen das Verhältnis zwischen der EU-Kommission und den deutschen
Kommunen** (über die Grundstrukturen und das gegenseitige Selbstverständnis
ebenso wie über Einzelfragen; vgl. Sparkassenwesen, ÖPNV, Entsorgungswirt-
schaft, Energieversorgung, Wirtschaftsförderung, Vergabe- und Beihilferecht
usw.; *Henneke* Der Landkreis 2000, 784 ff.; *Recker* ZKF 2001, 146 ff.; *Lattmann* Der Städtetag 7–8/2002, 17 ff.; *Papier* DVBl. 2003, 686 ff.; *Hobe/Biehl/
Schroeter* DÖV 2003, 803 ff.). Mit der Herstellung des gemeinsamen Binnenmarkts in den 80er Jahren und einem in der Folge zunehmenden Wettbewerbsdruck in den 90er Jahren hat die Kommission unterstützt durch entsprechende
Forderungen der Privatwirtschaft verstärkt ihren Fokus auf die Tätigkeiten der
öffentlichen Hand gerichtet. Gemeinsame Grundlage der Europäischen Union
ist einerseits die hervorgehobene, zentrale Grundsatzverpflichtung einer offenen Marktwirtschaft mit freiem Wettbewerb (mit den Prinzipien: Nichtdiskriminierung, Gleichbehandlung und Transparenz) und andererseits die Erkenntnis, dass die Versorgung der Bürger mit Gütern und Dienstleistungen nicht

ausschließlich den Gesetzen des Marktes überlassen werden kann, sondern es zusätzlicher Wettbewerbsmissbrauch verhindernder sowie Gemeinwohl verwirklichender Regelungen bedarf. Dabei sind vor allem Abgrenzungsfragen bezüglich des Status von Kommunalunternehmen sowie des „Ob" und „Wie" der Wahrnehmung von Daseinsvorsorgeaufgaben umstritten.

237   Obwohl alle Mitgliedstaaten der EU wirtschaftliche Tätigkeiten, die in staatlicher/kommunaler Verantwortung ausgeführt werden oder jedenfalls spezifischen hoheitlichen Gemeinwohlverpflichtungen unterworfen sind, kennen, schreibt das Unionsrecht weder eine Subsidiarität noch eine materielle Privatisierung vor. Im AEUV sind zu dieser Frage verschiedene Einzelbestimmungen enthalten, die auf solche Dienstleistungen, die nur teilweise oder nicht unter Marktbedingungen erbracht werden können, eingehen (vgl. insbes. Art. 14 und 106 AEUV). Die EU-Kommission ist dem vielfach geforderten Anliegen nach einer Präzisierung in den letzten Jahren durch eine Reihe von Mitteilungen und Berichten über „**Leistungen der Daseinsvorsorge in Europa**" entgegengekommen (vgl. insbes. Mitteilung der Kommission vom 20.9.2000, KOM (2000) 580; Bericht vom 17.10.2001, KOM (2001) 598; Grünbuch zu Dienstleistungen von allgemeinem Interesse vom 21.5.2003, KOM (2003) 270; sog. „DAWI-Beschluss" 2012/21/EU der Kommission; EU-Kommission: Leitfaden zur Anwendung der Vorschriften der Europäischen Union über staatliche Beihilfen, öffentliche Aufträge und den Binnenmarkt auf Dienstleistungen von allgemeinem wirtschaftlichem Interesse und insbesondere auf Sozialdienstleistungen von allgemeinem Interesse vom 29.4.2013).

In diesen Dokumenten wird das Thema aus unterschiedlichen Perspektiven behandelt: Das in Art. 119 AEUV verankerte zentrale Ziel der Marktöffnung („offene Marktwirtschaft mit freiem Wettbewerb") wird durch das in **Art. 14 AEUV** positiv formulierte Ziel der Union, die Sicherstellung des Funktionierens der **Dienste von allgemeinem wirtschaftlichem Interesse** (DAWI, mit besonderen Gemeinwohlverpflichtungen) relativiert und modifiziert. Die darin zum Ausdruck kommende begrenzte Emanzipation der im Interesse der Allgemeinheit zu erbringenden Daseinsvorsorge von den idealtypischen Wettbewerbsregeln ist allerdings in vielen Einzelfragen unklar, von Rechtsunsicherheit und beträchtlichem Konfliktstoff geprägt. Dies wird verstärkt durch eine extensive und teilweise einseitig an den Anforderungen des gemeinsamen Marktes orientierte Auslegung und Handhabung dieser Rechtsgrundlagen, insbes. Art. 14 und 106 Abs. 2 AEUV, durch Kommission und EuGH (vgl. etwa *Recker* ZKF 2001, 146 ff.; *Kämmerer* NVwZ 2002, 1041 ff. und 2004, 28 ff.; *Papier* DVBl. 2003, 686 ff.; *Broß* JZ 2003, 874 ff.; *Möschel* JZ 2003, 1021 ff.; Bundesvereinigung der kommunalen Spitzenverbände, Forderungen an das neugewählte Europäische Parlament vom 10.4.2014). Zu diesen Schwierigkeiten kommt hinzu, dass in der rechtlichen und faktischen Ausgestaltung staatlicher/kommunaler Daseinsvorsorge erhebliche Unterschiede zwischen den einzelnen Mitgliedstaaten der EU bestehen, und man in den Mitgliedstaaten sehr differierende Traditionen, Konzeptionen und Organisationsstrukturen vorfindet (vgl. etwa die starke kommunale Selbstverwaltung in Deutschland und die sehr zentralistischen Strukturen in Frankreich; vgl. *Hellermann* Der Landkreis 2001, 434 ff.; *Streinz*, Europarecht, Rdn. 839).

Im Unterschied zur wirtschaftspolitischen „Neutralität" des GG legt sich der EU- **238** Vertrag in Art. 3, verstärkt durch Art. 26 AEUV (Binnenmarktkonzept) und vor allem in **Art. 119 Abs. 1** AEUV auf eine **offene marktwirtschaftliche Ordnung** fest, die innerhalb der EU geschaffen und gesichert, vor Verfälschungen und Diskriminierungen geschützt werden soll (Konzepte des Wettbewerbs (1) „um" und (2) „in" den Infrastruktursystemen sowie (3) um die Kunden). Die Öffnung der Märkte durch die Grundfreiheiten und ihre Offenhaltung durch Wettbewerbssicherung soll für Unternehmer und Verbraucher Freiräume und Kostenvorteile gewähren. Dabei bedarf der Wettbewerb eines Schutzes durch rechtliche Regeln, damit Unternehmen durch ihr Marktverhalten den Wettbewerb nicht verfälschen, einschränken oder gar ausschalten können. Freier Wettbewerb soll in der EU besonders durch das Instrumentarium der **Wettbewerbsregeln der Art. 101 bis 109** AEUV sichergestellt werden (Kartell- und Missbrauchsverbot, Art. 101 f.; Öffentliche Unternehmen, Art. 106; Beihilfeverbot, Art. 107 ff.). Der EU-Wettbewerbsansatz vertraut darauf, dass er im freien Spiel der Kräfte die besten Ergebnisse zum Wohl der Allgemeinheit erzielt. Deshalb wird auch der öffentliche Unternehmenssektor in das EU-Wettbewerbssystem einbezogen, öffentliche und private Unternehmen grundsätzlich gleich behandelt. **Art. 106 AEUV**, die Grundnorm öffentlicher Unternehmen, enthält eine zweifache Bindung („**Doppelverpflichtung**"): (1) Art. 106 Abs. 1 AEUV verpflichtet die Mitgliedstaaten keine vor allem den Art. 18 und 101 bis 109 AEUV widersprechenden Maßnahmen zu treffen; (2) zum anderen soll ein möglichst unverfälschter Wettbewerb zwischen den öffentlichen Unternehmen und allen anderen privaten Unternehmen hergestellt werden (vgl. *Schwarze* EuZW 2000, 613 ff.; *Dörr/Haus* JuS 2001, 313 ff.; *Moraing*, in: Püttner (Hrsg.), Zur Reform des Gemeindewirtschaftsrechts, S. 41 ff.; *Möschel* JZ 2003, 1021 ff.; vgl. Rdn. 67 ff. und 240 ff.). Gleichzeitig erlaubt die Vorschrift den Mitgliedstaaten zur Erreichung ihrer Gemeinwohlziele einen gewissen Gestaltungsspielraum durch den Einsatz entsprechend privilegierter Unternehmen (*Khan*, in: Geiger/Khan/Kotzur, EUV/AEUV, 5 Aufl. 2010, Art. 106 Rn. 2).

Der **Begriff** „**Daseinsvorsorge**" ist nicht einfach zu erschließen. Die deutsche **239** Übersetzung des Kommissionsberichts übernimmt den *Forsthoff'schen Terminus*, ohne sich allerdings seinen Bedeutungsgehalt zu eigen zu machen. Im unionsrechtlichem Sinne ist eine Leistung der Daseinsvorsorge eine gemeinwohlorientierte Leistung, die – marktbezogen oder nicht – „im allgemeinen Interesse liegend eingestuft wird und daher spezifischen Gemeinwohlverpflichtungen unterliegt" („**neues Modell**" der Daseinsvorsorge; *Nettesheim* EWS 2002, 253; *Kämmerer* NVwZ 2004, 28 ff.). Der in Art. 14 und 106 des AEUV verwendete **Begriff** „**Dienstleistungen von allgemeinem wirtschaftlichem Interesse**" (DAWI) bezeichnet laut Mitteilung der Kommission „wirtschaftliche Tätigkeiten, die dem Allgemeinwohl dienen und ohne staatliche Eingriffe am Markt überhaupt nicht oder in Bezug auf Qualität, Sicherheit, Bezahlbarkeit, Gleichbehandlung oder universalem Zugang nur zu anderen Standards durchgeführt würden". Dienste von allgemeinem wirtschaftlichem Interesse müssen folglich jedenfalls überindividuelle Zweckrichtung aufweisen. Eine solche besteht für Dienstleistungen, die flächendeckend zur gleichmäßigen Versorgung der Bevölkerung vorgehalten und ohne Rücksicht auf Sonderfälle und auf die Wirtschaftlichkeit jedes einzelnen Vorgangs erbracht werden (zum Begriff des „öffentlichen Unternehmens" vgl. oben Rdn. 67). Vor dem Hintergrund der verschiedentlich in den Mitgliedstaaten mehr oder weniger zentralistischen Strukturen bedeutet dies aber nicht, dass nur Universaldienste im strengen Sinne, solche also, die ein Bedürfnis der gesamten Bevölkerung befriedigen, von der Vorschrift erfasst sind.

240   Die grundsätzliche Bedeutung und herausgehobene Stellung, die diesen Leistungen der Daseinsvorsorge zu Grunde liegen und die Pflicht der Union, ihre Politik so zu gestalten und umzusetzen, dass die Dienste ihren Zweck erfüllen können, ist in **Art. 14 AEUV** anerkannt und verankert (**Schlüsselelement des europäischen Gesellschaftsmodells**; Mitt. der EG-Kommission vom 20.9.2000, KOM (2000), S. 2 ff. mit Bezug auf den damaligen Art. 16 EGV).

> **Art. 14 Satz 1 AEUV (Dienste von allgemeinem wirtschaftlichen Interesse):**
>
> Unbeschadet des Artikels 4 des Vertrags über die Europäische Union und der Artikel 93, 106 und 107 dieses Vertrags und in Anbetracht des Stellenwerts, den Dienste von allgemeinem wirtschaftlichen Interesse innerhalb der gemeinsamen Werte der Union einnehmen, sowie ihrer Bedeutung bei der Förderung des sozialen und territorialen Zusammmenhalts tragen die Union und die Mitgliedstaaten im Rahmen ihrer jeweiligen Befugnisse im Anwendungsbereich der Verträge dafür Sorge, dass die Grundsätze und Bedingungen, insbesondere jene wirtschaftlicher und finanzieller Art, für das Funktionieren dieser Dienste so gestaltet sind, dass diese ihren Aufgaben nachkommen können.

241   Die zentrale Bestimmung, nach der die Unionsziele, insbesondere die Wettbewerbs- und Binnenmarktfreiheiten, mit der Erfüllung eines staatlichen/kommunalen Auftrags von allgemeinem wirtschaftlichem Interesse in Einklang gebracht werden, ist in **Art. 106 AEUV** verankert:

> **Art. 106 AEUV (Öffentliche Unternehmen):**
>
> (1) Die Mitgliedstaaten werden in Bezug auf öffentliche Unternehmen und auf Unternehmen, denen sie besondere oder ausschließliche Rechte gewähren, keine den Verträgen und insbesondere den Artikeln 18 und 101 bis 109 widersprechende Maßnahmen treffen oder beibehalten.
>
> (2) Für Unternehmen, die mit Dienstleistungen von allgemeinem wirtschaftlichem Interesse betraut sind oder den Charakter eines Finanzmonopols haben, gelten die Vorschriften der Verträge, insbesondere die Wettbewerbsregeln, soweit die Anwendung dieser Vorschriften nicht die Erfüllung der ihnen übertragenen besonderen Aufgabe rechtlich oder tatsächlich verhindert. Die Entwicklung des Handelsverkehrs darf nicht in einem Ausmaß beeinträchtigt werden, das dem Interesse der Union zuwiderläuft.
>
> (3) Die Kommission achtet auf die Anwendung dieses Artikels und richtet erforderlichenfalls geeignete Richtlinien oder Beschlüsse an die Mitgliedstaaten.

242   Die Daseinsvorsorgeregelungen im EU-Recht, insbes. Art. 14 und 106 AEUV, stellen kein umfassendes, geschlossenes, sondern ein relativ offenes Regelkonzept dar und bieten Interpretationsspielräume für **drei Grundmodelle:**

(1) Daseinsvorsorge durch **Wettbewerb** (offene Märkte und Wettbewerb als Motoren und „optimale" Instrumente zur Befriedigung der Bedürfnisse der Bürger, zur Gewährleistung von Angebotsvielfalt, Wirtschaftlichkeit und Verbraucherinteressen; Art. 106 Abs. 2 AEUV als Ausnahmetatbestand).

(2) Daseinsvorsorge durch **Regulierung des Wettbewerbs** (über Art. 106 Abs. 3 und 114 AEUV; vgl. etwa Art. 87 f. GG, TKG oben Rdn. 209 f. und 217 ff.).

(3) Daseinsvorsorge durch **Begrenzung und ggf. Ausschaltung von Wettbewerb** (bei Nicht-Funktionieren, „Marktversagen" von Dienstleistungen von allgemeinem wirtschaftlichen Interesse, also in Fällen, in denen weder ein freier noch ein regulierter Wettbewerb die Erbringung dieser Dienste gewährleistet). Die Ausnahmeregelung des Art. 106 Abs. 2 AEUV, die unter Beachtung der Verhältnismäßigkeit Wettbewerbseingriffe zulässt, ist dann anwendbar, wenn die Erfüllung der Dienste nach Art. 106 AEUV sonst **tatsächlich oder rechtlich gefährdet** würde. Nicht erforderlich ist, dass das finanzielle Überleben des Unternehmens bedroht ist (vgl. dazu eingehend EuGH EuZW 2001, 408 ff.; *Möschel* JZ 2003, 1021 ff.; *Kämmerer* NVwZ 2004, 28 ff.).

Diesen unionsrechtlichen Bestimmungen, insbesondere dem Art. 106 AEUV, liegen dabei **drei Grundsätze** zu Grunde: **Neutralität, Gestaltungsfreiheit und Verhältnismäßigkeit** (vgl. bereits Mitt. der EG-Kommission vom 20.9.2000, KOM (2000) 580, Ziff. 20 ff.). Im Einzelnen:

Der Grundsatz der **Neutralität** bezüglich der Organisationsform der Unterneh- **243** men (öffentlich-rechtlich oder privatrechtlich) wird durch Art. 345 AEUV gewährleistet. Von der Kommission gibt es deshalb grundsätzlich keine Vorgaben, ob und wie Leistungen der Daseinsvorsorge von öffentlichen oder von privaten Unternehmen zu erbringen sind. Es wird auch keine Privatisierung öffentlicher Unternehmen gefordert. Andererseits gelten aber wie für Private die Vorschriften des AEUV auch für alle öffentlichen/kommunalen Unternehmen unabhängig von deren Organisationsform (insbes. die Wettbewerbs- und die binnenmarktrechtlichen Bestimmungen).

Der Grundsatz der **Gestaltungsfreiheit** bedeutet, dass für die Festlegung dessen, **244** was – ausgehend von den spezifischen Merkmalen einer Tätigkeit als Dienstleistung von allgemeinem wirtschaftlichem Interesse – für die öffentliche Wirtschaftstätigkeit zu gelten hat, vorrangig von den Mitgliedstaaten festgelegt wird, ihnen insoweit ein weites Ermessen zukommt. Diese national festzulegende begriffliche Definition darf nur einer Kontrolle auf offenkundige Fehler unterworfen werden. Damit die Ausnahme nach Art. 106 Abs. 2 AEUV aber greifen kann, muss der Versorgungsauftrag aus Gründen der Rechtssicherheit und der Transparenz gegenüber den Bürgern klar definiert und ausdrücklich durch Hoheitsakt (Verträge eingeschlossen) übertragen sein (**spezifischer „Betrauungsakt"**).

Der Grundsatz der **Verhältnismäßigkeit** im Rahmen von Art. 106 Abs. 2 AEUV **245** bedeutet, dass die Mittel, die von der öffentlichen Hand zur Erfüllung des

Versorgungsauftrags eingesetzt werden, keine unnötigen Handelshemmnisse erzeugen dürfen. Konkret ist sicherzustellen, dass Einschränkungen gegenüber den AEUV-Bestimmungen, insbesondere Einschränkungen des Wettbewerbs oder von Binnenmarktfreiheiten, nicht über das zur tatsächlichen Erfüllung des Gemeinwohlauftrags erforderliche Maß hinausgehen. Die Dienste von allgemeinem wirtschaftlichem Interesse müssen leistungsfähig sein und die damit betrauten Unternehmen müssen in der Lage sein, den besonderen Aufwand und die zusätzlichen Nettokosten zu übernehmen, die mit der Wahrnehmung der ihnen übertragenen Aufgabe verbunden sind. Die Kommission überwacht die Einhaltung des Verhältnismäßigkeitgrundsatzes (Proportionalität; vgl. *Möschel* JZ 2003, 1021, 1024 ff.; Verbot der Überkompensation).

2. Spannungsverhältnis zwischen öffentlichem Auftrag und Wettbewerb

246   Das Spannungsverhältnis zwischen öffentlichem Auftrag und Wettbewerb erklärt sich aus unionsrechtlicher Sicht daraus, dass einerseits die Zuständigkeit zur Gestaltung der Wirtschaftspolitik bei den Mitgliedstaaten verblieben ist, andererseits die Europäische Union im EUV einen gemeinsamen Markt mit freiem Wettbewerb festlegt. Für die Erfüllung der Daseinsvorsorgeaufgaben sind die Regelungen des Unionsrechts und des deutschen Rechts nicht kongruent (insbes. bezüglich des Kommunalrechts, der Zulässigkeitskriterien für wirtschaftliche Betätigung; „**kommunales Dilemma**"; vgl. *Recker* ZKF 2001, 146 ff.; *Püttner* u. a. ZKF 2001, 178 ff.; *Papier* DVBl. 2003, 686 ff.). Ein wesentlicher Bestandteil nationaler Wirtschaftspolitik ist herkömmlicherweise die Erfüllung öffentlicher Aufgaben unter Teilnahme der öffentlichen Hand am Wirtschaftsverkehr. Unter Berufung auf das verfassungsrechtlich verbürgte Selbstverwaltungsrecht und auf die traditionelle Erfüllung dieser öffentlichen Aufgaben nehmen die deutschen Kommunen für sich in Anspruch, dass die Leistungsbereitstellung der herkömmlichen kommunalen Daseinsvorsorgeaufgaben durch sie von der Einhaltung der Wettbewerbsregeln ausgenommen ist, mindestens Art. 106 Abs. 2 AEUV für Staat und Kommunen großzügig, extensiv ausgelegt wird. Dem widerspricht die Kommission. Nach ihrer Auffassung würde eine solche Position die Gewährleistung eines auf freien Wettbewerb ausgerichteten gemeinsamen Marktes konterkarieren. Unstreitig ist, dass nach Art. 106 Abs. 1 AEUV die öffentliche Hand bei der Ausübung wirtschaftlicher Tätigkeit wie jeder andere Wirtschaftsteilnehmer grundsätzlich auch den Bindungen des Unionsrechts unterliegt, insbesondere den Regeln über den freien Wettbewerb und des Beihilfeverbots. Gleichzeitig wird damit im Umkehrschluss auch klargestellt, dass jede nichtwirtschaftliche Betätigung der öffentlichen Hand den Bindungen an das unionale Wettbewerbsrecht entzogen ist (vgl. Rdn. 247 ff.). Eine Freistellung von den Wettbewerbsregeln ist nach Art. 106 Abs. 2 AEUV, der als Ausnahmevorschrift nach h. M. restriktiv auszulegen ist, nur in engen Grenzen möglich (vgl. oben Rdn. 68). Obwohl mit der ursprünglichen Einführung des Art. 16 EGV (heute: Art. 14 AEUV) die gemeinwohlorientierten Dienste stärker hervorgehoben wurden, tendiert die EU bei ihrem Ansatz zur **Lösung des Spannungsverhältnisses wettbewerbsorientiert**. Unter Berücksichtigung der Strukturen und Traditionen der deutschen kommunalen Selbstverwaltung und ihrer wirtschaftlichen Unternehmen ist dies aus Sicht der Kommunen bisweilen recht unbefriedigend und folglich noch vieles für ein zwischen Wettbewerb und Gemeinwohl ausgewogenes und praxistaugliches Konzept aufzuarbeiten. Im Einzelnen ist noch manches unklar (vgl. etwa *Broß* JZ 2003, 874 ff.; *Lattmann* IR 2004, 31 ff.).

3. Nichtwirtschaftliche Dienstleistungen

Die Unterscheidung zwischen Leistungen mit wirtschaftlichem Charakter und   **247** Leistungen mit nichtwirtschaftlichem Charakter, mit **Markt bezogenen und nicht Markt bezogenen Tätigkeiten**, ist im Unionsrecht und z. T. auch im Bundesrecht von besonderer Bedeutung, weil sie unterschiedlichem Recht unterliegen. So gelten Bestimmungen des AEUV wie der Grundsatz der Nichtdiskriminierung oder der Grundsatz der Freizügigkeit zwar für sämtliche Leistungen (wirtschaftliche und nichtwirtschaftliche). Im Übrigen gibt es für nichtwirtschaftliche Dienstleistungen auf Unionsebene aber keine spezifischen Regelungen. Sie unterliegen folglich grundsätzlich nicht den AEUV-Rechtsvorschriften des Binnenmarkts, des Wettbewerbs und der staatlichen Beihilfen (Art. 101 ff. und 107 ff. AEUV). Im Einzelnen ist auf dem Hintergrund des alten Gegensatzes von Wettbewerb und Gemeinwohl, von Markt und Politik vieles diffus und umstritten (vgl. etwa *Möschel* JZ 2003, 1021, 1024 f.; *Gaßner* KommJur 2007, 129 ff.).

Grundsätzlich ist die Abgrenzung materiell vorzunehmen (wirtschaftliches oder   **248** genuin hoheitliches Handeln). **Nichtwirtschaftliche Dienstleistungen** sind Tätigkeiten, die einen engen sachlichen Bezug zur Ausübung hoheitlicher Gewalt aufweisen, typischerweise hoheitlicher Natur oder von Zwangsmitgliedschaften geprägt sind und damit aufgrund Tradition dem Staat zugeordnet werden (i. S. von Indizien; vgl. bereits EuGH NJW 1991, 2891 und EuZW 1997, 312; *Schwarze* EuZW 2000, 613 ff.). Neben diesen hoheitlich orientierten Kriterien gilt auch als Indiz eine deutlich fehlende Äquivalenz zwischen Leistung und Gegenleistung der Dienste. Ausgehend von diesen Orientierungskriterien und dem unionsrechtlich festgelegten Begriff der wirtschaftlichen Dienstleistungen (wirtschaftliche Tätigkeiten, die darin bestehen, Güter oder Dienstleistungen auf einem bestimmten Markt anzubieten) sind den **nichtwirtschaftlichen Tätigkeiten** und Dienstleistungen ohne Auswirkung auf den Handel **folgende Bereiche** zuzuordnen (s. Mitteilung der Kommission über die Anwendung der Beihilfevorschriften der Europäischen Union auf Ausgleichsleistungen für die Erbringung von Dienstleistungen von allgemeinem wirtschaftlichem Interesse vom 11.1.2012, 2012/C 8/02, Ziff. 9 ff.):

– Zu den nichtwirtschaftlichen Tätigkeiten gehören eindeutig die Bereiche,   **249** die unmittelbar mit der **Ausübung öffentlicher Gewalt** verbunden sind (z. B. Wahrung der inneren und äußeren Sicherheit, Rechtsprechungs- und ähnliche stark hoheitlich geprägte Aufgaben).

– Eine zweite Kategorie nichtwirtschaftlicher Tätigkeiten bilden jene Be-   **250** reiche, die im Gemeininteresse liegen, keine Gewinne abwerfen und von Einrichtungen erbracht werden, die keine Güter- oder Dienstleistungen auf einem bestimmten Markt anbieten (z. B. Bildungssystem, Teile der Sozial-, Gesundheits-, Bildungs- und Kulturaufgaben). Während die sozialen **Grundversorgungssysteme, die auf dem Prinzip der Solidarität** und der **Pflichtmitgliedschaft beruhen** sowie keine Gewinnerzielung verfolgen, als nichtwirtschaftliche Tätigkeit betrachtet werden, treten die auf dem Beitrags- oder Leistungsprinzip beruhenden Versorgungssysteme in Konkurrenz zu den auf dem Markt angebotenen privaten Systemen, mit der Folge, dass die damit verbundenen Tätigkeiten als wirtschaftliche Tätigkeiten einzustufen sind. Im Einzelnen ist noch vieles unklar. In der Praxis empfiehlt es sich deshalb, zunächst zu ermitteln, ob die von einer Kommune definierte gemeinwohlorientierte Leistung auf dem Markt bereits verfügbar oder jedenfalls über den Markt erreichbar ist. Ist dies der Fall, sollte die gemeinwohlorientierte Leistung grundsätzlich dem Wettbewerb in Gestalt der Durchführung eines offenen, transparenten und diskriminierungsfreien Ausschreibungs- oder Bieterverfahrens geöffnet werden.

4.   Dienstleistungen von allgemeinem wirtschaftlichen Interesse (DAWI) und Europäisches Beihilfenrecht

250a Das vorgehend ausführlich beschriebene Spannungsverhältnis zwischen dem wettbewerblich geprägten Wirtschaftskonstrukt der Europäischen Verträge einerseits und der Gewährleistung der Dienste von allgemeinem wirtschaftlichem Interesse andererseits erstreckt sich insbesondere auch auf den Bereich des Europäischen Beihilferechts, das von vornherein in gewissem Widerspruch zum Wettbewerb steht. Jedenfalls hat der Staat ein Bedürfnis einzugreifen, wenn gewisse dem Gemeinwohl dienende Dienstleistungen im freien Wettbewerb – bspw. aufgrund fehlender Wirtschaftlichkeit und Effizienz – nur unzureichend zur Verfügung gestellt werden.

Aufgrund dieses oftmals auftretenden Bedürfnisses hat sich das EU-Beihilferecht geradezu zum Katalysator der Ausformung des Art. 106 Abs. 2 AEUV und dessen umstrittenen Verhältnis zum Beihilfeverbot entwickelt. Maßgebliche Bedeutung hierfür hatte die „Altmark-Trans"-Rechtsprechung des EuGH, das darauf aufbauende nach dem damaligen Wettbewerbskommissar benannte„Almunia"-Paket der EU-Kommission sowie zahlreiche sektorenspezifische Regelungen, wie insbesondere die VO/1370/2007.

250b a) **„Altmark-Trans"-Rechtsprechung des EuGH.** Der Europäische Gerichtshof hat in seiner zum EU-Beihilferecht grundlegenden **„Altmark-Trans"**-Entscheidung (EuGH, Urteil vom 24.7.2003, Rs. C-280/00, NVwZ 2003, 1101 ff.) die Voraussetzungen statuiert, bei deren Vorliegen schon tatbestandlich keine Beihilfe im Sinne des Art. 107 Abs. 1 AEUV vorliegt, da es dann nach Ansicht des EuGH am Tatbestandsmerkmal einer Begünstigung fehle. Der EuGH benennt hierfür **vier Bedingungen**, die kumulativ erfüllt sein müssen:

(1) Das begünstigte Unternehmen muss mit der Erfüllung gemeinwirtschaftlicher Verpflichtungen, welche hinreichend konkret zu definieren sind, betraut sein.
(2) Die Parameter, anhand derer der Ausgleich gewährt wird, sind zuvor objektiv und transparent aufzustellen.

(3) Der gewährte Ausgleich darf nicht darüber hinausgehen, was erforderlich ist, um die Kosten zur Erfüllung der gemeinwirtschaftlichen Verpflichtung unter Berücksichtigung der dadurch erzielten Einnahmen und eines angemessenen Gewinns ganz oder teilweise zu decken.

(4) Soweit die Wahl des Unternehmens nicht im Rahmen eines Verfahrens zur Vergabe öffentlicher Aufträge erfolgt, welches es ermöglicht den Bewerber zu wählen, der die Dienste zu den geringsten Kosten erbringt, muss die Höhe des Ausgleichs auf der Grundlage einer Analyse der Kosten bestimmt werden, die ein durchschnittliches gut geführtes Unternehmen, das so angemessen mit Mitteln ausgestattet ist, dass es den gestellten gemeinwirtschaftlichen Anforderungen genügen kann, bei der Erfüllung der betreffenden Verpflichtungen aufwenden müsste.

Die vom EuGH angewendete sog. **Tatbestandslösung** führt dazu, dass die **250c** staatliche Maßnahme mangels einer Begünstigung nicht dem Beihilfetatbestand erfüllt und daher nicht gemäß Art. 108 Abs. 3 AEUV notifizierungspflichtig ist. Wenngleich der EuGH das Merkmal der gemeinwirtschaftlichen Verpflichtung zwar als mit der Dienstleistung von allgemeinem wirtschaftlichem Interesse als deckungsgleich ansieht, stellt der EuGH bei der von ihm mit den „Altmark-Trans" – Kriterien verfolgten Tatbestandslösung darüber hinausgehende Voraussetzungen auf, sodass daneben für die Anwendung des Art. 106 Abs. 2 AEUV Raum bleibt. Anders als bei der Tatbestandslösung unterfällt die Rechtfertigung des Beihilfeverbots durch Art. 106 Abs. 2 AEUV aber grundsätzlich der Notifizierungspflicht gemäß Art. 108 Abs. 3 AEUV (vgl. *Wernsmann/Loscher* NVwZ 2014, 976 ff.).

Die besondere Schwierigkeit der Altmark-Trans-Betrauung liegt indes in der Erstellung des **Kostenvergleichs** nach dem vierten Altmark-Trans-Kriterium. Auch nach eingehender Erläuterung der Kommission in der neuen „DAWI-Mitteilung", in der zahlreiche Kriterien für die Ermittlung eines „durchschnittlich, gut geführten Unternehmens" als Vergleichsmaßstab skizziert werden, bleiben viele Fragen hinsichtlich dieser Vergleichsrechnung offen. Aufgrund dessen ist eine Betrauung nach der Altmark-Trans-Entscheidung mit rechtlichen Risiken verbunden und wird in der Praxis kaum hinreichend rechtssicher und nur mit erheblichem Aufwand durchgeführt werden können.

b) Das „Almunia"–Paket der EU-Kommission. Die Europäische Kommission **250d** reagierte auf die „Altmark-Trans"-Rechtsprechung im Jahre 2005 mit dem „Monti-Kroes"-Paket, welches Bedingungen festlegte, unter denen staatliche Beihilfen als Ausgleich für die Erbringung von DAWI mit EU-Recht vereinbar sind. Bereits im Jahr 2012 sah sich die EU-Kommission veranlasst, dieses Maßnahmenpaket durch das sogenannte „Almunia"-Paket zu reformieren, um den Mitgliedstaaten einen vereinfachten Rahmen zur Förderung öffentlicher Dienstleistungen von allgemeinem wirtschaftlichen Interesse zu bieten und den zuständigen Behörden die Anwendung der Vorschriften zu erleichtern (dazu kritisch *Bühner/Sonder* NZS 2012, 688). Das neue Paket umfasst konkret **vier Maßnahmen:**

(1) Mitteilung der Kommission über die Anwendung der Beihilfevorschriften der Europäischen Union auf Ausgleichsleistungen für die Erbringung von Dienstleistungen von allgemeinem wirtschaftlichem Interesse (DAWI; 2012/C 8/02): Die Kommission erläutert darin die Merkmale des Beihilfentatbestands, führt die „Altmark-Trans"-Rechtsprechung aus und geht näher auf den Begriff der DAWI ein.

(2) Beschluss der Kommission über die Anwendung von Artikel 106 Absatz 2 des Vertrags über die Arbeitsweise der Europäischen Union auf staatliche Beihilfen in Form von Ausgleichsleistungen zugunsten bestimmter Unternehmen, die mit der Erbringung von Dienstleistungen von allgemeinem wirtschaftlichem Interesse betraut sind (2012/21/EU; Freistellungsbeschluss): Danach gelten staatliche Beihilfen in Form von Ausgleichsleistungen für die Erbringung öffentlicher Dienstleistungen, die die Voraussetzungen des Beschlusses erfüllen, als mit dem Binnenmarkt vereinbar und werden von der Notifizierungspflicht befreit (insb. soziale Dienste oder höhenmäßige Beschränkung der Ausgleichsleistung auf 15 Mio. Euro p.a.)

(3) Rahmen der Europäischen Union für staatliche Beihilfen in Form von Ausgleichsleistungen für die Erbringung öffentlicher Dienstleistungen (2012/C 8/03): Der Rahmen legt fest, unter welchen Voraussetzungen Ausgleichsleistungen für die Erbringung von Dienstleistungen von allgemeinem wirtschaftlichen Interesse, die nicht unter den Freistellungsbeschluss fallen, im Wege der Notifizierung gemäß Art. 108 Abs. 3 AEUV als mit dem Binnenmarkt vereinbar erklärt werden können.

(4) Annahme des Inhalts eines Entwurfs für eine Verordnung der Kommission über **De-minimis-Beihilfen** für die Erbringung von Dienstleistungen von allgemeinem wirtschaftlichem Interesse (2012/C 8/04), die schließlich in der De-minimis-Verordnung (VO (EU)/360/2012 der Kommission vom 25. April 2012) mündete: Dieser liegt der Gedanke zugrunde, dass eine staatliche Beihilfe nicht geeignet ist, den Handel zwischen den Mitgliedstaaten zu beeinträchtigen und/oder den Wettbewerb zu verfälschen oder zu verfälschen droht, wenn sie den Gesamtbetrag von 500.000 Euro über einen Zeitraum von drei Steuerjahren nicht übersteigt.

Der wesentliche Vorteil gegenüber einer Betrauung nach der Altmark-Trans-Entscheidung (vgl. oben Rdn. 250c f.) liegt in der Tatsache, dass nach dem Freistellungsbeschluss lediglich die ersten drei Altmark-Kriterien erfüllt sein müssen und auf das vierte Kriterium verzichtet wird.

250e c) Die Betrauung mit DAWI. Voraussetzung für die Absicherung von Beihilfen nach dem Freistellungsbeschluss ist die Betrauung des betreffenden Unternehmens mit Dienstleistungen von allgemeinem wirtschaftlichem Interesse (DAWI). Die EU-Kommission hat eine Mehrzahl von Möglichkeiten der **Betrauung eines Unternehmens** mit DAWI bereits als ordnungsgemäß anerkannt. Welche hiervon gewählt werden sollte und kann, hängt von den nationalen Umsetzungsmöglichkeiten und nicht zuletzt von der Zweckmäßigkeit und Praktikabilität im Einzelfall ab.

Bei einem Betrauungsakt handelt es sich um eine Rechtshandlung, durch die das Unternehmen mit der DAWI betraut und die ihm auferlegte Gemeinwohlaufgabe sowie der Anwendungsbereich und die allgemeinen Bedingungen für das Funktionieren der DAWI erläutert werden. Eine bestimmte Form verlangt die Kommission dabei nicht. Es muss sich aber um die Erteilung eines öffentlichen Auftrags im Wege einer oder mehrere verbindlicher Verwaltungs- oder Rechtshandlungen handeln, deren genaue Form von den Mitgliedstaaten entsprechend ihrer politischen Struktur bzw. Verwaltungsorganisation frei gewählt werden kann. Die Dauer der Betrauung darf zehn Jahre nicht überschreiten. Denkbar sind hierbei insbesondere Konzessionsverträge und öffentliche Dienstleistungsaufträge, Vereinbarungen zwischen der staatlichen Verwaltung und Unternehmen über die Durchführung von Vorhaben in spezifischen Bereichen, ministerielle Anweisungen, Gesetze und Verordnungen, jährliche oder mehrjährige Leistungsverträge sowie Rechtsverordnungen und jede Art von hoheitlicher und kommunaler Verfügung.

Unabhängig von der Ausgestaltung der Betrauung müssen jedoch inhaltliche **250f** **Mindesterfordernisse an einen Betrauungsakt** erfüllt sein. Dieser muss insbesondere Angaben beinhalten zu (vgl. Europ. Kommission SWD, 2013, 53 final/ 2, DAWI-Paket, Ziff. 3.2.2):

- Gegenstand, Gebiet und Dauer der gemeinwirtschaftlichen Verpflichtung,
- das beauftragte bzw. begünstigte Unternehmen,
- die Art etwaiger ausschließlicher oder besonderer Rechte, die dem Unternehmen gewährt wurden/werden (soweit eine Ausgleichzahlung vorgesehen ist, beihilferechtskonforme Ausgestaltung),
- deren Berechnungs-, Überwachungs- und Änderungsparameter und
- die zur Vermeidung von Rückforderung von Überkompensation vorgesehenen Maßnahmen.

Aufgrund der nationalen politischen Struktur und Verwaltungsorganisation haben sich in Deutschland nicht alle von der Kommission anerkannten und in den weiteren Mitgliedstaaten praktizierten Betrauungsmodelle in der Praxis durchgesetzt bzw. sind diese nicht durchweg in das nationale deutsche Recht übertragbar. Einige wiederum sind in spezifizierter Form in Deutschland vorzufinden (zu den Risiken beim Betrauungsakt vgl. etwa *Kronsbein/Schriefers* Der Neue Kämmerer 2013, Ausgabe 1, S. 1 ff.).

Die in der deutschen Praxis gängigen Modelle sind das sog. „Zuwendungsmo- **250g** dell" und das „gesellschaftsrechtliche Modell". Bei dem **Zuwendungsmodell** erfolgt die Betrauung durch einen Zuwendungsbescheid, also einen Verwaltungsakt i. S. d. § 35 VwVfG des Trägers der Daseinsvorsorgeverpflichtung gegenüber dem zu betrauenden Unternehmen. Dieser stellt einen hoheitlichen Akt mit Rechtsverbindlichkeit dar, wodurch die Erfüllung der besonderen Aufgabe jederzeit erzwingbar ist. Die Definition der DAWI-Aufgaben erfolgt im Förderzweck, wobei Anpassungen durch rechtsverbindliche Änderungsbescheide jederzeit möglich sind. Bei der Betrauung durch Zuwendungsbescheid handelt es sich daher regelmäßig um eine institutionelle Förderung im Wege einer Fehlbedarfsfinanzierung auf Antrag des Unternehmens. Hierbei erfolgt in dem Zuwendungsbescheid eine Vorabfestlegung der Kostenparameter durch Defizitkalkulation im Wirtschaftsplan, der dem Antrag und dem Zuwendungsbescheid als Anlage beigefügt ist. Sofern eine Trennungsrechnung wegen der nicht ausschließlich als DAWI zu qualifizierenden erbrachten Dienstleistungen erforderlich ist, kann eine solche als Nebenbestimmung und Teil des Verwendungsnachweises verpflichtend vorgesehen werden. Ein weiterer Vorteil ist die bereits gesetzlich bestimmte „automatische" Rückzahlungsverpflichtung bei Überkompensation. Diese kann im Wege einer auflösenden Bedingung über § 49a VwVfG erfolgen. Bei dem sog. **gesellschaftsrechtlichen Modell** fasst die Kommune oder der Landkreis als für die Daseinsvorsorge zuständige Stelle einen Beschluss und beauftragt das ausführende Organ (z. B. den Bürgermeister), eine gesellschaftsrechtliche Weisung in der Gesellschafterversammlung des Beihilfenempfängers herbeizuführen. Hiermit wird dem Unternehmen die Erfüllung der „gemeinwirtschaftlichen Verpflichtung" auferlegt. Das gesellschaftsrechtliche Modell wurde in den letzten Jahren immer wieder kontrovers diskutiert und auch bisweilen als risikobehaftet angesehen, weil die von der Kommission geforderte „Verbindlichkeit" der hoheitlichen Betrauung des Unternehmens als solches nicht gesichert sei.

250h d) Sektorenspezifische Regelungen, insbesondere die VO/1370/2007. Traditionell bestehen für bestimmte Wirtschaftssektoren aufgrund deren besonderer Probleme Sonderregeln mit Blick auf das europäische Wettbewerbsrecht. Hierbei sind beispielhaft der Kohlebergbau, Umweltschutzbeihilfen, der Schiffsbau, der öffentlich-rechtliche Rundfunk, Flughäfen und Flugunternehmen, die Filmwirtschaft und Kultur, der Seeverkehr und insbesondere auch die Landwirtschaft (vgl. Art. 42 AEUV) zu nennen. Gerade auch der Bereich der Dienstleistungen von allgemeinem wirtschaftlichem Interesse wie der öffentliche Personenverkehr spielt hierbei eine nicht unerhebliche Rolle, da er einerseits von erheblicher Bedeutung für Wirtschaft und Umwelt ist, andererseits aber defizitär arbeitet und daher umfangreicher staatlicher Subventionen bedarf.

250i Das Bedürfnis, hierfür spezifische Regelungen zu finden, steht nicht in Frage. Die EU-Kommission verfolgt diesbezüglich seit über zwei Jahrzehnten den Ansatz, weg von sektorspezifischen hin zu **sektorübergreifenden (horizontalen) Regelungen** zu gelangen, die sektorenneutral die beihilferechtliche Behandlung regeln sollen. Mit der Allgemeinen Gruppenfreistellungsverordnung (VO EU/651/2014) ist sie diesem Ziel erheblich näher gekommen. Diese Verordnung ist auf Regionalbeihilfen, Investitions- und Beschäftigungsbeihilfen für KMU, Beihilfen zur Gründung von Frauenunternehmen, Umweltschutzbeihilfen, KMU-Beihilfen für die Inanspruchnahme von Beratungsdiensten und für die Teilnahme an Messen, Risikokapitalbeihilfen, Forschungs-, Entwicklungs- und Innovationsbeihilfen, Ausbildungsbeihilfen sowie auf Beihilfen für benachteiligte oder behinderte Arbeitnehmer anwendbar und wird daher als erste umfassende und sektorenübergreifende Kodifizierung von Freistellungsregeln im Bereich der Beihilfenkontrolle angesehen (vgl. zur ersten Fassung der AGVO aus 2008 *Bartosch* NJW 2008, 3612 ff.). Wenngleich das Ansinnen der Kommission durchaus begrüßenswert ist, steht dem in vielen Bereichen das Faktum sektorspezifischer Besonderheiten gegenüber, die eine absolute einheitliche Gleichbehandlung nur schwer möglich machen.

Beispielhaft hierfür steht der **öffentliche Personennahverkehr**. Im AEUV sind die **250j** ihm für das Beihilfenrecht entgegenkommenden Besonderheiten bereits angelegt, indem Art. 93 AEUV die Möglichkeit gewährt, zusätzliche, über die Art. 107 Abs. 2, 3 AEUV hinausgehende Ausnahmetatbestände des Beihilfeverbots in Art. 107 Abs. 1 AEUV zu statuieren. Mit der VO/1370/2007 bezweckt die Kommission die Schaffung eines Binnenmarkts für den öffentlichen Personenverkehr und regelt detailliert die sektorspezifischen Ausnahmen für öffentliche Personenverkehrsdienste sowohl hinsichtlich des Vergabe- als auch des Beihilferechts. Diesbezüglich hat die Kommission am 29.3.2014 Auslegungsleitlinien erlassen, um ihr Verständnis von den Bestimmungen der Verordnung zu erläutern (2014/C 92/01; hierzu *Linke* EuZW 2014, 766 ff.)

5. Offene Fragen

Die Antworten des EU-Rechts auf die durch die Integration unterschiedlicher **251** mitgliedstaatlicher Daseinsvorsorgestrukturen in den gemeinschaftlichen Binnenmarkt aufgeworfenen Fragen zu den „Leistungen der Daseinsvorsorge" sind nach wie vor geprägt von Komplexität und politischen Kompromissen. In den Ausführungen zum europäischen Daseinsvorsorge-Konzept, insbesondere den Regelungen der Art. 14, 119 und 106 AEUV, und zum **Spannungsverhältnis zwischen öffentlichem Vergabe- und Beihilfenrecht einerseits und dem freien und fairen Wettbewerb andererseits** (vgl. bereits oben Rdn. 34 ff. und 67 ff.), wurde der Kompromisscharakter der Regelungen und die ihnen zu Grunde liegenden Interessengegensätze dargestellt. Zwar belässt das EU-Recht durch kompromisshafte, unklare Regelungen durchaus respektable nationale Gestaltungsspielräume. Allerdings werden diese durch die teils extensive Handhabung bzw. Auslegung der den EU-Organen im AEUV eingeräumten Rechte und Kompetenzen, insbesondere der Kommission und des EuGH, wieder in Frage gestellt und in beachtlichem Umfange modifiziert („**verschleierte Kompetenzausweitung**" der Kommission; *Ossenbühl* Der Landkreis 2001, 14 f.; *Recker* ZKF 2001, 146 ff.; *Hellermann* Der Landkreis 2001, 434, 436 f.; *Papier* DVBl. 2003, 686, 692 f.; *Lattmann* IR 2004, 31 ff.; vgl. in diesem Zusammenhang auch: *von Graevenitz* EuZW 2013, 169 ff. zum „**Soft Law als tertiärem Regelwerk**"). Charakteristisch für die gegenwärtige Situation ist, dass weder den Mitgliedstaaten eine eindeutige rechtliche Bestimmungsmacht über ihre nationale Daseinsvorsorge und öffentliche Wirtschaft zusteht bzw. gelassen wird, noch der Europäischen Union umfassende Zugriffskompetenzen eingeräumt sind, also letztlich klaren, eindeutigen Regelungen aus dem Weg gegangen wird. Dies hat zu erheblicher Rechtsunsicherheit und Frustration vor allem in den Ländern und Kommunen mit einer großen kommunalen Daseinsvorsorgetradition wie Deutschland geführt. Vor diesem Hintergrund sollten vor allem folgende **offene Fragen** einer klaren Regelung zugeführt werden:

– Präzise Definition der Begriffe wirtschaftliche und nichtwirtschaftliche **252** Dienstleistungen von allgemeinem Interesse, einschließlich der sog. „In-House-Geschäfte". Dabei ist auch die für die Zukunft wichtige Frage

einzubeziehen, wie die sensiblen Sektoren wie Kultur, Bildung, Gesund-
heits- oder Sozialbereich auf der Grundlage eines europäischen oder nationalen Gesellschaftsmodells ausgestaltet werden und wo sie zuzuordnen sind (vgl. auch Rdn. 266). Die avisierte neue Mitteilung der
Kommission zum „Beihilfebegriff" könnte hierzu einen Beitrag leisten.
– Präzise Festlegung, welche EU-Normen für welche Bereiche gelten. Dies
gilt insbesondere für die Wettbewerbs- und Beihilfevorschriften der
Art. 101 ff. AEUV und deren Geltungsbereich (z. B. für nichtwirtschaftliche Tätigkeiten der Kommunen im Kultur- und Sozialbereich).
– Eindeutige Regelung der Fragen, ob Art. 106 und 107 AEUV staatliche
Leistungen zulässt, mit denen die Mehrkosten ausgeglichen werden
sollen, die einem mit einer Dienstleistung von allgemeinem wirtschaftlichem Interesse betrauten Unternehmen durch die Erfüllung der ihm
übertragenen gemeinwohlorientierten Aufgaben entstehen (z. B. Einhaltung besonderer Qualitäts- und Sicherheitsstandards, allgemeine
Verfügbarkeit und gleichberechtigter Zugang, Sicherstellung einer flächendeckenden und nachhaltigen Versorgung, verbraucherfreundliche
und nicht diskriminierende Preise/Tarife, Vorhalteverpflichtung zur
Gewährleistung einer stetigen Versorgung auch im Katastrophenfall,
Verpflichtung zum besonderen Einsatz umweltschonender Technik,
Transparenz bei der Erbringung der Dienstleistungen usw.).

Literaturhinweise (zu Abschnitt IX): Mitteilung der Kommission über die Anwendung
der Beihilfevorschriften der Europäischen Union auf Ausgleichsleistungen für die Erbringung von Dienstleistungen von allgemeinem wirtschaftlichem Interesse vom
11.1.2012 (2012/C 8/02); *Birnstiel/Bungenberg/Heinrich*, Europäisches Behilfenrecht,
1. Aufl. 2013; *Lübbig/Martín-Ehlers*, Beihilfenrecht der EU, 2. Aufl. 2009; *Krajewski*,
Grundsturkturen des Rechts öffentlicher Dienstleistungen, 2011; *Geiger/Khan/Kotzur*,
EUV/AEUV, 5. Aufl. 2010; Münchener Kommentar zum Europäischen und Deutschen
Wettbewersbrecht (Kartellrecht), Band 3, 1. Aufl. 2011; *Soltész*, EuZW 2016, 87; *von
Danwitz*, JZ 2000, 429 ff.; *Koenig/Kühling*, NJW 2000, 1065 ff.; *Schwarze*, EuZW
2000, 613 ff.; *Hellermann*, Der Landkreis 2001, 434 ff.; *Groß*, DVBl. 2002, 1182 ff.;
Frenz, DÖV 2002, 1028 ff.; *Kämmerer*, NVwZ 2002, 1041 ff.; *Mann*, JZ 2002, 819 ff.;
Stober, NJW 2002, 2357 ff.; *Papier*, DVBl. 2003, 686; *Möschel*, JZ 2003, 1021 ff.;
EuGH NVwZ 2003, 1101; *Lattmann*, IR 2004, 31 ff.; *Gaßner*, KommJur 2007, 129 ff.;
Kämmerer, NVwZ 2004, 28 ff.; *Bühner/Sonder*, NZS 2012, 688 ff.; *Sonder*, KommJur
2013, 121 ff.; *Wernsmann/Loscher*, NVwZ 2014, 976 ff.

X. Vergaberecht (öffentliches Auftragswesen)

1. Bedeutung

253 Staat und Kommunen beeinflussen das Wettbewerbsgeschehen nicht nur durch
den normativen Rechtsrahmen, sondern in erheblichem Umfange auch als Nach-
frager. Aufträge im Rahmen der öffentlichen Bedarfsdeckung bzw. der Beschaffung bedeuten ein erhebliches Auftragsvolumen für die private Wirtschaft (ca.
14 % des Bruttoinlandprodukts der EU). Das öffentliche Auftragswesen ist folglich auch für die Wettbewerbsordnung ein bedeutender ökonomischer Faktor und
beeinflusst nachhaltig den nationalen und europäischen Binnenmarkt. Das Verga-

berecht stellt für die öffentliche Hand Verhaltensmaßstäbe für die Nachfragetätigkeit am Markt auf. Maßgebliches Kennzeichen ist, dass der Vergabe öffentlicher Aufträge die Pflicht zur öffentlichen Ausschreibung vorausgeht, an der sich alle Interessierten als potentielle Auftragnehmer beteiligen können. Das Vergaberecht ist folglich ein wesentlicher **Teil des öffentlichen Wettbewerbsrechts**, das Regelungen für das Nachfrageverhalten von Staat und Kommunen enthält. Besonders die europaweite Öffnung des Vergabebinnenmarkts und der Umbruch des überkommenen nationalen Vergaberechts haben die rechtliche und faktische Bedeutung des Vergaberechts stark wachsen lassen. Vor allem die EU-Kommission fordert für einen effektiven Wettbewerb möglichst optimale Funktionsweisen der öffentlichen Beschaffungsmärkte (vgl. *Burgi* DVBl. 2003, 949 ff. und NZBau 2008, 29; *Byok* NJW 2014, 1492 ff.; *Probst/Winters* JuS 2015, 121 ff.). Aus diesen Gründen ist es gerechtfertigt und sinnvoll, das Vergaberecht sowie das öffentliche Auftrags- und Ausschreibungswesen in den Grundzügen in einem eigenen Abschnitt zu behandeln.

Das **Recht der Vergabe öffentlicher Aufträge** hat sich seit Ende der 90er Jahre zu   **254** einem eigenständigen Rechtsgebiet mit großer praktischer Bedeutung entwickelt (zwischen dem vergaberechtlichen EU-Recht, insbes. den Harmonisierungs- bzw. Koordinierungsrichtlinien, sowie dem bundesgesetzlichen Wettbewerbs- und Verwaltungsrecht). Durch das **Vergaberechtsänderungsgesetz 1998** wurde die Vergabe öffentlicher Aufträge – aus dem Haushaltsrecht als neuer vierter Teil in das Gesetz gegen Wettbewerbsbeschränkungen eingefügt (§§ 97 GWB) und durch die Vergabeverordnung 2001 (VgV) i. V. mit den Verdingungsordnungen VOL/A, VOB/A und VOF 2000 komplettiert – insgesamt stark reformiert und z. T. neu gestaltet. Mit der Vergaberechtsreform wurden die Rechtsentwicklungen, insbesondere durch die EU-Richtlinien und die inzwischen beachtliche Rechtsprechung, in nationales Recht umgesetzt. Dabei wurde im Vergaberecht ein Systemwechsel vom haushaltsrechtlichen Innenrecht zum bieterschützenden Außenrecht vollzogen. Erstmals wurde auch ein subjektives Recht der Teilnehmer in einem Vergabeverfahren auf Einhaltung der Verfahrensbestimmungen eingeführt. Weitere Reformen führten zur Einführung der Sektorenverordnung (SektVO, 2009) und der Vergabeverordnung für den Sicherheits- und Verteidigungsbereich (VSVgV, 2012). Das **Vergaberechtsmodernisierungsgesetz 2016** (VergRModG, vom 17.2.2016, BGBl. I S. 203 ff.) hat den Aufbau der Regelwerke zum Teil verschlankt (Wegfall der VOL/ A und VOF im Oberschwellenbereich, „Hochziehen" zahlreicher Vorschriften in GWB und VgV 2016), neue Möglichkeiten insbesondere für In-house-Geschäfte und interkommunale Kooperationen geschaffen und neue Pflichten eingeführt (z. B. vollständige elektronische Vergaben ab 2018; die **§§ 97 ff. GWB i. d. F. 2016** sind unten in Teil 2 § 106b abgedruckt). Zudem ist der bislang vom Vergaberecht ausgenommene Bereich der Dienstleistungskonzessionen in der Konzessionsverordnung (KonzVgV) geregelt worden (vgl. *Knauff*, NZBau 2016, 195; *Portz*, BWGZ 2016, 52; *Gröning*, NJW 2015, 690; *Oberndörfer/Lehmann*, BB 2015, 1027; *Siegel* VerwArch 2016, 2 ff.; *von Wietersheim* VergabeR 2016, 269 ff.).

2. Rechtsquellen

Das deutsche Vergaberecht, das traditionell Teil des Haushaltsrechts war (§ 30   **255** HGrG, § 55 BHO, LHO), hat sich durch das Recht der EU, insbesondere durch

den Erlass von Richtlinien, und dessen Umsetzung in nationales Recht
(§§ 97 ff. GWB) seit 1998 grundlegend verändert. Gegenwärtig regeln vor allem drei materielle **EU-Vergaberichtlinien** maßgeblich die rechtlichen Vorgaben
für das Vergabeverfahren:

- Richtlinie 2014/24/EU des Europäischen Parlaments und des Rates vom
  26.2.2014 über die öffentliche Auftragsvergabe und zur Aufhebung der
  Richtlinie 2004/18/EG (**Vergaberichtlinie**),
- Richtlinie 2014/25/EU des Europäischen Parlaments und des Rates vom
  26 2.2014 über die Vergabe von Aufträgen durch Auftraggeber im Bereich der Wasser-, Energie- und Verkehrsversorgung sowie der Postdienste und zur Aufhebung der Richtlinie 2004/17/EG (**Sektorenrichtli-
  nie**) sowie
- Richtlinie 2014/23/EU des Europäischen Parlaments und des Rates vom
  26.2.2014 über die Konzessionsvergabe (**Konzessionsrichtlinie**).

256 Um die Einhaltung dieser Richtlinien effektiv sicherzustellen, hat die Gemeinschaft zwei **Rechtsmittelrichtlinien** erlassen, die eine Nachprüfung von Verga-
beentscheidungen vorschreiben:

- Richtlinie 89/665/EWG zur Koordinierung der Rechts-und Verwaltungsvorschriften für die Anwendung der Nachprüfungsverfahren im
  Rahmen der Vergabe öffentlicher Liefer- und Bauaufträge, zuletzt geändert durch die Richtlinie 2007/66/EG (**RML**) sowie
- Richtlinie 92/13/EWG zur Koordinierung der Rechts-und Verwaltungsvorschriften für die Anwendung der Gemeinschaftsvorschriften über die
  Auftragsvergabe durch Auftraggeber im Bereich der Wasser-, Energie-
  und Verkehrsversorgung sowie im Telekommunikationssektor, ebenfalls
  zuletzt geändert durch die Richtlinie 2007/66/EG (**SRML**).

257 Diese Vergaberichtlinien (EU-Sekundärrecht) sind im Wesentlichen 2016 in in-
nerstaatliches Recht umgesetzt und in einen eigenen Abschnitt des GWB, in
den §§ 97 bis 186, integriert worden (die §§ 97 ff. GWB i. d. F. 2016 sind
unten Teil 2, § 106b abgedruckt). Detaillierte **Vergabeverfahrensregelungen**
enthalten über das GWB hinaus folgende Vorschriften:

- **Vergabeverordnung (VgV)** i. d. F. vom 12.4.2016 (BGBl. I S. 624 ff.), in
  die im Zuge der Vergaberechtsreform 2016 die Vorgaben für Liefer- und
  Dienstleistungen (bislang in der Vergabe- und Vertragsordnung für Leistungen [VOL/A] geregelt) und für freiberufliche Leistungen (bislang in
  der Vergabe- und Vertragsordnung für freiberufliche Leistungen [VOF]
  geregelt) integriert worden sind.
- **Sektorenverordnung (SektVO)** i. d. F. vom 12.4.2016 (BGBl. I S. 624,
  657 ff.). Sie regelt spezielle Vorgaben für Aufträge von Sektorenauftraggebern, die in den Bereichen Trinkwasser-, Energie- und Verkehrsversorgung tätig sind.

– **Konzessionsverordnung (KonzVgV)** i. d. F. vom 12.4.2016 (BGBl. I S. 624, 683 ff.). Sie enthält erstmals als eigenständiges Regelwerk umfassende Bestimmungen für die Vergabe von Bau- und Dienstleistungskonzessionen.

– **Verordnung über die Vergabe in den Bereichen Verteidigung und Sicherheit (VSVgV)** i. d. F. vom 12.4.2016 (BGBl. I S. 624). Sie betrifft Beschaffungen im Verteidigungs- und Sicherheitsbereich.

– **Vergabe- und Vertragsordnung für Bauleistungen (VOB;** Ausgabe 2016). Sie regelt die Vergabe von Bauleistungen und ist in die Teile A, B, C untergliedert (Teil A: Maßgebliche Verfahrensvorschriften; Teil B: Allgemeine Vertragsbedingungen für die Ausführung von Bauleistungen; Teil C: Allgemeine technische Vertragsbedingungen für Bauleistungen).

Regelungstechnisch liegt dem deutschen Vergaberecht auch nach der Vergaberechtsreform ein „**Kaskadenprinzip**" zugrunde, dessen klassischer dreistufiger Aufbau (Erste Stufe: GWB; Zweite Stufe: VgV/SektVO/KonzVgV; Dritte Stufe: VOB; vgl. nachfolgende **Abb. 15**) allerdings nur noch im Baubereich gilt; im Übrigen gilt ein zweistufiger Aufbau.   **258**

Abb. 15: Das System des Vergaberechts („Kaskadensystem")

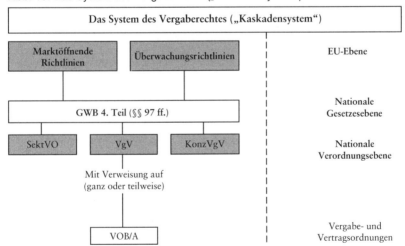

3. Struktur und Grundprinzipien

Das deutsche Vergaberecht ist von einer Zweiteilung geprägt. Diese zweigliedrige Struktur ist dadurch bedingt, dass bei öffentlichen Aufträgen oberhalb eines bestimmten Mindestwertes (**EU-Schwellenwert**) die Auftragsvergabe nach den §§ 97 ff. GWB i. V. mit den EU-Richtlinien Anwendung findet, während unterhalb dieser Schwellenwerte immer noch das deutsche Haushaltsrecht und auf seiner Grundlage die Bestimmungen der VOB/A und der VOL/A gelten. Je nachdem, ob also ein öffentlicher Auftrag ober- oder unterhalb   **259** der EU- bzw. GWB-Schwellenwerte liegt, gelten unterschiedliche Bestimmungen (die Schwellenwerte ergeben sich aus den jeweils geltenden Fassungen der EU-Richtlinien, vgl. § 106 GWB, und werden alle zwei Jahre angepasst. Derzeit betragen sie: Für Bauaufträge 5.225.000,00 Euro; für Liefer- und Dienstleistungsaufträge grundsätzlich 209.000,00 Euro; für Liefer- und Dienstleistungsaufträge in den Sektorenbereichen Wasser, Energie und Verkehr sowie für verteidigungs- und sicherheitsrelevante Aufträge 418.000,00 Euro; für soziale und andere besondere Dienstleistungen 750.000,00 Euro bzw. im Sektorenbereich 1.000.000,00 Euro; für Konzessionen 5.225.000,00 Euro; zur Schwellenwertberechnung vgl. § 3 VgV, § 2 SektVO). Die Vergaberechtsreform 2016 betrifft nur die Fälle oberhalb der EU-Schwellenwerte. Für den Unterschwellenbereich gilt bis zur entsprechenden Anpassung das bisherige Recht weiter (rd. 95 % aller kommunalen Vergaben). Im Hinblick auf zahlreiche Reformerleichterungen ist dies zu bedauern (vgl. *Portz* Die Gemeinde SH, 2016, 59 ff.).

260   Dem gemeinschaftlichen und nationalen Vergaberecht liegen folgende **Grundprinzipien** bzw. Ziele zugrunde (vgl. *Dreher*, in: Immenga/Mestmäcker, § 97 GWB; *Burgi*, NZBau 2008, 29; *Siegel* VerwArch 2016, 1 ff.):

261   – **Wettbewerbsprinzip:** Ziel des Vergaberechts ist es, staatliche/kommunale Beschaffungsmärkte für einen freien Wettbewerb/Warenverkehr zu öffnen (Art. 28 ff. AEUV; wettbewerbsorientierte Auftragsvergabe; §§ 1 und 3 sowie 97 GWB);

262   – **Grundsatz der Wirtschaftlichkeit:** Ein Vergabewettbewerb hat grundsätzlich die Garantie dafür zu bieten, dass die zur sparsamen Haushaltsführung verpflichteten öffentlichen Auftraggeber ihre Waren und Dienstleistungen zu günstigsten Konditionen beschaffen können. Nach § 127 Abs. 1 GWB ist dem wirtschaftlichsten Angebot der Zuschlag zu erteilen;

263   – **Transparenzprinzip:** Ein transparentes Verfahren, insbesondere bezüglich der Nachprüfbarkeit der Entscheidung des Auftraggebers für einen bestimmten Bewerber, gewährleistet und stellt sicher, dass das Verfahren unter Beachtung des Diskriminierungsverbots durchgeführt wird (echter Wettbewerb nur bei „durchsichtigen" Verfahren; Art. 18 AEUV, § 97 Abs. 1 GWB; EuGH, Urteil vom 10.10.2013, EuZW 2013, 949 ff.);

264   – **Grundsatz der Diskriminierungsfreiheit:** Die Diskriminierungsfreiheit (Art. 18 AEUV) stellt eines der grundlegenden Prinzipien des Vergaberechts dar. Sie gewährleistet die Chancengleichheit der potentiellen Interessenten aus allen Mitgliedstaaten, indem sie deren Gleichbehandlung durch die öffentlichen Auftraggeber in sämtlichen Phasen des Vergabeverfahrens gebietet („gleich und nicht diskriminierend", auch zur Gewährleistung der Niederlassungsfreiheit und des freien Dienstleistungsverkehrs nach Art. 56 ff. AEUV; vgl. § 97 Abs. 2 GWB; *Pünder* VerwArch 2004, 38 ff.; *Koenig/Kühling* NVwZ 2003, 779; *Burgi* VergabeR 2016, 261 ff.).

4.   Öffentliche Auftraggeber und Aufträge

Der Bundesgesetzgeber hat nunmehr mit Gesetz vom 17.2.2016 (BGBl. I   **265**
S. 203 ff.) und der Vergaberechtsmodernisierungsverordnung vom 12.4.2016 die
EU-Regelungen und -Rechtsprechung (insb. Art. 12 RL 2014/24/EU) „eins zu
eins" insb. in das GWB umgesetzt (vgl. BT-DS 18/6281; vgl. auch Rdn. 112d und
254). Die Vorschriften der §§ 97 ff. GWB betreffen nur Auftraggeber, die sich wiederum in **öffentliche Auftraggeber, Sektorenauftraggeber und Konzessionsgeber**
unterteilen (§ 98 GWB; die §§ 97 ff. GWB i. d. F. 2016 sind unten Teil 2, bei
§ 106b abgedruckt). Die öffentlichen Auftraggeber sind in § 99 GWB näher bestimmt (persönlicher Anwendungsbereich). Erfasst sind staatliche und kommunale Träger in einem relativ umfassenden Sinne. Anknüpfungspunkt ist ein funkti-
onales Begriffsverständnis (**funktionaler Unternehmensbegriff**; zum Begriff
„öffentliches Unternehmen" i. S. von Art. 101 ff. AEUV vgl. Rdn. 67 und 239).
Maßgeblich kommt es auf die „Nachfragemacht" und den beherrschenden Einfluss der öffentlichen Hand an, die eine Unterstellung unter das öffentliche Vergaberecht rechtfertigen. Unerheblich ist dabei, in welcher Rechtsform die öffentliche
Hand tätig wird. Öffentliche Auftraggeber sind also öffentlich-rechtliche Körperschaften, Anstalten und Stiftungen, aber auch Unternehmen in Privatrechtsform,
soweit sie zu dem besonderen Zweck gegründet wurden, im Allgemeininteresse liegende Tätigkeiten, also öffentliche Aufgaben zu erfüllen und von einer Kommune
aufgrund überwiegender Finanzierung, Leitung oder über die Ernennungsrechte
zur Geschäftsführung bzw. zu den Aufsichtsgremien beherrscht werden (vgl. im
Einzelnen § 99 Nr. 1–4 GWB; OLG München, Beschluss vom 20.3.2014 – Verg
17/13; *Rechten* NZBau 2014, 667; *von Wietersheim* VergabeR 2016, 269 ff.).

In § 103 Abs. 1 GWB werden **öffentliche Aufträge** als entgeltliche Verträge   **266**
zwischen öffentlichen Auftraggebern oder Sektorenauftraggebern und Unternehmen, die Liefer-, Bau-, oder Dienstleistungen zum Gegenstand haben, definiert. Unerheblich ist dabei, ob es sich um öffentlich-rechtliche oder privatrechtliche Verträge handelt. Die Liefer-, Bau- oder Dienstleistungsaufträge
können auch als Rahmenverträge vergeben werden (§ 103 Abs. 5 GWB), bei
denen für einen bestimmten Zeitraum lediglich die Grundbedingungen, insbesondere der Preis, vorab festgelegt werden und die Leistungserbringung erst
aufgrund späterer Einzelabrufe erbracht wird (vgl. *Fischer/Fongern* NZBau
2013, 550). Schließlich zählen auch Planungswettbewerbe zu den öffentlichen
Aufträgen (§ 103 Abs. 6 GWB).
Bei den Dienstleistungsaufträgen bestehen Erleichterungen für die Vergabe von
„**sozialen und anderen besonderen Dienstleistungen**" (§ 130 GWB). Hierunter
fallen etwa Dienstleistungen des Gesundheits- und Sozialwesens, Rechtsan-
waltsberatung, Sicherheits- und Postdienste. Die Erleichterungen bestehen in
einem erhöhten Schwellenwert (s. o.), einer freieren Verfahrenswahl und erhöhten Bagatellgrenzen bei nachträglicher Auftragserweiterung.
Seit der Vergaberechtsreform 2016 sind neben öffentlichen Aufträgen auch
Konzessionen ausschreibungspflichtig. Hierunter werden nach § 105 GWB
Bau- und Dienstleistungsverträge verstanden, bei denen die Gegenleistung in
dem Recht zur Nutzung des Bauwerks bzw. zur Verwertung der Dienstleistungen, ggf. zuzüglich einer Zahlung, besteht. Das wirtschaftliche Risiko liegt bei
Konzessionen daher, anders als bei Aufträgen, beim Unternehmen (vgl. *Die-*

mon-Wies VergabeR 2016, 162; *Siegel* VergabeR 2015, 265; *Portz* Die Gemeinde SH 2016, 59 ff.; *Goldbrunner* VergabeR 2016, 365 ff.).
Von dem Anwendungsbereich des Vergaberechts nehmen §§ 107 ff. und §§ 116 ff. GWB bestimmte öffentliche Aufträge wieder aus (vgl. insbesondere § 116 Abs. 1 GWB). Wichtige Ausnahmen betreffen etwa Immobilienverträge, bestimmte Forschungs- und Entwicklungsleistungen, finanzielle Dienstleistungen sowie Kredite und Darlehen. Keine öffentlichen Aufträge liegen danach auch bei sog. „In-House-Geschäften" vor. Nach § 108 Abs. 1 GWB liegt ein solches „In-House-Geschäft" nur vor, wenn

> (1) der öffentliche Auftraggeber über das fragliche Unternehmen eine **ähnliche Kontrolle wie über seine eigenen Dienststellen** ausübt,
> (2) dieses Unternehmen zu **mehr als 80 % mit Tätigkeiten**, mit denen sie vom Auftraggeber oder einer anderen von diesem kontrollierten juristischen Person betraut wurde, tätig ist, sowie
> (3) an dem Unternehmen **kein privates Kapital direkt beteiligt** ist, außer die Beteiligung ist gesetzlich vorgeschrieben und vermittelt keinen maßgeblichen Einfluss.

§ 108 Abs. 3 GWB erlaubt unter ähnlichen Voraussetzungen zudem vergabefreie „horizontale In-House-Geschäfte" (zwischen Schwestergesellschaften im „Konzern Stadt") sowie „umgekehrte In-House-Geschäfte" (Beauftragung des kontrollierenden Auftraggebers durch das kontrollierte Unternehmen). Schließlich ermöglicht § 108 Abs. 4 GWB vergabefreie In-House-Geschäfte an Unternehmen, die von einer Vielzahl an Auftraggebern gehalten werden und zwar nicht allein, aber gemeinsam eine ähnliche Kontrolle wie über ihre eigenen Dienststellen ausüben (vgl. *Hofmann* VergabeR 2016, 189; *Greb* VergabeR 2015, 289; *Müller-Wrede* VergabeR 2016, 292 ff.). Für die kommunale Praxis enthalten die neuen Regelungen zu den „In-House-Geschäften" einige Erleichterungen. So ist der zulässige Anteil für Drittgeschäfte von 10 auf 20 % erhöht und klargestellt worden, dass der wesentliche Teil der Umsätze nicht nur mit der Kommune selbst, sondern auch mit ihren Beteiligungen innerhalb des „Konzerns Stadt" erzielt werden kann (vgl. *Portz* Die Gemeinde SH 2016, 59, 63 f.).
Besonderer Erwähnung bedarf ferner die Möglichkeit einer vergabefreien **öffentlich-öffentlichen Kooperation** (aufgrund ihres Hauptanwendungsfalls auch **interkommunale Kooperation** genannt) nach § 108 Abs. 6 GWB. Diese Bestimmung ermöglicht Kommunen und kommunalen Unternehmen eine vergabefreie Zusammenarbeit auf rein vertraglicher Basis, also insbesondere ohne die vorherige Gründung einer Gesellschaft (vgl. Rdn. 112d). Voraussetzungen hierfür sind

> (1) ein Vertrag zwischen den beteiligten öffentlichen Auftraggebern, der sicherstellt, dass die von ihnen zu erbringenden Leistungen im Hinblick auf die Erreichung gemeinsamer Ziele ausgeführt werden,
> (2) die Zusammenarbeit ausschließlich durch Überlegungen im Zusammenhang mit dem öffentlichen Interesse bestimmt wird und
> (3) die Tätigkeiten im Rahmen der Zusammenarbeit zu weniger als 20 % auf dem Markt erfolgen (vgl. *Ziekow* NZBau 2015, 258).

5. Vergabeverfahren

Das Vergaberecht kennt **fünf mögliche Verfahrensarten**, fünf unterschiedliche Ar- **267**
ten der Vergabe öffentlicher Aufträge (§ 119 Abs. 1 GWB): Das offene Verfahren,
das nicht offene Verfahren, das Verhandlungsverfahren, der Wettbewerbliche Dialog und die Innovationspartnerschaft. Diese Verfahrensarten werden in § 119
Abs. 3 bis 7 GWB näher umschrieben. Im Einzelnen (vgl. auch Abb. 16):

– **Offenes Verfahren:** Nach diesem Verfahren können alle interessierten Un- **268**
ternehmer ein Angebot abgeben. Unterhalb der Schwellenwerte wird dieses
Verfahren von den Verdingungsordnungen als „öffentliche Ausschreibung"
bezeichnet (vgl. **§ 119 Abs. 3 GWB; § 3 Abs. 1 VOB/A**);

– **Nichtoffenes Verfahren:** Im nicht offenen Verfahren können nur die vom öffent- **269**
lichen Auftraggeber aufgeforderten Unternehmen ein Angebot abgeben (**§ 119
Abs. 4 GWB**). Bei diesem Verfahren ist gemeinschaftsrechtlich vorgesehen, dass
sich in einer ersten Phase nach Bekanntmachung der Ausschreibung sämtliche
Unternehmen darum bewerben können, an einem Bieterwettbewerb teilzunehmen, um zunächst die Eignung der interessierten Unternehmen festzustellen.
Daran schließt sich dann die zweite Phase des Wettbewerbs der zur Angebotsabgabe zugelassenen Bieter um den Auftrag an. Unterhalb der Schwellenwerte
wird diese Verfahrensart in der deutschen Rechtsordnung als „beschränkte Ausschreibung" mit oder ohne öffentlichem Teilnahmewettbewerb bezeichnet.
Nach deutschem Vergaberecht ist, wenn die Schwellenwerte unterschritten werden, die Durchführung der ersten, als öffentlicher Teilnahmewettbewerb bezeichneten Phase, nicht zwingend vorgesehen (**§ 3 Abs. 2 VOB/A**);

– **Verhandlungsverfahren:** Diese dritte Vergabeart stellt ein Verfahren dar, bei **270**
dem sich der Auftraggeber mit oder ohne vorherige öffentliche Aufforderung zur Teilnahme an ausgewählte Unternehmen wendet, um mit einem
oder mehreren über die Auftragsbedingungen zu verhandeln (**§ 119 Abs. 5
GWB**). Das Gemeinschaftsrecht geht auch hier von zwei Unterarten aus, je
nachdem, ob ein offener **Teilnahmewettbewerb** aufgrund einer Vergabebe-
kanntmachung der Verhandlungsphase vorgeschaltet wird oder nicht. Unterhalb der Schwellenwerte geht das deutsche Vergaberecht bei dem als
„freihändige Vergabe" bezeichneten Verfahren von der Einphasigkeit als
Regelfall aus. Diese Verfahrensart ist nicht an strenge Verfahrensregeln gebunden, insbesondere findet das sonst geltende Verbot, über den Angebots-
inhalt mit den Bietern zu verhandeln („Verhandlungsverbot"), naturgemäß
keine Anwendung. Wesensmerkmal dieser Vergabeart ist, dass zunächst der
finale Inhalt der Angebote im Verhandlungswege ermittelt wird.

– **Wettbewerblicher Dialog:** Der Wettbewerbliche Dialog kommt in Fällen in **270a**
Betracht, in denen der Auftraggeber nicht in der Lage ist, die technischen Mittel zur Erfüllung oder die rechtlichen oder finanziellen Bedingungen des Auftrags anzugeben (**§ 119 Abs. 6 GWB**). Er beginnt mit einem Teilnahmewettbewerb, aus denen die Unternehmen ausgewählt werden, mit denen der
Auftraggeber anschließend in eine Dialogphase tritt. Diese kann mehrere ab-
geschichtete Runden umfassen und hat zum Ziel, dass der Auftraggeber am
Ende festlegen kann, wie seine Bedürfnisse und Anforderungen erfüllt werden
können. Hieran schließt sich eine Angebotsphase an, in der die von den Dia-

logteilnehmern entwickelten Lösungen in verbindliche Angebote überführt werden (vgl. § 18 VgV).

270b – **Innovationspartnerschaft:** Ähnlich wie der Wettbewerbliche Dialog dient auch die Innovationspartnerschaft dazu, fehlendes Know-How des Auftraggebers zur Auftragsbeschreibung am Markt abzufragen (**§ 119 Abs. 7 GWB**). Im Unterschied zu ersterem bezieht sich die Innovationspartnerschaft aber auf innovative Liefer-, Bau- oder Dienstleistungen, die noch nicht am Markt verfügbar sind und insoweit erst erforscht und entwickelt werden müssen, aber anschließend auch direkt vom Innovationspartner erworben werden können. Auch dieses Verfahren beginnt mit einem Teilnahmewettbewerb, aus dem Unternehmen ausgewählt werden, die zur Abgabe von Angeboten aufgefordert werden. Über diese darf der Auftraggeber mit den Bietern verhandeln, bis er schließlich den Zuschlag für die Innovationspartnerschaft erteilt. Die Partnerschaft besteht aus zwei Phasen, der Forschungs- und Entwicklungsphase sowie der Leistungsphase (vgl. § 19 VgV).

271   Die **Rangordnung** bzw. Hierarchie der einzelnen Vergabeverfahren zueinander ist in § 119 Abs. 2 GWB geregelt. Danach besteht folgendes **Stufenverhältnis:** Zwischen offenem und nicht offenem Verfahren besteht für öffentliche Auftraggeber Wahlfreiheit, alle anderen Verfahrensarten hängen von der Erfüllung bestimmter Ausnahmetatbestände ab (vgl. § 14 Abs. 3 und 4 VgV). Lediglich für die Vergabe freiberuflicher Leistungen sind das Verhandlungsverfahren und der Wettbewerbliche Dialog regelmäßig zugelassen (§ 74 VgV).Die Sektorenauftraggeber sind in ihrer Verfahrenswahl weitgehend frei (§ 13 Abs. 1 SektVO). Sie dürfen auf einen öffentlichen Teilnahmewettbewerb allerdings nur verzichten, wenn bestimmte Ausnahmegründe vorliegen (§ 13 Abs. 2 SektVO).

Abb. 16: Auftrags- und Verfahrensarten

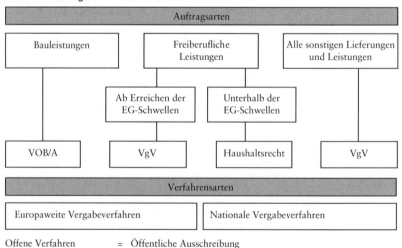

Grundsätzlich kann ein Vergabeverfahren oberhalb der Schwellenwerte mit der **272** Veröffentlichung von Vorinformationen beginnen. In jedem Fall erfolgt eine Bekanntmachung im Amtsblatt der Europäischen Union. Unterhalb der Schwellenwerte genügt eine Veröffentlichung durch Tageszeitungen, amtliche Veröffentlichungen oder Fachzeitschriften. Im Anschluss an die Bekanntmachung werden die **Vergabeunterlagen**, die möglichst präzise und aussagekräftige Leistungsbeschreibungen enthalten sollten, auf Antrag versandt (i. S. von Ausschreibungstexten als diskriminierungsfreie und sachgerechte Grundlage für die Entscheidung über die Verfahrensbeteiligung und Angebotsabgabe). Nach Ablauf der Angebotsfrist werden die eingegangenen Bieterangebote im Eröffnungstermin geöffnet und verlesen; je nach Art der ausgeschriebenen Leistungen dürfen die Bieter hierbei anwesend sein oder nicht. Die Vergaberechtsreform 2016 sieht die stufenweise Einführung der verpflichtenden **elektronischen Vergabe** vor (vgl. §§ 97 Abs. 5, 113 und 120 GWB und Vergaberichtlinien 2014). Seit 2016 müssen Auftraggeber in einer ersten Stufe die von ihnen ausgehenden Verfahrensdokumente – namentlich die Bekanntmachung, die Vergabeunterlagen sowie den Bieterfrage- und antwortprozess – in elektronischer Form versenden bzw. bereithalten. Ab 2018 – zentrale Vergabestellen bereits ab 2017 – müssen sie zudem die eingehenden Dokumente elektronisch empfangen können, also insbesondere Teilnahmeanträge und Angebote. Schließlich müssen sie die elektronische Einheitliche Europäische Eigenerklärung (EEE) als vorläufigen Eignungsnachweis akzeptieren (vgl. *Braun* VergabeR 2016, 179; *Schäfer* NZBau 2015, 131).

Die **Angebotsbewertung** erfolgt in **vier Phasen:** Inhaltliche oder formelle Ange- **273** botsmängel (vgl. §§ 123 f. GWB), persönliche und sachliche Geeignetheit des Bieters (§ 122 GWB), Prüfung des Angebotsinhalts, Auswahl des wirtschaftlichsten Angebots (vgl. dazu *Neun/Otting* EuZW 2014, 446). Das Verfahren endet mit dem Zuschlag, der grundsätzlich mit dem Vertragsschluss zwischen öffentlichem Auftraggeber und Bieter zusammenfällt. Vor dem Zuschlag sind nach § 134 GWB die Bieter, die übergangen werden sollen, über ihre Nichtberücksichtigung zu informieren, wobei ihnen der Name des erfolgreichen Bieters, die Gründe für die Nichtberücksichtigung ihres Angebots und der früheste Zeitpunkt des Vertragsschlusses mitzuteilen sind. Da die einzelnen Phasen des Vergabeverfahrens von strengen Fristen und Förmlichkeiten geprägt sind, sollte der Ablauf konsequent überwacht werden (vgl. auch *Braun* NVwZ 2004, 441 ff.). Neu ist mit der Vergaberechtsreform 2016 die Möglichkeit aufgenommen worden, die Qualität des ausführenden Personals zu werten, wenn dieses erheblichen Einfluss auf das Niveau der Auftragsausführung haben kann (§ 58 Abs. 2 Nr. 2 VgV). Dies war zuvor unter dem Schlagwort „Kein Mehr an Eignung" stets abgelehnt worden (vgl. *Rosenkötter* NZBau 2015, 609; *Siegel* VerwArch 2016, 1, 20 ff.).

6. Nachprüfungsverfahren, Rechtsschutz (§§ 155 bis 184 GWB)

Bei der Anwendung der Rechtsschutzvorschriften wird ebenfalls danach unter- **274** schieden, ob sich der Auftrag oberhalb oder unterhalb der Schwellenwerte bewegt (Rdn. 259). Die **Rechtsschutzregeln** der §§ **155–184 GWB** gelten gemäß § 106 Abs. 1 GWB nur für **Aufträge oberhalb der Schwellenwerte**. Nach § 97

Abs. 6 GWB haben die Unternehmer einen Anspruch darauf, dass der Auftraggeber die Bestimmungen über das Vergabeverfahren einhält. Die Regelungen des Rechtsschutzverfahrens besitzen also bieterschützenden Charakter. Die Verfahren zur Vergabe von Liefer-, Bau- und Dienstleistungsaufträgen der in § 99 Abs. 1 GWB genannten Auftraggeber unterliegen nach §§ 155 ff. GWB der Nachprüfung durch die Vergabekammern des Bundes und der Länder. Auf Antrag eines Auftragsinteressenten leiten sie nach § 160 Abs. 1 GWB ein Nachprüfungsverfahren ein. Der Antragsteller muss dabei geltend machen, dass er durch Nichtbeachtung von Vergabevorschriften in seinen Rechten verletzt ist (§ 160 Abs. 2 GWB; zu den Fristen vgl. § 160 Abs. 3 GWB). Die Entscheidung der Vergabekammer ergeht nach § 168 Abs. 3 GWB durch Verwaltungsakt. Dagegen kann nach § 171 GWB sofortige Beschwerde beim OLG eingelegt werden. **Unterhalb der Schwellenwerte** verbleibt es beim hergebrachten haushaltsrechtlichen Ansatz, der dem Bieter grundsätzlich keinen eigenen Primärrechtsschutz gewährleistet. Primärrechtsschutz kann hier lediglich über den Zivilgerichtsweg und das Instrument der einstweiligen Verfügung erlangt werden.

7.   Aktuelle Problembereiche

275   Inwieweit bei der Vergabe öffentlicher Aufträge neben dem Hauptzweck, ein zur Aufgabenerfüllung benötigtes Gut möglichst kostengünstig und wirtschaftlich zu beschaffen, weitere allgemeinpolitische Ziele oder „vergabefremde Kriterien" verfolgt werden dürfen, war früher lange umstritten. Inzwischen hat sich nicht nur in der Rechtsprechung des EuGH, sondern auch auf Ebene des europäischen und nationalen Gesetzgebers die Zulässigkeit von Umweltkriterien, sozialen und innovativen Kriterien durchgesetzt. § 97 Abs. 3 GWB sieht ausdrücklich vor, dass bei Vergaben Aspekte der Qualität und Innovation sowie soziale und umweltbezogene Aspekte berücksichtigt werden. Bereits vor der Vergaberechtsreform 2016 waren in mehreren Bundesländern Landesvergabegesetze mit expliziten Umweltschutz-, Tariftreue- und weiteren sozialen Anforderungen erlassen worden (z. B. das Tariftreue- und Vergabegesetz NRW – TVgG-NRW). Auch wenn einzelne Vorgaben nach wie vor umstritten sind und zum Teil bereits von Gerichten als unzulässig erklärt worden sind (z. B. § 4 Abs. 2 TVgG-NRW), ist damit die Berücksichtigung derartiger Aspekte im Grundsatz akzeptiert und auch erwünscht. Die öffentliche Hand ist insoweit als Vorreiterin einer „besseren", sprich umweltfreundlicheren oder sozialeren Beschaffung vorgesehen und soll ihre Marktmacht nutzen, um im Markt und den Produktions- und Lieferketten insgesamt bessere Umwelt- und Sozialstandards durchzusetzen. Seitens der Rechtsprechung wird lediglich verlangt, dass der betreffende Aspekt einen Bezug zur Leistungsausführung haben muss (vgl. *Burgi* NZBau 2015, 597; *Funk/Tomerius* KommJur 2016, 1; zur Berücksichtigung mittelständischer Interessen vgl. § 97 Abs. 4 GWB).

276   Der mit Ausschreibungen von Kommunen verbundene Aufwand, insbesondere im Rahmen der Dokumentation, ist erheblich (vgl. *Lattmann* Der Städtetag 7–8/2002, S. 17 ff.; *Schneider* DVBl. 2003, 1186 ff.). Zu seiner Begrenzung ist in den EU-Vergaberichtlinien 2014 die Pflicht zur **elektronischen Vergabe** und die Einheitliche Europäische Eigenerklärung (EEE) eingeführt worden. Seit 2016 müssen öffentliche Auftraggeber bereits die Vergabeunterlagen in elektronischer Form bereithalten. Ab 2018 müssen sie dann komplette Vergabeverfahren elektronisch abwickeln können. Insbesondere müssen dann Bieter elektronische Teilnahmeanträge und Angebote abgeben können. Dies stellt aktuell die meisten Kommunen neben dem nach wie vor hohen Verwaltungsaufwand vor Schwierigkeiten, die sich zwar weniger in rechtlicher, jedoch in technischer Hinsicht stellen. Einige Kommunen begreifen die Pflicht zur e-Vergabe jedoch zugleich als Chance, ihre Beschaffungsprozesse, Vordrucke und Dokumentationsstandards zu überarbeiten und zu optimieren.

In einzelnen Beschaffungsbereichen ist inzwischen eine Fragmentierung des Vergaberechts mit eigenen Regelsubsystemen zu beobachten. So unterliegt die Vergabe von **ÖPNV-Aufträgen** zugleich der EU-Verordnung 1370/2007 mit ihren eigenen, nicht vollständig deckungsgleichen Ausschreibungsregelungen (vgl. *Mutschler-Siebert/Dorschfeldt* VergabeR 2016, 385 ff.). Die Abgrenzung zum „normalen" Vergaberecht ist nicht immer einfach und von einem komplexen Regel-, Ausnahme- und Rückausnahmesystem geprägt. Da es im Bereich der Linienverkehre zudem ein Genehmigungssystem gibt, spielt hier zudem das Personenbeförderungsrecht des PBefG eine Rolle, das ebenfalls ausschreibungsrelevante Rechtsnormen beinhaltet. Ein anderer Bereich, für den sich ein eigenes Regelungssystem herausgebildet hat, ist die Vergabe von **Versorgungsnetzkonzessionen**, vor allem im Strom- und Gasbereich (vgl. § 46 EnWG). Dieser Bereich ist nach verbreiteter Ansicht (hierzu *Hofmann/Zimmermann* NZBau 2016, 71) dem Vergaberecht entzogen, jedoch werden häufig die vergaberechtlichen Grundsätze entsprechend angewandt. Derzeit ist ein Gesetzesentwurf zur Neuregelung des § 46 EnWG im Gesetzgebungsverfahren, um die Bewertung von Netzen und den Netzübergang rechtssicherer zu gestalten (BR-Drs. 73/16).

Literaturhinweise (Vergaberecht): *Cronauge*, Kommunale Unternehmen, Rdn. 420 ff.; *Meininger/Kayser*, in: Fabry/Augsten, Unternehmen der öffentlichen Hand, Teil 9, S. 659 ff.; *Gröning*, NZBau 2015, 690; *Ziekow*, NZBau 2015, 258; *Burgi*, NZBau 2015, 597; *Funk/Tomerius*, KommJur 2016, 1; *Schäfer*, NZBau 2015, 131; *Siegel*, VerwArch 2016, 1 ff.; *Portz*, Die Gemeinde Schl.-Holst. 2016, 59 ff.; *von Wietersheim*, VergabeR 2016, 269 ff.

XI. Entwicklungsperspektiven für Kommunalunternehmen

1. Als Fazit der Entwicklungen der letzten Jahrzehnte bleibt zunächst festzuhalten, dass das **System „Daseinsvorsorge"** i. S. der *Forsthoffschen Konzeption* mit den Monopolrechten, geschlossenen Versorgungsgebieten und einer weiten unternehmerischen Freiheit für kommunale Unternehmen keine Akzeptanz mehr findet, wohl ein für alle Mal passé ist. Stattdessen steht heute neben den Diskussionen und Konflikten um das europäische Daseinsvorsorgekonzept (vgl. oben Rdn. 236 ff.) bei der Wahrnehmung der Aufgaben der Daseinsvorsorge und Infrastruktur die Stimmung bzw. Zustimmung der Bürgerschaft (z. B. Bürgerentscheide, demokratische Elemente), das wieder gestiegene Vertrauen der Menschen in kommunale Dienstleistungen, die für sie mehr Versorgungssicherheit, Bürger- bzw. Nutzerorientierung, Nachhaltigkeit und Umweltschutz bedeuten, aber auch die gestiegene Anerkennung und Verantwortung der kom-

277

munalen Selbstverwaltung für ihre Infrastrukturen und Daseinsvorsorgedienst-
leistungen vor Ort, im Vordergrund, ohne allerdings die Privatwirtschaft ver-
drängen zu wollen. Es muss im Grundsatz sowohl bei der Sozialen
Marktwirtschaft mit fairen Markt- und Wettbewerbsbedingungen als auch
dem „öffentlichen Zweck" als Legitimationsgrund aller kommunalen Wirtschaftstätigkeit bleiben (vgl. etwa *Schöneich*, in: Wirtschaftsdienst 11/2007,
S. 716 ff.; *Katz* VBlBW 2011, 1 ff.).
Die Aufgaben- und Themenvielfalt und die außerordentliche Fülle von Prob-
lemfeldern der Kommunalwirtschaft, wie sie in den vorstehenden Ausführungen dargestellt sind (insb. Rdn. 37 ff.), zeigen anschaulich, in welchem Wandel
und Umbruch sich die kommunalen Wirtschaftsunternehmen im Spannungsfeld von Wettbewerb und Gemeinwohl, von freiem Markt und öffentlichem
Auftrag sowie zudem in Interessenskonflikten mehrerer Rechtsregime befinden
(vgl. oben Rdn. 126 ff.). Der Prozess ist in vollem Gange und nicht zuletzt auch
aufgrund der starken Einwirkung von EU-Recht und -Rechtsprechung in einem
hohen Maße entwicklungsoffen (muss es teilweise auch sein; vgl. dazu oben
Rdn. 44 f.und 126 ff.). Dabei ist auch nüchtern zu konstatieren, dass die außerordentliche Vielgestaltigkeit der Unternehmensgegenstände und Sachverhalte,
die im kommunalen Alltag die wirtschaftliche Betätigung ausmachen und im
Bereich der Daseinsvorsorge relevant werden, die Dynamik und der ständige
Wandel dieses Aufgabenbereichs sowie das Faktum der großen Unterschiede
in den Kommunal- und Unternehmensgrößen usw. eine gesetzliche Detailrege-
lung nur begrenzt möglich macht. Die „Materie" Kommunalunternehmen gebietet deshalb, ob man es will oder nicht, eine gewisse gesetzgeberische Zurückhaltung. Perfektionistische Lösungen sind unrealistisch und deshalb
sinnvollerweise nicht gefragt. Aus der Natur der Sache heraus sind „offene"
Begriffe mit Einschätzungs- und Beurteilungsspielräumen für die Kommunen
zwangsläufig notwendig und auch dem Kommunalen Selbstverwaltungsrecht
geschuldet (Art. 28 Abs. 2 GG). Die Erfahrung zeigt, dass eine begrenzte
„Bandbreite" von Problemen der wirtschaftlichen Betätigung der Kommunen
offen und umstritten war und bleiben wird. Dies gilt prinzipiell auch, nicht
zuletzt wegen der sehr unterschiedlichen nationalen Kommunalstrukturen, für
das EU-Recht. Die Kommunen und ihre Unternehmen werden immer wieder
gangbare Möglichkeiten aufspüren, um in angemessener Weise kommunalpolitisch gewollte wirtschaftliche Betätigung zu betreiben. Dabei ist bloßes Streben
nach Größe, Umsatz und Gewinn für Kommunalunternehmen unzulässig. Bei
diesen Entwicklungen und der zunehmenden Bedeutung der Kommunalwirtschaft kommt bei allem Respekt vor der Selbstverwaltung aber auch der
Rechtsaufsicht eine steigend wichtige und verantwortungsvolle Aufgabe zu, die
leider des Öfteren nicht ausreichend wahrgenommen wird (vgl. *Katz* BWGZ
1998, 687 ff., GemHH 2003, 1 ff. und GemHH 2014, 245 ff.; *Lattmann* Der
Städtetag 10/2000, 38 ff. und 5/2001, 32 ff.; *Mann* JZ 2002, 819 ff.; zu dem
kommunalen Schutzpflichten der Rechtsaufsicht: BGH NJW 2003, 1318 ff.;
BVerwG NVwZ 2016, 72 ff.; *Müller* GemHH 2003, 181 ff.; *Knirsch* GemHH
2016, 28 ff.; Bertelsmann Stiftung, Kommunalaufsicht 2020; oben Rdn. 188;
siehe etwa auch die Diskussionen auf dem 64. Deutscher Juristentag 2002;
Schöneich Wirtschaftsdienst 11/2007, S. 718 f.; VKU, Kommunalwirtschaft –
auf den Punkt gebracht, Nov. 2012).

2. Die Frage nach der „richtigen", „optimalen" Rechtsform für kommunale **277a** Unternehmen stellt sich nicht nur bei der Neugründung, sondern auch von Zeit zu Zeit und besonderen Anlässen bei bestehenden Unternehmen. Immer wieder sollten die Argumente der Geeignetheit und Erforderlichkeit, der Gemeinwohlorientierung und Wirtschaftlichkeit, der Effizienz und Effektivität der Organisationsform überprüft werden. Die verstärkten technischen, elektronischen usw. Entwicklungen, die sich ständig wandelnden Markt- und Wettbewerbsgegebenheiten sowie der von den Menschen nachgefragten Bedürfnisse, der fachlich, wirtschaftlich, steuerrechtlich und finanziell bedingte Veränderungs- und Modernisierungsdruck, die nicht zuletzt durch EU-Recht hervorgerufene Regulierungs- und vereinzelt auch Deregulierungspolitik, aber auch die gesamtpolitischen und -gesellschaftlichen Entwicklungstrends der Privatisierung, des Private-Public-Partnerships (Kooperationen mit privaten Dritten) und der Rekommunalisierung zeigen deutlich die Aktualität dieser Fragestellungen und die Notwendigkeit solcher Diskussionen. In den letzten Jahren hat sich die vorherrschende Meinung vor allem der 90er Jahre, nach der die Privatisierung und auch schon privatrechtliche Unternehmensformen per se als vorteilhaft und mit einer höheren wirtschaftlichen Effizienz angesehen wurden, deutlich gewandelt. Die Bürgerschaft erwartet nach einigen Privatisierungsenttäuschungen wieder verstärkt die Wahrnehmung der Daseinsvorsorgeaufgaben durch die Gemeinde selbst, einen Zugewinn an kommunalen Einfluss- und Gestaltungsmöglichkeiten, überschaubarere Einheiten und ein einwohnerangemesseneres Angebot. Vereinzelt wird von einer **Renaissance der kommunalen Leistungserbringung** und ihrer wirtschaftlichen Betätigung gesprochen, was auch auf eine gestiegene Wertschätzung der Bevölkerung zurückzuführen ist. All diese Faktoren und Entwicklungen haben auch Auswirkungen auf die Wahl der Rechtsform kommunalwirtschaftlichen Handelns und die dafür maßgeblichen Kriterien. Dabei haben die gesetzlichen Zulässigkeitsvoraussetzungen, insbes. die Subsidiaritätsklausel, in der Praxis auch wegen zu großer „Zurückhaltung" der Aufsichtsbehörden kaum größere Auswirkungen oder spürbare Einschränkungen des kommunalen Organisationsermessens zur Folge gehabt (vgl. *Hoppe/Uechtritz/Reck*, a. a. O., § 16; *Cronauge*, a. a. O., Rdn. 469 ff. und 483; *Papier* DVBl. 2003, 686 ff.; *Pitschas/Schoppa* DÖV 2009, 469 ff.; *Brüning* VerwArch 2009, 453 ff.; *Libbe/Hanke* GemHH 2011, 108 ff.). Ausgangspunkt und Basis der Kommunalwirtschaft ist und bleibt dabei der vom Bürger nachgefragte und für den Einwohner nützliche spezifische öffentliche Unternehmenszweck und die sich daraus ableitenden konkret zu erfüllenden Kommunalaufgaben. Natürlich hat jede Kommune im Rahmen ihrer Organisationshoheit unter Abwägung aller allgemein gültigen und gemeindespezifischen Aspekte die Rechtsformwahl sach- und funktionsgerecht zu treffen (vgl. eingehend oben Rdn. 113 ff.). Neben dem heute nach wie vor grundlegenden Ziel der einwohnerdienenden und -nützlichen Wahrnehmung der Kommunalaufgaben, des öffentlichen Zwecks, und der Beachtung der Wirtschaftlichkeit sind heute verstärkt als **Entscheidungskriterien** zu berücksichtigen:

(1) angemessene **Einfluss-, Steuerungs-, Informations- und Kontrollrechte** der demokratisch legitimierten Kommunalorgane auf das Unternehmen,

(2) die Unternehmensform muss geeignet sein, um sich im Wettbewerb des spezifischen **freien Marktes behaupten** zu können,

(3) das Kommunalunternehmen und seine Geschäftspolitik soll so weit wie möglich von **Transparenz und Öffentlichkeit,** von Information und Offenheit geprägt sein (vgl. etwa IFG, LIFG) und

(4) nicht zuletzt solle mit der Wahl der Rechtsform der Stellenwert der **Kommunalen Selbstverwaltung und das bürgerschaftliche Engagement** gestärkt und nicht „ausgeschlossen" werden

(vgl. *Hoppe/Uechtritz/Reck,* a. a. O., § 16; *Schöneich,* in: Wirtschaftsdienst 11/ 2007, 716 ff.; *Tomerius/Huber* GemHH 2009, 126 ff. und 145 ff.).

278 3. Die kommunale Selbstverwaltung ist für die deutsche Verwaltungstradition ein typusbestimmendes charakteristisches Prinzip der autonomen Aufgabenerfüllung auf dezentraler, örtlicher Ebene gerade auch durch verselbstständigte Organisationseinheiten wie die Kommunalunternehmen. Im Rechtsvergleich ist sowohl die starke verfassungsrechtliche Verankerung der **kommunalen Selbstverwaltungsgarantie** als auch die Existenz der funktionalen und gelebten Selbstverwaltung in Europa ohne Beispiel. Ein europarechtlicher Schutz dieser für Deutschland so wichtigen Selbstverwaltung, der von kommunaler Seite immer wieder gefordert wird, ist gegenwärtig nur in Ansätzen vorhanden und im Hinblick auf die gegebene Sonderstellung Deutschlands gegenwärtig rechtlich europaweit kaum zu erreichen (nur sehr begrenzt aus den Grundsätzen der Subsidiarität und Verhältnismäßigkeit ableitbar; vgl. etwa *Rennert* JZ 2003, 385, 394 ff.; *Hobe/Biehl/Schroeter* DÖV 2003, 803 ff.). Leider wird sich aufgrund der Mehrheitsverhältnisse in der EU daran auch künftig kaum etwas ändern. Entsprechende Änderungsanträge dürften, soweit bisher erkennbar geworden ist, kaum Erfolgschancen eingeräumt werden (vgl. dazu grundsätzlich *Oppermann* DVBl. 2003, 1 ff.; *Papier* DVBl. 2003, 686 ff.). Gleichwohl zeigt eine nüchterne Analyse der gewachsenen, tief verwurzelten, kraftvollen kommunalen Selbstverwaltung, dass wir deshalb nicht von einer grundsätzlichen Krise reden können, sondern unter veränderten Rahmenbedingungen den Herausforderungen aktiv begegnen, die für Deutschland so wichtige und segensreiche kommunale Selbstverwaltungstradition engagiert und konsequent fortführen sollten. Entscheidend für die Zukunft der kommunalen wirtschaftlichen Betätigung wird sein, ob und in wie weit es den Städten und Gemeinden mit ihren Kommunalunternehmen gelingt, im Rahmen der rechtlichen Handlungsspielräume die wirtschaftliche Betätigung aktiv, funktionstüchtig, bedarfsbezogen und zukunftsweisend, wirtschaftlich und vor allem kommunalpolitisch zu gestalten. Für die kommunale Wirtschaft ist eine **neue Rolle und Funktion** i. S. eines **demokratisch gesteuerten Dienstleisters** zu entwickeln und die Chancen der kommunalen Wettbewerbsöffnung und Repolitisierung eines für die Bürger zukunftsweisenden Portfolios an Daseinsvorsorgeaufgaben zu ergreifen (vgl. *Groß* DVBl. 2002, 1182, 1194; *Rennert* JZ 2003, 385 ff.; *Broß* JZ 2003, 874 ff.).

279 In den für die Entwicklung von Städten und Regionen zentralen Infrastrukturbereichen der Versorgung (Wasser, Energie und ÖPNV), der Entsorgung (Abwasser und Abfall) sowie der Telekommunikation und Digitalisierung vollziehen sich gegenwärtig **vielfältige Veränderungen**. Liberalisierungs- und Deregulierungsprozesse sowie die Privatisierung und Kommerzialisierung bisheriger öffentlicher Aufgaben, aber auch wieder deutlich zunehmende Rekommunalisierungsaktivitäten wirken sich auf die Organisation und Struktur der Ver- und Entsorgungswirtschaft in erheblichem Maße aus. Neue Herausforderungen, demographischer Wandel, veränderte Marktsituationen, technische, elektronische und globale Entwicklungen, ökologische Gründe und veränderte Einwohnerbedürfnisse erfordern eine **Weiterentwicklung** der Zulässigkeitsvoraussetzungen. Dies gilt insbesondere im Hinblick auf sachliche und territoriale Modifizierungen des „öffentlichen Zwecks" als nicht statischem, auslegungsbedürftigem Begriff und damit für die Möglichkeit der partiellen Ausdehnung der kommunalen Wirtschaftätigkeit („neue" Geschäftsfelder, Teil 1, Rdn. 38 f.). Zudem tragen technologische und digitale Innovationen, veränderte lokale und regionale Bedarfsstrukturen, die Verschärfung von Umweltvorschriften und die Probleme der Energiewende, aber auch die angespannte Finanzsituation der Kommunen zu diesen Veränderungen bei (vgl. oben Rdn. 44 f. und 45a ff.). So müssen etwa die sehr ehrgeizigen regenerativen Energieziele und die digitale Agenda 2020, zu denen die Kommunen einen wichtigen Beitrag leisten wollen, erst einmal erreicht werden. Entscheidend ist und wird sein, dass dieser Wandel nicht bloß passiv zur Kenntnis genommen, sondern nachhaltig gestaltet und aktiv gelenkt wird. Dazu haben Bund und Länder die den EU-Mitgliedstaaten verbleibenden, von der EU-Kommission rechtlich zugestandenen Spielräume i. S. einer Angleichung des europäischen und deutschen Rechts und der weitgehenden Erhaltung unserer Selbstverwaltung mit ausreichenden dezentralen Handlungsspielräumen auszuschöpfen. Dazu sollten Teile des kommunalen Wirtschaftsrechts der Bundesländer mit dem **EU-Recht kompatibler gestaltet**, selbstverwaltungsverträglicher normiert werden. Die deutschen Interessen sind aber auch besonders vom Bund und den Ländern effektiver und wirkungsvoller in Brüssel zu vertreten. Hier besteht beachtlicher Handlungsbedarf (z. B. Schärfung des Subsidiaritätsprinzips, Stärkung des EU-Ausschusses der Regionen, verlässliche und praxisgerechte Ausschreibungs- und Beihilferegelungen mit höheren „Schwellenwerten" usw.; vgl. *Katz* BWGZ 1998, 687 ff.; *Henneke* Der Landkreis 2000, 784 ff.; *Stober* NJW 2002, 2357 ff.; *Lattmann* IR 2004, 31 ff.). Die kommunalen Unternehmen müssen im Rahmen der EU-Gesetzgebung eine angemessene Behandlung und faire Chance erhalten.

4. Letztlich entscheidend muss die Antwort auf die Fragen sein, wie im Rahmen des Art. 28 Abs. 2 GG den **Interessen der Bürger am besten gedient**, wie der Sicherstellungsauftrag der Kommunen in den Bereichen der wirtschaftlichen Betätigung am besten erfüllt werden kann und wie dabei die Allgemeininteressen am besten gewährleistet werden können (insbes. allgemeiner und gleicher Zugang für alle, erschwingliche, z. T. sozialverträgliche Konditionen und Preise, Kontinuität und Universalität der Dienstleistungen, angemessene Qualität, Ver- und Entsorgungssicherheit, Transparenz und Mitwirkung der kommunalen Organe in Grundsatzfragen, Berücksichtigung des Umwelt- und Gesundheitsschutzes usw.). Dabei ist zu berücksichtigen, dass für die Daseinsvorsorge der kommunalen Wirtschaft der Wettbewerb einen nicht zu unterschätzenden, in einigen Bereichen einen unverzichtbaren Faktor darstellt, aber eben nicht

280

„alles" ist. Die Stärken der Marktwirtschaft (vor allem Wohlstand, Fortschritt, Effizienz, Innovation) sind mit den für unser Gemeinwesen erforderlichen und gebotenen nachhaltigen Struktur- und Verhaltensveränderungen (insbesondere faire, menschenwürdegerechte Behandlung und intergenerative Gerechtigkeit; soziale Sicherheit und ökologische Verträglichkeit) in eine intelligente, Zukunft sichernde Balance zu bringen Der Wettbewerbsgedanke ist wichtig, darf aber nicht so „überhöht" umgesetzt werden, dass der soziale Friede in der Union und in den einzelnen Mitgliedstaaten gefährdet wird. Das von Haus aus wertneutrale und mitunter inhumane Wettbewerbsprinzip bedarf deshalb in der sozialen, kommunalpolitischen Wirklichkeit auch für Kommunalunternehmen der gemeinwohlorientierten, den sozialen und politischen Frieden sichernden Ergänzung. Reine „Shareholder-Konzepte", bloßes Wettbewerbs- und Profitdenken sind dafür nicht geeignet. In der politischen Diskussion und auch in der Rechtsprechung sind Ansätze erkennbar, die Wettbewerb und gemeinwohlverpflichtete Daseinsvorsorgeziele zu einem aufgabenadäquaten, sozialstaatlich und kommunalpolitisch angemessenen Ausgleich bringen wollen (vgl. insbes. bereits *Broß* JZ 2003, 874 ff. und *Kämmerer* NVwZ 2004, 28, 34; *Katz* VBlBW 2011, 1 ff.; oben Rdn. 226 bis 235). Diese Entwicklungen sollten nachhaltig unterstützt und dabei der Prozess weder durch EU-Normen noch durch Bundes- oder Landesgesetze „verordnet", sondern in einem **partnerschaftlichen Dialog** mit der kommunalen Ebene erarbeitet und erst danach gesetzlich festgelegt werden. Nur bei grundsätzlicher Akzeptanz von Politik, Wirtschaft und Gesellschaft werden spürbare und nachhaltige Fortschritte erzielt und das Spannungsverhältnis zwischen privater Freiheit/Marktwirtschaft und öffentlichem Einfluss/staatlicher Regulierung und damit zwischen freiem Markt und Gemeinwohl abgebaut werden können. Angesichts der Strukturveränderungen müssen auch neue Wege überlegt, eine neue Verteilung der Aufgaben und Verantwortung mindestens teilweise geprüft werden. Verstärkte Zusammenarbeit, Kooperationen und Allianzen (interkommunal und mit privaten Unternehmen, PPP usw.) sollten daher als Alternativen ebenso geprüft werden, wie sich jede Kommune die Grundsatzfrage stellen muss, welche Felder der wirtschaftlichen Betätigung sie zukünftig für sich festlegt (Aufgabenpositionierung durch Portfoliostrategie nach sorgfältiger Portfolioanalyse; vgl. oben Rdn. 44 f.; *Mann* JZ 2002, 819 ff.; *Katz* GemHH 2003, 1 ff.; *Broß* JZ 2003, 874 ff.; *Lattmann* IR 2004, 31 ff.). Entscheidend wird sein, ganzheitlich ausgewogene, maßvolle sowie differenzierte und **innovative Mensch und Markt orientierte kommunalwirtschaftliche Lösungen** mit Augenmaß und praktischer Vernunft zu wählen. Es kommt auf das kluge Design, auf die intelligente, kreative und gerechte Balance zwischen den beteiligten Akteuren und deren Interessen, auf ein marktfunktionstüchtiges und sozial gerechtes, ökologisches und nachhaltiges Austarieren aller wichtigen Aspekte und aller beteiligten Interessen an (diesem Ansatz folgt auch das hier vertretene „Kollisionskonzept" mehrerer Rechtsregime, vgl. Rdn. 126 ff.; *Schöneich* Wirtschaftsdienst 11/2007, S. 718 f.; *Pitschas/ Schoppa* DÖV 2009, 469 ff.; *Katz* GemHH 2016, 73 ff.).

281   Es gilt – vereinfacht ausgedrückt – die Rolle der kommunalen Wirtschaft i. S. einer **neuen Funktion** eines demokratisch und sozialstaatlich gesteuerten **Dienstleisters (**„**Kundendemokratie**"**)** zu definieren und zu realisieren. Dabei sind die Chancen des fairen Wettbewerbs generell und der kommunalen Wettbewerbsöffnung speziell zu nutzen i. S. eines für die Grundversorgung der Bürger zukunftsweisenden Portfolios an Daseinsvorsorge- und Infrastrukturaufgaben. Entscheidend muss sein, wie im Rahmen des Art. 28 Abs. 2 GG den **Interessen der Bürger** am besten gedient, wie der Gewährleistungsauftrag der Kommunen in den Bereichen der wirtschaftlichen Betätigung am besten erfüllt, die Allgemeininteressen/das Gemeinwohl am besten sichergestellt werden. Dabei ist für die kommunale Daseinsvorsorge – soweit – möglich Wettbewerb notwendig und die private Aufgabendurchführung eine wichtige, z. T. zu bevorzugende Alternative. Der Wettbewerbsgedanke darf aber nicht so „überhöht" werden, dass der soziale Friede im Gemeinwesen gefährdet und das Verfassungs- und Kommunalrecht „ignoriert" werden. Es gilt einen sachgerechten, funktionstüchtigen Ausgleich zu schaffen.

Teil 2: Kommunales Landesrecht mit Kommentierung (§§ 102 bis 108 GemO BW)

I. Synoptische Darstellung der GO-Bestimmungen (Landesrecht der kommunalen Unternehmen: BW, Bay, Brand, Hess, MeVo, Nds, NRW, RhPf, Saarl, Sachs, SachsAnh, SchlH und Thür)

Das kommunale Wirtschaftsrecht, die wirtschaftliche Betätigung der Gemeinden durch Unternehmen und Einrichtungen, ist in den Grundzügen und wesentlichen Teilen in einem besonderen Abschnitt im „Gemeindewirtschaftsrechtsteil" der einzelnen Gemeindeordnungen der Bundesländer geregelt. Wie bereits oben in Teil 1 Rdn. 33, dargestellt wurde, basiert dieses kommunale Landesrecht auf einem weitgehend gleichen Aufbau und einheitlichen Grundstrukturen (ausgehend von den bis heute fortwirkenden Grundsätzen in den §§ 67 ff. der Deutschen Gemeindeordnung von 1935). Zwar sind aufgrund der wirtschafts- und ordnungspolitischen Vorstellungen in den einzelnen Bundesländern und den Auffassungen über den Stellenwert der Kommunalunternehmen einerseits und dem Schutzumfang wirtschaftlicher Betätigung durch Private in den Kommunalaufgabenbereichen andererseits, aber auch der Frage der Steuerung und Kontrolle, der angemessenen Einflussnahme der kommunalen Organe auf ihre Unternehmen, die Regelungen nicht in allen Einzelheiten inhaltlich identisch. Hier gibt es zweifellos zwischen den verschiedenen Bundesländern Unterschiede. Gleichwohl ist es bisher gelungen, nicht zuletzt aufgrund der Bemühungen der Innenministerkonferenz (durch Musterentwürfe, Empfehlungen, Lösungsvorschläge usw.), in den Grundzügen eine relative Einheitlichkeit des Rechts der Kommunalunternehmen zu erhalten (vgl. oben Rdn. 33, Teil 1).

Aus dieser Situationsbeschreibung kann sicher mit gewissen, aber vertretbaren Einschränkungen die Berechtigung abgeleitet werden, eine Gemeindeordnung, die wichtigsten §§ 102 bis 105a GemO von Baden-Württemberg, als „Leit- und Musterkommentierung" des kommunalen Wirtschaftsrechts zu Grunde zu legen (überarbeitete und auf den neuesten Stand gebrachte Kommentierung des Verfassers, aus: Kunze/Bronner/Katz, Kommentar zur GemO BW, Erl. zu §§ 102–108; Stand Sept. 2016). Um die Übertragung und Anwendung dieser Kommentierung auf die anderen Bundesländer zusätzlich zu erleichtern, werden in der nachfolgenden Synopse die einzelnen Regelungen nach Sachthemen geordnet dargestellt und den jeweiligen baden-württembergischen Bestimmungen zugeordnet (S. 204–207; vgl. auch *Schmidt-Eichstaedt*, 2. Aufl. 2015).

Kommunale Unternehmen/ Wirtschaftliche Betätigung	Bad.-Württ.	Bayern
GO/GemO	§§ 102–107	Art. 86–96
I. Allg. Voraussetzungen		
1. Allgemein	§§ 102, 106a	Art. 87 I
2. Öffentlicher Zweck	§ 102 I Nr. 1	Art. 87 I Nr. 1
3. Bedarf/Risiken	§ 102 I Nr. 2	Art. 87 I Nr. 2
4. Territorialprinzip	§§ 2, 102 I Nr. 1	Art. 6 f., 87 II
5. Subsidiarität	§ 102 I Nr. 3	Art. 87 I Nr. 4
6. Sonstiges		
II. Öff.-rechtl. Formen		
1. Allgemein	§ 102	Art. 87, 95
2. Eigenbetrieb	EigBG/EigBVO	Art. 88/EBV
3. KU/AÖR	§§ 102a–102d	Art. 89–91
III. Privatrechtliche Formen		
1. Allgemein	§§ 103–105a	Art. 92–95
2. Zusätzl. Vorauss.	§ 103 I	Art. 92 I 1, 94
3. GmbH	§ 103a	Art. 92 I 2
4. AG	§ 103 II	Art. 92 I 3
5. Mittelbare Beteiligungen	§ 105a	Art. 92 II
IV. Kom. Einflussrechte		
1. Allgemein	§§ 103 ff.	Art. 92–94
2. Einfluß bezügl. Pers./Organe	§ 104	Art. 93
3. Controlling, Prüfung	§§ 103 I Nr. 5, 105	Art. 94
V. Nichtwirtschaftl. Untern. und Einrichtungen	§§ 102 III, 106a	Art. 88 VI
VI. Veräußerung	§ 106	Art. 75
VII. Energieverträge	§ 107	–
VIII. Anzeige-/Vorlagepflicht (A/V)	§ 108 (V)	Art. 96 (A)

Brandenburg	Hessen	Meck.-Vorp.	Nds.	NRW
§§ 91–100	§§ 121–127b	§§ 68–77	§§ 136–152	§§ 107–115
§§ 91 f., 98 § 91 II Nr. 1 § 91 II Nr. 2 §§ 2, 91 II Nr. 1 und IV § 91 III, 92 III §§ 98 f.	§ 121 § 121 I Nr. 1 § 121 I Nr. 2 §§ 2, 121 I Nr. 1 – §§ 126 f.	§§ 68, 75 § 68 II Nr. 1 § 68 II Nr. 2 §§ 2, 68 II Nr. 1 § 68 II Nr. 3, VII §§ 68 VI, 73 f.	§ 136 § 136 I Nr. 1 § 136 I Nr. 2 §§ 1, 2, 4, 136 I Nr. 1 § 136 I Nr. 3, IV	§ 107 § 107 I Nr. 1 § 107 I Nr. 2 § 2, 107 III, IV § 107 I Nr. 3, V §§ 109 f.
§§ 91 f. § 93/EigBG § 94 f.	§§ 121, 127a § 127/EigBG –	§§ 68, 75 EigBG §§ 70 ff.	§§ 136, 141 ff. § 140/EigBG § 141 ff.	§§ 107, 109 § 114/EigBG § 114a
§§ 91 f. §§ 96 f. – § 96 IV –	§§ 121–123, 125 122 – § 122 II § 122 V	§§ 68 ff. § 69 – – § 69 II	§ 137 § 137 I – – § 137 II	§§ 108–113 § 108 I § 108 IV § 108 III § 108 V
§§ 96 I Nr. 1–3, 97 § 97 § 96 I Nr. 4–7	§§ 122 I Nr. 3, 123, 125 § 125 § 123	§§ 71–73 § 71 II §§ 73, 75 f.	§§ 136 ff. § 138 §§ 150 f.	§§ 108 f., 112 f. § 113 § 112
	§§ 121 II, III,	§§ 68 III, 70	§§ 136 III, IV, 139	§ 107 II
–	§ 124	§ 74	§ 152 II	§ 111
–	–	§ 76	–	–
§ 100 (A)	§ 127a (A)	§ 77 (A)	§ 152 (A)	§ 115 (A)

Kommunale Unternehmen/ Wirtschaftliche Betätigung	Bad.-Württ.	Rh.-Pf.
GO/GemO	§§ 102–107	§§ 85–92
I. Allg. Voraussetzungen		
1. Allgemein	§§ 102, 106a	§ 85
2. Öffentlicher Zweck	§ 102 I Nr. 1	§ 85 I Nr. 1
3. Bedarf/Risiken	§ 102 I Nr. 2	§ 85 I Nr. 2
4. Territorialprinzip	§§ 2, 102 I Nr. 1	§§ 1 f., 85 I Nr. 1, II
5. Subsidiarität	§ 102 I Nr. 3	§ 85 I Nr. 3
6. Sonstiges		§ 90
II. Öff.-rechtl. Formen		
1. Allgemein	§ 102	§§ 85,
2. Eigenbetrieb	EigBG/EigBVO	§ 86/EigBG
3. KU/AÖR	§§ 102a–102d	§§ 86a f.
III. Privatrechtliche Formen	§§ 103–105a	§§ 87 ff.
1. Allgemein		§ 87
2. Zusätzl. Vorauss.	§ 103 I	§ 87 I
3. GmbH	§ 103a	§ 87 III
4. AG	§ 103 II	§ 87 II
5. Mittelbare Beteiligungen	§ 105a	§ 91
IV. Kom. Einflussrechte	§§ 103 ff.	§ 87 I, III u. IV
1. Allgemein		§ 87 I Nr. 2 u. III
2. Einfluß bezügl. Pers./Organe	§ 104	§ 88
3. Controlling, Prüfung	§§ 103 I Nr. 5, 105	§§ 89, 90
V. Nichtwirtschaftl. Untern. und Einrichtungen	§§ 102 III, 106a	§ 85 I 3, IV
VI. Veräußerung	§ 106	§ 91a
VII. Energieverträge	§ 107	–
VIII. Anzeige-/Vorlagepflicht (A/V)	§ 108 (V)	§ 92 (A)

Saarland	Sachsen	Sachsen-Anhalt	Schl.-Holst.	Thüringen
§§ 108–118	§§ 94a–102	§§ 116–124	§§ 101–109	§§ 71–77
§§ 108, 116	§§ 94a f., 97	§ 116	§§ 101, 107	§§ 71, 75
§ 108 I Nr. 1	§ 94a I Nr. 1	§ 116 I Nr. 1, II–IV	§ 101 I Nr. 1	§ 71 I Nr. 1
§ 108 I Nr. 2	§ 94a I Nr. 2	§ 116 I Nr. 2	§ 101I Nr. 2	§ 71 I Nr. 2
§§ 1, 5, 108 I Nr. 1 u. IV	§§ 1 f., 94a I Nr. 1 u. V	§§ 1 f., 4, 116 I Nr. 1, III u. IV	§§ 1 f., 101 Nr. 1, II	§§ 1 f., 71 I Nr. 1, IV
§ 108 I Nr. 3	§ 94a I Nr. 3	§ 116 I Nr. 3	§ 101 I Nr. 3	§ 71 I Nr. 4, II
–	§ 94a II	§ 120	§ 109	§ 77
§§ 108, 116	§§ 95, 95a	§ 116	§§ 101, 107	§§ 71, 75
§ 109/EigBG	EigBG	EigBG	§ 106/EigBG	§ 76/EigBG
–	–	–	§ 106a	–
§§ 108, 110 ff.	§§ 96 f., 98	§ 117	§§ 101 f., 107	§§ 71, 73, 75
§ 108	§§ 94a u. 96	§§ 116 f.	§§ 101 f.	§§ 71, 73, 75
§§ 110 f.	§§ 96 I f.	§ 117	§ 102	§ 73
–	–	–	–	§ 73 I Satz 2
–	§ 96 II	–	–	§ 73 I Satz 3
§ 112	–	§ 117 II	§ 102 V	–
§§ 110 I Nr. 3, 111, 114	§§ 96 I Nr. 2, 96a, 98 f.	§§ 117–119	§§ 102, 104	§§ 73–75
§§ 110 I Nr. 3 u. 111	96 f.	§ 117 I Nr. 3	§§ 102, 104	
§§ 111 I, 114	§ 98	§§ 117 I, 119	§§ 102 I Nr. 3, 104	§§ 73 I Nr. 3, 74
§ 111 I Nr. 2–4	§ 99	§ 118	§ 102 I Nr. 4 u. IV,	§§ 75 IV u. V, 75a
§ 108 II	§ 94a III	–	§ 101 IV	–
§ 113	§ 100	§ 122	§ 103	§ 67
–	§ 101	§ 124	–	–
§ 118 (A)	§ 102 (V)	§ 123 (A+V)	§ 108 (A)	§ 72 (A)

II. Kommentierung der §§ 102 bis 108 GemO BW (mit ergänzenden Gesetzestexten)

– Gemeindeordnung für Baden-Württemberg i. d. F. vom 24.7.2000 (GBl. S. 582), zuletzt geändert am 17.12. 2015 (GBl. 2016, S. 1) –

DRITTER TEIL: GEMEINDEWIRTSCHAFT

3. Abschnitt: **Unternehmen und Beteiligungen**

§ 102   Zulässigkeit wirtschaftlicher Unternehmen

(1) Die Gemeinde darf ungeachtet der Rechtsform wirtschaftliche Unternehmen nur errichten, übernehmen, wesentlich erweitern oder sich daran beteiligen, wenn
1. der öffentliche Zweck das Unternehmen rechtfertigt,
2. das Unternehmen nach Art und Umfang in einem angemessenen Verhältnis zur Leistungsfähigkeit der Gemeinde und zum voraussichtlichen Bedarf steht und
3. bei einem Tätigwerden außerhalb der kommunalen Daseinsvorsorge der Zweck nicht ebenso gut und wirtschaftlich durch einen privaten Anbieter erfüllt wird oder erfüllt werden kann.

(2) Über ein Tätigwerden der Gemeinde nach Abs. 1 Nr. 3 entscheidet der Gemeinderat nach Anhörung der örtlichen Selbstverwaltungsorganisationen von Handwerk, Industrie und Handel.

(3) Wirtschaftliche Unternehmen der Gemeinde sind so zu führen, dass der öffentliche Zweck erfüllt wird; sie sollen einen Ertrag für den Haushalt der Gemeinde abwerfen.

(4) Wirtschaftliche Unternehmen im Sinne der Absätze 1 und 2 sind nicht
1. Unternehmen, zu deren Betrieb die Gemeinde gesetzlich verpflichtet ist,
2. Einrichtungen des Unterrichts-, Erziehungs- und Bildungswesens, der Kunstpflege, der körperlichen Ertüchtigung, der Gesundheits- und Wohlfahrtspflege sowie öffentliche Einrichtungen ähnlicher Art und
3. Hilfsbetriebe, die ausschließlich zur Deckung des Eigenbedarfs der Gemeinde dienen.
Auch diese Unternehmen, Einrichtungen und Hilfsbetriebe sind nach wirtschaftlichen Gesichtspunkten zu führen.

(5) Bankunternehmen darf die Gemeinde nicht betreiben, soweit gesetzlich nichts anderes bestimmt ist. Für das öffentliche Sparkassenwesen verbleibt es bei den besonderen Vorschriften.

(6) Bei Unternehmen, für die kein Wettbewerb gleichartiger Privatunternehmen besteht, dürfen der Anschluss und die Belieferung nicht davon abhängig gemacht werden, dass auch andere Leistungen oder Lieferungen abgenommen werden.

(7) Die Betätigung außerhalb des Gemeindegebiets ist zulässig, wenn bei wirtschaftlicher Betätigung die Voraussetzungen des Absatzes 1 vorliegen und die berechtigten Interessen der betroffenen Gemeinden gewahrt sind. Bei der Versorgung mit Strom und Gas gelten nur die Interessen als berechtigt, die

nach den maßgeblichen Vorschriften eine Einschränkung des Wettbewerbs zulassen.

Geändert durch Gesetze vom 12.12.1991 (GBl. S. 860), vom 19.7.1999 (GBl. S. 292) und vom 8.12.2005 (GBl. S. 705)

VwV GemO zu §102:
1. Als wirtschaftliche Unternehmen sind vor allem solche Einrichtungen anzusehen, die grundsätzlich auch von einem Privatunternehmen mit der Absicht der Gewinnerzielung betrieben werden können. Wirtschaftliche Unternehmen der Gemeinden müssen der Erfüllung von Gemeindeaufgaben unmittelbar durch ihre Leistungen dienen.
2. Die Zulässigkeitsvoraussetzung des §102 Abs. 1 Nr. 1 ist gegeben, wenn ein öffentliches Bedürfnis für die wirtschaftliche Betätigung besteht. Zur Beurteilung der Frage des öffentlichen Bedürfnisses gehört auch die Abwägung mit geeigneten Möglichkeiten der Privatwirtschaft für die Aufgabenerfüllung.

Erläuterungen

Übersicht

---

* In der Kommentierung enthaltene §§ ohne Gesetzesbezeichnung sind §§ der GemO BW.
** Die Verwaltungsvorschrift des Innenministeriums zur Gemeindeordnung für Baden-Württemberg (VwVGemO) ist durch die Vorschriftenanordnung vom 23.11.2004 (GABl. S. 530) zum 31.12.2005 außer Kraft getreten. Einige Anweisungen beziehen sich auf den alten Rechtsstand; im Übrigen enthält die Verwaltungsvorschrift zur Gemeindeordnung für Praktiker in der Kommunalverwaltung noch wichtige Grundsätze, sodass sie weiterhin abgedruckt ist.

I. Voraussetzungen für die wirtschaftliche Betätigung der Gemeinde (Abs. 1)

1. Bedeutung, Entwicklung, Selbstverwaltungsrecht

1 a) Die wirtschaftliche Betätigung der Gemeinden (Kommunalunternehmen), ein „vitaler Kern" der kommunalen Selbstverwaltung und wesentlicher Teil der **öffentlichen Wirtschaft,** ist geprägt von der Teilnahme der Kommunen am Produktions- und sonstigen Wirtschaftsprozess. Sie setzt „Wertschöpfung" voraus, dh Tätigkeiten, die in der Erzeugung, der Bereitstellung oder dem Verkauf von Gütern und Dienstleistungen zur Befriedigung materieller Bedürfnisse liegen müssen. Insoweit vollzieht sich Selbstverwaltung als Wahrnehmung einwohnernützlicher öffentlicher Daseinsvorsorge- und Sozialstaatsgestaltungsaufgaben auch durch Teilnahme an der Produktion und Verteilung von Bedarfsgütern sowie durch Erbringung von Dienstleistungen vielfältigster Art in unterschiedlichen Rechts- und Organisationsformen (*Püttner,* Die öffentlichen Unternehmen, 2. Aufl., 1985, S. 1 ff.; *Burmeister,* in: HKWP Bd. 5, 2. Aufl., S. 3 ff.; *Cronauge/Westermann,* a.a.O., Rdn. 105 ff. und 383 ff.; *Knemeyer,* in: Achterberg/Püttner/Würtenberger, a.a.O., S. 53, 59;). Dabei muss immer wieder um ein wettbewerbsgerechtes, politisch verantwortungsbewusstes und sachgerechtes Konzept der Daseinsvorsorge gerungen werden (vgl. *Püttner* DVBl. 2010, 1189 ff.; *Bauer* DÖV 2012, 329 ff.; *Podszun/Palzer* NJW 2015, 1496 ff.; oben Teil 1, Rdn. 1 ff.).

2 Die **kommunal- und volkswirtschaftliche Bedeutung** der wirtschaftlichen Betätigung der Gemeinden (GV) ist trotz wechselnder Privatisierungs- oder Rekommunalisierungstendenzen in einigen Bereichen beachtlich. Ihr Umfang und ihre meist lebensnotwendigen Aufgabenbereiche machen sie zu einem nicht zu unterschätzenden Wirtschaftsfaktor, insbes bei den elementaren, täglichen Bedürfnissen: Die Versorgungsunternehmen mit kommunaler Beteiligung beliefern den Großteil der Einwohner (Wasser mehr als 90 %; Abwasser rd. 95 %; Gas rd. 75 %; Energie knapp 50 %), städtische Verkehrsbetriebe bedienen in größeren Gemeinden den Öffentlichen Nahverkehr weitgehend und auch die kommunalen Wohnungsbauunternehmen versorgen zusammen mit anderen freien gemeinnützigen Wohnungsbauunternehmen die Bevölkerung mit einem wesentlichen Teil der Wohnungen im sozialen Wohnungsbau. Auf die öffentliche

Wirtschaft entfällt insgesamt ein Anteil von etwa 10–12 % an der gesamten Bruttowertschöpfung (vgl. dazu Stat. Jahrbuch deutscher Gemeinden; Jahresberichte des VKU; Stat. Landesamt BW, BW in Wort und Zahl 2000, 71 ff.; *Püttner*, a. a. O., S. 43 ff. m. w. N.; *Cronauge* AfK 1999, 24 ff.; Monopolkommission, Hauptgutachten 2013, 439 ff.).

b) Die wirtschaftliche Betätigung der Gemeinden besitzt eine lange Tradition **3** und wechselvolle **historische Entwicklung.** Diese Entwicklung erfolgte meist in einer gewissen Abhängigkeit bzw. engen Verbindung zur jeweiligen gesamtstaatlichen Wirtschaftssituation sowie zu den wirtschaftspolitischen Auffassungen (Merkantilismus, Liberalismus, soziale Marktwirtschaft, Globalisierung, EU-Gemeinschaftsrecht usw.). Die kommunale wirtschaftliche Betätigung entstand aus dem Zwang und der Notwendigkeit zur Daseinsvorsorge für die Gemeindeeinwohner (Grundversorgung für ein menschenwürdiges Leben) und nimmt mit zunehmender Bevölkerungsdichte, Industrialisierung, Technisierung (Telekommunikation, IT usw.), aber auch durch die Vorgaben des EU-Rechts und mit steigendem Wohlstand weiter zu (vgl. dazu und zur geschichtlichen Entwicklung: *Zeiß*, in: HKWP Bd. 3, 1. Aufl., S. 611 ff.; *Ehlers* JZ 1990, 1089 ff.; *Badura* DÖV 1998, 818 ff.; *Schink* NVwZ 2002, 129 f.; *Brüning* VerwArch 2009, 453 ff.; *Blancke* DVBl. 2015, 1333 ff.).
Die in den letzten 100 Jahren erfolgte Gewichtsverlagerung von einer betonten Hoheitsverwaltung zu einer überwiegenden Dienstleistungsverwaltung mit Markt- und Kundenorientierung (**Daseinsvorsorge**, Gemeinwohlförderung, kommunale Infrastruktur; vgl. §§ 1, 2, 10) hatte zur Folge, dass die Gemeinden immer mehr Aufgabenbereiche zu erfüllen hatten und haben, die nicht allein mit Hilfe hoheitlicher Maßnahmen erreicht werden konnten. Daraus ergab und ergibt sich die Notwendigkeit, für bestimmte Tätigkeitsbereiche, bei denen die Anwendung betriebswirtschaftlicher Mittel und Grundsätze nahe lag, Sonderregelungen, das Recht der wirtschaftlichen Betätigung der Gemeinden, zu schaffen. Die §§ 102 ff. bezwecken folglich immer stärker eine begrenzte, **kontrollierte Absonderung** des Bereichs kommunaler wirtschaftlicher Betätigung, der nicht Eingriffsverwaltung und grundsätzlich auch nicht gesetzlich streng ausgeformte Leistungsverwaltung ist (vgl. etwa § 10 Abs. 2 und § 102 Abs. 3). Durch das Recht der wirtschaftlichen Betätigung soll den Gemeinden in gewissen Grenzen die Möglichkeit eröffnet werden, öffentliche Aufgaben mit wirtschaftlichem Einschlag in **adäquaten Organisations- und Handlungsformen** wahrnehmen zu können und ua durch die Übernahme betriebswirtschaftlicher Methoden eine bessere, wirtschaftlichere Aufgabenerfüllung zu erreichen. Methodisch wird dadurch der Begriff und damit auch der Bereich wirtschaftlicher Betätigung/Kommunalunternehmen der Hoheitsverwaltung und z. T. auch der klassischen Haushaltswirtschaft gegenübergestellt (vgl. § 102 Abs. 1 bis 3; vgl. *Hennecke* Nds.VBl 1998, 273 ff. und 1999, 1 ff.; *Umlandt* DNV 5/2000, 12 ff.; *Towfigh* DVBl. 2015, 1015 ff.).

Die Funktionen und Funktionsweisen kommunaler Wirtschaftstätigkeit sind **4** seit Mitte der 90er Jahre im Wandel, der nach wie vor anhält. Nicht zuletzt ausgelöst durch die europäische und nationale Liberalisierungs- und Privatisierungsgesetzgebung (Bahn, Post, Telekommunikation, Energie, Abfall usw.) ist

vieles im Umbruch. Wissenschaft und Praxis, Gesetzgebung und Rechtsprechung haben Schwierigkeiten und sind mitunter unsicher, die Entwicklungen
und Konsequenzen der globalen, internationalen und europäischen **Liberalisierung,** dh die Ausrichtung kommunaler Unternehmen an wettbewerbsorientierte und marktgerechte Verhaltensmaximen, aber neuerdings auch die Re-
kommunalisierungstrends rechtlich in den Griff zu bekommen. Der sich
vollziehende **Funktionswandel** ist in vollem Gange (auch ordnungspolitisch).
Das klassische Bild öffentlicher Wirtschaftstätigkeit ist auf Grund dieser Rahmenbedingungen weiterzuentwickeln (**Neues Leitbild;** zur kommunalen Daseinsvorsorge in Europa, Art. 3, 5 EUV, Art. 45 ff., 101 ff. und 120 AEUV:
Schink DVBl 2005, 861 ff.; *Meyer* NVwZ 2007, 20 ff.; *Blanke* DVBl. 2015,
1333 ff.). Die letzten Jahre waren aber auch geprägt von einer Vielzahl von
„Auslagerungen" aus den Kommunalhaushalten und einem deutlichen Trend
zu kommunaler Tätigkeit in Privatrechtsform (insbes. GmbH). Die GemO-Novellen 1999 und 2005 haben versucht, einen Teil dieser Entwicklungen zu berücksichtigen. Die „wettbewerbsbedingten" Forderungen, insbes die Erweiterungen des öffentlichen Zwecks (neue Geschäftsfelder), wurden nicht
berücksichtigt, insoweit blieb es rechtlich beim Status quo (LTDS 12/3586, 12/
4055, S. 17 ff.; 13/4767, 13/4835; *Weiblen* BWGZ 1999, 1005 ff. und BWGZ
2006, 469 ff.; unten Rdn. 8 ff., insbes. Rdn. 13; allgemein: UA „Kommunale
Wirtschaft" der IMK, Wirtschaftliche Betätigung der Kommunen in Neuen
Geschäftsfeldern usw., März 1998 und März 2001; *Cronauge* GemHH 1998,
131 ff.; *Katz* BWGZ 1998, 687 ff.; *Britz* NVwZ 2001, 380 ff.; *Püttner* u. a.
ZKF 2001, 178 ff.; *Ehlers* NJW-Beilage 23/2002, 33 ff.; zur **Daseinsvorsorge**
in Europa: BR-DS 677/00 und *Weiss* DVBl. 2003, 564 ff.; *Papier* DVBl. 2003,
686 ff.; *Schink* DVBl. 2005, 861 ff.; zur **Wasserversorgung:** WHG 2010, LWG
BW 2013; Innenministerkonferenz 14./15.5.2003, Positionspapier zur Fortentwicklung der kommunalen Wasserwirtschaft, März 2003; *Masing* VerwArch
2004, 151 ff.; *Sander* VBlBW 2009, 161 ff.; *Zabel* DVBl. 2010, 93 ff.; *Kühling*
DVBl. 2010, 205 ff.; *Weiblen* BWGZ 2010, 455 ff.; *Podszun/Palzer* NJW
2015, 1496 ff.; *Daibler* NJW 2013, 1990 ff.).

5   c) Die Gemeindewirtschaft, Errichtung und Betrieb der öffentlichen Einrichtungen und die **wirtschaftliche Betätigung** (Aufgaben der örtlichen Daseinsvorsorge, Schaffung der kommunalen Infrastruktur, mittelbare Wirtschaftsförderung iwS usw.) prägen seit jeher das Wesen der kommunalen
Selbstverwaltung (§§ 1, 2, 10, 77 ff. und 102 ff.). Diese Aufgaben- und Tätigkeitsbereiche bestimmen ganz wesentlich das Maß politisch aktueller Selbstverwaltungspotenz, zählen zu dem überkommen und prägenden Bild, sind
zentraler Baustein einer deutschen Kommune, sind für die kommunale Autonomie typusbestimmend und essenziell. Sie sind folglich Teil der institutionellen Garantie des **Art. 28 Abs. 2 GG und des Art. 71 LV,** die wirtschaftliche
Betätigung der Gemeinden zählt also zum verfassungsrechtlich verbürgten
kommunalen Selbstverwaltungsrecht. Die §§ 102 ff. beinhalten eine zentrale
Materie, einen „vitalen Kern" des Gemeinderechts. Die wirtschaftliche Betätigung ist einer der kommunalen Aufgabenbereiche, wo eigenverantwortliche
kommunalpolitische Kompetenzausübung weitgehend funktioniert, die aber
durch veränderte Ordnungsrahmen und neue Wettbewerbssituationen großen

Herausforderungen gegenübersteht (BVerfGE 23, 353, 365 ff.; 79, 127, 143 ff.; 91, 228, 236; BVerwGE 98, 273, 275; BGH DÖV 2015, 196 ff.; RhPfVerfGH NVwZ 2000, 801 ff.; *Scholz* DÖV 1976, 441 ff.; *Burmeister,* in: HKWP Bd. 5, S. 4 ff.; *Britz* NVwZ 2001, 380 ff.; *Schink* NVwZ 2002, 129 ff.; zu den Diskussionen des 64. DJT: NJW 2002, 3073, 3079 ff.; *Katz* GemHH 2003, 1 ff.). Die kommunale Wirtschaftstätigkeit ist dabei immer und vollständig an Art. 28 II GG/Art. 71 LV zu messen. Die Verfassungsnormen gelten für hoheitliche und wirtschaftliche Tätigkeiten. Die Gemeinwohlverpflichtung, Erfüllung „öffentlicher Zwecke und Aufgaben" als Angelegenheiten der örtlichen Gemeinschaft, ist Voraussetzung für jede kommunale Verbandskompetenz. Eine Aufspaltung in hoheitliche/wirtschaftliche Betätigungen bzw. eine kompetenzielle Freistellung der Wirtschaftstätigkeit ist unzulässig. Die „Fiskustheorie" hat heute keine Daseinsberechtigung (so ganz h. M.: *Ehlers* DVBl. 1998, 504; *Schliesky* Die Gemeinde SH 12/2001, 302 ff.; *Schink* NVwZ 2002, 129 ff.; *Heilshorn* VerwArch 2005, 88 ff. m. w. N.; a. A. *Wieland* NWVBl 2000, 246 ff.).

Das kommunale Selbstverwaltungsrecht beinhaltet einen doppelten Schutzgehalt (**zweigliedriger Garantieinhalt**): (1) Es gewährleistet einen bestimmten Aufgabenbestand. Durch Art. 28 Abs. 2 GG werden den Gemeinden die Angelegenheiten der örtlichen Gemeinschaft als eigene Aufgaben im Rahmen der staatsorganisatorischen Aufgabenverteilung (kommunale Verbandskompetenz) und damit auch die kommunale Aufgabe „wirtschaftliche Betätigung" zugewiesen (**Allzuständigkeit** im gemeindlichen Wirkungskreis; sog. **Universalität**). Für diese Aufgaben besitzen die Kommunen ein Gewährleistungsverantwortung und Sicherstellungspflicht. (2) Zum anderen garantiert es – und darin liegt für die Kommunalwirtschaft in der Praxis der Schwerpunkt – die **Eigenverantwortlichkeit** der Aufgabenerledigung (sog. Gemeindeautonomie), die Art und Weise der selbständigen Wahrnehmung des kommunalen „Wirtschaftens" (**Wahlfreiheit** bezüglich geeigneter Organisations- und Handlungsformen usw.). Die Gemeinden können auf Grund ihrer Organisationsgewalt, der ihnen als wesentlichem Teil der Selbstverwaltungsgarantie zustehenden **Organisationshoheit**, die Handlungs- und Organisationsformen zur Erfüllung ihrer Aufgaben im Rahmen der Gesetze bestimmen (öffentlich-rechtlich oder privatrechtlich). Den Gemeindeorganen muss also neben dem „Ob" auch bezüglich des „Wie" der Erledigung kommunaler Aufgaben und damit auch der Rechtsform der wirtschaftlichen Betätigung grundsätzlich eine Wahlfreiheit, mindestens ein gewisser Entscheidungsspielraum verbleiben (kommunale Organisationshoheit – Organisationsgewalt –; vgl. BVerfGE 79, 127 ff., 91, 228, 236 ff. und JZ 2012, 676 f.; etwa BVerwGE 123, 159, 165 und NVwZ 2009, 1305 ff.; OVG NW DVBl. 2011, 45, 47; *Ruffert* AöR 2001, 27, 32 ff.; *Schoch* JURA 2001, 121 ff.; *Papier* DVBl. 2003, 686 ff.; *Musil* DÖV 2004, 116 ff.; *Winkler* JZ 2009, 1305 ff.; *Katz* NVwZ 2010, 405 ff.).

Die **wirtschaftliche Betätigungsgarantie** besteht allerdings nur „im Rahmen der   **6** Gesetze" (**Gesetzesvorbehalt**), also nicht i. S. einer Unantastbarkeit einer ganz bestimmten gesetzlichen Ausprägung, sondern nur i. S. einer Unantastbarkeit wirtschaftlicher Betätigung als solcher sowie i. S. eines bestimmten Aufgabenbestandes und einer eigenverantwortlichen Aufgabenerledigung, eben um im örtlichen Wirkungskreis kraftvolle und aktive Kommunalpolitik wahrnehmen zu können. Dem Gesetzgeber steht dabei ein Regelungsspielraum zu (bei Ausgestaltungsregelungen mehr, bei „Eingriffen" weniger), der aber in zweifacher Weise begrenzt ist: Zum einen setzt der **Kernbereichsschutz** Schranken, der Wesensgehalt der kommunalen Selbstverwaltung darf nicht ausgehöhlt werden. Struktur und Typus der Institution, die aus der geschichtlichen Entwicklung und dem aktuellen Erscheinungsbild zu bestimmen sind, dürfen weder rechtlich noch faktisch beseitigt werden. Die Gemeinden dürfen die Möglichkeit kraftvoller Betätigung und eigenständiger Gestaltungsfähigkeit nicht verlieren. So sind etwa im Bereich der Leistungsverwaltung zahlreiche Felder zwar grundsätzlich einer materiellen Privatisierung zugänglich, allerdings ergeben sich hierbei aus prinzipiellen verfassungsrechtlichen, traditionsgeprägten, gemeinwohl- und einwohnerdienlichen Gründen sowie dem konkreten Aufgabenbereich deutliche Einschränkungen (**Privatisierungsgrenzen**). So ist bei grundlegenden, gesetzlichen Pflichtaufgaben und dergleichen, insbesondere der „Grundsicherung" der Einwohner, nicht die Kommunalaufgabe selbst, sondern nur die Aufgabendurchführung privatisierbar. Auch versteht das **BVerwG** die Garantie der kommunalen Selbstverwaltung nicht als bloßes Recht, sondern zugleich als prinzipielle Pflicht zur Wahrnehmung der Angelegenheiten der örtlichen Gemeinschaft und folgert daraus, dass die Gemeinden dafür die Verantwortung tragen und eine wirksame Sicherung und Wahrnehmung ihrer kommunalen gemeinwohlverwirklichenden Aufgaben gewährleisten müssen. Die Kommunen können sich nicht einfach von ihren öffentlichen Aufgaben zurückziehen, sich des **Gemeinwohlsicherstellungsauftrags** „entledigen". Sie müssen nach der zutreffenden Auffassung des BVerwG mindestens gemeinwohlsichernde Regulierungen und angemessene Steuerungs-, Einfluss- und Überwachungsrechte festlegen. Eine Kommune muss in solchen Fällen fähig sein, in Konfliktsituationen, bei widerstreitenden Interessen usw. das der Aufgabe zugrunde liegende Gemeinwohl zum Tragen zu bringen und insoweit das „Recht des letzten Wortes" zu besitzen (i. S. eines „Gewährleistungsverantwortungskonzepts"; BVerwG NVwZ 2009, 1305 ff.; *Voßkuhle* VVDStRL 2003, 266 ff.; *Templin* VerwArch 2009, 529, 536 ff.; *Katz* NVwZ 2010, 405 ff.). Hieraus ergeben sich vor allem bei Kommunalunternehmen in Privatrechtsform entsprechende Aufgabensicherstellungs- und Gewährleistungspflichten in den Pflichtaufgabenbereichen der Ver- und Entsorgung, ÖPNV, Krankenhäuser usw. (zu den „privatisierungsfesten" Bereichen generell vgl. Teil 1 Rdn. 207). Zum anderen ist der Gesetzgeber aber auch außerhalb des Kernbereichs nicht frei von Bindungen (**Eingriffsschranken im „Randbereich"**). Das Einstellen von Aufgaben mit relevantem örtlichem Charakter darf nur aus überwiegenden Gründen des Gemeinwohls erfolgen, insbes dann, wenn anders die ordnungsgemäße Aufgabenerfüllung nicht sicherzustellen wäre. Dies ist letztlich nach den Grundsätzen des Verhältnismäßigkeitsprinzips und des Willkürverbotes zu prüfen (Bsp: zulässiger Eingriff bei Regelungen zum Schutz der Gemeinden vor unangemessenen finanziellen Risiken oder der Privatwirtschaft vor unangemessener kommunaler Konkurrenz; vgl. BVerfGE 79, 127, 143 ff.; 91, 228, 238 ff.; JZ 2012, 676 f.; BVerwG 39, 329, 334 und NVwZ 2009, 1305 ff.; BGH DÖV 2015, 196 ff.; *Ehlers* DVBl. 2000, 1301 ff.; *Papier* DVBl. 2003, 686 ff.; *Katz* NVwZ 2010, 405 ff.).

Gemeinden (GV) sind „ein Stück Staat", in den staatlichen Aufbau integriert (Teil 7
der Bundesländer). Art. 28 Abs. 2 GG ist nicht als Grundrecht gewährleistet, sondern ist eine **Staatsorganisationsnorm**, die die dezentrale Wahrnehmung der Angelegenheiten der örtlichen Gemeinschaft festlegt und die Kommunalebene
strukturiert (staatsorganisatorisches Verteilungsprinzip: Subsidiaritätsprinzip,
Dezentralisierungskonzept; **Verbandskompetenz**). Das Recht auf wirtschaftliche
Betätigung können die Gemeinden folglich ausschließlich aus dem kommunalen
Selbstverwaltungsrecht ableiten (Art. 28 GG, Art. 71 LV; oben Rdn. 5). Eine Berufung auf Art. 12, 14 und 2 Abs. 1 GG, die Berufs-, Gewerbe- und Wettbewerbsfreiheit sowie die Eigentumsgarantie, ist der Gemeinde als staatlichem Hoheitsträger bei der Wahrnehmung ihrer öffentlichen Aufgaben nach ganz h. M.
verwehrt; diese Grundrechte stehen den Gemeinden nicht zu. Verfassungsrechtlich ist kommunales Wirtschaftsengagement eben niemals privatautonomes
Handeln, sondern zweckgebundene Verwaltungstätigkeit (BVerfGE 21, 362,
369; 61, 82, 100 ff.; 79, 129, 148 f.; StGHBW DVBl. 1999, 1351; VGH BW
NVwZ 1985, 432; RhPfVerfGH NVwZ 2000, 801 ff.; OVG Münster NVwZ
2003, 1466, 1468 f.; *Bethge* NVwZ 1985, 402 ff.; *Pieroth/Hartmann* DVBl.
2002, 421 ff.; *Rennert* JZ 2003, 385, 390 ff.; *Katz* BWGZ 2006, 851 ff.).

2. **Zielsetzung und Systematik der §§ 102 ff.**

a) Dass kommunale wirtschaftliche Betätigung nicht unproblematisch ist, liegt 8
auf der Hand. Dies ergibt sich einerseits aus dem sich ständig wandelnden
wirtschaftspolitischen Ordnungsrahmen (Privatisierung, Subsidiarität, EU-
Rechtsordnung usw.) und den damit verbundenen neuen Wettbewerbssituationen. Andererseits ist aber auch die Anwendung kaufmännischer Grundsätze
und Methoden, die Teilnahme am Markt und am Privatrechtsverkehr oft mit
nicht zu unterschätzenden **Risiken und Gefahren** verbunden. Kommunen, Verwaltung und Gemeinderat, die primär gesetzesgebundenes und -ausführendes
Handeln gewöhnt sind, haben mitunter Schwierigkeiten mit betriebswirtschaftlichen Vorgängen und Verfahren. Privatwirtschaftliche Fiskalinteressen
der Gemeindeunternehmen sind mit ihren öffentlichen Interessen als kommunales Gemeinwesen oft nicht deckungsgleich, wirtschaftliche Unternehmen
streben tendenziell nach Selbständigkeit und Unabhängigkeit. Dadurch können nicht zu unterschätzende **Interessenskonflikte** und unerwünschte Kollisionen mit der Privatwirtschaft auftreten (öffentliche Aufgaben/Gemeinwohl
contra Wettbewerb/freier Markt). Dies wird dadurch verstärkt, dass sich die
Gemeinden häufig in jenen Bereichen wirtschaftlich betätigen, die von privaten Unternehmen wegen zu hoher Risiken oder Unrentabilität gemieden werden (z. B. Nahverkehr, Infrastruktureinrichtungen, Wirtschaftsförderung).
Zwischen den Grundsätzen der Einheit der öffentlichen Verwaltung und des
politischen Handelns, der Notwendigkeit gesamtheitlicher Steuerung und
zentraler Finanzdispositionen, der Erfüllung kommunaler Aufgaben („öffentlicher Zweck" als Primärfunktion), der Entscheidungsprärogative demokratisch gewählter Gemeindeorgane, der Bürgerbeteiligung und demokratischen
Kontrolle („aktive Bürgerkommune") sowie der Öffentlichkeit und Transparenz kommunaler Entscheidungsprozesse einerseits sowie den Prinzipien der
Unabhängigkeit und Flexibilität der Unternehmen, der Selbständigkeit und
Eigenverantwortlichkeit der Geschäftsführung und der „Gewinnmaximie-

rung", aber auch der Markt- und Wettbewerbsorientierung andererseits besteht ein beachtliches Spannungsfeld. Es ist permanente Aufgabe gerade auch der Gesetzgebung, diesen Zielkonflikt zu einer Synthese von gemeindlich-demokratischer Verwaltungslegitimation und effektiver, konkurrenzfähiger Gemeindewirtschaft, zu einem politik- und funktionstüchtigen **kommunalen Interessenausgleich,** zu einer kommunalgerechten und -verträglichen „Harmonie" zu bringen (vgl. Rdn. 13; *Scholz/Pitschas,* Gemeindewirtschaft zwischen Verwaltungs- und Unternehmensstruktur, 1982, S. 5, 11 ff.; *Weiblen* BWGZ 1992, 155; *Katz* BWGZ 1998, 687 ff. und GemHH 2002, 54 ff.; *Schliesky* DVBl. 2007, 1453 ff.; *Püttner* DVBl. 2010, 1189 ff.; *Lange* NVwZ 2014, 616 f.).

9   Das Recht der wirtschaftlichen Betätigung hat deshalb die Aufgabe, entsprechend der **Zielsetzung der** §§ 102 ff. Organisations- und Handlungsformen bereitzustellen, die eine effiziente Wirtschaftsführung unter gleichzeitiger Wahrung der öffentlichen Gemeindeinteressen, insbes durch ausreichende Vertretung und Einflussmöglichkeiten der Gemeindeorgane, aber auch die Ausschaltung nicht vertretbarer Risiken gewährleisten. Die Regelungen in den §§ 102 ff. stellen einen **funktionsgerechten Kompromiss** zwischen den spezifischen Pflichtbindungen und Eingrenzungen von Verwaltungstätigkeit der öffentlichen Hand (einwohnernützliches/-dienendes Gemeinwohl) und den in Grenzen notwendigen unternehmenspolitischen Handlungsfreiheiten für marktorientierte, bedarfsgerechte und weithin an kaufmännisch-betriebswirtschaftlichen Gesichtspunkten ausgerichtete und auf Rentabilität zielende Wirtschaftsbetätigung dar. Das auf die §§ 67 ff. DGO zurückgehende ausgewogene Normgefüge versucht die gemeindliche Aktivitätsentfaltung durch betriebswirtschaftliche Handlungs- und Organisationsformen zu stärken, ohne sie in privatwirtschaftliche Gewerbefreiheit zu entlassen. Die Bestimmungen der §§ 102 ff. sind nicht „den Versuchungen eines einseitigen Munizipalsozialismus (Kommunalisierung auf „kaltem Wege") oder umgekehrt eines übersteigerten Subsidiaritätsdenkens im Verhältnis Gemeinde und Privatwirtschaft verfallen" (*Scholz* DÖV 1976, 441 ff.; *Burmeister,* in: HKWP Bd. 5, S. 10 ff. m. w. N.; *Püttner* DÖV 2002, 731 ff.). Insbes mit den GemO-Novellen 1999 und 2005 (LTDS 12/4055, 13/4767 und 13/4835) wurde das kommunale Unternehmensrecht weiterentwickelt, die Gestaltungsfreiheit der Kommunen erweitert, 2005 wieder etwas eingeschränkt sowie die Steuerung und Kontrolle der Unternehmen in Privatrechtsform verbessert (vgl. unten Rdn. 16 und Rdn. 13 ff. zu § 103; *Weiblen* BWGZ 1999, 1005 ff. und 2006, 469 ff.; *Umlandt* DNV 5/2000, 12 ff.; kritisch dazu: *Eujen* BWGZ 2000, 185 ff.; allgemein: *Musil* DÖV 2004, 116 ff.).

10   **b)** Es ist heute unbestritten, dass es der Stellung der Gemeinde als Verwalter öffentlicher Angelegenheiten (vgl. §§ 1, 2 und 10) **nicht** entspricht, sich als Unternehmer **schrankenlos** zu betätigen. Öffentliche Unternehmen haben sich eben auch bei erwerbswirtschaftlicher Betätigung am Gemeinwohl, an den kommunalen Aufgaben, am öffentlichen Zweck, an den gesetzlich normierten Zulässigkeits- und Tatbestandsvoraussetzungen zu orientieren (örtlicher Wirkungskreis usw.). Nur insoweit sind sie zum Handeln legitimiert. Gemeindliche Tätigkeit ist kein Selbstzweck; auch die wirtschaftlichen Tätigkeitsziele müssen öffentlichen Interessen und Bedürfnissen dienen (**Gemeinwohlprinzip;** Bindung an einen „**öffentlichen Zweck**"; „Angelegenheiten der örtlichen Gemeinschaft" als Voraussetzung und Grenze kommunaler wirtschaftlicher Betätigungsbefugnis). Im Unterschied zur freien Marktwirtschaft hat eine Gemeinde bei ihrer wirtschaftlichen Betätigung primär diese Ziele zu verfolgen. Im Konfliktfall kommt der **Primärfunktion** „öffentlicher Zweck" der eindeutige Vorrang vor den nur zweitrangigen betriebswirtschaftlichen Zielen zu, insbes der Gewinnerzielung (**Sekundärfunktion;** vgl. § 102 Abs. 2; vgl. dazu BVerfGE 59, 216, 228 f.; 61, 82, 107 f.; OVG NW NVwZ 2008, 1031 ff.; VGH BW NJW 1995, 274 und DVBl. 2015, 106 ff.; RhPfVerfGH NVwZ 2000, 801 ff. und DÖV 2011, 611; *Schmidt-Jortzig*, in: HKWP Bd. 5, S. 56 ff.; *Badura* DÖV 1998, 818 ff.; *Britz* NVwZ 2001, 380 ff.; *Schliesky* DVBl. 2007, 1453 ff.; *Brüning* JZ 2014, 1026 ff.; unten Rdn. 30 ff. und 61 ff.). Andererseits wird durch die Regelung der §§ 102 ff. anerkannt, dass die gemeindliche Aufgabenerfüllung in Teilbereichen auch durch wirtschaftliche Betätigung, durch Teilnahme der Gemeinde am Wirtschaftsleben und allgemeinen Geschäftsverkehr, betrieben werden kann bzw. sogar soll.

c) Die GemO behandelt in den §§ 102 ff. die wirtschaftliche Betätigung der **11** Gemeinden zur Erfüllung kommunaler Aufgaben im Prinzip eher als Möglichkeit, nicht als Regelform (in größeren Städten sieht die Praxis z. T. anders aus). Die Gemeinden dürfen sich nur unter bestimmten Voraussetzungen wirtschaftlich betätigen. Den in den §§ 102 ff. festgelegten normativen Schranken für eine kommunale wirtschaftliche Betätigung liegt dabei folgender erkennbare **Normzweck,** der auf die Wahrung des **öffentlichen Wohls** gerichtet ist und nur begrenzt Individualinteressen schützen soll, zugrunde (vgl. BVerwG NJW 1978, 1539; DVBl. 1996, 152; BGH NJW 2002, 2645 ff.; OLG Karlsruhe NVwZ 2001, 712 ff.; OVG NW NVwZ 2008, 1031 f.; VGH BW DVBl. 2015, 106 ff.; *Lange* NVwZ 2014, 616 f.; zu den Zielen öffentlicher Unternehmen allgemein: *Knemeyer*, in: Achterberg/Püttner/Würtenberger, a. a. O., Rdn. 130 ff.; *Lange*, a. a. O., Kap. 14 Rdn. 116 ff.):

– **Kommunalpolitische Zielsetzung:** Die Begrenzung verfolgt den Zweck, die demokratische Funktion der Gemeindeorgane zu sichern, sich auf die zentralen Kommunalaufgaben zu konzentrieren und die Verwaltungskraft der Gemeinde für diese Aufgaben zu erhalten. Die Gemeinde soll nicht „verzetteln", sondern sich in erster Linie ihren Kernaufgaben auch i. S. der sich verändernden örtlichen Daseinsvorsorge- und Dienstleistungsfunktionen widmen (Konzentration auf den kommunalen Wirkungskreis, §§ 1, 2, 10; Gemeinwohlfunktion; Wohlfahrtsorientierung). Dabei sollen der Einfluss der Kommune und der demokratisch legitimierten Gemeindeorgane gewahrt bleiben. Bei Ausgliederungen in unterschiedlichen Rechtsformen wirtschaftlicher Betätigung muss Steuerung und Controlling möglichst effektiv gestaltet sowie überschaubar und transparent sein („Konzernsteuerung", Beteiligungsmanagement usw.). Rat und Verwaltung müssen „Herr in der Sache und im Verfahren" sein und bleiben (vgl. etwa § 103 Abs. 3 mit Erl. in Rdn. 21 ff. und 46 f. sowie § 103a mit Erl.).

- **Finanzpolitische Zielsetzung:** Die Vorschriften bezwecken den Schutz der Gemeinden vor Eingehung übermäßiger wirtschaftlicher Risiken und möglicher finanzieller Verluste. Steuergelder und sonstige Abgaben sollen, soweit keine dringende Notwendigkeit für eine wirtschaftliche Betätigung besteht, nicht für solche Risiken eingesetzt werden (Begrenzung von Risiken und von Überforderung i. S. einer primären Schutzfunktion für die Gemeinde und ihre Bürger selbst; §§ 77, 78 Abs. 2 und 87 Abs. 2 und 5, 102 Abs. 1 Nr. 2 sowie 103 Abs. 1 Nr. 4).

- **Wirtschaftspolitische Zielsetzung:** Die Bestimmungen sollen einer immer wieder auftretenden Tendenz der Gemeinden entgegenwirken, in einer extensiven Weise wirtschaftlich tätig zu werden. Durch die Anbindung an einen öffentlichen Zweck soll einer „ungezügelten" Erwerbstätigkeit der öffentlichen Hand vorgebeugt, Marktwirtschaft und Wettbewerb gesichert, die Kommunen auf eine eher ergänzende Rolle beschränkt werden (h. M.; ordnungspolitische Subsidiaritätsgesichtspunkte aus Gründen ökonomischer Zweckmäßigkeit, Arbeitsteilung, Effizienz, Funktions- und Leistungsfähigkeit, Innovation usw.). Ob und ggf. in welchem Umfang sich daraus unmittelbar ein Rechtsanspruch der Privatwirtschaft vor kommunalem Wettbewerb ableiten lässt, ist nicht einheitlich zu beantworten (vgl. Rdn. 14 und 41 f,; Teil 1 Rdn. 63 f.; OLG Karlsruhe NVwZ 2001, 712 f.; BGH NJW 2002, 2645; vgl. LTDS 13/4767, S. 9; OVG Münster NVwZ 2003, 1466 ff.; VGH BW NVwZ 2008, 1031; OVG RhPf. DÖV 2011, 611; *Lange* NVwZ 2014, 616 f.).

12 d) Die Standortbestimmung der wirtschaftlichen Betätigung ist dadurch gekennzeichnet, dass die §§ 102 ff. primär instrumentelle/organisatorische und weniger aufgabenbezogene/inhaltliche Regelungen enthalten (Art. und Weise der Wahrnehmung der kommunalen Aufgaben der Daseinsvorsorge, der Bereitstellung von Gütern, Dienstleistungen usw.) sowie dass kommunale Unternehmen zwischen der Privatwirtschaft und der Hoheitsverwaltung stehen, also eine **Mittelstellung** zwischen beiden Bereichen einnehmen. Die gemeindlichen Unternehmen sind das Resultat eines „Liberalisierungs- und Emanzipationsprozesses" von Teilen der Kommunalverwaltung, der vom unselbständigen, in die Gemeinde eingegliederten Regiebetrieb, bis zum privatrechtlich organisierten, selbständigen Unternehmen reicht, also eine ganze Palette unterschiedlichster Organisations- und Unternehmensformen umfasst (Regiebetrieb, Eigenbetrieb, Kommunalunternehmen, Eigengesellschaft, Beteiligungsgesellschaft, Zweckverband, PPP, unterschiedlichste Kooperationen usw.). Dabei muss die Organisationsform jedes kommunalen Unternehmens das Ergebnis der unmittelbar aus dem funktionellen Auftrag an das Unternehmen abgeleiteten, ausschließlich auf dessen optimale Erfüllung ausgerichteten Zusammenfassung aller dafür relevanten Faktoren im Einzelfall sein. Durch eine sorgfältige Prüfung ist die **Organisationsform** zu ermitteln, die **im konkreten Fall** eine optimale Synthese unternehmerischer Potenz und Gemeinwohlfunktion gewährleistet (Erfüllung des kommunalen öffentlichen Primärzweckes). Die Gemeinden haben hierbei darauf zu achten, dass die öffentlich-wirtschaftlichen Zielsetzungen den einzelnen Unternehmen deutlich und detailliert genug vorgegeben (Unternehmensgegenstand), Ziele und Prioritäten gesetzt und Zielkonflikte beigelegt, das Geschäftsgebaren controllt und überwacht, die Prüfungen aber im Hinblick auf § 108 auch nachvollziehbar dokumentiert werden (zu den Bewertungskriterien der Rechtsformentscheidung: Teil 1 Rdn. 113 ff.; *Pitschas/Schoppa* DÖV 2009, 469 ff.; vgl. auch Rdn. 2 f. zu § 103 und Erl. zu § 103a). Dabei kommt den Gemeinden ein Beurteilungsspielraum zu (Einschätzungsprärogative; vgl. unten Rdn. 22 und 37 sowie Rdn. 34 ff. zu § 78; BVerfGE 94, 12 ff.; 98, 218, 246; 106, 62, 148 ff.; NJW 2004, 2802, 2805 f; BVerwGE 39, 329, 333 f.; 80, 113, 120; DVBl. 2003, 1409 ff.; OVG NW NVwZ 2008, 1031, 1035; VGH BW DVBl. 2015, 106 ff.; *Wolff/Bachof/Stober/Kluth*, VerwR I, § 31 III).

Für die kommunale Wirtschaftstätigkeit ist auf Grund des sich ständig vollziehenden Wandels die **Zukunft offen,** schwer abschätzbar (z. B. EU-Recht, Energiewende, IT; vgl. Rdn. 4). Dazu werden – vereinfacht ausgedrückt – **drei Grundpositionen** bzw. Entwicklungslinien vertreten: (1) Der „status quo" wird mit kleineren Modifizierungen beibehalten. (2) Den Kommunen wird eine volle Teilnahme am Markt, eine wirtschaftliche Betätigung unter gleichen Bedingungen wie der Privatwirtschaft ermöglicht (Streichung bzw. Rücknahme der Voraussetzungen insbes des „öffentlichen Zwecks" und des „Territorialprinzips" bei Beachtung der allgemeinen Wettbewerbsordnung). (3) Materielle Privatisierung möglichst vieler Bereiche der Kommunalwirtschaft (strikte Anwendung des Subsidiaritätsprinzips). ME wird keine dieser Positionen, sondern eine Mischung aus allen drei als **Zukunftsleitbild** am wahrscheinlichsten sein. Kommunale wirtschaftliche Betätigung wird kompetenz- und zweckgebundene Verwaltungstätigkeit im eigenen Wirkungskreis sein und bleiben und grundsätzlich am Gemeinwohl der Gemeindeeinwohner festgemacht werden müssen. Deshalb müssen gerade kommunale Unternehmen im Rahmen der europäischen und nationalen Liberalisierung eine angemessene Behandlung und faire Chance erhalten, dürfen aber andererseits nicht „Rekommunalisierung" auf breiter Front betreiben. Dabei spricht das geltende ordnungspolitische Leitbild des „schlanken Staates" durchaus auch für Privatisierungen als Alternative. In manchen Bereichen kommunaler Wirtschaftsbetätigung kann es effektiver sein, nicht alles selbst zu tun, sondern das Tun zu ermöglichen, sich von einer leistenden zu einer gewährleistenden Kommune zu wandeln, also eigene Aufgabenerledigung durch ordnungspolitisches Steuern und Regulieren zu ersetzen (insbes. zur Sicherstellung der Gemeinwohlbelange; vgl. die gesetzlichen Regelungen zu Bahn, Post, Energie, Wasser, Abwasser, Abfall, ÖPNV, IT, Sparkassen; allgemein zur **materiellen Privatisierung:** Gemeindetag BW BWGZ 1994, 469 ff.; Deutscher Städtetag ZKF 1995, 224 f.; *Di Fabio* JZ 1999, 585 ff.; *Burgi* NVwZ 2001, 601 ff.; *Ehlers* NJW-Beilage 23/2002, 33 ff.; *Uechtritz/Otting* NVwZ 2005, 1105 ff.). Letztlich entscheidend muss die Antwort auf die Frage sein, wie im Rahmen des Art. 28 GG den **Interessen der Bürger** am besten gedient, wie der Sicherstellungsauftrag der Kommunen am besten erfüllt werden kann und wie dabei die einwohnerdienlichen Allgemeininteressen am besten gewährleistet werden können (insbes allgemeiner und gleicher Zugang für alle, erschwingliche, z. T. sozialverträgliche Konditionen und Preise, Kontinuität und Universalität der Dienstleistungen, angemessene Qualität, Ver- und Entsorgungssicherheit, Transparenz und kommunale Mitwirkung in Grundsatzfragen, Berücksichtigung des Umwelt- und Gesundheitsschutzes usw.).

13

Dies sollte nicht nur durch EU-Normen und Bundes- oder Landesgesetze „verordnet", sondern in einem partnerschaftlichen Dialog mit der kommunalen Ebene erarbeitet werden. Angesichts der gegebenen Strukturveränderungen müssen neue Wege überlegt, eine neue Verteilung der Aufgaben und Verantwortung geprüft und ggf neu festgelegt werden. Verstärkte Zusammenarbeit, Kooperationen und Allianzen (interkommunal und mit privaten Unternehmen, PPP usw.; vgl. Rdn. 41) sollten als Alternativen ebenso geprüft werden wie sich jede Kommune der Grundsatzfrage stellen muss, welche Felder der wirtschaftlichen Betätigung sie für sich festlegt (Aufgabenpositionierung durch **Portfoliostrategie** nach -analyse; vgl. zum Ganzen: *Knemeyer,* Der Städtetag 1992, 317 ff.; Thesen des Deutschen Städte- und Gemeindebundes, in: Stadt und Gemeinde 7–8/1998; *Ehlers* DVBl. 1998, 497 ff.; *Katz* BWGZ 1998, 687 ff.; *Britz* NVwZ 2001, 380 ff.; *Lattmann,* Der Städtetag 10/2000, 38 ff., 5/2001, 32 ff. und IR 2004, 31 ff.; Der Städtetag 6/2001; *Püttner* u. a. GemHH 2001, 186 f.; *Broß* JZ 2003, 874 ff.; *Kämmerer* DVBl. 2008, 1005 ff.; *Burgi,* Gutachten 67. DJT, 2008; Teil 1 Rdn. 1 f., 113 ff. und 192 ff.; beispielhaft zur Zukunft der **Wasserversorgung:** BMWi-Forschungsvorhaben 11/00, Thesenpapier vom 21.2.2001, und IMK-Positionspapier „Fortentwicklung der kommunalen Wasserwirtschaft", 2003; *Zabel* DVBl. 2010, 93 ff.; *Kühling* DVBl. 2010, 205 ff. vgl. §§ 50 und 56 WHG sowie §§ 44 und 46 LWG BW: öffentliche Wasserversorgung und Abwasserbeseitigung als weisungsfreie Pflichtaufgaben, LTDS 15/3760, S. 140 f.; zur Wasserpreisgestaltung vgl. BGH NJW 2010, 2573 ff. und 2012, 3243 ff.; *Weiblen* u. a. BWGZ 2010, 455 ff.; *Daibler* NJW 2013, 1990 ff.; zu Leistungen der **Daseinsvorsorge in Europa:** neben Teil 1 Rdn. 236 ff. Bericht vom 17.10.2001, KOM (2001) 598; Grünbuch zu Dienstleistungen von allgemeinem Interesse vom 21.5.2003, KOM (2003) 270; Richtlinie 2006/123/EG-DLR-ABlEG 2006, S. 36; *Calliess* DVBl. 2007, 336 ff.; zur **interkommunalen Zusammenarbeit:** *Ehlers* DVBl. 1997, 137 ff.; *Leutner/ Schmitt,* Der Städtetag 1/1999, 31 ff.; KGSt INFO 3/2005; BWGZ 2005, 778 ff.; *Steger* BWGZ 2006, 667 ff.; Teil 1 Rdn. 112 ff. und unten Rdn. 85).

14 e) Gegen die gemeindliche Gestaltungsfreiheit wirtschaftlicher Betätigung im Rahmen der Gesetze bestehen keine verfassungsrechtlichen Bedenken. Das **Subsidiaritätsprinzip,** nach dem ein staatliches und damit auch kommunales unternehmerisches Eingreifen erst dann gerechtfertigt wäre, wenn die Privatinitiative versagt hätte und auch andere nichtstaatliche Stellen außerstande wären, die betreffende öffentliche Aufgabe zu erfüllen, findet nach h. M. keine Anerkennung i. S. eines unmittelbar geltenden Rechtsgrundsatzes. Richtigerweise geht die h. M. davon aus, dass das GG weder den privaten Unternehmern die Ausschließlichkeit des Wirtschaftens oder des Marktes garantiert, noch einen generellen Schutz vor staatlicher Konkurrenz, noch ein Verbot erwerbswirtschaftlicher Betätigung der Gemeinden und der öffentlichen Hand insgesamt enthält. Der kommunalen wirtschaftlichen Betätigung stehen insoweit keine verfassungsrechtlichen Schranken entgegen (BVerfGE 50, 296, 336 ff.; BVerwGE 23, 304, 306). Begrenzungen ergeben sich allerdings meist aus **einfachgesetzlichen Regelungen,** je nach der konkreten Ausgestaltung des Rechts der wirtschaftlichen Betätigung (vgl. § 7 DGO; § 104 Abs. 1 Nr. 2 a. F.; § 107 Abs. 1 Nr 3 NWGO; § 87 Abs. 1 Nr. 4 BayGO; § 85 Abs. 1 Nr. 3 RhPfGO). Solche recht unterschiedlichen landesrechtlichen Regelungen können z. B. als einfache Subsidiaritätsklauseln („Funktionssperre"), als echte, „verschärfte" bzw. qualifizierte Klauseln oder als Begrenzungen eigener Art ausgestaltet sein (vgl. BVerwGE 39, 329, 336 f.; VGH BW NVwZ 2008, 1031 und DVBl. 2015, 106 ff.; OVG RhPf. DÖV 2011, 611; *Tettinger* DVBl. 1999, 679 f.; *Schneider* DVBl. 2000, 1250 ff.; *Schink* NVwZ 2002, 129, 137 f.; *Lange* NVwZ 2014, 616 f.). In BW wurde mit der **Novelle 1999** in § 102 Abs. 1 Nr. 3 eine modifizierte einfache Subsidiaritätsklausel eingeführt (LTDS 12/4055, S. 23 f.), die dann **2005** in eine qualifizierte, „verschärfte" Klausel umgewandelt wurde (LTDS 13/4767, S. 9; *Weiblen* BWGZ 2006, 469 ff.; vgl. dazu unten Rdn. 41 f.; vgl. auch die Novelle 2000 zur **Mittelstandsförderung**, insbes §§ 2 f. MFG und § 106b GemO; LTDS 12/5615, S. 14 ff.). Unabhängig davon sind die Gemeinden allgemein gehalten, den in dem Subsidiaritätsprinzip zum Ausdruck kommenden Grundsatz bei der Auslegung der Tatbestandsmerkmale der §§ 102 ff., insbes. des „öffentlichen Zwecks", zu berücksichtigen. Dies gebieten im Grundsatz Entstehungsgeschichte und Zielsetzungen der §§ 102 ff. (LTDS 11/ 420, S. 5). Im Einzelnen ist vieles umstritten (vgl. Rdn. 3 ff., 10 f. und 41 f.; ausführlich zur geltenden **qualifizierten Subsidiaritätsklausel mit drittschützender Wirkung** vgl. Teil 1 Rdn. 63 f.; *Schoepke* BWGZ 1984, 603 f.; *Schmidt-Jortzig*, in: HKWP Bd. 5, S. 60 f.; *Werner* VBlBW 2001, 206, 209 ff.; *Pieroth/Hartmann* DVBl. 2002, 421 ff.; zu den Fragen der öffentlichen Hand als Wirtschaftssubjekt und Auftraggeber: VVDStRL 2000, in: DVBl 2000, 1757 ff.; *Burgi* DVBl. 2003, 949 ff.; *Lux* JuS 2006, 969 ff.; *Berger* DÖV 2010, 118 f.; oben Teil 1 Rdn. 63 f.).

f) Auf der Grundlage der gegenwärtigen Rechtslage (insbes der GemO-No- **15** velle 1999), der kommunalwirtschaftlichen Zielsetzungen und Funktionen (Rdn. 9 ff.), also einer grammatischen, systematischen und teleologischen Inter- pretation, aber auch unter Berücksichtigung einer oft stark historischen und „status quo" geprägten Gesetzesauslegung, die nicht immer den Gesetzen der Logik folgt und rational verstanden werden kann, ergibt sich für die Lösung der rechtlich schwierigen Abgrenzungs- und Einordnungsfragen folgende **Systema- tik der §§ 102 ff.** (vgl. auch Rdn. 4 und 13 zu § 103: zu den früheren Regelungen: *Surén*, Die GemO in der BR, Gemeindewirtschaftsrecht Bd II, S. 144 ff.; *Kunze/ Bronner/Katz*, a. a. O., 4. Aufl., § 102 Rdn. 14 ff.; zur GemO-Novelle 1991 und 1999: LTDS 10/5918 und 12/4055, S. 17 ff.; *Weiblen* BWGZ 1999, 1005 ff.; *Umlandt* DNV 5/2000, 12 ff.; kritisch *Eujen* BWGZ 2000, 185 ff.):

– **Wirtschaftliche Unternehmen** i. S. d. § **102 Abs. 1:** Die kommunalen wirtschaftlichen Unternehmen nach § 102 Abs. 1 (vgl. Rdn. 17 ff.), bei denen dann aber wieder die in § 102 Abs. 4 genannten Tätigkeiten zu- nächst ausgenommen sind (i. S. einer Fiktion; vgl. Rdn. 65 ff.). Dabei gelten für die öffentlich-rechtlichen wirtschaftlichen Unternehmen § 102 Abs. 1 und 3 sowie das EigBG (GKZ, StiftG; vgl. Rdn. 83) und für die Unternehmen in Privatrechtsform §§ 103–106 iVm § 102 Abs. 1 und 3. Es ist also zu unterscheiden zwischen:
  – **Wirtschaftlichen Unternehmen in öffentlichen Rechtsformen: (1)** Dies sind zum einen die **nicht rechtsfähigen** Regie- und Eigenbetriebe, für die § 102 und das EigBG/EigBVO anzuwenden sind. Kommunale Wirt- schaftstätigkeit lässt sich unter den Aspekten Öffentlichkeit, Steue- rungs- und Kontrollmöglichkeiten, der unmittelbaren Einflussnahme

auf die Aufgaben und ihre Wahrnehmung grundsätzlich am besten in diesen Organisationsformen durchführen (vgl. Teil 1 Rdn. 81 ff.; *Schoepke* VBlBW 1994, 81 ff. und 1995, 417 ff.). Die Gemeinde selbst ist Trägerin des Unternehmens, die Kommunalorgane sind „Herr" der Wirtschaftstätigkeit. Das öffentlich-rechtlich organisierte Unternehmen darf sich rechtlich nicht verselbständigen (zum Eigenbetrieb vgl. unten Rdn. 86 ff.). (2) Zum anderen die **rechtsfähigen** wirtschaftlichen Unternehmen in öffentlicher Rechtsform, die eine gewisse Sonderstellung einnehmen, die Kommunalanstalt nach §§ 102a ff. und der Zweckverband, §§ 1, 3 und 20 Abs. 1 GKZ (vgl. Teil 1 Rdn. 89 ff.; unten Rdn. 83 und 101 ff.), örtliche Stiftungen und öffentliche Anstalten (§§ 101, 102 Abs. 4; § 31 StiftG; SparkG; vgl. unten Rdn. 83).

- **Wirtschaftlichen Unternehmen in Privatrechtsform** (Eigengesellschaften, Beteiligungsgesellschaften): Für diese wirtschaftlichen Unternehmen und entsprechenden Beteiligungen gelten die §§ 102–106, § 102 Abs. 1 als allgemeine (Grundvoraussetzungen), §§ 103 ff. als (Spezialanforderungen) für die besonderen Bedürfnisse von Kommunalunternehmen im Hinblick auf die Rechtsform des privaten Rechts (vgl. Rdn. 4 ff. und 13 ff. zu § 103; Weiblen BWGZ 2000, 177 ff.; Teil 1 Rdn. 96 ff.).

- **Unternehmen i. S. v. § 102 Abs. 4 Nr. 1** (zu denen die Gemeinde gesetzlich verpflichtet ist): Diese Unternehmen werden als **nichtwirtschaftliche Unternehmen** eingeordnet, für die die Voraussetzungen des § 102 Abs. 1 nicht zu prüfen sind (als gesetzliche **Pflichtaufgaben** „privilegierte" Kommunaltätigkeiten; dies wird fiktiv unterstellt, was in aller Regel auch zutrifft; Aufgaben, denen der öffentliche Zweck i. d. R. „auf die Stirn" geschrieben ist; OVG Münster NVwZ 2005, 1211 f.). Soweit sie allerdings in Privatrechtsform errichtet oder betrieben werden, sind die §§ 103–106 unmittelbar anzuwenden (vgl. Rdn. 4 und 13 zu § 103; Begrenzung durch § 103 Abs. 1 Nr. 1). Entsprechendes gilt gemäß § 1 EigBG für die Eigenbetriebsform (vgl. LTDS 12/4055, S. 25; *Umlandt* DNV 5/2000, 12 ff.; *Werner* VBlBW 2001, 206, 208 f.; *Britz* NVwZ 2001, 380 ff.).

- **Einrichtungen i. S. v. § 102 Abs. 4 Nr. 2** (Einrichtungen des Unterrichts-, Erziehungs- und Bildungswesens, der Kunstpflege, der körperlichen Ertüchtigung, der Gesundheits- und Wohlfahrtspflege sowie ähnlicher Art): Diese Tätigkeitsbereiche gelten nicht als wirtschaftliche Unternehmen des 3. Abschnitts (**Fiktion**). Sie sind folglich grundsätzlich in der gemeindewirtschaftsrechtlichen Regelform, dh im Gemeindehaushalt prinzipiell als Regiebetrieb zu führen. Nach § **106a** sind allerdings für sie, soweit sie in Privatrechtsform geführt werden, die §§ 103–106 entsprechend anwendbar; sie können unter den dort genannten Voraussetzungen (u. a. mindestens 25 % Aufwandsdeckung durch Umsatzerlöse) als GmbH usw. geführt werden (insbes Abwasser, Abfall, Friedhof, Musik- und Volkshochschulen; vgl. unten Rdn. 68; Rdn. 4 und 13 ff. zu § 103 sowie Erl. zu § 106a). Außerdem ist es nach § 1 EigBG auch möglich, wenn deren Art und Umfang eine selbständige Wirtschaftsführung rechtfertigen, die Eigenbetriebsform zu wählen.

- **Hilfsbetriebe i. S. v. § 102 Abs. 4 Nr. 3** (die ausschließlich zur Deckung des Eigenbedarfs der Gemeinde dienen): Für sie gilt grundsätzlich dasselbe wie für Einrichtungen nach § 102 Abs. 4 Nr. 2. Nach § 1 EigBG kann die Eigenbetriebsform gewählt werden. Hilfsbetriebe können dagegen nicht in Privatrechtsform tätig sein (vgl. unten Rdn. 69 ff.).
- **Sonstige nichtwirtschaftliche Betätigung:** Für die übrigen kommunalen Tätigkeitsfelder, für die die Tatbestandsvoraussetzungen der §§ 103 ff. nicht vorliegen, gelten die allgemeinen gemeindewirtschaftsrechtlichen Bestimmungen (§§ 77 ff., GemHVO usw.; öffentlich-rechtliche Handlungsformen; im Gesamthaushalt der Gemeinde zu führen). In engen Grenzen können in Fällen von ganz unwesentlicher und untergeordneter Bedeutung und bei Vorliegen eines wichtigen öffentlichen Bedürfnisses die Vorschriften der §§ 102 ff. analog angewandt werden (z. B. Mitgliedschaft in einer karitativen oder kulturellen Vereinigung oder Organisation wie etwa dem Roten Kreuz; vgl. Rdn. 4 zu § 103).

Angestoßen von einigen OVG-Urteilen verfolgte der Gesetzgeber mit der **16** GemO-Novelle 1999 (vom 19.7.1999, GBl. S. 292) vor allem das Ziel, die Wahl privatrechtlicher Unternehmensformen für die Erfüllung kommunaler Aufgaben zu vereinfachen und zu vereinheitlichen (vgl. OVG Lüneburg, Urteil vom 21.2.1984, in: LTDS BW 10/5918, S. 21; OLG Düsseldorf NVwZ 2000, 111 f. und 714 f.; OVG NW NVwZ 2005, 1211 f.; OVG RhPf DÖV 2006, 611). Der in der Praxis bis 1999 schwer umzusetzende Vorrang des Eigenbetriebes, die schwer verständlichen unterschiedlichen Zulässigkeitsvoraussetzungen für die wirtschaftlichen Unternehmen in Privatrechtsform nach § 103 a. F. einerseits und für nichtwirtschaftliche Unternehmen in Privatrechtsform nach § 104 a. F. andererseits sowie die Sonderbestimmungen für Krankenhäuser (§ 38 Abs. 2 LKHG), die Abfall- und Abwasserbeseitigung (§ 6 Abs. 5 LAbfG, § 45b Abs. 3 WG) machten eine praxisgerechte Neuregelung erforderlich. Obwohl manche Ungereimtheit blieben, ist mit den §§ 103 ff. n. F. und der Aufhebung der sondergesetzlichen Rechtsformregelungen ein einigermaßen einheitliches Zulässigkeitssystem für die kommunalen Unternehmen und Einrichtungen geschaffen worden. Dafür wurde zu Recht die kommunalpolitische Verantwortung der Gemeinden (Steuerungs- und Controllingfunktionen, Ingerenzrechte und -pflichten, Beteiligungsbericht; vgl. insbes. §§ 103 Abs. 1 und 3, 103a, 104 Abs. 3, 105) für ihre Unternehmen in Privatrechtsform ausgebaut und gestärkt, mit der **Novelle 2005** wieder etwas eingeengt und das Örtlichkeitsprinzip gelockert. Mit der **Novelle 2015** wurde lediglich die Kommunalanstalt eingeführt (vgl. LTDS 12/4055, S. 17 ff.; 13/4767, S. 7 ff.; 15/7610, S. 22. ff.; *Weiblen* BWGZ 1999, 1005 ff. und 2006, 469 ff.; *Umlandt* DNV 5/2000, 12 ff.; *Werner* VBlBW 2001, 206 ff.; Teil 1 Rdn. 126 ff.).
Der gesetzlich festgelegte Geltungsbereich des § 102, wirtschaftliche Unternehmen, ist kompliziert. Unternehmen und Einrichtungen i. S. v. § 102 Abs. 4 werden wieder von den wirtschaftlichen Unternehmen ausgenommen (Fiktion). Nach dem Wortlaut geht § 102 zwar von einem weiten Begriff des wirtschaftlichen Unternehmens aus, doch werden dann in Abs. 4 wieder kraft ausdrücklicher gesetzlicher Anordnung bestimmte Unternehmen davon ausgenommen

(vgl. unten Rdn. 65 ff.). Dies wird nach heute h. M. daraus abgeleitet, dass die konstituierenden Merkmale des Begriffs Kommunalunternehmen, insbesondere das wirtschaftsgeprägte Handeln und das Faktum, dass solche Tätigkeiten auch von einem Privatunternehmer mit der Absicht auf Gewinnerzielung betrieben werden können, typischerweise in diesen Fällen nicht vorliegen. Diese Tätigkeiten werden folglich von vornherein aufgrund ihrer Natur und auch im Wege der gesetzlichen Fiktion von den Zulässigkeitsvoraussetzungen der §§ 102 ff. ausgenommen. Sie sind davon „freigestellt", sie tragen die „Vermutung" des Vorliegens eines öffentlichen Zwecks in sich, sind also grundsätzlich nicht zu prüfen (als gesetzliche Pflichtaufgaben „privilegierte" Kommunaltätigkeiten; vgl. OLG Düsseldorf NVwZ 2000, 111 f. und 714 f.; OVG NW NZBau 2005, 167; *Britz* NVwZ 2001, 380 ff.; *Werner* VBlBW 2001, 206 ff.). Allerdings gelten dann wieder – was logisch nur schwer zu verstehen ist – für die sog. **nichtwirtschaftlichen Unternehmen** i. S. d. § 102 Abs. 4 Nr. 1, soweit sie in Privatrechtsform betrieben werden, die §§ 103–106 unmittelbar und für **kommunale Einrichtungen** i. S. d. § 102 Abs. 4 Nr. 2 gemäß § 106a entsprechend (vgl. auch § 1 EigBG; Rdn. 15 f.; Gesetzesbegründung LTDS 12/4055, S. 17 ff. und 24 f..; *Umlandt* DNV 5/2000, 12 ff.; *Werner* VBlBW 2001, 206, 208 f.; OVG Münster NVwZ 2005, 1211 f.; *Fabry/Augsten*, a. a. O., S. 85 f.; *Lange*, a. a. O., Kap. 14 Rdn. 214 ff.; Teil 1 Rdn. 50).

3.   Begriff des wirtschaftlichen Unternehmens (wirtschaftliche Betätigung)

17   a) Die GemO enthält wie bereits die DGO (§ 67) praktisch keine feste Konturen, keine definitorische Festlegung des **Begriffs wirtschaftliches Unternehmen** und damit der wirtschaftlichen Betätigung durch die Gemeinden (vgl. lediglich VwV GemO Nr. 1 zu § 102; präziser: § 107 Abs. 1 Satz 3 GO NRW). Angesichts der Vielzahl und Vielfalt möglicher kommunaler Unternehmen i. S. der §§ 102 ff. hat es der Gesetzgeber aus guten Gründen vermieden, eine positive Definition oder gar abschließende Aufzählung vorzunehmen, sondern sich mit einer gesetzlichen Negativabgrenzung in § 102 Abs. 4 begnügt. Diese Tatsache beruht vor allem auf zwei Fakten: (1) Zum einen ist die Gemeindewirtschaft und besonders die wirtschaftliche Betätigung in ihrer heutigen Ausprägung im Wesentlichen das Ergebnis eines Kompromisses, eines Zusammenführens der früher für unvereinbar gehaltenen Begriffe Wirtschaften und Verwalten. Der Gesetzgeber der DGO musste in den 30er Jahren für die verschiedensten, in der Realität bereits vorhandenen Einheiten, die in der Gemeindewirtschaft schon damals einen festen Platz hatten, eine tragfähige, abstrakte „Kompromissformel" finden. Die begriffliche Festlegung des wirtschaftlichen Unternehmen in der DGO und GemO musste sich deshalb den faktischen Gegebenheiten anpassen (historisch bedingte und von Traditionen geprägte Definition). (2) Zum anderen unterliegt die kommunale wirtschaftliche Betätigung sowohl inhaltlich als auch hinsichtlich der jeweils geeigneten Organisations- und Handlungsformen einem ständigen Wandel und die gemeindliche Aufgabenerfüllung muss laufend an die sich ändernden örtlichen, technischen, wirtschaftlichen, ordnungs- und kommunalpolitischen Entwicklungen usw. angepasst werden (vgl. *Stern/Püttner*, Die Gemeindewirtschaft, S. 62 ff. und 93 ff.; *Wolfenbüttel* VR 2000, 361 ff.). Beides macht es höchst schwierig, den Begriff wirtschaftliches Unternehmen einigermaßen sinnvoll festzulegen und führt außerdem nicht selten zu einer sehr unbefriedigenden Abgrenzung und Einordnung kommunaler Einrichtungen (vgl. insbes. § 102 Abs. 4; so gelten etwa im Unterschied zur Wasserversorgung die Einrichtungen der Abfall- und Abwasserbeseitigung nicht als wirtschaftliche Unternehmen; zur begrifflichen Definition und Abgrenzung vgl. etwa IM BW, in: LTDS 12/3586, S. 3 und Rdn. 15 f., 19 ff. und 65 ff.; *Benecke/Döhmann* JZ 2015, 1018 f.).

Unter den vorstehenden Voraussetzungen ist es nicht verwunderlich, dass in der **18** Literatur eine ganze Palette von Definitionsversuchen zum Begriff des wirtschaftlichen Unternehmens gemacht wurde. Ausgangspunkt der vertretenen Auffassungen ist gleichwohl die in Anlehnung an § 67 Abs. 2 DGO formulierte **Negativdefinition**, nach der bestimmte kommunale Einrichtungen nicht als wirtschaftliche Unternehmen anzusehen sind, sowie die Kennzeichnung der wirtschaftlichen Betätigung als „Einrichtungen der Gemeinde, die auch von einem Privatunternehmer mit der Absicht auf Gewinnerzielung" betrieben werden können („Popitz-Kriterium"; Nr. 1 zu § 102 VwV GemO; Ausführungsanweisungen zu § 67 DGO; *Pagenkopf*, Kommunalrecht, Bd. 2, S. 149; BVerwGE 39, 333). Der zuletzt genannte Ansatz kann allerdings heute nicht mehr allein ausschlaggebend sein. Einerseits kann die Gewinnerzielungsabsicht allenfalls i. S. eines wirtschaftlichen Handelns mit dem Bestreben, einen Ertrag für den Haushalt abzuwerfen, verstanden werden. Andererseits – und das ist das entscheidende – ist gemäß § 102 Abs. 2 **Hauptzweck** wirtschaftlicher Betätigung die Erfüllung des öffentlichen Zwecks, die **unmittelbare Wahrnehmung von Gemeindeaufgaben** und die Gewinnerzielung nur Nebenzweck (Vorrang der Muss- vor der Soll-Vorschrift). Im Übrigen haben sich die Unternehmensziele in den letzten Jahren auch in der Privatwirtschaft gewandelt. Die Gewinnerzielung ist folglich kein zwingendes Begriffsmerkmal für ein wirtschaftliches Unternehmen, sondern lediglich ein Indiz dafür (vgl. *Stern* AfK 1964, 96 f.; *Bulla* DVBl. 1975, 643 f.; *Scholler/Broß*, Kommunalrecht, S. 164 f.). Für die Festlegung des Unternehmensbegriffs kann auch nicht allein entscheidend sein, ob die Einrichtung der Befriedigung eines lebenswichtigen Bedarfs dient oder nicht (Daseinsvorsorge, kommunale Infrastruktur usw.; vgl. dazu *Püttner*, Die öffentlichen Unternehmen, S. 23 ff.; *Cronauge/Westermann*, a. a. O., Rdn. 38 ff.; *Hellermann*, Der Landkreis 2001, 434 ff.; *Weiss* DVBl. 2002, 564 ff.; *Cremer* DÖV 2003, 921 ff.; *Lange*, a. a. O., S. 829 ff.).

Einige der **wichtigsten Definitionsversuche** der „wirtschaftlichen Unternehmen bzw. Betätigung" sollen im Folgenden kurz skizziert werden: Nach *Stern/Püttner* (Die Gemeindewirtschaft, S. 64) „liegt eine wirtschaftliche Betätigung vor, wenn sich die Gemeinde auf dem Gebiet der Güterproduktion und -verteilung oder entsprechenden Dienstleistungen wertschöpfend und mit kaufmännischer Arbeitsweise unter Beteiligung am geschäftlichen Verkehr betätigt". Nach *Schmidt-Jortzig* (in: HKWP Bd. 5, S. 52 ff.) und *Knemeyer* (in: Achterberg/Püttner/Würtenberger, BesVerwR II, S. 69 ff.) ist „Unternehmen als Unterform der öffentlichen Einrichtungen jede Betriebseinheit von gewisser organisatorischer Festigkeit, Dauer und Selbständigkeit, der ein gegenüber dem allgemeinen Funktionszweck ihres Trägers irgendwie eigenes Wirkungsziel zukommt" (gewisse tatsächliche und inhaltliche Verselbständigung innerhalb der Gesamtverwaltung sowie Erbringung bzw. Erfüllung eines eigenständigen, wertschöpfenden Verwaltungszwecks). Nach *Wolff/Bachof/Stober/Kluth* (VerwR III, § 91 VII) sind wirtschaftliche Unternehmen „werteschaffende organisierte Einheiten von Dauer mit Eigenverantwortlichkeit und eigener Wirtschaftsrechnung einer Gemeinde zur Fremdbedarfsdeckung. Teilnahme am Wettbewerb und Gewinnerzielungsabsicht sind ebenso begriffswesentlich wie besonders Daseinsvorsorge im Dienste der Gemeindebürger". Bei *Lindner* (Verwaltungsgerichtliche Klagemöglichkeiten gegen privatrechtliche kommunale Wirtschaftsbetätigung, S. 20 ff.) besteht der Begriffskern des wirtschaftlichen Unternehmens aus einer subjektiven und objektiven Komponente; „subjektiv ist der Wille zur Teilnahme am Geschäftsverkehr unter eigenem Risiko und eigener Entscheidungsgewalt erforderlich, während objektiv ein Mindestmaß an organisatorischer Selbständigkeit verlangt wird; die Gewinnerzielungsabsicht gehört nicht zum Begriffskern". Nach § 107 Abs. 1 S. 2 GO NRW ist als wirtschaftliche Betätigung der Betrieb von Unternehmen zu verstehen, „die als Hersteller, Anbieter oder Verteiler von Gütern oder Dienstleistungen am Markt tätig werden, sofern die Leistung ihrer Art nach auch von einem Privaten mit der Absicht auf Gewinnerzielung erbracht werden könnte" (OLG Hamm NVwZ 1999, 330 f.). Nach der Meinung von *Zumpe* (Rechtliche Grenzen der kommunalen Wohnraumvermittlung, S. 40 f.) kann der Unternehmensbegriff i. S. d. § 102 „sinnvollerweise nur als jede nachhaltig betriebene und nicht völlig unbedeutende Wirtschaftstätigkeit verstanden werden" (im Zweifel weite Auslegung, wobei die Negativabgrenzung in § 102 Abs. 4 bedeutsam bleibt).

Hinzuweisen ist in diesem Zusammenhang auch auf die starken Ähnlichkeiten mit dem Unternehmensbegriff des **Rechts der Europäischen Union**, die unionsrechtliche Begriffsperspektive. Vor allem der EuGH versteht unter Unternehmen i. S. der Art. 101 ff. AEUV jede eine wirtschaftliche Tätigkeit nachhaltig ausübende Einheit unabhängig von ihrer Rechtsfähigkeit, Organisationsform und der Art ihrer Finanzierung (vgl. EuGH EuZW 2004, 241 ff. und 2006, 600 f.). Auch bezüglich der öffentlichen Unternehmen bekennt sich das EU-Recht zum Grundsatz einer sozialen Marktwirtschaft mit kontrolliertem Wettbewerb (vgl. Art. 3 Abs. 3 EUV; Art. 14, 101 und 106 Abs. 1 AEUV). Allerdings gilt für öffentliche Unternehmen, wenn sie mit **Dienstleistungen von allgemeinem wirtschaftlichem Interesse** betraut sind (Daseinsvorsorgeaufgaben), nach **Art. 106 Abs. 2 AEUV** eine Sonderregelung. Die effektive besondere öffentliche Aufgabenerfüllung hat hier klaren Vorrang vor anderen Vertragszwecken, auch vor dem Wettbewerbsprinzip. Die Definition „Öffentliche Unternehmen" ist in Art. 2 Abs. 1 Buchst. b der Richtlinie i. d. F. 2006/111/EG festgelegt (sog. EU-Transparenzrichtlinie): „Jedes Unternehmen, auf das die öffentliche Hand auf Grund Eigentums, finanzieller Beteiligung, Satzung oder sonstiger Bestimmungen, die die Tätigkeit des Unternehmens regeln, unmittelbar oder mittelbar einen **beherrschenden Einfluss** ausüben kann" (kommunale Kapitalmehrheit) und es sich um Unternehmenstätigkeiten handelt, die im Interesse der Allgemeinheit erbracht, mit spezifischen Gemeinwohlverpflichtungen verknüpft werden (vgl. Art. 106 AEUV sowie die Mitt. der EG-Kommission zur **Daseinsvorsorge, Grünbuch zu Dienstleistungen** von allgemeinem wirtschaftlichem Interesse usw. in der jeweils gültigen Fassung; EuGH NJW 2006, 2679 und NVwZ 2006, 555; *Hellermann* Der Landkreis 2001, 434 ff.; *Püttner* DÖV 2002, 731 ff.; *Cremer* DÖV 2003, 921 ff.; *Dedy* BWGZ 2006, 622 ff.; *Calliess* DVBl. 2007, 336; Teil 1 Rdn. 67 ff. und 236 ff.).

b) Eine allgemein gültige und aussagekräftige **Legaldefinition** des Begriffs wirt-   **19**
schaftliche Unternehmen ist bis heute **nicht gefunden** worden. Die vorstehend
genannten Begriffsdefinitionen enthalten zwar zutreffende Aspekte und Kenn-
zeichnungen des Begriffs. Gleichwohl können sie aus den oben in Buchst. a)
genannten Gründen nur begrenzt überzeugen. Trotz dieser unbefriedigenden
Situation und der fließenden Grenzen einer begrifflichen Festlegung ist es geboten, den Begriff (wirtschaftliche Unternehmen) i. S. der §§ 102 ff. in seinen wesentlichen Merkmalen möglichst konkret zu umschreiben und durch einzelne
Kriterien und Bestandteile zu definieren. Dabei können die von der Wirtschaftswissenschaft entwickelten Unternehmensbegriffe nur beschränkt weiterhelfen; für das Gemeindewirtschaftsrecht ist ein eigener Begriff zu entwickeln
(Rdn. 20 und 22).

Unstreitig ist, dass der Begriff wirtschaftliches Unternehmen weder von der   **20**
Rechtsform (privat- oder öffentlich-rechtliche Organisationsform) noch von
der Ausgestaltung des Leistungs- und Benutzungsverhältnisses abhängt (privat-
oder öffentlich-rechtliche Kontrahierungsform; öffentlich-rechtliche Gebühren;
Anschluss- und Benutzungszwang nach § 11) und dass er zwischen der Hoheitsverwaltung und der Privatwirtschaft anzusiedeln ist. Innerhalb der gemeindlichen Gesamttätigkeiten besitzen die wirtschaftlichen Unternehmen eine
gewisse organisatorische Selbständigkeit, sie nehmen am geschäftlichen Verkehr teil und handeln verstärkt nach wirtschaftlichen Arbeitsmethoden. Zu der
Privatwirtschaft sind wirtschaftliche Unternehmen vor allem dadurch abzugrenzen, dass sie unmittelbar durch einen öffentlichen Zweck gerechtfertigt
und damit letztlich durch ihn geprägt sein müssen (Sozial-, Einwohner- und
Gemeinwohlnützigkeit; vgl. Rdn. 30 ff.; keinesfalls nur fiskalische, allein auf
Gewinnerzielung ausgerichtete Zwecke). Kommunale Unternehmen sind von
ihrer Gemeinwohlfunktion, von ihrer Einwohnernützlichkeit und Gebietsbezogenheit geprägt und „durchdrungen" (vgl. OVG Münster NVwZ 22003,
1520 ff.; VGH BW DVBl. 2015, 106; *Lange*, a. a. O., Kap. 14 Rdn. 9 ff.).

Als **Begriffskriterien bzw. -indizien**, die für das Vorliegen eines wirtschaftlichen   **21**
Unternehmens i. S. der §§ 102 ff. sprechen, sind im Einzelnen insbes. zu nennen:

- Erzeugung, Verteilung oder Verkauf von Gütern oder Dienstleistungen
  (Gegenstand der Tätigkeit: Produktion, Handel, Dienstleistung).
- Befriedigung materieller gemeinwohlgeprägter Bedürfnisse (Aufgabe der
  Tätigkeit: Service- und Dienstleistungen am Kunden, soziale und wirt-
  schaftliche Nützlichkeit für die Einwohner) mit Wertschöpfungscharak-
  ter (Erzielung materieller, wirtschaftlicher Vorteile).
- Fortgesetzte und planmäßige Teilnahme am geschäftlichen Verkehr in
  Formen kommunaler Inhaberschaft (Wettbewerb, Leistungsaustausch,
  Fremdbedarfsdeckung, Geschäftsrisiko).
- Faktische bzw. rechtliche Eigenständigkeit gegenüber dem nicht-wirt-
  schaftlich tätigen Teil der Gemeindeverwaltung (gewisse organisatorische Selbständigkeit mit einem nicht nur vorübergehenden Bestand an
  Personal, Sach- und Betriebsmitteln; unternehmerische Direktionsge-
  walt; Abgrenzung im bzw. Herauslösung aus dem Gemeindehaushalt).

> – Handeln nach betriebswirtschaftlichen Arbeitsmethoden und Rechnungsführung (Prinzip der wirtschaftlichen Rationalität, Produktivitätsprinzip, kaufmännisch kalkulierende und organisierte Arbeitsweise).
> – Wille der Gemeinde zur aktiven Teilnahme am Wirtschaftsleben, zur unternehmerischen Tätigkeit überhaupt, und zwar unter eigenem finanziellen Risiko (aktive Inhaber- oder Teilhaberschaft der Gemeinde bei maßgeblichem Einfluss; Steuerung, Kontrolle usw.).
> – Ertragsprinzip, Gewinnerzielungsabsicht als weitere Indizien in dem Sinne, dass es als möglich angesehen werden kann, dass sich auf dem betreffenden Gebiet Private mit Gewinnerzielungsabsicht betätigen können.

Vgl dazu insbes. *Zeiss* DÖV 1969, 821 ff.; *Püttner*, Die öffentlichen Unternehmen, 2. Aufl., S. 23 ff.; *Schmidt-Jortzig*, in: HKWP Bd. 5, S. 52 ff.; *Gusy* JA 1995, 166 f.; *Schwarze* EuZW 2000, 613 ff.; *Weiss* DVBl. 2003, 564 ff.; *Cremer* DÖV 2003, 921 ff.; *Waldmann* NVwZ 2008, 284 ff.; *Stein* DVBl. 2010, 563 ff.; *Lange*, a. a. O., S. 829 ff.

22 c) Auf der Basis vorstehender Ausführungen und unionsrechtlichen Einflüssen sowie der genannten Kriterien und Indikatoren ist im Einzelfall sorgfältig zu prüfen, ob eine wirtschaftliche Betätigung und damit ein wirtschaftliches Gemeindeunternehmen i. S. v. § 102 vorliegt oder nicht. Dabei wird zur **Abgrenzung** der wirtschaftlichen Betätigung von der übrigen Gemeindeverwaltung **generell** gesagt werden können, dass ein wirtschaftliches Unternehmen dann vorliegt, wenn der Betätigungsbereich bei einer Dominanz öffentlicher Zwecke (Gemeinwohlgeprägtheit) der Befriedigung materieller örtlicher Lebensbedürfnisse mit wirtschaftlicher Wertschöpfung dient, nicht notwendigerweise von eigener Rechtsfähigkeit, aber verstärkt von wirtschaftlicher und organisatorischer Festigkeit und Eigenständigkeit, von betriebswirtschaftlichen Arbeitsmethoden und von der Teilnahme am allgemeinen Geschäftsverkehr von einer gewissen Dauer (nachhaltige Marktgängigkeit) geprägt ist sowie in der Regel auch von einem Privatunternehmer mit Gewinnerzielungsabsicht betrieben werden könnte und dabei die öffentliche Hand/Kommunen bei mehr als 50 % Geschäftsanteilen einen „beherrschenden" Einfluss ausübt (**Begriff des wirtschaftlichen Unternehmens;** grundsätzlich betriebs-, nicht organisationsform- oder einzelhandlungsbezogen; vgl. BVerfG NJW 2011, 1201, 1203; OVG Münster NVwZ 2003, 1520 ff.; VGH BW NVwZ-RR 2006, 714 f.; *Krüger* DÖV 2012, 837, 841; *Benecke/Döhmann* JZ 2015, 1018 f.; Teil 1 Rdn. 46 ff.). Dabei muss aber gesehen werden, dass es sich oft nur um graduelle Unterschiede handelt und nicht immer eine konsequente und befriedigende Abgrenzung möglich ist, dass aber auch die Festlegung des Begriffs wirtschaftliches Unternehmen i. S. der GemO den örtlichen Wirkungskreis und die Befriedigung von Einwohnerbedürfnissen primär zu berücksichtigen hat, also eng mit dem „Gemeindevolk" und dem „Hoheitsgebiet" verbunden sein muss (vgl. Rdn. 17 und 36).

Auf Grund der gemeindlichen Selbstverwaltungsgarantie (Organisationshoheit; vgl. oben Rdn. 5 ff.) und der Tatsache, dass den Gemeinden im Rahmen der in § 102 Abs. 1 enthaltenen unbestimmten Rechtsbegriffe (Tatbestandsvoraussetzungen) ein **Beurteilungsspielraum** zusteht, muss den Gemeinden in Grenzfällen ein gewisser Entscheidungsspielraum eingeräumt werden (**Einschätzungsprärogative** insbes. bei Entscheidungen mit prognostischen Elementen; vgl. BVerwGE 39, 333 f.; 80, 113, 120; DVBl. 2002, 1409 ff.; BVerfGE 94, 12 ff.; 106, 62, 148 ff.; NJW 2004, 2802 ff.; OVG NW NVwZ 2008, 1031, 1035; VGH BW DVBl. 2015, 106, 108; *Schmidt-Jortzig*, in: HKWP Bd. 5, S. 56 ff.; *Schoepke* BWGZ 1984, 604 f; *Ruffert* VerwArch 2001, 27, 37 f.; *Sendler* DVBl. 2002, 1412 ff.; *Ossenbühl* JZ 2003, 96 f.; Rdn. 34 ff. zu § 78 und Rdn. 44 ff. zu § 77). Hierbei ist mit der h. M. davon auszugehen, dass sich wirtschaftliche Unternehmen und öffentliche Einrichtungen nicht wie klar abgrenzbare Bereiche, sondern als zwei sich z. T. überschneidende Kreise gegenüberstehen, wobei „öffentliche Einrichtung" der allgemeinere, weitere Begriff ist (*Cronauge/Westermann*, Kommunale Unternehmen, Rdn. 25 ff.; § 106a; vgl. Rdn. 15 f., 24, 65 ff.).

Eine abschließende Aufzählung aller wirtschaftlichen Unternehmen ist aus den genannten Gründen nicht möglich und sinnvoll. Gleichwohl bietet die Erste Ausführungsanweisung zur (Reichs-) EigDVO vom 22.3.1939 (RMBliV S 633) auch heute noch eine **beispielhafte Aufzählung**. An wichtigen wirtschaftlichen Unternehmen sind u. a. zu nennen: Wasserwerke, Gas-, Elektrizitäts- und Fernheizwerke (auch Verteilungsbetriebe), Straßenbahnen, sonstige ÖPNV-Betriebe, Messen, Hallen- und Hafenbetriebe, Park- und Lagerhäuser, Flughäfen, Fähren und ähnliche Unternehmen. Schlachthöfe und Heilbäder (Kurbetriebe) dürften Grenzfälle sein (vgl. *Stern/Püttner*, Die Gemeindewirtschaft, S. 70 f.; Teil 1 Rdn. 37 ff.). Einige umstrittene Fälle kommunaler wirtschaftlicher Betätigung werden unter Rdn. 43 ff. noch eingehender besprochen. Auch die gegenwärtig diskutierten „Neuen Geschäftsfelder" sind sehr vielfältig und deren Zulässigkeit teilweise umstritten (Telekommunikation, Consulting, Beschäftigungsförderung, Technologie- und Gründerzentren, Touristik, Werkstatt-, Bauhof- und Grünpflegeleistungen an Private usw.; vgl. dazu unten Rdn. 43 ff.; *Badura* DÖV 1998, 818 ff.; *Cronauge* GemHH 1998, 131 ff.; *Schink* NVwZ 2002, 129 ff.; UA „Kommunale Wirtschaft" der IMK, Wirtschaftliche Betätigung der Kommunen in Neuen Geschäftsfeldern, März 1998 und März 2001). Fasst man alle Veranstaltungen, Agenden und unternehmerischen Tätigkeiten iwS zusammen, so kann man sie insgesamt mit dem Begriff „kommunale oder **gemeindliche Daseinsvorsorge**" versehen (mit Infrastruktur). Die schwierige Abgrenzung der wirtschaftlichen Unternehmen von den öffentlichen Einrichtungen ist deshalb notwendig und wichtig, weil bei letzteren neben z. T. steuerlichen Aspekten grundsätzlich höchstens kostendeckende Gebühren erhoben werden dürfen, bei ersteren ein Ertrag für den Haushalt erzielt werden soll (§ 14 KAG; § 12 GemHVO; § 102 Abs. 3; als Indiz u. U.: Widmung zur öffentlichen Benutzung). Auf der Grundlage des kommunalen Wirtschafts- und Abgabenrechts ist im Einzelfall zu prüfen und letztlich vom Gemeinderat zu entscheiden. Auch wirtschaftliche Unternehmen können Zuschussbetriebe und zur öffentlichen Benutzung gewidmet sein (vgl. Rdn. 15 ff. zu § 10; *Wolff/Bachof/Stober/Kluth*, VerwR II, § 86 VIIb 4).

23

d) Nicht zu den wirtschaftlichen Unternehmen sind zu zählen (Negativabgrenzung i. S. eines Ausschlusskatalogs, z. T. als Fiktion; vgl. Rdn. 15 f.; *Katz* BWGZ 2006, 882 f.; zum EG-Recht: in Rdn. 17 ff. vor Art. 1 der EG-Dienst-

24

leistungsrichtlinie 2006/123/EG werden die Dienstleistungen festgelegt, die nicht zu denen von „allgemeinem wirtschaftlichen Interesse" zu rechnen sind):

- **Unternehmen und Einrichtungen** i. S. v. § 102 Abs. 4 sind keine wirtschaftlichen Unternehmen (Fiktion). Nach dem Wortlaut geht § 102 zwar von einem weiten Begriff des wirtschaftlichen Unternehmens aus. Doch werden dann in Abs. 4 wieder kraft ausdrücklicher gesetzlicher Anordnung bestimmte Unternehmen davon ausgenommen (vgl. unten Rdn. 65 ff.). Allerdings gelten dann wieder – was logisch nur schwer zu verstehen ist – für die sog. **nichtwirtschaftlichen Unternehmen** i. S. d. § 102 Abs. 4 Nr. 1 (gesetzliche Pflichtaufgaben) die §§ 103–106 unmittelbar und für **kommunale Einrichtungen** i. S. d. § 102 Abs. 4 Nr. 2 gemäß § 106a entsprechend (vgl. auch § 1 EigBG; Rdn. 15 f.; Gesetzesbegründung LTDS 12/4055, S. 17 ff. und 24; *Umlandt* DNV 5/2000, 12 ff.; *Werner* VBlBW 2001, 206, 208 f.; OVG Münster NVwZ 2005, 1211 f.).
- Außerdem gehören die **Gemeindewaldungen** und in der Regel auch die **Liegenschaften** nicht zu den wirtschaftlichen Einrichtungen i. S. d. § 102 Abs. 1. Für sie gelten gemäß § 91 Abs. 3 besondere Rechtsvorschriften (vgl. § 91 Abs. 2 und 3 mit Erl. Rdn. 39 ff. und 64 ff.; OLG Hamm NVwZ 1999, 330 f.).

4. Voraussetzungen für die wirtschaftliche Betätigung

25 a) Die Voraussetzungen des § 102 Abs. 1, die „**Schrankentrias**" in Ziff. 1 bis 3, gelten stets für die Errichtung, Übernahme und wesentliche Erweiterung eines wirtschaftlichen Unternehmens oder für eine Beteiligung daran (vgl. nachstehend und Teil 1 Rdn. 51 ff.). Ob neben den Fällen der Gründung usw. auch der **Zustand der Fortführung**, der laufende Betrieb, die Voraussetzungen des § 102 Abs. 1 zu erfüllen hat, wird nicht einheitlich beantwortet. Im Hinblick auf die Gründe und den Sinn und Zweck der Zulässigkeitsvoraussetzungen, dem „Schutz" der Privatwirtschaft vor ungerechtfertigter Konkurrenz und der Begrenzung wirtschaftlicher Risiken, muss aber auch der laufende Betrieb den Anforderungen des § 102 Abs. 1 genügen. Die Rechtsaufsicht hat dies zu überwachen und ggf. zu beanstanden (vgl. OVG Münster NVwZ 2003, 1520 f.; VGH Kassel NVwZ-RR 2009, 852, 854; *Scharpf* BayVBl. 2005, 549 ff.; *Leder* DÖV 2008, 173, 181 f.; *Lange*, a. a. O., Kap. 14 Rdn. 65; Teil 1 Rdn. 52).

26 Für bereits 1955 beim Inkrafttreten der GemO vorhanden gewesene Unternehmen gilt § 102 Abs. 1 nicht; die dort festgelegten Voraussetzungen sind auf sie, soweit sie nicht später wesentlich erweitert wurden bzw. werden, nicht anwendbar (**Bestandsgarantie Stand 1955**). In Nr. 1 des 1. RdErl. zu § 85 a. F./ § 102 n. F. wurde ausdrücklich darauf hingewiesen, dass durch § 102 Abs. 1 die z. Z. ihres Inkrafttretens bestehenden Unternehmen in ihrem Bestand nicht berührt werden. Das bedeutet, dass damals vorhandene wirtschaftliche Unternehmen grundsätzlich auch dann fortgeführt werden durften, wenn sie den Voraussetzungen des § 102 Abs. 1 nicht entsprachen (vgl. allerdings §§ 1, 2, 77 und 78; ähnlich für NRW und Hessen: OVG Münster DVBl. 2008, 919; HessVGH LKRZ 2008, 262, 264; *Lange* LKRZ 2009, 241 f.).

Eine **Errichtung** eines wirtschaftlichen Unternehmens (Beteiligung) liegt vor, **27** wenn die Gemeinde ein solches Unternehmen selbst schafft, dh neu erstellt und einrichtet (**Neugründung** eines bisher nicht existierenden Unternehmens). Eine Neuerrichtung ist auch dann anzunehmen, wenn in den bestehenden Betriebsanlagen die bisherigen Geschäftätigkeiten durch funktional wesentlich andere ersetzt werden und u. U. auch dann, wenn einem bestehenden Unternehmen ein anders gearteter, neuer wesentlicher Geschäftszweig angegliedert wird (die Abgrenzung zur Erweiterung ist fließend). Die Wiederherstellung eines durch Einwirkung höherer Gewalt wie Krieg, Feuer usw. zerstörten wirtschaftlichen Unternehmens gilt dann nicht als Errichtung i. S. d. Abs. 1, wenn es ohne wesentliche Erweiterung und für denselben Unternehmenszweck wieder aufgebaut wird.

Unter einer **Übernahme** eines wirtschaftlichen Unternehmens (Beteiligung) versteht man diejenigen Tatbestände, bei denen die Gemeinde ein bestehendes Unternehmen erwirbt, aus fremdem Besitz in ihre eigene Trägerschaft überführt und weiterführt. Dies erfolgt in der Regel durch Kauf, Tausch oder Pacht einer entsprechenden Einrichtung. Entscheidend ist die faktische Übernahme von neuer unternehmerischer Verantwortung und Risiken (i. d. R. nicht bei bloßer Umwandlung). **28**

Die Vorschrift des § 102 Abs. 1 gilt auch für **wesentliche Erweiterungen** eines **29** bestehenden wirtschaftlichen Unternehmens (Beteiligung). Eine Erweiterung liegt dann vor, wenn Maßnahmen vorgenommen werden, die dazu dienen, den Umfang und die Leistung des Unternehmens auszuweiten oder zu verbessern (quantitative oder qualitative Ausdehnung wie investive oder personelle Expansion, Erweiterung des Maschinenparks, neue Geschäftsfelder usw.). Was **wesentlich** ist, kann nicht allgemein festgelegt werden, sondern ist Tatfrage im Einzelfall. Grundsätzlich sind das Ausmaß und damit die Wesentlichkeit bestimmt durch das Verhältnis der Vergrößerung der Betriebsanlagen zu deren bisherigem Bestand, aber auch zur Leistungsfähigkeit der Kommune. Mit entscheidend ist, ob durch die neuen Maßnahmen die Größe und die finanzielle Situation des Unternehmens und damit auch die finanziellen Gefahren und Risiken der Kommune in einem erheblicheren Umfang gesteigert werden. Eine wesentliche Erweiterung ist auch zu bejahen, wenn das Unternehmen einen neuen, andersartigen Geschäftszweig zusätzlich übernimmt und darin nicht schon eine Errichtung eines wirtschaftlichen Unternehmens zu sehen ist. Die Erneuerung und Modernisierung bestehender Anlagen, Einrichtungen und Produktionsmittel, aber auch Rationalisierungsmaßnahmen oder rechtlich zulässige Annextätigkeiten sind nicht als wesentliche Erweiterung zu betrachten (VGH Kassel NVwZ-RR 2009, 852 ff.; *Ackermann* DVBl. 1965, 353; *Stehlin* NVwZ 2001, 645 ff.; Rdn. 35). Zum Begriff der **Beteiligung** vgl. Rdn. 6 ff. zu § 103.

b) Öffentlicher Zweck: Gemäß § 102 Abs. 1 darf eine Gemeinde sich nur dann **30** wirtschaftlich betätigen, wenn ein entsprechendes Unternehmen sowohl durch den öffentlichen Zweck gerechtfertigt ist als auch in einem angemessenen Verhältnis zur Leistungsfähigkeit der Gemeinde und zum voraussichtlichen Bedarf steht. Von **zentraler Bedeutung** ist dabei die Voraussetzung, dass jedes wirtschaftliche Unternehmen und jedes seiner Geschäftszweige durch einen öffentlichen Zweck gerechtfertigt sein muss (§ 102 Abs. 1 Nr. 1; vgl. auch Nr. 1 und 2 VwV GemO; §§ 1, 2, 10, 77 ff.; Art. 28 Abs. 2 GG; Art. 71 LV; „öffentlicher Zweck" als **konstitutives, integrales Merkmal** eines kommunalen Unternehmens und Legitimationserfordernis einer Gemeinde für entsprechendes sach- und gebietsbezogenes Handeln).

31 Ausgangspunkt für die **Bestimmung des Begriffs** öffentlicher Zweck i. S. v. § 102 Abs. 1 ist auch hier die **DGO** und zwar § 67 DGO (vgl. Art. 87 Abs. 1 Satz 2 BayGO). Wie bei dem Begriff des wirtschaftlichen Unternehmens so ist auch hier aus überwiegend denselben Gründen eine **negative Abgrenzung** in zweifacher Richtung vorgenommen worden: Einmal durften die Gemeinden solche erwerbswirtschaftlichen Unternehmen **nicht** betreiben, denen primär fiskalische Interessen, dh als Hauptzweck die **Gewinnerzielung**, zugrunde lagen; zum anderen waren darüber hinaus wirtschaftliche Unternehmen verboten, die nur finanziell „Mittel" zur Verfolgung des öffentlichen Zweckes waren, also **nur mittelbar** zur gemeindlichen Aufgabenerfüllung beitrugen. Ausgehend von § 67 DGO (abgedruckt bei *Surén/Loschelder,* Deutsche Gemeindeordnung, Bd. 2, Erl. 1 zu § 67, unter Nr. 1a) und den geltenden GemO der Bundesländer sowie der ganz h. M. in Literatur und Rechtsprechung erfordert der „öffentliche Zweck" als Legitimation ein Handeln zur **unmittelbaren Verwirklichung des kommunalen Gemeinwohls** (nicht Selbstzweck, sondern auf das Einwohnerwohl fokussiert). Errichtung und Betrieb der Unternehmen müssen als Hauptzweck die Bedürfnisse der Gemeindeeinwohner befriedigen. Das Primärziel, Gewinn zu erwirtschaften, entspricht keinem öffentlichen Zweck. Es muss sich bei der kommunalen Wirtschaft stets um Betätigungen handeln, die nach der ganzen Entwicklung und den herrschenden Anschauungen eine im öffentlichen Interesse gebotene Versorgung usw. der Einwohnerschaft zum Gegenstand hat; ihre Produkte und Dienstleistungen sowie ggf ihr Handel müssen selbst einem öffentlichen Zweck dienen (örtliche, einwohnernützliche, gemeinwohlrealisierende Aufgaben). Im Einzelnen ist nach wie vor manches umstritten (vgl. BVerfGE 61, 82, 106 ff.; BVerwGE 39, 329 ff.; OVG Münster DVBl. 2008, 919 ff.; *Ehlers* JZ 1990, 1089 ff.; *Badura* DÖV 1998, 818 ff.; *Hösch* DÖV 2000, 393, 400 ff.; *Lange,* a. a. O., Kap. 14, Rdn. 71 ff.).

32 Die Literatur hat sich wiederholt bemüht, den Begriff „öffentlicher Zweck" zu präzisieren. Nach einer Meinung stellt die Bindung der wirtschaftlichen Unternehmen an einen öffentlichen Zweck eine Durchdringung des Unternehmenscharakters mit der Gemeinwohlfunktion dar (normative Bindung an das Gemeinwohlziel; *Stern* BayVBl 1962, 130; *Siedentopf,* Grenzen und Bindungen der Kommunalwirtschaft, S. 65 ff.; *Hidien,* Gemeindliche Betätigungen, S. 78 ff.). Eine a. A. setzt den Begriffsinhalt des öffentlichen Zwecks mit den legitimen Aufgaben der kommunalen öffentlichen Daseinsvorsorge gleich (*Pagenkopf,* Kommunalrecht, Bd. 2, S. 150; *Bulla* DVBl. 1975, 674 f.). *Stern/Püttner* (Die Gemeindewirtschaft, S. 73) verstehen unter einem öffentlichen Zweck „jede gemeinwohlorientierte Zielsetzung, die von der Privatwirtschaft nicht oder nicht hinreichend wahrgenommen wird". Das BVerfG (E 61, 82, 206 ff.) bestätigt den Grundsatz, dass ein kommunales Unternehmen unmittelbar durch seine Leistung, nicht nur mittelbar durch seine Erträge dem Wohl der Gemeindeeinwohner dienen muss. Das BVerwG (E 39, 333 f.) führt aus, dass öffentliche Zwecke auch dann vorliegen können, wenn damit keine Daseinsvorsorge betrieben wird. Das BVerwG stellt auf das Sozialstaatsgebot ab (Art. 20 und 28 GG; vgl. auch § 1 Abs. 2 GemO) und lässt es ausreichen, wenn durch die wirtschaftliche Betätigung das gemeinsame Wohl der Gemeindeeinwohner gefördert wird. Bei der Frage, ob im Einzelfall ein „öffentlicher Zweck" (wertausfüllungsbedürftiger, sich in der Zeit wandelnder unbestimmter Rechtsbegriff) zu bejahen ist, steht der Kommune ein Beurteilungsspielraum zu (Einschätzungsprärogative) bezüglich der konkreten Festlegung des Gemeinwohls auf Grund der sich wandelnden örtlichen Verhältnisse, finanziellen Möglichkeiten der Gemeinde, Bedürfnissen der Einwohnerschaft und anderen Faktoren; vgl. dazu Rdn. 22 und 37; BVerfG NJW 2004, 2802 ff.; BVerwGE 39, 333 f.; DVBl. 2002, 1409 ff.; OVG Münster DVBl. 2008, 919 ff.; *Schneider* DVBl. 2000, 1250, 1257; *Beaucamp* DÖV 2002, 24 ff.). Ob durch den sich vollziehenden Funktionswandel kommunaler Unternehmen (Liberalisierung, Wettbewerb usw.; vgl. Rdn. 4 und 12) sich abgesehen von begrenzten interpretatorischen Anpassungen ohne einfachgesetzliche Rechtsänderung eine „neue" Definition des öffentlichen Zwecks rechtfertigen lässt, ist umstritten (die h. M. verneint dies: *Ehlers* DVBl. 1998, 497 ff.; *Katz* BWGZ 1998, 687 ff.; *Hösch* DÖV 2000, 393, 400 ff.; *Britz* NVwZ 2001, 380 ff.; *Schink* NVwZ 2002, 129 ff.; differenzierend: *Cronauge* GemHH 1998, 131 ff.; a. A. *Moraing* GemHH 1998, 223 ff.; zur hier vertretenen Auffassung: begrenzt zulässig vgl. Rdn. 33, 36 und 43 ff. sowie Teil 1 Rdn. 53 ff.).

Ausgangspunkt jeder wirtschaftlichen Betätigung und damit des Zentralbegriffs 　**33** „öffentlicher Zweck" muss stets die **Gemeinwohlbindung** sein. Kommunale Wirtschaftsunternehmen sind Instrumente zur Erfüllung öffentlicher Gemeindeaufgaben. Die in § 102 Abs. 1 Nr. 1 geforderte normzweckkonforme Rechtfertigung liegt dann vor, wenn ein öffentliches Bedürfnis für eine sozial-, gemeinwohl- und damit einwohnernützliche Aufgabe gegeben ist. Unternehmensleitziel und Legitimationserfordernis kommunalen Wirtschaftens ist es also, dass eine Leistung erbracht wird, die einen Bedarf befriedigt, der im öffentlichen Interesse der Einwohner geboten ist (Art. 28 Abs. 2 GG, §§ 1, 2 und 10 GemO; BVerfGE 59, 216, 229; BVerwGE 56, 110, 119; VGH BW VBlBW 1982, 202, 205; *Ronellenfitsch* HdBStaatsR Bd. III, § 84 Rdn. 39). Dabei ist der öffentliche Bedarf nicht eng i. S. der klassischen Versorgung der Einwohnerschaft mit Elektrizität, Gas, Wasser usw. zu verstehen und auch nicht auf den Bereich der Daseinsvorsorge beschränkt. Vielmehr können dafür Leistungen und Lieferungen für die **Bedürfnisbefriedigung der Einwohner** und der Gemeinde auf den verschiedensten Lebens- und Aufgabengebieten in Betracht kommen (Konzept kommunaler Daseinsvorsorge, örtliche Infrastruktur, Grundversorgung menschlicher Bedarfe, sozialer Wohnungsbau, städtebauliche Entwicklungs- und Sanierungsmaßnahmen, sozial- und umweltpolitische Aufgaben sowie begrenzt auch kommunale Wirtschaftsförderung und Arbeitsmarktaktivitäten). Allerdings darf dabei der öffentliche Zweck nicht ohne weiteres mit den Versorgungsbedürfnissen einzelner Einwohner oder von Gruppen gleichgesetzt werden, sondern es müssen zusätzlich Umstände vorliegen, die die Befriedigung solcher wirtschaftlichen Bedürfnisse zur öffentlichen Gemeindeaufgabe machen und deshalb auch ein kommunales Unternehmen rechtfertigen (die bloße Bedürfnisbefriedigung ist primär eben Sache privater Initiative; vgl. *Zumpe*, Rechtliche Grenzen der kommunalen Wohnraumvermittlung, S. 46 f.). Kommunale Unternehmen müssen unmittelbar durch ihre Lieferungen und Leistungen und nicht nur mittelbar durch ihre Gewinne und Erträge dem Wohl der Gemeindeeinwohner dienen. Der öffentliche Zweck ist also gemeinwohldienlich, **einwohnernützig und gemeindebezogen** zu bestimmen („Durchdringung" des Unternehmenscharakters mit kommunalen Gemeinwohlfunktionen; grundsätzliche enge **Bindung an das Gemeindevolk und das Gemeindegebiet**, eben **Angelegenheiten der örtlichen Gemeinschaft**, Art. 28 Abs. 2 GG; insoweit ist die kommunale Gemeinwohlbindung enger als beim Bund oder Land; vgl. BVerfGE 61, 82, 107 f; BVerwGE 39, 333 f.; BVerwG NVwZ 2005, 958 f. und 2006, 595 ff.; BGH NJW 1987, 60 f; OVG Lüneburg KommJur 2009, 190; VGH BW DVBl. 2015, 106 ff.; *Bulla* DVBl. 1975, 647; *Schmidt-Jortzig*, in: HKWP Bd. 5, S. 56 ff.; *Hennecke* NdsVBl 1999, 1 ff.; *Hösch* DÖV 2000, 393, 399 ff.; *Schink* NVwZ 2002, 129 ff.; *Geiger/Aßmann* DVBl. 2012, 1276 ff.; zur EU-Ebene vgl. etwa Mitt der EU-Kommission (Leistungen der Daseinsvorsorge), KOM 2000/580, in: BR-DS 677/2000; *Hellermann* Der Landkreis 2001, 434 ff.; *Papier* DVBl. 2003, 686 ff.). Neue Herausforderungen, veränderte Marktsituationen, technische, digitale und globale Entwicklungen, ökologische Gründe und veränderte Einwohnerbedürfnisse erfordern eine **Weiterentwicklung** der Zulässigkeitsvoraussetzungen. Dies gilt insbesondere im Hinblick auf sachliche und territoriale Modifizierungen des „öffentlichen Zwecks" als nicht statischen, auslegungsbedürftigen Begriff und damit für die Möglichkeit der partiellen Ausdehnung der kommunalen Wirtschaftstätigkeit („neue" Geschäftsfelder, Teil 1, Rdn. 38 f. und 53 ff.; *Cronauge*, a.a.O., Rdn. 552 ff.). Aus diesen Gründen und im Hinblick auf veränderte Wettbewerbssituationen besteht hier eine begrenzte Bandbreite von die kommunale wirtschaftliche Betätigung funktionsmodifizierenden Entwicklungs- und Interpretationsmöglichkeiten, die allerdings primär vom Gesetzgeber/Rechtsprechung und nicht von Verbands- und Literaturseite zu entscheiden und festzulegen sind (vgl. Art. 87 Abs. 2 BayGO und § 107 Abs. 3 GO NRW).

34 Kriterien oder Indizien für das Vorliegen eines öffentlichen Zweckes sind: Sicherung des Bedarfs der Gemeinde und besonders ihrer Einwohner, des ortsansässigen Gewerbes und der Industrie mit öffentlichen Versorgungs- und Dienstleistungen (örtliche Daseinsvorsorge, insbes Grundversorgung, Basisdienstleistungen, Infrastruktur usw.), Unterstützung der gemeindlichen Entwicklungs- und Bauleitplanung, der Siedlungspolitik und der Stadterneuerung, Berücksichtigung sozialer Belange und Bedürfnisse der Leistungsempfänger (Festsetzung angemessener, sozial tragbarer Entgelte und Tarife sowie Versorgungssicherheit und Umweltschutz), Wahrung des gemeindlichen Einflusses auf die örtliche Versorgung gegenüber Großunternehmen sowie die Überwachung örtlicher Monopole zur Verhinderung von Missbräuchen durch überhöhte Preise und ungünstige Bedingungen, Beseitigung sozialer und sonstiger unzuträglicher Missstände, Notwendigkeit einer objektiven und neutralen Aufgabenwahrnehmung, Geheimhaltungsbedürftigkeit, in begrenztem Umfang auch Wirtschaftsförderungs-, Touristik- und Arbeitsmarktmaßnahmen usw. (vgl. dazu Rdn. 35 f. und 43 ff.; *Surén/Loschelder*, Deutsche Gemeindeordnung, Bd. 2, § 67 Erl. 3a; *Püttner*, Das Recht der kommunalen Energieversorgung, S. 37 ff.; *Wolff/Bachof/Stober*, VerwR II, § 86 VII b 4; BVerfGE 21, 245, 252 ff.; 61, 82, 107; BGH NJW 1987, 60 ff.; *Burmeister*, in: HKWP Bd. 5, S. 41 f.; *Cronauge* GemHH 1998, 131 ff.; *Püttner* u. a. ZKF 2001, 178 ff.; *Mann* JZ 2002, 819 ff.; *Scharpf* VerwArch 2005, 485 ff.; *Dünchheim/ Schöne* DVBl. 2009, 146 ff.). Im Einzelfall sind die Kommunalentscheidungen daran zu messen, ob mit dem Hauptzweck (Primärziel) eines wirtschaftlichen Unternehmens unmittelbar öffentliche, einwohnernützliche Bedürfnisse, also Gemeinwohlaufgaben des örtlichen Wirkungskreises verfolgt werden oder nicht.

Eine gewisse **Ausnahme** davon stellen die sog. untergeordneten, dem Primär-   **35** zweck dienenden Neben-, Rand- oder vorübergehenden Zusatztätigkeiten bzw. Annex- oder Hilfstätigkeiten wirtschaftlicher Gemeindeunternehmen dar (zu den Neben- und Hilfsbetrieben der Gemeinde selbst vgl. Rdn. 69 f.). Dies ist im Rahmen der geltenden Auslegungsmethoden in Grenzen legitim. Mit dem Begriff „Neben- oder Randnutzung" wird die wirtschaftliche Betätigung bezeichnet, die eine Kommune „bei Gelegenheit" der Erfüllung ihrer öffentlichen Aufgaben betreibt, um sonst brachliegende Wirtschaftspotenziale und -ressourcen, Consultingdienstleistungen usw., die primär öffentlichen Zwecken dienen, auszunutzen. Solche Tätigkeiten, durch die ein Unternehmen mit sinnvollen, untergeordneten Nebengeschäften (z. B. zur Ausnutzung vorübergehend freier Kapazitäten) seinen Betrieb abrundet und günstiger gestaltet, sind also dann vom öffentlichen Zweck gedeckt und grundsätzlich zulässig, wenn sie in einem engen sachlichen Zusammenhang mit der unmittelbar öffentlichen Zwecken dienenden unternehmerischen Haupttätigkeit stehen, bloße Ergänzungs- und Abrundungstätigkeiten, vorübergehende untergeordnete Zusatzgeschäfte bzw. Randnutzungen oder unwesentliche nicht ausgelastete Nutzungen darstellen, soweit sie eindeutig hinter den Hauptzweck des örtlichen Gemeinwohls zurücktreten, ihm dienen und eine sachgerechte Aufgabenerledigung nicht beeinträchtigen (**kapazitätsauslastende untergeordnete Tätigkeitserweiterungen**; vgl. BVerwG 82, 29; OVG RhPf. DÖV 2006, 611 ff.; Nds. OVG NdsVBl. 2009, 21 f.; *Ehlers* DVBl 1998, 497, 501; *Schink* NVwZ 2002, 129, 134 f.; *Geiger/ Aßmann* DVBl. 2012, 1276 ff.; *Schulz/Tischer* GewArch 2014, 1 ff.). Demnach darf etwa ein Verkehrsunternehmen nicht benötigte Flächen zu Werbezwecken vermieten (Verkehrsmittelreklame) oder zeitweise freie Kapazitäten in eigenen Reparaturwerkstätten vorübergehend für Fremdnutzung einsetzen, ein Schlachthof oder ein Gaswerk ihre Abfallprodukte verkaufen, kommunale Krankenhäuser/Schwimmbäder einen Kiosk bzw. Sauna betreiben usw. Solche Randnutzungen „partizipieren" am öffentlichen Zweck der Haupttätigkeiten (vgl. dazu auch § 102 Abs. 4 Nr. 3 und Rdn. 69; BVerwGE 39, 334 ff.; BGH DÖV 1974, 785; OVG Lüneburg KommJur 2009, 190; *Wolff/Bachof/Stober*, VerwR II, § 86 VIIb 4; *Schmidt-Jortzig*, in: HKWP Bd. 5, S. 62 f.; Teil 1 Rdn. 55 f.; *Scharpf* DÖV 2006, 23 ff.; *Reck* DVBl. 2009, 1546, 1551). Ein öffentlicher Zweck ist aber dann nicht mehr gegeben, wenn auf Dauer entbehrlich gewordene, abbaubare Kapazitäten aufrechterhalten oder gar neue Kapazitäten aufgebaut werden, um Gewinne zu erwirtschaften. Dabei sind solche Neben- oder Annexaufgaben begrifflich nicht statisch zu verstehen, sondern sind den Rahmenbedingungen und Bedürfnissen entsprechend weiterzuentwickeln. So muss es etwa grundsätzlich möglich sein, angestammte Tätigkeitsfelder durch marktgerechte oder effizienzsteigernde Zusatzdienste wie Beratung in der klassischen kommunalen Versorgungswirtschaft zu ergänzen, wenn dies erforderlich ist, um im Markt wettbewerbsfähig zu bleiben (zukunfts- und wettbewerbsnotwendig; Dienstleistungsangebot „aus einer Hand"; Paket- bzw. Multi-Utility-Angebote in der Stromversorgung, „hinter dem Zähler" i. S. eines chancengleichen Wettbewerbs; *Schulz* BayVBl 1998, 449 ff.; *Geiger/Aßmann* DVBl. 2012, 1276 ff.). Letzteres ist allerdings nicht unumstritten und die Grenzziehung schwierig. Im Zweifel sollte die Rechtsaufsicht eingeschaltet werden.

Die Frage, ob **neue Geschäftsfelder** mit dem Ziel einer neuen Marktausrichtung des Kommunalunternehmens i. S. einer „Vollversorgung" gezielt aufgebaut werden kann, wird z. T. verneint (**Full-Serice**, Multi-Utility-Strategie, Stromgeschäfte „hinter dem Zähler", Energieberatung und -management, Contracting-In; vgl. *Schink* NVwZ 2002, 129, 135; *Stober* NJW 2002, 2357, 2361). Diese Auffassung ist m. E. zu eng. Veränderte wirtschaftliche und technische Rahmenbedingungen, Kundenwünsche und -bedürfnisse erfordern in einigen Bereichen, die bisherige Kernleistung durch diese Tätigkeit arrondierende Dienstleistungen zu ergänzen. Solche **Zusatz- und Nebenleistungen** wie z. B. gewisse Zusatzangebote an Beratungs- und Installationsleistungen durch die Stadtwerke sollten dann zulässig sein, wenn sie wirtschaftlich gesehen und auf Grund des Sachzusammenhangs bloß begrenzte Ergänzungen der einem öffentlichen Zweck dienenden Hauptleistung beinhalten. Sie müssen **mit dem Hauptzweck verbunden und ihm klar untergeordnet sein** sowie diesen fördern und nicht behindern. Außerdem müssen sie **zur Abrundung einer wettbewerbsfähigen Gesamtleistung notwendig sein**, also dem Bedürfnis dienen, angestammte Tätigkeitsfelder markt- und wettbewerbsgerecht zu ergänzen und neuen technischen und marktbedingten Entwicklungen anzupassen (Energieberatung, Contracting-Modelle, Smart Grid usw.). Diese Grenze wird jedoch beim Aufbau völlig neuer Geschäftsfelder, insbes wenn sie eine neue Marktausrichtung oder eine wesentliche Geschäftsausweitung darstellt, überschritten sein (z. B. Pflege-, Instandsetzungs- und sonstige handwerkliche Leistungen sowie Gebäudemanagement von größerem Umfang, generelles Consulting; vgl. OLG Düsseldorf DÖV 2001, 912). Richtschnur sollte eine rechtsgüter- und interessenabwägende „mittlere Linie" u. a. für einen chancengleichen Wettbewerb zwischen Privat- und Kommunalwirtschaft sein (so h. M.; BVerwGE 82, 76, 92 ff.; RhPfVerfGH NVwZ 2000, 801 ff.; OLG Hamm NJW 1998, 3504 f.; OLG München NVwZ 2000, 835 f.; LG Offenburg NVwZ 2000, 717; OLG Karlsruhe NVwZ 2001, 712; OLG Düsseldorf DVBl. 2001, 1283, 1286: Gebäudemanagement kein Annexfeld; OVG Münster DVBl 2004, 133 ff.: untergeordnete Vermietung; *Ehlers* DVBl. 1998, 497; *Henneke* NdsVBl 1999, 1 ff.; *Otting* DÖV 1999, 549 ff.; *Ruffert* VerwArch 2001, 27, 42; *Britz* NVwZ 2001, 380, 384 f.; *Stehlin* NVwZ 2001, 645 f.; *Scharpf* DÖV 2006, 23 ff.; ausgewogen die Thesen des Deutschen Städte- und Gemeindebundes, in: Stadt und Gemeinde 7–8/1998; *Püttner* u. a. ZKF 2001, 178 ff. und DÖV 2002, 731, 735). Diese Grundsätze sind für die der zulässigen Hauptleistung untergeordneten sog. **Annex- und Hilfstätigkeiten** sowie für unwesentlich nicht ausgelastete Kapazitäten entsprechend anzuwenden (Abgrenzung fließend). Bei der Prüfung der Zulässigkeit solcher ergänzenden Tätigkeiten ist eine differenzierte Betrachtung und den Einzelfall berücksichtigende Bewertung unter Berücksichtigung von Gewicht, Dauer, Intensität und Proportionalität zwischen Haupt- und Nebentätigkeit vorzunehmen. (vgl. Rdn. 53, 59 f. und 69 f. sowie Teil 1 Rdn. 53 ff.; *Scharpf* DÖV 2006, 23 ff.; von der Rspr. wurden etwa für zulässig erachtet: Betrieb von Kiosken in Krankenhäusern, Sauna im Zusammenhang mit öffentlichem Bad, OVG Lüneburg KommJur 2009, 190, nicht dagegen Gebäudemanagement, OLG Düsseldorf DÖV 2001, 912; Rdn. 43 ff.; zur Darlegungs- und Begründungslast sowie zur kommunalen Einschätzungsprärogative vgl. Rdn. 22 und 37 sowie Erl zu § 108). Für energienahe/**energieverbundene Dienstleistungen** gelten in einigen Bundesländern privilegierte spezialgesetzliche Regelungen zur Belebung des dezentralen Energiemarktes, ohne allerdings die Belange des Handwerks zu beeinträchtigen (vgl. etwa § 121 Abs. 1 und 4 HessGO; § 107a GO NW; § 116 Abs. 2 GO LSA; LT-DS. NW 15/27 und 867 mit Anhang 1; *Articus/Schneider*, a. a. O., Erl. zu § 107a; unten Rdn. 81e).

Nach ganz h. M. liegt ein „öffentlicher Zweck" für ein Kommunalunternehmen grundsätzlich nur dann vor, wenn dessen Tätigkeiten auf die örtliche Gemeinschaft und das Gebiet der Gemeinde bezogen und räumlich begrenzt sind („Radizierung" auf sachliche und örtliche Aufgaben der Gemeinde; Handeln „intra muros"; **Territorialprinzip**; vgl. unten **Rdn. 81a ff.**). Kommunalwirtschaft ist eben nach geltender Rechtslage nicht Ausübung räumlich ungebundener unternehmerischer Freiheit, sondern hat sich, ob man dies für sinnvoll hält oder nicht, an die geltende verfassungsrechtliche staatliche Kompetenzverteilungsordnung und die einfachgesetzlichen Normen zu halten (**Verbandskompetenz** entsprechend dem Gebietsbezug von Art. 28 Abs. 2 GG; Art. 71 Abs. 2 LV als Kompetenztitel und -grenze; §§ 1, 2, 10). Die Selbstverwaltungsgarantie schützt abgesehen von besonderen Kompetenztiteln nur die „Aufgabenuniversalität" des **örtlichen Wirkungskreises**, dh die Angelegenheiten, Bedürfnisse und Interessen, die in der örtlichen Gemeinschaft wurzeln oder auf sie einen spezifischen Bezug haben, die also den Gemeindeeinwohnern gerade als solchen gemeinsam sind, indem sie das Zusammenleben der Menschen in der Gemeinde betreffen (Art. 71 Abs. 2 LV: „Die Gemeinden sind in ihrem Gebiet die Träger der öffentlichen Aufgaben, soweit nicht bestimmte Aufgaben im öffentlichen Interesse durch Gesetz anderen Stellen übertragen sind"). Stets muss also auch unter Berücksichtigung der Liberalisierungsprozesse der eindeutige Hauptzweck bzw. Schwerpunkt der wirtschaftlichen Betätigung in der Versorgung usw. der Gemeindeeinwohner liegen. Argumente wie Sicherung der Rentabilität und Effektivität oder bessere Auslastung sind kommunalwirtschaftlich zwar verständlich, aber rechtlich unbeachtlich, ohne ausdrückliche gesetzliche Regelung nicht vertretbar (vgl. **Abs. 7** und Rdn. 81a ff.). Abzulehnen ist auch die Auffassung, dass das Örtlichkeitsprinzip außerhalb der hoheitlichen Tätigkeitsbereiche nicht gelte (so etwa *Wieland/Hellermann* DVBl. 1996, 401 ff.; *Moraing* GemHH 1998, 223 f.; *Wolff* DÖV 2011, 721 ff.; zur h. M. Rdn. 5).

„**Territoriale Ausgriffe**" als Ausnahmen von dem Territorialprinzip sind begrenzt nur im Rahmen des Bestandsschutzes (Rdn. 26), bei ausdrücklicher gesetzlicher Ermächtigung (vgl. insbes. Abs. 7), und bei unbedeutenden, untergeordneten Neben- oder Annextätigkeiten zulässig (vgl. Rdn. 35, 37, 70 und

36

81a ff.; oben Teil 1 Rdn. 57 f.). Die lange Zeit geltende restriktive Auffassung sollte heute nicht zu „rigide" gesehen, sondern entsprechend den Bedürfnissen vom Gesetzgeber behutsam gelockert werden, was 2005 auch in **Abs. 7** geschah (vgl. dazu eingehend unten Rd. 81a ff.; LTDS 15/3255, S. 3 ff.; OVG NW NVwZ 2008, 1031 ff.; *Guckelberger* BayVBl. 2006, 293 ff.; *Heilshorn* VBlBW. 2007, 161 ff.). Grenzüberschreitende wirtschaftliche Betätigung erfolgt regelmäßig im Wege der **interkommunalen Zusammenarbeit** durch zwischengemeindliche Absprachen, Vereinbarungen und vielfältige Kooperationen (öffentlich-rechtliche oder privatrechtliche Vereinbarungen, Zweckverbände, gAÖR, Rechtsformen des Privatrechts usw.; vgl. Rdn. 85; Rdn. 17 zu § 103). Die hier vertretene h. M. berücksichtigt, dass eine über die Gemeindegrenzen hinausgehende Kompetenzerweiterung zwangsläufig mit einer Kompetenzschmälerung einer anderen Gemeinde korrespondiert, dass die „expandierende" Gemeinde in die horizontale Schutzgarantie des Art. 28 Abs. 2 GG der betroffenen Gemeinde eingreift („feindliche Fremdbesetzung"; „Kommunalkanibalismus"; „grenzenlose" Kommunalwirtschaft). Die interkommunalen Beziehungen sind von der staatsorganisationsrechtlich festgelegten Kompetenzverteilung, von dem Grundsatz der Solidarität in der „Kommunalfamilie", von interkommunaler Partnerschaft, aber nicht von ungezügeltem, ungleichem Wettbewerb oder von einseitiger Expansion geprägt (**interkommunales Kooperationsprinzip und Rücksichtnahmegebot**; vgl. Rdn. 13; Rdn. 17 zu § 103). Grenzüberschreitende Kompetenzerweiterungen usw. müssen, da sie das Selbstverwaltungsrecht anderer Gemeinden berühren, vom Landesgesetzgeber geregelt werden. Dabei sind die Grenzen bzw. Interessen der betroffenen Gemeinden unter Berücksichtigung der Rspr des BVerfG festzulegen (letztlich Beachtung der Grundsätze der Güterabwägung und der Verhältnismäßigkeit; vgl. Rdn. 6). Wie bereits früher etwa in Bayern (§ 87 Abs. 2 Satz 1 GO) und Nordrhein-Westfalen (§ 107 Abs. 3 Satz 1 GO) wurde 2005 in Abs. 7 eine entsprechende Regelung eingeführt (vgl. LTDS 12/1455, 13/4767 und 13/4835; 15/3255, S. 3 ff.; im Einzelnen unten Rdn. 81a ff.; BVerfGE 50, 195, 201; 61, 82, 101 ff.; 79, 127, 146 ff.; BVerwGE 40, 323, 329 f.; 87, 228, 236; NVwZ 2005, 958 f.; OLG Düsseldorf NVwZ 2000, 714 ff.; OVG Münster DVBl. 2008, 919 f.; *Badura* DÖV 1998, 818 ff.; *Ehlers* DVBl. 1998, 497, 503 f.; *Katz* BWGZ 1998, 687 ff.; *Schink* NVwZ 2002, 129 ff.; *Gern* NJW 2002, 2593 ff.; *Tomerius* GemHH 2004, 241 ff.; *Scharpf* NVwZ 2005, 148 ff.; *Heilshorn* VerwArch 2005, 88 ff. und VBlBW 2007, 161 ff.; *Püttner* DVBl. 2010, 1189; a. A. *Wieland/Hellermann* DVBl 1996, 401 ff.; *Moraing* GemHH 1998, 223 f.). Ein Tätigwerden außerhalb der Landesgrenzen (vgl. *Gundlach* LKV 2002, 264 ff.; *Brosius-Gersdorf* AöR 2005, 392, 402) und im **Ausland** ist grundsätzlich nicht zulässig und gesetzlich nicht vorgesehen. In solchen Fällen sollte dringend die Rechtsaufsicht eingeschaltet werden (vgl. Teil 1 Rdn. 58; *Brüning* DVBl. 2004, 1451 ff.; *Wolff* DÖV 2011, 721 ff.).

37   Für das Vorliegen des öffentlichen Zwecks im örtlichen Wirkungskreis, die Gemeinwohlvereinbarkeit einer wirtschaftlichen Betätigung, obliegt der Gemeinde grundsätzlich eine **Darlegungs- und Begründungslast** (vgl. Wortlaut des § 108: „Nachweis der gesetzlichen Voraussetzungen"). Sie ist gehalten, das Vorliegen des unbestimmten Rechtsbegriffs nachzuweisen (qualifizierte Entscheidungsgrundlagen mit entsprechender Dokumentation; vgl. Erl. zu § 108). Dies ist notwendig, um der Rechtsaufsicht die Rechtmäßigkeitsprüfung zu ermöglichen. Die Rechtsaufsicht hat dabei allerdings den der Gemeinde zustehenden Beurteilungsspielraum zu beachten (**Einschätzungsprärogative**; BVerfG NJW 2004, 2802 ff.; BVerwG DVBl. 2002, 1409 ff.). Bei der Entscheidung über das Vorliegen des „öffentlichen Zwecks" sind die gesamten Umstände des Einzelfalles einzubeziehen und auch der Normzweck der Vorschrift (kommunal-, finanz- und wirtschaftspolitische Zielsetzungen; vgl. Rdn. 8 und 22 ff.) sowie der Subsidiaritätsgedanke zu berücksichtigen (Rdn. 14 und 41 f.). Stets ist eine umfassende Einzelfallprüfung erforderlich, bei der allein im Ermessen der Gemeinde stehende kommunalpolitische Zweckmäßigkeitserwägungen nicht ausreichen (Wortlaut und Entstehungsgeschichte sowie der Normzweck des § 102 Abs. 1; vgl. VwV GemO Nr. 2 zu § 102; *Schmidt-Jortzig*, in: HKWP Bd. 5, S. 56 ff.; RhPfVerfGH NVwZ 2000, 801 ff.; OVG NW NVwZ 2008, 1031, 1035; VGH BW DVBl. 2015, 106, 108; *Ruffert* VerwArch 2001, 27 ff.; *Ossenbühl* JZ 2003, 98 f.; *Jarass* DVBl. 2006, 1, 6 f.; *Otting/Olgemöller* KommJur 2014, 201, 204; *Kunze/Bronner/Katz*, a. a. O., Rdn. 35 zu § 77 und Rdn. 34 ff. zu § 78; vgl. auch Erl. zu § 108).

c) Ein wirtschaftliches Unternehmen muss – neben dem öffentlichen Zweck – **38** die Anforderung erfüllen, nach Art und Umfang in einem angemessenen Verhältnis zu der **Leistungsfähigkeit** der Gemeinde und zum **voraussichtlichen Bedarf** zu stehen (Konkretisierung der allgemeinen Haushaltsgrundsätze, § 77; **§ 102 Abs. 1 Nr. 2** i. S. einer Schutzfunktion vor wirtschaftlichen Risiken und finanzieller Überforderung). Beide Voraussetzungen sind im Einzelfall auf Grund der tatsächlichen Verhältnisse und örtlichen Gegebenheiten sorgfältig zu prüfen und anhand von Analysen, Gutachten und Prognosen zu ermitteln und zu dokumentieren (gemeindeindividuell durch qualifizierte, nachvollziehbare Vorlagen, Wirtschaftlichkeitsberechnungen, Markterkundungsverfahren, gesicherte Bedarfsprognosen usw.; vgl. §§ 77 und 10 Abs. 2; § 6 HGrG; § 7 BHO/LHO mit VV). Der Gemeinde steht dabei ein Beurteilungsspielraum zu (Einschätzungsprärogative; vgl. Rdn. 8, 22, 37; BVerwG DVBl. 2002, 731, 735; *Cronauge* GemHH 1997, 265 ff.; *Hennecke* NdsVBl 1999, 1 f; *Ruffert* VerwArch 2001, 27, 41; *Lange*, a. a. O., Kap. 14 Rdn. 105 ff.).

Die Tatbestandsvoraussetzung „**angemessenes Verhältnis zur Leistungsfähig- 39 keit der Gemeinde**" schließt es aus, dass Gemeinden wirtschaftliche Unternehmen errichten, übernehmen, wesentlich erweitern oder sich daran beteiligen, wenn diese auf Grund der Größe und der örtlichen Struktur unwirtschaftlich wären und die gemeindliche Leistungsfähigkeit übersteigen würden (Präzisierung der Haushaltswirtschaftsgrundsätze in §§ 77 f., § 87 Abs. 2). Die unternehmerische Tätigkeit muss zur Erfüllung des öffentlichen Zwecks vernünftigerweise geboten, erforderlich sein und zu der **Verwaltungs- und Finanzkraft** der Gemeinde in einem angemessenen Verhältnis stehen, darf also nicht über das für die örtliche Gemeinschaft Angemessene hinausgehen („Relationssperre"; Leistungsfähigkeitsgrenze; **Schutzfunktion** vor bzw. Minimierung der wirtschaftlichen Risiken, Folgelasten, finanziellen Überforderung usw.; aber auch ausreichende personelle und sachliche Managementressourcen zur Steuerung und Kontrolle der Unternehmen; vgl. OVG Münster NVwZ 2008, 1031, 1035; *Pagenkopf* GewArch 2000. 177, 180). Grundsätzlich sind längerfristige Über- und Unterkapazitäten und damit Fehlinvestitionen zu vermeiden bzw. zu beseitigen. Unzulässig ist es z. B., wenn eine Gemeinde zur Selbsterzeugung von Strom oder Gas übergeht und dabei von vornherein feststeht, dass die Absatzmöglichkeiten für ein rentables oder mindestens kostendeckendes Unternehmen gegenwärtig und auch in absehbarer Zukunft offensichtlich zu gering sind und die Unterhaltung des Unternehmens folglich Zuschüsse erforderlich macht, welche die wirtschaftliche Finanzkraft der Gemeinde in einem im Vergleich zum öffentlichen Zweck unvertretbaren Maße belasten würden. Ähnliches gilt für den Nahverkehr in kleinen Gemeinden (vgl. *Schmid* BWVP 1995, 133 f.; *Hösch* DÖV 2000, 402).

40   Wirtschaftliche Unternehmen sind so zu gestalten, dass deren Umfang und Ausmaß dem gegenwärtig und in naher Zukunft zu befriedigenden Bedarf im örtlichen Versorgungsgebiet entspricht (**voraussichtlicher Bedarf;** Rdn. 38; *Hösch* GewArch 2001, 223, 231). Sie sollen den vorhandenen und mit hinreichender Wahrscheinlichkeit zu erwartenden Bedarf abdecken können (unter Berücksichtigung der demografischen Entwicklungen). Auf Dauer angelegte Überdimensionierungen sind grundsätzlich unzulässig. Bei der zum Teil hohen Investitions- und damit auch Kapitalintensität wirtschaftlicher Unternehmen muss vermieden werden, die Kapazität der Anlagen zu groß auszulegen, die Baukosten, den Unterhaltungs- sowie Betriebsaufwand unverantwortlich zu steigern und dadurch die Wirtschaftlichkeit zu beeinträchtigen (keine expansive Betätigung). Ein angemessenes Verhältnis zwischen Leistungsfähigkeit des Unternehmens und gemeindlichem Bedarf soll einen günstigen Betriebserfolg sichern und verhindern, dass ein eventueller Zuschussbedarf den Haushalt belastet und damit allgemein die Erfüllung öffentlicher Gemeindeaufgaben beeinträchtigt (bauliche Vorkehrungen für spätere Kapazitätserweiterungen sind in angemessenem Umfang zulässig; *Schmidt-Jortzig*, in: HKWP Bd. 5, S. 59 f.; *Schmid* BWVP 1995, 133 f.). Zur wirtschaftlich sinnvollen interkommunalen Zusammenarbeit und zu **überörtlichen Kooperationsformen** vgl. Rdn. 36 und 101, Rdn. 17 zu § 104 sowie etwa *Heberlein* DÖV 1996, 100 ff.; *Ehlers* DVBl. 1997, 137 ff.; *Becker* DÖV 2000, 1032, 1037 ff.; *Lange*, a. a. O., Kap. 14 Rdn. 105 ff.; Teil 1 Rdn. 112 ff.

41   d) Mit der **Novelle 1999** wurde in § 102 Abs. 1 Nr. 3 für das Verhältnis der Kommunalunternehmen zur Privatwirtschaft ein traditionelles Instrument, eine ordnungspolitische Regelung eingeführt. Um zunehmenden Tendenzen der Kommunen zu begegnen, ihre wirtschaftliche Betätigung auf sog. Neue Geschäftsfelder auszudehnen, wurde durch eine einfache Subsidiaritätsklausel die Errichtung usw. eines wirtschaftlichen Unternehmens an die Voraussetzung geknüpft, dass „bei einem Tätigwerden außerhalb der kommunalen Daseinsvorsorge der Zweck nicht besser und wirtschaftlicher durch einen anderen erfüllt wird oder erfüllt werden kann" (**einfache Subsidiaritätsklausel;** „Funktionssperre" bei „Besser-Erfüllung", Leistungsüberlegenheit durch die Privatwirtschaft; LTDS 12/4055, S. 23 ff.; zum Subsidiaritätsprinzip, das sich nicht aus Verfassungsrecht, sondern aus der Nr. 3 ableitet, allgemein: vgl. Rdn. 14; *Britz*

NVwZ 2001, 380 ff.; *Jarass* DVBl. 2006, 1 ff.). Da mit dieser Regelung die gesetzgeberischen Ziele nicht erreicht wurden, hat das Land in der **Novelle 2005** die Klausel verschärft und eine **qualifizierte, echte Subsidiaritätsklausel** eingeführt (Vorrang der privaten Wirtschaft; „Funktionssperre" bei Leistungsparität mit „**Drittschutz**" für **Private**; so die Gesetzesbegründung: LTDS 13/4767, S. 7 ff.; 13/4835; *Dazert/Mahlberg* NVwZ 2004, 158 ff.; *Pegatzky/Sattler* NVwZ 2005, 1376 ff.; *Heilshorn* VBlBW 2007, 161 ff.). Diese Regelung beinhaltet zwar einen Eingriff in das Selbstverwaltungsrecht, ist aber nach h. M. gerechtfertigt: Sinn und Zweck der Klausel ist darin zu sehen, dass die Gemeinden vor unnötigen Risiken geschützt, dass der eigentlichen kommunalen Aufgabenerfüllung genügend Platz eingeräumt und dass der Privatwirtschaft nicht „ohne Not" Konkurrenz gemacht werden soll. Ihre Funktion ist es, die wirtschaftliche Betätigungsgarantie der Gemeinden begrenzt zugunsten der Privatwirtschaft zurückzunehmen (vgl. BGH NJW 2002, 2645 ff.; VGH BW DÖV 2006, 831 f., NVwZ 2008, 1031 und DVBl. 2015, 106 ff.; *Jungkamp* NVwZ 2010, 546; Teil 1 Rdn. 63 ff.). Nach der Gesetzesbegründung (LTDS 13/4767, S. 7 ff.) sind für den Leistungserfüllungsvergleich von einer Gemeinde, die eine marktbezogene Wirtschaftstätigkeit aufnehmen will, folgende **Anforderungen** zu erfüllen: Stets sind die relevanten Marktgegebenheiten im Hinblick auf Vorhandensein, Leistungsfähigkeit und Effizienz privater Anbieter zu prüfen sowie ein konkreter Vergleich zwischen der Leistungserbringung durch ein kommunales Unternehmen und einen privaten Anbieter anzustellen. Neben dem Wirtschaftlichkeitsaspekt ist dabei auch die Qualität (Güte) der Leistung, des allgemeinen und gleichen Zugangs zu berücksichtigen, z. B. die mit ihr erreichte Versorgungsleistung, Versorgungssicherheit und Dauerhaftigkeit oder soziale und ökologische Komponenten (z. B. Beauftragung von Behindertenwerkstätten, Beschäftigungsgesellschaften usw.; vgl. *Scharpf* VerwArch 2005, 485, 500; *Krajewski* VerwArch 2008, 174). Außerdem sind die Ziele der Mittelstandsförderung zu beachten (§§ 1 bis 3 und 22 MFG; § 106b und die dortigen Erl.). Das Gebot zur Durchführung eines solchen **Markterkundungsverfahrens** und einer **Marktanalyse** (Marktsichtung, -beobachtung und -einschätzung, Wirtschaftlichkeitsberechnungen und -prognosen, Leistungsvergleiche; Branchendialog, Sachverständigengutachten; vgl. das Interessenbekundungsverfahren nach § 7 Abs. 2 BHO und EU-Leitlinie 2013/C 25/01 und 2014/C 193/30) dient auch der Transparenz und der Entscheidungsvorbereitung. Zu den Voraussetzungen des § 102 Abs. 2 n. F., die Entscheidungszuständigkeit durch den Gemeinderat und die Anhörungspflicht der Kammern, vgl. **Rdn. 60a ff.**. Im Hinblick auf die praktischen Schwierigkeiten solcher Bewertungen und Prognosen sowie den Gemeinden zustehenden sachlich notwendigen Beurteilungsspielräumen dürfen keine überzogenen Forderungen gestellt, der gebotene kommunale Handlungsspielraum nicht unverhältnismäßig tangiert werden. Außerdem gilt für Unternehmen, die bei Inkrafttreten der Novelle 2005 tätig waren, grundsätzlich **Bestandsschutz**. Soweit sie diesen „Status-quo-Zustand" nicht verändern, werden sie von der Neuregelung nicht tangiert (ggf in angemessener Zeit vertretbarer „Rückbau"; vgl. RhPfVerfGH NVwZ 2000, 801 ff.; *Ruffert* VerwArch 2001, 27, 44 ff.; *Werner* VBlBW 2001, 206 ff.; *Schink* NVwZ 2002, 129, 137 f; Teil 1 Rdn. 63 ff.). Nach der Gesetzesbegründung gewährt § 102 Abs. 1 Nr. 3 n. F. als „echte" Subsidiaritätsklausel privaten

Wettbewerbern unmittelbaren **Drittschutz,** also i. V. m. § 1 UWG Konkurrenz-schutz (vgl. LG Offenburg NVwZ 2000, 717; OLG Karlsruhe NVwZ 2001, 712 ff.; BGH NVwZ 2002, 1141 ff.; OVG NW DVBl. 2004, 133 f. und NVwZ 2008, 1031 f.; OVG RhPf. DÖV 2011, 611; VGH BW DÖV 2006, 831 f., NVwZ 2008, 1031 und DVBl. 2015, 106 ff.; *Püttner* DÖV 2002, 731, 735; *Weiblen* BWGZ 2006, 469 ff.; *Heilshorn* VBlBW 2007, 161 ff.; *Berger* DÖV 2010, 118 ff.; *Lange* NVwZ 2014, 616 f.; zum Mittelstandsförderungsgesetz (MFG) vom 19.12.2000, GBl. S. 745; Rdn. 14, 58 ff. und Erl. zu § 106b). Mit der **GemO-Novelle 2015** war beabsichtigt, § 102 und die Subsidiaritätsklausel den Entwicklungen bzw. Notwendigkeiten anzupassen (vgl. LTDS 15/3255, S. 3 ff., 15/7610, S. 74, 91, 98, 101, 103 f. und 106). Nach kontroversen Dis-kussionen wurde die in der Praxis bewährte Regelung unverändert beibehalten (vgl. Plenarprotokolle 15/81, S. 4909 ff. und 15/142 S. 8483 ff.; *Katz* BWGZ 2016, 365 ff.).

42 Von der Subsidiaritätsklausel **ausgenommen** sind die Bereiche der **Daseinsvor-sorge** (Kernbereiche nach Art 28 Abs. 2 GG i. V. m. Art. 20 Abs. 1 und 20a, insb. Sozialstaatsprinzip, Umweltschutz; Art. 3a ff., 11 ff. und 71 LV), d. h. die auf den örtlichen Wirkungskreis bezogenen Aufgaben der Stadtplanung und Stadtentwicklung, des sozialen Wohnungsbaus, der kommunalen Wirtschafts-förderung in Form der Bereitstellung der notwendigen Infrastruktur, Maßnah-men im Zusammenhang mit der kommunalen Sozial- und Jugendhilfe, des Krankenhauswesens, der Förderung von Kultur, Bildung und Sport, der ÖPNV, die Wasser- und Energieversorgung, die kommunale Entsorgungswirt-schaft usw. (Daseinsvorsorge als typische Kategorie kommunaler einwohner-nütziicher Aufgaben, wohlfahrtswirkenden Gütern und Grunddienstleistun-gen, i. S. zivilisatorischer Grundversorgung für ein menschenwürdiges, existenzsicherndes Dasein; *Mühlenkamp/Schöneich*, in: Wirtschaftsdienst 11/2007, S. 707 ff. und 716 ff.; *Stein* DVBl. 2010, 563 ff.; *Katz* NVwZ 2010, 405 ff.; *Blanke* DVBl. 2010, 1333 ff.; *Bauer* DÖV 2012, 329 ff.; DIFU-Be-richte 1/2012). Stets sind dem traditionellen Begriff der Daseinsvorsorge die Felder zuzuordnen, welche die existenzielle oder soziale Angewiesenheit des Einzelnen oder der Gemeinschaft mit zivilisatorischen Leistungen zu sozial angemessenen Bedingungen voraussetzt. Probleme bereitet die konkrete Ab-grenzung, welche Tätigkeiten noch als Annex oder sinnvolle Abrundung der Daseinsvorsorge zuzuordnen sind und welche bereits außerhalb dieses Berei-ches stehen und damit den Einschränkungen der Subsidiaritätsklausel unter-fallen (insbes auch für die sog. neuen Geschäftsfelder wie umfassende Service-leistungen, ganzheitliche Dienste usw.; *Podszun/Palzer* NJW 2015, 1496 ff.). Ausgehend von der gesetzgeberischen Zielsetzung für die Klausel („mittlere Linie" im Verhältnis Privat- und Kommunalwirtschaft) und der historisch ge-wachsenen Kommunalwirtschaft ist durch Einzelfallprüfung diese Abgren-zungsfrage nicht durch die Wahl eines zu engen (z. B. nur Installateurarbeiten) oder zu weiten Betrachtungsausschnitts (z. B. gesamter Versorgungsbereich), sondern auf der Grundlage einer interessenabwägenden „mittleren" Betrach-tungsweise zu bewerten und zu entscheiden (vgl. LTDS 12/4055, S. 23 f.; LTDS 13/4767, S. 7; OLG München NVwZ 2000, 835 f.; VGH BW DVBl. 2012, 182 ff. und DÖV 2015, 118; *Umlandt* DNV 5/2000, 12 ff.; *Werner*

VBlBW 2001, 206, 209 ff.; *Pegatzky/Sattler* NVwZ 2005, 1376 f; Weiblen
BWGZ 2006, 469 ff.; Krajewski VerwArch 2008, 174 ff.; vgl. auch Rdn. 35,
53 und 69 ff.). Dabei kommt, da diese Fragen stark von prognostischen Elementen und unbestimmten Rechtsbegriffen abhängen, nach ganz h.M. den
Kommunen ein Beurteilungsspielraum bzw. eine Einschätzungsprärogative zu
(vgl. BVerwGE 39, 329, 334; VerfGH RhPf DVBl. 2000, 992, 995; *Rautenberg* KommJur 2007, 1 ff. und 41 ff.).

5. Einzelfälle wirtschaftlicher Betätigung

Auf der Grundlage der Begriffsbestimmung des wirtschaftlichen Unternehmens **43**
i. S. v. § 102 sind oben Rdn. 23 als wirtschaftliche Betätigungsfelder der Gemeinde vor allem genannt worden (vgl. auch Teil 1 Rdn. 37 ff.): (1) **Klassische
Einzelfälle**, insbes Versorgungs- und Verkehrsbetriebe wie Wasserwerke, Elektri-
zitäts-, Gas- und Fernheizwerke, Straßenbahnen, Verkehrsbetriebe, Wohnungsbau, Hallen- und Parkierungsbetriebe, Messen, Flughäfen usw. (vgl. etwa Erste
Ausführungsanweisung zur EigDVO vom 22.3.1939, RMBliV S. 633). In den
letzten Jahren wurden aus unterschiedlichen Gründen (2) **Neue Geschäftsfelder**
erschlossen bzw. Geschäftsfelder stark verändert und weiterentwickelt (vgl.
LTDS 12/3586; Rdn. 3 ff., 13, 23; z. B. Dienstleistungen im Zusammenhang mit
Stromlieferung oder Energiewende, Telekommunikation). Auf einige problemati-
sche Fälle wirtschaftlicher Unternehmen, die teilweise heftig umstritten sind, soll
im Folgenden näher eingegangen werden (vgl. etwa BGH DVBl 1962, 102 und
NJW 1987, 60 ff.; *Neusinger* GemHH 2002, 278 ff.; *Holznagel/Deckers* DVBl.
2009, 482 ff.; oben Teil 1 Rdn. 44a ff., 56a und 64 ff.):

a) Die **Wohnungsvermittlung** der Gemeinde an Wohnungssuchende ist grundsätz- **44**
lich für eine wirtschaftliche Betätigung i. S. v. § 102 Abs. 1 nicht von vornherein
ausgeschlossen. Indizien dafür sind u. a., wenn auf diesem Tätigkeitsfeld ein Kon-
kurrenzverhältnis mit Privatunternehmen (Bauträger, Investoren usw.) vorliegt
und die Vermittlung allen Einwohnern offen steht. Ob allerdings ein öffentlicher
Zweck vorliegt, ist im Einzelfall sorgfältig zu prüfen. Er ist insbes. dann zu bejahen, wenn es sich in erheblichem Umfange um die Vermittlung von Wohnraum für
sozial schwache Bevölkerungsschichten handelt (vgl. §§ 25, 28, 113 Abs. 2 Wo-
BauG), erhebliche Missstände im Bereich der privaten Wohnungsvermittlung bestehen oder die Versorgung der Bevölkerung mit ausreichendem Wohnraum für
sozial Schwache zu angemessenen Bedingungen besonders gefährdet ist (Fälle des
sozialen Wohnungsbaus, Flüchtlingsunterbringung und dergleichen). In den übrigen Fällen ist die Zulässigkeit der Wohnungsvermittlung umstritten (vgl. dazu insbes. BayVGH BayVwBl 1976, 628 f.; VG Stuttgart BWGZ 1975, 491; BVerwG
NJW 1978, 1539; *Zumpe*, Rechtliche Grenzen der kommunalen Wohnraumvermittlung, 1976; *Bulla* DVBl. 1975, 643 ff.). Zur Frage unentgeltlicher oder sub-
ventionierter gemeindlicher Wohnraumvermittlung vgl. etwa *Zumpe*, a. a. O.,
S. 67 ff. und *Scholler/Broß*, Kommunalrecht, S. 171 (vgl. auch unten Rdn. 56 ff.).
Entsprechendes gilt für **Immobilienmaklertätigkeiten**. Im gewerblichen Bereich
dürfte in der Regel ein öffentlicher Zweck nur dann vorliegen, wenn dies erforderlich und zur Förderung der örtlichen Wirtschaft insb. mangels anderweitigem Angebot notwendig ist (BVerwG NJW 1995, 2938 ff.; VGHBW DÖV 1995, 274 f.).
Auch das Urteil des **VGH BW** (**Fall Baden-Baden**), das die wirtschaftlichen Betäti-

gung der Gemeinden enge Grenzen setzt (hier im Immobilien- und Wohnungsbau-
bereich) und die schon lange umstrittenen Zulässigkeits- und Abgrenzungsprob-
leme wieder besonders evident werden ließ, ist zu beachten (vgl. VGH BW DVBl.
2015, 106 ff.; Teil 1 Rdn. 54 und 64a).

45 b) Zahlreiche Gemeinden geben periodisch erscheinende Amtsblätter im Dritt-
oder Selbstverlag heraus (**gemeindliche Amts- oder Mitteilungsblätter**). Soweit
die Gemeinden solche Blätter selbst verlegen und dabei meist auch Anzeigen-
werbung betreiben, handelt es sich grundsätzlich um ein wirtschaftliches Unternehmen. Diese Tätigkeit ist in der Regel auch hinsichtlich des Anzeigenge-
schäfts zulässig (vgl. etwa OLG Stuttgart vom 31.3.1970, Az.: 4 U 137/1970;
BGH BB 1974, 900; oben Rdn. 35). Es ist als legitime Gemeindeaufgabe anzusehen, die Bevölkerung mit amtlichen Bekanntmachungen und Beiträgen von
allgemeinem kommunalem Interesse zu unterrichten (§ 20 GemO). Dabei darf
aber der übrige redaktionelle sowie der Anzeigenteil nur eine untergeordnetere
Rolle spielen (Nebenzweck); der öffentliche Zweck bedingt insoweit eine um-
fangmäßige Begrenzung (vgl. dazu Erlass des IM vom 16.8.1967, GABl.
S. 518). Die Amtsblätter stehen regelmäßig im Wettbewerb mit privaten Presse-
erzeugnissen und unterliegen damit dem Gesetz über den unlauteren Wettbewerb (UWG; vgl. dazu unten Rdn. 59 und etwa BGH LM Nr. 149 zu § 1
UWG; BGHZ 19, 392, 396 ff.; 51, 236 ff.; allgemein zu kommunalen Werbe-
unternehmen vgl. *Wurster*, in: HKWP Bd. 5, S. 572 ff.).

46 c) Der Verkauf von **Kraftfahrzeugkennzeichen** (Kfz-Schilder) ist ebenfalls als
wirtschaftliche Betätigung i. S. v. § 102 anzusehen. Ob allerdings eine solche
Tätigkeit durch einen öffentlichen Zweck gerechtfertigt ist (evtl Schutz gegen
Kennzeichenmissbrauch), ist fraglich und wird im Zweifelsfall eher zu vernei-
nen sein (Verstoß gegen § 1 UWG wegen Missbrauch der Stellung als Kfz-
Zulassungsbehörde, insbes. bei räumlicher Verquickung; vgl. BGH NJW 1974,
1333 ff.; OLG Stuttgart BB 1973, 536; OLG Köln GRUR 1991, 381; *Immenga*
NJW 1995, 1921 ff.; BGH DÖV 2003, 249 ff.). Das OVG NW hat die Vermie-
tung von Räumlichkeiten an gewerbliche Kfz-Schilderpräger im Gebäude einer
Kfz-Zulassungsstelle als zulässig angesehen (bei marktkonformer, zeitlich be-
fristeter Vermietung aus Gründen der Erleichterung für die Bürger; vgl.
NWVBl. 2005, 68 ff.; *Cronauge*, a. a. O., Rdn. 568 f.).

47 d) Im Zusammenhang mit dem **Bestattungswesen** treten die Gemeinden in Wettbewerb zu privaten Bestattungsunternehmen, wenn sie auch den Leichentransport
und die Aufgaben eines Bestattungsordners übernehmen oder Särge, Blumen-
schmuck usw. verkaufen. Solche Tätigkeiten werden grundsätzlich als zulässige
wirtschaftliche Unternehmen angesehen (BVerwGE 39, 329 ff. und BayVBl 1978,
376; BGH NJW 1987, 60 ff.; OLG Celle GRUR-RR 2004, 374 f.; *Scholler/Broß*,
Kommunalrecht, S. 171 f.). Dabei ist allerdings die Begründung eines gemeindlichen Monopols durch die Festlegung eines Benutzungszwangs ebenso wie die Ausnutzung einer öffentlich-rechtlichen Sonderstellung unzulässig (BVerwG DÖV
1975, 392 ff.; BVerfGE 21, 245, 261 ff.; BGH GRUR 1987, 116 ff.).

48 e) Die Betätigung einer Gemeinde in den Bereichen **Wohnungsbau** und zum
Teil auch **Stadtsanierung** kann in gewissen Grenzen auch durch ein wirtschaftli-

ches Unternehmen nach §§ 102 ff. erfolgen (öffentlicher Zweck u. a.: Unterstützung der kommunalen Siedlungspolitik; sozialer **Wohnungsbau**, WoFG; Beseitigung von Engpässen in der Versorgung der Bevölkerung mit kostengünstigen Eigentumswohnungen, Reihenhäusern und Mietwohnungen; Durchführung von Sanierungsmaßnahmen). Im Hinblick auf die mit gutem Erfolg von der Privatwirtschaft betriebene Bautätigkeit und die erforderliche hohe Kapitalausstattung eines solchen Unternehmens werden die Voraussetzungen des § 102 Abs. 1 in der Regel nur bei größeren Städten vorliegen (etwa ab 20.000 Einwohnern; vgl. VGH BW VBlBW 1983, 78 und NJW 1984, 251; *Schoepke* BWGZ 1984, 602 f.; *Fröhner* BWGZ 1984, 334 f; *Reinhard* DÖV 1990, 500 ff.; **Grenzen:** VGH BW DVBl. 2015, 106 ff.). Stets ist eine gemeindeindividuelle Prüfung durchzuführen, bei der die Risiken dieser Branche besonders zu berücksichtigen sind.

f) Auf Grund der Liberalisierung des **Telekommunikationsmarktes** durch das **49** TKG 1996 ist dieses Aufgabenfeld auch für Gemeinden zugänglich. Die Telekommunikation ist inzwischen eine zentrale, nicht mehr wegzudenkende neue Infrastrukturaufgabe und für viele Bereiche der Wirtschaft und generell der Bevölkerung von grundlegender Bedeutung (Grundversorgung ähnlich wie Energie, Wasser usw.). Die Kommunen können unter Berücksichtigung des TK-Rechts örtliche Aktivitäten entfalten (Ausbau und Verknüpfung der TK-Netze, TK-Dienstleistungen, Informations- und Kommunikationsdienste, WLAN usw.). Bezüglich TK-Netzen und Basisdienstleistungen wird in aller Regel ein öffentlicher Zweck vorliegen (Standort- und Wettbewerbssicherung, Infrastruktur, Versorgungssicherheit, Wirtschaftsförderung usw. im TK-Zeitalter; BTDS 13/7998, S. 10 ff.; *Ehlers* DVBl. 1998, 497 ff.; § 107 Abs. 1 GO NRW, wobei Vertrieb und Installation von Endgeräten i. d. R. ausgenommen sind; zulässig sind grundsätzlich der Betrieb von **Informationsportalen,** „virtuellen Marktplätzen", Internet-Marktplätzen, City-Mall usw.; *Stapel-Schulz* VBlBW 2003, 90 ff.). Eine sorgfältige Einzelfallprüfung auf der Grundlage einer qualifizierten Markt- und Wirtschaftlichkeitsanalyse ist dazu zu erstellen (vgl. zum Ganzen Rdn. 38 ff.; *Otting* DVBl. 1997, 1260 ff.; *Pünder* DVBl 1997, 1353 ff.; *Fiebig* Der Städtetag 1998, 90 ff.; *Holznagel/Deckers* DVBl. 2009, 482 ff.; Teil 1 Rdn. 45e; zur unentgeltlichen Wegenutzung nach § 50 TKG: *Burgi* DVBl. 2001, 845 ff.).

g) Die Kommunen verfügen in verschiedenen Bereichen über beachtliche Kom- **50** petenz, die zu einer Vermarktung im Rahmen von **Consultingtätigkeiten** an private Dritte „verführen" könnte (Know-how bei Planung, Produkt- und Prozessinnovationen, im Steuerrecht, EDV/IT usw.). In aller Regel wird aber ein solcher Unternehmensgegenstand selbst nicht durch einen öffentlichen Zweck gerechtfertigt sowie das Örtlichkeitsprinzip und die Subsidiaritätsklausel nicht beachtet sein (vor allem wenn dafür ein Markt/Wettbewerb vorhanden ist; Ausnahmen: Annextätigkeiten und interkommunale Zusammenarbeit, evtl. bei „Monopolwissen" oder besonderen Einzelfällen; Rdn. 35 f. und 70; *Cronauge* GemHH 1998, 131, 136 f.; *Gern*, a. a. O., S. 426).

h) Im Hinblick auf die Arbeitsmarktsituation und die sozialpolitische Bedeu- **51** tung insbes der Langzeit- und Jugendarbeitslosigkeit werden von Kommunen unterschiedliche **Arbeitsmarktaktivitäten** zur Sicherung von Arbeitsplätzen mittels Beschäftigungsgesellschaften usw. durchgeführt. Im Hinblick auf Probleme wie Verbandskompetenz (Arbeitsmarktpolitik ist staatliche Aufgabe), Konkurrenz für das Handwerk, Wettbewerbsverzerrung durch Subventionierung und örtlich radizierter öffentlicher Zweck ist dies nur begrenzt nach sorgfältiger Prüfung möglich. I.S.v. die Tätigkeit der Arbeitsämter unterstützenden und ergänzenden Aktivitäten wird dies, wenn die übrigen Voraussetzungen vorliegen, für Problemgruppen zulässig sein (Vorliegen eines konkreten sozialen Bezugs wie schwer vermittelbare Jugendliche oder Langzeitarbeitslose und dergleichen sowie eines „Marktversagens"; BT-DS 14/6249; LTDS 12/2231; OLG Düsseldorf DVBl. 2001, 1283, 1286; *Cronauge* GemHH 1998, 131 ff.; *Gern*, a. a. O., S. 426; vgl. auch Rdn. 35 und 70). Zu den Aktivitäten „Arbeit statt Sozialhilfe" und dergl.: §§ 18 bis 20 BSHG und *Harks* DÖV 2003, 114 ff.

52 i) Kommunale **Wirtschaftsförderung** ist neben den klassischen Tätigkeiten wie Bestandspflege, allgemeine Beratung und Unterstützung in den unterschiedlichsten Formen und Facetten zur Standortsicherung, zur Überwindung von Wirtschaftsstrukturproblemen, zur Verbesserung der örtlichen Infrastruktur und Standortbedingungen, zur Förderung von Existenzgründungen, Innovationen und Technologietransfer ebenso wie der Bau und Betrieb von Gründerzentren, Technologieparks, Gewerbehöfe usw. in gewissen Grenzen auch eine Gemeindeaufgabe. Zwar sind unmittelbare Fördermaßnahmen zu Gunsten Einzelner in aller Regel unzulässig, aber die vorgenannten mittelbaren Maßnahmen, die primär die allgemeinen Rahmenbedingungen für die Privatwirtschaft in der Gemeinde verbessern, grundsätzlich möglich. Die Übernahme von unternehmerischen Risiken, die Durchführung von wettbewerbsverzerrenden, willkürlichen Maßnahmen oder die direkte Wirtschaftsförderung (Subventionen) sind allerdings in aller Regel unzulässig (vgl. BayVerfGH BayVBl. 2008, 237 ff.; *Wieneke* ZKF 1997, 198 ff.; *Giesen* BWGZ 1997, 760 ff.; *Katz* GemHH 2001, 253 ff.). Zu den Grenzen der Wirtschaftsförderung durch das Mittelstandsförderungsgesetz (GBl. 2000, 745) und das EU-Recht (Art. 87 f. EGV mit EU-Beihilferecht) vgl. eingehender Erl. zu § 106b mit LTDS 12/5615; *Gern*, a. a. O., Rdn. 418 ff.; *Faber* DVBl. 1992, 1346; *Koenig/Kühling* DVBl. 2000, 1025 ff.; *Recker* ZKF 2001, 146 ff.; *Dollinger* VBlBW 2002, 22, 229 f. Maßnahmen zur **Wettbewerbslenkung** – auch zur Absicherung wettbewerblich fairer Strukturen – sind in aller Regel nicht zulässig. Dagegen kann in besonders gelagerten Fällen bei Vorliegen eines **Marktversagens** ein öffentlicher Zweck gegeben sein (z. B. wenn in einer Landgemeinde kein Lebensmittelgeschäft vorhanden ist; vgl. *Hösch* GewArch 2001, 223 ff.; *Erbguth/Schlacke* NWVBl. 2002, 758; *Rautenberg* KommJur 2007, 1 ff.).

53 j) Ein besonderes Problem ergibt sich daraus, dass zunehmend Kommunalunternehmen im **Dienstleistungsbereich** in Konkurrenz zu privaten Anbietern treten (Werkstattleistungen, Durchführung von Reparatur-, Wartungs- und Installationsleistungen, Bauhof, Garten- und Grünpflege, Vermessungs- und Katasterleistungen, Reinigungsaufgaben, Gebäudemanagement usw. als Angebot und Dienstleistung an private Dritte am Markt und im Wettbewerb). Da solche Aufgaben nicht unmittelbar einem öffentlichen Zweck dienen, sind sie nach hM nur ausnahmsweise als Neben-, Hilfs- oder Annextätigkeiten, also nur zulässig, wenn sie lediglich einen ergänzenden, unselbständigen, untergeordneten und vorübergehenden Umfang bzw. Charakter haben sowie in engem Zusammenhang mit der Haupttätigkeit stehen (Primärzweck). Die untergeordneten Nebengeschäfte dürfen nur „bei Gelegenheit" der Erfüllung der Haupttätigkeit und unter Ausschöpfung vorhandener, sonst brachliegender Kapazitäten wahrgenommen werden. Der Aufbau neuer Kapazitäten zielgerichtet zur Fremdbedarfsdeckung ist unzulässig. Die häufig angeführten Argumente der Sicherung und Schaffung von Arbeitsplätzen oder der Erzielung von Erträgen zur Finanzierung anderer kommunaler Aufgaben kann schon deshalb nicht überzeugen, weil sich sonst jede Betätigung durch einen öffentlichen Zweck begründen ließe. Dies steht aber nicht im Einklang mit dem Gesetzeswillen (vgl. Rdn. 35 und 69 f.; BGH NJW 1995, 2352 und NJW 2002, 2645 ff.; OLG Hamm NJW 1998, 3504; OLG München NVwZ 2000, 835; OLG Düsseldorf, DVBl. 2001, 1283 ff.: Gebäudemanagement unzulässig; Cronauge GemHH 1998, 131 ff.; Hennecke NdsVBl 1999, 1 ff.; Weiblen BWGZ 2000, 177, 180 f.).

k) Zu weiteren Einzelfällen sollen noch einige Fundstellen genannt werden: **54** Zum Betrieb von **Markthallen** kann auf Zibold DÖV 1960, 300 und Ackermann DVBl. 1965, 353 verwiesen werden. Zu kommunalen **Vermittlungsstellen für Fremdenzimmer** vgl. Kopp BayVwBl 1967, 160 f. und Zumpe, a. a. O., S. 50. Zum gemeindlichen **Reklame- und Anschlagwesen** vgl. etwa Stern/Püttner, Die Gemeindewirtschaft, S. 46, 70 und oben Rdn. 45. Für **Kur- und Heilbäder** wird ein öffentlicher Zweck in der Regel noch bejaht werden können; dagegen dürften **Kurkliniken, Kurmittelhäuser und Hotels** grundsätzlich nicht zulässig sein (vgl. etwa BGH vom 22.5.1975, WuW BGH III Nr .1385). **Krankenhäuser** sind zwar nach § 102 Abs. 4 keine wirtschaftlichen Unternehmen, auf sie kann jedoch das Eigenbetriebsrecht und gemäß § 106a die §§ 103 ff. sinngemäß angewandt werden (vgl. § 1 EigBG, § 38 Abs. 2 Nr. 3 KrHG; Rdn. 15 und 67). Zum Betrieb einer **Sauna** vgl. OVG NW DÖV 1986, 339 und OVG Lüneburg KommJur 2009, 190. Die Zulässigkeit eines entgeltlichen **VHS-Schülernachhilfeunterrichts** ist umstritten (vgl. OLG Düsseldorf NWVBl 1997, 353; Ehlers DVBl. 1998, 503; Hennecke NdsVBl 1999, 1 ff.). Zur **Altautoverwertung**: Otto GemHH 2002, 85 ff.; BGH DVBl. 2003, 267 ff. Seit der Energiewende werden zunehmend kommunale Aktivitäten zur alternativen, regenerativen Energieerzeugung getätigt. Unter dem öffentlichen Zweck „Umwelt- und Klimaschutz" sind gemeindliche KWK-, **Photovoltaik- und Windkraftanlagen** sowie kommunale Bürgerwindparks zulässig (vgl. Dazert/Mahlberg NVwZ 2004, 158 ff.; Shirvani NVwZ 2014, 1185 ff.; Teil 1 Rdn. 45a ff.).

6. Einzelfragen

a) Die wirtschaftliche Betätigung erfolgt nach § 102 als Eigen- oder Regiebe-   **55** trieb, also in **öffentlich-rechtlichen Organisationsformen** (zur Kommunalwirtschaft in Privatrechtsform vgl. § 103 Rdn. 5 ff.). Die Handlungsformen der rechtlich unselbständigen Eigen- und Regiebetriebe können öffentlich- oder privatrechtlich ausgestaltet sein (zum Anschluss- und Benutzungszwang vgl. Erl. zu § 11; BVerwG NVwZ 1986, 754 und BWGZ 1999, 40 f; VGH BW VBlBW 1994, 491 und BWGZ 1995, 552). Während eine Zulassung zu diesen

Betrieben in der Regel öffentlich-rechtlich sein wird, erfolgt die **Ausgestaltung des Benutzungsverhältnisses** teils in öffentlich und teils in privatrechtlicher Weise, sodass jeweils im Einzelfall festgestellt werden muss, welchen Charakter das Rechtsverhältnis besitzt (vgl. dazu auch Rdn. 7 und 57; Rdn. 41 f. zu § 103; BVerwGE 31, 368 ff.; VGH BW ESVGH 23, 126; 25, 203; 44, 208; BGH NVwZ 1983, 58 f.; vgl. Rdn. 19 ff. zu § 10).

Auch im Falle eines privatrechtlichen Tätigwerdens von Kommunalunternehmen unterliegt die Gemeinde unmittelbar der **Grundrechtsbindung**, sie kann sich nicht der öffentlich-rechtlichen Bindungen entledigen (bei gemischtwirtschaftlichen Unternehmen muss die Kommune ihre Gesellschafterrechte grundrechtskonform ausüben; h. M.; vgl. *Kersten/Meinel* JZ 2007, 1127 ff. m. w. N.).

Dagegen sind Kommunalunternehmen in öffentlichen Rechtsformen und dann, wenn sie in Privatrechtsform von Kommunen beherrscht werden, **nicht grundrechtsfähig**, können sich nicht auf Art. 12, 14 usw. GG berufen (bei über 50 % Gesellschaftsanteilen; BVerfGE 45, 63, 80; 75, 192 199 f.; NJW 2005, 572 ff. und NJW 2011, 1201 ff.; BVerwGE 39, 329, 336; BVerwG NVwZ 2012, 112 f.; Teil 1 Rdn. 71; Grenze: unerlaubte Monopolstellung und unzumutbare Einschränkung; vgl. BGH NJW 2007, 2689 ff.; RhPfVerfGH DVBl. 2000, 992 f.; OVG NW GewArch 2006, 122; OVG Magdeburg KommJur 2009, 468, 471). Kommunales Wirtschaften beruht auf Art. 28 Abs. 2 GG (Staatsorganisationsnorm, örtliche Gemeinwohlaufgaben) und nicht auf Privatautonomie oder Grundrechten (vgl. auch § 10 Abs. 2; keine Flucht ins Privatrecht; sog. **Verwaltungsprivatrecht**; vgl. oben Rdn. 7; Rdn. 41 f. zu § 103; BGHZ 52, 325 ff.; 65, 284 ff.; 91, 84, 96 f; BVerwG NVwZ 1991, 59; *Püttner*, Die öffentlichen Unternehmen, IV 2; *Wolff/Bachof/Stober*, VerwR I, § 23 IV, V; *Cremer* DÖV 2003, 921, 923 ff.; *Katz*, Staatsrecht, Rdn. 599 ff.). Zu den im **Europarecht** festgelegten Rahmenbedingungen und Grenzen der öffentlichen wirtschaftlichen Betätigung vgl. insbes. Art. 106 AEUV; *Schneider* DVBl. 2000, 1250 ff.; *Nagel* ZögU 2000, 428 ff.; *Krajewski* DÖV 2005, 665 ff.

56   b) Näher zu untersuchen ist bei der wirtschaftlichen Betätigung der Gemeinden im Rahmen der §§ 102 ff., ob private Konkurrenten gegen Gemeindeunternehmen ggf. im Klagewege vorgehen können (**Schutz privater Konkurrenten**).

57   aa) Dabei ist zunächst zu prüfen, welcher **Rechtsweg** in solchen Fällen gegeben ist. Dabei kommt es entscheidend auf die wahre Natur des Rechtsverhältnisses an, aus dem der Kläger die von ihm geltend gemachte Rechtsfolge ableitet. Je nach der konkreten Ausgestaltung des Rechtsstreits kann der Verwaltungs- oder der Zivilrechtsweg gegeben sein (sorgfältige Einzelfallprüfung; vgl. GemSOG NJW 1990, 1527; BGHZ 63, 119 ff.; 74, 733; 102, 280; 150, 343 ff.; 173, 246 ff.; BVerwGE 39, 330 f.; VGH BW DÖV 1968, 179 und BWVPr 1978, 105; OLG Düsseldorf NWVBl 1997, 353 f.; OLG Karlsruhe NVwZ 2001, 712 f.; OLG Schleswig NJW 2004, 1052 f.). Für Fragen des „Marktzutritts" (Gründung, Übernahme, wesentliche Erweiterung) ist in der Regel der **Verwaltungsrechtsweg**, für Fragen des „Marktverhaltens" (GWB, UWG usw.; z. B. § 826 BGB, § 4 Nr. 11 UWG) meist der **Zivilrechtsweg** gegeben (vgl. BGH NJW 2002, 2645 ff. und NJW 2007, 2689 ff.; VerfGH Rh.-Pf. DVBl. 2000, 992, 995; OVG NW NVwZ 2003, 1520 f. und NVwZ 2008, 1031 f.; VGH

BW NVwZ 2008, 1031 und DVBl. 2015, 106 ff.; OVG Rh.-Pf. DÖV 2011, 611; *Schink* NVwZ 2002, 129, 139; *Jungkamp* NVwZ 2010, 546 f.; vgl. Teil 1 Rdn. 72 ff.).

bb) Liegt ein öffentlich-rechtlicher Rechtsstreit vor, so hat der private Konkur- **58** rent mit einer allgemeinen Leistungs- oder Unterlassungsklage nur dann Erfolg, wenn er in seinen Rechten verletzt ist (BVerwGE 39, 332; *Lerche* Jura 1970, 821 ff.; *Detterbeck* JuS 2001, 1199 ff.). Nach h. M. gewährt das Recht der wirtschaftlichen Betätigung, abgesehen von Subsidiaritätsklauseln, grundsätzlich **kein subjektiv-öffentliches Recht**, sondern nur einen Rechtsreflex, auf den sich der private Unternehmer nicht berufen kann (BVerwGE 39, 336 und NJW 1995, 2938 f.; BayVGH BayVBl 1976, 629; VGH BW NJW 1984, 251 f. und NJW 1995, 274 je zu § 102 in der a. F.). In Zivilrechtsverfahren ist umstritten, ob die §§ 102 ff. auch den Schutz privater Wettbewerber bezweckt und damit ein Unterlassungsanspruch insbes. nach § 1 UWG besteht. Bis 1999 verfolgten die §§ 102 ff. zwar auch einen gewissen Schutz der Privatwirtschaft, enthielten aber keinen subjektiven Schutzanspruch für den einzelnen privaten Konkurrenten, waren also **kein Schutzgesetz i. S. v. § 823 Abs. 2 BGB**. Zielrichtung der §§ 102 ff. war bis 1999 primär eine objektive Beschränkung gemeindlicher Aktivitäten (kommunale Schutzfunktion vor Risiken; BGH DVBl. 1965, 362 ff.; NJW 1987, 60 ff.; BGH NVwZ 2002, 1141 ff. und DVBl. 2003, 267 ff.; OVG Münster NVwZ 2003, 1520 ff.; *Püttner* DÖV 2002, 731, 735; *Antweiler* NVwZ 2003, 1466 ff.). Private Konkurrenzunternehmen konnten danach grundsätzlich keinen Unterlassungs- oder Schadensersatzanspruch herleiten (keine „drittschützende Wirkung" des § 102; differenzierend und z. T. anders bezüglich § 1 UWG, vgl. unten Rdn. 60 ff.). Auch die Grundrechte sichern nicht die bestehenden Erwerbschancen. Weder Art. 12 noch Art. 14 schützen vor Konkurrenz und damit auch nicht vor dem Wettbewerb der öffentlichen Hand (vgl. dazu und zu den drei Ausnahmen: *Pieroth/Hartmann* DVBl. 2002, 421 ff. und Teil 1 Rdn. 63 f. und 71). Auch kennt das GG kein Wirtschaftsmonopol zugunsten der Privatwirtschaft (BVerwGE 39, 329, 336 f.; NJW 1995, 2938 f; *Stober* NJW 1984, 456 f.; *Otting* DÖV 1999, 549 ff.; *Schneider* DVBl. 2000, 1250, 1258 f.; *Pieroth/Hartmann* DVBl. 2002, 421 ff.). Durch die Einführung einer mit der Novelle 1999 zunächst nur einfachen und mit der Novelle 2005 verschärften Subsidiaritätsklausel hat sich diese Rechtssituation verändert. Die **Subsidiaritätsklausel** ist heute die geeignete **Basis für den Drittschutz**, für ein subjektiv-öffentliches Recht (vgl. dazu ausführlich unten Rdn. 60 und Teil 1 Rdn. 63 f.; VGH BW OVG NW NVwZ 2003, 1520 f. und NVwZ 2008, 1031 f.; VGH BW NVwZ 2008, 1031 und DVBl. 2015, 106 ff.; *Mann* JZ 2002, 819, 824; *Berger* DÖV 2010, 118 f.; vgl. auch die geänderte Rspr. seit BGH NJW 2002, 2645 ff.).

cc) Unabhängig davon sieht die h. M. bei schwerwiegenderen (z. T. auch einfa- **59** chen) Verstößen gegen die Vorschrift des § 102 Abs. 1 zugleich einen **unlauteren Wettbewerb** dieser Gemeinden gegenüber ihren privaten Konkurrenten (Unterlassungsansprüche nach § 1 **UWG** bzw. § 33 i. V. m. §§ 19 ff. GWB; BGH LM Nr. 134 und 273 zu § 1 UWG; BGH NJW 1987, 60 ff.; BGH DÖV 2003, 249 ff.; OLG Hamm NJW 1998, 3504 „Gelsengrün"). Zwar reicht in der Regel ein einfacher Rechtsverstoß gegen § 1 UWG dazu nicht aus. Ein „sittenwidriges" Verhalten i. S. v. § 1 UWG liegt aber i. d. R. dann vor, wenn eine Gemeinde besonders wettbewerbsverzerrend, vorsätzlich und planmäßig gegen § 102 verstößt, ihre amtliche Stellung bzw. Finanzkraft missbraucht, amtliche Beziehungen und Informationen zu Wettbewerbsvorteilen ausnutzt oder hoheitliche und private Interessen in unzulässiger Weise miteinander verquickt (Fälle mit „unangemessenem Wettbewerbsvorteil"; BGH NJW 2003, 586 ff.; *Jarass*, GG-Komm., Art. 12, Rdn. 16; *Schink* NVwZ 2002, 129 ff.; *Mann* JZ 2002, 819, 824). Im Einzelnen ist vieles umstritten. Zur Begründung werden recht unterschiedliche Ansätze gewählt (das „Ob", der Marktzutritt, sowie Zulässigkeitsvoraussetzungen und Grenzen nach öffentlichem, insbes nach Kommunalrecht, das „Wie", die Art und Weise der Marktteilnahme bzw. des Marktverhaltens nach Wettbewerbsrecht; Differenzierung nach „Innen- und Außensphäre"; für Gemeinden Kommunalrecht, für private Unternehmer Wettbewerbsrecht; § 102 als wertbezogene Norm, nicht völlig wertneutrale Ordnungsvorschrift). Stets ist eine umfassende Prüfung und Abwägung des Einzelfalls vorzunehmen und entscheidend, wobei den Gemeinden ein gewisser Beurteilungsspielraum einzuräumen ist (vgl. oben Rdn. 22; BGHZ 82, 375, 397; 119, 93; NJW 1995, 2352; NVwZ 2002, 1141 ff.; *Broß* VerwArch 1996, 731 ff.; *Otting* DÖV 1999, 549 ff.; *David* NVwZ 2000, 738 ff.; *Schmidt-Jortzig*, in: HKWP Bd. 5, S. 66 ff.; *Schink* NVwZ 2002, 129, 139; Einzelfälle vgl. auch Rdn. 43 ff.: zur evtl. Wettbewerbswidrigkeit von unentgeltlichen Anzeigeblättern vgl. BGHZ 51, 236 ff.; zu Grünflächenarbeiten OLG Hamm NJW 1998, 3504 f.; LG Offenburg NVwZ 2000, 717; OLG Karlsruhe NVwZ 2001, 712; *Stehlin* NVwZ 2001, 645 f. m. w. N.; zu Nachhilfeunterricht OLG Düsseldorf NWVBl 1997, 353; zu Elektroinstallationsarbeiten OLG München NVwZ 2000, 835 und BGH NJW 2002, 2645 ff.; zum Gebäudemanagement OLG Düsseldorf DVBl. 2001, 1283 ff.; zu Immobilien- und Bauträgergeschäften VGH BW DÖV 2015, 118 ff.; zum Missbrauch der Monopolstellung vgl. auch unten Rdn. 75 f. sowie Erl. zu § 107; zum Wettbewerbsrecht der EU: *Mestmäcker* EuZW 1999, 523 ff.; *Schwarze* EuZW 2000, 613 ff.; *Dörr/Haus* JuS 2001, 313 ff.; *Weiss* DVBl. 2003, 564 ff.; *Köhler* NJW 2008, 3032 ff.; oben Teil 1 Rdn. 72 ff.).

60   dd) In **BW** war bis zur **Novelle 1999** ganz h. M., dass § 102 Abs. 1 a. F. keine Schutzwirkung zugunsten privater Unternehmen zukommt (VGH BW NJW 1984, 251 f.; NJW 1995, 274; OLG Karlsruhe NVwZ 2001, 712 f.; BGH NVwZ 2002, 1141; *Werner* VBlBW 2001, 206 ff.). Mit der Einführung des **§ 102 Abs. 1 Nr. 3**, der einfachen Subsidiaritätsklausel, und des **§ 106b** (Mittelstandsförderung; §§ 1–3 MFG; LTDS 12/5615, S. 14 ff. und 27; Erl zu § 106b) in den Jahren 1999/2000 sollte dies geändert werden. Die Meinungen, ob dies mit einer einfachen Klausel möglich war, gingen von Anfang an stark auseinander (vgl. LTDS 12/4055, S. 23 f., und 12/5615; bejahend: OLG Karlsruhe NVwZ 2001, 712 f.; BGH NVwZ 2002, 1141; verneinend: LG Offenburg NVwZ 2000, 717). In der **Novelle 2005** wurde dann mit der qualifizierten, verschärften Subsidiaritätsklausel in § 102 Abs. 1 Ziff. 3, gegen die sich die kommunalen Landesverbände eindeutig ausgesprochen haben, die Drittschutzwirkung für private Anbieter nicht im Gesetzestext, aber in der -begründung festgelegt (LTDS 13/4767, S. 7 ff.; 13/4835 S. 8 f.; *Weiblen* BWGZ 2006, 469 ff.). Zwar ist generell zu diesen Fragen nach wie vor das letzte Wort noch nicht gesprochen (vgl. RhPfVerfGH NVwZ 2000, 801 ff.; OLG München NVwZ 2000, 835; OVG Münster NVwZ 2003, 1520 f. und 2008, 1031 f.; *Stehlin* NVwZ 2001, 645 ff.; *Werner* VBlBW 2001, 206 ff.; *Pegatzky/Sattler* NVwZ 2005, 1376 f.), doch hat sich in BW mit der GemO-Novelle 2005 § 102 als **echte Subsidiaritätsklausel mit Drittschutzwirkung** durchgesetzt (vgl. VGH DÖV 2006, 831 f., NVwZ 2008, 1031 und DVBl. 2015, 106 ff.; *Mann* DVBl. 2009, 817 ff.; *Lange* NVwZ 2014, 616 f.). Eine nicht zu enge Auslegung der in § 102 Abs. 1 enthaltenen Rechtsbegriffe (insbes öffentlicher Zweck) und eine volle Ausnutzung der im Rahmen von Neben-, Hilfs- und Annextätigkeiten eröffneten Möglichkeiten sind zulässig (vgl. Rdn. 35 und 69 ff.). Die landesgesetzgeberischen Regelungsziele und der Trend der Rechtsprechung der letzten Zeit gebieten, dass sich die Gemeinden unter Inanspruchnahme des ihnen zustehenden Beurteilungsspielraums gesetzeskonform verhalten und § 102 i. S. einer wertbezogenen, drittschützenden Norm, nicht einer bloßen Ordnungsvorschrift verstehen. In den in Rdn. 59 genannten Fällen von sittenwidrigem Verhalten und unlauteren Mitteln neigen die Zivilgerichte zu einem Wettbewerbsverstoß i. S. v. § 1 UWG (vgl. LG Heidelberg a. a. O.; OLG Düsseldorf DVBl. 2001, 1283 ff.; *Otting* DÖV 1999, 549 ff.; *David* NVwZ 2000, 738 ff.; *Ruffert* NVwZ 2000, 763 f; *Werner* VBlBW 2001, 206, 211 f.; *Jarass*, GG-Komm., Art. 12, Rdn. 16; *Schink* NVwZ 2002, 137 ff.; Rdn. 43 zu § 103).

II. Verfahren bei der Subsidiaritätsklausel (Abs. 2)

Nach dem 2005 neu eingefügten § 102 Abs. 2 wird zum einen ausdrücklich **60a** klargestellt, dass für die Entscheidung über ein wirtschaftliches Engagement der Kommunen (Unternehmen und Beteiligungen) die Zuständigkeit des Gemeinderats gegeben ist. Zum anderen wird den Kommunen neu eine Anhörungspflicht der Selbstverwaltungsorganisationen der Wirtschaft vorgeschrieben (vgl. LTDS 13/4767, S. 10; 13/4835, S. 10 ff.; *Weiblen* BWGZ 2006, 469 ff.).

Die **Zuständigkeit des Gemeinderats** ergibt sich bereits aus § 24 Abs. 1 Satz 1 **60b** und 2. Entscheidungen über die wirtschaftliche Betätigung sind in aller Regel keine Geschäfte der laufenden Verwaltung (vgl. §§ 44 Abs. 2 und 39 Abs. 2 Ziff 11 und 12). Insoweit ist Abs. 2, die zwingende Gemeinderatszuständigkeit, eine Klarstellung und Konkretisierung der allgemeinen Kompetenzbestimmungen, wobei nunmehr auch eine Übertragung dieser Aufgaben auf den Bürgermeister durch die Hauptsatzung ausgeschlossen ist (vgl. §§ 24 Abs. 1 und 44 Abs. 2).

Die neu festgelegte **Anhörungspflicht** gegenüber den Selbstverwaltungsorgani- **60c** sationen der örtlich betroffenen mittelständischen Wirtschaft, insbes Handwerkskammern und der Industrie- und Handelskammern, ist eine bad-württ Besonderheit, die im Gesetzgebungsprozess umstritten war. Die Kommunalen Landesverbände haben diese Anhörungspflicht als Eingriff in das Selbstverwaltungsrecht abgelehnt und das Verfahren als unnötig, unpraktikabel und bürokratisch bezeichnet. Die Sicherstellung einer rechtzeitigen Beteiligung der Wirtschaft i. S. einer Anhörung mit dem Ziel, „einen angemessenen Ausgleich der widerstreitenden Interessen von Handwerk und Mittelstand einerseits und der kommunalwirtschaftlichen Betätigung ... andererseits herbeizuführen" mag in Einzelfällen überflüssig sein, ist aber rechtlich möglich. Die Anhörung ist sicher geeignet, im Rahmen der kommunalen Meinungsbildung die Auswirkungen kommunaler Wirtschaftstätigkeit für das örtlich betroffene mittelständische Gewerbe, die lokalen Marktgegebenheiten, dem Gemeinderat darzulegen. Im Interesse der kommunalen Gestaltungsfreiheit und zur Vermeidung unnötiger Bürokratie wurde für die Anhörung ein bestimmtes Verfahren nicht vorgeschrieben. Wie der Gemeinderat seine Entscheidung vorbereitet und den Prozess dafür gestaltet, ist ihm im Übrigen freigestellt (vgl. oben Rdn. 41; § 7 BHO). Er kann Marktanalysen, Gutachten usw. zu den Chancen, Risiken und wettbewerblichen Auswirkungen einer kommunalen Wirtschaftsbetätigung einholen, sich auf anderem Wege zusätzliche Erkenntnisse über die Auswirkungen seiner Entscheidung verschaffen, weitere Organisationen anhören usw. (vgl. oben Rdn. 37 und Rdn. 6 ff. zu § 108; BVerwG NVwZ 2002, 1123 ff.; *Meyer* NVwZ 2003, 818 ff.; *Weiblen* BWGZ 2006, 469 ff.).

III. Wirtschaftsgrundsätze für wirtschaftliche Unternehmen (Abs. 3)

1. Primärziel: Öffentliche Zweckerfüllung

61 Die wirtschaftliche Betätigung einer Gemeinde ist in der GemO nicht nur hinsichtlich der Errichtung usw., also für den Beginn bzw. die Zulassung wirtschaftlicher Unternehmen geregelt, sondern gemäß § 102 Abs. 3 auch hinsichtlich des Betriebs, der **laufenden Geschäftstätigkeit** solcher Unternehmen (**„Zustand"** wirtschaftlicher Betätigung; für Kommunalunternehmen in Privatrechtsform gelten die im Wesentlichen inhaltsgleichen Regelungen des § 103 Abs. 3; vgl. dazu Rdn. 46 zu § 103). Auch nach der Betriebsaufnahme, also stets, müssen die in § 102 Abs. 3 festgelegten Unternehmensziele gegeben sein. Die wirtschaftlichen Unternehmen müssen so geführt werden, dass ihr öffentlicher Zweck nachhaltig und stetig erfüllt wird (**Primärfunktion;** Leitziel und Hauptzweck); daneben sollen sie für den Gemeindehaushalt noch einen Ertrag abwerfen (Sekundärfunktion; Nebenziel). § 102 Abs. 3 statuiert also einen eindeutigen **Vorrang der öffentlichen Zweckerfüllung** (Mussvorschrift). Die Gewinnerzielung ist nur **Sekundärfunktion** (Nebenzweck; Sollvorschrift). Im Vordergrund stehen die gemeindlichen Aufgaben i. S. einer auch in der Art und Weise ihrer Durchführung dem Gemeinwohl verpflichteten und den sozialen Belangen gerecht werdenden Bedürfnisbefriedigung (bezüglich dem „Wie"). Dabei besteht aber eine Wechselwirkung zwischen beiden Unternehmenszielen insoweit, als zum einen auch öffentliche Aufgabenerfüllung dem Wirtschaftlichkeitsprinzip unterliegt (Rational- oder ökonomisches Prinzip; vgl. § 77 Abs. 2, Rdn. 36 ff.) und zum anderen eine dauerhafte und erfolgreiche Aufgabenerfüllung nur gesichert ist, wenn die Substanzerhaltung gewährleistet, Mittel für technische und wirtschaftliche Fortentwicklungen erwirtschaftet und soweit möglich auch eine marktübliche Eigenkapitalverzinsung erzielt wird (vgl. § 77 Abs. 1 S. 1; § 77 Rdn. 13 ff.; *Klug* GemHH 2016, 86 ff.).

Im Einzelfall ist sorgfältig zwischen einer möglichst optimalen kommunalpolitischen Aufgabenerfüllung und einer möglichst wirtschaftlichen Aufgabendurchführung abzuwägen (finanzwirtschaftliches **Konzept der Gemein- und Sozialwirtschaftlichkeit** bei Priorität der Zweckerfüllung und dauerhaften Leistungsfähigkeit im Dienst am Gemeindeeinwohner; Münch, in: HKWP Bd. 5, S. 71 ff.). Erfüllt ein wirtschaftliches Unternehmen den öffentlichen Zweck nicht mehr oder wird die finanzielle Leistungsfähigkeit der Gemeinde nicht nur vorübergehend in unvertretbarem Maße strapaziert, so hat die Gemeinde die erforderlichen Maßnahmen rechtzeitig zu ergreifen, ggf sogar die wirtschaftliche Betätigung einzustellen (Rationalisierung, Kooperationen, teilweise oder volle Veräußerung des Betriebs usw.; vgl. *Ruffert* VerwArch 2001, 27, 47 ff.). Zwar ist nach § 105 Abs. 2 ein Beteiligungsbericht zwingend nur für Unternehmen in Privatrechtsform zu erstellen und zu veröffentlichen und darin die Einhaltung dieser Grundsätze zu prüfen. Die Zielsetzung der §§ 102 ff. gebieten jedoch darüber hinaus für alle nicht im Gemeindehaushalt integrierten wirtschaftlichen Unternehmen (Eigenbetriebe, Zweckverbände, Vereine, kommunale Stiftungen usw.; vgl. Rdn. 82 f.) die Institutionalisierung einer **Beteiligungsverwaltung** und die jährliche Erstellung eines **Beteiligungsberichts** (vgl. dazu Rdn. 21 ff. und 30 ff. zu § 105.; Städtetag BW, Leitfaden Beteiligungscontrolling, 1999; GPA, Geschäftsbericht 2000, S. 52 ff.; *Fiedler/ Kreft/Lührs* GemHH 1999, 29 ff.; *Weiblen* BWGZ 2000, 183 f.; *Katz*, in: Bräunig/Greiling (Hrsg.), FS für P. Eichhorn, 2007, S. 582 ff.; oben Teil 1 Rdn. 161 ff. und 174 ff.).

§ 102 Abs. 3 verpflichtet die Gemeinde zu einer **stetigen Erfüllung des öffent-**   **62**
lichen Zwecks (Grundsatz der Nachhaltigkeit; zum öffentlichen Zweck vgl. eingehend Rdn. 30 ff.). Die Gemeinde muss ihre wirtschaftlichen Unternehmen in sachlicher und personeller Hinsicht so ausstatten, dass der örtliche Bedarf jederzeit ausreichend gedeckt werden kann und der Betrieb auf Dauer funktionsfähig bleibt (§§ 2, 10 Abs. 2). Störungen und Unterbrechungen in den Lieferungen und Leistungen sind zu minimieren usw. (Leitziele: qualitativ und quantitativ angemessene Bedarfsdeckung und Leistungserfüllung, Versorgungssicherheit, sozialadäquate Entgelte und damit effiziente und wirtschaftliche Aufgabenwahrnehmung, Gesundheits-, Umweltschutz usw.). Die Kommunen haben die Einhaltung dieser Ziele durch geeignete Maßnahmen sicherzustellen (Steuerung, Controlling usw.) und zu beachten, dass die in §§ 77, 78 und 87 Abs. 2 festgelegten zentralen Grundsätze der Gemeindewirtschaft eingehalten werden (vgl. Rdn. 11 ff. zu § 77). Auch darf die einzelne wirtschaftliche Betätigung nicht zu Lasten der übrigen gemeindlichen Aufgabenerfüllung gehen (vgl. §§ 109 ff., §§ 118 ff.; *Wieland* DVBl. 1999, 1470 ff.; *Wallmann* DVBl. 2000, 1185 ff.; *Hörster* DVBl. 2001, 710 ff.; *Katz* GemHH 2016, 73 ff.).

2. Sekundärziel: Rentabilität

Gemäß Abs. 3 sollen die wirtschaftlichen Unternehmen i. S. v. § 102 außerdem   **63**
einen **Ertrag** für den Gemeindehaushalt abwerfen (**Rentabilitätsgebot als Soll-Vorschrift**). Diese Voraussetzung verlangt von den Betrieben keinesfalls eine Gewinnmaximierung, sondern unter Beachtung der öffentlichen Zweckerfül-

lung nach Möglichkeit die Erzielung eines angemessenen Gewinns (vgl. neben dem KAG auch § 78 Abs. 2: Grundsatz der Rücksichtnahme auf die wirtschaftlichen Kräfte der Abgabenpflichtigen; Rdn. 33 ff. zu § 78). Das Ertragsstreben muss also mit der öffentlichen Zielsetzung des Unternehmens und mit dessen besonderer Stellung als kommunaler Einrichtung abgestimmt werden. Bei der Dominanz des öffentlichen Zweckes und der Vorrangigkeit der Inpflichtnahme der kommunalen Unternehmen als Instrumente für die Bedürfnisbefriedigung der Einwohnerschaft ist ggf. teilweise oder ganz auf einen Ertrag zu verzichten. In besonderen Einzelfällen können unter eng begrenzten Voraussetzungen auch Verluste zulässig sein. Dies ist in der Regel insbes. dann zu rechtfertigen, wenn sonst das Primärziel gefährdet oder sozial tragbare Entgelte nicht erreicht werden könnten (z. B. Nahverkehr). Das nur als „Soll" normierte Rentabilitätsgebot, das ein Streben nach Ertrag und keine Gewinngarantie festlegt, muss eben im Konfliktsfall mit dem Vorrangprinzip öffentliche Zweckerfüllung zurücktreten und Ausnahmen zulassen (bloße Kostendeckung in der Regel bei der Wasserversorgung; Unrentabilität z. B. beim Nahverkehr). Soweit bei bestimmten besonders gemeinwohlorientierten Dienstleistungen oder Wirtschaftsgütern ein Ertrag längerfristig nicht erzielbar ist, kann aus steuerlichen Gründen in engen Grenzen insbes. in kleinen Gemeinden auch ein Verzicht auf Gewinnerzielung zulässig sein. Kommunalpolitisch bedingte, betriebszielfremde Einnahmeausfälle, z. B. auf Grund von sozial gestaffelten Preisvergünstigungen, sollten in Form von Zuschüssen aus dem Haushalt der Gemeinde ausgeglichen werden. Die Einführung des „**Null-Tarifs**" ist bei wirtschaftlichen Unternehmen grundsätzlich nicht zulässig (vgl. *Koblischke* BWVP 1996, 100 ff.; *Gern/Wössner* VBlBW 1997, 246 ff.; *Katz*, a. a. O., § 78 Rdn. 28 ff. m. w. N.; oben Teil 1 Rdn. 174 ff.). Zum Problem **Wasserentgelte**: BGH NJW 2010, 2573 und 2012, 3243; *Daiber* NJW 2013, 1990; *Kunze/Bronner/Katz*, a. a. O., § 102 Rdn. 4 und 63a ff.

64 Die **Höhe des** nach § 102 Abs. 3 anzustrebenden **Ertrages** ist nicht ausdrücklich geregelt. Für den Regelfall gilt, dass ein Gewinn in Höhe einer angemessenen Verzinsung des Eigenkapitals, angemessener Beträge für Rückstellungen und Rücklagen sowie der notwendigen Mittel für die technische und wirtschaftliche Entwicklung des Unternehmens erwirtschaftet wird (die Abschreibungen sind dabei mindestens aus den Herstellungs- und Anschaffungskosten, möglichst aus den Wiederbeschaffungskosten einschließlich dem Aufwand für technische Neuerungen zu berechnen; vgl. §§ 12 und 38 Abs. 3 GemHVO; § 109 GemO NRW; Art. 95 BayGemO). Für Eigenbetriebe soll neben den Abschreibungen usw. eine marktübliche Verzinsung des Eigenkapitals erwirtschaftet werden. Das Rentabilitätsgebot legt den Gemeinden darüber hinaus die Pflicht auf, ihre Unternehmen nach rationellen und wirtschaftlichen Gesichtspunkten und Grundsätzen zu führen. Die Gemeinden haben danach zu streben, optimale Leistungen bei minimalen Kosten zu erreichen (Rational- oder ökonomisches Prinzip als wichtige Handlungsmaxime). Das Streben nach Wirtschaftlichkeit bei der Erfüllung gemeindlicher Aufgaben mit unternehmerischen Mitteln ist ein wichtiges Instrument kommunaler Unternehmenspolitik (vgl. **Wolff** AfK 1963, 151; *Münch*, in: HKWP Bd. 5, S. 71 ff.; *Ruffert* VerwArch 2001, 27, 47 ff.; *Cremer* DÖV 2003, 921 ff.; *Klug* GemHH 2016, 86 ff.).

IV. Öffentliche Unternehmen, Einrichtungen und Hilfsbetriebe (Abs. 4)

1. Fiktiver Negativkatalog

Der Gesetzgeber geht in § 102 zwar von einem weiten Begriff des wirtschaftli- **65** chen Unternehmens aus; doch nimmt er dann bestimmte Bereiche wirtschaftlicher Betätigung kraft ausdrücklicher gesetzlicher Anordnung wieder von dem Unternehmensbegriff aus (**Negativabgrenzung i. S. eines Ausschlusskatalogs**; vgl. oben Rdn. 15 ff.). Gemäß § 102 Abs. 4 gelten bestimmte Einrichtungen usw., die teilweise durchaus wirtschaftlich betrieben werden könnten, nicht als wirtschaftliche Unternehmen (i. S. einer **Fiktion**). Dies hat zur Folge, dass für die in Abs. 4 genannten Unternehmen, Einrichtungen und Hilfsbetriebe die in § 102 Abs. 1 bis 3 festgelegten einschränkenden und verpflichtenden Voraussetzungen, aber auch die Soll-Vorschrift, für den Gemeindehaushalt Erträge abzuwerfen, grundsätzlich nicht gelten (sog. **privilegierte Betriebe**). Mit der GemO-Novelle 1999 ist diese überwiegend historisch bedingte, heute wenig überzeugende Fiktion zwar formal beibehalten worden, faktisch kommt ihr aber nach der Normsystematik in der Neuregelung 1999, die trotz Streben nach einem einheitlichen System gleichwohl im Detail sehr kompliziert bleibt, nur noch eine begrenzte Bedeutung zu (der Ausschlusskatalog wird durch eine entsprechende Anwendung der §§ 102 ff. faktisch wieder weitgehend aufgehoben; vgl. § 106a; zur Systematik Rdn. 15, im Einzelnen Rdn. 67 ff.; Rdn. 4 und 13 zu § 103; LTDS 12/4055, S. 17 ff.; *Werner* VBlBW 2001, 206, 208 f.; kritisch *Eujen* BWGZ 2000, 185 ff.). Für die Entgeltfestsetzung gelten grundsätzlich die Vorschriften des KAG bzw. der kostenrechnenden Einrichtungen (§ 10 Abs. 2, § 78 Abs. 2, §§ 13 ff. KAG, § 12 GemHVO). Gemäß § 14 KAG dürfen Gemeinden für die Benutzung ihrer öffentlichen Einrichtungen die Gebühren höchstens so bemessen, dass die nach betriebswirtschaftlichen Grundsätzen auf der Basis von Anschaffungs- und Herstellungskosten ansatzfähigen Aufwendungen der Einrichtung gedeckt werden. Erträge (Gewinne) über eine angemessene Kapitalverzinsung hinaus dürfen nach § 14 Abs. 2 KAG nur von wirtschaftlichen Unternehmen erzielt werden. Bei der Erhebung eines Benutzungsentgelts durch Unternehmen und Einrichtungen i. S. v. § 102 Abs. 4, die nicht öffentliche Einrichtungen sind, ist entsprechend zu verfahren. All diese Unternehmen und Einrichtungen unterliegen im Übrigen den Bestimmungen des Haushaltsrechts (vgl. auch Rdn. 15 f.; zur Zulässigkeit von „Annexkompetenzen" vgl. Rdn. 35 und 70 f.).

Nach dem Wortlaut des § 102 Abs. 4 (**fiktiver Negativkatalog**) handelt es sich **66** bei diesen klassischen kommunalen Aufgabenfeldern (auch wegen ihres faktischen Pflichtaufgabencharakters als „Gemeinwohl- oder Hoheitsbetriebe" bezeichnet) überwiegend um solche, denen einerseits traditionell eine besonders intensive öffentliche Zielsetzung innewohnt, denen die örtliche Gemeinwohlfunktion „auf die Stirn" geschrieben ist, und die andererseits typischerweise weniger geeignet sind, durch Teilnahme am Geschäftsverkehr und wirtschaftlicher Wertschöpfung mit Gewinnerzielung usw. betrieben zu werden. Letztlich ist der Negativkatalog überwiegend historisch bedingt (vgl. § 67 DGO; heute teilweise überholt; oben Rdn. 15 f. und 22 ff.). Die Herausnahme dieser Aufgabenfelder wird aber im Wesentlichen wieder dadurch relativiert, dass auch diese Unternehmen usw. gemäß § 102 Abs. 3 Satz 2 nach wirtschaftlichen Gesichtspunkten zu führen sind und der „öffentliche Zweck" ihnen immanent ist, bzw. als gegeben unterstellt wird (gewisse „Privilegierung" allerdings hinsichtlich § 102 Abs. 1 Nr. 3; zum Teil bestehen auch noch Spezialregelungen, z. B. KHG; vgl. VGH BW NVwZ 1999, 1242 f.; OLG Düsseldorf NVwZ 2000, 111 f.; *Stehlin* NVwZ 2001, 645 ff.; *Tettinger*, a. a. O., Rdn. 202; *Detterbeck* JuS 2001, 1199, 1202). Eine eindeutige und befriedigende Abgrenzung zwischen wirtschaftlichen Unternehmen und den Unternehmen usw. nach § 102 Abs. 4 ist oft schwierig, nicht zuletzt weil sie sich nicht gegenseitig ausschließen, sondern sich in Randbereichen wie zwei sich überschneidende Kreise darstellen (im Prinzip nur eine graduelle Unterscheidung). Bei den Einrichtungen i. S. v. § 102 Abs. 4 stehen also in der Regel weniger erwerbswirtschaftliche Prinzipien, sondern traditionell besonders gemeinwohlgeprägte Kommunalaufgaben, vor allem **kulturelle, gesundheitliche und soziale Zielsetzungen**, im Vordergrund (sog. **nichtwirtschaftliche Tätigkeiten**, Unternehmen, Einrichtungen und Hilfsbetriebe). Der Bereich dieser Einrichtungen ist neben dem stark ausgeprägten öffentlichen Zweck überwiegend durch öffentlich-rechtliches Handeln im Leistungs- und Nutzungsverhältnis (Betriebsverhältnis) gekennzeichnet. Die Gemeinden haben im Einzelfall sorgfältig zu prüfen, welchem Bereich eine gemeindliche Einrichtung zuzuordnen ist, wobei ihnen allerdings ein gewisser Beurteilungsspielraum zugestanden werden muss (vgl. dazu oben Rdn. 22 und 37; vgl. oben Teil 1 Rdn. 49 f.).

2. Nichtwirtschaftliche Unternehmen

67   Gemäß § 102 Abs. 4 Nr. 1 sind zu den wirtschaftlichen Unternehmen i. S. v. §§ 102 ff. nicht jene **Unternehmen** zu zählen, zu deren Betrieb die **Gemeinde gesetzlich verpflichtet** ist (nichtwirtschaftliche Unternehmen). Damit soll bezweckt werden, dass die Erfüllung von Pflichtaufgaben der Gemeinde grundsätzlich nicht nach den Prinzipien der wirtschaftlichen Betätigung und deren tatbestandlichen Beschränkungen erfolgen soll („privilegierte" Unternehmen; vgl. Rdn. 15). Dazu gehören ua: Wasserversorgung und Abwasserbeseitigung (§§ 44 und 46 Wassergesetz; Rdn. 63); Abfallbeseitigung (§§ 17 und 20 KrWG i. V. m. §§ 6 ff. Landesabfallgesetz – LAbfG –); Gemeindestraßen (§§ 41 ff. StrG); Aufgaben nach dem Bundesseuchengesetz (§§ 11, 12, 37 Abs. 5 BSeuchenG); Bereitstellung von Krankenhäusern (§§ 8 Abs. 1 und 38 Abs. 2 LKHG; § 5 EigBVO); Einrichtung und Unterhaltung öffentlicher Schulen (§ 28 SchulG). Die Abgrenzung von Nr. 1 und Nr. 2 in § 102 Abs. 4 ist häufig nicht ganz eindeutig; z. T. werden solche Einrichtungen durch beide Fallgruppen erfasst. Zu den sog. Annextätigkeiten bzw. Randnutzungen vgl. Rdn. 35 und 70 f.; RhPfVerfGH NVwZ 2000, 801 ff.; *Hennecke* NdsVBl 1999, 1 ff.; *Britz* NVwZ 2001, 380, 384 f. Durch den mit der GemO-Novelle 1999 eingeführten § 106a wurde in den §§ 102 ff. für wirtschaftliche und nichtwirtschaftliche Unternehmen ein **einheitliches System** von Zulässigkeitsvoraussetzungen für kommunale Unternehmen und Einrichtungen geschaffen und die Sonderbestimmungen inhaltlich aufgehoben (durch entsprechende Anwendung der §§ 103 bis 106a; vgl. LTDS 12/4055, S. 19 f. und 25; *Weiblen* BWGZ 1999, 1008; *Umlandt* DNV 5/2000, 12 ff.).

3. Öffentliche Einrichtungen

Einrichtungen der verschiedensten Art, die zur Erfüllung mehr hoheitlicher, insbes   **68**
kultureller, gesundheitlicher, sozialer und ähnlicher Aufgaben dienen, sind nach
§ 102 Abs. 4 Nr. 2 nicht als wirtschaftliches Unternehmen anzusehen. Dabei
kommt es entscheidend auf den Hauptzweck der einzelnen Einrichtung an. Dazu
gehören z. B. Theater, Museen, Erziehungsheime, Erziehungsberatungsstellen, Ju-
gendmusikschulen, Volkshochschulen, Landschulheime, Jugendhäuser, Büchereien, Einrichtungen der Heimatpflege, Sport-, Spiel- und Erholungsanlagen, Hal-
len- und Freibäder, Alters- und Pflegeheime, Kindergärten, Gemeindeschwester,
kommunale Pfandleihanstalten (vgl. Rdn. 23 und § 10 Abs. 2 mit Rdn. 15;
Zumpe, Rechtliche Grenzen der kommunalen Wohnungsvermittlung, S. 24 ff.;
Püttner, Die öffentlichen Unternehmen, S. 36 ff.; *Lange*, a. a. O., Kap. 14
Rdn. 214 ff.). Die gemeindliche Wasserversorgung gehört nicht zu den Einrichtungen der Nr. 2, sondern fällt nunmehr unter die Vorschrift Nr. 1 oder des § 102
Abs. 1 (vgl. das neue WHG und das LWG: kommunale Pflichtaufgabe). Zu Annextätigkeiten usw. vgl. Rdn. 35 und 69 f. Wird eine Einrichtung nach § 102
Abs. 4 Nr. 2 in Privatrechtsform errichtet und betrieben, so sind gemäß § 106a die
§§ 103 ff. entsprechend anzuwenden (vgl. Erl. zu § 106a; ähnliches gilt für Eigenbetriebe, vgl. § 1 EigBG und Rdn. 88 f.).

4. Hilfsbetriebe

Weiter sind von den wirtschaftlichen Unternehmen gemäß § 102 Abs. 4 Nr. 3   **69**
Hilfsbetriebe ausgenommen, die ausschließlich der Eigenbedarfsdeckung der Gemeinde dienen. Solche Einrichtungen dürfen für andere keine Lieferungen und
Leistungen erbringen (keine Fremdbedarfsdeckung). Hilfsbetriebe wie ein Stein-
bruch zur Gewinnung von Material für den gemeindeeigenen Straßenbau oder
eine Reparaturwerkstatt zur Instandsetzung gemeindeeigener Fahrzeuge sollen
eben von der Gemeinde auch dann betrieben werden können, wenn die Voraussetzungen des § 102 Abs. 1 bis 3 ggf. nicht vorliegen (amtl Begründung zu § 85 a. F.;
möglichst kostengünstige Eigenbedarfsdeckung; unabhängige, flexible Versorgungssicherheit; weitere Beispiele: Bauhöfe, Druckereien, Wäschereien, Fuhrparks, Tischler-, Maler-, Schlosser- und andere Werkstätten, die ausschließlich für
den Eigenbedarf der Gemeinde tätig sind). Hilfsbetriebe nach § 102 Abs. 4 Nr. 3
können sowohl eine gewisse Selbständigkeit haben (Regie- oder ggf. Eigenbetrieb,
§ 1 EigBG) als auch als Teil einer anderen gemeindlichen Einrichtung oder eines
Unternehmens geführt werden (vgl. auch oben Rdn. 35). Insgesamt sind aber auch
die Wirtschaftlichkeit besonders zu beachten und Lösungen wie Outsourcing und
PPP (Kooperationslösungen mit Privaten) mit zu prüfen (vgl. *Budäus/Eichhorn*,
Private Public Partnership, 1997; *Kelling* VOP 12/2000, 21 ff.; *Kämmerer* DVBl.
2008, 1005 ff.; oben Teil 1 Rdn. 49 f.).

Der Grundsatz der ausschließlichen Eigenbedarfsdeckung erfährt allerdings dort   **70**
eine Ausnahme, wo es sich um relativ unbedeutende, untergeordnete, dem Hilfsbetrieb dienende Neben-, Rand- oder Annextätigkeiten handelt. Zulässig sind deshalb Tätigkeiten eines Hilfsbetriebes, die er bei Gelegenheit der Erfüllung seines
eigentlichen Betriebszwecks i. S. einer ergänzenden, arrondierenden, unselbständigen Nebennutzung wahrnimmt, (z. B., wenn für den Hilfsbetrieb notwendige
Produktionsmittel, die zeitweise nicht voll ausgelastet sind, vorübergehend mit

Fremdbedarfskapazitäten genutzt werden). Erreichen diese Annextätigkeiten aber ein erheblicheres Gewicht, eine gewisse Selbständigkeit oder haben sie eine nicht nur dem Hauptzweck des Betriebs dienende Funktion, so sind diese Tätigkeiten in der Regel als wirtschaftlicher Betrieb zu werten, die die Voraussetzungen der §§ 102 ff. erfüllen müssen (grundsätzlich unzulässig wird es deshalb sein, wenn die Hilfsbetriebskapazitäten auf Dauer so ausgelegt sind, dass der Bauhof ständig fremde Bauarbeiten ausführt, Gemeindewäschereien ständig Fremdaufträge annehmen usw.; vgl. oben Rdn. 35 und 37). Diese Grundsätze gelten für öffentliche Einrichtungen nach § 102 Abs. 4 Nr. 1 und 2 entsprechend (z. B. Abgabe von Speisen und Getränken in Gemeindehallen, Badeanstalten usw., Bestattungsdienste und dergleichen). Je nach Zweck, Art und Umfang von Haupt- und Annextätigkeit ist nach sorgfältiger Prüfung der Einzelfall zu entscheiden. Dabei ist der Wandel in den Aufgaben und ihrer Erfüllung sowie der Beurteilungsspielraum der Gemeinde zu berücksichtigen (vgl. oben Rdn. 22 und 35; BVerwGE 39, 329 ff.; 82, 29 ff.; BGH DÖV 1974, 785; VGH BW VBlBW 1983, 78; OLG Hamm NJW 1998, 3504 f.; OVG Münster NVwZ 2003, 1520 ff.; *Schmidt-Jortzig*, in: HKWP Bd. 5, S. 62 f.; *Enkler* ZG 1998, 328, 334 f.; *Hennecke* NdsVBl 1999, 1 ff.; *Britz* NVwZ 2001, 380, 384; oben Teil 1 Rdn. 55 ff.).

5. Ökonomisches Prinzip

71 Die vorstehend in Ziff. 2–4 dargestellten Einrichtungen und Unternehmen sind gemäß § 102 Abs. 4 Satz 2 auch nach **wirtschaftlichen Gesichtspunkten** zu führen. Hierbei ist allerdings eine differenzierte Betrachtungsweise notwendig; die konkrete Ausgestaltung der wirtschaftlichen Führung der Einrichtungen muss den Besonderheiten des Einzelfalles und der Art des Unternehmens angepasst werden (vgl. etwa Schulen, Krankenhäuser, Altersheime, Theater, Gemeindesteinbruch, Reparaturwerkstatt). Die Gemeinde muss vor allem bestrebt sein, auf Dauer den öffentlichen Zweck der Einrichtung mit möglichst geringem Aufwand zu erfüllen bzw. mit den gegebenen Mitteln den größtmöglichen Gemeinwohlnutzen zu erzielen (Minimal- und Maximalprinzip; **ökonomisches Prinzip**; vgl. auch § 77 Abs. 2 mit Rdn. 36 ff.). Besonders sind auch die steuerlichen Belastungen zu berücksichtigen (zu den Mehrwertsteuernachteilen bei nichtwirtschaftlichen Unternehmen: Waibel BWVP 1993, 149 ff.). Soweit es mit der bei den Einrichtungen und Unternehmen i. S. v. § 102 Abs. 4 Nr. 1–3 ganz im Vordergrund stehenden öffentlichen Zielsetzung vereinbar ist, sind auch erwerbswirtschaftliche Prinzipien anzuwenden; jedoch ist grundsätzlich kein Ertrag anzustreben. Gemäß § 102 Abs. 4 Satz 2 ist jede Gemeinde gehalten, geeignete Vorkehrungen zu treffen, die eine Steuerung dieser Einrichtungen nach wirtschaftlichen Gesichtspunkten sicherstellen (etwa eine Buchführung, die die erforderlichen Informationen zur Steuerung und Kontrolle der Einrichtungen bereitstellt; vgl. insbes. auch § 12 GemHVO, § 14 KAG; Rdn. 63).

V. Banken und Sparkassen (Abs. 5)

1. Banken

72 Banken sind Kreditinstitute und damit Unternehmen, die Bankgeschäfte i. S. der in § 1 Abs. 1 Nr. 1 bis 12 KWG aufgeführten Art betreiben, wenn der

Umfang dieser Geschäfte einen in kaufmännischer Weise eingerichteten Gewerbebetrieb erfordert. Für sie gilt das Gesetz über das Kreditwesen (KWG). Nach § 2 KWG gelten u. a. private und öffentlich-rechtliche Versicherungsunternehmen, Bausparkassen, anerkannte gemeinnützige Wohnungsunternehmen und Unternehmen des Pfandleihgewerbes, soweit sie diese durch Hingabe von Darlehen gegen Faustpfand betreiben, nicht als Kreditinstitute (vgl. zu den Ausnahmen eingehender: *Szagunn/Neumann*, Komm. zum KWG, § 2 Rdn. 28 ff.). Wie bereits in § 67 Abs. 3 DGO, so war und ist der **Betrieb von Banken** auch in § 102 Abs. 5 untersagt, weil den Bankgeschäften zu große Risiken innewohnen. Erfahrungen auch aus jüngster Zeit bestätigen dies. Das Verbot zum Betrieb von Banken umfasst auch die Errichtung von Bankunternehmen sowie die Beteiligung daran. Nur eine solche Auslegung von § 102 Abs. 5 Satz 1 entspricht Sinn und Zweck der §§ 102 ff. Dagegen fällt das bloße Vermitteln von Bankgeschäften für Dritte nicht unter § 102 Abs. 4 i. V. m. § 1 Abs. 1 KWG (insoweit sind etwa, bei Vorliegen der übrigen Voraussetzungen, Bank-/Agenturverträge mit der Deutschen Post AG grundsätzlich zulässig). Nicht darunter fällt auch der bloße Erwerb eines unbedeutenden, haftungsmäßig begrenzten Geschäftsanteils an einer Genossenschaftsbank (eG; vgl. Rdn. 8 zu § 103).

2. Sparkassen

Im Unterschied zu Bankunternehmen dürfen Stadt- und Landkreise sowie Zweckverbände nach Maßgabe des Sparkassengesetzes (SparkG) **öffentliche Sparkassen** errichten und betreiben (§§ 1 und 2 SparkG). Diese Sonderstellung ergibt sich neben historischen Gründen aus der Anbindung des Sparkassenauftrags an die Aufgaben des **kommunalen Trägers (Regionalprinzip)**, die Qualifizierung der Sparkassentätigkeit als Teil der kommunalen Daseinsvorsorge und aus der Rechtsstellung der Sparkassen als rechtsfähige Anstalten des öffentlichen Rechts (kommunale Einrichtungen; vgl. §§ 1, 2, 6 und 8 SparkG; BVerfG NVwZ 1995, 370 f.). Sparkassen sind deshalb auch unmittelbar an die **Grundrechte** gebunden, ohne selbst grundrechtsfähig zu sein (vgl. BVerfGE 75, 192, 197; BGHZ 91, 84, 96 f.; BGH DVBl. 2003, 942 f.). **73**

a) Nach § 6 Abs. 2 SparkG dürfen die Sparkassen grundsätzlich alle banküblichen Geschäfte betreiben (vgl. § 1 Abs. 1 KWG; eine besondere, enumerative Aufgabenzuweisung, wie sie bis 1991 vorgeschrieben war, besteht heute nicht mehr). Einschränkungen ergeben sich bzw. können sich ergeben aus: (1) durch das SparkG (insbes. §§ 2 f., 6 Abs. 1, 33), (2) durch die Sparkassengeschäftsverordnung – SpGVO – (§ 51 Abs. 2 SparkG; §§ 1 und 4 SpGVO; das Bauspar-, Investment- und das Versicherungsgeschäft wird von den einzelnen Sparkassen nicht eigenständig, sondern im Verbund durch selbständige Unternehmen der Sparkassenorganisation betrieben), (3) durch die vom Verwaltungsrat erlassene Satzung bzw. durch entsprechende besondere Beschlüsse des Verwaltungsrats (vgl. § 6 Abs. 2 und 3 SparkG; *Klüpfel/Gaberdiel/Gnamm/Höppel*, Komm. zum SparkG, 8. Aufl. 2011, Erl zu § 6).

b) Der spezifische Zweck der Sparkassen als kommunale Einrichtungen ist die Erfüllung öffentlicher Aufgaben: die flächendeckende geld- und kreditwirtschaftliche Versorgung aller Bevölkerungs- und Wirtschaftskreise. Ihre Tätigkeiten sind im SparkG folglich dahingehend festgelegt bzw. modifiziert, dass sie besonders auf **73a** die öffentlichen gemeinwohlorientierten bankwirtschaftlichen Aufgaben verpflichtet und grundsätzlich auf den Hoheitsbereich ihrer Träger beschränkt sind (**Regionalprinzip, geschäftsgebietsbezogener öffentlicher Auftrag**; Wortlaut des § 6 Abs. 1 SparkG i. d. F. vom 19.7.2005, GBl. S. 587, mit Änderungen). Die Sparkassen sind danach selbständige Wirtschaftsunternehmen in kommunaler Trägerschaft (§§ 1 ff. SparkG; vgl. *Klüpfel/Gaberdiel/Gnamm/Höppel*, a. a. O., Erl. zu § 1) „mit der **Aufgabe**, auf der Grundlage der Markt- und Wettbewerbserfordernisse vorrangig in ihrem Geschäftsgebiet den Wettbewerb zu stärken und die angemessene und ausreichende Versorgung aller Bevölkerungskreise, der Wirtschaft, insbes des Mittelstands, und der öffentlichen Hand mit geld- und kreditwirtschaftlichen Leistungen auch in der Fläche sicherzustellen. Sie unterstützen die Aufgabenerfüllung der Kommunen im wirtschaftlichen, regionalpolitischen, sozialen und kulturellen Bereich. Die Sparkassen fördern den Sparsinn und die Vermögensbildung breiter Bevölkerungskreise und die Wirtschaftserziehung der Jugend" (vgl. LTDS 13/1062). Der öffentliche gemeinwohlorientierte Auftrag der Sparkassen kann durch folgende **sechs Funktionen** umschrieben werden (Kernelemente; **Geschäftsmodell**; vgl. BVerwGE 41, 195 ff.; *Klüpfel/Gaberdiel/Gnamm/Höppel*, a. a. O., Erl. zu § 6; *Haasis* BWVP 1992, 25 ff.; *Faißt* BWGZ 1992, 198 ff.; *Kruse* NVwZ 2000, 721 ff.; *Steinbrück*, Der Städtetag 10/2001, 25 ff.; *Münstermann* GemHH 2007, 49 ff.):

- **Gewährleistungsfunktion**, d. h. eine ausreichende, flächendeckende Versorgung der Bevölkerung und der Wirtschaft mit Bankdienstleistungen im jeweiligen Geschäftsgebiet, insbes auch für die kleine und mittelständische Wirtschaft, sozial Schwache und in strukturschwachen Gebieten (Regionalprinzip; Zweigstellennetz; besondere Sicherstellungsfunktion für das allgemein von Kreditinstituten umzusetzende „Girokonto für jedermann", Grenze: „soweit nicht unzumutbar"; geschäftsgebietsbezogene Sicherstellung der Präsenz und Beratung vor Ort; BGH NJW 2003, 1658);
- **Spar- und Förderfunktion**, die das Ziel verfolgen, allen und damit auch unteren Einkommensschichten die Vermögensbildung und den Zugang zu Kapitalanlagemöglichkeiten zu verschaffen. Der Sparsinn soll gefördert und unterstützt werden;
- **Struktursicherungsfunktion**, mit der eine ausgeglichene räumliche Wirtschaftsstruktur und ein stabiler Finanzmarkt erreicht werden soll (räumlich und branchenbezogen; Stärkung bzw. Verbesserung der Wirtschaftsstruktur; Förderung von lokalem und regionalem Mittelstand, Handwerk, Gründer, Technologiezentren usw. durch entsprechende Bankdienstleistungen);
- **Hausbankfunktion**, die die bankwirtschaftlichen Dienstleistungen für den öffentlichen Bereich, insbes auch den Kreditbedarf der kommunalen Träger, sicherstellen soll;
- **Wettbewerbsgarantiefunktion**, durch die die Sparkassen in ihrem Gebiet im Bankengeschäft wettbewerbssichernd, wo nötig korrigierend und verstärkend wirken und ggf eingreifen sollen;

> – **Gemeinnützigkeitsfunktion** (außerökonomische Förderungsfunktion), durch vielfältiges gesellschaftliches, soziales und kulturelles Engagement, durch lokales und regionales Sponsoring, durch Spenden und Stiftungen etc.

c) Die Sparkassenorganisation in BW hatte zum 1.1.2016 insgesamt 53 Sparkas-   **73b**
sen, rd. 35.000 Mitarbeiter, 2.306 Geschäftsstellen mit einer Bilanzsumme von
178,6 Mrd. Euro und 125 Mrd. Kundeneinlagen (zur Sparkassen-Finanzgruppe
Baden-Württemberg mit LBBW, LBS, SV usw.; vgl. die nachfolgende Übersichts-
grafik). Die Sparkassen führen ihre Geschäfte unter Beachtung ihres öffentlichen
Auftrags nach kaufmännischen Grundsätzen (wirtschaftliche Gesichtspunkte,
angemessener Ertrag; Grundsatz der „sparkassenrechtlichen Gemeinnützigkeit";
§ 6 Abs. 4 SparkG; *Klüpfel/Gaberdiel/Gnamm/Höppel*, a. a. O., Erl. zu § 6 IV).
Die kommunale Gewährträgerhaftung wurde zum 18.7.2005 weggefallen, die **Anstaltslast** wurde modifiziert und dem Beihilferecht der EU unterworfen (vgl. eingehender Rdn. 74; §§ 1 und 8 SparkG mit Übergangsvorschriften). Neben der
Bankenaufsicht nach dem KWG (Bundesaufsichtsamt für das Kreditwesen, §§ 5,
6 und 52 KWG) unterliegen die Sparkassen einer besonderen Rechtsaufsicht
durch die Regierungspräsidien (vgl. §§ 48 f. SparkG). Das Sparkassenwesen ist
im Einzelnen als **Sonderrecht** im SparkG geregelt; gemäß § 102 Abs. 5 Satz 2
bleibt es von den Vorschriften über die wirtschaftliche Betätigung der Gemeinden
unberührt (vgl. allgemein: BVerwG DVBl. 1972, 780 f.; *Scholler/Broß*, Kommunalrecht, S. 170; *Kirchhof* DVBl. 1983, 921 ff.; *von Mutius*, in: HKWP Bd 5,
S. 453 ff.; *Gaberdiel* BWGZ 1992, 201 ff.; *Gern*, Kommunalrecht BW,
Rdn. 405).

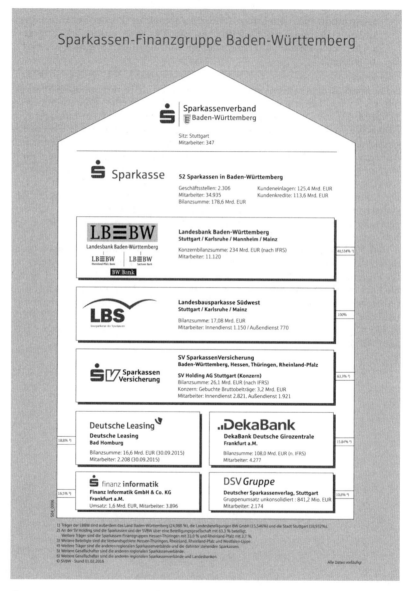

74 d) Bis zum 17.7.2001 war heftig umstritten, ob den Sparkassen auf Grund der **Gewährträgerhaftung** und der **Anstaltslast** unberechtigte Wettbewerbsvorteile bei der Refinanzierung eingeräumt waren und durch diese staatlichen/kommunalen Garantien gegen das EU-Beihilferecht verstoßen wurde (Art 87 EG-Vertrag; **EU-Bankenstreit**; vgl. *Schmid/Vollmöller* NJW 1998, 716 ff.; *Kruse* NVwZ 2000, 721 ff.; *Oebbecke* GemHH 2001, 169 ff.; *Münstermann* ZKF 2001, 194 ff. und GemHH 2007, 49 ff.; *Krämer* GemHH 2002, 37 ff.). Mit dem **Brüsseler Kompromiss** vom 17.7.2001 ist dieser Streit beigelegt worden. Kernpunkte des Kompromisses und der darauf aufbauenden Neustrukturierung sind (sog. **Plattformmodell**):

> – Der öffentlich-rechtliche Charakter und die öffentlich-rechtliche Rechtsform bleibt ebenso bestehen wie der öffentliche Auftrag mit der Betonung des Gemeinwohls sowie die Zweistufigkeit von Sparkassen und Landesbanken;
> – Die Gewährträgerschaft fällt zum 18.7.2005 weg, die Kommunen bleiben aber Träger der Sparkassen. Die Anstaltslast wird modifiziert und in Einklang mit dem Beihilferecht der EU gebracht (§§ 1 und 8 Abs. 4 und 5 SparkG). Alle Geschäfte, die die Sparkassen bis 18.7.2005 abschließen, unterliegen auch darüber hinaus für die volle Laufzeit noch der Gewährträgerhaftung bis längstens 31.12.2015;
> – Das Regionalprinzip, die dezentralen Strukturen in der Sparkassenorganisation und damit das Verbundprinzip iVm dem Subsidiaritätsgrundsatz bleiben bestehen.

e) Mit dem Kompromiss von Brüssel erhielten die Sparkassen stabile Rechtssicherheit und dauerhafte Arbeitsstrukturen, die es ihnen ermöglichen, im Einklang mit dem Gemeinschaftsrecht auf die **Herausforderungen der Märkte** effektiv zu antworten, die Grundsätze des Sparkassenwesens, die kommunale Trägerschaft, den öffentlichen Auftrag und das Regionalprinzip zu präzisieren und zukunftsorientiert weiterzuentwickeln. Der Gesetzgeber hat mit den Novellen 2002 und 2005 die Kernpunkte des „Brüsseler Kompromisses" umgesetzt (SparkG i. d. F. vom 19.7.2005, GBl. S. 587; vgl. LTDS 13/1062; zu § 8 Abs. 4 und 5 SparkG, insbes. den EU-Beihilfe- und Übergangsproblemen vgl. *Klüpfel/Gaberdiel/Gnamm/Höppel*, a. a. O., Erl. IV und V zu § 8). Die praktischen Auswirkungen auf die Refinanzierung der Sparkassen werden als gering eingeschätzt. Die stürmische und schwierige Entwicklung der Märkte sowie Basel II, Rating-Verfahren usw. erfordern aber für die **Sparkassen** differenzierte und offensive Antworten: Verstärkung und Ausbau des Vertriebes, Privatkundengeschäft, Kundenorientierung, Investmentbanking, Kostensenkung (z. B. im Back-Office, durch zentralen Direkt-Broker usw.), Risikomanagement, Marketing, aber besonders auch Internetbanking, E-Business und E-Commerce (neue technologisch innovative Vertriebsstrategien) und damit besonders wichtig die Weiterentwicklung des Regionalprinzips mit „Verhaltenskodex" sowie Fusionsnotwendigkeiten und vieles mehr. Für die **kommunalen Träger** ist es besonders wichtig, den „öffentlichen Auftrag" sicherzustellen, die Standortvorteile dezentraler, regional verwurzelter Bankinstitute und deren Dienstleistungen besonders für die heimische Wirtschaft zu gewährleisten, angemessene Trägereinflüsse sicherzustellen, die Anstaltslast zu tragen und Art. 107 AEUV (Beihilfeverbot) zu beachten usw. (vgl. *Articus* u. a., Der Städtetag 10/2001, S. 1 ff.;

Oebbecke GemHH 2001, 169 ff.; *Münstermann* ZKF 2001, 194 ff.; zur Sparkassenstruktur in Sachsen: *Thode* ZKF 2003, 329 ff.). Dabei ist es wegen der Dynamik der politischen, marktlichen und finanziellen Rahmenbedingungen besonders wichtig, die Strukturen, Strategien und Geschäftsprozesse der Sparkassen entsprechend den Entwicklungen ständig zu überprüfen und ggf rechtzeitig anzupassen (vgl. dazu allgemein etwa *Henneke/Wohltmann* Der Landkreis 2005, 832 ff.; *Geschwandtner/Helios* ZfK 2006, 290 ff.; *Münstermann* ZFK 2005, 217 ff. und GemHH 2007, 49 ff.; zum Verkauf, Privatisierung von Sparkassen, Stralsund usw.: *Meyer* NJW 2004, 1700 ff.; *Koch* NVwZ 2004, 578 ff.; zur Aktivierung von Sparkassen in kommunalen Bilanzen: *Gontermann/Wohltmann* Der Landkreis 2006, 818 ff.; *Münstermann* GemHH 2007, 49, 52 f.; zur Inanspruchnahme von Sparkassen für LB-Verbandslasten: *Böhm* DÖV 2008, 547 ff.). Die **Verfassung und Organe** der Sparkassen sind in §§ 1 ff., 11–26 SparkG und der Satzung geregelt (zur **Kompetenzabgrenzung:** FAZ v. 7.6.2016; zur **Haftung:** BGH ZIP 2015, 370; *Empt/Orlikowski-Wolf* ZIP 2016, 1053 ff.).

VI. Verbot des Missbrauchs von Monopolstellungen (Abs. 6)

1. Anwendungsbereich

75 Nach § 102 Abs. 5 dürfen Gemeindeunternehmen ihre Monopolstellung nicht gegenüber den Benutzern und Abnehmern missbrauchen. Der **Anwendungsbereich von § 102 Abs. 6** erstreckt sich grundsätzlich nur auf wirtschaftliche Unternehmen i. S. v. § 102 Abs. 1. Entsprechend dem Sinn und Zweck sowie der systematischen Einordnung dieser Vorschrift erstreckt sie sich nicht auf die Einrichtungen des § 102 Abs. 4 und die Beteiligungsunternehmen des § 103 (vgl. etwa *Surén,* Die GemO in der BR, Bd II, S. 307 f.). Für Kommunalunternehmen in Privatrechtsform gilt zunächst Bundesrecht (AktG, GmbHG, GenG, HBG) und damit bei einem evtl Monopolmissbrauch auch die allgemeinen zivilrechtlichen Bestimmungen (§§ 242, 826 BGB, §§ 1 ff. UWG, §§ 19 ff. GWB), die aber durch das Verwaltungsprivatrecht „überlagert" werden (vgl. BGH NJW 1985, 197; BVerwG NVwZ 1991, 59; OLG München NVwZ 2000, 835; BGH NJW 2002, 2645 ff.; Rdn. 55 ff.; *Katz* GemHH 2016, 73 ff.). Der Normzweck, der Schutz der Privatwirtschaft vor **unzulässiger Ausnutzung kommunaler Monopolstellungen,** und damit die Bedeutung des § 102 Abs. 6 hat sich dadurch relativiert, dass die Monopolmärkte im Rahmen der Liberalisierung und Privatisierung z. T. geöffnet wurden und die geltenden Privatrechtsregelungen (§ 1 UWG, §§ 19 ff. GWB, AGBGB) überwiegend zu gleichen Ergebnissen gelangen (*Münch,* in: HKWP Bd. 5, S. 79 f.; vgl. auch Rdn. 35 und 53; zum „**Wasserkartell**": Rdn. 63; Teil 1 Rdn. 176; BGH BB 2015, 1793 ff.; *Gersdorf* DVBl. 2016, 555 ff.).

2. Monopolstellung

76 Unternehmen, für die kein nennenswerter Wettbewerb gleichartiger Unternehmen besteht, die also für sich allein und ohne wesentliche Wettbewerber einen Markt beherrschen, werden im Allgemeinen als Unternehmen mit monopolistischer Marktstellung oder einfach als **Monopolunternehmen** bezeichnet. Ein solches faktisches Monopol besitzen die Gemeinden häufig für ihre Versorgungsunternehmen einschließlich ihren Verkehrsbetrieben (nicht zuletzt wegen der Notwendigkeit der Inanspruchnahme von öffentlichen Verkehrsräumen; Konzessionsverträge usw.; vgl. § 1 EnWG, Rdn. 16 ff. zu § 107). Hinzu kommt, dass die Gemeinden durch die Einführung eines Anschluss- und Benutzungszwangs nach § 11 GemO eine eigene Monopolstellung „unterstützen" oder verstärken können. Nach § 102 Abs. 6 liegt ein Monopol dann nicht vor, wenn ein Wettbewerb mit gleichartigen Privatunternehmen besteht; dasselbe muss auch gelten, wenn ein echter Wettbewerb mit gleichartigen öffentlichen Unternehmen besteht (*Surén*, Die GemO in der BR, Bd II, S. 310).

3. Koppelungsgeschäfte

a) § 102 Abs. 6 verbietet, den Anschluss und die Belieferung davon abhängig **77** zu machen, dass auch andere Leistungen oder Lieferungen abgenommen werden. Das Verbot umfasst also nur einen ganz bestimmten Tatbestand, die sog. **Koppelungsgeschäfte.** Durch diese Vorschrift soll verhindert werden, dass kommunale Unternehmen auf Grund einer Monopolstellung Leistungen oder Lieferungen ihrer wirtschaftlichen Unternehmen, auf die Gemeindeeinwohner (Empfänger) in Ermangelung von Konkurrenzunternehmen angewiesen sind, davon abhängig machen, dass die Empfänger auch andere Leistungen und Lieferungen abnehmen müssen, die sie sich nicht ohne weiteres auf dem freien Markt beschaffen können (unzulässige Ausnutzung einer Monopolstellung zu **Zusatzgeschäften,** ergänzenden Leistungen und Lieferungen). Praktisch werden solche Koppelungsgeschäfte insbes bei den Versorgungsbetrieben (Elektrizitäts-, Gas- und Wasserwerken). § 102 Abs. 6 zielt darauf ab, dass gemeindliche Monopole nicht über das unbedingt notwendige Maß hinaus in berechtigte gewerbliche Privatinteressen, namentlich des Handels und des Handwerks, eingreifen (amtl. Begr. zu dem gleich lautenden § 73 DGO; BVerfGE 21, 245, 261 ff.; 41, 205 ff.; 46, 120 ff.; BVerwG DÖV 1970, 823 f.; BGH NJW 1982, 2125, 2002, 3403 ff. und 2004, 2375 f.; *Püttner*, Die öffentlichen Unternehmen, 2. Aufl., S. 102 ff.; oben Rdn. 53). Das Verbot von solchen Koppelungszwängen stellt ein allgemein zu beachtendes Gebot dar; grundsätzlich ist jeder Monopolmissbrauch rechtswidrig (vgl. §§ 32, 33, 19 ff. GWB sowie Rdn. 58 ff. und 81).

b) Mitunter ist es schwierig, die Geschäfte, die zum Anschluss und zur Belieferung **78** rung gehören, gegenüber anderen abzugrenzen. Durch das Koppelungsverbot sollen vor allem die früher bestehenden **Installationsmonopole** der Versorgungsunternehmen untersagt werden (amtl. Begr. zu § 73 DGO). Zu den unzulässigen Koppelungsgeschäften zählen etwa die Belieferung mit Gas und Strom unter der Bedingung, dass auch die dazu gehörenden Geräte (Gasherde, elektrische Herde, Eisschränke, Kocher usw.) oder die für die Heizung benötigten Energieträger (Gas- oder elektrische Heizungsanlagen, Abnahme von Koks usw.) vom kommunalen Versorgungsunternehmen bezogen werden. Entsprechendes gilt für die Herstellung der Hausanschlüsse an die Versorgungsnetze generell unter der Auflage, dass die Bau- oder Installationsarbeiten vom Versorgungsunternehmen durchgeführt werden. Im Allgemeinen wird es aber zulässig sein, wenn das Gemeindeunternehmen den unmittelbaren Anschluss an die

Versorgungsleitung selbst ausführt, bestimmte Zählapparate für den Anschluss vorschreibt oder nur zuverlässige Handwerker und Händler für entsprechende Anschluss- oder Reparaturarbeiten zulässt. Durch § 102 Abs. 6 ist es jedoch stets untersagt, den Anschluss an den Versorgungsbetrieb oder die Belieferung mit dessen Erzeugnissen von der Abnahme von Nebenleistungen abhängig zu machen (insb. bei Geschäften „hinter dem Zähler"; vgl. auch RdErl des RMdJ vom 1.12.1938, RMBliV S. 2061; zu der Problematik von Neben- und Annextätigkeiten vgl. Rdn. 35, 53 und 70).

79 c) Das Verbot des § 102 Abs. 6 bezieht sich nur auf die Ausübung von unmittelbarem oder mittelbarem Zwang oder Druck. Nicht ausgeschlossen ist – wenn die tatbestandlichen Voraussetzungen im Übrigen gegeben sind –, dass die Gemeinde auf freiwilliger Basis durch **vertragliche Vereinbarung** Arbeiten oder Lieferungen übernimmt, die über den reinen Anschluss hinausgehen (bei Beachtung der §§ 102 ff. und der Vergaberechtsvorschriften). Ferner muss es der Gemeinde erlaubt sein, Vorschriften für die technisch einwandfreie Ausführung der mit dem Anschluss zusammenhängenden Arbeiten zu erlassen und sich Nachprüfungsrechte vorzubehalten (vgl. dazu auch Rdn. 53).

4. Rechtsfolgen

80 Die Verletzung der gesetzlichen Vorschrift des § 102 Abs. 6 hat in der Regel nach § 117 Abs. 2 die **Nichtigkeit** des Rechtsgeschäfts zur Folge. Bei getrennten Rechtsgeschäften für den Anschluss und die Belieferung (z. B. Strom) sowie für die ausgedungene Leistung oder Lieferung (z. B. Installation, Elektrogeräte) ist nur die Vereinbarung über die Nebenleistung nichtig. Aber auch bei einheitlichen Rechtsgeschäften ist grundsätzlich nur der Teil nichtig, der sich auf die Nebenleistung bezieht, weil i. d. R. anzunehmen ist, dass das Rechtsgeschäft für die Hauptsache (z. B. Gaslieferung) von beiden Teilen auch ohne den nichtigen Teil vorgenommen worden wäre (§ 139 BGB). Nichtig sind auch Vorverträge, durch die sich die Benutzer zum Abschluss derartiger Geschäfte verpflichten, desgleichen Verträge, die den verbotenen Erfolg durch Umgehung des Gesetzes zu erreichen versuchen (vgl. *Soergel*, Komm. z. BGB, § 134 Rdn. 38).

5. Diskriminierungsverbot

81 Abgesehen von der speziellen Vorschrift des § 102 Abs. 6 unterliegen die Gemeinden und ihre wirtschaftlichen Unternehmen, soweit sie privatrechtlich tätig werden, ganz allgemein den Vorschriften des BGB, AGBGB, UWG und GWB. Die Gemeinden dürfen die Monopolstellung ihrer wirtschaftlichen Unternehmen, ihre amtliche Autorität, ihre amtlichen Kenntnisse und Beziehungen weder unlauter, sittenwidrig ausnutzen (§ 1 UWG; vgl. LG München ZKF 2000, 112 ff.; OLG München NVwZ 2000, 835 ff.; BGH NJW 2002, 3779 f.; Rdn. 58 ff.; *Schink* NVwZ 2002, 129, 139) noch unter solchen Umständen ihren Geschäftspartnern unbillige Bedingungen oder überhöhte Preise auferlegen (**Diskriminierungsverbot;** § 33 i. V. m., §§ 19 ff. GWB; § 26 Abs. 2 a. F.; vgl. BGH NJW 1982, 2117, 2125; BGH NJW 1987, 60 ff.; BGH DÖV 2003, 249 und NJW 2004, 2375 ff.; *Schmidt-Jortzig*, in: HKWP Bd. 5, S. 68 ff.; Rdn. 59; Rdn. 9 zu § 107; vgl. auch oben Teil 1 Rdn. 72 ff. und 76 f.). Weiter sind hier auch die Grundsätze zu beachten, die von der Rechtsprechung insbes

zu §§ 138 und 826 BGB über das Verbot der sittenwidrigen Ausnutzung einer
wirtschaftlichen Machtstellung entwickelt wurden (vgl. etwa BGH NJW 1976,
709 f.). Rechtsgeschäfte, die gegen das Monopolmissbrauchsverbot verstoßen,
sind nach §§ 134, 138 BGB nichtig (vgl. aber § 139 BGB).

VII. Exterritoriale wirtschaftliche Betätigung (Abs. 7)

Die Fragen des „Territorialprinzips" wurden allgemein als Teil des „öffentli-   **81a**
chen Zwecks" bereits oben in Rdn. 36 behandelt. Nach Diskussionen seit Mitte
der 90er Jahre und der Verabschiedung zahlreicher entsprechender Vorschriften
in anderen Bundesländern, wurde mit der **GemO-Novelle 2005** in dem **neuen**
§ 102 Abs. 7 eine Regelung aufgenommen, die wirtschaftliche Aktivitäten über
die Gemeindegrenzen hinaus unter bestimmten Voraussetzungen ermöglicht
(„im Rahmen der Gesetze" territoriale Ausdehnung kommunaler wirtschaftlicher Betätigung durch behutsame **Lockerung des Örtlichkeitsgrundsatzes;**
Wahrnehmung kommunaler Aufgaben „extra muros", außerhalb des Gemeindegebiets; gemeindeübergreifende Tätigkeit durch „exterritorialen Ausgriff";
vgl. LTDS 13/4767; oben Rdn. 36 und Teil 1 Rdn. 57 f.; *Schliesky* Die Gemeinde
SH 12/2001, 302 f.; *Tomerius* GemHH 2004, 241 ff.; *Heilshorn* VerwArch
2005, 88 ff. und VBlBW 2007, 161 ff.; *Jarass* DVBl. 2006, 1 ff.; *Weiblen* BWGZ
2006, 469 ff.; *Guckelberger* BayVBl 2006, 293 ff.). Der Gesetzgeber hielt dies
für erforderlich, um den Entwicklungen, die sich aus der Liberalisierung und
Privatisierung sowie besonders durch das EG-Recht ergeben, Rechnung zu tragen, um die Wettbewerbsfähigkeit der Kommunen bei zulässiger wirtschaftlicher Betätigung zu erhalten (vgl. LTDS 13/4835, S. 10 f.; vgl. auch LTDS 15/
3255). Die Zulässigkeit bzw. Grenzen solcher Tätigkeiten außerhalb des Gemeindegebietes sind umstritten (vgl. oben Rdn. 38; *Schink* NVwZ 2002, 129 ff.;
Jarass DVBl. 2006, 1 ff.; *Pünder/Dittmar* JURA 2005, 760 ff.; *Guckelberger*
BayVBl. 2006, 293 ff.; *Faber* IR 2007, 149 ff.), nach h. M. eher eng festzulegen
bzw. zu ziehen („**behutsame**" **Öffnung;** Abs. 7 als Regelung mit Ausnahmecha-
rakter; *Heilshorn* VBlBW 2007, 161, 163 ff.).

Das kommunale Selbstverwaltungsrecht und die „Gebietshoheit" der Nachbar-   **81b**
und anderer Gemeinden, die inhaltliche und örtlich begrenzte Verbandskompetenz einer Kommune (Art. 28 Abs. 2: „öffentliche Angelegenheiten der örtlichen Gemeinschaft") ziehen Grenzlinien gemeindeübergreifender Wirtschaftstätigkeit, die grundsätzlich eine gesetzliche Grundlage, besonders festzulegende
Zulässigkeitsvoraussetzungen erfordern: Es müssen zum einen die allgemeinen
Voraussetzungen des § 102 Abs. 1 gegeben und zum anderen die berechtigten
Interessen der betroffenen Gemeinden, in der Regel durch eine entsprechende
Zustimmung, gewahrt sein. Ob diese vorliegen, muss unter Berücksichtigung
der **interkommunalen Kooperationskompetenz,** aber auch der Solidarität und
des Rücksichtnahmegebots in der „Kommunalfamilie" im Einzelfall unter Beachtung der Prinzipien der Güterabwägung und Verhältnismäßigkeit sorgfältig
geprüft werden (hoher Stellenwert der Grundsätze des Art 28 Abs. 2 GG aller
betroffenen Kommunen; Eingriffsintensität, kommunales Einvernehmen, gemeindliche Interessenabsicherung usw.), wobei den Gemeinden ein begrenzter

Beurteilungsspielraum zusteht (vgl. Rdn. 36 f. und 32; LTDS 13/4767, S. 10; *Ehlers* DVBl. 1998, 497, 503 f.; *Tomerius* GemHH 2004, 241 ff.; *Heilshorn* VerwArch 2005, 88 ff.). Bezüglich den Aktivitäten auf Grund „Bestandsschutzes", Neben- und Annexkompetenzen gelten die allgemeinen Regeln (vgl. Rdn. 25 ff.; OVG NW DVBl. 2004, 133; *Heilshorn* VBlBW 2007, 161 ff.). Zu den bei interkommunalen Kooperationen evtl. auftretenden Vergaberechtsproblemen vgl. EuGH NVwZ 2005, 431 ff.; OLG Düsseldorf NVwZ 2004, 1022 f.; *Bergmann/Vetter* NVwZ 2006, 497 ff. Zu den Abwehrrechten bei territorialen Übergriffen: *Kühling* NJW 2001, 177 ff.; *Schliesky* Die Gemeinde SH 12/2001, 302 ff.; *Tomerius* GemHH 2004, 241 ff.; *Scharpf* NVwZ 2005, 148 ff.

81c   Für gemeindegebietsüberschreitende Tätigkeiten kommunaler Unternehmen müssen die **Voraussetzungen des § 102 Abs. 1** vorliegen („Schrankentrias"; vgl. oben Rdn. 25 ff. und 36). Um die durch Abs. 7 behutsam eröffneten exterritorialen Möglichkeiten, die Zulässigkeit von interkommunalen Kooperationsformen, nicht „ins Leere" laufen zu lassen, muss dabei auch der Sinn und Zweck der Regelung mit berücksichtigt werden. Das gesetzgeberische Ziel des Abs. 7 darf insbes. nicht durch eine zu restriktive Interpretation des „öffentlichen Zwecks" wieder aufgehoben werden (kommunalrechtlich notwendige Folgerungen auf europarechtliche Entwicklungen und Erhaltung der Chancengleichheit der kommunalen Unternehmen im Wettbewerb mit den Privaten; vgl. LTDS 13/4767, S. 10). So liegt ein „öffentlicher Zweck", eine gemeinwohldienliche, einwohnernützliche und gemeindebezogene wirtschaftliche Betätigung bei exterritorialen Aktivitäten auch dann vor, wenn dies vor dem Hintergrund des Wettbewerbs für den Fortbestand des Kommunalunternehmens notwendig ist, wenn auf Grund der Marktverhältnisse damit die Leistungsfähigkeit und die Zukunft einer konkreten wirtschaftlichen Betätigung (kommunale Aufgabenerfüllung) nach objektiven Prüfungskriterien gesichert werden kann, wenn also die überörtliche Betätigung letztlich für das Wohl der Einwohner aller beteiligten Gemeinden in einem unterstützenden, fördernden Zusammenhang steht. Bloße Gewinnerzielungsabsicht reicht nicht aus, vielmehr muss für überörtliche Tätigkeiten zwischen grenzüberschreitender und gemeindegebietsbezogener Erfüllung des öffentlichen Zwecks ein **fördernder Zusammenhang** bestehen (z. B. ÖPNV, Müllverbrennungsanlage). Dies kann u. a. in der zukunftssichernden Vergrößerung der gemeinwohldienenden Marktstellung, in spürbaren Verbesserungen der Bezugsbedingungen und damit letztlich der Tarife, begründet sein. Eine solche ausgreifende wirtschaftliche Betätigung muss auf dem Hintergrund der liberalisierten Märkte (Wettbewerb) für die Sicherung des Fortbestandes und die Entwicklung der Kommunalunternehmen notwendig sein bzw. sonst für die Gemeinden und das Unternehmen eintretende Nachteile verhindern. So ist etwa eine gemeindeübergreifende ÖPNV-Kooperation bzw. -Aktivität auf dem Hintergrund eines zunehmend vom Wettbewerb geprägten Sektors zulässig, wenn es für die Wettbewerbs- und Zukunftsfähigkeit eines Kommunalunternehmens erforderlich und geboten ist (zum ÖPNV *Jarass* DVBl. 2006, 1 ff.; zur Müllentsorgung und -verbrennung OVG NW NVwZ 2008, 1031, 1034; *Dünchheim/Schöne* DVBl. 2009, 146, 153; Theatergastspiel OVG NW NVwZ 2008, 1031 1034). In solchen Fällen liegt kein „reines Gewinnstreben" bzw. kein Gebietsüberschreitungsfall vor (hilfreich sind dafür entsprechende klarstellende Regelungen im Gesellschafts- oder Konzessionsvertrag, in sonstigen Vereinbarungen usw.; vgl. LTDS 13/4767; OLG Düsseldorf NWVBl 2003, 192, 198 f.; OVG NW DVBl. 2004, 133; *Schulz* BayVBl 1998, 449 ff.; BayGK 2000, Rdn. 143 und 166; *Kühling* NJW 2001, 177 ff.; *Kast* DÖV 2002, 809, 814 f.; *Tomerius* GemHH 2004, 241 ff.; *Heilshorn* VerwArch 2005, 88 ff.; *Scharpf* NVwZ 2005, 148 ff.; *Guckelberger* BayVBl 2006, 293 ff.). Entsprechendes gilt für die Kriterien Leistungsfähigkeit, Bedarf und Subsidiaritätsklausel (vgl. oben Rdn. 61 ff.; *Heilshorn* VBlBW 2007, 161, 163 ff.).

Weitere Voraussetzung für überörtliche kommunalwirtschaftliche Aktivitäten **81d** ist nach Abs. 7, dass „die **berechtigten Interessen der betroffenen Gemeinden gewahrt** sind" (interkommunale Schutzwirkung/Abwehrrecht aus Art. 28 Abs. 2 GG). Im Hinblick auf die zentrale Bedeutung des Selbstverwaltungs- rechts des Art 28 Abs. 2 GG, das interkommunale Rücksichtnahmegebot, die Gebietshoheit usw. ist diesem Kriterium im Rahmen der Zulässigkeitsprüfung ein hoher Rang einzuräumen (vgl. Rdn. 36 und 81a; BVerfGE 79, 127, 143 ff.; 91, 228, 236 ff.; BVerwG NVwZ 2005, 963 ff.; *Jarass* DVBl. 2006, 1 ff.). Nach der Gesetzesbegründung erfordert diese Voraussetzung, dass grundsätzlich bei einer Tätigkeit auf fremdem Gemeindegebiet eine Einigung mit der betroffenen Kommune vorliegen muss (so die amtliche Begründung in: LTDS 13/4767, S. 10). Deshalb sollte auf einvernehmliche, gemeinsam abgestimmte interkom- munale Kooperationen und gemeindegebietsüberschreitende Aktivitäten gesetzt werden. Bei „Eingriffen" in fremdes Gemeindegebiet, die eine wesentlichere Übergriffsintensität entfalten, ist dies stets erforderlich. Ob ein dem Selbstver- waltungsrecht vorgehendes mit Verfassungsrang ausgestattetes Rechtsgut bzw. Gemeinwohlinteresse eine Gebietsüberschreitung rechtfertigen kann und dabei die berechtigten Interessen der betroffenen Gemeinde wahrt, ist umstritten und nur in engen Ausnahmefällen zulässig. Dabei sollten die für eine betroffene Gemeinde und ihre Einwohner wesentlichen strategischen Angelegenheiten und Fragestellungen, also die „berechtigten Interessen" in entsprechenden Vereinba- rungen, im Gesellschaftsvertrag, Konzessionsvertrag usw. geregelt und entspre- chende Mindestrechte abgesichert werden (vgl. dazu Rdn. 19 ff. zu § 103 und Erl. zu § 103a; Teil 1 Rdn. 58 f. und 126 ff.; zu den möglichen Unterlassungs- und Abwehransprüchen: *Schliesky* Die Gemeinde SH 12/2001, S. 302 ff.; *To- merius* GemHH 2004, 241 ff.). Eine gewisse **Ausnahme** wird in § 102 Abs. 7 Satz 2 festgelegt: „Bei der Versorgung mit **Strom und Gas** gelten nur die Interes- sen als berechtigt, die nach den maßgeblichen Vorschriften eine Einschränkung des Wettbewerbs zulassen" (begrenztes Abwehrrecht gemäß § 20 Abs. 2 EnWG). Dies gilt insbes für das Energiewirtschaftsrecht, den durch die Öffnung der Energiemärkte nach dem EnWG zu duldenden Wettbewerb, die Durchlei- tungsrechte usw. (vgl. § 5 Abs. 1 Satz 2 und Abs. 3 EnWG; *Tomerius* GemHH 2004, 241 ff.; *Weiblen* BWGZ 2006, 469 ff.; *Guckelberger* BayVBl. 2006, 293, 296; zu den Sonderregelungen für Strom und Gas neben § 102 Abs. 7 Satz 2 GemO BW: Art. 87 Abs. 2 Satz 2 BayGO; § 107a GO NW; BVerwGE 40, 323, 329 f. und NVwZ 2005, 958 f.; OVG Münster DVBl. 2008, 919 f.; *Scharpf* NVwZ 2005, 148, 151; *Jarass* DVBl. 2006, 1 ff.; *Heilshorn* VBlBW 2007, 161, 163 ff.; *Püttner* DVBl. 2010, 1189 ff.).

VIII. Kommunale Unternehmensformen (insbes. EigB)

1. Überblick

82 Wirtschaftliche Betätigung nach § 102 ist – geordnet nach dem Grad der Selbständigkeit – in folgenden Rechtsformen möglich (vgl. allgemein: *Cronauge/
Westermann*, a. a. O., Rdn. 42 ff. und 137 ff.; *Gern*, a. a. O., Rdn. 401 ff.; *Knemeyer*, in: Achterberg/Püttner/Würtenberger, II 5/2, Rdn. 130 ff. und 171 ff.;
Siemer ZKF 2003, 204 ff.; oben Teil 1 Rdn. 78 ff. mit Abb 5):

83 a) **Öffentlich-rechtliche Organisationsformen:**
– **Regiebetrieb** (klassischer Brutto-) als eine in die Gemeindeverwaltung ein-
   gegliederte, rechtlich, organisatorisch, personell, aber auch haushalts- und
   rechnungstechnisch unselbständige Unternehmenstätigkeit (Regelform für
   kleinere Gemeinden; Einrichtung auf Grund einer internen Organisations-
   verfügung als integrierter Teil der Gemeindeverwaltung und des -haus-
   halts – Bruttoregiebetrieb –; Zusammenfassung von Ressourcen und technischen Mitteln als besondere Abteilung bzw. „Amt" innerhalb der
   Kommunalverwaltung; zB Wasserversorgung, Bauhof, Friedhof, kostenrechnende Einrichtungen). Die Unterscheidung in klassische und optimierte
   bzw. Brutto- oder Nettoregiebetriebe ist mit Ausnahme kleinerer Krankenhäuser spätestens seit der Novelle 1995 des EigBG praktisch nicht mehr
   relevant (vgl. *Reiff* BWGZ 1990, 97; oben Teil 1 Rdn. 81 f.);
– **eigenbetriebsähnliche Einrichtungen** (optimierter Regiebetrieb in Netto-
   form) als Ausnahme-Organisationsform zwischen Regie- und Eigenbetrieb
   (vgl. § 18 Abs. 2 EigBG i. V. m. § 38 Abs. 2 KHG, § 5 EigBVO und
   KrHRVO für Krankenhäuser, soweit sie als Regiebetrieb geführt werden);
– **Eigenbetrieb** als eine rechtlich unselbständige, aber organisatorisch weitgehend verselbständigte und finanzwirtschaftlich als Sondervermögen getrennt zu verwaltende und nachzuweisende Unternehmenstätigkeit (EigBG,
   EigBVO; vgl. unten Rdn. 86 ff. und Teil 1 Rdn. 83 ff.);
– **Zweckverbände** als rechtlich selbständige Unternehmen des öffentlichen
   Rechts (vgl. §§ 1, 18, 20 GKZ). Die Unternehmenstätigkeit richtet sich
   nach dem GKZ (im Falle des § 20 GKZ grundsätzlich nach EigB-Recht;
   vgl. *Kunze/Hekking*, Komm. zum GKZ; *Gern*, a. a. O., Rdn. 488 ff.; unten
   Rdn. 101 ff. und Teil 1 Rdn. 42 ff.);
– **Örtliche Stiftungen** als rechtsfähige kommunale Stiftungen des öffentlichen
   Rechts (§ 101; § 31 Abs. 1 StiftG). Auf die Verwaltung und Wirtschaftsfüh-
   rung der örtlichen Stiftungen i. S. v. § 101 finden die Vorschriften der
   GemO Anwendung. Die rechtlich nicht selbständigen örtlichen Stiftungen
   sind Sondervermögen (§ 96 Abs. 1 Nr. 2), die rechtsfähigen Stiftungen sind
   Treuhandvermögen (§ 97; Erl. zu § 101; *Schmid* KommPr 1998, 39 ff.;
   oben Teil 1 Rdn. 94);
– **Kommunalanstalten/Kommunalunternehmen** als rechtsfähige Anstalten
   des öffentlichen Rechts. Sie können nur kraft ausdrücklicher gesetzlicher
   Ermächtigung errichtet werden. Dies trifft derzeit neben der selbstständigen
   Kommunalanstalt nur für die Sparkassen zu (§ 102 Abs. 4; SparkassenG;
   vgl. Rdn. 73 ff.). Von der generellen Möglichkeit, für die wirtschaftliche
   Betätigung der Kommunen die Rechtsform der Anstalt des öffentlichen

Rechts mit eigener Rechtspersönlichkeit zuzulassen, hat der Landesgesetz-geber erst Ende 2015 Gebrauch gemacht (§§ 102a ff.; vgl. § 114a GO NRW; Art. 89 BayGO; *Kirchgässner/Knemeyer/Schulz*, Das Kommunalun-ternehmen, 1997; *Menzel/Hornig* ZFK 2000, 178 ff.; *Menzel* BWGZ 2000, 198 ff.; *Henneke* VBlBW 2000, 337 ff.; *Hecker* VerwArch 2001, 261 ff.; *Waldmann* NVwZ 2008, 284 ff.; PWC (Hrsg.), a. a. O., S. 1 ff.; oben Teil 1 Rdn. 89 ff. und insb. die Erl. zu §§ 102a ff.).

b) Privatrechtliche Organisationsformen: BGB-Gesellschaft, OHG, KG, rechts-   **84**
fähiger Verein, eingetragene Genossenschaft, rechtsfähige Stiftung des Privat-rechts, GmbH, Aktiengesellschaft usw. als rechtsfähige, organisatorisch und wirtschaftlich selbständige Unternehmen (vgl. dazu grundlegend: oben Teil 1 Rdn. 96 ff. sowie Erl. zu § 103, insbes. Rdn. 12 ff.).

c) Organisationsformen interkommunaler Zusammenarbeit (vgl. eingehend   **85**
Teil 1 Rdn. 112 ff.): Die Notwendigkeit gemeindeübergreifender Kooperatio-nen wird auf vielen Feldern immer wichtiger. Dies gilt in besonderer Weise für die wirtschaftliche Betätigung (vgl. Rdn. 4, 13 und 36). Das Handeln in Rechtsformen interkommunaler Zusammenarbeit wird weiter zunehmen. In Betracht kommen dafür neben rechtsfähigen Vereinen und Stiftungen des öf-fentlichen Rechts vor allem die Öffentlich-rechtliche Vereinbarung (§§ 25 ff. GKZ; § 54 VwVfG; oben Teil 1 Rdn. 112a), der Zweckverband nach dem GKZ (vgl. Rdn. 101 ff.), die Gemeinsame Kommunalanstalt (§ 24a f. GKZ; vgl. oben Teil 1 Rdn. 112c und unten § 102b Rdn. 23 ff.) sowie in der Rechts-form des Privatrechts insbes. die GmbH (Erl zu §§ 103, 103a; Rdn. 17 zu § 103; vgl. *Kirchberg* VBlBW 1994, 469; *Ehlers* DVBl. 1997, 137 ff.; *Gern*, a. a. O., Rdn. 481 ff.; DST-Beiträge, A Heft 31, 2003; Gemeindetag BWGZ 2005, 778 ff.; KGSt-INFO 3/2005; *Steger* BWGZ 2006, 667 ff.; *Pitschas/Schoppa* DÖV 2009, 469 ff.; *Katz* BWGZ 2016, 365 ff.; *Lange*, a. a. O., Kap. 14 Rdn. 204 ff.).

2. Rechtsform des Eigenbetriebs

a) Die Rechtsform des Eigenbetriebes wurde entwickelt, um insbes für kommu-   **86**
nale Versorgungs- und Verkehrsbetriebe eine Organisationsform zur Verfügung zu haben, durch die eine wirtschaftliche Betriebsführung unter gleichzeitiger Sicherstellung der notwendigen Steuerungs-, Einwirkungs- und Kontrollmög-lichkeiten durch die Gemeinden sichergestellt werden kann (Durchsetzung kommunaler Unternehmenspolitik). Der rechtlich unselbständige Eigenbetrieb soll eben die Einheit der Gesamtverwaltung wahren, zugleich aber jene Sonder-stellung einräumen, die ein im Wettbewerb stehendes Unternehmen benötigt und die modernen unternehmerischen Organisations- und Führungsanforde-rungen entspricht (besonders sinnvolle und maßgeschneiderte Synthese zwi-schen den Polen Wirtschaftlichkeit und Kommunalinteresse). Charakteristisch für den **Begriff des Eigenbetriebs** ist also einerseits die organisatorische sowie finanz- und haushaltswirtschaftliche Verselbständigung (einschließlich der Schaffung eigener Organe) sowie andererseits der Mangel an rechtlicher Selb-ständigkeit, die auch in der engen organschaftlichen Verbindung zu Rat und Verwaltung zum Ausdruck kommt („Schnittstelle" zwischen kommunaler Ver-

waltung und eigenständigem Unternehmen). Die Selbständigkeit ist eine organisatorische, keine rechtliche. Kursbestimmung und Controlling bleiben bei den Gemeindeorganen und gewährleisten damit weitgehend die demokratische Legitimation und politische Steuerung (vgl. *Schoepke* VBlBW 1994, 81 ff.; *Giebler* VBlBW 1999, 255 ff.; *Cronauge*, Kommunale Unternehmen, Rdn. 176 ff.; *Hille*, a. a. O., S. 35 ff.; PWC (Hrsg.), a. a. O., Rdn. 469 ff.; oben Teil 1 Rdn. 83 ff.).

87   Die Rechtsform des **Eigenbetriebs** gehört seit 1935 (§ 74 DGO) und der Eigenbetriebsverordnung (EigBVO) von 1938 zum „**klassischen Arsenal**" der gemeindlichen Unternehmensorganisation. Der Eigenbetrieb erklärt sich in diesem Sinne als spezifische, auf die Bedürfnisse gerade ökonomischer Rationalität zugeschnittene Organisationsform. Die Grundprinzipien des Eigenbetriebsrechts, eines von der übrigen Gemeindeorganisation getrennten **Sondervermögens** mit eigener Kassen- und Kreditwirtschaft, eigener Buch- und Finanzführung sowie eigener Wirtschafts-, Erfolgs-, Stellen-, Vermögens- und Finanzplanung hat sich insgesamt gut bewährt (§ 96 Abs. 1 Nr. 3; §§ 12 ff. EigBG; vgl. *Scholz* DÖV 1976, 441 ff., 444; *Schoepke* VBlBW 1995, 417 ff.). Mit den **Novellen zum EigBG 1991, 1995 und 1999** wurde der Anwendungsbereich des Eigenbetriebsrechts deutlich erweitert (ausgelöst von OVG Lüneburg, Urteil vom 21.2.1984, in: LTDS 10/5918, S. 21). Heute können nach § 1 EigBG praktisch alle wirtschaftlichen und nichtwirtschaftlichen Unternehmen, Einrichtungen und Hilfsbetriebe dann als Eigenbetrieb geführt werden, „wenn deren Art und Umfang eine selbständige Wirtschaftsführung rechtfertigen" (vgl. auch § 106a). Einen Vorrang des Eigenbetriebs gegenüber den Rechtsformen des Privatrechts gibt es allerdings seit 1999 nicht mehr (vgl. LTDS 10/5918; 11/6913; 12/4055, S. 17 ff.; OLG Düsseldorf NVwZ 2000, 111 ff.; *Dahlheimer* BWVP 1996, 78 ff.; *Weiblen* BWGZ 1996, 719 ff. und 1999, 1005 ff.). Gesetzliche Verweisungsregelungen enthalten noch § 38 Abs. 2 LandeskrankenhausG und § 18 Abs. 2 EigBG (mit KrHRVO) sowie § 20 GKZ.

88   b) Das Recht der Eigenbetriebe ist in einem besonderen Gesetz geregelt: Gesetz über die Eigenbetriebe der Gemeinden (Eigenbetriebsgesetz – EigBG –). Im Rahmen des § 18 EigBG kann das Innenministerium Verwaltungsvorschriften und Rechtsverordnungen erlassen (vgl. **EigBVO**). In §§ 1 und 2 ist der **Anwendungsbereich** des EigBG relativ weit gefasst: Eigenbetriebsfähig sind grundsätzlich alle wirtschaftlichen und nichtwirtschaftlichen Unternehmen, also neben den Unternehmen nach § **102 Abs. 1** auch die Unternehmen, zu deren Betrieb die Kommunen gesetzlich verpflichtet sind (z. B. Abwasser- und Abfallbeseitigung), die Einrichtungen des Unterrichts-, Erziehungs- und Bildungswesens, der Kunstpflege, der körperlichen Ertüchtigung, der Gesundheits- und Wohlfahrtspflege sowie öffentliche Einrichtungen ähnlicher Art, aber auch die Hilfsbetriebe, die ausschließlich zur Deckung des Eigenbedarfs der Gemeinde dienen (§ 102 Abs. 4 Nr. 1 bis 3), wenn deren Art und Umfang eine selbständige Wirtschaftsführung rechtfertigen. Mit der Erweiterung des Anwendungsbereichs sollen die organisatorischen und betriebswirtschaftlichen Vorteile der Rechtsform des Eigenbetriebes für geeignete „klassische" Verwaltungsbereiche nutzbar gemacht sowie die Instrumente der Verwaltungsmodernisierung „Dezentrale Ressourcenverantwortung" und

„Budgetierung" gefördert werden (Entsorgung, Theater, VH, Altenheime, Bauhof, Fuhrpark usw.; LTDS 10/5918; 11/6913; *Dahlheimer* BWVP 1996, 78 ff.; *Stihl* BWGZ 1997, 387 ff.). Die Bedeutung der Eigenbetriebe ist zwar in den letzten Jahrzehnten etwas zurückgegangen, ist aber nicht zuletzt wegen der Ausweitung der Anwendungsbereiche nach wie vor von beachtlichem Gewicht (vgl. *Cronauge*, a. a. O., Rdn. 176; PWC (Hrsg.), a. a. O., Rdn. 469; oben Teil 1 Rdn. 41 und 83 ff.).

Das Eigenbetriebsrecht kann für die kommunalen Unternehmen, Einrichtungen **89** und Hilfsbetriebe dann angewandt werden, „**wenn deren Art und Umfang eine selbständige Wirtschaftsführung rechtfertigen**" (§ 1 EigBG). Die früher nur auf wirtschaftliche Tätigkeiten beschränkte Rechtsform ist inzwischen durch die EigBG-Änderung 1995 und die GemO-Novelle 1999 auch auf nichtwirtschaftliche Einrichtungen und Hilfsbetriebe erweitert worden (vgl. LTDS 10/5918 und 12/4055; § 106a). Einwohner- und Wertgrenzen sowie der Aufwandsdeckungsgrad sind im Unterschied zu früher nicht mehr festgelegt. Ob die Art und der Umfang eines Unternehmens usw. eine selbständige Wirtschaftsführung rechtfertigen, muss in jedem Einzelfall sorgfältig geprüft werden (Vorliegen eines auf Dauer und mit einer gewissen Eigenständigkeit angelegten „betrieblichen Charakters" anhand von Indikatoren wie personelle und sachliche Mindestausstattung für ein effektives und effizientes Wirtschaften, Beschäftigtenzahl, Bilanzsumme, Anlagevermögen, Umsatzerlöse; dies wird man in aller Regel unterstellen können, wenn die früheren Wertgrenzen des § 2 EigBVO a. F. überschritten sind). Dabei sind aber auch die kommunalen Gesamtinteressen wie Einheitlichkeit der Verwaltung und Aspekte wie keine zu starke „sektorale Zergliederung" der Gemeindeverwaltung zu berücksichtigen. Die Gemeinden sollten durch Wirtschaftlichkeits- und Vergleichsberechnungen oder dergl. den Entscheidungsprozess, bei dem ihnen ein Beurteilungsspielraum zusteht, dokumentieren und nachvollziehbar machen (vgl. § 108; § 12 Abs. 2 GemHVO; §§ 6 f. BHO/LHO; *Weiblen* BWGZ 1996, 722 und 1999, 1005 ff.; *Dahlheimer* BWVP 1996, 78 ff.).

3. Grundzüge des Eigenbetriebsrechts

a) Der Eigenbetrieb ist gekennzeichnet einmal als Unternehmen **ohne eigene** **90** **Rechtspersönlichkeit**, als rechtlich unselbständiger Betrieb, der in die Gemeinde, insbes ihre Entscheidungsprozesse, eingebunden ist und nur begrenzt ein Eigenleben führen kann (zur prozessualen Bezeichnung als Eigenbetrieb und zur Markenfähigkeit des Eigenbetriebs „Stadtwerke": BGH, Urteil vom 25.2.1989; Hoffmann/Albrecht NVwZ 2013, 896). Zum anderen ist er im Unterschied zum Regiebetrieb organisatorisch und haushaltswirtschaftlich weitgehend verselbständigt und wird finanzwirtschaftlich als Sondervermögen ausgesondert, getrennt verwaltet und nachgewiesen. Für Verbindlichkeiten des Eigenbetriebs haftet die Trägergemeinde, mit der der Eigenbetrieb eine rechtliche Einheit bildet, unmittelbar und unbeschränkt. Gegenüber Dritten handelt und haftet also die Kommune. Neben der vorrangigen Erfüllung des öffentlichen Zwecks sollen Eigenbetriebe als Unternehmen nach § 102 Abs. 1 einen Ertrag für den Gemeindehaushalt abwerfen oder wenigstens eine marktübliche Verzinsung erwirtschaften. Soweit das KAG Anwendung findet, haben die Gemeinden Kostendeckung bzw. „vertretbare und gebotene" Entgelte zu erheben (vgl. § 102 Abs. 2; Rdn. 63 f.; §§ 77 und 78

Abs. 2 mit Rdn. 26 ff.; §§ 13 ff. KAG; § 12 GemHVO; allgemein: PWC (Hrsg.), a. a. O., Rdn. 469 ff.; oben Teil 1 Rdn. 83 ff.).

91   **b)** Nach § 96 Abs. 1 Nr. 3 gehören die Eigenbetriebe zum **Sondervermögen** der Gemeinde. Für sie gelten zunächst die Bestimmungen des EigBG und der EigBVO (**lex specialis**). Wenn darin nichts anderes bestimmt ist, gelten die allgemeinen für Gemeinden maßgeblichen Vorschriften (§ 3 Abs. 1 EigBG), insbes neben den allgemeinen Haushalts- und Einnahmebeschaffungsgrundsätzen (§§ 77, 78) die Bestimmungen über Kredite, Bürgschaften, Gewährverträge usw. (§§ 87, 88), über Verpflichtungsermächtigungen und Kassenkredite (§§ 86, 89), über den Vermögensverkehr und die Finanzplanung (§§ 91, 92, 85 und 95a). Nach § 3 Abs. 2 EigBG wird das Eigenbetriebsrecht durch eine Betriebssatzung ergänzt. Dadurch können Eigenbetriebe an die örtlichen und betrieblichen Besonderheiten angepasst werden (vgl. auch Art. 88 Abs. 5 BayGO, § 114 Abs. 1 GO NW, § 3 Abs. 1 EigBG; OLG Düsseldorf NVwZ 2000, 111 ff.; PWC (Hrsg.), a. a. O., Rdn. 469 ff.).

92   **c)** Die **eigenbetriebsspezifischen Regelungen** sind in dem EigBG und der EigBVO festgelegt. Der Eigenbetrieb ist darin gekennzeichnet durch besondere Merkmale wie das Erfordernis einer Betriebssatzung, eines Betriebsausschusses und einer Betriebsleitung. In Annäherung an das Handels- und Gesellschaftsrecht sieht das Eigenbetriebsrecht für die Führung des Eigenbetriebs eine eigenverantwortliche Unternehmensführung vor (Betriebsleitung, §§ 4–6 EigBG); der Bürgermeister hat ihr gegenüber nur bestimmte Kontroll- und Koordinierungsfunktionen (§ 10 EigBG). Über wichtige Angelegenheiten des Eigenbetriebs hat allerdings der Gemeinderat oder der Betriebsausschuss zu entscheiden, der eigens für einen oder mehrere Eigenbetriebe als beschließender oder beratender Ausschuss zu bilden ist (§§ 7–9 EigBG). Für die Wirtschaftsführung des Eigenbetriebs gelten im Wesentlichen kaufmännische Grundsätze. Die Vorschriften über den Jahresabschluss sind weitgehend dem Handels- und Gesellschaftsrecht angeglichen (§§ 12 ff. EigBG; §§ 1 ff. EigBVO; § 111 GemO; zur Pflicht einer Handelsregistereintragung vgl. *Holland* ZNotP 1999, 466 ff.).

93   **aa)** Nach § 3 Abs. 2 EigBG müssen die Rechtsverhältnisse des Eigenbetriebs in einer **Betriebssatzung** geregelt werden („Hauptsatzung" des Eigenbetriebs). Pflichtbestandteile der Satzung sind insbes.: Name und Zweck des Eigenbetriebs, möglichst konkrete Festlegung des Unternehmensgegenstandes, Zusammensetzung und Zuständigkeiten der Betriebsleitung und des Betriebsausschusses, Höhe des Stammkapitals usw. (vgl. §§ 3 Abs. 2 und 4 ff. EigBG; BayVGH BayVBl. 2010, 536 ff.). Dabei steht dem **Gemeinderat** nicht nur die Beschlussfassung über die Satzung zu; er hat auch als oberstes Organ des Eigenbetriebs die Unternehmensziele festzulegen und die Grundsatzentscheidungen zu treffen (Wirtschaftsplan, Jahresabschluss usw.; vgl. § 39 Abs. 2 GemO und §§ 4 ff., insb. § 9 EigBG). Die Einzelheiten sollten unter Berücksichtigung der örtlichen und betrieblichen Besonderheiten in der Betriebssatzung ergänzend und klarstellend zum Eigenbetriebsrecht festgelegt werden. Die Betriebssatzung ist eine Satzung i. S. von § 4 und unter Beachtung der GemO-Bestimmungen zu erlassen und zu ändern (einschließlich Anzeige- und Veröffentlichkeitspflichten). Betriebssatzungen sind abgedruckt etwa in: *Zeiß*, Das Eigenbetriebsrecht,

5. Aufl, Anlage 5; Eigenbetriebssatzung für Abwasserbeseitigung in BWGZ 1993, 520 ff.; städt Dienstanweisung ZKF 2001, 16 ff.; *Wettling* Komm Jur 2004, 35 ff.; *Cronauge*, a. a. O., Anhang 1; PWC (Hrsg.), a. a. O., Rdn. 491, Fn. 545 m. w. N.; Teil 1 Rdn. 83 ff.; **Mustersatzung** unten **Teil 3 Anlage 1.**

bb) Nach § 7 Abs. 1 EigBG kann für Eigenbetriebe ein beratender oder beschlie- **94** ßender **Werks- bzw. Betriebsausschuss** gebildet werden. In aller Regel wird dies in der Betriebssatzung festgelegt. Der Betriebsausschuss ist ein Gemeinderatsausschuss mit beratenden und/oder beschließenden Funktionen (vgl. §§ 7 f. EigBG, § 39 GemO). Er berät alle vom Gemeinderat zu treffenden Entscheidungen vor (§ 8 Abs. 1 EigBG) und beschließt über die Angelegenheiten, für die er nach § 8 Abs. 2 EigBG oder der Betriebssatzung zuständig ist. Daneben hat der grundsätzlich unter dem Vorsitz des Bürgermeisters tagende Betriebsausschuss die Betriebsleitung zu kontrollieren. Der Werksausschuss ist als verkleinertes Gremium des Gemeinderats ein effektives und zwischen Trägerkommune und Werksleitung vermittelndes Organ, das bei den grundsätzlichen Entscheidungen und der Betriebsplanung maßgeblich mitwirkt und die Überwachungs- und Kontrollfunktionen ausübt. In der Betriebssatzung sollten diese Angelegenheiten und die Kompetenzzuordnungen ausgewogen, sorgfältig und möglichst präzise festgelegt werden (vgl. PWC (Hrsg.), a. a. O., Rdn. 620 ff.; Mustersatzungen in Rdn. 93, insb. in Teil 3 Anlage 1).

cc) Für jeden Eigenbetrieb kann nach § 4 Abs. 1 EigBG eine ein- oder mehrköpfige **95** **Werks- bzw. Betriebsleitung** bestellt werden. Grundsätzlich muss die Gemeinde für eine ständige Betriebsleitung sorgen. Ist dies ausnahmsweise nicht der Fall, nimmt der Bürgermeister funktionell die der Betriebsleitung obliegenden Aufgaben wahr (vgl. § 10 Abs. 3 EigBG). Ihr ist eine ausreichende Selbständigkeit und Eigenverantwortlichkeit einzuräumen (vgl. OVG NW DÖV 1989, 594; BAG BayVBl. 2003, 57 und KommJur 2009, 479). Die Hauptaufgabe der Betriebsleitung liegt in der Verwaltung und Leitung des Eigenbetriebs (Führung des laufenden Betriebs, operative Geschäfte, Vollzug der Beschlüsse des Gemeinderats und der Ausschüsse sowie der Entscheidungen des Bürgermeisters, Pflicht zur Information, aber auch betriebliche Managementaufgaben wie aktive Mitwirkung bei Zielsetzungen und Unternehmensplanung, wirtschaftliche Betriebsführung, Betriebsorganisation und -prozesse, Marketing und Controlling usw.; vgl. § 5 EigBG, EigBVO und Betriebssatzung). Die Geschäftsverteilung innerhalb der Werksleitung regelt der Bürgermeister mit Zustimmung des Werksausschusses durch eine Geschäftsordnung (§ 4 Abs. 4 EigBG). Die Werksleitung vertritt die Gemeinde im Rahmen ihrer Eigenbetriebsaufgaben; sie kann zwar dabei im Namen des Eigenbetriebs unterzeichnen, verpflichtet und berechtigt wird aber allein die Trägergemeinde (zu den Einzelheiten der Vertretungsberechtigung vgl. § 6 EigBG und §§ 53, 54 GemO; *Müller* GemHH 2000, 175 ff.). Die Betriebsleitung hat bei ihrer Tätigkeit entsprechend § 93 Abs. 1 AktG bzw. § 43 Abs. 1 GmbHG den Sorgfaltsmaßstab eines ordentlichen und gewissenhaften Geschäftsleiters anzuwenden. Allerdings hat sie nicht nur die wirtschaftlichen Betriebs-, sondern besonders die Gemeinwohlinteressen, den kommunalen Zweck, zu berücksichtigen. Der **Bürgermeister** hat gegenüber der Werksleitung nur ein beschränktes Weisungsrecht (zur Wahrung der Einheitlichkeit und Aufgabenerfüllung, zur Beseitigung von Missständen oder rechtswidrigen Beschlüssen; vgl. § 10 EigBG). Daneben ist der Bürgermeister Dienstvorgesetzter und oberste Dienstbehörde aller Bediensteten des Eigenbetriebs (§ 11 Abs. 5 EigBG).

96 dd) Der Eigenbetrieb ist finanzwirtschaftlich als Sondervermögen mit einem angemessenen Stammkapital auszuweisen (vgl. § 12 EigBG; EigBVO). Anstelle des Haushaltsplans ist ein **Wirtschaftsplan** aufzustellen (§ 14 EigBG; EigBVO; § 2 Abs. 2 Nr. 5 GemHVO), der die für einen Wirtschaftsbetrieb erforderliche größere Bewegungsfreiheit gewährleistet; er besteht aus dem Erfolgsplan (Vorausrechnung über Erträge und Aufwand), dem Vermögensplan (Finanzierung der geplanten Vermögensveränderungen) und der Stellenübersicht (vorgesehene Personalstellen). Der Wirtschaftsplan wird von der Betriebsleitung erstellt und vom Gemeinderat beschlossen (vgl. GPA, Geschäftsbericht 2000, S. 59 ff.). Für eine stetige und geordnete Betriebsführung ist in aller Regel eine Finanzplanung zu erstellen und zugrunde zu legen (§§ 85 und 103 Abs. 1 Nr. 1 Buchst. a). Das **Rechnungswesen** umfasst die Buchführung nach den Regeln der kaufmännischen doppelten Buchführung (Doppik) oder einer entsprechenden Verwaltungsbuchführung (Betriebskameralistik) und die Kostenrechnung (§ 18 EigBG; EigBVO) sowie den Jahresabschluss (Bilanz, Gewinn- und Verlustrechnung, Anhang) und den Lagebericht (§§ 16 f. EigBG; §§ 12 ff. EigBVO). Der Gemeinderat hat den Jahresabschluss festzustellen und über die Entlastung der Werkleitung zu beschließen (§ 39 Abs. 2 GemO; § 9 Abs. 1 Nr. 2 und 3 EigBG). Zur Entwicklung von Planung und Rechnungswesen: *Pfründer* BWVPr 1988, 5 ff.; *Dahlheimer* BWVP 1996, 78 ff.; *Weiblen* BWGZ 1996, 719 ff. und 1999, 1005 ff.; PWC (Hrsg.), a. a. O., Rdn. 684 ff.; oben Rdn. 87; zur Jahresabschlussprüfung Rdn. 98 und Erl. zu § 105; Teil 1 Rdn. 148 ff.).

97 d) Die Dienstverhältnisse des Personals beim Eigenbetrieb entsprechen denen der übrigen Gemeindebediensteten. Soweit der Betriebsleitung selbst die Einstellungs- oder Entlassungskompetenz nicht zusteht (§ 11 EigBG), hat die Betriebsleitung bei **Personalentscheidungen** ein Vorschlags- und Anhörungsrecht (vgl. § 11 Abs. 2 und 3 EigBG). Die Arbeitnehmer sind im Betriebsausschuss nicht vertreten. Die **Mitbestimmung** der Mitarbeiter richtet sich nach dem Personalvertretungsrecht **Landespersonalvertretungsgesetz – LPVG –**. Kommunale Betriebe ohne eigene Rechtsfähigkeit wie der Eigenbetrieb fallen nach ganz h. M. in den Anwendungsbereich des LPVG. In aller Regel wird ein Eigenbetrieb als eine selbständige Dienststelle i. S. d. § 9 LPVG anzusehen sein (vgl. BVerwG NJW 1982, 666; *Scholz* DÖV 1976, 443; *Püttner* DVBl. 1984, 165 ff.; *Wagner* NJW 2003, 3081 ff.; *Rooschüz/Bader* (Hrsg.), LPVG für BW, 15. Aufl., Rdn. 4 zu § 1 und Rdn. 6 zu § 9; vgl. auch Rdn. 44 zu § 103; zu den Grenzen des Personalvertretungsrechts im demokratischen Rechtsstaat: *Ehlers* JZ 1987, 218 ff.; *Battis/Kersten* DÖV 1996, 584 ff.; BVerfG DÖV 1996, 74; VerfGH Berlin DVBl. 2000, 51 ff.).

98 e) Die für Eigenbetriebe früher in § 115 a. F. vorgeschriebene **Jahresabschlussprüfung** als Pflichtprüfung ist mit der GemO-Novelle 1999 aufgehoben worden. Deshalb gibt es als Regelfall nur freiwillige oder anderweitig vorgeschriebene Jahresabschlussprüfungen. Die örtliche Prüfung der Jahresabschlüsse ist in § 111 Abs. 1 deutlich gestärkt worden; sie umfasst die gesamte Wirtschaftsführung, das Rechnungswesen und die Vermögensverwaltung der Eigenbetriebe (vgl. § 16 Abs. 3 EigBG; §§ 7 ff. EigBVO; § 2 GPAG). Die überörtliche Prüfung ist in § 114 Abs. 1 Nr. 1 geregelt. Eine freiwillige Jahresabschlussprüfung sollte sich auch auf die Prüfung der wirtschaftlichen Verhältnisse des Unternehmens sowie auf die Ordnungsmäßigkeit der Geschäftsführung erstrecken (Anhang und **Lagebericht**, § 53 Abs. 1 Nr. 2 HGrG; vgl. Teil 1 Rdn. 148 ff. und Erl. zu § 105 sowie Teil 3, Anlage 4). Die Jahresabschlussprüfung dient zusammen mit der örtlichen und überörtlichen Prüfung dem Gemeinderat als Grundlage für die Feststellung des Jahresabschlusses und als Information zur Ausübung seiner Steuerungs- und Kontrollfunktionen (§ 16 EigBG, §§ 7 ff. EigBVO). Die in §§ 103 ff. enthaltenen Grundsätze für Steuerung und Kontrolle der Unternehmen und Beteiligungen in Privatrechtsform sollten in sinnvoller und angemessener Weise berücksichtigt und in aller Regel entsprechend angewandt werden („Ingerenzpflichten"; **Beteiligungsverwaltung** und -management, -bericht usw.; vgl. auch die Dienstanweisung für Eigenbetriebe der Stadt Stuttgart zur Wahrung der Einheitlichkeit der Stadtverwaltung und zur Sicherung der Aufgabenerfüllung vom 9.12.1998, abgedruckt in ZKF 2001, 16 ff.; vgl. oben Teil 1 Rdn. 148 ff. und 174 ff.). Zu Rechnungslegung, Jahresabschluss und Prüfung vgl. eingehend Erl. zu § 105, insbes. Rdn. 13 ff., sowie zur örtlichen und überörtlichen Prüfung Erl. zu §§ 111 und 114).

f) Das Eigenbetriebsrecht wird unterschiedlich, zum Teil kritisch beurteilt. **99** Trotz der Weiterentwicklungen in den Novellen 1991, 1995 und 1999 geht es dabei vor allem um die Frage, ob die Rechtsform des Eigenbetriebs als wichtigem Teil der demokratisch organisierten Gemeinde noch den heutigen Anforderungen an ein modernes, wettbewerbsfähiges kommunales Wirtschaftsunternehmen gerecht wird, ob nicht der rechtlich unselbständige, eng mit den demokratisch legitimierten Gemeindeorganen verbundene Eigenbetrieb durch eine privatrechtliche Eigengesellschaft abgelöst werden müsste. Im Hinblick darauf, dass eine kommunale wirtschaftliche Betätigung durch einen öffentlichen Zweck gerechtfertigt sein, einen unmittelbaren Bezug zu den Gemeindeaufgaben und stets die örtliche Kommunalpolitik Primat haben muss, ist aber der Eigenbetrieb, wenn die rechtlich möglichen Gestaltungs- und Handlungsspielräume voll i. S. einer Stärkung der Führungsverantwortung genutzt werden, auch heute noch eine **funktionsadäquate Organisationsform**, die auf der Basis eines Organisations- und Wirtschaftlichkeitsvergleichs häufig Vorrang vor der Rechtsform der Eigengesellschaften verdient (kommunalpolitischer „Attraktivitätsvorrang"; *Scholz/Pitschas*, Gemeindewirtschaft zwischen Verwaltungs- und Unternehmensstruktur, 1982; dieselben, Kriterien für die Wahl der Rechtsform, in: HKWP Bd. 5, S. 128 ff.; *Schöpke*, Der Städtetag 1995, 211 ff.; *Dahlheimer* BWVP 1996, 78, 80; *Stihl* BWGZ 1997, 387 ff.; Teil 1 Rdn. 83 ff.). Mit der GemO-Novelle 2015 wurde jetzt eine weitere öffentliche Rechtsform, die selbständige **Kommunalanstalt** des öffentlichen Rechts, eingeführt (Kommunalunternehmen; vgl. eingehend Teil 1 Rdn. 89 ff. und Rdn. 112 ff. sowie Erl. zu §§ 102a ff.; *Katz* BWGZ 2016, 365 ff.).

g) Literatur zu den Eigenbetrieben und zum Eigenbetriebsrecht: *Schauwecker/* **100** *Münch*, Eigenbetriebsgesetz, 1963; *Zeiss*, Das Eigenbetriebsrecht der gemeindlichen Betriebe, 5. Aufl, 1998 – mit Anhängen –; *Bolsenkötter/Dau/Zuschlag*,

Eigenbetriebe, 5. Aufl, 2004; *Ade/Böhmer/Brettschneider/Herre/Lang/Notheis/ Schmid/Steck*, Kommunales Wirtschaftsrecht in BW, a. a. O., Rdn. 859 ff.; *Knemeyer* Der Städtetag 1992, 317 ff.; *Schoepke* VBlBW 1994, 81 ff. und 1995, 417 ff.; *Schmid* KommPr 1996, 52, 175, 209; *Stihl* BWGZ 1997, 387 ff.; *Giebler* VBlBW 1999, 255 ff.; *Cronauge*, Kommunale Unternehmen, 6. Aufl 2016, Rdn. 176 ff.; *Hille*, a. a. O., S. 35 ff.; *Siemer* ZKF 2003, 204 ff.; *Wettling* KommJur 2004, 35 ff..; *Hoppe/Uechtritz/Reck*, a. a. O., § 7 Rdn. 32 ff.; PWC (Hrsg.), a. a. O., 2015, Rdn. 469 ff.

4. Beteiligung an Zweckverbänden

101 a) Die Beteiligung von Gemeinden an Zweckverbänden unterliegt als solche nicht den Beschränkungen von § 102 Abs. 1 und 2. Vielmehr gilt insoweit das besondere Zweckverbandsrecht (**Gesetz über kommunale Zusammenarbeit – GKZ –**). Der Zweckverband erfüllt als öffentlich-rechtliche Körperschaft für seine Mitglieder Aufgaben, zu deren Erfüllung die Gemeinden und Landkreise berechtigt oder verpflichtet sind, unter eigener Verantwortung (als „Freiverband" oder Pflichtverband; vgl. §§ 1 ff. sowie §§ 6 ff. und 11 GKZ). Die Bildung, die Verfassung und die Verwaltung eines Zweckverbandes sind im GKZ in groben Zügen festgelegt und müssen gemäß §§ 5–7 GKZ in der **Verbandssatzung** näher geregelt werden. Organe der Zweckverbände sind die Verbandsversammlung und der Verbandsvorsitzende (fakultativ der Verwaltungsrat; vgl. §§ 12 ff. GKZ). Beschlüsse der Verbandsversammlung werden, soweit die Verbandssatzung nichts anderes bestimmt, mit Stimmenmehrheit gefasst (§ 15 Abs. 3 GKZ; dabei ist allerdings § 13 Abs. 2 Satz 3 GKZ zu beachten). Der Verbandsvorsitzende ist ehrenamtlich tätig (§ 16 Abs. 4 GKZ). Die staatliche Aufsicht ist in § 28 GKZ geregelt. Mit der **GKZ-Novelle vom 17.12.2015** (GBl. 2016, S. 1) wurde die kommunale Zusammenarbeit vereinfacht und erleichtert sowie die Möglichkeit der Gründung einer **gemeinsamen Kommunalanstalt** geschaffen (vgl. dazu §§ 24a f. GKZ; LTDS 15/7610, S. 10 ff. und 46 ff.; *Katz* BWGZ 2016, 365 ff.; eingehend Teil 1 Rdn. 89 ff. und Rdn. 112 ff. sowie unten § 102b Rdn. 23 ff.).

102 b) Mit gewissen Ausnahmen gelten für die **Wirtschaftsführung** eines Zweckverbandes die Vorschriften über die Gemeindewirtschaft (vgl. § 18 GKZ und VO zum GKZ). Soweit der Zweckverband ein kommunales Unternehmen (vgl. Rdn. 15) betreibt, kann die Verbandssatzung vorsehen, dass es mit den in § 20 Nr. 1–4 genannten Maßgaben nach den für die Eigenbetriebe geltenden Vorschriften betrieben wird (vgl. auch §§ 1 ff. EigBVO; zu Einzelheiten: *Kunze/ Hecking*, Komm zum GKZ, Erl. zu § 20). Dies gilt nach § 20 GKZ auch für Einrichtungen i. S. d. § 1 EigBG i. V. m. § 102 Abs. 4 Nr. 1 und 2, wenn deren Art und Umfang eine selbständige Wirtschaftsführung rechtfertigen (vgl. Rdn. 15, 65 ff. und 88). Zur Deckung seines Finanzbedarfs kann der Zweckverband eine Umlage von seinen Mitgliedern erheben. Er hat den Umlagemaßstab in der Verbandssatzung festzulegen und soll für jedes Jahr getrennt die Betriebskostenumlage sowie die Investitionsumlage berechnen und im Ergebnis- bzw. Finanzhaushalt veranschlagen (§§ 5 Abs. 1 und 19 GKZ).

103 c) Als **gemeinsame Aufgaben** für die Bildung eines Zweckverbandes kommen für Gemeinden auf wirtschaftlichem Gebiet hauptsächlich die Bereiche Ver-

und Entsorgung der Bevölkerung in Betracht (öffentlicher Nahverkehr, Energie- und Wasserversorgung, Abwasser- sowie Abfallbeseitigung usw.; vgl. auch § 10 Abs. 2 GKZ). In der Praxis hat sich allerdings die Trägerschaft von wirtschaftlichen Unternehmen und öffentlichen Einrichtungen durch kommunale Zweckverbände nur begrenzt durchgesetzt. Die Organisations- und Entscheidungsstrukturen sowie die Rechtsaufsicht werden auch nach der Novelle 2015, oft als „schwerfällig" empfunden (vgl. etwa *Kirchgässner/Knemeyer/Schulz,* a. a. O., S. 29 ff.; *Schink* VerwArch 1994, 251, 275; *Gass,* a. a. O., S. 107 ff.; *Katz* BWGZ 2016, 365 ff.). Zur Frage des **Vergaberechts** bei der Zweckverbandsgründung: OLG Düsseldorf VergabeR 2006, 777; *Bergmann/Vetter* NVwZ 2006, 497 ff.; *Müller* GemHH 2008, 67 ff.; Teil 1 Rdn. 112d.

§ 102a Selbstständige Kommunalanstalt

(1) Die Gemeinde kann durch Satzung (Anstaltssatzung) eine selbstständige Kommunalanstalt in der Rechtsform einer rechtsfähigen Anstalt des öffentlichen Rechts errichten oder bestehende Eigenbetriebe durch Ausgliederung und Kapitalgesellschaften durch Formwechsel im Wege der Gesamtrechtsnachfolge in selbstständige Kommunalanstalten umwandeln. Sofern mit der selbstständigen Kommunalanstalt eine wirtschaftliche Betätigung verbunden ist, ist dies nur unter Beachtung der Vorgaben des § 102 zulässig. Die selbstständige Kommunalanstalt kann sich nach Maßgabe der Anstaltssatzung und in entsprechender Anwendung der für die Gemeinde geltenden Vorschriften an anderen Unternehmen beteiligen, wenn das dem Anstaltszweck dient.

(2) Die Gemeinde kann der selbstständigen Kommunalanstalt einzelne oder alle mit einem bestimmten Zweck zusammenhängenden Aufgaben ganz oder teilweise übertragen. Sie kann nach Maßgabe des § 11 durch gesonderte Satzung einen Anschluss- und Benutzungszwang zugunsten der selbstständigen Kommunalanstalt festlegen.

(3) Die Gemeinde regelt die Rechtsverhältnisse der selbstständigen Kommunalanstalt durch die Anstaltssatzung. Diese muss Bestimmungen über den Namen, den Sitz und die Aufgaben der selbstständigen Kommunalanstalt, die Zahl der Mitglieder des Vorstands und des Verwaltungsrats, die Höhe des Stammkapitals und die Abwicklung im Falle der Auflösung der selbstständigen Kommunalanstalt enthalten.

(4) Die Anstaltssatzung, Änderungen der Aufgaben der selbstständigen Kommunalanstalt und die Auflösung der selbstständigen Kommunalanstalt bedürfen der Genehmigung der Rechtsaufsichtsbehörde. Die Genehmigung ist zu erteilen, wenn die Errichtung der selbstständigen Kommunalanstalt zulässig ist und die Anstaltssatzung den gesetzlichen Vorgaben entspricht. Die Genehmigung der Anstaltssatzung ist mit der Anstaltssatzung oder der Gemeinde öffentlich bekannt zu machen. Die selbstständige Kommunalanstalt entsteht am Tag nach der Bekanntmachung, wenn nicht in der Anstaltssatzung ein späterer Zeitpunkt bestimmt ist. § 4 Absatz 4 findet Anwendung.

(5) Die Gemeinde kann der selbstständigen Kommunalanstalt in der Anstaltssatzung auch das Recht einräumen, an ihrer Stelle Satzungen zu erlassen. § 4 Absatze 3 und 4 gelten entsprechend. Die öffentlichen Bekanntmachungen der selbstständigen Kommunalanstalten erfolgen in der für die öffentliche Bekanntmachung der Gemeinde vorgeschriebenen Form. Die Gemeinde kann der selbstständigen Kommunalanstalt zur Finanzierung der von ihr wahrzunehmenden Aufgaben durch die Anstaltssatzung das Recht übertragen, Gebühren, Beiträge, Kostenersätze und sonstige Abgaben nach den kommunalabgabenrechtlichen Vorschriften festzusetzen, zu erheben und zu vollstrecken.

(6) Für die Wirtschaftsführung und das Rechnungswesen der selbstständigen Kommunalanstalt gelten die Vorschriften des Handelsgesetzbuchs sinngemäß, sofern nicht die Vorschriften des Handelsgesetzbuchs bereits unmittelbar oder weitergehende gesetzliche Vorschriften gelten oder andere gesetzliche Vorschriften entgegenstehen. In sinngemäßer Anwendung der für Eigenbetriebe geltenden Vorschriften ist für jedes Wirtschaftsjahr ein Wirtschaftsplan aufzustellen und der Wirtschaftsführung eine fünfjährige Finanzplanung zugrunde zu legen. Der Wirtschaftsplan und die Finanzplanung sind an die Gemeinde zu übersenden. § 77 Absätze 1 und 2, §§ 78, 87, 103 Absatz 1 Satz 1 Nummer 3 und Absatz 3 gelten entsprechend. Mit dem Antrag auf Genehmigung des Gesamtbe-

trags der vorgesehenen Kreditaufnahmen gemäß § 87 Absatz 2 sind der Rechtsaufsichtsbehörde der Wirtschaftsplan, der Finanzplan und der letzte Jahresabschluss vorzulegen.

(7) Die selbstständige Kommunalanstalt besitzt das Recht, Beamte zu haben. Hauptamtliche Beamte dürfen nur ernannt werden, wenn dies in der Anstaltssatzung vorgesehen ist. Unberührt bleibt die Möglichkeit, Beamte der Gemeinde an die selbstständige Kommunalanstalt abzuordnen.

(8) Die Gemeinde unterstützt die selbstständige Kommunalanstalt bei der Erfüllung ihrer Aufgaben. Sie ist verpflichtet, die selbstständige Kommunalanstalt mit den zur Aufgabenerfüllung notwendigen finanziellen Mitteln auszustatten und für die Dauer ihres Bestehens funktionsfähig zu erhalten. Beihilferechtliche Regelungen sind dabei zu beachten. Eine Haftung der Gemeinde für Verbindlichkeiten der selbstständigen Kommunalanstalt Dritten gegenüber besteht nicht.

Neu eingeführt durch Gesetz vom 17.12.2015 (GBl. 2016, S. 1 ff.).

Erläuterungen

Übersicht

I. Allgemeines, Gründung, Umwandlung und Beteiligung (Abs. 1)

1. Allgemeines

1 Die selbstständige Kommunalanstalt in der Rechtsform der Anstalt des öffentlichen Rechts (KA) und die gemeinsame selbstständige Kommunalanstalt nach §§ 24a ff. GKZ (gKA) wurden durch das Änderungsgesetz vom 17.12.2015 für die Kommunen als weitere Rechtsformen eingeführt und damit für die kommunale wirtschaftliche Betätigung die **Handlungsoptionen erweitert** (vgl. LT-DS 15/ 7610). Sie sollen neben dem Eigenbetrieb als weitere öffentlich-rechtliche Gestaltungsmöglichkeiten und zusätzlich zu den Privatrechtsformen für die Gemeinden und Landkreise zur Verfügung gestellt werden (KA/gKA als neue Rechtsform zwischen Eigenbetrieb und GmbH/AG). Hierzu wurden in der Gemeindeordnung im Abschnitt „Unternehmungen und Beteiligungen" die neuen §§ 102a bis 102d eingefügt (Gemeinsame selbstständige Kommunalanstalt in §§ 24a ff. GKZ, abgedruckt in § 102b nach Rdn. 24). Mit der KA/gKA (gemeinsames Kommunalunternehmen) sollen bei gleichzeitig größerer Selbstständigkeit, Autonomie und Flexibilität gegenüber dem Eigenbetrieb die **Vorteile** der öffentlichen Rechtsform gegenüber den Privatrechtsformen, insbesondere eine bessere Steuerung, die Möglichkeiten hoheitlichen/öffentlich-rechtlichen Handelns (u. a. Erlass von Satzungen, Verwaltungsakten, Abgabenerhebung; dabei grundsätzlich nicht der Besteuerung unterworfen), die Dienstherrenfähigkeit und die Möglichkeit des Anschluss- und Benutzungszwangs genutzt, aber auch ein freierer Marktauftritt und -orientiertheit sowie bessere Wettbewerbsfähigkeit ermöglicht werden. Außerdem soll durch den gewählten Begriff „Kommunalanstalt" die enge Verbindung an und die Steuerung durch die Gemeinde verdeutlicht und die Bindung an die Rechtsaufsicht gewährleistet werden (vgl. LT-DS 15/7610, S. 1, 22 und 33), was allerdings nur durch zusätzliche Regelungen in der Anstaltssatzung sichergestellt werden kann. Werden diese satzungsmäßigen Gestaltungsmöglichkeiten nicht genutzt, so die Erfahrungen in der Praxis, stellt die KA neben der AG die am stärksten verselbstständigte Organisationsform dar. Dies kann nicht gewollt und nicht das Ziel sein (vgl. eingehend **Rdn. 25 ff.**; *Schulz* BayVBl. 1996, 97 ff. und 129 ff.; *Ehlers* ZHR 2003, 546 ff.; *Waldmann* NVwZ 2008, 284 ff.; PWC (Hrsg.), Öffentlich-rechtliche Unternehmen, 2015, S. 1 ff.; *Lange*, a. a. O., S. 896; *Katz* BWGZ 2016, 365 ff.). Nach den bisherigen Erfahrungen, den Aussagen von IM und den Kommunalen Landesverbänden (KLV) wird die KA insb. in den **Anwendungsbereichen** der Abwasser- und Abfallentsorgung, des Krankenhauswesens, der Wasserversorgung und IT-/Breitbandversorgung bzw. -leistungen, also ganz überwiegend für gesetzliche Pflichtaufgaben der Kommunen nachgefragt und gewählt werden. Wie sich in Bad.-Württ. in den nächsten Jahren bei dem gegenwärtig klaren Trend zur GmbH die Kommunalanstalt in der Praxis entwickeln wird, ob die KA in größerem Umfange „Fuß fassen" kann, bleibt allerdings abzuwarten (vgl. etwa *Katz* BWGZ 2016, 365 ff.; zu diesen Problemen Rdn. 14 f., 25 ff. u. § 102b Rdn. 2).

Die Gründung bzw. Errichtung einer Kommunalanstalt (KA) erfordert eine ge- **2** setzliche Ermächtigungsgrundlage. Diese Ermächtigung sowie grundlegende Regelungen zu den Organen der Kommunalanstalt, ihren Kompetenzen und ihrem Personal werden in den §§ 102a bis d getroffen und damit die Grundstrukturen und der organisationsrechtliche Status und Rahmen der Kommunalanstalt weitgehend festgelegt. Der Landesgesetzgeber hat ohne nähere Begründung alle Regelungen in die GemO selbst aufgenommen und die GemO in den §§ 102a ff. weiter mit Detailregelungen befrachtet, also nicht wie in den anderen Ländern vieles in Kommunalanstalts-/-unternehmensgesetzen und/oder -verordnungen geregelt (so auch die KLV, in: LT-DS 15/7610, S. 66 und 74 f.). Die Kommune kann der Rechtsform Kommunalanstalt, die mit eigener Rechtspersönlichkeit ausgestattet ist, alle gemeindlichen Aufgaben, i. d. R. einzelne oder alle mit einem bestimmten Zweck zusammenhängende Aufgaben, ganz oder teilweise, nur zur bloßen Aufgabenwahrnehmung oder – was meist der Fall sein wird – die gesamte Aufgabe mit der vollen kommunalen Aufgabenverantwortung, Gewährleistungspflicht und Garantenstellung übertragen (vgl. auch Rdn. 8 f.). Dies erfolgt allerdings nicht marktorientiert, sondern zur Erfüllung kommunaler Aufgaben, eines „öffentlichen Zwecks". Bei einer solchen kommunalen Aufgabenübertragung sind die Anstalten selbst Träger von Rechten und Pflichten (unter Beachtung der kommunalen Verbandskompetenz und den allgemein geltenden Zulässigkeitsvoraussetzungen). Die Kommunalanstalt, die nur von öffentlich-rechtlichen Gebietskörperschaften getragen werden kann, tritt in diesen Fällen voll in die Pflichtenstellung der Kommunen ein (materiell-rechtlicher Aufgaben- und Pflichtenübergang) und ist entsprechend den zwischen Kommunalanstalt/Kommune getroffenen Festlegungen berechtigt und verpflichtet, die ihr übertragenen Aufgaben eigenverantwortlich wahrzunehmen (wirtschaftliche und nichtwirtschaftliche kommunale Betätigungen). Die Kommunen sind als Anstaltsträger im „Gegenzug" verpflichtet, die notwendige finanzielle Ausstattung und Unterstützung umfassend sicherzustellen (Anstaltslast; vgl. dazu unten Rdn. 31 ff.).

Da die Kommunalanstalt (gKA) i. d. R. selbst Aufgabenträger ist, tritt sie in di- **3** rekte Leistungsbeziehungen mit den Nutzern (einschließlich Satzungs- und Entgelterhebungsrecht). Insoweit unterscheidet sich die Aufgabenübertragung an eine Kommunalanstalt ganz wesentlich von einer Beauftragung einer kommunalen Eigen- bzw. Beteiligungsgesellschaft oder einem privaten Dritten. Deshalb haftet für die rechtlich selbstständige Kommunalanstalt auch die Kommune in den meisten Ländern, im Unterschied zu § 102a Abs. 8, als Gewährträger für ihre Verbindlichkeiten uneingeschränkt, soweit diese Gläubiger nicht aus dem Vermögen befriedigt werden können. Eine Kommunalanstalt/ein Kommunalunternehmen ist also grundsätzlich nicht insolvenzfähig (subsidiäre, aber grundsätzlich unbegrenzte Gewährträgerhaftung, vgl. unten Rdn. 30 ff. und etwa *Hoppe/ Nüßlein* GemHH 2009, 113 f.; *Benne* ZKF 2015, Nr. 7, S. 7 ff.; *Katz* BWGZ 2016, 365 ff.; Problem: mögliche Konsequenzen wegen Beihilfeverbot nach Art. 107 AEUV, das aber nach h. M. nicht besteht, vgl. OLG Celle NdsVBl. 2002, 221, 223; *Lux* NWVBl. 2000, 7, 12; PWC (Hrsg.), a. a. O., Rdn. 89 ff.; zur Sonderregelung Nds., die im Wesentlichen der Bad.-Württ. Regelung entspricht: *Hogewege* NdsVBl. 2008, 33 f. und *Hoppe/Nüßlein* GemHH 2011, 121 ff.). Zu dem anders gelagerten Fall der Sparkassen vgl. oben § 102 Rdn. 74.

2. Gründung

4 Nach Abs. 1 entsteht eine Kommunalanstalt (KA) entweder durch Neuerrichtung (öffentliche Aufgabe(-n), die bisher von der Gemeinde nicht selbst wahrgenommen oder über den Kernhaushalt von der Kommune selbst erledigt wurde) oder bestehende Eigenbetriebe durch Ausgliederung sowie kommunale Kapitalgesellschaften durch Formwechsel im Wege der Gesamtrechtsnachfolge (Umwandlung). In jedem Falle ist für die Gründung der KA der Erlass einer **Anstaltssatzung** durch den Gemeinderat und nach Genehmigung durch die Rechtsaufsichtsbehörde die öffentliche Bekanntmachung durch die Gemeinde als **konstitutive Voraussetzungen** erforderlich. Die KA entsteht am Tage nach der Bekanntmachung, wenn nicht in der Satzung ein späterer Zeitpunkt bestimmt ist (Abs. 4). Erst mit dem Inkrafttreten der Satzung verfügt die KA nach außen über eine wirksame Organisationsstruktur und ausreichend ermächtigte Organe, um im Rechtsverkehr rechtswirksam handeln und die Anstalt verpflichten zu können. Eine rückwirkende Gründung ist ausgeschlossen (vgl. § 102c Rdn. 1 ff.; PWC (Hrsg.), a. a. O., S. 7 ff. und Rdn. 363 ff.).

5 Bei einer Neuerrichtung der Anstalt müssen im Wege der **Einzelrechtsnachfolge** alle für die Aufgabenerledigung notwendigen Vermögenswerte sowie alle damit verbundenen Rechtsbeziehungen im Wege der Einzelrechtsnachfolge, auf der Grundlage von aufwändigen und kostenintensiven rechtsgeschäftlichen Verträgen auf die Anstalt übertragen werden. Falls möglich sollte deshalb in der Praxis der Weg über eine Umwandlung in Gesamtrechtsnachfolge gewählt werden. KAen als Anstalten des öffentlichen Rechts können nur von Kommunen als Körperschaften des öffentlichen Rechts errichtet werden. Deshalb können durch Formwechsel im Wege der **Gesamtrechtsnachfolge** nur Unternehmen umgewandelt werden, an denen ausschließlich eine Kommune beteiligt ist (nur Eigengesellschaften). Durch die Möglichkeit der **Umwandlung** in §§ 102a Abs. 1 und 102c macht der Gesetzgeber von der bundesgesetzlichen Ermächtigung in § 1 Abs. 2 UmwG Gebrauch, der die Zulässigkeit der Umwandlung von einer landesgesetzlichen Regelung abhängig macht. Mit der Umwandlung geht das dem Eigenbetrieb zugeordnete Vermögen im Zeitpunkt der Entstehung der KA ohne weiteren Übertragungsakt mit allen Rechten und Pflichten auf diese über. Dem Beschluss über die Umwandlung ist eine Eröffnungsbilanz auf der Grundlage eines ausreichend bestimmten Inventars nach § 240 HGB zugrunde zu legen. Grundstücke und grundstücksgleiche Rechte sind nach § 28 GBO zu bezeichnen. Die Umwandlung einer kommunalen Kapitalgesellschaft erfolgt durch **Formwechsel** und ist zulässig, wenn keine Sonderrechte i. S. des § 23 UmwG und keine Rechte Dritter an den Anteilen der Kommune bestehen sowie neben dem Erlass einer Anstaltssatzung ein sich darauf beziehender Umwandlungsbeschluss der formwechselnden Gesellschaft vorliegt. § 202 Abs. 1 und 3 UmwG gelten entsprechend (vgl. § 102c und die dortigen Erl., Rdn. 1 ff.; *Klein/Uckel/Ibler*, a. a. O., Kap. 32).

3. Voraussetzungen

6 Wird mit der Kommunalanstalt (KA) eine wirtschaftliche Betätigung i. S. der §§ 102 ff. wahrgenommen, ist dies nach Abs. 1 Satz 2 nur unter Beachtung der **Zulässigkeitsvoraussetzungen des** § 102 zulässig. Dies sind insbesondere die

Vorgaben des Abs. 1 Nr. 1–3 und Abs. 7 (öffentlicher Zweck, angemessenes Verhältnis zur Leistungsfähigkeit der Gemeinde und voraussichtlichen Bedarf, Einhaltung der Subsidiaritätsklausel und des Territorialprinzips; vgl. dazu ausführlich oben § 102 Rdn. 25 ff. und 81a ff.; *Scharpf* VerwArch 2005, 485 ff.; *Brüning* VerwArch 2009, 453 ff.; *Lange*, a. a. O., Kap. 14 Rdn. 68 ff.; oben Teil 1, Rdn. 46 ff.). KAen, die nur zur Gewinnerzielung gegründet oder umgewandelt werden, erfüllen keinen öffentlichen Zweck und sind nicht zulässig (vgl. oben § 102 Rdn. 31).

4. Unterbeteiligungen

Kommunalanstalten können sich nach Abs. 1 Satz 3 nach Maßgabe der Anstaltssatzung und in entsprechender Anwendung der für die Gemeinde geltenden Vorschriften, insb. der §§ 102 ff., an anderen Unternehmen beteiligen, wenn das dem Anstaltszweck dient. Darunter fallen auch die Gründung/Beteiligung an Tochtergesellschaften und gemischt-wirtschaftlichen Unternehmen (vgl. §§ 103, 105a und 106a), nicht dagegen eine KA, die nur von Gebietskörperschaften errichtet werden kann (vgl. oben Rdn. 4 und etwa PWC (Hrsg.), a. a. O., Rdn. 62 und 97 ff.). Da solche **Beteiligungen dem Anstaltszweck dienen** müssen, hat sich die Zulassung von Unterbeteiligungen, insb. in dem Gesellschaftsvertrag oder dergl., auf die konkreten Zwecke/Ziele der KA auszurichten, d. h. die Aufgabe, die durch die Unterbeteiligung wahrgenommen werden soll, muss einen „öffentlichen Zweck" erfüllen, es muss sich um eine Kommunalaufgabe i. S. von Art. 28 Abs. 2 GG handeln (vgl. Teil 1, Rdn. 51 ff. und oben § 102 Rdn. 30 ff.; PWC (Hrsg.), a. a. O., Rdn. 97 ff.; vgl. auch Art. 89 Abs. 1 Satz 2 BayGO und § 114a Abs. 4 GO NW). **7**

II. Aufgaben der Kommunalanstalt (Abs. 2)

1. Anstaltsaufgaben

Nach Abs. 2 kann die Kommune einzelne oder alle mit einem bestimmten Zweck zusammenhängenden Aufgaben ganz oder teilweise auf eine KA übertragen. Dies können sein: freiwillige und Pflichtaufgaben, hoheitliche und nichthoheitliche, im Einzelnen gesetzlich vorgeschriebene bzw. zur Erfüllung nach Weisung auferlegte Aufgaben des eigenen oder übertragenen Wirkungskreises (vgl. §§ 1, 2 und 10 Abs. 2 GemO). Stets muss ein „öffentlicher Zweck" vorliegen, also eine Aufgabe, die gemeinwohldienlich, einwohnernützlich und gemeindebezogen, objektiv erforderlich und vernünftigerweise geboten ist („Durchdringung" des Anstaltscharakters und der -aufgaben mit kommunalen Gemeinwohlfunktionen bei einer engen Bindung an Gemeindevolk und Gemeindegebiet). Kommunalwirtschaft ist eben nach geltender Rechtslage nicht unbegrenzte Ausübung räumlich ungebundener unternehmerischer Freiheit, sondern hat sich an die geltende verfassungsrechtliche staatliche Kompetenzverteilungsordnung und die einfachgesetzlichen Normen zu halten (**Verbandskompetenz** entsprechend dem Sach- und Gebietsbezug von Art. 28 Abs. 2 GG, Art. 71 Abs. 2 LV, § 2 GemO; *Scharpf* VerwArch 2005, 485 ff.; *Dünchheim/ Schöne* DVBl. 2009, 146 ff.; oben Teil 1 Rdn. 46 ff. und Rdn. 30 ff. zu § 102). **8**

9 Kommunen können, was der Regelfall ist, den Anstalten mit der Aufgabe alle damit verbundenen öffentlich-rechtlichen Rechte und Pflichten übertragen (öffentlich-rechtliche Garantenstellung bei voller Aufgaben- und **Gewährleistungsverantwortung** mit „befreiender" Wirkung für die Kommune) oder die **bloße Durchführung** der Aufgabenerfüllung weitergeben. Ob eine Aufgabe insgesamt oder nur zur Durchführung übertragen wird, ist in der Anstaltssatzung eindeutig festzulegen. Generell sind der Anstaltszweck, Unternehmensgegenstand und die der KA zur Erledigung übertragenen Aufgaben sorgfältig und präzise in der Anstaltssatzung festzulegen (vgl. Abs. 3 Satz 2). Eine Satzungsregelung, durch die die Anstalt berechtigt sein soll, alle den Anstaltszweck fördernden Geschäfte zu betreiben, stellt keine ausreichend konkrete Festlegung des Anstaltsgegenstands dar und ist entsprechend zu präzisieren (vgl. unten Rdn. 10; VG Dessau VerwRR MO 2000, 375; *Schulz*, a. a. O., Art. 89 BayGO, Nr. 3).

2. Anschluss- und Benutzungszwang

10 Nach Abs. 2 Satz 2 kann die Gemeinde nach Maßgabe des § 11 GemO durch gesonderte Satzung einen Anschluss- und Benutzungszwang zugunsten der KA festlegen. Zuständiges Organ für einen solchen Satzungserlass ist der Verwaltungsrat der KA. Dabei unterliegt er dem Weisungsrecht der Gemeinde (Gemeinderat; vgl. §§ 102b Abs. 3 Satz 2 Nr. 1 und Satz 5 i. V. mit 102a Abs. 2 Satz 2 und Abs. 5; so auch LT-DS 15/7610, S. 35). Die etwas schwer zu interpretierende Regelung ist bei einer Gesamtschau der genannten Vorschriften so zu verstehen, dass die Gemeinde durch die Anstaltssatzung die KA zur Einführung des Anschluss- und Benutzungszwangs durch Satzung im Rahmen des übertragenen Aufgabenbereichs ermächtigen kann (Regelfall) oder die Gemeinde selbst zugunsten der KA durch gesonderte Satzung einen Anschluss- und Benutzungszwang nach § 11 festlegt und ggf. die KA dann zu dessen Um- und Durchsetzung ermächtigt (vgl. etwa *Schulz*, a. a. O., Art. 89 Ziff. 2.2; unten Rdn. 18).

III. Anstaltssatzung (Abs. 3)

1. Grundstruktur der Anstalt

11 Die Rechtsverhältnisse und Strukturen der Kommunalanstalt (KA) werden von der Gemeinde nach Abs. 3 durch die Anstaltssatzung geregelt. Die **innere Verfassung und Organisation** der Anstalt ergibt sich aus Gesetz und Anstaltssatzung (vgl. etwa Art. 89–91 BayGO und § 114a GO NW). Die gesetzliche Regelung ist in erheblichen Teilen in Anlehnung an die gesellschaftsrechtlichen GmbH- bzw. AG-Strukturen festgelegt („Vorstandsverfassung"; vgl. etwa §§ 3, 35 und 52 GmbHG; §§ 23, 76, 84, 90 und 107 ff. AktG; sinngemäße Anwendung der HGB-Vorschriften nach § 102a Abs. 6 Satz 1; § 102b Abs. 2 Satz 7 und 102d Abs. 1). Die Kompetenz für die Gestaltung und Festlegung der Organisationsstruktur und inneren Verfassung der KA ist – soweit nicht gesetzlich geregelt – im Wesentlichen der Anstaltssatzung und damit dem Gemeinderat vorbehalten. Über die Verabschiedung und Änderung der Anstaltssatzung selbst entscheidet allein die Kommune (§ 4 mit § 1 DVO). Die KA kann die Satzung selbst nicht ändern. Die gesetzlich festgelegten originären Grundstrukturen und Zuständigkeiten, insb. von Vorstand und Verwaltungsrat, können durch die Satzung aber nicht geändert werden (z. B. Bestellungskompetenz des Vorstands; § 102b Abs. 2 und 3). Allerdings ist es zulässig, in der Satzung diese Vorgaben zu präzisieren und verfahrensmäßig auszugestalten sowie der Gemeinde entsprechende und hinreichend bestimmte, über die gesetzlich eingeräumten Zustimmungs- oder Weisungsrechte hinausgehende weitere Weisungsrechte einzuräumen (§ 102b Abs. 3 Satz 6; z. B. Weisungsrecht an die Verwaltungsratsmitglieder für die Vorstandswahl oder den Wirtschaftsplan; vgl. unten Rdn. 12 und 25 ff. sowie § 102b Rdn. 13; *Katz* BWGZ 2016, 365 ff.).

2. Bestimmtheit des Satzungsinhalts

Die Frage, wie konkret, wie hinreichend bestimmt die Regelungen in der Anstalts- **12** satzung festgelegt sein müssen, wird nicht einheitlich beantwortet. Die Formulierungen in der Anstaltssatzung dürfen nicht zu unbestimmt sein. Der Anstaltszweck, Unternehmensgegenstand und die der KA zur Erledigung übertragenen Aufgaben, Weisungsrechte usw. sind sorgfältig und präzise festzulegen (vgl. § 102 Abs. 1 und 103 Abs. 3). Eine Satzungsregelung, durch die z. B. die KA berechtigt sein soll, alle den Anstaltszweck fördernden Geschäfte zu betreiben oder alle dazu geeigneten Aufgaben wahrzunehmen, stellt keine ausreichend konkrete Festlegung des Anstaltsgegenstands und der Aufgaben der KA dar und ist entsprechend zu präzisieren und konkret festzulegen. Entsprechendes gilt etwa für eine Satzungsregelung, die die Aufgabenübertragung nach Abs. 2 zu pauschal oder vage festgelegt oder einem einfachen Gemeindeauftrag überlässt. In der Privatwirtschaft übliche Standardformulierungen werden diese Anforderungen häufig nicht gerecht. Die Anstaltssatzung muss mit der notwendigen Genauigkeit und einem klaren, objektiv eindeutigen Inhalt formuliert und beschlossen werden. Die Anforderungen dürfen allerdings auch nicht überzogen werden, sie müssen noch praktikabel sein. Im Zweifel sollte die Satzung entsprechend präzisiert und ggf. geändert werden (vgl. BVerwG NJW 2011, 3735 ff.; VG Dessau VerwRR MO 2000, 375; *Schulz*, a. a. O., Art. 89 BayGO, Ziff. 3; *Cronauge*, a. a. O., Rdn. 243; *Katz* BWGZ 2016, 365 ff.).

3. Muss-Inhalt (obligatorisch)

Nach Abs. 3 Satz 2 muss die Anstaltssatzung Bestimmungen über den Namen, **13** den Sitz und die Aufgaben der selbstständigen Kommunalanstalt, die Zahl der Mitglieder des Vorstands und des Verwaltungsrats, die Höhe des Stammkapitals und die Abwicklung im Falle der Auflösung der selbstständigen Kommunalanstalt enthalten (Mindestinhalt in Anlehnung an § 23 AktG und § 3 GmbHG; vgl. auch §§ 103 Abs. 1 und 103a; EigBG, insb. §§ 3 Abs. 2 und 8 Abs. 3). Zu den weiteren obligatorischen Inhalten, insbesondere den kraft Gesetzes zwingenden und möglichen Befugnissen, kommunalen Zustimmungs- und Weisungsrechten und deren Sicherstellung in der Anstaltssatzung (vgl. § 102b Abs. 3 Satz 7), zur Sicherstellung einer angemessenen Steuerung, Einflussnahme und Kontrolle, aber auch zur Gewährleistung der Zulässigkeitsvoraussetzungen für die wirtschaftliche Betätigung vgl. unten Rdn. 12 und 25 ff. (öffentlicher Zweck, Sach- und Gebietsbezug, Ingerenzrechte usw.; *Katz* BWGZ 2016, 365 ff.).

4. Kann-Inhalt (fakultativ)

Den Inhalt der Anstaltssatzung kann die Kommune weitgehend eigenständig **14** festlegen. Lediglich für die Rechtsverhältnisse der Anstalt schreibt § 102a

Abs. 3 inhaltliche Mindestfestlegungen vor. Sollte der KA das Recht eingeräumt werden, Satzungen zu erlassen, Kommunalabgaben zu erheben oder ihr
die Dienstherrneigenschaft übertragen werden, so ist dies in der Anstaltssatzung zu verankern (vgl. § 102a Abs. 2 Satz 3, Abs. 5 und 7). Um vor allem die
der GemO zugrunde liegenden Grundstrukturen, Zuständigkeits- und Ent-
scheidungsprinzipien, das Entscheidungsprimat des demokratisch legitimierten
Gemeinderats und dessen Ingerenzrechte und -pflichten auch trotz der ge-
wünschten Eigenständigkeit in der KA grundsätzlich zum Tragen zu bringen,
sollten neben dem Mindestinhalt noch **folgende Punkte** in eine Anstaltssatzung
eingearbeitet, mindestens sorgfältig geprüft werden. Dabei sind natürlich stets
die örtlichen Verhältnisse, speziellen Bedingungen und gemeindeindividuelle
Kriterien besonders zu berücksichtigen (vgl. etwa Bay. Mustersatzung von
KPV/KLV/StMI, in: GK 1997, Rdn. 89 f. und GK 1999, Rdn. 6; Städte- und
Gemeindebund NRW, AÖR-Leitfaden, 2001; IM SH, AOR-Mustersatzung,
Amtsbl. Schl.-H. 2003, 856 ff.; oben Teil 1 Rdn. 113 ff. und 126 ff. und unten
Teil 3, Anlage 3 – Mustersatzung –):

- Der **Anstaltszweck**, Unternehmensgegenstand und die der KA zur Erledigung übertragenen Aufgaben sind sorgfältig und präzise festzulegen
  (vgl. § 102 Abs. 1 und 103 Abs. 3; vgl. oben Rdn. 11 und 12).
- Das kommunale Hauptorgan Gemeinderat/Kreistag sollte entsprechend
  seiner demokratisch legitimierten Stellung und seiner gebotenen Steue-
  rungs- und Einwirkungsfunktion wenigstens bei Entscheidungen von strategischer, wesentlicher Bedeutung maßgeblich beteiligt werden (z. B.
  § 114a Abs. 7 Satz 6 GO NW durch vorherige Zustimmung/Weisung; vgl.
  Waldmann NVwZ 2008, 284 ff.). Es bietet sich wenigstens ein Konzept
  an, das die besonders **wichtigen Entscheidungen an den Rat „bindet"** und
  dies im Einzelnen in der Satzung festgelegt wird (gemeinderätliche Mitwirkung durch Zustimmung/Weisung zu Beschlüssen von grundsätzlicher Bedeutung, Jahresabschluss mit Lagebericht und Erfolgsübersicht und dergl.;
  § 102b Abs. 3 Satz 6; mindestens entspr. § 103a).
- Modalitäten der Wahl und Abwahl der Mitglieder des Verwaltungsrats
  durch den Gemeinderat sowie Vorgaben oder Zustimmung für die Ver-
  waltungsrat-**Geschäftsordnung** (ggf. entspr. für den Vorstand).
- Ratsmitwirkung bei der Entwicklung und Festlegung der Unternehmensstrategie, **Zielvorgaben, Finanzplanung, Jahresabschluss** und dergl. (bei
  klarer Kompetenzzuordnung und Zuständigkeitsabgrenzung: Vorstand/
  Verwaltungsrat/Gemeinderat).
- Ein **Weisungsrecht** sollte nicht nur in besonderen Ausnahmefällen, sondern durch die Anstaltssatzung in wichtigen und hinreichend bestimmten Angelegenheiten eingeräumt werden (§ 102b Abs. 3 Satz 6; vgl.
  § 104 Abs. 1 letzter Satz). Ein allgemeines Weisungsrecht würde der
  Selbstständigkeit der KA widersprechen und kann für sie nicht eingeführt werden.
- Satzungsregelung, dass einmal im Jahr über die strategischen Ziele, die
  Geschäftspolitik, die Finanz- und Ertragssituation, Chancen und Risiken
  usw. der Kommunalanstalt in einem eigenen Tagesordnungspunkt im

Gemeinderat berichtet und diskutiert wird (wenigstens bei größeren oder den Kernhaushalt stärker belastenden bzw. mit erheblichen Risiken behafteten KA).

– Festlegung einer klaren, ausreichenden und praktikablen **Regelung der Informationsrechte** und -pflichten sowie deren Vertraulichkeit/Verschwiegenheit zwischen Gemeinderat/Bürgermeister/Verwaltungsrat/Vorstand, die nicht nur für die Gemeindeorgane, sondern auch für die der **Verschwiegenheit** verpflichteten Mitglieder des Gemeinderats und der Fraktionen gilt. Mindestens in allen Angelegenheiten von besonderer Bedeutung sind die Kommune, der Rat und die Fraktionen vom Vorstand frühzeitig zu unterrichten (einschl. eines Berichtswesens, Kennzahlen und dergl.; allein § 43 Abs. 5 ist häufig nicht ausreichend; vgl. NdsOVG DVBl. 2009, 920; OVG NRW NVwZ-RR 2010, 650; *Katz* BayBgm 2013, 398 ff.; oben Teil I, Rdn. 126 und 139; *Katz* GemHH 2016, 73 ff.; § 103a Rdn. 7).

– Die Verwaltungsratsmitglieder sind bei ihrer Tätigkeit auf die besonderen **Interessen der Gemeinde** zu verpflichten (entspr. § 104 Abs. 3).

– Die Fragen der Öffentlichkeit und Transparenz – etwa von Verwaltungsratssitzungen – sollte klar geregelt werden (vgl. § 102b Abs. 3 Satz 6).

– **Zusätzliche Regelungen** zu Informations-, Einwirkungs- und Entscheidungsrechten des Verwaltungsrats gegenüber dem Vorstand (vgl. § 102b Abs. 1 Satz 1 und Abs. 3 Satz 3 und 4).

– Regelungen über die Beteiligung von leitenden Mitarbeitern der Kommune, Arbeitnehmern der KA, Experten und dergl. im Verwaltungsrat.

5. Ausgestaltung der Satzung für die Praxis

Die §§ 102a ff. räumen den Kommunen, wie gesehen oder noch auszuführen **15** sein wird, einen beachtlichen Gestaltungsspielraum ein, der, wie die Erfahrungen in anderen Bundesländern zeigen, nur in sehr bescheidenem Umfange von den Kommunen genutzt wird (vgl. *Katz* BWGZ 2016, 365 ff. m. w. N.). Die mit der KA-Rechtsform angestrebte Eigenständigkeit, Flexibilität und größere Entscheidungskompetenz der Geschäftsführung sollte zwar grundsätzlich beibehalten werden, aber diese Flexibilität darf nicht „überhöht", sondern mit der demokratischen Legitimität, mit der dem Hauptorgan Gemeinderat zukommenden Stellung austariert werden. Dazu ist besonders das Instrument Weisungs- bzw. Zustimmungsrecht geeignet und sollte genutzt werden, um die Einflussnahme auf die KA durch das demokratisch unmittelbar legitimierte Kommunalorgan Gemeinderat sicherzustellen (vgl. auch LT-DS 15/7610, S. 40). In strategisch und kommunalpolitisch wichtigen, für die Gemeinde und ihre Bürger besonders wesentlichen, ihre Interessen stärker berührenden Angelegenheiten müssen dem Gemeinderat die notwendigen Informations-, Einfluss- und Kontrollrechte eingeräumt werden (vgl. auch § 43 Abs. 5; *Katz* GemHH 2016, 73, 78 f.). Die Gemeinde (Gemeinderat) kann eigenverantwortlich in der Anstaltssatzung festlegen, in welchen konkret bestimmten Fällen den Mitgliedern des Verwaltungsrats zur Sicherstellung der Einflussnahme Weisungen/Zustimmungsvorbehalte erteilt werden sollen. Diese Aufgabe hat der Gemeinderat bei der Verabschiedung der Anstaltssatzung angemessen,

struktur- und funktionsgerecht sowie anstaltsspezifisch zu lösen und zu entscheiden (die in Rdn. 14 dargestellten Kriterien und Merk- bzw. Prüfungs-
punkte sind dabei sicher hilfreich; vgl. oben Rdn. 1 f. und 11 ff.; LT-DS 15/
7610, S. 40; *Knemeyer* BayVBl. 1999, 1 ff.; *Ehlers* ZHR 2003, 546, 561; *Katz*
BWGZ 2016, 365 ff.).

IV. Genehmigung und Bekanntmachung der Satzung (Abs. 4)

1. Genehmigungserfordernis

16 In der öffentlich-rechtlichen Anstaltssatzung werden der KA Kommunalaufgaben nicht nur zur Erfüllung übertragen, sondern im Unterschied zur Einschaltung von Privatrechtsformen in aller Regel vollständig, also materiell die gesamte Aufgabenträger- und Gewährleistungsverantwortung an die KA
weitergegeben. Sie tritt an die Stelle der Gemeinde und handelt selbst öffent-
lich-rechtlich/hoheitlich (vgl. Abs. 2 Satz 2, Abs. 5 Satz 1 und 4 sowie Abs. 7).
Die KA ist Träger öffentlicher Aufgaben, besitzt Satzungsrecht und Dienstherrnfähigkeit usw. und unterliegt deshalb wie der Zweckverband der **Rechtsaufsicht**, ist selbst Adressat von Maßnahmen der Rechtsaufsichtsbehörde (vgl.
§§ 7 und 21 Abs. 5 GKZ). Nach Art. 75 Abs. 1 LV überwacht das Land die
Gesetzmäßigkeit auch der KA als rechtsfähige Anstalt des öffentlichen Rechts.
Die KA untersteht unmittelbar der Rechtsaufsicht, muss sich also nicht zunächst an die Gemeinde als Trägerkörperschaft. wenden. Nach § 102d Abs. 5
gelten die Vorschriften über die Aufsicht in §§ 118–129 entsprechend. Rechtsaufsichtsbehörde ist die für die Gemeinde zuständige Rechtsaufsichtsbehörde
(§ 119; vgl. LT-DS 15/7610, S. 35 und 45).

17 Nach Abs. 4 Satz 1 unterliegen die Anstaltssatzung, Änderungen der Aufgaben
der KA und ihre Auflösung der **Genehmigung** der Rechtsaufsichtsbehörde. Obwohl eigentlich das Genehmigungserfordernis heute nicht mehr üblich und
wohl nur dem Zweckverbandsrecht geschuldet ist (vgl. § 4 Abs. 3 Satz 3), kann
dies vorgeschrieben werden. Entsprechend dem Wesen der Rechtsaufsicht
(§ 121) ist die Genehmigung zu erteilen, wenn die gesetzlichen Voraussetzungen eingehalten sind, die Gründung/Umwandlung der KA rechtlich zulässig
ist, aus Sicht der Rechtskontrolle keine Bedenken bestehen (vgl. Erl. zu § 4,
Rdn. 34 ff.).

2. Bekanntmachung, Inkrafttreten

18 Nach Abs. 4 Satz 3 ist die Anstaltssatzung mit der Genehmigung von der Gemeinde öffentlich bekannt zu machen. Zur Rechtswirksamkeit von Satzungen
bedarf es als Teil des Rechtsetzungsakts stets der öffentlichen Bekanntmachung. Die Einzelheiten sind in § 1 DVO GemO und der VwV GemO zu § 4
geregelt (vgl. dazu Erl. zu § 4 Rdn. 22 ff.). Die KA entsteht am Tag nach der
Bekanntmachung, wenn nicht in der Anstaltssatzung ein späterer Zeitpunkt
bestimmt ist (Abs. 4 Satz 4). Gemäß Abs. 4 Satz 5 findet § 4 Abs. 4 auch hier
Anwendung (Vorschrift zur Heilung von Verfahrens- und Formfehlern; vgl.
Erl. zu § 4, Rdn. 40 ff.).

V. Erlass von Satzungen und Abgabenerhebungsrecht (Abs. 5)

1. Erlass von Satzungen

Im Rahmen des einer Kommunalanstalt (KA) nach § 102a Abs. 2 Satz 1 und **19**
Abs. 3 Satz 2 in der Anstaltssatzung übertragenen Aufgabenbereichs soll die
KA hoheitlich handeln können (Einzelaufgaben, alle mit einem bestimmten
öffentlichen Zweck zusammenhängenden Aufgaben, jeweils ganz oder teilweise). Dazu gehört neben der Möglichkeit des Anschluss- und Benutzungszwangs (§ 102a Abs. 2 Satz 2) und der Abgabenerhebung nach dem KAG einschließlich der Möglichkeit der Vollstreckung (§ 102a Abs. 5 Satz 4) das in
§ 102a Abs. 5 Satz 1 eingeräumte und durch Anstaltssatzung für die KA im
Einzelfall zu realisierende allgemeine Satzungsrecht, nach dem die KA anstelle
der Gemeinde in den übertragenen Aufgabenbereichen Satzungen erlassen
kann (vgl. dazu § 102b Abs. 3 Satz 2 Nr. 1 und Satz 5). Ein einfacher Ratsbeschluss reicht dafür nicht aus. Die Satzungsbefugnis muss ausdrücklich in der
Anstaltssatzung der KA eingeräumt sein (vgl. *Klein/Uckel/Ibler*, a.a.O.,
Kap. 33.30, Absch. 1). Diese recht komplizierten Normierungen sind nicht
ganz unumstritten, sind nach h. M. aber zulässig und werden in den Bundesländern auch so praktiziert. Die für Satzungen erforderlichen Voraussetzungen
sind in § 102a Abs. 5 erfüllt (Beratungsöffentlichkeit, Bekanntmachung, Anzeigepflicht an die Rechtsaufsicht; § 4 Abs. 3 und 4, § 102b Abs. 3 Satz 5). Rest-
zweifel bleiben bei der Rechtmäßigkeit von Abgabesatzungen durch die KA
(vgl. *Prahl* KStZ 2005, 7 ff.; *Beyer* KStZ 2004, 61 ff.; *Schulz*, a.a.O., Art. 89
Ziff. 2.3; PWC (Hrsg.), a.a.O., S. 21 m. w. N.; unten Rdn. 18).

2. Bekanntmachung

Die Bekanntmachung der vom KA-Verwaltungsrat beschlossenen Satzungen **20**
erfolgt nach Abs. 5 Satz 3 in der für die öffentliche Bekanntmachung der Gemeinde vorgeschriebenen Form. Die Einzelheiten sind in § 1 DVO GemO und
der VwV GemO zu § 4 geregelt (vgl. dazu Erl. zu § 4 Rdn. 22 ff. und oben
Rdn. 15).

3. Kommunalabgaben

Nach Abs. 5 Satz 4 kann die Kommune der KA zur Finanzierung der von ihr **21**
wahrzunehmenden Aufgaben durch die Anstaltssatzung das Recht übertragen,
Gebühren, Beiträge, Kostensätze und sonstige Abgaben nach den kommunalabgabenrechtlichen Vorschriften festzusetzen, zu erheben und zu vollstrecken.
In diesem Rahmen kann die KA auch Satzungen, etwa Gebühren- und sonstige
Abgabensatzungen, erlassen. Mit dieser Möglichkeit können die KAen insbesondere bei gebührenfinanzierten Aufgaben wie Wasser, Abwasser und Abfall
vor allem die Finanzierung dieser Aufgaben im direkten rechtlichen Kontakt
zum Bürger eigenständig sicherstellen sowie Nutzung und Betrieb dieser öffentlichen Einrichtungen autonom regeln. Wird die Satzungshoheit übertragen, gelten die bisherigen Satzungsvorschriften mit der Maßgabe fort, dass an die Stelle
der Gemeinde die KA tritt. Die Gemeinde kann ohne Änderung der Anstaltssatzung keine entsprechenden Regelungen mehr treffen. Es empfiehlt sich, dazu
entsprechende Übergangsvorschriften in die Anstaltssatzung aufzunehmen (vgl.
Klein/Uckel/Ibler, a.a.O., Kap. 33.30 Abschn. 1; PWC (Hrsg.), a.a.O.,

Rdn. 73 ff.). Die z. T. vertretenen Bedenken gegen die Rechtmäßigkeit solcher Abgabensatzungen werden von der Rspr. und h. M. nicht geteilt (vgl. Rdn. 16; *Prahl* KStZ 2005, 7 ff.; *Beyer* KStZ 2004, 61 ff.; PWC (Hrsg.), a. a. O., Rdn. 75 f. mit Rspr.).

VI. Wirtschaftsführung, Rechnungswesen und Finanzplanung (Abs. 6)

1. Wirtschaftsführung und Rechnungswesen

22 Die Kommunalanstalt (KA) hat nach Abs. 6 Satz 1 ihre Rechnung nach den Regeln der kaufmännischen doppelten Buchführung zu führen. Für die Wirtschaftsführung und das Rechnungswesen werden die Vorschriften des Handelsgesetzbuchs sinngemäß für anwendbar erklärt (§§ 238 ff., insb. §§ 264 ff. HGB). Fälle, in denen das Handelsgesetzbuch unmittelbare Anwendung findet, bleiben davon unberührt. Mangels entsprechender ausreichender Regelungen im HGB hat die KA die Aufstellung eines jährlichen **Wirtschaftsplans** und einer fünfjährigen Finanzplanung in sinngemäßer Anwendung der für Eigenbetriebe geltenden Vorschriften vorzunehmen (§§ 14 f. EigBG; wie für Kommunalunternehmen in Privatrechtsform, § 103 Nr. 5 Buchst. a; vgl. auch §§ 16 ff. BayKUV; PWC (Hrsg.), a. a. O., Rdn. 430 ff.). Der Wirtschaftsplan kann auch für zwei Wirtschaftsjahre, nach Jahren getrennt, aufgestellt werden (§ 14 Abs. 1 Satz 2 EigBG).

23 Die Kommunalen Landesverbände und die GPA haben gefordert, für die Wirtschaftsführung und das Rechnungswesen der selbstständigen Kommunalanstalt wie bei Eigenbetrieben ein **Wahlrecht** zwischen dem Neuen Kommunalen Haushaltsrecht (NKHR) und dem Handelsgesetzbuch (HGB) zu eröffnen. Das IM ist dem mindestens zunächst nicht näher getreten, obwohl dies sachlich gerechtfertigt und im Hinblick auf den Gesamtabschluss geboten gewesen wäre (vgl. LT-DS 15/7610, S. 27 ff. und 65 ff.; *Katz* BWGZ 2016, 365 ff.).

2. Anzuwendendes Haushaltsrecht

24 Die KA hat nach Abs. 6 Satz 4 die allgemeinen Haushaltsgrundsätze gemäß § 77 Abs. 1 und 2 sowie die Grundsätze der Einnahmebeschaffung gemäß § 78 zu beachten. Um sicherzustellen, dass kein Fall der Überschuldung oder Zahlungsunfähigkeit eintritt, dürfen Kredite nach § 87 nur für Investitionen, Investitionsförderungsmaßnahmen und zur Umschuldung aufgenommen werden und bedürfen der Gesamtgenehmigung der Rechtsaufsichtsbehörde. Wenn Kreditaufnahmen im Wirtschaftsplan vorgesehen sind, ist daher die Gesamtgenehmigung der Kreditaufnahmen bei der Rechtsaufsichtsbehörde zu beantragen und zum Nachweis der gesetzlichen Voraussetzungen der Wirtschaftsplan, der Finanzplan und der letzte Jahresabschluss vorzulegen (Abs. 6 Satz 5). Der Jahresabschluss der KA ist nach § 95a Abs. 1 Nr. 2 mit dem Jahresabschluss der Gemeinde zu konsolidieren.

3. Befugnisse und Rechte der Gemeindeorgane

25 Nach der Gesetzesbegründung „haben die Gemeindeorgane zur Sicherung des öffentlichen Zwecks sowie zur Wahrung demokratischer und rechtsstaatlicher

Grundsätze die allgemeine Steuerungs-, Einfluss- und Einwirkungspflicht der Gemeinde auf die Kommunalanstalt entsprechend § 103 Abs. 1 Nr. 3 und Abs. 3 – wie bei Unternehmen in Privatrechtsform – wahrzunehmen. Als Informationsgrundlage hierfür sind der **Wirtschaftsplan** und die Finanzplanung sowie nach § 102d Abs. 4 der **Jahresabschluss** und der Lagebericht sowie der Prüfungsbericht der Gemeinde zu **übersenden"** (LT-DS 15/7610, S. 36; vgl. allgemein zu diesen Fragen: Teil 1, Rdn. 126 ff.). Diese Begründung ist näher zu hinterfragen (vgl. Rdn. 26 ff.).

Die Gewährleistung **angemessener demokratischer Ingerenzrechte und -pflich-** **26** ten (Information, Steuerung, Einfluss und Kontrolle) ist für das Grundverständnis der wirtschaftlichen Betätigung der Kommunen und ihrer Unternehmen ein zentrales Thema. Bezüglich der KA liegt ein nicht zu unterschätzendes Problemfeld in Folgendem begründet: Die gesetzlichen Regelungen in den §§ 102a und b sehen, abgesehen vom Erlass der Anstaltssatzung und der Wahl der Mitglieder des Verwaltungsrats (dem kein Mitglied des Gemeinderats angehören muss), eine Einbindung des kommunalen Hauptorgane ausdrücklich nur in zwei Fällen vor:

> (1) die Möglichkeit des Gemeinderats für den Erlass von Satzungen durch den Verwaltungsrat nach § 102a Abs. 5 gemäß § 102b Abs. 3 Satz 5 Weisungen zu erteilen sowie
> (2) die Verpflichtung in § 102b Abs. 3 letzter Satz im Falle des § 102b Abs. 3 Satz 2 Nr. 4 die vorherige Zustimmung der Gemeinde einzuholen (bei Beteiligung der KA an anderen Unternehmen).

In allen anderen Fällen ist das Hauptorgan nicht gefragt, es sei denn, die Gemeinde legt in der Anstaltssatzung gemäß § 102b Abs. 3 Satz 6 für bestimmte andere Fälle fest, Weisungen oder Zustimmungsvorbehalte zu erteilen. Für die KA werden abgesehen von den eh für alle Kommunalunternehmen geltenden Vorgaben des § 102 nur die allgemeine Regelungen in § 103 Abs. 1 Nr. 3 und Abs. 3, nicht dagegen die in §§ 103a bis 106a für Unternehmen in Privatrechtsform für zwingend erachtete Regelungen übernommen. Es wird also nur ein begrenzt geeignetes Konzept von Informations-, Ingerenzrechten und -pflichten festgelegt und vorgeschrieben, was auch an der nicht immer gelungenen Technik der Gesetzesnormierung liegt (vgl. z. B. §§ 102b Abs. 3 Satz 2 Nr. 1 und Satz 5 i. V. mit 102a Abs. 2 Satz 2 und Abs. 5). Auch ist es wenig schlüssig, für die KA § 103a überhaupt nicht, aber für deren Unterbeteiligungen voll anzuwenden.

Grundsätzlich ist sicher auch die mit einer KA gewollte Selbständigkeit und Flexi- **27** bilität dieser Rechtsform zu berücksichtigen. Gleichwohl müssen vorrangig die dem Hauptorgan verfassungsrechtlich garantierten Informations-, Einfluss- und Steuerungsrechte gewährleistet sein (mindestens in allen Angelegenheiten von grundsätzlicher, strategischer Bedeutung). Ob die gebotenen Informations-, Steuerungs-, Einfluss- und Einwirkungsrechte und -pflichten, wenn sie nicht besonders in der Anstaltssatzung konkret geregelt sind, durch §§ 102a Abs. 6 Satz 3 und 102d Abs. 4 sowie 102b Abs. 3 und 4 als hinreichend gewährleistet anzusehen sind, ist sehr fraglich (vgl. Rdn. 22; *Katz* BWGZ 2016, 365 ff.). Ausgehend von der Grundstruktur der Kommunalverfassung und der **Rolle des demokratisch legitimierten Hauptorgans** (vgl. Art. 28 GG, Art. 72 LV, §§ 24, 43 Abs. 5 und 44 Abs. 2 GemO, vgl. auch § 13 Abs. 5 GKZ) kann dies kaum ausreichend sein und entspricht nicht den rechtlichen und praktischen Erfordernissen. Die „Grundrechte" des Gemeinderats können nicht einfach durch die Übersendung von Wirtschaftsplan, Jahresabschluss usw. als erledigt betrachtet oder drastischer formuliert „abgespeist" werden. Das „Kräfteparallelogramm" zwischen Gemeinderat, Bürgermeister, Verwaltungsrat und Vorstand ist nach dem Gesetzeswortlaut bezüglich des Hauptorgans Gemeinderat nicht ausgewogen, seine Befugnisse sind „überschaubar", eher „stiefmütterlich" geregelt. Lässt man Anstaltssatzungsregelungen außer Betracht, so ist in sachlich-inhaltlichen Entscheidungen das demokratisch legitimierte kommunale Hauptorgan nach der Errichtung der Anstalt und Wahl der Verwaltungsratsmitglieder – was aus Sicht des für die Kommunen verantwortlichen Landes nicht gewollt sein kann – praktisch „außen vor", die Ausgestaltung der KA weitgehend den Grundstrukturen der AG angenähert.

28 Nun kann man zwar damit argumentieren, dass jede Kommune die **Anstaltssatzung** ja so gestalten kann, dass diese allgemeinen Anforderungen erfüllt werden (vgl. § 102b Abs. 3 Satz 6). Die Erfahrung etwa aus Bayern und auch den anderen Bundesländern einschließlich einer Sichtung zahlreicher Anstaltssatzungen zeigt aber, dass eine solche Position etwas zu einfach und zu „blauäugig" ist. Wie die GPA zutreffend ausführt, gestaltet sich die tatsächliche Praxis anders. Von der Möglichkeit, in der Anstaltssatzung weitere Weisungsrechte des Gemeinderats zu verankern und die Ingerenzrechte angemessen zu konkretisieren, wird kaum Gebrauch gemacht, obwohl dies auch in Bayern als dringend geboten angesehen wird. Eine ausreichende und effektive **Information und Steuerung** der KA durch die Gemeinde, insb. den Gemeinderat, ist folglich wenig gesichert. Dies erstaunt auch deshalb, weil mit dem Begriff „Kommunalanstalt" die enge Bindung an und die Steuerung durch die Gemeinde besonders verdeutlicht werden sollte (vgl. GPA, in: LT-DS 15/7610, S. 84 f.; *Klein/Uckel/Ibler*, Kommunen als Unternehmen, Kennzahl 33.12 Nr. 4; *Lange*, Kommunalrecht, 2014, S. 898 f.; NdsOVG DVBl. 2009, 920; OVG NRW NVwZ-RR 2010, 650; *Waldmann* NVwZ 2008, 284 ff.; oben Teil I, Rdn. 126 ff.). Auch der sinnvolle Vorschlag von Gemeindetag und GPA, möglichst zügig durch die Erarbeitung entsprechender Regelungen in einem landesweiten Satzungsmuster diese „Defizite" zu beseitigen oder wenigstens zu minimieren, wurde bisher vom IM nicht aufgegriffen. Diese Schwachstellen sind bei der Gründung einer KA sorgfältig zu prüfen und entsprechend den örtlichen Gegebenheiten in der Satzung zu berücksichtigen und umzusetzen (ggf. auch die §§ 102a zu überarbeiten; vgl. oben Rdn. 12 und besonders *Katz* BWGZ 2016, 365 ff.).

VII. Dienstherrnfähigkeit der Kommunalanstalt (Abs. 7)

1. Dienstherrnfähigkeit

29 Der KA ist die Eigenschaft der Dienstherrenfähigkeit eingeräumt. Diese korrespondiert mit der Übertragung hoheitlicher Aufgaben und ist wegen ihrer Bedeutung durch die Anstaltssatzung zu regeln. Sie erleichtert auch die Umwandlung bestehender Eigenbetriebe in selbstständige Kommunalanstalten. Beamte können, wie auch die sonstigen Beschäftigten, übernommen werden. Diese Regelung ist erforderlich, weil in Art. 33 Abs. 4 GG festgelegt ist, dass hoheitliche Befugnisse als ständige Aufgabe in der Regel Angehörigen des öffentlichen Dienstes zu übertragen sind, die in einem besonderen Dienst- und Treueverhältnis stehen. Hier wird der Funktionsvorbehalt zugunsten von Beamten bestimmt, da diese in einem solchen öffentlich-rechtlichen Dienst- und Treueverhältnis stehen. Dem Funktionsvorbehalt unterfällt aber nicht nur die klassische Eingriffsverwaltung, sondern auch die Ausübung hoheitlicher Befugnisse darüber hinaus, insbesondere Leistungen der Daseinsvorsorge, ein Aufgabenfeld, das für die KA attraktiv ist.

2. Abordnung

In Abs. 7 Satz 3 wird klargestellt, dass die Gemeinde ihren Beamten durch **30** Abordnung Tätigkeiten bei der KA übertragen kann. Dies soll insbesondere eher kleineren KAen eine gewisse Flexibilität in der Personalwirtschaft ermöglichen. Voraussetzung für eine Abordnung ist jedoch, dass die gesetzlichen Voraussetzungen hierfür erfüllt sind (§ 25 LBG; vgl. LT-DS 15/7610, S. 36).

VIII.   Anstaltslast und Gewährträgerschaft (Abs. 8)

1.   Finanzverantwortung für die KA des öffentlichen Rechts

Für Anstalten des öffentlichen Rechts mit eigener Rechtsfähigkeit haftet eine **31** Kommune als Gewährsträger in den meisten Bundesländern uneingeschränkt (Ausnahmen: § 106a Abs. 4 GO SchlH, § 144 Abs. 2 NdsKomVG und nunmehr Bad.-Württ.). Mit der Übertragung kommunaler Aufgaben auf die selbstständige KA hat sich die Gemeinde zwar rechtlich der Trägerschaft von örtlichen Gemeinwohlaufgaben entzogen, sie unterliegt aber in finanzieller Hinsicht nach h. M. auch danach einer vollen Haftung (Finanzverantwortung; Anstaltslast im Innenverhältnis und Gewährträgerschaft im Außenverhältnis). Da die Gemeindeordnungen die Fragen der Anstaltslast/Gewährträgerhaftung ausdrücklich geregelt haben, ist das Rechtsproblem, ob sie als allgemeiner Grundsatz des Verwaltungsrechts für die rechtsfähige Anstalt des öffentlichen Rechts prägend bzw. immanent sind, nicht mehr so bedeutsam (vgl. LT-DS 15/7610, S. 37 f.; *Hoppe/Uechteritz/Reck*, a. a. O., S. 164 f.; PWC (Hrsg.), a. a. O., Rdn. 84 ff.; *Lux* NWVBl. 2000, 7, 12; *Ehlers* ZHR 2003, 546, 574; *Katz* BWGZ 2016, 365 ff.).

Nach Abs. 8 Satz 2 trägt die Gemeinde die volle **Anstaltslast**, d. h. sie hat im **32** Innenverhältnis die rechtliche Verpflichtung als Träger der KA umfassend für deren Verbindlichkeiten einzustehen. Sie hat die Verpflichtung, die KA mit den zur Aufgabenerfüllung notwendigen finanziellen Mitteln auszustatten, Defizite auszugleichen und sie für die gesamte Dauer ihres Bestehens funktionsfähig zu erhalten. Die KA kann und muss ggf. dieses Recht geltend machen. Ansprüche für Dritte können daraus nicht abgeleitet werden. Nach Satz 4 besteht eine Haftung der Gemeinde für Verbindlichkeiten der KA aber nicht (im Außenverhältnis). Die KA ist folglich mit allen Konsequenzen der InsO insolvenzfähig

(Voraussetzung für die Eröffnung eines Insolvenzverfahrens ist die Zahlungsunfähigkeit oder die Überschuldung; vgl. § 12 InsO, § 45 AGGVG). Für eine KA als juristische Person des öffentlichen Rechts, die der Aufsicht des Landes untersteht, § 102d Abs. 5, und meist hoheitliche Aufgaben wahrnimmt, ist dies wenig nachvollziehbar (vgl. etwa *Katz* GemHH 2014, 245 ff.). Die der Gewährträgerhaftung begriffsnotwendig innewohnende Garantenstellung, für Verbindlichkeiten der KA im Außenverhältnis uneingeschränkt einzustehen, soweit keine Befriedigung aus deren Vermögen zu erlangen ist, besteht in Bad.-Württ. folglich nicht (nur Anstaltslast, keine Gewährträgerhaftung; LT-DS 15/7610, S. 37 f. und 67 f.).

33 Bad.-Württ. hat im Unterschied zu fast allen anderen Bundesländern für die KA also keine **Gewährträgerhaftung** festgelegt (vgl. LT-DS 15/7610, S. 37 f.). Dieser Ausschluss und die damit verbundene deutlich eingeschränkte finanzielle kommunale Garantenstellung für die KA ist wenig von Systematik, Funktionsgerechtigkeit und Rationalität geprägt und macht auch aus kommunaler Sicht diese Rechtsform unattraktiv (vgl. z. B. *Hoppe/Nußlein* GemHH 2009, 113 f. für Nds. § 136 Abs. 2 KomVG). Durch die Gewährträgerschaft haftet die Trägerkommune für Verbindlichkeiten der KA im Außenverhältnis unbeschränkt und verhindert dadurch die Insolvenzfähigkeit der KA etwa bei hoheitlicher Aufgabenerfüllung. Sie bezweckt als den Körperschaften/Anstalten des öffentlichen Rechts innewohnende „ratio legis", die Funktionsfähigkeit des Staates, der Kommunen und anderer öffentlichen Organisationen zu erhalten, die öffentliche Aufgabenerfüllung zu sichern, die Gewährleistungsverantwortung für die kommunalen Aufgaben auch in finanziellen Krisen zu garantieren. Sie hat aber auch besonders zu gewährleisten, dass die öffentlich-rechtliche Pflichtstellung einer Anstalt des öffentlichen Rechts und damit auch die in aller Regel hoheitlich handelnde KA sichergestellt und die verfassungsrechtlich abgesicherten Handlungskompetenzen ihrer demokratisch legitimierten Organe rechtlich unangetastet bleiben und nicht durch insolvenzrechtlich begründete Handlungskompetenzen von Insolvenzverwalter/Gläubigerausschuss ersetzt werden (Ausfallgarantie des Anstaltsträgers und nicht Befreiung von Kommunalaufgaben „auf kaltem Wege"). Dies kann nicht zulässig sein und schon gar nicht bei den meist gesetzlichen Pflichtaufgaben, die das IM nach der Gesetzesbegründung vor allem für die Kommunalanstalt im Auge hat und auch der Praxis entsprechen (Wasser, Abwasser, Abfall, ÖPNV, Krankenhäuser usw.). Die Insolvenzfähigkeit der Kommunen ist Ausdruck ihrer „Immunität" von einem Konkursverfahren. Die Insolvenzen der städt. Wohnungsbau Singen und der Stadtwerke Gera sind abschreckende Beispiele und die Erfahrungen daraus hätten die Regelung in § 102a Abs. 8 verhindern müssen (vgl. *Brüning* GemHH 2014, 241 ff.; *Katz* GemHH 2014, 245 ff.; zu Singen: StaatsA 29.7.2016; z. B. Nds.: *Hoppe/Nußlein* GemHH 2009, 113 f.; *Freese* NdsVBl. 2009, 192 ff. und GK 2011, 90 ff.; die Begründung des IM in LT-DS 15/7610, S. 37 f. ist nicht überzeugend). Zudem sind die KAen, die nur mit bloßer Anstaltslast ausgestattet sind, in aller Regel auch deshalb eine unattraktive Rechtsform, weil sie mangels Gewährträgerschaft i. d. R. schlechtere Kreditkonditionen am Markt erhalten (vgl. *Rose* GemHH 2003, Heft 9, S. 209 f.; *Benne* ZKF 2015, Nr. 7, S. 7 ff.; Gemeindetag, in: LT-DS 15/7610, S. 67 f.; *Katz* BWGZ 2016, 365 ff.).

2. EU-Beihilferecht

Gewährträgerhaftung und Anstaltslast stehen wegen der damit verbundenen **34** Garantenstellung der Trägerkommune mitunter in einer Kollisionslage zum EU-Wettbewerbsrecht, insb. zum **Beihilfeverbot in Art. 107 AEUV** (vgl. Teil 1 Rdn. 69, 253 ff.; zum Beispiel Sparkassen: oben § 102 Rdn. 74 m. w. N.). Im Einzelnen ist vieles umstritten. Zu den Problemen des EU-Beihilferechts, die nach h. M. für die KA nicht einschlägig sind, **keine Beihilferelevanz** haben (arg. insb. Art. 106 Abs. 2 AEUV, reine kommunale Daseinsvorsorge ohne Tätigwerden am Markt und Gewährträgerhaftung als am 1.1.1958 bestehend „bestandsgeschützt"): Art. 107 f. und 106 Abs. 2 AEUV; vgl. oben Teil 1 Rdn. 69, 90 und 253 ff.; *Lux* NWVBl. 2000, 7, 12; *Ehlers* ZHR 2003, 546, 574; *Lindl* KommPraxis Bay 2005, 334 ff.; *Schraml*, in: HKWP, Bd. 2, § 45 Rdn. 13; *Waldmann* NVwZ 2008, 284 ff.; *Hoppe/Nüßlein* GemHH 2011, 121 ff. und insb. PWC (Hrsg.), Öffentlich-rechtliche Unternehmen, 2015, Rdn. 89 ff.

Nach Abs. 8 Satz 3 wird ausdrücklich festgelegt, dass beihilferechtliche Rege- **35** lungen zu beachten sind. Gemäß der Gesetzesbegründung ist „von der Gemeinde der Rechtsaufsicht die **Beihilferechtskonformität** der KA bei ihrer Errichtung durch Gutachten oder in anderer geeigneter Weise **nachzuweisen**, zum Beispiel durch einen „Private Investor Test". Die Rechtsprechung des EuGH ist dabei zu beachten. Auch in Fällen, in denen von der Erreichung einer Kostendeckung ausgegangen wird und daher voraussichtlich keine Zahlungen der Gemeinde erforderlich sein werden, kann nicht auf den Nachweis der Beihilferechtskonformität verzichtet werden, da nicht nur die Zahlung eines Geldbetrags eine Beihilfe darstellt, sondern zum Beispiel auch die Überlassung von Grundstücken (so LT-DS 15/7610, S. 37). Im Hinblick auf die vielschichtigen und komplexen Beihilfeprobleme ist diese „Vorsichtsmaßnahme" zwar nachvollziehbar, aber wohl doch etwas zu penibel. Die Problematik wird letztlich auf dem Rücken der Gemeinden ausgetragen (vgl. Teil 1 Rdn. 69, 90 und 253 ff.).

§ 102b Organe der selbstständigen Kommunalanstalt

(1) Organe der selbstständigen Kommunalanstalt sind der Vorstand und der Verwaltungsrat.

(2) Die selbstständige Kommunalanstalt wird von einem Vorstand in eigener Verantwortung geleitet, soweit nicht gesetzlich oder durch die Anstaltssatzung etwas anderes bestimmt ist. Der Vorstand wird vom Verwaltungsrat auf höchstens fünf Jahre bestellt; wiederholte Bestellungen sind zulässig. Die Mitglieder des Vorstands können privatrechtlich angestellt oder in ein Beamtenverhältnis auf Zeit mit einer Amtszeit von fünf Jahren berufen werden. Die Mitglieder des Vorstands vertreten einzeln oder gemeinsam entsprechend der Anstaltssatzung die selbstständige Kommunalanstalt nach außen. Der Vorstand kann allgemein oder in einzelnen Angelegenheiten Vollmacht erteilen. Der Vorsitzende des Vorstands ist Vorgesetzter, Dienstvorgesetzter und oberste Dienstbehörde der Bediensteten der selbstständigen Kommunalanstalt mit Ausnahme der beamteten Mitglieder des Vorstands. Die Gemeinde hat darauf hinzuwirken, dass jedes Vorstandsmitglied vertraglich verpflichtet wird, die ihm im Geschäftsjahr jeweils gewahrten Bezüge im Sinne von § 285 Nummer 9 Buchstabe a des Handelsgesetzbuchs der Gemeinde jährlich zur Aufnahme in den Beteiligungsbericht mitzuteilen.

(3) Der Verwaltungsrat überwacht die Geschäftsführung des Vorstands. Er entscheidet über

1. den Erlass von Satzungen gemäß § 102a Absatz 5,
2. die Feststellung des Wirtschaftsplans und des Jahresabschlusses, Kreditaufnahmen, Übernahme von Bürgschaften und Gewährleistungen,
3. die Festsetzung allgemein geltender Tarife und Entgelte für die Leistungsnehmer,
4. die Beteiligung der selbstständigen Kommunalanstalt an anderen Unternehmen und
5. die Ergebnisverwendung.

Die Anstaltssatzung kann weitere Entscheidungszuständigkeiten des Verwaltungsrats vorsehen, insbesondere bei Maßnahmen von grundsätzlicher oder besonderer Bedeutung oder bei denen sich der Verwaltungsrat die Zustimmung vorbehalten hat. Sie kann auch ein Recht des Verwaltungsrats vorsehen, Maßnahmen auf eigene Initiative zu bestimmen. Im Fall des Satzes 2 Nummer 1 ist öffentlich zu verhandeln; die Mitglieder des Verwaltungsrats unterliegen den Weisungen des Gemeinderats. Die Anstaltssatzung kann vorsehen, dass auch in bestimmten anderen Fallen öffentlich zu verhandeln ist und dass der Gemeinderat den Mitgliedern des Verwaltungsrats auch in bestimmten anderen Fallen Weisungen erteilen kann. Im Fall des Satzes 2 Nummer 4 bedarf es der vorherigen Zustimmung der Gemeinde entsprechend § 105 a.

(4) Der Verwaltungsrat besteht aus dem Vorsitzenden und den weiteren Mitgliedern. Vorsitzender ist der Bürgermeister; mit seiner Zustimmung kann der Gemeinderat einen Beigeordneten zum Vorsitzenden bestellen. Der Vorsitzende des Verwaltungsrats ist Vorgesetzter, Dienstvorgesetzter und oberste Dienstbehörde der beamteten Mitglieder des Vorstands. Das vorsitzende Mitglied nach Satz 2 Halbsatz 2 und die weiteren Mitglieder des Verwaltungsrats werden vom Gemeinderat für fünf Jahre bestellt. Für jedes Mitglied des Verwaltungsrats wird ein Stellvertreter bestellt.

(5) Die weiteren Mitglieder des Verwaltungsrats sind ehrenamtlich tätig. Für ihre Rechtsverhältnisse finden die für die Gemeinderate geltenden Vorschrif-

ten mit Ausnahme der §§ 15 und 29 entsprechende Anwendung. Mitglieder des Verwaltungsrats können nicht sein:
1. Beamte und Arbeitnehmer der selbstständigen Kommunalanstalt,
2. leitende Beamte und leitende Arbeitnehmer von juristischen Personen oder sonstigen Organisationen des öffentlichen oder privaten Rechts, an denen die selbstständige Kommunalanstalt mit mehr als 50 vom Hundert beteiligt ist; eine Beteiligung am Stimmrecht genügt,
3. Beamte und Arbeitnehmer der Rechtsaufsichtsbehörde, die unmittelbar mit Aufgaben der Aufsicht über die selbstständige Kommunalanstalt befasst sind.
Auf den Verwaltungsrat und seinen Vorsitzenden finden § 34 Absatz 1 mit Ausnahme des Satzes 2 Halbsatz 2, § 34 Absatz 3, §§ 36 bis 38 und § 43 Absätze 2, 4 und 5 entsprechende Anwendung.

Neu eingeführt durch Gesetz vom 17.12.2015 (GBl. 2016, S. 1 ff.).

Erläuterungen

Übersicht

I. Organe der Kommunalanstalt (Abs. 1)

1. Grundstruktur

Verfassung und Verwaltung der selbstständigen Kommunalanstalt (KA) sind – **1** als attraktive Alternative zum Eigenbetrieb und Unternehmen in Privatrechtsform – so festgelegt, dass sie möglichst eigenständig und flexibel, rasch handlungs- und entscheidungsfähig sind sowie zugleich hoheitlich handeln können (vgl. näher § 102a Rdn. 1 ff.). Die selbstständige Kommunalanstalt als rechtsfähige Anstalt des öffentlichen Rechts (§ 102a Abs. 1) ist nach Abs. 1 mit **zwei Organen** ausgestattet: dem Vorstand und dem Verwaltungsrat. Dem Vorstand als das Handlungs- und Hauptvertretungsorgan kommt vor allem faktisch eine starke Leitungsfunktion zu, aber auch dem Verwaltungsrat werden in den §§ 102a ff. neben den klassischen Kontroll- und Überwachungsfunktionen beachtliche Kompetenzen eingeräumt. Wie schon aus den in § 102b Abs. 3 im Einzelnen festgelegten Zuständigkeiten zu ersehen ist, hat der Verwaltungsrat die Entscheidungen zu den grundlegenden, vor allem für die Kommune und die Bürgerschaft besonders tangierenden und wichtigen Entscheidungen zu treffen und soll auch eine Art „Bindeglied" zu der Gemeinde und deren Organe herstellen. Häufig wird die Grundstruktur der KA als „Vorstandsverfassung" umschrieben. Dies mag in der Praxis des Öfteren so sein. Da die Grundstruktur neben den gesetzlichen Vorgaben ganz wesentlich aber auch von den Regelungen in der Anstaltssatzung, vom Umfang des Gebrauch Machens von den beachtlichen Gestaltungsmöglichkeiten in jeder Gemeinde abhängt, kann dies sicher nicht als generelle Grundstruktur für die KA bezeichnet werden. Grundsätzlich ist die KA als ein „**öffentliches Rechtsformmodell**" zu verstehen, das vom Vorstand in eigener Verantwortung geleitet und vertreten sowie vom Verwaltungsrat bei Vorgabe bzw. Entscheidung wesentlicher Grundsatz- und Steuerungsfragen überwacht und kontrolliert wird, wobei die Kommunen in einer beachtlichen Bandbreite individuell den örtlichen und politischen Verhältnissen und Bedürfnissen angepasste Modifizierungen in der Ausgestaltung vornehmen sollten und teilweise auch müssen (vgl. Rdn. 2 und auch Rdn. 1 ff. zu § 102a insb. **Rdn. 14 f. und 25 ff.**; Teil 1, Rdn. 89 ff.; LT-DS 15/7610, S. 40 f.; *Schulz*, in: a. a. O., Art. 90 Ziff. 1 BayGO; PWC (Hrsg.), a. a. O., Rdn. 117 ff.).

2. Rolle des Gemeinderats

2   Der Gemeinderat selbst ist kein Organ der KA. Es fällt auf, dass das demokratisch gewählte Hauptorgan der Kommune nur auf einige wichtige Grundfragen beschränkt ist. Die gesetzlichen Regelungen in den §§ 102a und b sehen, abgesehen vom Erlass der Anstaltssatzung und der Wahl der Mitglieder des Verwaltungsrats, eine **Einbindung des kommunalen Hauptorgans** ausdrücklich nur in zwei Fällen vor (vgl. dazu eingehend § 102a **Rdn. 25 ff.**):

(1) die Möglichkeit des Gemeinderats für den Erlass von Satzungen durch den Verwaltungsrat nach § 102a Abs. 5 gemäß § 102b Abs. 3 Satz 5 Weisungen zu erteilen sowie
(2) die Verpflichtung in § 102b Abs. 3 letzter Satz im Falle des § 102b Abs. 3 Satz 2 Nr. 4 die vorherige Zustimmung der Gemeinde einzuholen (bei Beteiligung der Kommunalanstalt an anderen Unternehmen).

Im Unterschied etwa zu § 13 Abs. 4 GKZ, nach dem gesetzlich ein generelles Weisungrecht vorgeschrieben ist, ist bei der KA in allen anderen Fällen das Hauptorgan nicht gefragt, es sei denn die Gemeinde legt in der Anstaltssatzung gemäß § 102b Abs. 3 Satz 6 für bestimmte andere Fälle fest, Weisungen zu erteilen. Es wird also nur ein **begrenzt geeignetes Konzept**, das der Landesgesetzgeber in den Novellen 1999 und 2005 so konsequent festgelegt hat, von Informations-, Ingerenzrechten und -pflichten festgelegt und vorgeschrieben (vgl. dazu eingehend Teil 1, Rdn. 126 ff.). Mit der KA wird zwar eine schlankere und mitunter auch handlungsfähigere Organisationsform erreicht, die aber „erkauft" wird durch den Wegfall eines Organs – wie etwa der GmbH-Gesellschafterversammlung –, das die strategischen und bedeutsamen Angelegenheiten nur bei maßgeblicher „Rückkopplung" an das kommunale Hauptorgan Gemeinderat entscheiden kann. Das „Kräfteparallelogramm" zwischen Gemeinderat, Bürgermeister, Verwaltungsrat und Vorstand ist nach dem Gesetzeswortlaut bezüglich des Hauptorgans Gemeinderat nicht ausgewogen, eher „stiefmütterlich" geregelt. Eine solche Ausgestaltung der KA, die in erheblichem Umfange den Grundstrukturen der AG angenähert ist, kann vor allem aus der Sicht des für die Kommunen verantwortlichen Landes eigentlich nicht gewollt sein (vgl. § 102a Rdn. 25 ff.).

Nun kann man zwar damit argumentieren, dass jede Kommune die Anstaltssat-   **3** zung so gestalten kann, dass diese allgemeinen Anforderungen erfüllt werden. Die Erfahrung etwa aus Bayern und auch den anderen Bundesländern einschließlich einer Sichtung zahlreicher Anstaltssatzungen zeigt aber, dass eine solche Position etwas zu einfach und zu „blauäugig" ist. Wie die GPA zutreffend ausgeführt hat, gestaltet sich die tatsächliche Praxis anders. Von der Möglichkeit, in der Anstaltssatzung weitere Weisungsrechte des Gemeinderats zu verankern und die Ingerenzrechte angemessen zu konkretisieren, wird kaum Gebrauch gemacht, obwohl dies auch in Bayern als dringend geboten angesehen wird (vgl. GPA, in: LT-DS 15/7610, S. 84 f.; *Klein/Uckel/Ibler*, Kommunen als Unternehmen, Kennzahl 33.12 Nr. 4). Eine ausreichende und effektive Steuerung der Kommunalanstalt durch die Gemeinde, insb. den Gemeinderat, ist folglich nicht gesichert. Dies erstaunt auch deshalb, weil mit dem Begriff „Kommunalanstalt" die enge Bindung an und die Steuerung durch die Gemeinde verdeutlicht werden sollte (so IM und GPA, in: LT-DS 15/7610, S. 33 und 84 ff.). Diese „Schwachstellen" in der Novelle sollte – wie dies auch der Gemeindetag und die GPA vorgeschlagen haben – zügig durch die Erarbeitung entsprechender Regelungen in jeder Kommune und in einem landesweiten Satzungsmuster möglichst beseitigt oder wenigstens minimiert werden (vgl. etwa *Waldmann* NVwZ 2008, 284 ff.; *Katz* BWGZ 2016, 365 ff.).

II. Vorstand der Kommunalanstalt (Abs. 2)

1. Stellung und Aufgaben allgemein

Nach Abs. 2 Satz 1 ist der Vorstand der KA das maßgebliche Handlungs- und Ver-   **4** tretungsorgan. Das Handlungs- und Vertretungsrecht nach innen und außen sind die wesentlichen Komponenten des Oberbegriffs **Leitungsfunktionen**, die der Vorstand umfassend in eigener Verantwortung wahrzunehmen hat, soweit nicht gesetzlich oder durch die Anstaltssatzung etwas anderes bestimmt ist. Diese recht flexibel gestaltbare Kompetenzverteilung zwischen den beiden KA-Organen bedeutet aber nicht, dass die Gestaltungsmöglichkeiten „grenzenlos" sind. Zum einen ist das **Vertretungsrecht** nach Satz 4 umfassend und als solches nicht beschränkbar, auch nicht durch die Satzung. Als „orginärem" Vertretungsorgan kann dem Vorstand die gerichtliche und außergerichtliche Befugnis zur Vertretung der KA nicht entzogen werden. Bei einem mehrköpfigen Vorstand sind im Zweifel alle gemeinsam vertretungsberechtigt (Prinzip der Gesamtvertretung); allerdings ist in diesem Falle nach Abs. 2 Satz 4 die Außenvertretung konkret in der Anstaltssatzung zu bestimmen (z. B. Außenvertretung durch zwei Vorstände oder den Vorstandsvorsitzenden; vgl. *Faber* VR 2001, 231; PWC (Hrsg.), a. a. O., Rdn. 171 ff.). Nur der Vorstand kann nach Satz 5 anderen Personen allgemein oder in einzelnen Angelegenheiten Vollmacht erteilen. Die Beschränkung der Leitungs-/Handlungsfunktionen des Vorstands etwa auf bestimmte Geschäfte (z. B. rein operative, laufende Geschäfte; § 5 Abs. 1 Satz 2 EigBG) ist nicht vorgesehen, aber in gewissen Grenzen durch die Anstaltssatzung möglich. Die dem Vorstand in einem hohen Maße übertragene **Leitungsverantwortung** („in eigener Verantwortung", Satz 1) und das darin zum Ausdruck kommende Vorstands-„Leitbild" bedeuten, dass der Satzungsgeber zwar die in den §§ 102a ff. vorgegebene Kompetenzverteilung korrigieren und modifizieren, aber nicht stark „aushöhlen" und zu umfangreich zugunsten des Verwaltungsrats vornehmen kann (vgl. Abs. 3 Satz 3; § 37 GmbHG; der Verwaltungsrat als Überwachungsorgan kann primär nicht Leitungsfunktionen ausüben; auch dürfte eine Beschränkung nur auf „Aufgaben des laufenden Geschäftsbetriebs/Betriebsführung" nicht zulässig, sondern sollte „etwas mehr" sein; zur Kompetenzabgrenzung Vorstand/Verwaltungsrat vgl. unten Rdn. 9–11). Dem Vorstand obliegt als Gesamtorgan die Wahrnehmung aller Geschäftstätigkeiten der KA, die Erhaltung, Weiterentwicklung und wirtschaftliche Führung sowie die Sicherstellung des „öffentlichen Zwecks" der Anstalt. Ihm obliegen nach der Systematik der Kompetenzabgrenzung sämtliche Angelegenheiten, die nicht kraft Gesetzes oder Anstaltssatzung anderen Organen, insbesondere dem Verwaltungsrat, zugewiesen sind. Die Mitglieder des Vorstands haben dabei die Sorgfalt ordentlicher Geschäftsleute anzuwenden, sie haben die Grundregeln ordnungsgemäßer Unternehmensführung und zusätzlich nach § 102a Abs. 6 Satz 4 auch die wichtigsten haushaltsrechtlichen Grundsätze zu beachten (vgl. §§ 6 und 43 GmbHG; §§ 76 und 93 AktG; § 347 HGB; § 276 Abs. 2 BGB; vgl. etwa *Roth/Altmeppen*, Kom. zum GmbHG, § 43 Rdn. 3 ff.; *Schulz*, a. a. O., Art. 90 BayGO Ziff. 2).

2. Wahl, Zusammensetzung und Rechtsstellung

5 Der Vorstand besteht aus einem oder mehreren Mitgliedern. Nach § 102a Abs. 3 Satz 2 gehört die Festlegung der Zahl der Mitglieder des Vorstands zum Mindestinhalt und muss deshalb bezüglich der Zahl, sollte aber auch hinsichtlich der Grundausgestaltung des Leitungsbereichs, insbesondere bei einem mehrköpfigen Vorstand (ggf. auch durch Richtvorgaben für die GeschO des Vorstands), in der Anstaltssatzung geregelt werden. Ob ein **ein- oder mehrköpfiger Vorstand** gewählt wird und bei Letzterem wie dies in den Grundzügen erfolgt, richtet sich grundsätzlich nach der Größe der KA, der Komplexität der zu erfüllenden Aufgaben, der zu bewerkstelligen Unternehmensbereiche und finanziellen Möglichkeiten (technische und kaufmännische Geschäftsbereiche; von Juristen über Ingenieure bis zu sonstigen Experten).

6 Der Vorstand, der nur aus natürlichen Personen bestehen kann, wird nach Abs. 2 Satz 2 vom Verwaltungsrat gewählt und auf höchstens fünf Jahre bestellt (**Bestel-**

lungsrecht). Wiederwahl ist zulässig. Die Mitglieder des Vorstands können privatrechtlich angestellt oder in ein Beamtenverhältnis auf Zeit mit der Amtszeit von fünf Jahren berufen werden (Abs. 2 Satz 3). Der Verwaltungsrat entscheidet unter Beachtung von evtl. Satzungsbestimmungen über den Inhalt und die Konditionen des Bestellungsvertrags und bei einem mehrköpfigen Vorstand zusätzlich über die Organstruktur und Entscheidungskompetenzen des Vorstands (Regelungen bezügl. gemeinsamer, gleichberechtigter Vertretung, Vorstandsvorsitzender, Mehrheitsentscheidungen, Stichentscheidungsrecht des Vorsitzenden, Geschäftsbereiche und dergl.). Die für die Leitung wichtigen Fragen sollten in der Anstaltssatzung festgelegt und in einer **Geschäftsordnung** konkretisiert und präzisiert werden. Jedes Vorstandsmitglied ist voll verantwortlich sowohl für seinen Geschäftsbereich wie auch für das Gesamtunternehmen (vgl. z. B. § 3 Abs. 1 KUV NW; § 3 Bay-KUV; *Schulz*, a. a. O., Ziff. 2 zu Art. 90 BayGO; PWC (Hrsg.), a. a. O., Rdn. 117 ff.). Eine **Abberufung** von Vorstandsmitgliedern ist in der GemO nicht vorgesehen, sollte aber in der Anstaltssatzung geregelt werden. Mindestens für eine nach allgemeinen Grundsätzen zulässige Kündigung aus wichtigem Grund ist dies festzulegen (vgl. § 626 Abs. 1 BGB; §§ 38, 46 Nr. 5 GmbHG; § 84 AktG; OVG Nds. NdsVBl. 2010, 251; *Neusinger/Lindt* BayVBl. 2002, 689, 692).

Der Vorsitzende des Vorstands ist nach Abs. 2 Satz 6 Vorgesetzter, **Dienstvorgesetzter** und oberste Dienstbehörde der Bediensteten der selbstständigen KA mit Ausnahme der beamteten Mitglieder des Vorstands. Die Mitglieder des Vorstands können privatrechtlich angestellt oder in ein Beamtenverhältnis auf Zeit berufen werden. Im Hinblick darauf, dass der Vorsitzende des Vorstands Vorgesetzter, Dienstvorgesetzter und oberste Dienstbehörde der Bediensteten der selbstständigen Kommunalanstalt ist, ist die Rspr. des BVerfG zu beachten, welches entschieden hat, dass gemäß Art. 33 Abs. 5 des GG über Personalangelegenheiten eines Beamten in der Regel allein die ihm vorgesetzten Dienstbehörden entscheiden können. Dienstvorgesetzter eines Beamten kann daher in der Regel nur wieder ein Beamter sein, jedenfalls ein Amtsträger und kein Angestellter (vgl. BVerfGE 30, 268 [287]), StGH BW, ESVGH 23, 135 [146]). Von diesem Grundsatz erkennen Rechtsprechung und Literatur jedoch Ausnahmen an (vgl. OVG NRW, Urt. v. 28.4.2004, 1 A 1721/01, juris; VGH BW, Urt. v. 21.9.1982, 4 S 1807/80). Daher muss in jeden Einzelfall, bei dem der Vorsitzende des Vorstands privatrechtlich angestellt werden soll, die diesbezügliche Ausnahme anhand der von der Rechtsprechung entwickelten Grundsätze beurteilt werden. **7**

Das Bestellungsrecht des Vorstands nach § 102b Abs. 2 Satz 2 durch den Verwaltungsrat beinhaltet den **Abschluss des Dienstvertrags**. Darin sollen die Vorstandsmitglieder zur Verbesserung der Transparenz vertraglich auch verpflichtet werden, ihre Bezüge i. S. von § 285 Nr. 9 Buchst. a HGB der Gemeinde mitzuteilen (gemeindliche **Hinwirkungspflicht**; vgl. Abs. 2 Satz 7; über den Verwaltungsrat, ggf. die Satzung). Die entsprechende Geltung von § 286 Abs. 4 HGB ergibt sich durch den Verweis auf § 105 Abs. 2 in § 102d Abs. 4. Diese Ausnahmeregelung betrifft die Veröffentlichung durch die Gemeinde im Beteiligungsbericht. § 102b Abs. 2 Satz 7 behandelt hingegen die – für die Veröffentlichung notwendige – vertragliche Verpflichtung der Vorstandsmitglieder zur Mitteilung der Bezüge an die Gemeinde (vgl. LT-DS 15/7610, S. 40). **8**

III. Verwaltungsrat der Kommunalanstalt (Abs. 3)

1. Stellung und Aufgaben allgemein

9 Nach Abs. 3 Satz 1 hat der Verwaltungsrat entsprechend den Befugnissen des Aufsichtsrats nach GmbH- und Aktienrecht (§ 111 AktG; § 52 Abs. 1 GmbHG; vgl. auch § 13 GKZ und § 7 ff. EigBG) als Hauptaufgabe die **Überwachungs- und Kontrollfunktionen** über die Geschäftsführung (Vorstand) zu erfüllen. Als geborenes und zwingend vorgeschriebenes Organ der KA hat er die Legalität, Ordnungsmäßigkeit und Wirtschaftlichkeit des Vorstands zu kontrollieren. Dazu gehört die retrospektive Überwachung der Wirtschaftlichkeit und Zweckmäßigkeit der Unternehmensführung, aber auch der zukunftsorientierten Unternehmensplanung sowie bei KAen besonders auch die Einhaltung des „öffentlichen Zwecks" und der kommunalen Gemeinwohlorientierung (vgl. LG Stgt. DB 1999, 2462 f.; *Altmeppen* ZGR 2000, 20 ff.; *Henze* BB 2000, 209 ff.; *Roth/Altmeppen*, a. a. O., § 52 GmbHG, Rdn. 25 ff.; oben Teil 1 Rdn. 53 ff. und § 102a Rdn. 6). Unabdingbare Grundvoraussetzung für die Erfüllung dieser Aufgaben ist eine sachgemäße umfassende Information über alle dafür notwendigen Geschäftsvorgänge usw. Auch wenn dies nicht ausdrücklich in den §§ 102a ff. festgelegt ist, gehört eine solche Information und Kommunikation zu den „Grundrechten und -pflichten" zwischen Vorstand und Verwaltungsrat (in grundsätzlichen Angelegenheiten auch zugunsten des Rates), zur Leitungsverantwortung des Vorstands (oben Rdn. 4; **Informations- und Berichtspflichten** des Vorstands: rechtzeitige Unterrichtung des Verwaltungsrats über sämtliche wichtigen Vorgänge und regelmäßige Berichte über den Gang der Geschäfte vgl. z. B.: §§ 3 Abs. 1 Satz 2 und 21 Abs. 1 BayKUV; §§ 3 Abs. 1 Satz 3 und 21 Abs. 1 KUV NW; §§ 93 und 111 AktG; *Roth/Altmeppen*, a. a. O., § 52 Rdn. 30; *Gaul/Otto* GmbHR 2003, 6 ff.; PWC (Hrsg.), a. a. O., Rdn. 117 ff., 145). Auf der Grundlage der Erkenntnisse aus diesen Informations- und Berichtspflichten des Vorstands, die in der Anstaltssatzung im Einzelnen festgelegt werden sollten, aber auch aufgrund eigener Recherchen und Untersuchungen sowie dem Nachgehen von für die KA wichtigen Behauptungen, Gerüchten usw. hat der Verwaltungsrat seine ihm zwingend zugewiesenen Überwachungs- und Kontrollfunktionen eigenverantwortlich und sorgfältig wahrzunehmen (vgl. eingehend § 102a Rdn. 11 ff., insb. 14 f.).

10 Neben dieser „Kernaufgabe" weisen die §§ 102a ff. dem Verwaltungsrat insbesondere in § 102b Abs. 3 Satz 2 wichtige gesetzliche Entscheidungszuständigkeiten in fünf Ziffern zu (**numerische Alleinzuständigkeiten**):

---

(1) den Erlass von Satzungen gemäß § 102a Abs. 5,

(2) die Feststellung des Wirtschaftsplans und des Jahresabschlusses, Kreditaufnahmen, Übernahme von Bürgschaften und Gewährleistungen,

(3) die Festsetzung allgemein geltender Tarife und Entgelte für die Leistungsnehmer,

(4) die Beteiligung der selbstständigen Kommunalanstalt an anderen Unternehmen und

(5) die Ergebnisverwendung.

Zudem bestellt der Verwaltungsrat den Vorstand (§ 102b Abs. 2 Satz 2). Die Entscheidungskompetenzen in diesen fünf Punkten können dem Verwaltungsrat nicht entzogen werden, allerdings unterliegt kraft Gesetzes Fall 1 dem Weisungsrecht des Gemeinderats und im Fall 4 ist seine vorherige Zustimmung einzuholen (vgl. § 102b Abs. 3 Satz 5 und 7). In der Anstaltssatzung kann nach Satz 6 darüber hinaus vorgesehen werden, „dass der Gemeinderat den Mitgliedern des Verwaltungsrats auch in bestimmten anderen Fällen **Weisungen erteilen kann**". Dies ist in vernünftigem Umfange und mit der notwendigen Bestimmtheit generell dringend zu empfehlen und gilt auch für die Ziff. 2, 3 und 5 des Abs. 3 Satz 2 (vgl. Rdn. 11 ff., 27 und § 102a Rdn. 14 f.; *Katz* BWGZ 2016, 365 ff.).

Nach Abs. 3 Satz 3 können dem Verwaltungsrat in der Anstaltssatzung aber   **11** andererseits auch **weitere Entscheidungszuständigkeiten** übertragen werden, insbesondere bei Maßnahmen von grundsätzlicher oder besonderer Bedeutung. In der Satzung können für den Verwaltungsrat auch Zustimmungsvorbehalte für bestimmte Entscheidungen festgelegt und nach Satz 4 weitere Rechte für ihn vorgesehen werden. Solche zusätzlichen Satzungsregelungen berühren die innere Unternehmensverfassung der KA, die oft sensible Kompetenzabgrenzung zwischen Vorstand und Verwaltungsrat und sollten deshalb sorgfältig überlegt und mit der notwendigen Bestimmtheit festgelegt werden (vgl. Rdn. 12 zu § 102a). Generelle Entscheidungsvorbehalte sind nicht zulässig. Nach der in §§ 102a ff. angelegten Grundstruktur der KA liegt, wenn man einmal die Problematik des Hauptorgans Gemeinderat außen vor lässt (vgl. dazu Rdn. 2 f.), das Schwergewicht der Entscheidungen über wichtige und grundlegende Angelegenheiten, die für die Kommune und die Einwohner von besonderer Relevanz sind, grundsätzlich beim Verwaltungsrat (vgl. etwa § 102b Abs. 2 Satz 2 und Abs. 4 Satz 4; arg.: Verwaltungsrat als „Vorstandsbestimmer" und mittelbar demokratisch legitimiert; LT-DS 15/7610, S. 22, 33 f. und 40). Allerdings ist nach Abs. 2 Satz 2 auch die Stellung des Vorstands als eigenständige Leitung ausgestaltet. Die Geschäftsführung der KA soll nach dem Willen des Gesetzgebers gegenüber der Werksleitung nach dem EigBG eine stärkere Rolle spielen (vgl. LT-DS 15/7610, S. 22). Aus der in §§ 102a ff. vorgegebene Kompetenzverteilung ergibt sich, dass durch **Anstaltssatzung** diese Grundstrukturen zwischen Verwaltungsrat und Vorstand zwar korrigiert und modifiziert, aber für keinen „aushöhlt" werden können (vgl. Abs. 2 und 3; oben Rdn. 4; *Schulz*, a. a. O., Art. 90 BayGO Ziff. 2; die Kompetenzen des Vorstands müssen etwas mehr sein als beim Eigenbetrieb, nicht nur „Aufgaben des laufenden Geschäftsbetriebs/Betriebsführung"; vgl. auch LT-DS 15/7610, S. 40 f.). Nach Satz 4 kann in der Anstaltssatzung auch festgelegt werden, dass dem Verwaltungsrat das Recht eingeräumt wird, Maßnahmen auf eigene Initiative zu ergreifen. Dies muss hinreichend bestimmt erfolgen. Auch **Beratungsfunktionen** gegenüber dem Vorstand sind möglich. Auch aus diesen Gründen sollte die Aufgaben- und Kompetenzabgrenzung von diesen beiden Organen in der Anstaltssatzung hinreichend bestimmt, funktionsgerecht, sorgfältig und eindeutig festgelegt werden (insb. Aufgaben- und Kompetenzabgrenzung, Zustimmungs-, Einwirkungs-, Einsichts- und Informationsrechte, Weisungsrechte und Berichtspflichten usw.; vgl. Rdn. 11 ff., 14 zu § 102a; *Katz* BWGZ 2016, 365 ff.).

12 Teilweise wird auch die Auffassung vertreten, dass der Verwaltungsrat über die genannten Kompetenzen hinaus die wichtige Funktion innehat, als **Bindeglied zwischen KA und Gemeinde** zu wirken. Dies wird besonders deutlich in der in Abs. 4 Satz 2 vorgeschriebenen personellen „Verklammerung" des Amts des Bürgermeisters mit dem des Verwaltungsratsvorsitzenden. In der Regel werden auch, was gesetzlich nicht vorgeschrieben ist, die übrigen Mitglieder des Verwaltungsrats ganz überwiegend Gemeinderatsmitglieder sein. Diese Verklammerung und die weitgehend eingespielte Praxis ist sicher eine sinnvolle Regelung, aber rechtlich wenig relevant, dafür faktisch und kommunalpolitisch in aller Regel besonders wichtig (vgl. unten Rdn. 13; PWC (Hrsg.), a. a. O. Rdn. 123).

2. Zustimmungs- bzw. Weisungsrechte des Gemeinderats

13 Die GemO sieht ausdrücklich ein Zustimmungs-/Weisungsrecht des Gemeinderats gegenüber dem Verwaltungsrat nur in zwei Fällen vor:

(1) In den Fällen des Abs. 3 Satz 2 Nr. 1 für den Erlass von Satzungen nach § 102 Abs. 5 ist eine Weisung und
(2) in den Fällen der Nr. 4 bei einer Beteiligung der KA an anderen Unternehmen eine vorherige Zustimmung einzuholen (vgl. Abs. 3 Satz 5 und 7).

Darüber hinaus kann nach Satz 6 in der Anstaltssatzung vorgesehen werden, dass der Gemeinderat den Mitgliedern des Verwaltungsrats in **bestimmten anderen Fällen** Weisungen erteilen kann. Dafür ist eine Satzungsregelung zwingend und muss hinreichend bestimmt sein (vgl. dazu insb. § 102a Rdn. 14, 25 ff. und oben Rdn. 2). Generell und zur Ausübung dieser Rechte muss die Trägerkommune die erforderlichen Informationen besitzen, zu deren Erbringung neben dem Vorstand primär der Verwaltungsrat verpflichtet ist (insb. der Vorsitzende; § 43 Abs. 6). Die Regelungen in §§ 102a Abs. 6 Satz 3 und 102d Abs. 4 Satz 1 sind dafür nicht ausreichend, weshalb die **Informations- und Berichtspflichten** für den Rat in der Satzung festgelegt werden sollten, ggf. müssen. Ein allgemeines Weisungsrecht ist nicht zulässig. Auch kann durch ein Weisungsrecht nicht in die Kompetenzen des Vorstands, das dem Weisungsrecht des Verwaltungsrats vorbehalten ist, und auch nicht in die Überwachungsfunktionen als der originären Kernkompetenz des Verwaltungsrats eingegriffen werden. Bei fehlender oder bei **Nichtbeachtung der Weisung** hat dies keine Auswirkungen auf die Gültigkeit bzw. Rechtmäßigkeit der Verwaltungsratsbeschlüsse (vgl. z. B. Art. 90 Abs. 2 Satz 6 BayGO). Die Beschlüsse sind rechtswirksam und ggf. vom Vorstand als weisungswidrig umzusetzen. Dies bringt die Eigenständigkeit der Anstalt zum Ausdruck. Allerdings kann ggf. die Rechtsaufsicht ein solches Verhalten beanstanden und der Gemeinderat von dem Recht der Abberufung von Mitgliedern des Verwaltungsrats Gebrauch machen (vgl. *Ehlers* ZHR 2003, 546, 562; PWC (Hrsg.), a. a. O., Rdn. 113 ff.; *Cronauge*, a. a. O., Rdn. 244 f.).

IV. Wahl, Zusammensetzung, Stellvertretung (Abs. 4)

1. Wahl und Zusammensetzung

14 Der Verwaltungsrat setzt sich aus dem Vorsitzenden und den weiteren Mitgliedern zusammen. Der **Vorsitzende** ist der Bürgermeister, das „gesetzte", nicht zu wählende „geborene" Mitglied, das zugleich gesetzlicher Vertreter des Anstaltsträgers und „Bindeglied" zur Gemeinde ist. Neben den klassischen Aufgaben eines Gremienvorsitzenden kommt ihm auch eine begrenzte Vertretungsbefugnis gegenüber dem Vorstand (bei Vertretung gegenüber dem Vorstand und bei nicht handlungsfähigem Vorstand) sowie eine „Verbindungs-" und Informationsfunktion gegenüber dem kommunalen Anstaltsträger zu. Alle anderen Mitglieder werden vom Gemeinderat auf i. d. R. fünf Jahre nach § 37 Abs. 7 gewählt und erhalten dadurch mittelbar eine begrenzte demokratische Legitimation (weitere Mitglieder, die stets natürliche Personen sein müssen; vgl. Abs. 4 Satz 2 und 4; LT-DS 15/7610 S. 42; vgl. auch Art. 90 Abs. 3 Satz 1 BayGO; § 114a Abs. 8 Satz 2 GO NW). Eine gesetzliche Vorgabe zur Zahl der Verwaltungsratsmitglieder besteht nicht und muss nach § 102a Abs. 3 Satz 2 in der Anstaltssatzung festgelegt werden. Dasselbe gilt für eine mögliche „Proporz"-Sitzverteilungsregelung (§§ 40 Abs. 2 und 104 Abs. 1 Satz 1 gelten nicht, nur bei entspr. Festlegung in der Satzung). Die genaue Zahl ist anstaltsspezifisch festzulegen und hat sich an der Größe und Komplexität der von der KA wahrzunehmenden Aufgabenbereiche zu orientieren (ca. 6 bis maximal 12 Mitglieder). Die weiteren Mitglieder müssen nicht Ratsmitglieder sein, jede natürliche Person kann gewählt werden. Zur Sicherung von Mehrheitsentscheidungen sollte eine ungerade Mitgliederzahl oder ein Stichentscheid des Vorsitzenden festgelegt werden (vgl. etwa *Neusinger/Lindt* BayVBl. 2002, 689, 692). Für die weiteren Mitglieder des Verwaltungsrats und deren Stellvertreter, die als Gemeinderat gewählt wurden, endet ihre Verwaltungsratsmitgliedschaft mit Ende der Wahlperiode oder dem Ausscheiden aus dem Gemeinderat (vgl. dazu auch unten Rdn. 17 ff.). Ob im Verwaltungsrat weitere Personen teilnehmen oder beigezogen werden können, ist gesetzlich nicht geregelt, sollte aber in der Satzung begrenzt ermöglicht werden (z. B. für Kämmerer, Beteiligungsmanagement, Fraktions- und Arbeitnehmervertreter; vgl. etwa Teil 1, Rdn. 141; *Lohner/Zieglmeier* BayVBl. 2007, 581). Für die öffentlich-rechtliche KA gilt das Personalvertretungsrecht (Mitbestimmung/LPVG; zu Übergangsregelungen bei einer Umwandlung vgl. § 102c Abs. 3 und die dortigen Erl.; BAG NJW 2002, 916).

Nach Abs. 4 Satz 3 ist der Vorsitzende (Bürgermeister) Vorgesetzter, Dienstvorgesetzter und oberste Dienstbehörde der beamteten Mitglieder des Vorstands und hat die dafür erforderlichen Funktionen wahrzunehmen (vgl. oben Rdn. 7). **15**

2. Stellvertretung

Für jedes Mitglied des Verwaltungsrats ist für den Fall der Verhinderung ein Stellvertreter zu bestellen. Der Vorsitzende wird nach der in der GemO festgelegten Bürgermeisterstellvertreterregelung vertreten (§§ 48 und 49; Schulz, a. a. O., Art. 90 BayGO Ziff. 3.1). Die Bürgermeistervertretungsfunktion beinhaltet auch die Stellvertreterfunktion im Verwaltungsratsvorsitz der KA. Der Gemeinderat kann nach Abs. 4 Satz 2, zweiter Hs., mit Zustimmung des Bürgermeisters einen Beigeordneten zum Vorsitzenden des Verwaltungsrats bestellen. Da Abs. 3 bezüglich des Vorsitzes auf die gesetzliche GemO-Stellvertretungsregelung Bezug nimmt, richtet sich auch die Vertretung eines Beigeordneten als Vorsitzenden der **16**

KA nach diesen Bestimmungen. Sollte etwa der erste Stellvertreter nicht zum Zuge kommen, so ist dies nur möglich, wenn dieser einer Weitergabe der Stellvertretung zustimmt (vgl. zur bay. Regelung: *Schulz*, a. a. O., Art. 90 BayGO Ziff. 3.1). Die Einzelheiten sollten auch dazu in der Anstaltssatzung festgelegt werden. Für alle weiteren Mitglieder werden nach Abs. 4 Satz 5 Stellvertreter bestellt. Die Wahl durch den Gemeinderat erfolgt unter denselben Modalitäten wie für die ordentlichen Mitglieder auf grundsätzlich fünf Jahre.

V. Rechte und Pflichten der Mitglieder des Verwaltungsrats (Abs. 5)

1. Rechte und Pflichten der weiteren Mitglieder

17 Die weiteren Mitglieder des Verwaltungsrats sind ehrenamtlich tätig. Für sie gelten mit Ausnahme der §§ 15 und 29 die für die Gemeinderäte geltenden Vorschriften entsprechend (§ 15: Pflicht zur Ehrenamtsausübung; § 29: Hinderungsgründe). Damit finden insbesondere die Regelungen über **Pflichten ehrenamtlich Tätiger**, die Befangenheits- und die Entschädigungsregelungen Anwendung. Die Hinderungsgründe für die weiteren Mitglieder des Verwaltungsrats werden als lex specialis in Abs. 5 Satz 3 besonders geregelt. Die Mitglieder des Verwaltungsrats haben ihr Mandat nach den für Gemeinderäte geltenden Vorschriften und nach den Regeln ordnungsgemäßer Unternehmensführung auszuüben (vgl. oben Rdn. 4 und §§ 17 und 32 i. V. m. 102b Abs. 5 Satz 2) und sind verpflichtet, an den Sitzungen des Verwaltungsrats teilzunehmen (Abs. 5 Satz 4 i. V. m. § 34 Abs. 3). Sie haben uneigennützig und verantwortungsbewusst zu handeln, die Trägerkommune mindestens in wichtigen Angelegenheiten zu informieren (insb. der Vorsitzende als geborenes BM-Mitglied; vgl. auch § 43 Abs. 5) und sind zur **Verschwiegenheit** von geheimhaltungsbedürftigen Angelegenheiten verpflichtet (vgl. §§ 17 und 35 Abs. 2; Teil 1 Rdn. 139 ff.; § 4 BayKUV; § 4 KUV NW). Dies gilt zwar primär gegenüber der Gemeinde, muss aber in engen Grenzen auch darüber hinaus gelten. Da alle Gemeinderäte zur Verschwiegenheit verpflichtet sind (Korrelat zum Informationsrecht; vgl. §§ 17 und 35 Abs. 2 und 17 Abs. 2 GemO BW) und sie ja als kommunales Hauptorgan letztlich den Anstaltsträger verkörpern, muss eine Information und Vorberatung der Angelegenheiten der KA in nichtöffentlichen Rats-, Ausschuss- und auch Fraktionssitzungen mindestens in Angelegenheiten von besonderer Bedeutung grundsätzlich möglich sein (nicht in politischen Parteien; vgl. eingehend *Katz* GemHH 2016, 73 ff.; *Cronauge*, a. a. O., Rdn. 244 f.; oben Teil 1, Rdn. 139 ff.).

18 Die **Abberufung** von Mitgliedern des Verwaltungsrats ist nicht geregelt, nach h. M. aber aus wichtigem Grunde zulässig. Ein wichtiger Grund liegt insbesondere dann vor, wenn ein Mitglied seine Pflichten und Verantwortlichkeiten grob verletzt, etwa gegen gemeinderätliche Weisungen abstimmt (vgl. § 626 Abs. 1 BGB; § 52 Abs. 1 GmbHG; § 103 AktG; OVG Münster DVBl. 1979, 522; *Neusinger/Lindt* BayVBl. 2002, 689, 692).

19 Die Mitglieder des Verwaltungsrats haben Anspruch auf eine **angemessene Entschädigung** für ihre Teilnahme an Sitzungen (als ehrenamtlich Tätige entsprechend den für Gemeinderäte geltenden Vorschriften, vgl. Satz 2 i. V. m. § 19; vgl. auch Art. 2 Abs. 2 Satz 3 BayKUV; § 2 Abs. 2 KUV NW). Die Einzelheiten dazu, insbesondere die Höhe und die Modalitäten, sind in der Anstaltssatzung festzulegen und sollten sich an den gemeinderätlichen Regelungen orientieren. Bezüglich der „Ablieferungspflichten" sind die besonderen Vorschriften zu beachten.

2. Inkompatibilitäts- bzw. Ausschlussregelungen

Neben den allgemeinen Inkompatibilitätskriterien, nach denen etwa ein Verwaltungsratsmitglied nicht gleichzeitig dem Vorstand angehören kann und umgekehrt, benennt Abs. 5 Satz 3 **Ausschlusskriterien**, die eine Bestellung verhindern. Nach dieser speziellen Bestimmung können Verwaltungsratsmitglieder nicht sein: **20**

> (1) Beamte und Arbeitnehmer der selbstständigen Kommunalanstalt,
> (2) leitende Beamte und leitende Arbeitnehmer von juristischen Personen oder sonstigen Organisationen des öffentlichen oder privaten Rechts, an denen die selbstständige Kommunalanstalt mit mehr als 50 vom Hundert beteiligt ist; eine Beteiligung am Stimmrecht genügt,
> (3) Beamte und Arbeitnehmer der Rechtsaufsichtsbehörde, die unmittelbar mit Aufgaben der Aufsicht über die selbstständige Kommunalanstalt befasst sind (vgl. PWC (Hrsg.), a. a. O., Rdn. 136 f.).

3. Sitzungen des Verwaltungsrats, Geschäftsordnungsfragen

Für Vorbereitung, Einberufung, Leitung, Beschlussfassung, Teilnahmepflicht, Niederschrift usw. des Verwaltungsratsgremiums finden nach Abs. 5 Satz 4 die Bestimmungen der §§ 34, 36 bis 38 entsprechende Anwendung (Ausnahme: § 34 Abs. 1 Satz 2 Halbs. 2 und Abs. 2: Sitzungseinberufung einmal monatlich und in Notfällen). In analoger Anwendung des § 43 Abs. 2, 4 und 5 nach Satz 4 hat zudem der Vorsitzende des Verwaltungsrats die Pflicht zur Unterrichtung der Gemeinde in wichtigen Angelegenheiten und zum Widerspruch gegen Beschlüsse, die seines Erachtens rechtswidrig sind, sowie ein Eilentscheidungsrecht in dringenden Angelegenheiten. Die Geschäftsprozesse der Verwaltungsratssitzungen haben also in den wesentlichen Grundzügen dem des Gemeinderats zu entsprechen und sollen durch die **Angleichung an die GemO** auch den Geschäftsgang insgesamt erleichtern. Vor allem die Einberufung, die Sitzungsleitung und die Modalitäten der Beschlussfassung orientieren sich entscheidend am Kommunalrecht. In der Anstaltssatzung können in begrenztem Umfange Modifizierungen vorgenommen werden. Die Einzelheiten, insb. die Verfahrensabläufe, sollten in einer GeschO präzisiert und praktikabel festgelegt werden (vgl. PWC (Hrsg.), a. a. O., Rdn. 152 ff.). **21**

Die **Sitzungen** des Verwaltungsrats sind nach Abs. 3 Satz 5 und 6 grundsätzlich **nichtöffentlich**. Allerdings ist in diesen Vorschriften auch festgelegt, dass für Satzungsbeschlüsse und in den in der Anstaltssatzung besonders bestimmten Fällen öffentlich zu verhandeln ist. Einerseits wird in Abs. 5 Satz 4 nicht auf die Sitzungsöffentlichkeit des § 35 Bezug genommen. Andererseits besteht aber **22** auch für Anstalten des öffentlichen Rechts und besonders ihre kommunalen Träger eine besondere Pflicht der Offenheit und Öffentlichkeit. Das Demokratieprinzip und der daraus abgeleitete Transparenzgrundsatz sind deshalb, insbesondere wenn es sich um Angelegenheiten handelt, die die Belange der Bürger besonders tangieren, sorgfältig mit den unternehmerischen Interessen und Geheimhaltungsnotwendigkeiten der KA abzuwägen. Bei KAen besteht nicht selten ein größeres Bedürfnis an Öffentlichkeit als bei privatwirtschaftlichen Unternehmen. Nicht unberücksichtigt kann dabei die Regelungen des § 41b und das auch für KAen geltende LIFG bleiben (Grundsätze des § 1 LIFG: Förderung der Transparenz und der demokratischen Meinungs- und Willensbildung; § 41b Abs. 2 Satz 2 und 3 sowie §§ 4 und 5 LIFG). Das Spannungsverhältnis zwischen dieser Notwendigkeit an Öffentlichkeit in bestimmten Bereichen und der notwendigen unternehmerischen Diskretion muss nach der gesetzlichen Systematik der Satzungsgeber selbst bestimmen (**KA-Sitzungsöffentlichkeit**). Bei Satzungen i. S. von § 102a Abs. 5 und satzungsähnlichen Beschlüssen ist eine Herstellung der Öffentlichkeit zwingend erforderlich (vgl. § 4; § 102b Abs. 3 Satz 5). In die Satzung sollten für weitere Fälle ausgewogene Öffentlichkeitsregelungen aufgenommen werden. Wird gegen eine vorgeschriebene Öffentlichkeit verstoßen, ist der Beschluss ungültig (vgl. *Klein/Uckel/Ibler*, a. a. O., Kap. 33.30, Abschn. 2.1; oben Teil 1 Rdn. 139 ff.). Aus der Nichtöffentlichkeit der Sitzungen kann nicht geschlossen werden, dass in Verwaltungsratssitzungen nur Mitglieder teilnahmeberechtigt sind. In begrenztem Umfange muss dies auch für vom Anstaltsträger gewünschte und in der Satzung verankerte Personen möglich sein (vgl. oben Rdn. 14 und Teil 1, Rdn. 141).

VI. Gemeinsame selbstständige Kommunalanstalt (§§ 24a f. GKZ)

1. Allgemeines, Rechtsgrundlagen

23   Der Vollständigkeit halber wird hier in den Grundzügen noch die mit der Novelle 2015 eingeführte, relativ junge und systematisch richtig im GKZ gesetzlich verortete **gemeinsame Kommunalanstalt** behandelt (§§ 24a f. GKZ). Die gemeinsame selbstständige Kommunalanstalt (gKA) in der Form des öffentlichen Rechts erweitert das Spektrum der rechtlichen Formen der **interkommunalen Zusammenarbeit**, soll die Kooperation zwischen den Gemeinden in kommunalwirtschaftlichen Angelegenheiten fördern (vgl. LT-DS 15/7610, S. 1 und 23; Teil 1 Rdn. 112c ff.). Bisher konnten mehrere Kommunen ein Kommunalunternehmen gemeinsam nur über den „Umweg" eines Zweckverbands wählen. Aufgrund der Erfahrungen in anderen Bundesländern und der zunehmenden Bedeutung der interkommunalen Zusammenarbeit wurden die Möglichkeiten der kommunalen Kooperation weiterentwickelt und erleichtert. Die aufwendige Zweckverbandslösung, die Kombination Zweckverband/Kommunalunternehmen mit vier Organen, wird durch eine schlankere Lösung, die gKA mit zwei Organen, abgelöst und die Rechtsformmöglichkeiten bereichert. Die Kommunen können die Trägerschaft einer Kommunalanstalt (§§ 102a ff.) unmittelbar gemeinsam übernehmen: durch Neugründung, Zusammenschluss oder Umwandlung (vgl. Art. 49 BayKommZG, Bay. LT-DS 15/1063, S. 16 f.; *Kronewitter/Täuber* KommJur 2008, 401 ff. und 444 ff.; PWC (Hrsg.), a. a. O., Rdn. 334 ff.; *Katz* BWGZ 2016, 365 ff.).

§§ 24a f. GKZ verweisen grundsätzlich auf das Recht der KA, die §§ 102a, **24**
b und d entsprechend, enthalten aber auch einige Sondervorschriften (insb.
zweckverbandsspezifische Regelungen; vgl. § 24a Abs. 1 Satz 3 und Abs. 3
Satz 4 GKZ). Mit der Einführung der gKA ist die interkommunale Zusammenarbeit auf wirtschaftlichem Gebiet deutlich vereinfacht worden. Die Vorschriften im Einzelnen (§§ 24a f. GKZ: **Gesetz über kommunale Zusammenarbeit**
vom 16.9.1974, GBl. 408, mit Änderungen, neu eingefügt durch Änderungsgesetz vom 17.12.2015, GBl. 2016, S. 1 ff.):

§ 24a   Gemeinsame selbstständige Kommunalanstalten

(1) Gemeinden und Landkreise können eine gemeinsame selbstständige Kommunalanstalt in der Rechtsform einer rechtsfähigen Anstalt des öffentlichen Rechts
durch Vereinbarung einer Satzung (Anstaltssatzung) errichten. Sie können auch einer bestehenden selbstständigen Kommunalanstalt oder einer bestehenden gemeinsamen selbstständigen Kommunalanstalt beitreten; der Beitritt erfolgt durch
die zwischen den Beteiligten zu vereinbarende Änderung der Anstaltssatzung.
§§ 102a, 102b und 102d der Gemeindeordnung gelten entsprechend.

(2) Eine selbstständige Kommunalanstalt kann mit einer anderen durch Vereinbarung einer entsprechenden Änderung der Anstaltssatzung der aufnehmenden
selbstständigen Kommunalanstalt oder der aufnehmenden gemeinsamen selbstständigen Kommunalanstalt im Wege der Gesamtrechtsnachfolge zu einer gemeinsamen selbstständigen Kommunalanstalt verschmolzen werden.

(3) Ein Unternehmen in der Rechtsform einer Kapitalgesellschaft, an dem ausschließlich Gemeinden und Kreise beteiligt sind, kann durch Formwechsel in eine
gemeinsame selbstständige Kommunalanstalt umgewandelt werden. Die Umwandlung ist nur zulässig, wenn keine Sonderrechte im Sinne des § 23 des Umwandlungsgesetzes und keine Rechte Dritter an den Anteilen der formwechselnden Rechtsträger bestehen. Voraussetzungen eines Formwechsels sind
1. die Vereinbarung der Anstaltssatzung der gemeinsamen selbstständigen
   Kommunalanstalt durch die beteiligten Körperschaften,
2. einen sich darauf beziehenden einstimmigen Umwandlungsbeschluss der
   Anteilsinhaber der formwechselnden Gesellschaft.
§ 102c der Gemeindeordnung ist entsprechend anzuwenden.

(4) Das vorsitzende Mitglied des Verwaltungsrats einer gemeinsamen selbstständigen Kommunalanstalt wird aus dessen Mitte gewählt. Vorsitzendes Mitglied soll
der gesetzliche Vertreter einer der beteiligten Gemeinden oder Landkreise sein.

§ 24b   Vorschriften für gemeinsame selbstständige Kommunalanstalten

(1) Die Anstaltssatzung einer gemeinsamen selbstständigen Kommunalanstalt
muss mindestens die nach § 6 Absatz 2 erforderlichen Bestimmungen treffen.
Weiter muss sie Angaben enthalten über
1. den Betrag der von jedem Beteiligten auf das Eigenkapital zu leistenden Einlage (Stammlage),
2. den räumlichen Wirkungsbereich, wenn der gemeinsamen selbstständigen
   Kommunalanstalt hoheitliche Befugnisse oder das Recht, Satzungen zu erlassen, übertragen werden,
3. die Sitz- und Stimmenverteilung im Verwaltungsrat.

(2) Die Anstaltssatzung, Änderungen der Aufgaben und die Auflösung der gemeinsamen selbstständigen Kommunalanstalt bedürfen der Genehmigung der Rechtsaufsichtsbehörde. §§ 7 und 8 gelten entsprechend.

(3) Über Änderungen der Anstaltssatzung und die Auflösung der gemeinsamen selbstständigen Kommunalanstalt entscheidet der Verwaltungsrat. Die Änderung der Anstaltsaufgabe, die Aufnahme und das Ausscheiden eines Beteiligten, die Erhöhung des Eigenkapitals, die Verschmelzung und die Auflösung bedürfen der Zustimmung aller Beteiligten. Im Falle der Auflösung ist das Vermögen der gemeinsamen selbstständigen Kommunalanstalt im Verhältnis der geleisteten Stammeinlagen auf die Beteiligten zu verteilen. § 22 gilt entsprechend.

2. Entstehung, Auflösung, Satzung der gKA

25 Die **Errichtung** einer gemeinsamen selbstständigen Kommunalanstalt (gKA) durch mehrere Gemeinden und Landkreise erfolgt durch Vereinbarung der **Anstaltssatzung** zwischen den beteiligten Kommunen. Die Satzung ist für die gKA von zentraler Bedeutung und erfordert übereinstimmende Beschlüsse aller Räte der beteiligten **kommunalen Träger.** Zusätzlich zum Satzungsbeschluss ist bei der Errichtung/Gründung einer gKA ein mehrseitiger öffentlich-rechtlicher Vertrag zu beschließen (zu den formellen Verfahrens- und Wirksamkeitsvoraussetzungen vgl. § 33 Abs. 1 HGB; *Leitzen* MittBayNot 2009, 353 ff.; PWC (Hrsg.), a. a. O., Rdn. 363 ff.). Die Bildung einer gKA erfolgt in der Rechtsform einer rechtsfähigen Anstalt des öffentlichen Rechts. Nach § 29 GKZ stehen Zweckverbände und Rechtsträger gemeindefreier Grundstücke bei Anwendung des Gesetzes über kommunale Zusammenarbeit den Gemeinden und Landkreisen gleich (Rechtsträger der gKA). Über diese Regelung wird es auch Zweckverbänden ermöglicht, eine gKA zu gründen oder sich daran zu beteiligen. Die Beteiligung von privaten Dritten ist nicht möglich, öffentlich-rechtliche Trägerschaft ist konstitutive Voraussetzung einer gKA. Eine andere Konstruktion würde mit der öffentlich-rechtlichen Grundstruktur, der in aller Regel stattfindenden Übertragung von Hoheitsrechten auf die KA und der Anstaltslast nicht konvergieren.

26 Eine gKA entsteht in **vier möglichen Formen,** durch

(1) **Neugründung** nach § 24a Abs. 1 Satz 1 GKZ (vgl. Rdn. 24),
(2) durch **Beitritt** zu einer bestehenden KA nach Abs. 1 Satz 2,
(3) durch **Verschmelzung** mehrerer KA im Wege der Gesamtrechtsnachfolge nach Abs. 2 oder
(4) durch **Umwandlung** von Eigengesellschaften ausschließlich kommunaler Träger nach § 24a Abs. 3 GKZ (vgl. PWC (Hrsg.), a. a. O., Rdn. 347 ff.).

Der **Beitritt** einer Gebietskörperschaft zu einer gKA erfolgt durch eine zwischen den Beteiligten zu vereinbarende Änderung der Anstaltssatzung. Bei der aufnehmenden selbständigen KA ist hierfür deren Träger, bei einer gemeinsamen selbstständigen KA deren Verwaltungsrat zuständig. Durch die Verweisung in Abs. 1 Satz 3 und Abs. 3 Satz 3 werden die für die selbstständige KA geltenden gemeindewirtschaftsrechtlichen Vorschriften der §§ 102a bis d für anwendbar erklärt. Errichtung beziehungsweise Beitritt werden entsprechend § 102a Abs. 4 Satz 3 durch die Bekanntmachung der Anstaltssatzung beziehungsweise deren Änderung wirksam. § 24a Abs. 2 macht von § 1 Abs. 2 UmwG Gebrauch und lässt die Verschmelzung bestehender selbstständiger KAen zu einer gemeinsamen selbstständigen KA zu. Die Bestimmung ist der Verschmelzung durch Aufnahme im Sinne von § 2 Nr. 1 UmwG nachgebildet. § 24a Abs. 3 macht ebenfalls von § 1 Abs. 2 des UmwG Gebrauch und ermöglicht die Umwandlung bestehender Kapitalgesellschaften mit ausschließlich kommunalen Gesellschaftern in eine gemeinsame selbstständige KA durch Vereinbarung einer Anstaltssatzung der neuen selbstständigen KA und einen Umwandlungsbeschluss der Beteiligten. Die Fragen der Auflösung, des Austritts einzelner Träger und die entsprechenden Abwicklungsverfahren sind im Wesentlichen nach dem GKZ-Regelungen zu beantworten und durchzuführen (vgl. *Benne* ZKF 2015, 7 ff.; *Klein/Uckel/Ibler*, a. a. O., Erl. 37.40a; PWC (Hrsg.), a. a. O., Rdn. 382 ff.). Zur Gewährträgerhaftung und Anstaltslast wird auf die Erl. zu § 102a Abs. 8 in Rdn. 31 ff. verwiesen.

Die Haftung der Träger der gKA ist nicht eindeutig geregelt. Grundsätzlich ist zwar von einer gesamtschuldnerischen Haftung aller Anstaltsträger auszugehen (§ 421 BGB), doch ist in § 102a Abs. 8, im Unterschied zu den meisten Bundesländern, festgelegt, dass eine Haftung der Kommune für Verbindlichkeiten einer KA gegenüber Dritten nicht besteht. Daraus folgt, dass im Außenverhältnis die Trägerkommunen für Verbindlichkeiten der gKA nicht unbeschränkt haften und dadurch bedauerlicherweise die Insolvenzfähigkeit der KA nicht verhindert wird (keine Ausfallgarantie des Anstaltsträgers). Im Innenverhältnis hat jede Kommune die rechtliche Verpflichtung, als Träger der gKA umfassend für deren Verbindlichkeiten einzustehen. Die Träger haben die Verpflichtung, die gKA mit den zur Aufgabenerfüllung notwendigen finanziellen Mitteln auszustatten, Defizite auszugleichen und sie für die gesamte Dauer ihres Bestehens funktionsfähig zu erhalten (vgl. § 102a Rdn. 31 ff.). Wie diese Verpflichtungen auf die einzelnen Träger der gKA aufzuteilen sind, ergibt sich aus den gesetzlichen Bestimmungen nicht eindeutig (vgl. §§ 6 Abs. 2 Nr. 5 i. V. m. 19 Abs. 1 Satz 1 und 24b Abs. 1 Nr. 1, Abs. 3 Satz 2 GKZ). Aus der Gesamtsystematik dürfte eine Haftungsaufteilung zwischen den beteiligten Trägern im Verhältnis der zu leistenden Stammeinlage sachgerecht sein (vgl. § 24b Abs. 1 Nr. 1 und Abs. 3 Satz 2 GKZ). Die umsatzsteuerliche Behandlung der interkommunalen Zusammenarbeit ist durch das StÄndG 2015 neu geregelt worden (§ 2b UStG; vgl. dazu *Gohlke* GemHH 2016, 37 ff.; *Belcke/Westermann* BB 2015, 1500 ff. und BB 2016, 87 ff.; *Fiand* KStZ 2016, 29 ff.; oben Teil 1, Rdn. 112e und 181).

Der Inhalt der Anstaltssatzung entspricht in etwa der Satzung bzw. dem Gesellschaftsvertrag einer handelsrechtlichen Gesellschaft (vgl. § 3 GmbHG; § 23 AktG). Die Vorschrift des § 24b Abs. 1 GKZ regelt ihren obligatorischen Mindestinhalt (Nr. 1 bis 7 des § 6 Abs. 2 GKZ und zusätzlich Nr. 1 bis 3: Stammeinlage jedes Beteiligten, räumlicher Wirkungskreis bei Übertragung von Hoheitsbefugnissen sowie Sitz- und Stimmenverteilung im Verwaltungsrat). Durch den Verweis auf § 6 Abs. 2 GKZ sind unter anderem entsprechend dessen Nr. 5 die Maßstäbe zur Verteilung der Anstaltslast auf die Beteiligten der gemeinsamen selbstständigen KA sowie entsprechend Nr. 7 die Abwicklung im Falle der Auflösung zu regeln. Dabei ist zu beachten, dass für den Fall der Auflösung die Verteilung des Vermögens im Verhältnis der geleisteten Stammeinlagen in § 24b Ab-

27

satz 3 Satz 3 gesetzlich geregelt ist. Für die Übernahme der Beamten der selbstständigen KA im Falle der Auflösung gelten über den Verweis in § 24a Abs. 1 Satz 3 GKZ auf § 102d Abs. 6 die §§ 26 bis 30 LBG entsprechend. Es empfiehlt sich, bereits in der Satzung zu regeln, wer freiwerdende Bedienstete ggf. zu übernehmen hat. Bezüglich des fakultativen **Soll-Inhalts** der Satzung wird auf oben Rdn. 14 zu § 102a verwiesen (die dortigen Vorschläge sollten geprüft und möglichst übernommen werden; vgl. Rdn. 16 zu § 102a; *Katz* BWGZ 2016, 365 ff.). Die **Genehmigung** der Satzung, der Änderung der Aufgaben und der Auflösung durch die Rechtsaufsichtsbehörde sowie die öffentliche Bekanntmachung erfolgen entsprechend den Vorschriften für Zweckverbände (vgl. § 24b Abs. 2, §§ 7 und 8 GKZ). Wie bei diesen erfolgt die öffentliche Bekanntmachung durch die Rechtsaufsichtsbehörde in ihrem amtlichen Veröffentlichungsblatt, um mehrfache Bekanntgaben zu vermeiden. Diese kann in besonders gelagerten Fällen eine andere Form bestimmen. Die gKA unterliegt als rechtsfähige Anstalt des öffentlichen Rechts der allgemeinen Staatsaufsicht (als Rechtsaufsicht). Die Kommunalaufsicht wird sowohl gegen die gKA unmittelbar als auch über die Trägerkommunen ausgeübt (Beteiligungsprüfung). Die Bestimmung der zuständigen Rechtsaufsichtsbehörde erfolgt nach § 28 GKZ.

3. Unternehmensverfassung und -organisation der gKA

28 Während bei selbstständigen KAen, die durch nur eine Körperschaft errichtet werden (§ 102a), diese Körperschaft als Normgeber für den Erlass der Anstaltssatzung und ihrer Änderungen zuständig ist, gilt dies bei den gemeinsamen selbstständigen KA nur für die Vereinbarung der Anstaltssatzung in den Fällen des § 24a Abs. 1 Satz 1 und Abs. 3 Satz 3 GKZ (erstmalige Errichtung und Umwandlung). Es ist jedoch unabdingbar, dass jeder beteiligte Träger (Gemeinden und Landkreise) bestimmten grundlegenden Entscheidungen, die ihr Verhältnis zur gemeinsamen selbstständigen KA betreffen, zustimmt. Deshalb wird in § 24b Abs. 3 Satz 2 GKZ für die dort genannten **wesentlichen Entscheidungen** das Erfordernis der **Zustimmung aller Beteiligten** vorgeschrieben. Zudem haben die Beteiligten die Möglichkeit, nach Maßgabe des § 24a Abs. 1 Satz 3 GKZ in Verbindung mit § 102b Abs. 3 Satz 6 in der Satzung festzulegen, dass bei bestimmten Entscheidungen, wie beispielsweise der Auflösung oder der Satzungsänderungen, den Mitgliedern des Verwaltungsrats Weisungen erteilt werden können. Davon sollte in angemessenem Umfange dringend Gebrauch gemacht werden (vgl. oben Rdn. 13 und § 102a Rdn. 15, 25 ff.). Gemäß dem Verweis auf § 22 GKZ gilt die gemeinsame selbstständige KA nach ihrer Auflösung als fortbestehend, soweit der Zweck der Abwicklung es erfordert (vgl. LT-DS 15/7610, S. 50 f.).

29 Die Unternehmensverfassung und -organisation der gKA entspricht der der KA (§§ 102a ff.), modifiziert um kooperations- bzw. zweckverbandsspezifische Regelungen, die eine partnerschaftliche interkommunale Zusammenarbeit erfordern. Die gKA besitzt zwei Organe, den Vorstand und den Verwaltungsrat. Der **Vorstand** handelt in eigener Verantwortung, soweit nicht gesetzlich oder durch Satzung etwas anderes bestimmt ist (vgl. § 24a Abs. 1 Satz 3 GKZ i. V. m. § 102b Abs. 2; eingehend Erl. oben Rdn. 4 ff. zu § 102b). Der **Verwaltungsrat** hat neben seiner Überwachungs- und Kontrollfunktion über die durch Gesetz oder durch Satzung ihm übertragenen Angelegenheiten, insb. über wichtige Fragen, zu entscheiden (vgl. § 24b Abs. 3 sowie § 24a Abs. 1 Satz 3 GKZ i. V. m. § 102b Abs. 3 bis 5; ausführlich Erl. oben in Rdn. 9 ff.). Bezüglich der Wahl, Zusammensetzung und Rechtsstellung der Mitglieder des Verwaltungsrats und der Geschäftsordnungsfragen der gKA wird auf die Erläuterungen in Abschnitt IV und V verwiesen (oben Rdn. 14 ff. und 17 ff.). Jede **Trägerkommune** muss aber mindestens mit einem Mitglied im Verwaltungsrat vertreten sein. Den beteiligten Kommunen können abgesehen von der Zustimmung zur Satzung der gKA und zu den in § 24b Abs. 3 Satz 3 genannten Angelegenheiten im Rahmen ihrer Satzungsautonomie unter Beachtung des GKZ und der §§ 102a ff. in bestimmten, insbesondere strategisch wichtigen und wesentlichen Punkten begrenzt weitere Informations-, Zustimmungs- oder Weisungsrechte eingeräumt werden (jeweils von allen Beteiligten). Dies muss und sollte auch von den Trägerkommunen hinreichend bestimmt in der Satzung verankert werden (§ 24a Abs. 1 Satz 3 GKZ i. V. m. § 102b Abs. 3 Satz 6; vgl. die vorstehenden Erl., insb. Rdn. 13; Rdn. 16, 25 ff. zu § 102a; LT-DS 15/7610, S. 51; *Katz* BWGZ 2016, 365 ff.; PWC (Hrsg.), a. a. O., Rdn. 342 ff.).

§ 102c Umwandlung

(1) Ein Unternehmen in der Rechtsform einer Kapitalgesellschaft, an dem ausschließlich die Gemeinde beteiligt ist, kann durch Formwechsel in eine selbstständige Kommunalanstalt umgewandelt werden. Die Umwandlung ist nur zulässig, wenn keine Sonderrechte im Sinne des § 23 des Umwandlungsgesetzes (UmwG) und keine Rechte Dritter an den Anteilen der Gemeinde bestehen.

(2) Der Formwechsel setzt den Erlass der Anstaltssatzung durch die Gemeinde und einen sich darauf beziehenden Umwandlungsbeschluss der formwechselnden Gesellschaft voraus. Die §§ 193 bis 195, 197 bis 200 Absatz 1 und § 201 UmwG sind entsprechend anzuwenden. Die Anmeldung zum Handelsregister entsprechend § 198 UmwG erfolgt durch das vertretungsberechtigte Organ der Kapitalgesellschaft. Die Umwandlung einer Kapitalgesellschaft in eine selbstständige Kommunalanstalt wird mit der Eintragung oder, wenn sie nicht eingetragen wird, mit der Eintragung der Umwandlung in das Handelsregister wirksam; § 202 Absätze 1 und 3 UmwG sind entsprechend anzuwenden.

(3) Ist bei der Kapitalgesellschaft ein Betriebsrat eingerichtet, bleibt dieser nach dem Wirksamwerden der Umwandlung als Personalrat der selbstständigen Kommunalanstalt bis zur Neuwahl des Personalrats, längstens bis zu einem Jahr nach Inkrafttreten der Umwandlung, bestehen. Er nimmt die dem Personalrat nach dem Landespersonalvertretungsgesetz (LPVG) zustehenden Befugnisse und Pflichten wahr. Die in der Kapitalgesellschaft im Zeitpunkt der Umwandlung bestehenden Betriebsvereinbarungen gelten in der selbstständigen Kommunalanstalt für längstens bis zu dem in Satz 1 genannten Zeitpunkt als Dienstvereinbarungen fort, soweit § 85 LPVG nicht entgegensteht und sie nicht durch andere Regelungen ersetzt werden.

Neu eingeführt durch Gesetz vom 17.12.2015 (GBl. 2016, S. 1 ff.).

Erläuterungen

Übersicht

I. Umwandlung einer Eigengesellschaft in eine Kommunalanstalt (Abs. 1)

1. Allgemeines, Umwandlungsgesetz

1   Die Vorschrift des § 102c Abs. 1 macht von § 1 Abs. 2 des Umwandlungsgesetzes (UmwG) Gebrauch und ermöglicht die **Umwandlung** einer bestehenden kommu-

nalen Kapitalgesellschaft in eine selbstständige Kommunalanstalt in Gesamtrechtsnachfolge (vgl. auch § 301 Abs. 2 UmwG). Da an der Umwandlung ausschließlich die Kommune beteiligt ist, erfolgt sie durch einen vereinfachten
Formwechsel, soweit keine Sonderrechte i. S. des § 23 UmwG und keine Rechte
Dritter bestehen (vgl. LT-DS 15/7610, S. 42 f.). Wie schon mehrere Bundesländer
so hat auch Bad.-Württ. mit der GemO-Novelle 12/2015 diese Möglichkeit aufgegriffen und durch landesgesetzliche Regelung von den Umwandlungstatbestän-
den der nach § 1 UmwG zugelassenen Umwandlungsarten die Umwandlung von
Eigengesellschaften in eine KA durch Formwechsel ermöglicht (vgl. Art. 89
Abs. 2a BayGO; § 141 Abs. 1 Satz 4 NdsKomVG; § 76a Abs. 3 ThürKO).

Mit der formwechselnden Umwandlung (§§ 190 bis 304 UmwG) wird lediglich   **2**
die Rechtsform eines Rechtsträgers unter Wahrung seiner rechtlichen Identität
verändert, wobei grundsätzlich auch der Kreis der Anteilseigner beibehalten
wird (sog. **identitätswahrende Umwandlung**). Merkmal des Formwechsels ist
also, dass an ihm grundsätzlich nur ein Rechtsträger beteiligt ist, der lediglich
seine Rechtsform (Verfassung) ändert, die rechtliche und wirtschaftliche Identität aber erhalten bleibt. Diese Regelung, die nur den Körperschaften und Anstalten des öffentlichen Rechts vorbehalten ist, ermöglicht eine relativ einfache
und flexible Umwandlung und damit Gründung einer KA bzw. gKA ohne unerwünschte steuerliche Mehrbelastungen (zur Umwandlung einer **gemeinsamen
Kommunalanstalt/**-unternehmen vgl. § 24a Abs. 3 GKZ; § 102b Rdn. 26;
PWC (Hrsg.), a. a. O., Rdn. 358 ff.; *Hoppe/Uechtritz/Reck*, a. a. O., S. 162 f.
und 457 ff.; *Fabry/Augsten*, a. a. O., S. 432 ff.). Nicht eindeutig geklärt ist die
Frage, ob sich die Rechtsfolgen der Personalüberleitung bereits aus der Anordnung der Gesamtrechtsnachfolge ergeben oder ob die Schutzvorschrift des
§ 613a BGB (**Fortgeltung kollektivrechtlicher Regelungen**) beim Betriebsübergang unmittelbar oder entsprechend Anwendung findet. Zutreffender Weise
ist dies nach der konkreten Einzelfallgestaltung zu entscheiden, sodass eine
Kommune im Rahmen ihrer Satzungshoheit eine Anwendung des § 613a BGB
sowie der Modalitäten der Umsetzung regeln kann oder nicht (etwa durch
einen Personalüberleitungsvertrag; vgl. PWC (Hrsg.), a. a. O., Rdn. 39 ff.).

2. Umwandlung von Regie- und Eigenbetrieben

Bestehende Regie- und Eigenbetriebe, die nicht rechtsfähig sind und hier nicht   **3**
ausdrücklich geregelt werden, kann die Gemeinde im Wege der Gesamtrechtsnachfolge in KAen umwandeln. Grundlage einer solchen Umwandlung und der
daraus folgenden Gesamtrechtsnachfolge ist nicht das UmwG, sondern nach § 1
Abs. 2 UmwG die Gemeindeordnung, soweit das UmwG nicht ausdrücklich für
anwendbar erklärt wird. Mit der Umwandlung geht das dem Regie- oder Eigenbetrieb zugeordnete Vermögen im Zeitpunkt des Entstehens der Kommunalanstalt
ohne weiteren Übertragungsakt mit allen Rechten und Pflichten auf diese über.
Dem Beschluss über die Umwandlung eines Regie- oder Eigenbetriebs ist eine Eröffnungsbilanz auf der Grundlage eines Inventars gemäß den für alle Kaufleute
geltenden Vorschriften des HGB zugrunde zu legen (§ 242 Abs. 1 HGB). Grundstücke und grundstücksgleiche Rechte sind nach § 28 GBO hinreichend bestimmt
zu bezeichnen. Vor allem bei Regiebetrieben ist eine Inventarisierung erforderlich,
um dem sachenrechtlichen Bestimmtheitsgrundsatz zu genügen (vgl. etwa § 7

Abs. 1 BayKUV; § 240 HGB; *Klein/Uckel/Ibler*, a. a. O., Kap. 32.94, Abschn. 1;
PWC (Hrsg.), a. a. O., Rdn. 25 ff.; *Schulz* BayVBl. 1996, 97 ff. und 107 ff.; *Lux*
NWVBl. 2000, 7 ff.; zu den notariellen und grundbuchrechtlichen Fragen *Leitzen*
MittBayNot 2009, 360 ff.).

3.   Umwandlung einer KA in eine Kapitalgesellschaft

4   Das zu Abs. 1 umgekehrte Vorgehen, die **Umwandlung einer KA in eine Kapitalgesellschaft** (Eigengesellschaft) durch Formwechsel ist, da keine landesrechtliche Vorschrift dazu ermächtigt (vgl. § 301 Abs. 2 UmwG), nicht möglich.
Der Gesetzgeber wollte mit der Einführung der KA die Konkurrenzfähigkeit
öffentlich-rechtlicher Organisationsformen stärken und nicht umgekehrt (vgl.
Schulz u. a., a. a. O., Art. 89 BayGO Ziff. 1.4; *Hoppe/Uechtritz/Reck*, a. a. O.,
S. 457 ff.; a. A. *Pauli* BayVBl. 2008, 325, 329).

II.   Voraussetzungen für den Rechtsformwechsel (Abs. 2)

1.   Rechtsformwechsel

5   Der **Rechtsformwechsel** setzt den Erlass einer Anstaltssatzung durch die Gemeinde und einen sich darauf beziehenden Umwandlungsbeschluss der formwechselnden Gesellschaft voraus. Für die Umwandlung werden in Abs. 2 die
dafür erforderlichen Vorschriften des Umwandlungsgesetzes, insbesondere
über den Formwechsel, für entsprechend anwendbar erklärt: **§§ 193 bis 195,
197 bis 200 Abs. 1 und 201 UmwG** (vgl. etwa auch Art. 89 Abs. 2a Satz 4
BayGO; *Schulz* u. a., a. a. O., Art. 89 BayGO Ziff. 1.3 und 1.4; PWC (Hrsg.),
a. a. O., Rdn. 32 f.). Das bedeutet:

- § 193 UmwG regelt das Verfahren und die Form des Umwandlungsbeschlusses. Er ist in einer Gesellschafterversammlung zu fassen und bedarf der notariellen Beurkundung.
- § 194 UmwG regelt den Mindestinhalt des Umwandlungsbeschlusses. Zu
  bestimmen sind die neue Rechtsform, der Name oder die Firma des neuen
  Rechtsträgers und die Beteiligung des bisherigen Gesellschafters an dem
  neuen Rechtsträger sowie die Folgen des Formwechsels für die Arbeitnehmer und ihre Vertretungen sowie die insoweit vorgesehenen Maßnahmen.
  Der Entwurf des Umwandlungsbeschlusses ist spätestens einen Monat vor
  dem Tag der Gesellschafterversammlung, die den Formwechsel beschließen soll, dem zuständigen Betriebsrat der formwechselnden Gesellschaft
  zuzuleiten.
- § 195 UmwG beschränkt die Frist für Klagen gegen den Umwandlungsbeschluss auf einen Monat, beginnend mit der Beschlussfassung.
- § 197 UmwG bestimmt, dass auf Formwechsel die für die neue Rechtsform geltenden Gründungsvorschriften anzuwenden sind, wenn sich aus
  dem 5. Buch des UmwG nichts anderes ergibt.
- §§ 198 und 199 UmwG behandeln die Registereintragung des Formwechsels und die hierfür notwendigen Unterlagen.
- § 200 Abs. 1 UmwG lässt die Fortführung der bisherigen Firma zu.
- § 201 UmwG behandelt die Bekanntmachung des Formwechsels.

2. Wirksamkeit der Umwandlung

Zur **Wirksamkeit der Umwandlung** einer Eigengesellschaft in eine selbständige   **6**
Kommunalanstalt ist die Anmeldung und Eintragung ins Handelsregister erforderlich. Die Anmeldung erfolgt entsprechend § 198 UmwG durch das vertretungsberechtigte Organ der Eigengesellschaft. Mit der Eintragung wird die Umwandlung wirksam. § 202 Abs. 1 und 3 UmwG sind entsprechend anzuwenden. Infolge der Umwandlung besteht die bisherige Eigengesellschaft ab dem Zeitpunkt der Eintragung als Kommunalanstalt (Kommunalunternehmen) weiter. Das bedeutet, dass kein Vermögensübergang stattfindet, da zwischen dem alten und neuen Rechtsträger völlige Identität besteht (vgl. PWC (Hrsg.), a.a.O., Rdn. 34; *Klein/Uckel/Ibler*, a.a.O., Kap. 32.64, Abschn. 5).

III. Betriebsrat/Personalrat bei der Umwandlung (Abs. 3)

1. Betriebsrat bei Eigengesellschaft

Für die KA als selbstständige Anstalt des öffentlichen Rechts gilt das Landes-   **7**
personalvertretungsrecht (§ 1 LPVG). Bei einem Umwandlungsvorgang von einer Kapitalgesellschaft in eine KA bleibt der eingerichtete Betriebsrat nach der Umwandlung zunächst als Personalrat bis zur Neuwahl des Personalrats bestehen. Ausdrücklich klargestellt wird in Abs. 3, dass der als Personalrat fortzuführende Betriebsrat die dem Personalrat nach dem LPVG zustehenden Befugnisse und Pflichten wahrnimmt. Es besteht eine **einjährige Übergangszeit**, innerhalb der ein neuer Personalrat gewählt werden muss (vgl. LT-DS 15/7610, S. 43; allgemein zum Landespersonalvertretungsrecht: *Rooschüz/Bader*, Landespersonalvertretungsgesetz Bad.-Württ., 15. Aufl., 2015; *Hoppe/Uechtritz/Reck*, a.a.O., S. 512 ff.).

Satz 3 regelt die Weitergeltung der in der Kapitalgesellschaft im Zeitpunkt der   **8**
Umwandlung bestehenden **Betriebsvereinbarungen** als Dienstvereinbarungen in der selbstständigen Kommunalanstalt für längstens bis zu einem Jahr nach Inkrafttreten der Umwandlung. Die fortgeltenden Regelungen können auch vor Ablauf dieser Jahresfrist durch andere Dienstvereinbarungen ersetzt werden. Hinsichtlich Dienstvereinbarungen ist zu beachten, dass solche nur in den im LPVG genannten Angelegenheiten der Mitbestimmung und Mitwirkung in Betracht kommen (§ 85 Abs. 1 und 2 LPVG), während grundsätzlich alle zur funktionellen Zuständigkeit des Betriebsrats gehörenden Fragen Gegenstand von Betriebsvereinbarungen sein können. Auch soweit scheinbare Deckungsgleichheit der Mitbestimmungsvorschriften im LPVG und Betriebsverfassungsgesetz besteht, ist zu berücksichtigen, dass der Regelungsgehalt im Betriebsverfassungsrecht oftmals umfassender ist. Der Landesgesetzgeber hat den Anwendungsbereich von Dienstvereinbarungen und den Beteiligungsangelegenheiten nach dem LPVG enger bestimmt. Für eine Regelung zur Weitergeltung ist daher grundsätzlich der inhaltliche Vorbehalt des § 85 LPVG zu beachten.

2. Personalrat in den übrigen Fällen

Nachdem § 102c Abs. 3 nur zur Anwendung kommt, wenn eine Kapitalgesell-   **9**
schaft in eine selbstständige Kommunalanstalt umgewandelt wird, kommt in den

übrigen Fallen einer Umwandlung in eine selbstständige Kommunalanstalt oder eines Beitritts zu einer bestehenden selbstständigen Kommunalanstalt § 113 Abs. 1, 2 und 4 LPVG zur Anwendung mit der Folge, dass Übergangspersonalräte zu bilden sind. Bei der Neubildung einer selbstständigen Kommunalanstalt sowie bei einer Bildung gemeinsamer Dienststellen, wie in § 27 GKZ vorgesehen, entstehen Dienststellen im Sinne des LPVG, in denen bei entsprechender Größe nach § 10 Abs. 1 LPVG Personalräte gebildet werden und in denen nach § 23 Abs. 1 Nr. 6 LPVG jederzeit ein Personalrat gewählt werden kann (vgl. LT-DS 15/7610, S. 43).

§ 102d Sonstige Vorschriften für selbstständige Kommunalanstalten

(1) Der Jahresabschluss und der Lagebericht der selbstständigen Kommunalanstalt werden in entsprechender Anwendung der Vorschriften des Dritten Buchs des Handelsgesetzbuchs für große Kapitalgesellschaften aufgestellt. Die obere Rechtsaufsichtsbehörde kann für kleine selbstständige Kommunalanstalten, die kleinen Kapitalgesellschaften nach § 267 Absatz 1 des Handelsgesetzbuchs oder Kleinstkapitalgesellschaften nach § 267a Absatz 1 des Handelsgesetzbuchs entsprechen, Ausnahmen für die Erfordernisse der Rechnungslegung zulassen.

(2) Bei Gemeinden mit einem obligatorischen Rechnungsprüfungsamt gemäß § 109 Absatz 1 hat dieses den Jahresabschluss der selbstständigen Kommunalanstalt zu prüfen. Die örtliche Prüfung erfolgt in entsprechender Anwendung der § 111 Absatz 1 und § 112 Absatz 1; der Verwaltungsrat tritt an die Stelle des Gemeinderats. Das Rechnungsprüfungsamt hat das Recht, sich zur Klärung von Fragen, die bei der Prüfung auftreten, unmittelbar zu unterrichten und zu diesem Zweck den Betrieb, die Bücher und Schriften der selbstständigen Kommunalanstalt einzusehen. Weitergehende gesetzliche Vorschriften für die Prüfung des Jahresabschlusses bleiben unberührt.

(3) Die überörtliche Prüfung der selbstständigen Kommunalanstalt erfolgt in entsprechender Anwendung des § 114 durch die nach § 113 für die Gemeinde zuständige Prüfungsbehörde. Absatz 2 Satz 3 gilt entsprechend.

(4) Der Jahresabschluss und der Lagebericht sowie der Prüfungsbericht sind an die Gemeinde zu übersenden. Für die Offenlegung des Jahresabschlusses und den Beteiligungsbericht gilt § 105 Absatz 1 Nummer 2 und Absatz 2 entsprechend.

(5) Die §§ 118 bis 129 sind entsprechend anwendbar. Rechtsaufsichtsbehörde ist die für die Gemeinde zuständige Rechtsaufsichtsbehörde.

(6) Die Gemeinde kann die selbstständige Kommunalanstalt auflösen. Das Vermögen einer aufgelösten selbstständigen Kommunalanstalt geht im Wege der Gesamtrechtsnachfolge auf die Gemeinde über. Für die Beamten und Versorgungsempfänger der selbstständigen Kommunalanstalt gelten die §§ 26 bis 30 des Landesbeamtengesetzes.

Neu eingeführt durch Gesetz vom 17.12.2015 (GBl. 2016, S. 1 ff.).

Erläuterungen

Übersicht

I.   Aufstellung des Jahresabschlusses der Kommunalanstalt (Abs. 1)

1.   Jahresabschluss

1 Abs. 1 regelt die Aufstellung des Jahresabschlusses und des Lageberichts von selbstständigen Kommunalanstalten in entsprechender Anwendung der Vorschriften des Dritten Buches des Handelsgesetzbuches (§§ 238 ff. HGB) **für große Kapitalgesellschaften.** Danach sind alle KA, unabhängig vom Vorliegen der Kaufmannseigenschaft nach § 242 HGB verpflichtet, Jahresabschlüsse nach §§ 264 ff. HGB zu erstellen (vgl. auch § 103 Abs. 1 Nr. 5 Buchst. b). Der Jahresabschluss der KA besteht nach §§ 242 und 264 HGB aus der Bilanz, der Gewinn- und Verlustrechnung sowie dem Anhang. Der Jahresabschluss ist dazu bestimmt, das Vermögen und die Schulden zum Abschlussstichtag auszuweisen und die Ertragslage im abgelaufenen Wirtschaftsjahr auszuweisen. Er hat nach § 264 Abs. 2 HGB „unter Beachtung der Grundsätze ordnungsmäßiger Buchführung ein den tatsächlichen Verhältnissen entsprechendes Bild der Vermögens-, Finanz- und Ertragslage zu vermitteln" (vgl. die Kommentare zu §§ 242 und 264 HGB; Teil 1 Rdn. 154 ff.). Für die Aufstellung des Jahresabschlusses einschließlich des Lageberichts und der Erfolgsübersicht ist der Vorstand zuständig und verantwortlich (spätestens innerhalb von drei bzw. sechs Monaten nach Geschäftsjahresende; vgl. § 264 HGB; § 16 EigBG).

2.   Ausnahmen

2 Entsprechend den Regelungen für **kleine Kapitalgesellschaften** nach § 267 Abs. 1 HGB oder Kleinstkapitalgesellschaften nach § 267a Abs. 1 HGB kann die obere Rechtsaufsichtsbehörde nach Abs. 1 Satz 2 auch bei sehr kleinen selbstständigen Kommunalanstalten im Einzelfall Erleichterungen zulassen, sofern keine weitergehenden gesetzlichen Vorschriften gelten oder andere gesetzliche Vorschriften entgegenstehen. Diese Regelung entspricht dem 2015 neu eingeführten letzten Satz in § 103 Abs. 1.

3 Die bislang schon bestehende Möglichkeit nach § 103 Abs. 1 letzter Satz (jetzt zweitletzter Satz) der oberen Rechtsaufsichtsbehörde, Ausnahmen von diesem Prüfungserfordernis Unternehmen in Privatrechtsform zuzulassen, wurde in der GemO-Novelle 2015 dahingehend erweitert, auch Ausnahmen von den Erfordernissen für die Aufstellung des Jahresabschlusses und des Lageberichts zuzulassen. Damit wird der Weiterentwicklung des Handelsgesetzbuchs Rechnung getragen, in dem durch die Einführung der **Kleinstkapitalgesellschaft** für sehr kleine Unternehmen weitere Erleichterungen – im Vergleich zu den bislang schon bestehenden Erleichterungen für kleine Kapitalgesellschaften – für die Erfordernisse der Rechnungslegung geschaffen wurden. Insbesondere für solche Kleinstkapitalgesellschaften, aber gegebenenfalls auch für kleine Kapitalgesellschaften, kann die obere Rechtsaufsichtsbehörde im Einzelfall – unter Abwägung des Aufwands und der Transparenzanforderungen – entsprechend den Regelungen des HGB Erleichterungen zulassen, wie zum Beispiel eine verkürzte Bilanz oder den Verzicht auf einen Anhang zum Jahresabschluss. Durch diese Ausnahmemöglichkeit von der Anwendung der Vorschriften für große Kapitalgesellschaften kann vermieden werden, dass für sehr kleine kommunale Unternehmen ein unverhältnismäßig hoher Aufwand entsteht. Die Anwendung dieser Ausnahmemöglichkeit ist nur möglich, sofern keine weitergehenden gesetzlichen Vorschriften gelten oder andere gesetzliche Vorschriften entgegenstehen, wie zum Beispiel die Vorschriften des 2. Teils des Gesetzes über die Elektrizitäts- und Gasversorgung (vgl. LT-DS 15/7610, S. 45 f.; unten § 103 Rdn. 37).

II. Örtliche Prüfung des Jahresabschlusses der Kommunalanstalt (Abs. 2)

1. Örtliche Prüfung durch das Rechnungsprüfungsamt

Der Vorstand leitet nach Fertigstellung des Jahresabschlusses diesen dem Rech- **4**
nungsprüfungsamt zur örtlichen Prüfung zu (vgl. §§ 109 Abs. 1, 111 Abs. 1 und 112 Abs. 1). Da es sich bei der selbstständigen Kommunalanstalt um eine öffentlich-rechtliche Organisationsform handelt, entsprechen die Prüfungsvorschriften denjenigen für Eigenbetriebe. Für selbstständige Kommunalanstalten, die von einem Stadtkreis, einer Großen Kreisstadt oder von einem Landkreis errichtet wurden, ist danach eine örtliche Prüfung des Jahresabschlusses entsprechend der Vorschriften für die örtliche Prüfung des Jahresabschlusses von Eigenbetrieben verpflichtend (vgl. Abs. 2; §§ 111 Abs. 1 i. V. m. 110 Abs. 1; § 16 EigBG). Die örtliche Prüfung ist eine Art „innerbetriebliche Selbstkontrolle", d. h. sie stellt den Nachvollzug und die Überprüfung der ordnungsgemäßen Rechnungslegung über die verwendeten kommunalen Finanzmittel dar, die neben der Prüfung des Jahresabschlusses auch laufend und in den Haushaltsprozess integriert durchgeführt wird (vgl. § 112 Abs. 1). Das Rechnungsprüfungsamt hat in allen prüfungsrelevanten Fragen unmittelbar ein umfassendes Informations- und Einsichtsrecht gegenüber der KA. Eine handelsrechtliche Jahresabschlussprüfung, wie sie für privatwirtschaftliche Unternehmen erfolgt, ist – wie auch bei Eigenbetrieben – nicht vorgeschrieben, sofern sich diese nicht aus weitergehenden gesetzlichen Vorschriften ergibt. Nach Vorliegen des Berichts über die örtliche Prüfung hat der Vorstand den Jahresabschluss mit Lagebericht und Prüfungsbericht dem Verwaltungsrat zur Beschlussfassung vorzulegen. Die Feststellung des Jahresabschlusses obliegt dem Verwaltungsrat (vgl. Abs. 2 Satz 2). Mindestens bei größeren KAen sollte der Feststellungsbeschluss an die Zustimmung des Gemeinderats gebunden werden (vgl. § 102a Rdn. 14 f. und § 102b Rdn. 13).

2. Betätigungsprüfung

Neben der örtlichen Prüfung der KA-Jahresabschlüsse hat das Rechnungsprü- **5**
fungsamt auch die Betätigungsprüfung als besondere Prüfungsform durchzuführen. Gegenstand dieser Prüfung ist nicht die KA selbst, sondern die Kommune in ihrer Funktion als Gesellschafter/Träger eines Unternehmens (Beteiligung). Sie umfasst die Frage, ob eine Gemeinde ihre Prüfungs-, Steuerungs- und Kontroll-

funktionen ordnungsgemäß wahrgenommen hat. Das Rechnungsprüfungsamt hat auch diese Aufgabe durchzuführen (vgl. § 103 Abs. 1 Nr. 5 Buchst. d; Teil 1, Rdn. 154; § 103 Rdn. 39; § 105 Rdn. 11).

III. Überörtliche Prüfung der Kommunalanstalt (Abs. 3)

6 Die überörtliche Prüfung wird von einer außerhalb der Kommunalverwaltung stehenden Stelle durchgeführt. Für alle selbstständigen Kommunalanstalten ist nach Abs. 3 eine überörtliche Prüfung vorgeschrieben (wie auch für Eigenbetriebe). Prüfungsgegenstand ist die ordnungsgemäße Wirtschaftsführung, Buchführung, Rechnungslegung und Vermögensverwaltung sowie der Beachtung der gesetzlichen und satzungsmäßigen Vorschriften, insbesondere die Einhaltung des „öffentlichen Zwecks" (vgl. im Einzelnen § 114 Abs. 1; § 317 HGB). Die nach § 113 für die Trägergemeinde zuständige Prüfungsbehörde ist auch die Prüfungsbehörde für die KA; das heißt für KAen, die von einer Gemeinde mit mehr als 4.000 Einwohnern errichtet wurden, ist die Gemeindeprüfungsanstalt die Prüfungsbehörde; für von kleineren Gemeinden errichtete KAen ist die für die Gemeinde zuständige Rechtsaufsichtsbehörde Prüfungsbehörde (Landratsamt). Auch die überörtliche Prüfungsbehörde hat in allen prüfungsrelevanten Fragen ein umfassendes Informations- und Einsichtsrecht (vgl. Abs. 3 Satz 2).

IV. Unterrichtung, Offenlegung (Abs. 4)

1. Übersendung

7 Wie für kommunale Unternehmen in Privatrechtsform besteht auch für die selbstständigen Kommunalanstalten die Pflicht zur Unterrichtung der Gemeinde durch Übersendung des Jahresabschlusses, des Lageberichts und des Prüfungsberichts, damit diese ihre allgemeine Steuerungs- und Einwirkungspflicht entsprechend dem Verweis auf § 103 Abs. 1 Nr. 3 und Abs. 3 in § 102a Abs. 6 wahrnehmen kann (LT-DS 15/7610, S. 45). Mit der bloßen Übersendung dieser Unterlagen ist es für den Anstaltsträger allerdings in aller Regel nicht möglich, die notwendigen Informations-, Einfluss-, Steuerungs- und Kontrollrechte auszuüben. Vor allem in der Anstaltssatzung sind dafür ausreichende Rechte festzulegen (vgl. Rdn. 14 f. und 25 ff. zu § 102a; Rdn. 1 ff. zu § 102b; *Katz* BWGZ 2016, 365 ff.).

2. Offenlegung

8 Durch den Verweis auf § 105 Abs. 1 Nr. 2 gelten die dort normierten Bekanntmachungs- und Auslegungsvorschriften für Jahresabschluss, Lagebericht und Verwendung von Jahresüberschuss oder Behandlung des Jahresfehlbetrags. Zu den Einzelheiten dieser Offenlegungs- und Veröffentlichungspflichten wird auf Rdn. 18 ff. zu § 105 verwiesen. Entsprechend § 105 Abs. 2 ist die KA auch in den jährlichen Beteiligungsbericht der Gemeinde aufzunehmen (vgl. § 105 Rdn. 30 ff.).

V. Rechtsaufsicht über die Kommunalanstalt (Abs. 5)

9 Nach Art. 75 Abs. 1 Satz 1 der Landesverfassung überwacht das Land die Gesetzmäßigkeit der Verwaltung der Gemeinden und Gemeindeverbände. Deshalb untersteht auch die selbstständige Kommunalanstalt als Anstalt des öffentlichen Rechts, der in der Regel einzelne hoheitliche Kommunalaufgaben übertragen werden, unmittelbar selbst der Rechtsaufsicht des Landes und ist Adressat aufsichtsbehördlicher Maßnahmen. Die §§ 118 bis 129 sind nach Abs. 5 Satz 1 entsprechend anwendbar. Satz 2 legt die unmittelbar zuständige Rechtsaufsicht fest. Rechtsaufsichtsbehörde für die KA ist die für die Trägergemeinde nach § 119 GemO zuständige Behörde. Davon zu unterscheiden ist das Verhältnis der Gemeinde als Anstaltsträger und der Aufsicht. Die Rechtsaufsicht greift folglich auch über die Gemeinde, soweit sie sich auf die Funktion als Trägerin der KA erstreckt.

VI. Auflösung einer Kommunalanstalt (Abs. 6)

1. Auflösungsbeschluss

Die Auflösung einer selbstständigen Kommunalanstalt erfolgt, ebenso wie die **10** Errichtung, durch die Gemeinde. Dazu sind eine entsprechende **Beschlussfassung des Gemeinderats** der Errichtungskörperschaft und die Aufhebung der Anstaltssatzung erforderlich. Das Vermögen der KA geht im Falle der Auflösung im Wege der Gesamtrechtsnachfolge auf die Gemeinde über (vgl. z. B. § 28 BayKUV; § 28 KUV NW). Nach § 102a Abs. 3 letzter Halbs. sollten ggf. in der Anstaltssatzung Regelungen für die Abwicklung der Auflösung festgelegt werden. Für die Übernahme der Beamten und Versorgungsempfänger der Kommunalanstalt durch die Gemeinde gelten die Vorschriften des Landesbeamtengesetzes (LBG) zur Körperschaftsumbildung (§§ 26 bis 30 LBG).

2. Zuständigkeiten

Die Zuständigkeiten der Gemeinde für die Umwandlungsvorgänge sind in **11** § 102a Abs. 1 Satz 1 geregelt. Die Entscheidungen hat der Anstaltsträger zu treffen. Innerhalb der Gemeinde richten sich diese nach den Zuständigkeitsregelungen der Gemeindeordnung. Da es sich bei einer KA-Auflösung in aller Regel nicht um Geschäfte der laufenden Verwaltung handelt, entscheidet der Gemeinderat über die Auflösung der KA (vgl. §§ 24 Abs. 1 und 44 Abs. 2). Verwaltungsrat und Vorstand der KA sind keine Organe der Gemeinde, sondern der rechtsfähigen selbstständigen Kommunalanstalt und haben somit bei der Auflösung keine aktive Rolle.

3. Gemeinsame Kommunalanstalt

Durch den Verweis in § 24a Abs. 1 Satz 3 GKZ gilt § 102a Abs. 3 letzter Halbs. **12** GemO auch für die selbstständige gemeinsame Kommunalanstalt, bei der allerdings die Zustimmung aller Beteiligten erforderlich ist. Gegen den Willen einer Trägerkommune ist eine Auflösung einer gKA nicht möglich (vgl. § 24b Abs. 3 Satz 2 GKZ). In der Satzung muss daher – wie auch bei Zweckverbänden – geregelt werden, wer die Abwicklung im Falle der Auflösung vorzunehmen hat, die Art und Weise der Verteilung der Vermögensgegenstände und wer freiwerdende Bedienstete übernimmt (vgl. dazu PWC (Hrsg.), a. a. O., Rdn. 383 ff.). Bei der selbstständigen Kommunalanstalt ist der Regelungsbedarf in der Satzung geringer, allerdings kann es auch hier sinnvoll sein, dass spezielle Regelungen zur Abwicklung getroffen werden (vgl. LT-DS 15/7610, S. 45).

§ 103   Unternehmen in Privatrechtsform

(1) Die Gemeinde darf ein Unternehmen in einer Rechtsform des privaten Rechts nur errichten, übernehmen, wesentlich erweitern oder sich daran beteiligen, wenn

1. das Unternehmen seine Aufwendungen nachhaltig zu mindestens 25 vom Hundert mit Umsatzerlösen zu decken vermag,
2. im Gesellschaftsvertrag oder in der Satzung sichergestellt ist, dass der öffentliche Zweck des Unternehmens erfüllt wird,
3. die Gemeinde einen angemessenen Einfluss, insbesondere im Aufsichtsrat oder in einem entsprechenden Überwachungsorgan des Unternehmens erhält,
4. die Haftung der Gemeinde auf einen ihrer Leistungsfähigkeit angemessenen Betrag begrenzt wird,
5. bei einer Beteiligung mit Anteilen in dem in § 53 des Haushaltsgrundsätzegesetzes bezeichneten Umfang im Gesellschaftsvertrag oder in der Satzung sichergestellt ist, dass
   a) in sinngemäßer Anwendung der für Eigenbetriebe geltenden Vorschriften für jedes Wirtschaftsjahr ein Wirtschaftsplan aufgestellt und der Wirtschaftsführung eine fünfjährige Finanzplanung zu Grunde gelegt wird,
   b) der Jahresabschluss und der Lagebericht in entsprechender Anwendung der Vorschriften des Dritten Buchs des Handelsgesetzbuchs für große Kapitalgesellschaften aufgestellt und in entsprechender Anwendung dieser Vorschriften geprüft werden, sofern nicht die Vorschriften des Handelsgesetzbuchs bereits unmittelbar gelten oder weiter gehende gesetzliche Vorschriften gelten oder andere gesetzliche Vorschriften entgegenstehen,
   c) der Gemeinde der Wirtschaftsplan und die Finanzplanung des Unternehmens, der Jahresabschluss und der Lagebericht sowie der Prüfungsbericht des Abschlussprüfers übersandt werden, soweit dies nicht bereits gesetzlich vorgesehen ist,
   d) für die Prüfung der Betätigung der Gemeinde bei dem Unternehmen dem Rechnungsprüfungsamt und der für die überörtliche Prüfung zuständigen Prüfungsbehörde die in § 54 des Haushaltsgrundsätzegesetzes vorgesehenen Befugnisse eingeräumt werden,
   e) das Recht zur überörtlichen Prüfung der Haushalts- und Wirtschaftsführung des Unternehmens nach Maßgabe des § 114 Abs. 1 eingeräumt ist,
   f) der Gemeinde die für die Aufstellung des Gesamtabschlusses (§ 95a) erforderlichen Unterlagen und Auskünfte zu dem von ihr bestimmten Zeitpunkt eingereicht werden.

Die obere Rechtsaufsichtsbehörde kann in besonderen Fällen von dem Mindestgrad der Aufwandsdeckung nach Satz 1 Nr. 1 und dem Prüfungserfordernis nach Satz 1 Nr. 5 Buchst. b, wenn andere geeignete Prüfungsmaßnahmen gewährleistet sind, Ausnahmen zulassen. Für kleine Kapitalgesellschaften nach § 267 Abs. 1 des Handelsgesetzbuches und für Kleinstkapitalgesellschaften nach § 267a Abs. 1 des Handelsgesetzbuches kann sie auch Ausnahmen für die Erfordernisse der Rechnungslegung nach Satz 1 Nr. 5 Buchst. b zulassen.

(2) Die Gemeinde darf unbeschadet des Absatzes 1 ein Unternehmen in der Rechtsform einer Aktiengesellschaft nur errichten, übernehmen oder sich daran beteiligen, wenn der öffentliche Zweck des Unternehmens nicht ebenso gut in einer anderen Rechtsform erfüllt wird oder erfüllt werden kann.

(3) Die Gemeinde hat ein Unternehmen in einer Rechtsform des privaten Rechts, an dem sie mit mehr als 50 vom Hundert beteiligt ist, so zu steuern und zu überwachen, dass der öffentliche Zweck nachhaltig erfüllt und das Unternehmen wirtschaftlich geführt wird; bei einer geringeren Beteiligung hat die Gemeinde darauf hinzuwirken. Zuschüsse der Gemeinde zum Ausgleich von Verlusten sind so gering wie möglich zu halten.

Geändert durch Gesetz vom 12.12.1991 (GBl. S. 860), vom 19.7.1999 (GBl. S. 292), vom 15.12.2015 (GBl. S. 1147).

Erläuterungen

Übersicht

I. Unternehmen in Privatrechtsform (Eigen- und Beteiligungsgesellschaften; Abs. 1)

1. Allgemeines, Vor- und Nachteile

Die wirtschaftliche Betätigung der Gemeinde ist, nicht zuletzt entsprechend **1** ihrer geschichtlichen Entwicklung, sehr vielfältig. Um den jeweiligen sachlichen Notwendigkeiten und gemeindlichen Besonderheiten Rechnung tragen zu können, bedarf es eines **differenzierten Angebots unterschiedlicher Handlungs- und Organisationsformen**. Die GemO bietet deshalb neben der Führung eines wirtschaftlichen Unternehmens als Regie- oder Eigenbetrieb und der Kommunalanstalt (öffentlich-rechtlich; vgl. § 102 Abs. 1; EigBG; § 102a ff.) die Möglichkeit der Errichtung, des Erwerbs, der Beteiligung usw. an wirtschaftlichen Unternehmen in einer Rechtsform des privaten Rechts an. Dabei gehören die Eigen- und Beteiligungsgesellschaften und besonders die gemischt-privaten Wirtschaftsunternehmen zu den traditionellen Organisationstypen der kommunalen Wirtschaftstätigkeit, mit der die Gemeinden die Kooperation mit der Privatwirtschaft gesucht und gepflegt haben. Nach § 103 können die Gemeinden zu ihrer Aufgabenerfüllung rechtlich selbständige Unternehmen errichten, übernehmen, wesentlich erweitern oder sich daran beteiligen und damit unter bestimmten Voraussetzungen in gesellschaftsrechtlichen **Organisationsformen des Privatrechts** tätig werden. Das Handeln in dieser Rechtsform kann ein interessantes Instrument – allerdings nicht ohne Risiken – sein, um bestimmte Verwaltungsziele im Bereich der Daseinsvorsorge zu verwirklichen (vgl. Rdn. 19; Teil 1 Rdn. 37 ff.). Nach einer VKU-Statistik (Stand: 31.12.2000) sind in BW von den 108 Unternehmen 51 als Eigenbetrieb, 7 als Zweckverband, 6 als AG und 41 als GmbH organisiert (je größer die Gemeinde, desto stärker der Drang nach privaten Organisationsformen; vgl. *Kraft*, in: HKWP Bd. 5, S. 168 ff.; *Sander/Weiblen*, Kommunale Wirtschaftsunternehmen, S. 78 ff.; zu neueren Zahlen vgl. Rdn. 2 zu § 102 sowie Teil 1 Rdn. 40 ff.).

2   Vor allem in den Bereichen, in denen produzierende, verteilende oder dienstleistende Tätigkeiten zur Befriedigung materieller Lebensbedürfnisse mit wirtschaftlicher Wertschöpfung sowie Teilnahme am wirtschaftlichen Verkehr im Vordergrund stehen und das Tätigkeitsgebiet noch mehr als gewöhnlich wirtschaftlicher Arbeitsmethoden, kaufmännischer Buchführung sowie rechtlicher Eigenständigkeit gegenüber der „nicht-wirtschaftlichen" öffentlichen Verwaltung bedarf, kann ein Handeln in der Rechtsform eines Beteiligungsunternehmens **Vorteile** bieten: Da Eigenbetriebe nicht mit der Privatwirtschaft zusammen oder nicht von mehreren Gemeinden gemeinsam betrieben werden können und Zweckverbände für die wirtschaftliche Betätigung nicht immer die geeignete Handlungsform darstellen, kann aus Gründen der optimalen Betriebsgröße, der Rationalisierung, der optimalen Aufgabenerfüllung und Kostengestaltung sowie der besseren Kapitalausstattung ein Unternehmen nach § 103 die geeignete Organisationsform sein. **Unternehmen in Privatrechtsform** gewährleisten in der Regel eher eine an betriebswirtschaftlichen Grundsätzen orientierte Unternehmensführung und Arbeitsweise (zB größere unternehmerische Initiative und kaufmännische Beweglichkeit; flexible Wirtschaftsführung und Personalwirtschaft; einfachere Entscheidungsprozesse; steuerliche Vorteile). Seit den 90er Jahren, in Bad.-Württ. seit Dezember 2015, gibt es neben den genannten klassischen Organisationsformen für kommunalwirtschaftliche Betätigung die Rechtsform des Kommunalunternehmens, die öffentlich-rechtliche Kommunalanstalt. Damit sollten beklagte Defizite reduziert und den Gemeinden eine von ihnen gewünschte zusätzliche alternative Organisationsform zur Verfügung gestellt werden (mit eigener Rechtsfähigkeit, mehr Autonomie, Marktnähe und Flexibilität als dies der Eigenbetrieb bietet, bei besseren Steuerungs- und Einflussnahmemöglichkeiten sowie demokratischer Legitimation als bei privatrechtlichen Rechtsformen; vgl. die Erl. zu §§ 102a ff.; Teil 1 Rdn. 89 ff.; *Waldmann* NVwZ 2008, 284 ff.). Die konkrete Wahl der Organisationsform ist im Einzelfall sorgfältig zu prüfen (vgl. *Tomerius/Huber* GemHH 2009, 126 ff. und 145 ff.; Teil 1 Rdn. 113 ff.;.). Zu der **Zielsetzung** und dem **Primärzweck** der nach § 103 zulässigen privatrechtlichen Unternehmensformen vgl. auch Rdn. 9 zu § 102.

3   Die privatrechtlich organisierten Beteiligungsunternehmen (Eigen- und Beteiligungsgesellschaften) bergen allerdings auch nicht unerhebliche **Probleme und Nachteile** in sich. Diese liegen ua darin, dass hier öffentlich-rechtliche Normen

(Art. 28 Abs. 1 GG, Art 71 LV, §§ 1, 2, 10, 77, 78, 102 ff. GemO) nicht selten mit privatrechtlichen Vorschriften (HGB, AktG, GmbHG usw.) schwer in Einklang zu bringen sind oder gar kollidieren, dass der Einfluss der Gemeinde, die Einwirkungsmöglichkeiten des demokratisch legitimierten Gemeinderats und damit die kommunale Steuerung und Kontrolle dieser Unternehmen tendenziell zurückgedrängt wird, also geringer ist, dass Unternehmen in Privatrechtsform nicht dem Personalvertretungs-, sondern dem Betriebsverfassungsrecht unterliegen, und dass die Personalwirtschaft sowie das Gehaltsgefüge im Vergleich zum Verwaltungsbereich der Gemeinde (einschließlich des Eigenbetriebs) oft erheblich differieren. Vor allem die Festlegung und Durchsetzung der kommunalen Unternehmensziele (Gemeindeaufgabe; Erfüllung des gemeinwohldienlichen, einwohnernützigen und gemeindebezogenen „öffentlichen Zwecks") und die angemessene Beteiligung der demokratisch legitimierten Gemeindeorgane allgemein beinhalten nicht einfach zu lösende Fragen. Bei einer Beteiligung nach § 103 verliert eben der Gemeinderat Steuerungs-, Einfluss- und Kontrollmöglichkeiten, in wichtigen Bereichen der Daseinsvorsorge wird der Grundsatz der Öffentlichkeit der Entscheidungen eingeschränkt und bedeutsame Bereiche des Gemeindehaushalts aus der öffentlichen Prüfung und Kontrolle herausgenommen. Die Vor- und Nachteile sind im Einzelfall sorgfältig abzuwägen sowie als Entscheidungsgrundlage und im Hinblick auf § 108 zu dokumentieren (vgl. Rdn. 12 f. und 37 zu § 102 sowie Erl. zu § 108; *Oettle*, Grundfragen öffentlicher Betriebe I, S. 55 ff. und 121 ff.; *Altenmüller* VBlBW 1984, 61 ff.; *Scholz/Pitschas*, in: HKWP Bd. 5, S. 128 f.f; *Knemeyer*, Der Städtetag 1992, 317 ff.; *Schoepke*, Der Städtetag 1995, 211 ff.; *Katz* GemHH 2016, 73 ff.). Zur **materiellen Privatisierung** allgemein: Gemeindetag BW BWGZ 1994, 469 ff.; Deutscher Städtetag ZKF 1995, 224 f.; *Peine* DÖV 1997, 353 ff.; *Di Fabio* JZ 1999, 585 ff.; Mayen DÖV 2001, 110 ff.; *Hecker* DÖV 2001, 119 ff.; *Burgi* NVwZ 2001, 601 ff.: *Katz* NVwZ 2010, 405 ff.; Teil 1 Rdn. 192 ff.

2. Begriff

Der **Begriff** des Unternehmens i. S. v. § 103 ist weiter als der des wirtschaftlichen **4** Unternehmens in § 102 Abs. 1 und 2. Er beinhaltet einmal alle i. S. v. § 102 Abs. 1 und zum anderen die Unternehmen nach § 102 Abs. 3 Nr. 1, zu denen die Gemeinde gesetzlich verpflichtet ist (**wirtschaftliche und nichtwirtschaftliche Unternehmen**; vgl. Rdn. 17 ff.; Rdn. 65 ff. zu § 102; Teil 1 Rdn. 46 ff.). Nach § **106a** werden die §§ 103 ff. auch für kommunale Einrichtungen i. S. v. § 102 Abs. 3 Nr 2 für entsprechend anwendbar erklärt. Sonderbestimmungen (LAbfG, LKHG) sind aufgehoben bzw. angeglichen. Mit der GemO-Novelle 1999 wurde damit für kommunale Unternehmen und Einrichtungen in Privatrechtsform praktisch ein einheitliches System und einheitliche Zulässigkeitsvoraussetzungen unabhängig von der Unterscheidung nach wirtschaftlichen Unternehmen und nichtwirtschaftlichen Unternehmen und Einrichtungen geschaffen. Kommunale Unternehmen sind von ihrer Gemeinwohlfunktion, von ihrer Einwohnernützlichkeit und Gebietsbezogenheit geprägt und „durchdrungen" (vgl. OVG Münster NVwZ 2003, 1520 ff.; VGH BW DVBl. 2015, 106; *Lange*, a. a. O., Kap. 14 Rdn. 9 ff.; vgl. auch das EU-Recht, Art. 106 Abs. 2 AEUV und Art. 2 Abs. 1 Buchst b EU-Transparenzrichtlinie: „Dienstleistungen von allgemeinem wirtschaftlichen Interesse; Teil 1 Rdn. 46 und 67 f.). Allerdings sind nichtwirtschaftliche Unternehmen und

Einrichtungen in Privatrechtsform aus steuerlichen Gründen meist mit finanziellen Nachteilen verbunden (insbes. Mehrwertsteuerbelastung; vgl. *Waibel* BWVP 1993, 149 ff.). Lediglich Hilfsbetriebe i. S. v. § 102 Abs. 3 Nr. 3 sind ausgenommen, können also nicht in Privatrechtsform betrieben werden. Wirtschaftliche Unternehmen haben allerdings – im Unterschied zu nichtwirtschaftlichen Unternehmen und Einrichtungen nach § 102 Abs. 3 Nr 1 und 2 – stets neben den zusätzlichen „**Spezialanforderungen**" des § 103 auch die allgemeinen „**Grundvoraussetzungen**" des § 102 Abs. 1 zu beachten (zur Systematik vgl. Rdn. 15 zu § 102; unten Rdn. 13; LTDS 10/5918 und 12/4055, S. 17 ff.; *Weiblen* BWGZ 1999, 1005, 1008; *Umlandt* DNV 5/2000, 12 f.; *Werner* VBlBW 2001, 206 ff.). Bei den Unternehmen und Einrichtungen, bei denen die Tatbestandsvoraussetzungen der §§ 103 ff. nicht gegeben sind (insbes wegen § 103 Abs. 1 Nr. 1–3), können ggf ausnahmsweise, insbes in engen Grenzen in Fällen untergeordneter Bedeutung, die Vorschriften der §§ 103 ff. entsprechend angewandt werden (etwa Mitgliedschaft in einer karitativen, kulturellen oder wirtschaftlichen Vereinigung oder Organisation; z. B. Rotes Kreuz; Genossenschaftsanteil an Raiffeisenbank usw.).

3. Errichtung, Beteiligung usw.

5 Die Tatbestandsvoraussetzungen der §§ 103 ff. gelten für die Errichtung, Übernahme, wesentliche Erweiterung eines Unternehmens in Privatrechtsform oder einer Beteiligung daran (alle Arten von unternehmerischer Betätigung; identisch mit § 102 Abs. 1; vgl. eingehend Rdn. 27 ff. zu § 102). Ob diese Voraussetzungen auch beim **Fortbestand**, dem laufenden Betrieb zu beachten sind, ist umstritten, aber zu bejahen (vgl. *Leder* DÖV 2008, 173, 181 f.; Rdn. 25 zu § 102)

6 a) Unter dem **Begriff der Beteiligung** i. S. von § 103 Abs. 1 ist eine kapitalmäßige mitgliedschaftliche Dauerbeziehung zu einem Unternehmen mit eigener Rechtspersönlichkeit zum Zwecke der Erfüllung kommunaler Aufgaben bei angemessenem Einfluss der Gemeinde zu verstehen (vgl. etwa VV zu § 65 BHO). Eine Beteiligung an einem wirtschaftlichen Unternehmen liegt dann vor, wenn eine Gemeinde einen Teil der **Mitgliedschaftsrechte** durch Kauf von Aktien, Geschäftsanteilen, Genossenschaftsanteilen usw., aber auch durch Einbringung von Vermögensteilen oder Vermögenswerten in Form etwa von kostengünstigen oder unentgeltlichen Grundstücksnutzungsrechten mit der oben dargelegten Zielrichtung erwirbt oder ihren kapitalmäßigen Gesellschaftsanteil erhöht. Die Beteiligung kann auch in der Einbringung von Vermögensteilen, in der Einräumung von Nutzungsrechten, ggf. auch in immateriellen Leistungen oder in der Gewährung von Verlustausgleich, lfd Zuschüssen oder Dienstleistungen bestehen. Wichtige Voraussetzung ist dabei stets, dass die Gemeinde mit dem Erwerb von Geschäftsanteilen usw. (Beteiligung) auch bezweckt, wirtschaftender Allein- oder Mitinhaber des Unternehmens zu werden. Die Beteiligung ist demnach wesentlich geprägt von einer Inhaber- oder Teilhaberschaft („Allein- oder Miteigentum"), von einer planmäßigen Einflussnahme, einer Mitbestimmung und Mitgestaltung bei der Festlegung der vom öffentlichen Zweck „durchdrungenen" Unternehmensziele, der Geschäftspolitik und der Wirtschaftsführung durch die Gemeinde („echte", unmittelbare Beteiligung mit entsprechenden Zulässigkeitsvoraussetzungen bzw. „Ingerenzpflichten" von

Steuerungs- und Kontrollfunktionen usw.; vgl. *Umlandt* DNV 5/2000, 12 ff.; *Scharpf* VerwArch 2005, 485 ff.; *Brüning* VerwArch 2009, 453, 462 ff.).

b) Die Unternehmen in einer Rechtsform des privaten Rechts nach § 103   **7** Abs. 1 (Oberbegriff) setzen sich aus **Eigengesellschaften** (kommunale Alleininhaberschaft; Gemeinde als 100 %iger Eigentümer) und **Beteiligungsgesellschaften** zusammen, wobei man häufig die **Beteiligungsgesellschaften** weiter in **gemischt-öffentliche Unternehmen** (interkommunale Unternehmen; Beteiligung mehrerer Körperschaften) und **gemischt-private Unternehmen** (Beteiligung von Kommunen und natürlichen oder juristischen Personen des Privatrechts) untergliedert. Während seit der GmbHG-Novelle von 1981 eine GmbH von einer Person errichtet werden kann (vgl. §§ 1 f. GmbHG), ist die Gründung einer Aktiengesellschaft als Eigengesellschaft (Einmanngesellschaft) nur über den „Umweg" einer mehrere Mitglieder umfassenden Gründungsgesellschaft möglich (§ 2 AktG – mindestens 5 –). Dabei ist die Heranziehung sog. Strohmänner nach hM zulässig (vgl. *Kraft*, in: HKWP Bd. 5, S. 172 ff.). Schließlich ist noch darauf hinzuweisen, dass der Begriff Beteiligung nicht nur den Vorgang des Sich-Beteiligens, sondern auch den Zustand des Beteiligtseins erfasst (vgl. Rdn. 5 und unten Rdn. 9).

c) **Keine Errichtung, Beteiligungen usw.** i. S. v. § 103 sind bloße Kapitalanlagen   **8** (z. B. Geldanlage durch Aktienerwerb), Gewährung von Zuschüssen und dergl, da hier ein gemeindliches „Miteigentum" und idR auch eine einflussbegründete Teilhabe der Gemeinde an dem Unternehmen fehlen (kein Beteiligungswille; sog. **unechte Beteiligung**). So liegt etwa eine Beteiligung nicht vor, wenn die Gemeinde bei entspr Haftungsbegrenzung einen Mindestbetrag an **Genossenschaftsanteilen** erwirbt, um lediglich die Einrichtung eines Kontokorrentkontos oder Darlehensaufnahmen bei einer Genossenschaftsbank zu ermöglichen. Dagegen ist etwa dann eine Mitgliedschaft der Gemeinde in einer **gemeinnützigen Wohnungsbaugesellschaft** grundsätzlich als wirtschaftliche Betätigung und damit als Beteiligung anzusehen, wenn die Gesellschaft auch am Markt für Dritte tätig wird. Bei der **Hingabe von Darlehen** wird in aller Regel eine Beteiligung i. S. v. § 103 nicht bejaht werden können. So ist z. B. ein Kündigungs- oder Tilgungsdarlehen, auch wenn es etwa für ganz bestimmte Zwecke wie Industrieförderung gegeben wird, nicht als Beteiligung zu werten (Ausnahme ggf bei sog. beteiligungsähnlichen Darlehen). Hinsichtlich der Gewährung von Darlehen und dem Erwerb von Aktien usw., die nur der Geldanlage dienen sollen, wird auf Erl. II zu § 91 verwiesen (insbes Rdn. 47 ff.).

d) Eine Beteiligung ist auch bei einer **Umwandlung** gegeben, insbes eines Eigen-   **9** betriebs in ein rechtlich selbstständiges Unternehmen i. S. von § 103. Mit dem Wegfall des Vorrangs der Eigenbetriebe ist dies unter Beachtung der übrigen Voraussetzungen zulässig. Gründe für eine solche Umwandlung sind insbes steuerliche Gesichtspunkte, flexiblere Betriebsführung, leichtere Tarifgestaltung, personelle Gründe, Umlandversorgung und optimale Betriebsgröße sowie letztlich auch kommunalpolitische Gesichtspunkte. Stets ist eine sorgfältige Prüfung und Dokumentation der Prüfungsergebnisse erforderlich (Vergleichsberechnungen, Kosten-Nutzen-Analysen usw.; zum ganzen oben Rdn. 2 f. und Rdn. 12 f. und 37 zu § 102; vgl. auch Erl. zu § 108).

10 e) § 103 bezieht sich wie auch § 102 nur auf die Fälle, die nach dem Inkrafttreten der GemO eingetreten sind bzw. eintreten. Vor Inkrafttreten der GemO bzw. der DGO zulässigerweise erworbene Beteiligungen oder Beteiligungsunternehmen bleiben unberührt (Art „Bestandsschutz"; Ausnahme: Kapitalerhöhungen und wesentliche Erweiterungen; vgl. OVG Münster DVBl. 2008, 919; Teil 1 Rdn. 52).

11 f) In § 103 Abs. 1, der die Voraussetzungen für Unternehmen in Privatrechtsform regelt, wird das Vorliegen einer rechtsfähigen privaten oder juristischen Person nicht verlangt. Im Unterschied zur Rechtslage bis 1991 wurde die Beschränkung der Gründungs- und Beteiligungsmöglichkeiten auf rechtlich selbstständige Unternehmen aufgegeben und nur noch der Begriff „Rechtsform des privaten Rechts" verwendet (zu den Rechtsformen des öffentlichen Rechts vgl. § 102 Rdn. 15 und 82 ff.). Da aber wie früher in § 103 Abs. 1 Nr. 4 weiterhin vorgeschrieben ist, dass bei einer kommunalen Eigen- oder Beteiligungsgesellschaft die Haftung der Gemeinde auf einen ihrer Leistungsfähigkeit angemessenen Betrag begrenzt sein muss, werden in der Praxis weiterhin die GmbH und begrenzt die AG im Vordergrund stehen (vgl. § 103 Abs. 2; LTDS 10/5918, S. 30).

12 g) Der Anwendungsbereich der §§ 103 ff. erstreckt sich somit grundsätzlich auf **alle Rechtsformen des privaten Rechts** (juristische Personen des Privatrechts). Dazu gehören insbes der rechtsfähige und nichtrechtsfähige Verein (§§ 21, 22, 54 BGB), die BGB-Gesellschaft, OHG, KG, GmbH & Co KG und stille Gesellschaft (§§ 705 ff. BGB; §§ 105 ff., 125a, 130a, 161 ff. und 230 ff. HGB), Stiftungen des privaten Rechts (§ 101; StiftG), die Aktiengesellschaft (AG; AktG), die Kommanditgesellschaft auf Aktien (KGaA, AktG), die Gesellschaft mit beschränkter Haftung (GmbHG), die Erwerbs- und Wirtschaftsgenossenschaften (GenG) sowie der Versicherungsverein (vgl. etwa *Cronauge,* Kommunale Unternehmen, Rdn. 137 ff.). Für alle diese Privatrechtsformen müssen allerdings die weiteren in den §§ 103 ff. und bei wirtschaftlichen Unternehmen auch die in § 102 Abs. 1 festgelegten Tatbestandsvoraussetzungen vorliegen (insbes Gemeinwohl- und **Einflusssicherung** sowie **Haftungsbegrenzung** nach § 103 Abs. 1 Nr. 2 und 4 usw.; vgl. eingehend Rdn. 13 und 19 ff.).

4. Voraussetzungen nach § 102 Abs. 1 (für wirtschaftliche Unternehmen)

13 Bei jeder Errichtung, Übernahme, wesentlichen Erweiterung eines Unternehmens in Privatrechtsform oder einer Beteiligung daran müssen stets, also auch während des Beteiligtseins, alle in § 103 Abs. 1 Nr. 1–5 aufgeführten **Tatbestandsvoraussetzungen** vorliegen (vgl. Rdn. 18 ff.). Für **nichtwirtschaftliche** Unternehmen in Privatrechtsform i. S. von § 102 Abs. 3 Nr 1 gilt dies ausschließlich, § 102 Abs. 1 ist für sie nicht zu prüfen (die dortigen Zulässigkeitsvoraussetzungen werden fiktiv unterstellt; die Fiktion ersetzt also die Tatbestandsmerkmale des § 102 Abs. 1; vgl. §§ 102 Abs. 3 Nr 1 und 2 sowie 106a; Rdn. 15 und 65 ff. zu § 102). Für **wirtschaftliche Unternehmen in Privatrechtsform** müssen außerdem die in § 102 Abs. 1 Nr 1–3 festgelegten Anforderungen gegeben sein (§ 102 Abs. 1 als „Grundvoraussetzung" für jedes wirtschaftliche Unternehmen, §§ 103 ff. als „spezielle, zusätzliche Anforderungen" für wirtschaftliche Unternehmen in Privatrechtsform; für nichtwirtschaftliche Unternehmen in Privatrechtsform nach § 102 Abs. 3 Nr 1 sind nur §§ 103 ff. zu prüfen; vgl. Rdn. 4; zur Systematik Rdn. 15 f. zu § 102). Nach hM steht den Gemeinden bei den Tatbestandsvoraussetzungen der §§ 102 und 103 im Rahmen der unbestimmten Rechtsbegriffe ein begrenzter „Beurteilungsspielraum" zu (vgl. BVerwGE 39, 329, 334; Schmidt-Jortzig, in: HKWP Bd 5, S 56 ff.; Rdn. 22 und 37 zu § 102 und Rdn. 34 ff. zu § 78). **Zusammenfassend** sollen hier nochmals die allgemeinen Grundvoraussetzungen für wirtschaftliche Unternehmen in Privatrechtsform nach § 102 Abs. 1 unter besonderer Berücksichtigung der privatrechtlichen Implikationen dargestellt werden (für Unternehmen nach § 102 Abs. 3 nicht zu prüfen; im Einzelnen vgl. Rdn. 25 ff. zu § 102):

a) Der **öffentliche Zweck** muss nach § 102 Abs. 1 Nr. 1 das Unternehmen recht- **14** fertigen. Eine nur mittelbare Erfüllung öffentlicher Zwecke ist ausgeschlossen (vgl. dazu Rdn. 30 ff. zu § 102). Für ein kommunales Unternehmen ist die Wahl einer Rechtsform des privaten Rechts auch deshalb mit gewissen Risiken und „Problemen" behaftet, weil Gemeinden im Grundsatz bei einer solchen Betätigung das Gesellschaftsrecht und das Kommunalrecht anzuwenden und zu beachten haben (Art 74 Nr. 11, Art 31 GG; **begrenzter Vorrang des bundesgesetzlichen Privatrechts**; vgl. eingehend Teil I Rdn. 98, 126 und 131; *Katz* BWGZ 2016, 370 ff.). (1) Die §§ 102 ff. setzen einerseits grundsätzlich voraus, dass bei der Wahl einer Rechtsform des privaten Rechts sich die Gemeinden dieser Organisationsformen zunächst so zu bedienen haben, wie sie das Zivil- und Gesellschaftsrecht zur Verfügung stellt. So haben etwa nach hM kommunale Unternehmen nach Handels- und Gesellschaftsrecht bei ihren Entscheidungen die Unternehmensinteressen und weniger die Gemeindeinteressen zu berücksichtigen (vgl. etwa §§ 76 ff., 93, 111 und 116 f. AktG; § 1 Abs. 1 Nr. 3 DrittelbG; §§ 1, 6 ff. MitBestG). Ein solch einseitiges Abstellen auf die Gesellschaftsinteressen ist allerdings schwerlich mit dem öffentlichen Zweck und der gemeindlichen Aufgabenerfüllung in Einklang zu bringen. Deshalb muss (2) andererseits bei einer wirtschaftlichen Betätigung der Gemeinde in Privatrechtsform das zentrale Kriterium „öffentlicher Zweck" im Rahmen der rechtlichen Möglichkeiten zur Geltung gebracht werden (integrale Bindung an die durch das Demokratie- und Sozialstaatsgebot und §§ 1, 2 und 10 GemO vorgegebenen öffentlichen Zwecke; Verankerung der kommunalen Aufgabenerfüllung i. S. einer Gemeinwohlgebundenheit im Gesellschaftszweck und den Strukturen des Unternehmens). Die Gemeinden haben insbes. bei der Gründung, beim Erwerb einer Beteiligung usw. den Gegenstand und die Ziele des Unternehmens an einen „öffentlichen Zweck" zu binden und dessen Erfüllung sicherzustellen. Vor allem durch entsprechende Gestaltung der Satzung oder des **Gesellschaftsvertrages** können die Gemeinden einen erheblichen Einfluss auf die Beteiligungsunternehmen ausüben (insbes bei der GmbH; §§ 37, 45 und 52 GmbHG; vgl. oben Teil I Rdn. 96 ff. und 126 ff.). Durch ein Maßnahmebündel von wirkungsvollen, angemessenen und ausreichenden Einwirkungs-, Steuerungs- und Kontrollmechanismen ist dies sicherzustellen. Vor allem mit den Änderungen in der GemO-Novelle 1999 hat der Landesgesetzgeber die Gestaltungsspielräume genutzt, die das Bundesrecht den Gesellschaften etwa bei der Ausgestaltung des Gesellschaftsvertrages belässt, um den Kommunen i. S. ihrer spezifischen, gemeinwohlgebundenen Aufgabenstellung Handlungsmöglichkeiten und -pflichten vorzugeben (§ 103 Abs. 1 Nr. 2, 3 und 5 sowie Abs. 3; §§ 103a ff.; siehe unten Rdn. 22 ff. und 46 f.; örtliche Gemeinwohlsicherung durch **Einfluss-, Steuerungs-, Informations- und Kontrollbefugnisse und -pflichten**; vgl. LTDS 12/4055, S. 17 ff.; *Umlandt* DNV 5/2000, 12 ff.; *Weiblen* BWGZ 2000, 177 ff.; *Katz* GemHH 2002, 54 ff.; *Brüning* VerwArch 2009, 453 ff.; *Pauly/Schüler* DÖV 2012, 339 ff.; *Katz* BWGZ 2016, 370 ff.). Im Rahmen der §§ 103 ff. müssen folglich neben den allgemeinen Kriterien zur Bejahung des Vorliegens eines öffentlichen Zwecks zusätzliche und ausreichende Regelungen zur Sicherstellung des öffentlichen Zwecks auch im **Zustand des Beteiligtseins** vorgesehen sein und beachtet werden (vgl. etwa §§ 53, 54 HGrG; Nr. 2 VV zu § 65 LHO; OVG Münster NVwZ 2003, 1520 f.; *Scholz/Pitschas*, in: HKWP Bd 5, S. 128 ff.; *Ehlers* DÖV 1986, 897 ff.; *Püttner*, Die öffentlichen Unternehmen, 2. Aufl., S. 234 ff.; *Knemeyer*, Der Städtetag 1992, 317 ff.; vgl. auch Erl. zu § 105, insbes Rdn. 6 ff. und 21 ff.).

15   b) Das wirtschaftliche Unternehmen in Privatrechtsform muss gemäß § 102 Abs. 1 Nr. 2 nach Art und Umfang in einem **angemessenen Verhältnis zur Leistungsfähigkeit** der Gemeinde und zum voraussichtlichen **Bedarf** stehen. Damit wird vorausgesetzt, dass die Art der Leistungen und Lieferungen des wirtschaftlichen Unternehmens den nach den örtlichen Verhältnissen zu beurteilenden gemeindlichen Erfordernissen und Bedürfnissen entspricht. Durch entsprechende Regelungen im Gesellschaftsvertrag sollte dies abgesichert werden (etwa über Gegenstand und Zweck des Unternehmens). Inhalt, Umfang und Risiken des Unternehmens (einschließlich der voraussehbaren Folge- und Betriebskosten) müssen in einem angemessenen Verhältnis zu ihrer finanziellen Leistungsfähigkeit stehen (vgl. auch § 103 Abs. 1 Nr. 4). Eine Gemeinde darf folglich kein Unternehmen gründen usw., wenn sie dazu unvertretbare Kreditaufnahmen und Rückzahlungsverpflichtungen eingehen müsste (vgl. §§ 77, 87; zu den Einzelheiten und zum „Territorialprinzip" vgl. Rdn. 36 f. und 39 f. je zu § 102).

16   c) In § 102 Abs. 1 Nr. 3 ist i. V. mit Abs. 2 seit 2005 eine **qualifizierte Subsidiaritätsklausel mit Drittschutzwirkung**, eine „Funktionssperre" bei „Besser-Erfüllung" durch die Privatwirtschaft, für wirtschaftliche Betätigungen außerhalb der kommunalen Daseinsvorsorge festgelegt (zu den Einzelheiten und Problemen vgl. Rdn. 14, 41 f. und 60a ff. zu § 102).

17   d) Kommunen sind für alle Angelegenheiten der örtlichen Gemeinschaft zuständig (gebietsbezogene Verbandskompetenz; Art 28 Abs. 2 GG; § 2 GemO). Ausgehend von diesem Grundsatz ist gleichwohl auf freiwilliger Basis eine Beteiligung an einem überörtlichen, mehrgemeindlichen, **interkommunalen Unternehmen** unter bestimmten Voraussetzungen möglich (i. d. R. an einem Verkehrs- oder Versorgungsbetrieb in der Rechtsform der **GmbH** oder einer **gemeinsamen Kommunalanstalt**; öffentlich-rechtliche Vereinbarungen; vgl. §§ 1 und 24a ff. GKZ; LTDS 15/7610). Eine strikte Beachtung des „Territorialprinzips", die Beschränkung jeglicher wirtschaftlicher Betätigung auf das Gemeindegebiet, würde vor allem bei der Erfüllung der Daseinsvorsorgeaufgaben nicht selten zu unwirtschaftlichen Beengungen, zu unrentablen Betriebsgrößen und damit zu verminderter Leistungsfähigkeit in der Aufgabenerfüllung führen.

Zwar ist eine zwischengemeindliche Zusammenarbeit in den §§ 102 ff. nicht besonders konzipiert, jedoch kann neben öffentlich-rechtlichen Kooperationslösungen (insbes Zusammenarbeit nach dem GKZ, §§ 1 ff., 20 und 24a ff.; vgl. *Waldmann* NVwZ 2008, 284 ff.; oben Rdn. 23 ff. zu § 102b und Teil 1 Rdn. 112 ff.) auch eine interkommunale Unternehmenskooperation in Privatrechtsform, wenn die Voraussetzungen der §§ 102 ff. erfüllt sind, gewählt werden (Grenzen der Leistungsfähigkeit, örtlicher Bedarf, Territorialprinzip, Einflussrechte der Gemeinde, Sicherung der gemeindlichen Aufgabenerfüllung usw. sind für jede Gemeinde und für alle beteiligten Gemeinden zusammen zu beurteilen). Auch gemischt-wirtschaftliche Unternehmen bieten einen Organisationstyp, der lokale Engen überwinden helfen und großflächigere und in der Regel effektivere Wirtschaftseinheiten auf freiwilliger Basis erreichen kann (vgl. Rdn. 36, 85 und 103 zu § 102). Letztlich ist eine sorgfältige Einzelfallprüfung vorzunehmen, bei der zwischen wirtschaftlich notwendiger Konzentration und örtlicher Dekonzentration usw. abzuwägen ist (vgl. zu dieser komplexen Thematik Erl. zu § 102 Rdn. 12 und 37; *Stern/Püttner*, Die Gemeindewirtschaft, S. 106 f. und 167 ff.; *Ehlers* DVBl 1997, 137 ff.; *Leutner/Schmitt*, Der Städtetag 1999, 31 ff.).

e) Einen **Vorrang des Eigenbetriebs** vor einem kommunalen Unternehmen in **18** Privatrechtsform, wie ihn § 103 Abs. 1 Nr 1 aF bis 1999 noch festgelegt hat, kennt § 103 **nicht** mehr. Damit kann auch die bedeutsame Grundsatzfrage, in welchem Verhältnis öffentlich-rechtliche Organisationsformen zu Unternehmensformen des Privatrechts bei der Wahrnehmung kommunaler wirtschaftlicher Betätigung stehen, nicht eindeutig beantwortet werden. Zwar kommt der Aufgabenerfüllung in „eigener Regie" kein prinzipieller Vorrang mehr vor der Erledigung in Privatrechtsformen zu; gleichwohl spricht die „Nähe" zum kommunalen Aufgabenträger sowie die besondere Demokratie- und Öffentlichkeitsfreundlichkeit für einen gewissen „kommunalpolitischen Attraktivitätsvorrang" der öffentlich-rechtlichen Organisationsformen, insbes des Regie- und Eigenbetriebes (bessere Wahrung des öffentlichen Interesses, größere Einflussmöglichkeiten auf Aufgabenwahrnehmung, Tarifgestaltung und Versorgungssicherheit, Siedlungs-, Infrastrukturpolitik und dergl.). Vor einer Entscheidung über die Rechtsform eines wirtschaftlichen Unternehmens oder dessen Umwandlung ist eine sorgfältige Prüfung in der Regel auf Grund von Vergleichsberechnungen und ggf. Kosten-Nutzen-Analysen (§ 10 Abs. 2 GemHVO) durchzuführen und zu dokumentieren (vgl. Rdn. 37 zu § 102 und Erl. zu § 108 sowie Teil I Rdn. 113 ff.).

5.   Voraussetzungen nach § 103 Abs. 1 Nr. 1 bis 5

Mit der Aufhebung des Vorrangs des Eigenbetriebes und der grundsätzlichen **19** Einführung der Wahlfreiheit zwischen öffentlichen und privaten Rechtsformen sind jedoch die inhaltlichen Beschränkungen für Unternehmen in Privatrechtsform nicht entfallen, sondern durch eine Reihe von Zulässigkeitsvoraussetzungen insbes. entsprechend den Erfordernissen einer öffentlichen Aufgabenerfüllung bei kommunalem Handeln in Privatrechtsform in § 103 Abs. 1 Nr. 1–5 festgelegt (vgl. auch §§ 103a ff.). Die durch die Wahl privatrechtlicher Unternehmensformen eröffneten Gestaltungsmöglichkeiten werden damit unter Berücksichtigung des bundesgesetzlichen Gesellschaftsrechts durch ein System von Einwirkungs-, Steuerungs-, Informations-, **Mitsprache- und Kontrollrechten und -mechanismen** „kommunalgerecht" modifiziert („Harmonisierung" des Spannungsfeldes Verfassungs-/Gesellschafts-/Kommunalrecht i. S. einer „Kommunalverträglichkeit", insbes zur Erfüllung des einwohnernützigen öffentlichen Zwecks sowie zur Wahrung demokratischer und rechtsstaatlicher Grundsätze; LTDS 12/4055; *Weiblen* BWGZ 1992, 154 ff.; *Umlandt* DNV 5/2000, 12 ff.; allgemein: BGHZ 36, 296, 306; *Ehlers* DÖV 1986, 897 ff.; Berl-VerfGH NVwZ 2000, 765 ff.;. *Hecker* VerwArch 2001, 261 ff.; *Gern*, a. a. O., Rdn. 406 ff.; *Katz* GemHH 2002, 54 ff. und 2016, 73 ff.; oben Teil 1 Rdn. 46 ff., 53 ff. und 126 ff.).

20   a) Nach § 103 Abs. 1 Nr. 1 muss das Unternehmen seine **Aufwendungen** (nicht Ausgaben oder Kosten) nachhaltig **mindestens zu 25 % mit Umsatzerlösen** decken (Zulässigkeitsvoraussetzung an Stelle des früheren Vorrangs für Eigenbetriebe; dauerhafte Überschreitung der Grenze bisher und voraussichtlich auch zukünftig). Mit dieser Anforderung wird sichergestellt, dass Aufgabenbereiche, die in einem sehr hohen Umfang aus öffentlichen Haushalten bezuschusst werden (starke „Defizitbringer"), nicht als Unternehmen in Privatrechtsform ausgegliedert werden. Die Gemeindeorgane sollen mit Blick auf das verfassungsrechtliche Gebot der kommunalen Selbstverwaltung insoweit die unmittelbare Verantwortung für diese Aufgaben und Aufwendungen behalten. Als **Umsatzerlöse** sind die Erlöse aus dem Verkauf, der Vermietung oder Verpachtung von für die gewöhnliche Geschäftstätigkeit des Unternehmens typischen Erzeugnissen und Waren sowie aus von für die gewöhnliche Geschäftstätigkeit typischen Dienstleistungen nach Abzug von Erlösschmälerungen und der Umsatzsteuer zu verstehen (vgl. § 277 Abs. 1 HGB). Bei Verkehrsbetrieben zählen auch Ausgleichszahlungen zu den Erlösen (etwa § 45a PersBefG, § 62 SchwerbehG). Zuschüsse Dritter, die keinen Entgeltcharakter besitzen, sind dagegen keine Umsatzerlöse. Die klassischen kommunalen Versorgungs- und Verkehrsbetriebe erfüllen den geforderten Grad der Aufwandsdeckung durch Umsatzerlöse in aller Regel deutlich. Bei den sog. nichtwirtschaftlichen Unternehmen und Einrichtungen (§ 102 Abs. 3 Nr. 1 und 2 i. V. mit § 106a; Rdn. 65 ff. zu § 103 und Erl. zu § 106a) geben die Gemeindefinanzberichte des Deutschen Städtetages, die Jahresberichte der GPA und Veröffentlichungen des Stat. Landesamtes Anhaltspunkte. Danach dürften die 25 % in den Bereichen Abfall, Abwasser, Friedhof, Straßenreinigung, Volkshochschulen und Musikschulen meist erfüllt sein (i. d. R. nicht bei Bädern, KiGa, Theatern, Museen, Büchereien usw.). Nach § 103 Abs. 1 Satz 2 kann die obere Rechtsaufsichtsbehörde von der in Nr. 1 festgelegten Mindestaufwandsdeckung **Ausnahmen** zulassen. Dadurch kann einerseits eine flexiblere und einzelfallgerechtere Handhabung gewährleistet werden, andererseits müssen solche Unternehmen in Privatrechtsform echte Ausnahmefälle bleiben. Stets sollte gewährleistet sein, dass die Belastung der Kommune infolge der Organisationsprivatisierung nicht erhöht wird (z. B. durch Verlustausgleiche; vgl. LTDS 12/4055, S. 26 f.; *Weiblen* BWGZ 1999, 1005, 1008).

21   b) Die in § 103 Abs. 1 Nr 2, 3 und 5 sowie in §§ 103a, 105 und 105a normierten Bestimmungen dienen einer verbesserten strategischen und politisch-administrativen Steuerung und Kontrolle. Nach § 103 Abs. 1 Nr. 2 muss „im Gesellschaftsvertrag (Satzung) sichergestellt sein, dass der öffentliche Zweck des Unternehmens erfüllt wird". Dadurch wird im Hinblick auf den gesellschaftsrechtlich geprägten Status kommunaler Eigen- und Beteiligungsgesellschaften die **Unternehmensausrichtung auf die Erfüllung öffentlicher Zwecke** sichergestellt. Die Umsetzung dieses Gebotes ist in der GmbH-Mustersatzung (§ 2) in Teil 3 Anlage 2 dargestellt (vgl. dazu Teil 1 Rdn. 138). Ergänzt werden sollte die möglichst präzise Regelung des Gesellschaftszwecks noch durch folgende Gesellschaftsvertragsvorschrift: „Die Gesellschaftsorgane sind im Rahmen der Gesetze in besonderer Weise dem öffentlichen Unternehmensgegenstand verpflichtet und haben die Gemeindeinteressen wahrzunehmen." Da Weisungen nach dem Gesellschaftsrecht nur begrenzt erteilt werden können (insbes an den Aufsichtsrat einer Aktiengesellschaft oder einer GmbH mit obligatorischem Aufsichtsrat), ist es für eine Kommune unumgänglich, die von ihr durch ihr Unternehmen wahrzunehmende öffentliche Aufgabenerfüllung satzungsmäßig zum Gegenstand des Unternehmens zu machen. Der Gesetzgeber wollte damit auch besonders absichern, dass vorrangig und unmittelbar der öffentliche Zweck erfüllt und Gewinnerzielung nur nachrangig, sekundär verfolgt wird. Neben der primären Erfüllung des öffentlichen Zwecks sollen nach § 102 Abs. 2 die Kommunalunternehmen nach Möglichkeit auch einen Ertrag abwerfen (vgl. LTDS 10/5918, S. 27; *Weiblen* BWGZ 1992, 154 f.; BWGZ 2000, 177 ff.; *Katz* GemHH 2002, 54 ff.; vgl. auch § 102 Rdn. 61 ff.).

c) Einflussrechte und Einwirkungspflichten (§ 103 Abs. 1 Nr. 3). Als weitere, **22** in § 103 Abs. 1 Nr. 3 ausdrücklich genannte Voraussetzung für ein kommunales Unternehmen in Privatrechtsform müssen angemessene Rechte und Möglichkeiten der gemeindlichen Einwirkung auf die Gesellschaft gegeben sein (**angemessener Einfluss**). Dieses Tatbestandsmerkmal ergibt sich im Grundsatz schon aus der Bindung an einen öffentlichen Zweck (vgl. § 102 Abs. 1 Nr. 1 und Abs. 2; § 103 Abs. 1 Nr. 2; vgl. Rdn. 30 ff. zu § 102) und erschließt sich erst vollständig im Zusammenwirken aller diesbezüglichen Regelungen in §§ 102 bis 108 (**Gesamtschau** der dort enthaltenen Vertretungs-, Weisungs-, Prüfungs- und Haftungsbestimmungen sowie der Steuerungs-, Informations-, Mitsprache- und Controllingrechte bzw. -mechanismen; vgl. insbes dazu Erl. zu §§ 104 und 105), aber auch ganz allgemein aus den kommunalrechtlichen Vorschriften (§§ 1, 2, 10, 24), besonders aus **Art 28 Abs. 2 GG und Art. 71 ff.** LV (vgl. auch die entspr. Regelungen in §§ 65 ff. BHO bzw. LHO sowie §§ 53 f. HGrG). Eine Verantwortlichkeit der nach demokratischen Grundsätzen gewählten Gemeindeorgane, insbes. des **demokratisch legitimierten Gemeinderats**, ist nur dann möglich, wenn sie **ausreichende Informations- und angemessene Einflussrechte** besitzen. Beteiligungsunternehmen erfüllen kommunale Aufgaben, materielle Verwaltungsfunktionen; sie sind Instrumente zur Wahrnehmung öffentlicher Gemeindeaufgaben und sind Träger mittelbarer Kommunalverwaltung. Die Gemeinden müssen deshalb im Rahmen der rechtlichen Möglichkeiten alle Mittel ausschöpfen, um die grundlegenden und wichtigen Ziele und Entscheidungen der Geschäftspolitik vorzugeben, maßgeblich zu beeinflussen, zu überwachen und zu kontrollieren (durch entsprechende Satzungs- oder Gesellschaftsvertragsregelungen, Festlegung von Unternehmenszielen, Kontraktmanagement, Kompetenzzuordnung, Bestellung bzw. Wahl der Organe, Beteiligungsmanagement, Berichtswesen und Controlling; nachhaltige und effektive Einfluss- und **Einwirkungspflichten der Kommunen auf ihre Unternehmen** in Privatrechtsform). Dies stellt kein nur „untergeordnetes Kriterium", sondern eine zentrale Voraussetzung von hohem Gewicht dar (vgl. §§ 24 Abs. 1, 103 Abs. 3 und 103a f.). In der Regel wird ein angemessener Einfluss dann gegeben sein, wenn eine Gemeinde entsprechend ihrem Gesellschaftsanteil den Unternehmensgegenstand erfüllen, die Gewährleistungsverantwortung sicherstellen und bei Störungen den notwendigen Einfluss ausüben kann (Erreichung des kommunalen Zwecks und Sicherstellung der öffentlichen Aufgabenerfüllung). Bei strategischen Entscheidungen und kommunalpolitisch wichtigen Einzelfragen sowie größeren haushaltsrelevanten Auswirkungen sollte ein verstärkter Einfluss bestehen. Die Gemeinden müssen in Beteiligungsunternehmen also ausreichende, in wichtigen Fragen maßgebliche **Beteiligungs-, Mitsprache- und Kontrollrechte** sowie die dafür erforderlichen **Informationsrechte** besitzen (vgl. LTDS 10/5918 und 12/4055, S. 17 ff.; VGH BW DVBl 1981, 220, 222; *Knemeyer* Der Städtetag 1992, 317 ff.; *Schmidt-Jortzig*, in: HKWP Bd. 5, S. 64 ff.; OVG SchlH ZFK 1999, 273 f.; BerlVerfGH NVwZ 2000, 794 ff.; *Umlandt* DNV 5/2000, 12 ff.; *Weiblen* BWGZ 2000, 177 ff.; *Katz* GemHH 2002, 54 ff.; *Brüning* VerwArch 2009, 453 ff.; *Pauly/Schüler* DÖV 2012, 339 ff.; *Katz* GemHH 2016, 73 ff.; Rdn. 46 sowie Erl. zu §§ 104 und 105).Welchen Umfang und welches Ausmaß die gemeindlichen Einfluss-, Informations- und Kontrollrechte mindestens besitzen müssen, ist im Einzelfall nach sorgfältiger Prüfung entsprechend den Vorgaben der gewählten Rechtsform und den spezifischen Rahmenbedingungen festzulegen (Vorteile der GmbH gegenüber der AG, § 103 Abs. 2; vgl. dazu eingehend *Katz*, a. a. O., Teil I Rdn. 126 ff.). Für die wichtigsten gesellschaftsrechtlichen Organisationsformen gilt Folgendes:

23 aa) **Aktiengesellschaft (AG):** Wenn sich Gemeinden an einer AG beteiligen, so bedienen sie sich freiwillig einer privatrechtlichen Gesellschaftsform. Nach hM gilt dabei der Grundsatz des Vorrangs des insoweit bundesgesetzlich abschließend geregelten Privatrechts vor dem Kommunalrecht (vgl. etwa BGHZ 39, 296, 305 ff.; 69, 334 ff.; *Püttner* DVBl 1986, 748, 751 f.). Das Aktienrecht ist geprägt von einer strengen Trennung von den Kapitaleignern einerseits und dem Management (Vorstand und Aufsichtsrat) andererseits. Bei keiner Rechtsform ist die **Verselbstständigung** des Unternehmens gegenüber den Kapitaleignern (Rechtsträger) so ausgeprägt wie bei der AG. Charakteristisch für das AktG ist weiter die strenge Funktionstrennung zwischen Aufsichtsrat und Vorstand sowie die konsequente Geltung des **Prinzips der formellen Satzungsstrenge**, wonach vom Aktienrecht nur abgewichen werden darf, wenn dies im AktG ausdrücklich zugelassen ist (§ 23 Abs. 5 AktG). Dies beinhaltet ua die weitgehende Unabhängigkeit der Vorstandsmitglieder und auch der Aufsichtsratsmitglieder und damit die Unzulässigkeit von bindenden Weisungen an diese Organe sowie die Pflicht der Organe, bei ihren Entscheidungen primär die Gesellschaftsbelange zu berücksichtigen (§§ 76, 93, 116 und 117 AktG; § 394 AktG neu; vgl. auch die aktuelle Diskussion zu Publizität usw.: KonTraG, IAS, GAAP, IPSAS; Rdn. 2 ff. zu § 105). Dadurch ist der gemeindliche Einfluss in der Gesellschaft deutlich begrenzt. Deshalb ist auch in § 103 Abs. 2 für die AG eine Subsidiaritätsklausel festgelegt worden (vgl. LTDS 12/4055, S. 29; *Umlandt* DNV 5/2000, 12 ff.; unten Rdn. 45; allgemein: *Zimmermann/Kröger* FinanzBetrieb 6/1999, 88 ff.; *Keiluweit* BB 2011, 1795 ff.). Die geltende Gesetzeslage eröffnet hier allerdings abgesehen von sehr eingeschränkten Möglichkeiten in Gesellschaftsvertrag, Satzung oder Konzessionsvertrag im Grundsatz über das Recht des Vertragskonzerns eine angemessene **konzernrechtliche Lösung**: Das Recht der verbundenen Unternehmen (§§ 15 ff. und 291 ff. AktG) gewährt weit gehende Einflussmöglichkeiten (einschließlich der Festlegung von bindenden Weisungen) auf die Vorstands- und Aufsichtsratsmitglieder einer AG (§ 17 AktG). Da die Gemeinden in aller Regel als Unternehmen i. S. von §§ 15 ff. AktG anzusehen sind, findet das Konzernrecht auf das Verhältnis Gemeinde/Eigen- oder Beteiligungsgesellschaft mit gemeindlichem Mehrheitsbesitz – wenn nicht direkte – so doch jedenfalls entsprechende Anwendung (vgl. LG Essen NJW 1976, 1897 ff.; BGHZ 69, 334 ff.; 74, 359 ff.; *Stober* NJW 1984, 449, 455; Rdn. 22 zu § 104; *Roth/Altmeppen*, a. a. O., § 13 Anhang). Ein angemessener Einfluss der Gemeinde auf die Beteiligungsunternehmen kann damit grundsätzlich sichergestellt werden. Bei der Errichtung solch einer AG müssen stets entsprechende Unternehmens- bzw. Organisationsverträge („**Beherrschungsverträge**", Ergebnisabführungsverträge usw.) abgeschlossen werden (§§ 291 ff., insbes. §§ 308 ff. AktG; *Koch* DVBl 1994, 667 ff.; *Gern*, a. a. O., Rdn. 409; *Spannowsky* ZGR 1996, 400, 423 ff.; *Timm* JuS 1999, 760 ff. und 867 ff.; *Mayen* DÖV 2001, 110, 113 ff.; zu **Holding-Modellen**: VerfGH Berlin DVBl 2000, 51 ff.; *Schmehl* JuS 2001, 233 ff.; *Mayen* DÖV 2001, 110, 116 f.; *Hecker* VerwArch 2001, 261 ff.; *Benecke* BB 2003, 1190 ff.; allgemein: Teil 1 Rdn. 110 und 147).

bb) GmbH: Für die GmbH sind die inhaltlichen Festlegungen im **Gesellschafts-** **24** **vertrag** bzw. in der Satzung sowie im Konzessionsvertrag für die gemeindlichen Einwirkungsmöglichkeiten auf das Beteiligungsunternehmen von großer Bedeutung. Das GmbHG überlässt weit mehr als das AktG das gesellschaftsvertragliche Rechtsverhältnis den Gesellschaftern zur Disposition. Die organisationsrechtliche Elastizität des GmbH-Rechts, die starke, dominierende Stellung der Kapitaleigner (Gesellschafter/-versammlung als höchstes Organ), die Weisungsabhängigkeit der Geschäftsführung und die Möglichkeit Gesellschaftszweck, Zuständigkeiten usw. weitgehend frei gestaltend im Gesellschaftsvertrag zu regeln, ist für die GmbH typusbestimmend (**Satzungsautonomie**; GmbHG weitgehend als **dispositives Recht**; vgl. §§ 37, 45 ff. und **52 Abs. 1 GmbHG;** *Schmidt*, Gesellschaftsrecht, § 36). Danach hat die Geschäftsführung, abgesehen von wenigen zwingend vorgeschriebenen Aufgaben, keinen abgesicherten Autonomiebereich eigenverantwortlichen Handelns, sondern hat die Regelungen des Gesellschaftsvertrages und die Beschlüsse der Gesellschafterversammlung zu beachten. Die Herrschaft über die GmbH liegt bei den Anteilseignern (Gesellschafterversammlung als höchstes Organ, das Inhalt der Satzung festlegt). Sie können „ihren Mann" zum Geschäftsführer wählen und die kommunalen Interessen unter anderem sogar durch Weisungen durchsetzen. Ein angemessener kommunaler Einfluss kann also bei einer GmbH weitgehend gesichert werden, wozu der Gesetzgeber insbes in § 103a Mindestanforderungen aufgestellt hat (vgl. §§ 37 Abs. 1 und 45 GmbHG). Für das fakultative Organ Aufsichtsrat gilt dies entsprechend (vgl. § 52 Abs. 1 letzter Halbs. GmbHG). Sind allerdings die Vorschriften des DrittelbG oder des MitbestimmungsG anzuwenden (bei Unternehmen mit über 500 bzw. 2 000 Arbeitnehmern), werden die Einwirkungsmöglichkeiten nach dem DrittelbG etwas, nach dem MitBestG stärker reduziert (vgl. § 1 Abs. 1 Nr. 3 DrittelbG; §§ 1, 6 f. und 25 MitBestG; § 111 AktG; unten Rdn. 44; Rdn. 4 zu § 103a sowie Rdn. 23 zu § 104; allgemein: *Kraft*, in HKWP Bd. 5, S. 168, 172 ff.; *Baumbach/Hueck*, Kom. zum GmbHG, § 52 Rdn. 73 ff.; *Katz* GemHH 2002, 54 ff.; *Pauly/Schüler* DÖV 2012, 339 ff.; ausführlich Teil I Rdn. 126 ff.; *Katz* GemHH 2016, 73 ff.). Zu Konzernlösungen vgl. Rdn. 23; zu GmbHs mit beherrschendem Gesellschafter: BGH NJW 2001, 3622 ff.; *Schmidt* NJW 2001, 3577 ff.

25   **cc) GmbH und Co KG:** Da die Gemeinde in aller Regel ihre öffentlichen Interessen in einer GmbH voll zur Geltung bringen kann und gemäß § 161 Abs. 2 i. V. mit § 125 Abs. 1 HGB nur der Komplementär (GmbH) die Gesellschaft nach außen vertreten kann, hat die Gemeinde auch auf die Geschäftsführung der KG einen maßgeblichen Einfluss. Abgesehen von evtl gesetzlich vorgeschriebenen Mitwirkungsrechten der Kommanditisten (§§ 164 ff. HGB) können die Einwirkungsmöglichkeiten der Gemeinde als Komplementär zur Sicherstellung des öffentlichen Zwecks bei einer GmbH und Co KG hinreichend abgesichert werden (vgl. insbes zur Haftungsbegrenzung Rdn. 33).

26   **dd) BGB-Gesellschaft (GbR), OHG, KG:** Diese Rechtsformen sind in aller Regel mit der in § 103 Abs. 1 Nr. 4 vorgeschriebenen Haftungsbegrenzung nicht zu vereinbaren (vgl. Rdn. 34; *Cronauge*, a. a. O., Rdn. 160 ff.; zur GbR: BGHZ 142, 315 ff.; BGH NJW 2001, 1056 ff.; *Schmidt* NJW 2001, 993 ff.; *Forst/Traut* DÖV 2010, 210 ff.).

27   **ee) Rechtsfähiger Verein:** In Einzelfällen kann ein rechtsfähiger Verein in der Form des sog. Idealvereins (§ 21 BGB) in Betracht kommen. Durch die Vereinssatzung können die Gemeinden einen angemessenen Einfluss sicherstellen. Die umfangreichen Formvorschriften sind zu beachten (Eintragung im Vereinsregister usw.; vgl. *Cronauge*, a. a. O., Rdn. 171 ff.). Ein nichtrechtsfähiger Verein scheidet in aller Regel wegen seiner weitgehend uneingeschränkten Haftung aus (§ 54 Satz 2 BGB; vgl. Rdn. 34; BGHZ 42, 210 ff.; BGH NJW 2001, 1056 ff.; *Schmidt* NJW 2001, 993 ff.; *Fabry/Austen*, a. a. O., S. 50 f.).

28   **d) Haftungsbeschränkung (§ 103 Abs. 1 Nr. 4).** § 103 setzt in Abs. 1 Nr 4 weiter voraus, dass für die Beteiligung an einem Unternehmen eine Form gewählt wird, bei der die Haftung oder Einzahlungsverpflichtung der Gemeinde auf einen ihrer Leistungsfähigkeit angemessenen Betrag begrenzt wird (**Haftungsbeschränkung**). Daraus ergibt sich, dass die Gemeinden keine Gesellschafter einer OHG (§§ 128 ff. HGB), keine persönlich haftenden Gesellschafter einer KG (§ 161 HGB) oder einer KG auf Aktien (§§ 282 ff. AktG), kein Genosse einer eingetragenen Genossenschaft mit unbeschränkter Haftung, kein Gesellschafter in einer bürgerlichen Gesellschaft (§ 718 BGB) und auch kein Mitglied eines nicht rechtsfähigen Vereins (§ 54 BGB) sein können. § 103 Abs. 1 Nr. 4

soll verhindern, dass eine Gemeinde durch die Beteiligung Risiken eingeht oder/ und Vermögensverluste erleiden kann, die im Voraus nicht abzuschätzen sind und ggf die finanzielle Leistungsfähigkeit der Gemeinde übersteigen können (**Schutz vor** nicht zu vertretenden **Haushaltsrisiken**). Bei Unternehmensformen mit begrenzter Haftung sind die Einzahlungs- oder Nachschussverpflichtungen und damit der maximale Haftungsumfang betragsmäßig begrenzt und damit kalkulierbar. Die Gemeinde hat dabei im Einzelfall sorgfältig zu prüfen, welche maximale Haftungshöhe und damit welches Beteiligungsausmaß die Finanzkraft der Gemeinde und ihr kommunales Interesse an dem Unternehmen zulässt (vgl. § 77), um dann beurteilen zu können, ob die Haftung der Gemeinde betragsmäßig so begrenzt ist, dass sie mit ihrer Leistungsfähigkeit in einem angemessenen Verhältnis steht. Eine Ausnahme von diesem Gebot gibt es nicht. Als **Unternehmensformen mit Haftungsbegrenzung** kommen in Betracht (zu Haftungsfragen allgemein vgl. Wiedemann, Gesellschaftsrecht, Bd. I, § 10; *Cronauge*, a. a. O., Rdn. 160 ff.; *Meyer* DÖV, 2015, 827 ff.; Teil I Rdn. 186 ff.):

aa) **Aktiengesellschaft (AG):** Die AG ist eine Kapitalgesellschaft mit eigener **29** Rechtspersönlichkeit, für deren Verbindlichkeiten den Gläubigern nur das Gesellschaftsvermögen haftet. Das Gesellschaftsvermögen ist das in Aktien zerlegte Grundkapital der AG und das übrige Vermögen (vgl. §§ 1, 7, 57 ff. und 92 AktG; *Schmidt*, Gesellschaftsrecht, §§ 26 IV, 29; Teil I Rdn. 107 ff. und 147).

bb) **Gesellschaft mit beschränkter Haftung (GmbH):** Für die Verbindlichkeiten **30** der GmbH haftet den Gläubigern gegenüber nur das Gesellschaftsvermögen. Der einzelne Gesellschafter ist im Regelfall nur zur vollen Einzahlung seiner übernommenen Stammeinlage, seines Geschäftsanteils, verpflichtet (vgl. §§ 1, 5, 9 ff., 13 ff., 26 ff. und 64 GmbHG; *Schmidt*, Gesellschaftsrecht, §§ 33 V, 37; Teil I Rdn. 101 ff. und 131 ff.; zu Einzelfragen Rdn. 4 ff. zu § 103a).

cc) **Erwerbs- und Wirtschaftsgenossenschaft** mit beschränkter Haftpflicht (eG): **31** Gemäß § 2 GenG können eingetragene Genossenschaften mit beschränkter Haftpflicht errichtet werden (vgl. §§ 1 ff. GenG). Bei ihnen ist die Haftung eines Genossen im Voraus auf eine bestimmte Summe begrenzt (vgl. allerdings §§ 6 Nr. 3 und 105 ff. GenG; *Schmidt*, Gesellschaftsrecht, § 41).

dd) **Kommanditgesellschaft auf Aktien:** Nach § 278 AktG ist die KG auf Ak **32** tien eine Gesellschaft mit eigener Rechtspersönlichkeit, bei der mindestens ein Gesellschafter unbeschränkt haftet (persönlich haftender Gesellschafter) und die übrigen an dem in Aktien zerlegten Grundkapital beteiligt sind, ohne persönlich für die Verbindlichkeiten der Gesellschaft zu haften (Kommanditaktionäre). Die Gemeinde könnte nur die Stellung eines Kommanditaktionärs, nicht aber die eines persönlich haftenden Gesellschafters einnehmen (hierfür dürfte allerdings ein „angemessener Einfluss" nicht zu erreichen sein; Rdn. 14, 21 und 46 f.).

ee) **GmbH und Co KG:** Bei der GmbH und Co Kommanditgesellschaft wird die **33** unbeschränkte Haftung der Gemeinde durch Einschaltung einer GmbH vermieden. Hierbei gründen idR die Gesellschafter einer GmbH mit dieser zusammen eine KG derart, dass nur die GmbH persönlich haftender Gesellschafter (Komplementär), die Gesellschafter der GmbH aber Kommanditisten werden. Die GmbH, die ein Mindeststammkapital von nur rd. 25 000 Euro haben muss, hat die Funktion einer Geschäftsführungs-GmbH. Auf diese Weise lässt sich die Leitung des Unternehmens straff organisieren und der Bestand des Unternehmens sichern. Besonders wichtig ist, dass keine Doppelbesteuerung stattfindet. Die GmbH und Co KG als Personengesellschaft unterliegt nicht der Körperschaftsteuer. Die gemeinderechtliche Zulässigkeit der GmbH und Co KG ist nach § 103 nicht unproblematisch. Zwei Konstruktionen sind denkbar: Entweder man sieht die Gründung oder den Erwerb einer solchen Gesellschaft im Rahmen des § 103 als einheitlichen, allerdings notwendigerweise zweistufigen Vorgang an (GmbH ist bloß zwangsläufiges Durchgangsstadium ohne eigenständige Aufgaben) und beurteilt den gesamten Gründungs- bzw. Beteiligungsakt nach § 103 Abs. 1 oder man spaltet den Vorgang in zwei getrennte Akte auf (Beteiligung an einer GmbH gemäß § 103 Abs. 1; Beteiligung an der KG gemäß § 105a). Im Allgemeinen dürfte mehr für die erste Konstruktion sprechen. Auch das Tatbestandsmerkmal des §§ 102 Abs. 1 Nr. 1 bzw. 103 Abs. 1 Nr. 2, wonach ua ein öffentlicher Zweck das Unternehmen unmittelbar rechtfertigen muss, ist, wenn man Sinn und Zweck dieser Voraussetzung zu Grunde legt, bei einer GmbH und Co KG auch dann als gegeben anzusehen, wenn nur die KG unmittelbar einen öffentlichen Zweck verfolgt. Auch die gemäß § 103 Abs. 1 Nr. 4 notwendige Haftungsbeschränkung ist gegeben (zur GmbH und Co KG vgl. etwa *Hesselmann/Tillmann*, HdB der GmbH und Co; *Schmidt*, Gesellschaftsrecht, § 56; *Fabry/Austen*, a. a. O., S. 346 ff.; Teil I Rdn. 106).

34 ff) Die **OHG, KG und GbR** (BGB-Gesellschaft) besitzen keine Haftungsbegrenzung und können deshalb als Rechtsform **nicht** gewählt werden (§§ 105 ff. und 161 ff. HGB; 705 ff. BGB; nach § 54 BGB gilt dies auch für den nichtrechtsfähigen Verein; vgl. BGHZ 42, 210 ff.; 142, 315 ff.; BGH NJW 2001, 1056 ff.; *Schmidt* NJW 2001, 993 ff.). Diese Unternehmensformen könnten mit der erforderlichen Haftungsbeschränkung allenfalls gewählt werden: Beteiligung als Kommanditist an einer KG (§§ 172 ff. HGB) sowie als stiller Gesellschafter an einer stillen Gesellschaft (§§ 230, 232 Abs. 2 HGB). Diese beiden Organisationsformen für eine wirtschaftliche Betätigung der Gemeinde sind aber in aller Regel unzulässig, weil sie den Gemeinden, die sich an ihnen beteiligen wollen, nur sehr geringe Einflussrechte auf die Unternehmensführung gewähren (Ausnahmen allenfalls bei untergeordneten nichtwirtschaftlichen Tätigkeiten, bei denen eine mögliche Haftung relativ problemlos und überschaubar ist; vgl. *Cronauge*, a. a. O., Rdn. 164 ff.; Rdn. 14, 21 und 46).

35 e) **Finanzsteuerung und -kontrolle** (§ 103 Abs. 1 Nr. 5 i. V. m. §§ 53 f. HGrG). Will sich eine Gemeinde bei einem Anteil i. S. v. § 53 HGrG an einem Unternehmen beteiligen (mehr als 50 % allein oder mit anderen Gebietskörperschaften), muss sie zusätzlich im Gesellschaftsvertrag (Satzung) sicherstellen, dass die in Nr. 5 genannten Tatbestandsmerkmale erfüllt sind. Dadurch wird gewährleistet, dass Art und Umfang der öffentlichen Finanzkontrolle bei der Wahrnehmung kommunaler Aufgaben grundsätzlich nicht durch die Wahl der Rechtsform beeinflussbar ist. Diese Anforderungen gelten auch bei mittelbaren Beteiligungsunternehmen, wenn bei der Obergesellschaft § 53 Abs. 1 und bei der Untergesellschaft § 53 Abs. 2 Satz 2 HGrG erfüllt ist (vgl. dazu eingehend die Erl zu § 105, insbes Rdn. 6 ff.). Nach Art. 8, § 1, der GemO-Novelle 1999 (GBl. S. 292 ff.) haben die Gemeinden darauf hinzuwirken, dass die Gesellschaftsverträge angepasst, die gesetzlichen Vorschriften zügig umgesetzt werden. Im Einzelnen müssen folgende **Zulässigkeitsvoraussetzungen**, nicht lediglich Ingerenzpflichten, vorliegen (i. S. einer **Aufnahmepflicht in die Gesellschaftsverträge**, insbes. in den Fällen des § 53 HGrG; vgl. LTDS 12/4055, S. 29 ff.; *Weiblen* BWGZ 1999, 1005, 1008 f.; *Umlandt* DNV 5/2000, 12 f.; *Pauly/Schüler* DÖV 2012, 339 ff.; eingehend Teil I Rdn. 126 ff. und unten Erl. zu § 105):

aa) Die Wirtschaftsführung hat nach einem jährlichen **Wirtschaftsplan** (Erfolgs- und Vermögensplan mit Stellenübersicht) und einer fünfjährigen **Finanzplanung** entsprechend den Vorschriften für die Wirtschaftsführung der Eigenbetriebe zu erfolgen (§§ 12 ff. EigBG; §§ 1–4 EigBVO). **36**

bb) Aufstellung und Prüfung des **Jahresabschlusses** und des **Lageberichts** sind entsprechend den handelsrechtlichen **Vorschriften für große Kapitalgesellschaften** durchzuführen (soweit diese Vorschriften nicht bereits unmittelbar gelten; vgl. dazu Rdn. 1 ff. und 13 ff. zu § 105). In begründeten Ausnahmefällen kann die obere Rechtsaufsichtsbehörde davon bei Unternehmen mit einfachen Verhältnissen Ausnahmen zulassen (§ 103 Abs. 1 S 2 und 3; vgl. auch § 112 Abs. 2 Nr. 4). Das Eigenbetriebsrecht ist im Wesentlichen entsprechend geregelt (§ 16 EigBG, §§ 7 ff. EigBVO). Die nach **Buchst. f** der Gemeinde für den Gesamtabschluss (§ 95a) zu liefernden Unterlagen und Auskünfte sind erst ab der Einführung der Kommunalen Doppik zu leisten. Buchst. f ist nach dem Gesetz zur Reform des Gemeindehaushaltsrechts vom 4.5.2009 (GBl. S. 185), zuletzt geändert durch Gesetz vom 17.12.2015 (GBl. 2016 S. 1, 2), also erst ab Einführung der Kommunalen Doppik anzuwenden. **37**
Die bislang schon bestehende Möglichkeit der oberen Rechtsaufsichtsbehörde, **Ausnahmen** von diesem Prüfungserfordernis zuzulassen, wurde in der GemO-Novelle 2015 dahingehend erweitert, auch Ausnahmen von den Erfordernissen für die Aufstellung des Jahresabschlusses und des Lageberichts zuzulassen. Damit wird der Weiterentwicklung des Handelsgesetzbuchs Rechnung getragen, in dem durch die Einführung der **Kleinstkapitalgesellschaft** für sehr kleine Unternehmen weitere Erleichterungen – im Vergleich zu den bislang schon bestehenden Erleichterungen für kleine Kapitalgesellschaften – für die Erfordernisse der Rechnungslegung geschaffen wurden. Insbesondere für solche Kleinstkapitalgesellschaften, aber gegebenenfalls auch für kleine Kapitalgesellschaften, kann die obere Rechtsaufsichtsbehörde im Einzelfall – unter Abwägung des Aufwands und der Transparenzanforderungen – entsprechend den Regelungen des HGB Erleichterungen zulassen, wie zum Beispiel eine verkürzte Bilanz oder den Verzicht auf einen Anhang zum Jahresabschluss. Durch diese Ausnahmemöglichkeit von der Anwendung der Vorschriften für große Kapitalgesellschaften kann vermieden werden, dass für sehr kleine kommunale Unternehmen ein unverhältnismäßig hoher Aufwand entsteht. Die Anwendung dieser Ausnahmemöglichkeit ist nur möglich, sofern keine weitergehenden gesetzlichen Vorschriften gelten oder andere gesetzliche Vorschriften entgegenstehen, wie zum

Beispiel die Vorschriften des 2. Teils des Gesetzes über die Elektrizitäts- und Gasversorgung (vgl. LT-DS 15/7610, S. 45 f.).

38   cc) Pflicht zur **Unterrichtung der Gemeinde** insbes durch Übersendung des Wirtschaftsplanes, der Finanzplanung, des Jahresabschlusses und Lageberichts sowie des Prüfungsberichts des Abschlussprüfers (zusätzlich sind gesellschafts-vertragliche Informations- und Berichtspflichten dringend geboten; zu den In-formationspflichten für einen angemessenen Einfluss, Steuerung und Control-ling vgl. Rdn. 22 ff. und 46 f.; eingehend Teil 1 Rdn. 126 ff.).

39   dd) Einräumung von Informationsrechten und **Befugnissen** gegenüber dem Un-ternehmen **nach § 54 HGrG** (Prüfung, die nicht auf das Unternehmen, sondern auf die Gemeinde zielt; sog. **Betätigungsprüfung**). Danach ist im Gesellschaftsver-tag sicherzustellen, dass sich das örtliche und überörtliche Prüfungsorgan der Ge-meinde zur Klärung von Fragen, die bei der Betätigungsprüfung auftreten, unmit-telbar beim Unternehmen unterrichten und zu diesem Zweck den Betrieb, die Bücher und die Akten des Unternehmens einsehen kann (Befugnisse nach § 54 HGrG zur Wahrnehmung der kommunalen Steuerungs- und Kontrollrechte; nur Unterrichtungs-, kein Unternehmensprüfungsrecht, also eine Art „Nachschau-recht", das insbes im Rahmen der Prüfung der Beteiligungsverwaltungsaufgaben der Gemeinde ausgeübt werden sollte; vgl. §§ 53 f. und 44 HGrG; Erl. zu § 105, insbes. Rdn. 6 ff.; *Müller-Prothmann* BWVP 1994, 83 ff.; *Will* DÖV 2002, 319 ff.; *Kölz/Strauß* GemHH 2005, 224 ff. – mit Checkliste –; *Kämmerling* GemHH 2009, 8 ff.). Seit der GemO-Novelle 1999 haben die Prüfungsorgane im Rahmen der Betätigungsprüfung auch besonders zu prüfen, ob die Kommunen ihre Pflichten, Befugnisse und Möglichkeiten nach dem neuen Kommunal- und Gesellschaftsrecht zur Steuerung und Überwachung ihrer Eigen- und Beteili-gungsgesellschaften (einschließlich der mittelbaren Beteiligungen) ausreichend und sachgerecht wahrnehmen, und ob ihre Vertreter im Aufsichtsrat ihre Aufga-ben pflichtgemäß, mit der gebotenen Sorgfalt und unter angemessener Berück-sichtigung der Kommunalinteressen erfüllen (vgl. GPA-Geschäftsbericht 1999, S. 21 f.).

40   ee) Einräumung des **Rechts zur überörtlichen Prüfung gemäß § 114 Abs. 1** bei dem Unternehmen unmittelbar (sog. Betätigungsprüfung i. S. des § 112 Abs. 2 Nr. 3, die integraler Bestandteil der überörtlichen Prüfung nach § 114 Abs. 1 ist; §§ 53, 54 HGrG). Danach besteht die Pflicht, in dem Gesellschaftvertrag (Satzung) dieses Recht für die Gemeindeprüfungsanstalt zu verankern. Damit wird ein Prüfungsrecht, keine Prüfungspflicht eingeführt. Diese „Kommunal-prüfung", die keine flächendeckende, sondern nur eine Prüfung von Fall zu Fall beinhaltet, soll für die Fälle vorgesehen werden, in denen es aus besonde-ren, über die Betätigungsprüfung hinausgehenden Gründen erforderlich ist, das Unternehmen selbst, idR in Teilbereichen, zu prüfen (z. B. Kontrolle der Ver-wendung öffentlicher Mittel). Damit soll auch dem Bedürfnis Rechnung getra-gen werden, den Umfang der öffentlichen Finanzkontrolle grundsätzlich nicht durch die Wahl der Rechtsform beeinflussbar zu machen (vgl. LTDS 12/4055, S. 28; *Weiblen* BWGZ 1999, 1005, 1008 f.; *Kölz/Strauß* GemHH 2005, 224 ff.; unten Rdn. 6 ff. zu § 105).

6. Einzelfragen

41 a) Die wirtschaftliche Betätigung in privaten Rechtsformen enthebt die Gemeinde nicht von der grundsätzlichen Pflicht, die für die öffentliche Aufgabenerfüllung geltenden Normen zu beachten. Im Prinzip sind die bei einer öffentlich-rechtlichen Aufgabenwahrnehmung geltenden Grundsätze auch für Beteiligungsunternehmen i. S. von § 103 Abs. 1 anzuwenden. Soweit eine wirtschaftliche Betätigung einer Gemeinde der Daseinsvorsorge und damit Bedürfnissen der Gemeinschaft dient, ist sie grundsätzlich nach öffentlichem und nicht nach privatem Recht zu beurteilen (BGHZ 29, 76 ff.; 91, 84, 96 f). Nach ganz h. M. gelten jedenfalls im Bereich der Daseinsvorsorge die Grundrechte unmittelbar auch für das privatrechtliche Handeln der Gemeinden. Der Staat und auch die Gemeinden können sich, wenn sie sich im Bereich der Leistungsverwaltung zulässigerweise privatrechtlicher Mittel bedienen, nicht der **Grundrechtsbindung** entziehen, der sie bei Einsatz öffentlich-rechtlicher Mittel und Organisationsformen unterworfen wären. So hat etwa ein städtischer Verkehrsbetrieb bei der Gestaltung seiner Tarife auch dann die die öffentliche Verwaltung bindenden Grundsätze zu beachten, wenn der Betrieb zwar in privatrechtlicher Form als AG geführt wird, deren Anteile aber in der Hand der Gemeinde sind (so BGHZ 52, 325 ff.). Entscheidend ist somit nicht die Handlungs- oder Organisationsform, die hier vernachlässigt wird, sondern allein, ob die Gemeinde unmittelbar öffentliche Aufgaben wahrnimmt oder nicht („**Verwaltungsprivatrecht**"; vgl. etwa BVerfGE 45, 63, 80; BGHZ 52, 325 ff.; 65, 284 ff.; 91, 84, 96 f.; BVerwG NVwZ 1991, 59; *Wolff/Bachof/ Stober/Kluth*, VerwR I, § 23 II, § *Katz*, Staatsrecht, Rdn. 599 ff., 609; *Erichsen/Ebber* Jura 1999, 373 ff. sowie oben Rdn. 7 und 55 zu § 102). Grundsätzlich können sich juristische Personen des öffentlichen Rechts aber nicht auf Grundrechte berufen, sie besitzen **keine Grundrechtsfähigkeit** (z. B. Art. 12, 14 GG). Dies gilt nach h. M. auch für kommunale Unternehmen in Privatrechtsform, auf die die Kommune einen beherrschenden Einfluss hat bzw. nehmen kann („Beherrschungskriterium" i. d. R. bei mehr als 50 % gegeben; vgl. BVerfGE 75, 192, 199 f.; NVwZ 2006, 1041 f. und NVwZ 2011, 1201 ff.; a. A. für den Energiebereich *Kühne* JZ 2009, 1071 ff.; allgemein: BGH NJW 2006, 1054 f.; *Krüger* DÖV 2012, 837, 841; *Benecke/Döhmann* JZ 2015, 1018, 1024; *Lange*, a. a. O., Kap. 14 Rdn. 180 ff.; Teil 1 Rdn. 71).

42 Soweit ein Beteiligungsunternehmen Aufgaben einer öffentlichen Einrichtung i. S. von § 10 Abs. 2 wahrnimmt, gelten im Prinzip dieselben Grundsätze (vgl. Erl. zu §§ 10, 11). In dem Rechtsverhältnis zum Benutzer ist zwischen der **Zulassung** und der **Benutzung** solcher Einrichtungen zu unterscheiden. Während die Zulassung oft gesetzlich geregelt ist (§ 10 Abs. 2 bis 4; § 10 EnWG; § 22 PBefG) und dann in der Regel dem öffentlichen Recht angehört, können Eigengesellschaften/Beteiligungsunternehmen das Benutzungsverhältnis nur privatrechtlich ausgestalten. Dabei ist allerdings zu beachten, dass die gesetzlichen Zulassungsregelungen grundsätzlich nicht das Unternehmen, sondern nur die Gemeinde verpflichten können. In einem auf entsprechende Zulassung geführten Rechtsstreit ist daher nur die Gemeinde passiv legitimiert und nicht die Gesellschaft i. S. von § 103 (vgl. BVerwGE 123, 159 ff.; VGH BW BWVwBl 1969, 10; *Kraft*, in: HKWP Bd. 5, S. 171; *Wolff/Bachof/Stober/*

Kluth, VerwR I, § 22 III; zum Ausschluss- und Benutzungszwang: Erl zu § 11; BVerwG NVwZ 1986, 754; OVG Münster NVwZ 1987, 727; OLG Düsseldorf vom 8.12.2010 mit Anm. *Wolf* BB 2011, 648; *Hoppe/Uechtritz/Reck*, a. a. O., § 7 Rdn. 103).

43   **b)** Ob ein **Schutz privater Unternehmer vor wirtschaftlicher Konkurrenz** durch kommunale Beteiligungsunternehmen besteht ist umstritten. Grundsätzlich zutreffend dürfte sein, dass einerseits § 102 als echte Subsidiaritätsklausel „drittschützende Wirkung" entfaltet, allerdings nicht jeder Rechtsverstoß unlauteren Wettbewerb darstellt, dass aber stets schwer wiegende, wettbewerbsverzerrende Verstöße, vorsätzliches und planmäßig gegen §§ 102 ff. verstoßendes Handeln ebenso wie der Missbrauch amtlicher Stellung bzw. Finanzkraft oder Ausnutzen amtlicher Beziehungen und Informationen zu unlauterem („sittenwidrigem") Verhalten i. S. v. § 1 UWG führt (vgl. eingehend Rdn. 58 ff. zu § 102; BGH NJW 2002, 2645 ff.; BVerwG NJW 1995, 2938 f.; OLG Hamm NJW 1998, 3504; OLG Düsseldorf NWVBl 1997, 353 und DVBl. 2001, 1283 ff.; LG Offenburg NVwZ 2000, 717; OLG Karsruhe NVwZ 2001, 712 f.; OVG Münster NVwZ 2008, 1031 f.; VGH BW DVBl. 2012, 182 ff. und DVBl. 2015, 106 ff.; *Otting* DÖV 1999, 549 ff.; *Ruffert* NVwZ 2000, 763 f.; *Werner* VBlBW 2001, 206, 211 f.; *Berger* DÖV 2010, 118 ff.; *Lange* NVwZ 2014, 616 f.; Teil I Rdn. 63 ff. und 72 ff.).

44   **c)** Für die Beteiligungsunternehmen gilt nicht das Landespersonalvertretungsgesetz (LPersVG), sondern nach h. M. das **Betriebsverfassungsgesetz** (BetrVG) bzw. **DrittelbG** sowie das **Mitbestimmungsgesetz** (MitBestG). Daraus ergibt sich: Für alle Gesellschaften (AG, GmbH) mit mehr als 2 000 Arbeitnehmern ist nach §§ 1, 6 ff. MitBestG praktisch eine paritätische Mitbestimmung vorgeschrieben. Für die Unternehmen mit mehr als 500 Beschäftigten gelten die §§ 1 Abs. 1 Nr. 3 und 4 DrittelbG; danach sind 1/3 der Mitglieder des Aufsichtsrats einer AG und des – in diesem Fall obligatorischen – Aufsichtsrats einer GmbH von den Arbeitnehmern zu wählen (vgl. oben Teil I Rdn. 102). Bei Eigengesellschaften und von Kommunen dominierten Unternehmen in Privatrechtsform ist dies nicht unbestritten. Nach zutreffender Meinung muss hier in den wesentlichen Entscheidungen der demokratisch legitimierte Gemeinderat ein Letztentscheidungsrecht haben und alle Aufsichtsratsmitglieder der kommunalen Gemeinwohlbindung unterliegen (vgl. §§ 103 Abs. 1 Nr. 2 und 103a sowie etwa VerfGH NW JZ 1987, 242 ff.; *Ehlers* JZ 1987, 218, 224 ff.; VerfGH RhPf DVBl 1994, 1059 ff. und NVwZ 2000, 801 ff.; BVerfG DÖV 1996, 74 ff.; *Battis/Kersten* DÖV 1996, 584 ff.; oben Teil I Rdn. 126 ff.). Im Einzelnen ist vieles umstritten. Zu den Problemen der **Mitbestimmung** in wirtschaftlichen Unternehmen der Gemeinde wird auf *Püttner*, in: HKWP Bd. 5. S. 184 ff.; OVG Münster NWVBl 1996, 254 ff.; BerlVerfGH NVwZ 2000, 794 ff.; *Hecker* VerwArch 2001, 261 ff.; *Unruh* VerwArch 2001, 531 ff.; *Fabry/Augsten*, a. a. O., Teil 3 Rdn. 264 ff. verwiesen (vgl. auch Rdn. 97 zu § 102). Zur **Mitarbeiterbeteiligung** an kommunalen Unternehmen vgl. *Ziche* SächsVBl 2001, 25 ff. m. w. N.; *Stück* DB 2004, 2582. Zu Unternehmen mit Beherrschungsvertrag bzw. faktischem Konzern vgl. OLG Düsseldorf GmbHR 2007, 154; *Deilmann* NZG 2005, 659; Teil 1 Rdn. 110 und 147.

II. Nachrang der Aktiengesellschaft (§ 103 Abs. 2)

Der in § 103 Abs. 2 verankerte Nachrang für die Rechtsform der AG regelt das **45** Verhältnis, wie zwischen privatrechtlichen Unternehmensformen zu wählen ist. Durch die im Aktiengesetz Typus bestimmend festgelegte herausgehobene Stellung des Vorstandes und des Aufsichtsrates, die als zwingendes Recht nicht zu Gunsten der Hauptversammlung/Aktionäre geändert werden kann, sind die rechtlichen Möglichkeiten einer Gemeinde, eine AG i. S. der Erfüllung des öffentlichen Zwecks zu steuern und angemessenen Einfluss auszuüben, relativ begrenzt (Prinzip der formellen Satzungsstrenge und strikten Unternehmensinteressenwahrnehmung; vgl. eingehender oben Rdn. 23 und Rdn. 4 zu § 104). In der Regel ist deshalb die AG nicht als geeignete Rechtsform eines kommunalen Unternehmens anzusehen. Will die Gemeinde eine AG errichten, übernehmen oder sich daran beteiligen, hat sie deshalb den Nachweis zu führen, dass der öffentliche Zweck dieses Unternehmens nicht ebenso gut in einer anderen Rechtsform erfüllt wird oder erfüllt werden kann (insbes Vorrang der GmbH; vgl. *Schmidt* ZGR 1996, 345 ff.; *Keiluweit* BB 2011, 1795 ff.; *Pauly/Schüler* DÖV 2012, 339, 345 f.). Für wesentliche Erweiterungen einer AG, an der die Gemeinde im Juli 1999 bereits beteiligt war, gilt Abs. 2 nicht (i. S. einer großzügigen Wahrung des „Bestandsschutzes"; vgl. LTDS 12/4055, S. 29; *Weiblen* BWGZ 1999, 1005, 1009).

III. Steuerungs- und Kontrollfunktion (§ 103 Abs. 3)

1. Einfluss- und Informationsrechte

Die Gemeinden hatten schon immer **angemessene Einfluss- und Mitwirkungs- 46 rechte** bei ihrer wirtschaftlichen Betätigung sicherzustellen. Im Rahmen eines ganzen Bündels von Maßnahmen zur einflusssichernden Verbesserung der Information, der Steuerung, des Contollings und der Überwachung der Unternehmen in Privatrechtsform hat die GemO-Novelle 1999 die Vorschrift des § 103 Abs. 3 neu festgelegt, die insbes. im Kontext und in einer Gesamtschau von § 103 Abs. 1 Nr. 2, 3 und 5, § 103a, § 104 Abs. 3 und § 105 Abs. 2 zu sehen ist, die aber zwingend dafür **ausreichende Informationsrechte** voraussetzt und beinhaltet (keine Steuerung und Kontrolle ohne breite Info; § 51a GmbHG; § 103 Abs. 3 als „Kristallisationsregelung" und Zusammenfassung der Vorschriften bezüglich Einfluss- und Mitspracherechte, Bestimmung der strategischen Unternehmensziele, Zielvereinbarung, Information und Controlling, Beteiligungsmanagement usw.; vgl. Teil 1 Rdn. 126 ff. oben Rdn. 22 ff.). Aus der kommunalen Aufgaben- und Finanzverantwortung folgt, dass Tendenzen der Verselbstständigung und des Eigenlebens gegenüber den Gemeindeorganen entgegengewirkt und eine **aktive Beteiligungsverwaltung** institutionalisiert werden muss. Eine Gemeinde hat ein Unternehmen, an dem sie mehrheitlich beteiligt ist, so zu steuern und zu überwachen, dass der öffentliche Zweck nachhaltig erfüllt und das Unternehmen wirtschaftlich geführt wird (vgl. Rdn. 30 ff. und 61 ff. zu § 102). Dies erfordert zunächst, dass die den §§ 102 ff. zu Grunde liegenden Voraussetzungen und Grundprinzipien, insbes auch § 102 Abs. 2, beachtet werden (gemeinwohldienliche und einwohnernützige Primärfunktion, angemessener Einfluss, Wirtschaftlichkeit und Rentabilitätsgebot als Sekundärfunktion; vgl. insbes. Rdn. 61 ff. zu § 102). Speziell für Kommunalunternehmen in Privatrechtsform haben die Gemeinden neben einem effizienten Beteiligungsmanagement besonders auch die ihnen insbes über den Gesellschaftsvertrag eröffneten gesellschaftsrechtlichen Einwirkungsmöglichkeiten rechtlich und faktisch umfassend und konsequent auszuüben (vgl. LTDS 12/4055, S. 17 ff.; *Umlandt* DNV 5/2000, 12 ff.; *Weiblen* BWGZ 2000, 177, 183 f.; *Mayen* DÖV 2001, 110, 113 ff.; *Zugmaier* BayVBl 2001, 233 ff.; *Katz* GemHH 2002, 54 ff.; BVerwG NJW 2011, 3735 ff.; VGH München NVwZ-RR 2012, 769 ff.; *Brüning* VerwArch. 2009, 453, 470 f.; *Pauly/ Schüler* DÖV 2012, 339 ff.; *Towfigh* DVBl 2015, 1016, 1020 ff.; ausführlich Teil 1 Rdn. 126 ff. und 139 ff.).

2. Einflusssicherungskonzept

47   Auf folgende Regelungen und Erläuterungen ist i. s. einer **Zusammenfassung** vor allem hinzuweisen:

> – Sicherstellung des öffentlichen Zwecks (kommunale Aufgabenerfüllung in § 102 Abs. 1 Nr. 1 und Abs. 2; Rdn. 30 ff. zu § 102 sowie Rdn. 14 zu § 103);
> – Sicherstellung von Einflussrechten (insbes durch Verankerung im Gesellschaftsvertrag nach § 103 Abs. 1 Nr. 2, 3 und 5; Rdn. 21 ff. und 35 ff.);
> – Einflusssicherung bei GmbHs mit entsprechenden Informationsrechten (Rechte der Gesellschafterversammlung usw.; Erl. zu § 103a);
> – Pflicht zur kommunalen Interessenvertretung nach § 104 Abs. 3 (vgl. Rdn. 23 zu § 104);
> – Einflusssicherung durch Prüfung, Offenlegung und Beteiligungsbericht nach § 105 (Erl. zu § 105, insbes. Rdn. 13 ff.);
> – Verpflichtung zur Anwendung der VOB/VOL nach § 106b (vgl. die dortigen Erl.).

IV. Beschlussvorlage an die Rechtsaufsichtsbehörde

48   1. Gemäß § 108 sind Beschlüsse der Gemeinde über Maßnahmen und Rechtsgeschäfte nach § 103 Abs. 1 und 2 der Rechtsaufsicht unter Nachweis der gesetzlichen Voraussetzungen vorzulegen. Der **Vorlagepflicht** unterliegen sowohl Errichtung, Übernahme, wesentliche Erweiterung als auch Beteiligungen (§ 103 Abs. 1 und 2). Für die Beschlussfassung bei Maßnahmen und Rechtsgeschäften nach § 103 ist in aller Regel der Gemeinderat zuständig (§ 39 Abs. 2 Nr. 10 bis 12). Vorlagepflichtige Unterlagen sind insbes qualifizierte Entscheidungsvorlagen, Wirtschaftlichkeitsberechnungen, Gutachten und der protokollierte Beschluss des Gemeinderats. Näheres ergibt sich aus den Erl. zu §§ 108 und 121.

49   2. Gemäß § 1 Abs. 3 Nr. 8 GemHVO hat die Gemeinde der Rechtsaufsichtsbehörde jährlich mit dem Haushaltsplan die Wirtschaftspläne und neuesten Jahresabschlüsse der Unternehmen vorzulegen, an denen sie mit mehr als 50 % beteiligt ist. Dies stellt keine Vorlagepflicht i. S. des § 108 mit den Rechtswirkungen des § 121 Abs. 2, sondern eine bloße Anzeigepflicht dar. Dieser Pflicht wird durch die Beifügung entsprechender Anlagen zum Haushaltsplan nachgekommen (§ 81 Abs. 3; § 1 Abs. 3 Nr. 8 GemHVO; vgl. auch Rdn. 10 zu § 108).

V. Übergangsbestimmungen

Durch GemO-Änderungsgesetz vom 19.7.1999 (GBl. S. 292) wurde in Art. 8 **50** § 1 festgelegt, dass für Unternehmen in Privatrechtsform, bei denen die bei Inkrafttreten dieser GemO-Novelle 1999 neu vorgeschriebenen Einfluss- und Überwachungsrechte (Ingerenzrechte und -pflichten) noch nicht bestehen bzw. gesellschaftsvertraglich vereinbart sind, die Gemeinde darauf hinzuwirken hat, dass die Voraussetzungen des § 103 Abs. 1 Satz 1 Nr. 2 bis 5 erfüllt werden (auch i. S. von § 103 Abs. 3), bei GmbHs zusätzlich die Voraussetzungen des § 103a. Für mittelbare Beteiligungen nach § 105a Abs. 1 gilt dies für die Voraussetzungen des § 105a Abs. 1 Satz 1 Nr. 2 entsprechend. Inzwischen müsste dies umgesetzt sein.

§ 103a Unternehmen in der Rechtsform einer Gesellschaft mit beschränkter Haftung

(1) Die Gemeinde darf unbeschadet des § 103 Abs. 1 ein Unternehmen in der Rechtsform einer Gesellschaft mit beschränkter Haftung nur errichten, übernehmen, wesentlich erweitern oder sich daran beteiligen, wenn im Gesellschaftsvertrag sichergestellt ist, dass die Gesellschafterversammlung auch beschließt über
a) den Abschluss und die Änderung von Unternehmensverträgen im Sinne der §§ 291 und 292 Abs. 1 des Aktiengesetzes,
b) die Übernahme neuer Aufgaben von besonderer Bedeutung im Rahmen des Unternehmensgegenstands,
c) die Errichtung, den Erwerb und die Veräußerung von Unternehmen und Beteiligungen, sofern dies im Verhältnis zum Geschäftsumfang der Gesellschaft wesentlich ist,
d) die Feststellung des Jahresabschlusses und die Verwendung des Ergebnisses.

Eingefügt durch Gesetz vom 19.7.1999 (GBl. S. 292)

Erläuterungen

Übersicht   Rn.

1. Bedeutung, allgemeine Zielsetzung

1 In § 103a sind **Sonderregelungen** für die in der kommunalen Praxis besonders häufig vorkommende Rechtsform der **GmbH** festgelegt (rd. 50 % aller und rd. 90 % der privatrechtlichen Kommunalunternehmen; vgl. Teil I Rdn. 40 f.). In einer gesonderten Vorschrift sind die aufgrund der speziellen GmbH-Grundstrukturprinzipien (dominierende Gesellschafterstellung) und der durch die „Öffnungsklausel" des § 52 GmbHG bestehenden weiten Gestaltungsfreiheit zu einer wirksamen Steuerung und Kontrolle von GmbHs besonders wichtigen Elemente zusammengefasst (vgl. **Rdn. 4**; Rdn. 24 zu § 103; Rdn. 5 und 23 zu § 104; ausführlich oben Teil 1 Rdn. 101 ff. und 131 ff. und *Katz* GemHH 2016, 73 ff.). Danach müssen neben den allgemeinen Zulässigkeitsvoraussetzungen in §§ 102 f. vor allem zur Gewährleistung der einflusssichernden Steuerungs- und Überwachungsfunktionen bestimmte wesentliche Zuständigkeiten durch den Gesellschaftsvertrag (Satzung) der **Gesellschafterversammlung** übertragen sein. Die Kompetenzzuordnung für bestimmte elementare Angelegenheiten an die Eigentümer (Kapitaleigner) muss im Gesellschaftsvertrag verankert und die Abgrenzung der Zuständigkeiten zwischen Gesellschafterversammlung, Aufsichtsrat und Geschäftsführung widerspruchsfrei, angemessen und präzise festgelegt werden (§§ 45 ff. GmbHG; weitgehend dispositives Recht). Dadurch wird sichergestellt, dass grundlegende, strategische Fragen an die Gemeindeorgane „rückgekoppelt" sind. Der/Die Vertreter der Gemeinde in der Gesellschafterversammlung werden dadurch bei den in § 103a genannten zentralen Angelegenheiten kommunalrechtlich an eine vorherige Beschlussfassung des Gemeinderats gebunden und damit demokratisch besonders legitimiert (über § 39 Abs. 2 Nr. 10 bis 12 hinaus; i. d. R. auch im Rahmen der Hauptsatzung; vgl. auch §§ 44 Abs. 2 und 43 Abs. 5). Gerade deshalb kommt der **Ausgestaltung des Gesellschaftsvertrags** eine ganz zentrale Bedeutung zu (insbes. bei GmbHs, § 52 Abs. 1 letzter HS GmbHG; **Umsetzung der Ingerenzrechte und -pflichten**; vgl. Rdn. 20 ff. und 46 f. zu § 103; *Katz* GemHH 2002, 54 ff. und 2016, 73 ff.). Wichtige Vertragsbestandteile sind nach unserer Rechtsordnung vor allem die Entscheidungszuständigkeiten, der gemeindliche Handlungsrahmen als (Allein-)Gesellschafter generell (u. a. ein angemessenes Einfluss-, Informations- und Controllingsystem) und die Gemeindeinteressen, das öffentliche Gemeinwohl des kommunalen Eigentümers, präzise und eindeutig als Gesellschaftszweck und Unternehmensgegenstand des Kommunalunternehmens zu definieren und festzulegen (vgl. Teil 3 Anlage 2: **GmbH-Mustergesellschaftsvertrag**). Durch die einflusssichernden Regelungen von Rechten, Pflichten, Aufgaben und Zuständigkeiten der Gesellschaftsorgane lässt sich der kommunalrechtlich und -politisch notwendige Einwirkungsgrad der Gemeindeorgane festlegen. Dies ergab sich schon immer und ergibt sich heute noch mehr aus der kommunalen Sicherstellungspflicht ihrer Aufgaben und der Gewährleistungsverantwortung gegenüber ihren Bürgern, aus den potenziellen Haushaltsrisiken und der kommunalen Eigentümerstellung (Gemeinde i. d. R. alleiniger Anteilseigner; vgl. BVerfG JZ 2012, 676 f.; BVerwG NVwZ 2009, 1305 ff. und NJW 2011, 3735 ff. mit Anm. *Altmeppen*; *Brüning* VerwArch 2009, 453 ff.; *Katz* NVwZ 2010, 405 ff.; *Pauly/Schüler* DÖV 2012, 339 ff.; vgl. auch die **Corporate-Governance**-Diskussion; Rdn. 3 ff. zu § 105). Weisungen an Aufsichtsratsmitglieder sind bei mitbestimmten Unternehmen nur begrenzt möglich (vgl. dazu oben Teil 1 Rdn. 142 sowie Rdn. 24 und 44 zu § 103; zur GmbH allgemein: *Schmidt*, Gesellschaftsrecht, §§ 33–40). Die Sonderregelungen in § 103a bedeuten nicht, dass die GmbH anderen Unternehmensformen vorgezogen, aber doch bei Beachtung der Zulässigkeitsvoraussetzungen etwas präferiert wird (vgl. Rdn. 1 ff. und 46 f. zu § 103 und Teil 1 Rdn. 173a ff.). Eine Ausnahme ist in § 103 Abs. 2 für die AG festgelegt (vgl. § 103 Rdn. 45). Die übrigen Unternehmensformen spielen allerdings in der Praxis nur eine untergeordnete Rolle (vgl. LTDS 12/4055, S. 17 ff.; *Weiblen* BWGZ 1999, 1005, 1009 f.; oben Teil 1 Rdn. 40 ff.; Rdn. 1 zu § 103).

2. Obligatorische Zuständigkeiten für die GmbH-Gesellschafterversammlung

2

Die Kommunen dürfen unbeschadet des § 103 Abs. 1 ein Unternehmen in der Rechtsform einer GmbH nur errichten, übernehmen, wesentlich erweitern oder sich daran beteiligen, wenn im Gesellschaftsvertrag sichergestellt ist, dass die **Gesellschafterversammlung** auch beschließt über (Verankerungspflichten in den Gesellschaftsverträgen i. S. von **Muss-** bzw. **Mindestfestlegungen**; vgl. dazu auch den GmbH-Muster-Gesellschaftsvertrag unten **Teil 3 Anlage 2**):

- Abschluss und Änderung von Unternehmensverträgen i. S. der §§ 291 und 292 Abs. 1 AktG (Beherrschungs-, Ergebnisabführungs- und andere Unternehmungsverträge),
- Übernahme neuer Aufgaben von besonderer Bedeutung im Rahmen des Unternehmensgegenstands (nicht zuletzt im Hinblick auf Risiken einer Betätigung in neuen Geschäftsfeldern sowie aus kommunalpolitischen Gründen),
- Errichtung, den Erwerb und die Veräußerung von Unternehmen und Beteiligungen, sofern dies im Verhältnis zum Geschäftsumfang der Gesellschaft wesentlich ist (dem Gemeinderat müssen stets die in § 39 Abs. 2 Nr. 11 und 12 genannten Angelegenheiten zur Beschlussfassung verbleiben),
- Feststellung des Jahresabschlusses und die Verwendung des Ergebnisses (§ 42a GmbHG).
- Daneben sind ganz allgemein die im Rahmen der gesetzlichen Vorschriften möglichen und angemessenen Regelungen zur Gewährleistung der einflusssichernden Steuerungs- und Überwachungspflichten aufzunehmen (vgl. insb. §§ 103 Abs. 3, 104 Abs. 1 Satz 3 und Abs. 3 sowie 105: Einfluss-, Informations-, Interessenvertretungs- und Weisungsrechte und -pflichten; dazu Rdn. 3 und insb. Rdn. 46 f. zu § 103 sowie Teil 1 Rdn. 131 ff.).

---

3. Fakultative Zuständigkeiten für die GmbH-Gesellschafterversammlung

3 In der kommunalen Praxis werden häufig in den Gesellschaftsverträgen weitere, über § 103a hinausgehende Kompetenzen auf die Gesellschafterversammlung verlagert. Dies ist zur Wahrnehmung der kommunalen Steuerungs- und Kontrollfunktionen geboten, weil nur auf diesem Weg Weisungsrechte der Gemeinde festgelegt und ausgeübt werden können, also häufig nur so angemessene und ausreichende Einfluss- und Mitwirkungsmöglichkeiten sichergestellt sind und eine demokratische „Rückkoppelung" hinreichend erfolgen kann (vgl. Rdn. 1 und auch § 46 GmbH). Als fakultative Zuständigkeiten sollten deshalb sinnvollerweise der Gesellschafterversammlung übertragen werden (als Kann- und meist als Sollfestlegungen):

- Festsetzung und Änderung des Wirtschaftsplans sowie des Finanzplans,
- Bestellung und Abberufung der Geschäftsführer,
- Ausübung der Gesellschafterrechte bei wichtigen Unterbeteiligungen,
- Bestellung des Abschlussprüfers,
- Beschlussfassung über Angelegenheiten von besonderer nachhaltiger politischer oder finanzieller Bedeutung, insbes von Maßnahmen, die die Haushaltswirtschaft der Stadt über das lfd. Jahr hinaus in erheblichem Maße beeinflussen, sowie
- die Festlegung von wichtigen strategischen Unternehmenszielen.
- Weisungsrechte und Zustimmungsvorbehalte in bestimmten Einzelfällen.

Welche dieser Aufgaben im konkreten Fall der Gesellschafterversammlung übertragen werden, ist unter Berücksichtigung der speziellen Rahmenbedingungen und Gegebenheiten sorgfältig zu ermitteln und angemessen festzulegen (vgl. *Weiblen*. BWGZ 1999, 1005, 1010). Die Gemeinden sollten in der Regel die vorgenannten, über den Mindestkatalog hinausgehenden Zuständigkeiten auf die Gesellschafterversammlung zusätzlich übertragen, also um diese strategisch wichtigen Kompetenzen erweitern (GPA, Geschäftsbericht 2000, S. 52 ff.; GPA-Mitt 9/2001; oben Teil 1 Rdn. 134 ff. und Teil 3 Anlage 2: **Muster-Gesellschaftsvertrag**; ähnlich OVG NW GmbHR2010, 92 ff.; *Fiedler/Kreft/Lührs* GemHH 1999, 29 ff.; *Weiblen* BWGZ 2000, 177, 183 f.; *Katz* GemHH 2002, 54 ff. und 2016, 73 ff.; *Heller*, a. a. O., S. 31 ff.; *Brüning* VerwArch. 2009, 453, 470 f.).

4. Einzelfragen (insbes. zum Aufsichtsrat in der GmbH)

Typus bestimmend für die GmbH ist die organisationsrechtliche Elastizität des **4** GmbH-Rechts, die starke Stellung der Kapitaleigner (Gesellschafter, Eigentümer, besonders bei einer „Einmann-GmbH"), die Weisungsabhängigkeit der Geschäftsführung und die Möglichkeit, Gesellschaftszweck, Zuständigkeiten usw. des Aufsichtsrats weitgehend frei gestaltend im Gesellschaftsvertrag zu regeln (Satzungsautonomie; GmbHG weitgehend als dispositives Recht; vgl. §§ 37, 45 ff. und 52 Abs. 1 GmbHG; *Altmeppen* NJW 2003, 2561 ff.; *Keiluweit* BB 2011, 1795 ff.; Teil 1 Rdn. 101 ff.). Das GmbH-Recht ist vom Grundsatz der Privatautonomie beherrscht und gestattet deshalb atypische Gestaltungsformen, wo nicht zwingendes Recht, gesetzliche Verbote (§ 134 BGB) oder die guten Sitten (§ 138 BGB) entgegenstehen. Die Frage der „Typengesetzlichkeit" kann deshalb nur begrenzt zum Tragen kommen (Ausnahmen: Schutz der Beteiligten und ihrer Kernkompetenzen, enger Kernbereich der Treue- und Interessenwahrnehmungspflichten und Verkehrsschutz; vgl. Teil 1 Rdn. 101, 126, 131 und 142). Wo der Gesetzgeber zwingende Regelungen nicht für notwendig hielt, ist Vertragsfreiheit die Regel. Ein der Vertragsfreiheit übergeordneter „Typenzwang" ist dem geltenden Recht also grundsätzlich fremd. Für mitbestimmungspflichtige Unternehmen gilt dies allerdings insb. für operative, innerbetriebliche Angelegenheiten nur eingeschränkt (vgl. BGHZ 45, 204 ff.; *Westermann*, Vertragsfreiheit und Typengesetzlichkeit, 1970; *Sack* DB 1970, 3692 ff.; *Schmidt*, Gesellschaftsrecht, § 5 III; *Baumbach/Hueck/Zöllner*, GmbH-Gesetz, § 45 Rdn. 2 ff. und § 52 Rdn. 14, 89 f.; *Keiluweit* BB 2011, 1795 ff.; *Towfigh* DVBl. 2015, 1016, 1022; zu den mitbestimmten Unternehmen: oben Teil 1 Rdn. 102 und 131; Rdn. 44 zu § 103). Ausgehend von einer zum Teil noch umstrittenen Rechtslage können und sollten auch für den Bereich des Aufsichtsrates im Gesellschaftsvertrag zur Sicherung des Einflusses des Kapitaleigners und der kommunalen Aufgabenerfüllung vielfältige Regelungen verankert, bei einem Abweichen vom „Leitbild" des GmbHG müssen sie dort sogar vertraglich festgelegt werden (vgl. auch Rdn. 1, 14, 19 ff., 24 zu § 103; Rdn. 1, 5, 20 f. und 23 zu § 104). Im Einzelnen empfiehlt sich zur **Sicherung der Ingerenz**, der Einfluss-, Informations-, Steuerungs- und Überwachungsfunktionen u. a. Folgendes (vgl. dazu eingehend BVerwG NJW 2011, 3735 ff.; *Katz* GemHH 2002, 54 ff. und GemHH 2016, 73 ff.; *Pauly/Schüler* DÖV 202, 339 ff.; oben Teil 1 Rdn. 131 ff.):

a) Der **Unternehmensgegenstand/Gesellschaftszweck** als konkreter öffentlicher **5** Zweck und Gemeindeaufgabe sowie die **Wahrnehmung auch der Kommunalinteressen** (einschließlich der Erfüllung des Unternehmenszwecks) durch die Aufsichtsratsmitglieder sind nach § 103 Abs. 1 Nr. 2 und § 104 Abs. 3 im Gesellschaftsvertrag festzulegen (vgl. BVerwG NVwZ 2012, 115 ff.; *Schiffer/Wurzel* KommJur 2012, 52 ff.; oben Teil 1 Rdn. 138; Rdn. 14 und 21 zu § 103; Rdn. 21 und 23 zu § 104).

6 b) Häufig wird es für von der Gemeinde entsandte Aufsichtsratsmitglieder als unbefriedigend empfunden, dass wegen der Persönlichkeitsbezogenheit der Mitgliedschaft eine Vertretung nicht vorgesehen ist. Nach zutreffender hM kann zwar nicht durch einfachen Entschluss des Vertretenen, aber durch den Gesellschaftsvertrag die **Wahl von Stellvertretern** und Ersatzmitgliedern zugelassen werden. § 111 Abs. 5 AktG gilt insoweit nicht. Im Regelfall sollte deshalb davon Gebrauch gemacht werden (vgl. *Hachenburg/Ulmer*, GmbH-Gesetz, Rdn. 45 zu § 52; *Baumbach/Hueck/Zöllner*, GmbH-Gesetz, Rdn. 52 und 58 zu § 52; *Lutter/Hommelhoff*, GmbH-Gesetz, Rdn. 18 zu § 52).

7 c) Fragen der Öffentlichkeit und **Verschwiegenheit** der Aufsichtsratssitzungen bzw. generell der in einer GmbH geltenden **Informationsrechte** und -pflichten sowie deren Vertraulichkeit sind immer wieder rechtlich und politisch schwierige und sensible Themen (Geheimhaltung als notwendiges Korrelat zum Informationsrecht; vgl. Teil 1 Rdn. 139). Da die wichtigen, strategischen Entscheidungen nach §§ 103 und 103a von der **Gesellschafterversammlung** und damit in aller Regel vom Gemeinderat getroffen werden müssen, ist dieses Thema insoweit entschärft (vgl. §§ 35, 39 Abs. 2 Nr. 10–12 und 44 Abs. 2; oben Rdn. 1 ff.; Rdn. 22 ff. zu § 103; Rdn. 20 ff. zu § 104). Soweit Angelegenheiten von städtischen Gesellschaften vom **Aufsichtsrat** entschieden werden, ist umstritten, ob diese im Gemeinderat oder in den Gemeinderatsfraktionen behandelt und vorberaten werden dürfen oder ob Gemeinderäte als Aufsichtsräte hier voll der gesellschaftsrechtlichen Pflicht zur Vertraulichkeit unterliegen. Da alle Gemeinderäte zur Verschwiegenheit verpflichtet sind (§§ 35 Abs. 2 und 17 Abs. 2) und sie ja letztlich den Gesellschafter verkörpern, muss eine Information und Vorberatung in nichtöffentlichen Fraktionssitzungen grundsätzlich möglich sein. Insoweit sind auch gemeinderätliche Aufsichtsräte ihren Ratskollegen gegenüber nicht zur Geheimhaltung verpflichtet (vgl. §§ 35 Abs. 2 und 17 Abs. 2; § 394 AktG). Ausgenommen davon werden in aller Regel besonders vertrauliche Dinge bleiben müssen, namentlich Betriebs- und Geschäftsgeheimnisse, deren Offenbarung einem Kommunalunternehmen größeren Schaden zufügen könnten (vgl. dazu insbes. das umfassende Informationsrecht des § 394 AktG neu und § 51a GmbHG i. V. m. § 43 Abs. 5 GemO; Teil 1 Rdn. 139 f.; *Katz* GemHH 2002, 54, 56; *Heidel* NZG 2012, 48 ff.; *Benecke/Döhmann* JZ 2015, 1018 ff.; *Roth/Altmeppen*, GmbHG § 52 Rdn. 29 f.; *Lutter/Hommelhoff*, GmbH-Gesetz, Rdn. 17 zu § 52; eingehend Teil 1 Rdn. 139 ff.). Es empfiehlt sich dringend, dies im Gesellschaftsvertrag zu verankern und klarzustellen (vgl. Teil 3 Anlage 2, §§ 7 Abs. 3 und 10 Abs. 8).

8 d) Die umstrittene Frage der **Sitzungsöffentlichkeit** des Aufsichtsrates ist noch schwieriger zu klären (vgl. § 109 AktG). Bei einem fakultativen Aufsichtsrat dürfte, wenn der Gesellschaftsvertrag eine entsprechende Regelung enthält, etwa folgende Bestimmung noch vertretbar sein (etwas eingeschränkter beim obligatorischen): „Soweit nicht das öffentliche Wohl und berechtigte Interessen

Einzelner oder vertrauliche Angaben bzw. schutzwürdige Geheimhaltungsinteressen der Gesellschaft entgegenstehen, kann ein Tagesordnungspunkt öffentlich verhandelt werden. Der Vorsitzende legt dies im Benehmen mit der Geschäftsführung fest. § 35 Abs. 1 Satz 3 GemO gilt entsprechend." Aus Gründen der Rechtssicherheit ("gerichtsfeste" Beschlüsse) sollte davon nur sparsam Gebrauch gemacht werden (vgl. § 11 Abs. 4 des GmbH-Mustervertrags, Teil 3 Anlage 2; *Lutter/Hommelhoff*, GmbH-Gesetz, Rdn. 18 zu § 52; *Baumbach/ Hueck/Zöllner*, GmbH-Gesetz, Rdn. 51 zu § 52; oben Teil 1 Rdn. 140; bejahend: BayVGH BayVBl. 2006, 534; NVwZ-RR 2007, 622 ff.; *Meiski* NVwZ 2007, 1355 ff.; *Spindler* ZIP 2011, 691 f.; Bay.LT-DS 15/7754 aus 4/2007 bei Nichtöffentlichkeit als Regelfall; h. M. ist restriktiv und eher verneinend: OVG NW NWVBl. 1997, 67; *Lohner/Zieglmeier* BayVBl. 2007, 581). Im Hinblick auf die Bedeutung des Öffentlichkeitsprinzips und des Transparenzgebots bei der Wahrnehmung „Öffentlicher-Zweck-" und Daseinsvorsorgeaufgaben im kommunalen Bereich ist für fakultative und obligatorische Aufsichtsratssitzungen eine Veröffentlichung der Tagesordnung und der gefassten Beschlüsse zulässig und sollte, von besonders gelagerten Fällen abgesehen, durchaus praktiziert werden, vor allem gegenüber dem kommunalen Hauptorgan Gemeinderat (vgl. Rdn. 131; VG Regensburg LKV 2005, 1720 f.; BayVGH NVwZ-RR 2007, 622 ff.; *Katz* BayBgm 2013, 398 ff.; Teil 3 Anlage 2, § 11 Abs. 4).

e) Für die Frage der **Teilnahme an Aufsichtsratssitzungen** gilt unter Bezug-   **9** nahme auf § 109 Abs. 1 AktG gundsätzlich das in Rdn. 8 Gesagte entsprechend. Mindestens bei fakultativen Aufsichtsräten muss es zulässig sein, in dem Gesellschaftsvertrag festzulegen, dass vom Gesellschafter bestimmte Vertreter (Kämmerer, Leiter der Beteiligungsverwaltung, Fraktionsvertreter usw.) an den Sitzungen des Aufsichtsrates teilnehmen können. Dies muss aber mit Einschränkungen auch für mitbestimmungspflichtige Unternehmen gelten (vgl. *Baumbach/Hueck/Zöllner*, GmbH-Gesetz, Rdn. 40 und 51 zu § 52; *Lohner/ Zieglmeier* BayVBl. 2007, 622 ff.; oben Teil 1 Rdn. 141, Teil 3 Anlage 2, § 11 Abs. 5).

f) **Weisungsrechte bzw. -gebundenheit.** Zur Sicherstellung der Einfluss- und Mit-   **10** wirkungsrechte bei der öffentlichen Aufgabenerfüllung in kommunalen GmbHs spielt die Frage der **Weisungsgebundenheit von Gemeindevertretern** im Aufsichtsrat eine wichtige Rolle (Gewährleistung des Primärzwecks „kommunales Gemeinwohl"). Nur bei entsprechenden Einfluss- und Kontrollrechten sowie Einwirkungspflichten darf eine Privatrechtsform nach §§ 102 ff. gewählt werden. Dies kann besonders wirkungsvoll dadurch erreicht werden, wenn Unternehmensleitung und Aufsichtsrat, die höchstpersönliche und eigenverantwortliche Mandate ausüben, besonders in wichtigen und strategischen Fragen an die Weisungen der Gemeinde, insbes. des Rats, gebunden werden (vgl. BVerwG NJW 2011, 3735 ff.; OVG NW NVwZ 2007, 609 ff.; Rdn. 5, 18, 21 und 23 zu § 104 sowie besonders oben Teil 1 Rdn. 142 ff.). Einerseits besitzen die Vorstands- und Aufsichtsratsmitglieder grundsätzlich eine selbstständige Stellung, haben Vertraulichkeit zu wahren und dürfen nur „zum Wohl der Gesellschaft", also unabhängig und nicht weisungsgebunden tätig werden (**gesellschaftsrechtliche Loyalitäts-, Sorgfalts- und Treuepflichten**, kein imperatives Mandat; vgl. §§ 93, 111 und 116 AktG; § 43

GmbHG). Andererseits sind aber auch neben den verfassungsrechtlichen Vorgaben der Art. 28 und 20 Abs. 2 GG (insb. Kommunale Selbstverwaltung, Demokratie- und Sozialstaatsprinzip, sozialstaatliche Daseinsvorsorge) die öffentlich-rechtlichen Vorschriften für Kommunalunternehmen zu berücksichtigen und dazu für die GmbH die Möglichkeiten des § 52 Abs. 1 GmbHG auszuschöpfen. In diesen Kollisionslagen, einer für die Mandatsträger bestehenden „Doppelfunktion", einem „doppelten Rechtsregime und Interessenkonflikt", geht das als Bundesrecht erlassene Gesellschaftsrecht dem Kommunalrecht zwar grundsätzlich, begrenzt vor (Art. 28, 31, 72 ff. GG; vgl. dazu Rdn. 101, 126 und 131). Nach h. M. kann aber der Gesellschafter bzw. Entsender auf der Grundlage entsprechender möglichst ausdrücklicher Regelungen im Gesellschaftsvertrag (in der Satzung „bestimmt") der Geschäftsführung und den Aufsichtsratsmitgliedern zur Wahrung der Gemeindebelange Vorgaben machen, Weisungen erteilen und Richtlinien geben, insbesondere dann, wenn sie mit dem im Gesellschaftsvertrag festgelegten kommunalen Unternehmensgegenstand übereinstimmen, ihn wesentlich fördern und der öffentliche Zweck als Gesellschaftszweck festgelegt ist (§ 52 Abs. 1 Hs. 2 GmbHG; §§ 101 Abs. 2 und 394 neu AktG als Sondervorschrift für Weisungsgebundenheit für Kommunalvertreter; vgl. BVerwG NJW 2011, 3735 ff.; BT-Protokoll 4/121, S. 14; OVG Bautzen AG 2012, 883; *Heidel* NZG 2012, 48 ff.; *Mann* VBlBW 2010, 7 ff.; *Altmeppen* NJW 2011, 3737; *Katz* GemHH 2016, 73 ff.).

Unbeschränkt bindende oder umfassend erlaubte Weisungen, die mit den Gesellschaftsinteressen in Konflikt treten können, sind nach ganz h. M. prinzipiell unzulässig. Bindende Vorgaben und **Gestaltungsgrenzen für Weisungen** ergeben sich einerseits aus den verfassungs- und kommunalrechtlichen Regelungen (Art. 20 und 28 GG; Ingerenzrechte und -pflichten, öffentlicher Zweck usw.) und andererseits aus der einem Aufsichtsrat nach Gesellschaftsrecht immanenten personalen Verantwortung, seinen ihn wesensmäßig prägenden Treue-, Kontroll- und Überwachungsfunktionen und -pflichten, die von einem weisungsfreien Autonomiebereich der Organwalter geprägt sind (nicht bloßer „Bote" kommunaler Entscheidungen; anders als bei der Gesellschafterversammlung; vgl. BGHZ 36, 296, 303 ff.; 169, 98, 106; *Keßler* GmbHG 2000, 71, 77; *Strobel* DVBl. 2005, 77 ff.; *Weckerling/Mirtsching* NZG 2011, 327 f.; *Pauly/Schüler* DÖV 2012, 339 ff.; vgl. auch Rdn. 126 und 137). Zur Lösung sind die in Teil 1 Rdn. 101 ff., 126 und 131 ff. dargestellten Grundsätze sowie die Stärke eines Eingriffs, die Intensität der Weisung usw. heranzuziehen und die Einzelfragen differenziert zu beurteilen: Bei Unternehmen mit fakultativem Aufsichtsrat ist eine Weisungsbindung in bestimmten Angelegenheiten grundsätzlich zulässig (bei Ausschöpfung von § 52 Abs. 1 letzter Hs. GmbHG), bei obligatorischem Aufsichtsrat mitbestimmter Unternehmen von begrenzt weisungsgebunden (§ 1 Abs. 1 Nr. 3 DrittelbeG) bis weitgehend weisungsfrei (§§ 6, 25 MitbestG; vgl. oben Teil 1 Rdn. 102, 131 ff. und 142 ff.). Ausnahmen hiervon sind die Beachtung eines engen Kernbereichs einerseits elementarer Mindestaufsichtsratskompetenzen (Überwachungsfunktion) und andererseits kommunale Weisungen in zentralen, besonders bedeutsamen Angelegenheiten („Kollisionskonzeption", jeweils unentziehbare Kernfunktionen; § 103 Abs. 1 Nr. 2 und 104 Abs. 3 GemO BW, Art. 92 Abs. 1 Nr. 1 BayGO, § 113 Abs. 1 GO NW; § 65 Abs. 6 BHO; Katz, a. a. O., Teil 1 Rdn. 127, 138 f., 142 ff.). Nach zutreffender Auffassung können, ohne gegen den

Vorrang des Gesellschaftsrechts zu verstoßen, in diesem Rahmen gesellschaftsrechtliche Gestaltungsspielräume „kommunalverfassungskonform und kommunalgerecht normiert" werden, sind entsprechend zu interpretieren. Stets sollten diese Fragen im Gesellschaftsvertrag verankert und die unternehmerischen Ermessensspielräume der Aufsichtsratsmitglieder entsprechend wahrgenommen werden. Noch manches ist dabei ungeklärt und aufzuarbeiten (vgl. §§ 291, 308 AktG; §§ 37 f., 45 und 52 GmbHG; BVerwG NJW 2011, 3735 ff.; OVG NW NVwZ 2007, 609 ff.; *Altmeppen* NJW 2003, 2561, 2565 und NJW 2011, 3737 ff.; *Strobel* DVBl. 2005, 77 ff.; *Zieglmeier* LKV 2005, 338, 340; *Keiluweit* BB 2011, 1795 ff.; *Schiffer/Wurzel* KommJur 2012, 52 ff.; *Pauly/Schüler* DÖV 2012, 339 ff.; *Ziche/Hermann* DÖV 2014, 111 f.; *Lange*, a.a.O., Kap. 14 Rdn. 251 ff.; oben Teil 1 Rdn. 142 ff. und unten Teil 3 Anlage 2, §§ 10 Abs. 8, 13 Abs. 3 und 17 Abs. 1).

g) Zur Sicherstellung der **Einfluss- und Mitwirkungsrechte** insbes. bei der Steuerung und Kontrolle von kommunalen GmbHs vgl. Rdn. 22, 24 und 46 f. zu § 103 sowie vor allem Teil 1 Rdn. 126, 131 ff. (vgl. *Katz* GemHH 2016, 73 ff.) und auch den **GmbH-Mustergesellschaftsvertrag** unten Teil 3, Anlage 2).   **11**

§ 104 Vertretung der Gemeinde in Unternehmen in Privatrechtform

(1) Der Bürgermeister vertritt die Gemeinde in der Gesellschafterversammlung oder in dem entsprechenden Organ der Unternehmen in einer Rechtsform des privaten Rechts, an denen die Gemeinde beteiligt ist; er kann einen Beamten oder Angestellten der Gemeinde mit seiner Vertretung beauftragen. Die Gemeinde kann weitere Vertreter entsenden und deren Entsendung zurücknehmen; ist mehr als ein weiterer Vertreter zu entsenden und kommt eine Einigung über deren Entsendung nicht zu Stande, finden die Vorschriften über die Wahl der Mitglieder beschließender Ausschüsse des Gemeinderats Anwendung. Die Gemeinde kann ihren Vertretern Weisungen erteilen.

(2) Ist der Gemeinde das Recht eingeräumt, mehr als ein Mitglied des Aufsichtsrats oder eines entsprechenden Organs eines Unternehmens zu entsenden, finden die Vorschriften über die Wahl der Mitglieder beschließender Ausschüsse des Gemeinderats Anwendung, soweit eine Einigung über die Entsendung nicht zu Stande kommt.

(3) Die von der Gemeinde entsandten oder auf ihren Vorschlag gewählten Mitglieder des Aufsichtsrats oder eines entsprechenden Überwachungsorgans eines Unternehmens haben bei ihrer Tätigkeit auch die besonderen Interessen der Gemeinde zu berücksichtigen.

(4) Werden Vertreter der Gemeinde aus ihrer Tätigkeit in einem Organ eines Unternehmens haftbar gemacht, hat ihnen die Gemeinde den Schaden zu ersetzen, es sei denn, dass sie ihn vorsätzlich oder grobfahrlässig herbeigeführt haben. Auch in diesem Fall ist die Gemeinde schadenersatzpflichtig, wenn ihre Vertreter nach Weisung gehandelt haben.

Neu gefasst durch Gesetz vom 19.7.1999 (GBl. S. 292)

Erläuterungen

Übersicht

I. Vertretung der Gemeinde in den Organen der Unternehmen in Privatrechtsform

1. Allgemeines, Grundproblematik, Systematik

1 a) Von großer praktischer Bedeutung ist die Regelung der Vertretung der Gemeinde in den Organen der Unternehmen (vor allem solcher in Privatrechtsform). Je mehr sich die Gemeinde im Rahmen der §§ 102 ff. bei ihrer Aufgabenerfüllung gesellschaftsrechtlicher Organisations- und Handlungsformen mit eigener Rechtspersönlichkeit bedient (GmbH, AG usw.), desto brennender wird die Frage nach der **Sicherstellung ausreichender Einflussnahme und Kontrolle** auf die maßgeblichen Entscheidungsorgane solcher Unternehmen und damit nach der Ausgestaltung der Vertretungs- und Beschickungsrechte der Gemeinden in den Gesellschaftsorganen. Dies gilt besonders auch für die Möglichkeit, ggf. durch Bindung der Gemeindevertreter bei der Stimmabgabe an bestimmte Weisungen, die Wahrnehmung der Gemeindeinteressen zu gewährleisten. Zur möglichst **optimalen Erfüllung der Gemeindeaufgaben** und kommunalen Gewährleistungspflichten (öffentlicher Zweck, Gemeinwohl, Einwohnernützlichkeit, häufig gesetzliche Pflichtaufgaben) sind die Kommunen eben nicht nur im Zeitpunkt des Erwerbs oder der Übernahme der Beteiligung dazu i. S. von § 104 verpflichtet, sondern solange sie an dem Unternehmen beteiligt sind. Was § 102 Abs. 2 den wirtschaftlichen Unternehmen vorschreibt, soll für Unternehmen in Privatrechtsform (§ 103 Abs. 1) durch § 103 Abs. 1 Nr. 2, 3 und 5 sowie Abs. 3, § 105 und nicht zuletzt durch § 104 besonders erreicht werden (vgl. Rdn. 14 und 46 zu § 103). Durch die wirtschaftliche Betätigung der Gemeinde in Privatrechtsform steht eben den Kommunen ein rechtlich und wirtschaftlich selbstständiges Unternehmen gegenüber. Die kommunale Einfluss- und Kontrollintensität verringert sich. Die privatwirtschaftlichen Unternehmensziele sind mit denen der Gemeinde oft nicht identisch (etwa Verselbständigung, zu starkes Abrücken von der Gemeinde, zu einseitiges Gewinnstreben usw.). Es besteht die latente Gefahr der Divergenz/Kollision der Ziel- und Wertesysteme, der Unternehmenszwecke und Interessenlagen von Eigentümer und Gesellschaft. Die Spannungslage zwischen unternehmerischer Autonomie und Sicherstellung der kommunalen Aufgabenerfüllung unter Beachtung des „Entscheidungsvorbehalts" demokratisch legitimierter Gemeindeorgane ist zu erkennen und zu lösen (vgl. *Scholz/Pitschas*, in: HKWP Bd. 5, S. 128 ff.; *Püttner* DVBl. 1986, 748 ff.; *Weiblen* BWGZ 2000, 177 ff.). Für Konfliktfälle müssen dafür möglichst klare Regelungen getroffen werden, was allerdings wegen der teilweisen Diskrepanz von privatem Gesellschafts- und öffentlichem Kommunalrecht besonders schwierig ist und aus diesem Grund in der GemO auch nicht hinreichend geregelt ist (vgl. Art. 28, 31 und 70 ff. GG, Bundesrecht/Landesrecht). Gerade deshalb ist es besonders wichtig, die beachtlichen Möglichkeiten, die vor allem das GmbH-Recht bietet (insb. § 52 Abs. 1 GmbHG), durch eine entsprechende sorgfältige Ausgestaltung des Gesellschaftsvertrags bzw. der Satzung auszuschöpfen, um so die gemeindespezifischen Interessen und Anforderungen zum Tragen zu bringen, die kommunale Aufgabenerfüllung und Gewährleistungsverantwortung sicherzustellen (vgl. LTDS 12/4055, S. 17 ff.; *Umlandt* DNV 5/2000, 12 ff.; *Mayen* DÖV 2001, 110 ff.; *Katz* GemHH 2002, 54 ff. und 2016, 73 ff.; *Heilshorn* VBlBW 2007, 161 ff.; *Pauly/Schüler* DÖV 2012, 339, 345; Teil 1 Rdn. 126, 131 ff., 137 ff.; Rdn. 14 und 46 zu § 103 sowie Erl. zu § 103a).

b) Ausgehend von § 70 DGO haben die Gemeindeordnungen die Vertretung   **2**
der Gemeinden in den Organen der Unternehmen in Privatrechtsform unter-

schiedlich geregelt. Die bad.-württ. GemO hat in § 104 Abs. 1 die Entsendung und Vertretung in der Haupt- bzw. Gesellschafterversammlung (einschließlich eines Weisungsrechts), in Abs. 2 und 3 entsprechende Regelungen für den Aufsichtsrat sowie in Abs. 4 Haftungsfragen normiert (grundlegend dazu: *Erichsen*, Die Vertretung der Kommunen in den Mitgliederorganen, 1990).

2. Vertretung in der Eigentümerversammlung (Abs. 1)

3 a) Aus § 104 Abs. 1 erster Halbs. ergibt sich, dass die Bestimmung des § 104 nur auf **Unternehmen in Privatrechtsform** i. S. von § 103 Abs. 1 Anwendung findet (vgl. Rdn. 4 ff. zu § 103). Diese Vorschrift über die **Vertretung der Gemeinde** gilt also für wirtschaftliche und nichtwirtschaftliche Unternehmen in Privatrechtsform, an denen die Gemeinde beteiligt ist (nach § 106a für Einrichtungen gemäß § 102 Abs. 3 Nr. 2 entspr.), nicht jedoch für Eigen- und Regiebetriebe (vgl. etwa § 5 EigBG). Allerdings enthält § 104 keine umfassende Vertretungs-, Mitwirkungs- und Einflussnahmeregelung, sondern lediglich Bestimmungen für das jeweilige **Vertretungsorgan der Eigentümer** (bei der AG die Hauptversammlung, bei der GmbH die Gesellschafterversammlung, bei Genossenschaften die Generalversammlung usw.; vgl. dazu Rdn. 21 ff. und 28 ff. zu § 103). In diesen Versammlungen werden Entscheidungen i. d. R. durch Mehrheitsbeschlüsse getroffen. Das Stimmgewicht richtet sich grundsätzlich nicht nach der Zahl der Vertreter, sondern nach dem Umfang der Kapitalbeteiligung. Die Einflussmöglichkeit der Gemeinde ist folglich umso größer, je mehr Anteile sie besitzt (Regelfall: Eigengesellschaft als „Einmann-GmbH"). Entscheidend ist dabei auch, dass das Abstimmungsverhalten so weit als möglich durch die **Ausgestaltung des Gesellschaftsvertrags** an die Kommunalinteressen, das Gemeinwohl der Bürger und die Entscheidungen der Gemeindeorgane gebunden wird (vgl. Rdn. 20 ff. und 46 ff. zu § 103; Rdn. 1 ff. zu § 103a; *Püttner* DVBl. 1986, 748 ff.; *Altmeppen* NJW 2003, 2561 f.).

4 aa) Die **Hauptversammlung der AG**, in der die Kapitalgeber – Aktionäre – ihre Rechte ausüben und ihr Interesse an der Geschäftspolitik zum Ausdruck bringen können, ist das „oberste" Organ der Gesellschaft, in der alle Aktionäre zusammengefasst sind (bei „Machtbalance" zwischen Vorstand, Aufsichtsrat und Hauptversammlung). Auf das Organ Hauptversammlung kann nicht verzichtet werden. Hauptversammlungen sind folglich auch bei (Eigen-) Einmanngesellschaften abzuhalten (vgl. §§ 42 und 118 ff. AktG; vgl. etwa BVerfG NJW 1979, 699 ff.; BGHZ 43, 337 ff.; 75, 358 ff.; *Driesen* MDR 1992, 324 ff.). Außer den im AktG genannten Zuständigkeiten (vgl. insbes. § 119, aber auch §§ 293, 295, 319, 320 und 327 AktG) können nur in wenigen Fällen durch die Unternehmenssatzung weitere Zuständigkeiten übertragen werden (nur wo dies durch Gesetz ausdrücklich zugelassen ist; §§ 23 Abs. 5 und 119 Abs. 1, 394 AktG). So darf die Hauptversammlung vor allem nicht in die festgelegten Eigenverantwortlichkeiten des Vorstands und die Überwachungspflichten des Aufsichtsrats eingreifen (§§ 76, 93, 111, 116 f. und 119 Abs. 2 AktG; vgl. Münchner Kom. zum AktG, Vor § 394 Rdn. 40 ff.; *Cronauge/Westermann*, a. a. O., Rdn. 136 ff. und 188 ff.; *Hille*, a. a. O., S. 64 ff.; *Will* VerwArch 2003, 248 ff.; *Vetter* GmbHG 2011, 449 f.; *Keiluweit* BB 2011, 1795 ff.; Rdn. 23 ff. zu § 103). Der zwingenden Zuständigkeitsverteilung zuwiderlaufende vertragliche Regelungen sind aktienrechtlich unzulässig. Deshalb ist auch in § 103 Abs. 2 ein Vorrang der GmbH vor der AG festgelegt. Die Hauptversammlung hat im Wesentlichen über die Fragen der wirtschaftlichen Grundlagen und die Gesellschaftsziele zu entscheiden und grundsätzlich, abgesehen von gewissen personellen Bestellungsrechten, keinen direkten Einfluss auf die Geschäftsführung des Unternehmens. Gleichwohl verfügt die Hauptversammlung faktisch über begrenzte Einwirkungsmöglichkeiten auch auf die laufende Geschäftspolitik (insbes. wenn die Gemeinde Allein- oder Mehrheitsaktionär ist).

bb) In der **GmbH** hat die Gesamtheit der Gesellschafter, die **Gesellschafterver-**   5
sammlung, als das höchste Organ im Vergleich zur Hauptversammlung der AG eine wesentlich stärkere Stellung. Insbes. als Herr über die Satzung kann sie, da das GmbH-Recht weitgehend als dispositives Recht ausgestaltet ist, auf die Geschäftsführung und den Aufsichtsrat durch eine entsprechende Kompetenzzuordnung beachtlichen Einfluss ausüben (vgl. §§ 37, 45 und 52 GmbHG). Anders als den Aktionären wird den Gesellschaftern das Recht zugestanden, die Geschäftsführung unmittelbar zu beeinflussen. In § 45 GmbHG ist geregelt, dass die Bestimmungen der §§ 46 ff. GmbHG grundsätzlich abänderbares Recht darstellen und demnach die Zuständigkeitsregelungen, die im Gesellschaftsvertrag festgelegt werden, stets vorgehen (nach § 45 Abs. 2 gelten die §§ 46 ff. GmbHG nur subsidiär). Deshalb sollte bei der Gründung einer GmbH und beim Abschluss des Gesellschaftsvertrags besonders darauf geachtet werden, dass der Gemeinde über die Gesellschafterversammlung wirkungsvolle Einflussrechte und -möglichkeiten eingeräumt werden (vgl. insbes. § 103a mit Erl.; *Katz* GemHH 2002, 54 ff. und 2016, 73 ff.; bei Gesellschaften mit über 500 bzw. 2 000 Arbeitnehmern werden diese Möglichkeiten nach §§ 1 Abs. 1 Nr. 3 und 4 DrittelbG und §§ 1 ff. MitBestG eingeengt; vgl. Rdn. 24 und 44 zu § 103). Das GmbH-typische Verfassungsgefüge, die zentralen und übergreifenden Sachkompetenzen der Gesellschafter als oberstem Willensbildungsorgan bleiben auch bei mitbestimmten Gesellschaften weitgehend unangetastet (vgl. *Roth, Altmeppen*, GmbHG, Einl. Rdn. 34 ff. und § 45 Rdn. 1 ff.; *Mann* VBlBW 2010, 7, 11). Bei Eigengesellschaften (GmbH) kann in dem Gesellschaftsvertrag das Plenum des Gemeinderats zur Gesellschafterversammlung bestellt werden (u. U. auch der zuständige Ausschuss; a. A. OLG Karlsruhe, Beschluss vom 18.12.1995, das etwas lebensfremd nur auf den Vorrang von Gesellschafts- zu Kommunalrecht abstellt). Häufig ist festgelegt, dass der Bürgermeister als gesetzlicher Vertreter allein die Gemeinde vertritt. In diesen Fällen sollte zusätzlich in der Hauptsatzung sein Abstimmungsverhalten in wichtigen Fragen i. S. einer Klarstellung „gebunden" und von einem entspr. Beschluss des Gemeinderats abhängig gemacht werden (gemeinderätlicher Weisungsbeschluss; vgl. § 39 Abs. 1 Nr. 10 bis 12, § 44; Rdn. 21 ff. zu § 103; Rdn. 1 ff. zu § 103a).

b) Für Gemeinden als juristische Personen übt in der Haupt- oder Gesellschafter-   6
versammlung die Gesellschafterrechte der gesetzliche Vertreter aus (grundsätzlich ohne besondere Vollmacht; § 118 AktG; §§ 45, 48 GmbHG). Wer zur gesetzlichen Vertretung der Kommune berufen ist, bestimmt dabei nicht das Gesellschaftsrecht, sondern das für die Organisation der jeweiligen juristischen Person

zuständige Recht, also das landesgesetzliche Kommunalrecht (vgl. *Püttner* DVBl. 1986, 748, 752; *Grziwotz* BayVBl. 2006, 357, 359 f.). Die **Vertretungskompetenz für die Gemeinden** im Rechtsverkehr wirtschaftlicher Beteiligungsunternehmen ist in § 104 Abs. 1 und in den allgemeinen Vertretungsregelungen der §§ 42 Abs. 1, 48, 49, 53 Abs. 1 und 2 festgelegt (vgl. bes. auch Rdn. 19). Dabei enthält § 104 Abs. 1 zu §§ 43 ff. wiederholende, ergänzende und spezifizierende Bestimmungen, § 104 Abs. 1 ist also keine in sich geschlossene Sonderregelung. Diese Vorschriften enthalten für die Vertretung der Gemeinde in Gesellschafterversammlungen oder entsprechenden Organen folgende **Vertretungsformen** (vgl. Rdn. 4 ff. zu § 42):

7 **aa)** Wie bereits in der Grundnorm des § 42 Abs. 1 Satz 2 festgelegt, wird in § 104 Abs. 1 Satz 1 dem **Bürgermeister** die Vertretung der Gemeinde nochmals speziell übertragen. Der Bürgermeister hat als Vertreter der Gemeinde kraft Amtes in der Gesellschafterversammlung oder in dem entsprechenden Organ wirtschaftlicher Unternehmen, an denen die Gemeinde beteiligt ist, die gemeindlichen Interessen (einwohnernützliche, öffentliche Zwecke) wahrzunehmen, die kommunalen Rechte und Pflichten sorgfältig und gewissenhaft auszuüben. Dieses Recht gilt für die Dauer seiner Amtszeit; es kann ihm vom Gemeinderat nicht entzogen werden (zur Stimmbindung vgl. unten Rdn. 13 ff.).

8 **bb)** Aus der allgemeinen Bürgermeistervertretungsregelung der §§ 48 und 49 folgt weiter, dass – soweit im konkreten Fall nichts Abweichendes festgelegt ist (vgl. unten Rdn. 9 f.) – der Bürgermeister durch seinen ständigen allgemeinen **Stellvertreter** (Ersten Beigeordneten; § 49 Abs. 4 Satz 1) oder im Falle der Verhinderung durch den Stellvertreter gemäß §§ 48 Abs. 1 und 49 Abs. 1 Satz 4 bzw. § 49 Abs. 4 Satz 3, nicht dagegen nach § 49 Abs. 3, vertreten wird (vgl. im Einzelnen Erl. zu §§ 48 und 49).

9 **cc)** Das dem Bürgermeister zuerkannte Recht, einen **Beamten und Angestellten** mit seiner Vertretung in der Gesellschafterversammlung oder dem entsprechenden Organ zu beauftragen, ist keine Sonderregelung, sondern für den Bereich des § 103 eine spezielle Bestätigung der dem Bürgermeister bereits gemäß § 53 Abs. 1 zustehenden Befugnis (**Beauftragung in Einzelfällen** oder für konkrete Aufgabengebiete). Soweit der Bürgermeister auf Grund von § 104 Abs. 1 Satz 1, 2. Halbs, einen Beamten oder Angestellten mit seiner Vertretung beauftragt hat, treten die allgemeinen Vertretungsvorschriften zurück; die Regelung nach §§ 48 und 49 lebt allerdings dann wieder auf, wenn sowohl der Bürgermeister als auch sein Beauftragter gemäß § 104 Abs. 1 verhindert oder die Beauftragung zurückgenommen ist. Mit seiner Vertretung kann der Bürgermeister an seiner Stelle Beamte (auch Ehrenbeamte, nicht jedoch ehrenamtlich Tätige wie Gemeinderäte) und Angestellte der Gemeinde, nicht aber Arbeiter beauftragen. Beamte und Angestellte der Gemeinde sind grundsätzlich dienstlich verpflichtet, den Vertretungsauftrag zu übernehmen. Neben der Beauftragung ist eine Vertretung des Bürgermeisters gemäß § 104 Abs. 1 Satz 1, 2. Halbs., nicht durch Vollmachterteilung möglich (§ 53 Abs. 2; vgl. VwV zu § 53). Insoweit enthält § 104 Abs. 1 als lex specialis gegenüber § 53 eine abschließende Regelung. Weitere Vertreter können gemäß § 105 Abs. 1 Satz 2 grundsätzlich nur durch den Gemeinderat entsandt werden. Der Bürgermeister kann einen befristet oder unbefristet erteilten Vertretungsauftrag jederzeit zurücknehmen (vgl. VwV zu § 53).

c) Nach § 104 Abs. 1 Satz 2 kann die Gemeinde weitere Vertreter entsenden **10** (neben dem Bürgermeister als gesetzlichem Gemeindevertreter bzw. dessen Stellvertreter oder Beauftragten). Da dieses **Benennungs- bzw. Entsendungsrecht** nicht zu den Geschäften der laufenden Verwaltung gehört und auch sonst keine gesetzliche Bestimmung dem Bürgermeister eine entspr. Kompetenz zuweist, liegt die Zuständigkeit für die Benennung und Entsendung weiterer Vertreter in die Gesellschafterversammlung oder das entspr. Organ eines Unternehmens in Privatrechtsform beim Gemeinderat, es sei denn, dass in der örtlichen Hauptsatzung etwas anderes geregelt ist (vgl. §§ 24 Abs. 1, 39 Abs. 1 und 44 Abs. 2). Durch das Recht des Gemeinderats zur Entsendung weiterer Vertreter kann das dem Bürgermeister gesetzlich eingeräumte Vertretungsrecht keinesfalls eingeschränkt werden (vgl. dazu unten Rdn. 16). Dem Bürgermeister werden gemäß § 104 Abs. 1 Satz 2 nur weitere Vertreter an die Seite gestellt.

Die „**weiteren Vertreter**" der Gemeinde können Beamte und Angestellte, Arbeiter und Gemeinderäte, aber auch andere Gemeindebürger oder sachverständige **11** Personen sein. Ist mehr als ein weiterer Vertreter zu entsenden und kommt eine Einigung über deren Entsendung nicht zu Stande, finden die Vorschriften über die Wahl der Mitglieder beschließender Ausschüsse des Gemeinderats Anwendung (vgl. § 40 Abs. 2, § 11 DVO GemO, VwV zu § 40). Es ist sachgerecht, die weiteren Vertreter entspr. der Zusammensetzung des Gemeinderats zu bestimmen („**Proporzlösung**"). Soweit eine einvernehmliche Lösung nicht erzielt wird, findet **Verhältniswahl** statt (LTDS 10/5918, S. 35 f.). Sind die Vertreter haupt- oder ehrenamtliche Beamte, Angestellte oder Arbeiter der Gemeinde, erfolgt ihre Entsendung kraft dienstlichen Auftrags. Die anderen Vertreter werden auf Grund einer rechtsgeschäftlichen Vollmacht entsandt.

d) Die vom Bürgermeister und vom Gemeinderat entsandten Vertreter (oben **12** Rdn. 9–11) sind nicht verfassungsmäßige, sondern **gewillkürte Vertreter** der Gemeinde. Die Bestimmungen über die Organhaftung gemäß §§ 31, 89 BGB finden auf sie keine Anwendung; sie haften ggf. nach den Bestimmungen des bürgerlichen Vertrags- und Deliktsrechts (vgl. allerdings § 104 Abs. 4). Ein dienstlicher Auftrag oder eine rechtsgeschäftliche Vollmacht, die der Entsendung eines Vertreters der Gemeinde in die Gesellschafterversammlung oder das entspr. Organ eines Beteiligungsunternehmens zu Grunde liegt, kann jederzeit, in der Regel durch Beschluss des Gemeinderats, widerrufen werden (**Rücknahme des Vertretungsauftrags**; vgl. etwa OVG NW DVBl. 1990, 834 ff. und DÖV 2002, 917 f.; *Schwintowski* NJW 1995, 1316, 1320 f.). In § 104 Abs. 1 Satz 2 wird das Widerrufsrecht ausdrücklich bestätigt. Für die **Abberufung** ist der Gemeinderat zuständig (vgl. OVG NW DB 2002, 1877; *Roth/Altmeppen*, GmbHG § 52 Rdn. 14).

e) Die Gesellschafterversammlung oder das entspr. Organ des wirtschaftlichen Unternehmens fasst die Beschlüsse mit Stimmenmehrheit (vgl. § 133 AktG, **13** § 47 GmbHG). Die Zahl der Stimmen, die eine Gemeinde bei den **Abstimmungen in der Versammlung der Eigentümer** abgeben kann, richtet sich grundsätzlich nach der Höhe ihrer Kapitalbeteiligung (z. B. gewährt jede Aktie ein Stimmrecht, § 134 AktG; § 47 Abs. 2 GmbHG). Die Voraussetzungen und die Form der Ausübung des Stimmrechts richten sich nach der Satzung oder dem Gesellschaftsvertrag und den gesetzlichen Bestimmungen (vgl. z. B. §§ 69 und 134 AktG und § 48 GmbHG). Bei Genossenschaften hat jeder Genosse ohne Rücksicht auf die Höhe seines Geschäftsanteils nur eine Stimme (§ 43 GenG).

14   Die **Ausübung des Stimmrechts** in der Gesellschafterversammlung ist unproblematisch, wenn der Bürgermeister allein die Gemeinde vertritt. Hat der Gemeinderat neben dem Bürgermeister weitere Vertreter nach § 104 Abs. 1 Satz 2 entsandt (etwa wenn der Gemeinde als Allein- oder Mehrheitsaktionär in der Hauptversammlung einer AG eine dominierende Zahl von Stimmen zustehen), so ist zu fragen, ob die vom Gemeinderat entsandten weiteren Vertreter in der Hauptversammlung nur eine dem Bürgermeister als „Stimmführer" untergeordnete Stellung einnehmen („homogene" Vertretung) oder ob jeder Vertreter die rechtliche Möglichkeit hat, die ihm als Vertreter der Gemeinde zustehenden Stimmen nach seinem Ermessen abzugeben. Diese Frage ist umstritten (für eine solche Aufteilung und damit die Möglichkeit zu einer uneinheitlichen, nach Parteiproporz differenzierten Stimmabgabe bei der Gesellschafterversammlung: RGZ 137, 305, 312 f.; *Nesselmüller*, Rechtliche Einwirkungsmöglichkeiten der Gemeinde auf ihre Eigengesellschaften, S. 57 f. mwN; für eine homogene einheitliche Stimmabgabe: *Mahlberg*, in: Kommunalforschung für die Praxis, Heft 18/19, 1986, S. 38; *Knemeyer*, in: Festschrift für R. Seeger, 1987, S. 74 f.). Die GemO regelt diese Frage nicht ausdrücklich. Nach der Grundsatzregelung in §§ 37 und 44 Abs. 2 ist, wenn kein Geschäft der laufenden Verwaltung oder eine Hauptsatzregelung vorliegt, vor der Abstimmung in der Gesellschafterversammlung eine „kommunalinterne Vorentscheidung" durch den Gemeinderat herbeizuführen, die als Weisung gilt und folglich nur eine „homogene" Abstimmung möglich ist (vgl. dazu auch die Ausführungen im RdErl-GO zu § 104 a. F., GABl. 1978, S. 920; Klarstellung in der Hauptsatzung, ggf. über § 104 Abs. 1 Satz 4; unten Rd. 17 ff.; vgl. auch § 13 Abs. 2 GKZ).

15   In den Fällen also, in denen die **Aufteilung der Stimmen** der Gemeinde in der Gesellschafterversammlung oder dem entsprechenden Organ **rechtlich unzulässig** (vgl. etwa § 69 Abs. 1 AktG) oder eine einheitliche Stimmabgabe vorgeschrieben ist (etwa durch gemeinderätliche Weisungserteilung nach § 104 Abs. 1 Satz 3 durch die Hauptsatzung, Rdn. 14), erfolgt eine **homogenen Vertretung** und einheitliche Abstimmung. Handelt ein Gemeindevertreter gegen gemeinderätliche Weisungen usw., so hat dies auf die Rechtmäßigkeit der Beschlussfassung im Unternehmen und der Willenserklärungen im Rechtsverkehr keinen Einfluss. Evtl „innerkommunale oder -gesellschaftliche" Konsequenzen ergeben sich aus dem Kommunalrecht und sind danach zu entscheiden (z. B. Abberufung nach § 104 Abs. 1 Satz 2, haftungs- oder disziplinarrechtliche Konsequenzen; vgl. auch unten Rdn. 27 ff.).

16   Grundsätzlich ist also eine **einheitliche Stimmabgabe** sachlich gerechtfertigt und kommunalpolitisch geboten (vgl. auch § 13 Abs. 2 Satz 3 GKZ). Nach § 104 Abs. 1 Satz 1 i. V. m. § 42 Abs. 1 ist primär der **Bürgermeister** als gesetzlicher Vertreter der Gemeinde (Gemeindeorgan) zur Vertretung der Gemeinde in wirtschaftlichen Unternehmen berufen. Die Vertretungsbefugnis des Bürgermeisters als solche kann nicht ausgehöhlt werden, die Sachentscheidung, das Abstimmungsverhalten ist aber entsprechend §§ 37 und 44 Abs. 2 und der Hauptsatzung an das Hauptorgan Gemeinderat gebunden. Durch die Möglichkeit einer Weisungserteilung nach § 104 Abs. 1 Satz 3 wird dies noch besonders hervorgehoben (vgl. unten Rdn. 17). Auch unter Beachtung dieser Zuständigkeitsordnung kommt dem Bürgermeister bei der Entscheidungsfindung und der Stimmabgabe noch ein beachtlicher Einfluss zu (vgl. § 104 Abs. 1 Satz 1, §§ 42 und 44). Das Recht zur Entsendung weiterer Vertreter der Gemeinde nach § 104 Abs. 1 Satz 2 hat folglich vor allem den Sinn, das verantwortliche Gemeindeoberhaupt in der Gesellschafterversammlung bei der Vertretung der Gemeindeinteressen zu unterstützen. Strategische Entscheidungen und Fragen von grundsätzlicher Bedeutung müssen nach §§ 103 Abs. 1 und 3, 103a, 104 Abs. 3 i. V. mit §§ 39 Abs. 2 Nr. 10 bis 12 und 44 Abs. 2 sowie 45 Abs. 5 durch Gesellschaftsvertrag der Eigentümerversammlung und durch Hauptsatzung stets dem Gemeinderat (Zuständigkeit für die Erteilung von „Weisungen" für die Abstimmungen in der Gesellschafterversammlung usw.) übertragen und folglich letztlich von ihm entschieden werden (klarstellende GeschO-Regelung für entsprechende „Weisungsbeschlüsse"). Dadurch wird ein einheitlicher Willensbildungs- und Entscheidungsprozess im Gemeinderat, dem Hauptorgan des Eigentümers, nach „parlamentarischen" Spielregeln durch Mehrheitsbeschlüsse festlegt (*Scholz* DÖV 1976, 443; BVerwG NJW 2011, 3735 ff. mit Anm. *Altmeppen*; *Pauly/Schüler* DÖV 2012, 339 ff.; vgl. Nr. 2 der VV zu § 65 LHO). Durch entspr. Regelungen sollte dies möglichst konkret in den Gesellschaftsverträgen und der Hauptsatzung verankert werden (vgl. für die GmbH § 103a; *Umlandt* DNV 5/2000, 12 ff.; GPA-Mitt 9/2001; *Katz* GemHH 2002, 54 ff.; *Towfigh* DVBl. 2015, 1016 ff.).

f) Nach § 104 Abs. 1 Satz 3 kann die Gemeinde ihren Vertretern in der Gesellschafterversammlung oder in dem entsprechenden Organ wirtschaftlicher Beteiligungsunternehmen **Weisungen** erteilen. Aufgabe jedes Vertreters ist es zwar grundsätzlich die Interessen des Vertretenen wahrzunehmen. Da jedoch das Gesellschaftsrecht den Organen die Wahrnehmung der wirtschaftlichen Interessen des Unternehmens auferlegt und die von der Eigentümerversammlung zu treffenden Entscheidungen i. d. R. von großer finanzieller, wirtschaftlicher und kommunalpolitischer Bedeutung für die Gemeinde sind, hat es der Gesetzgeber für notwendig erachtet, der Gemeinde das Recht einzuräumen, den Vertretern bindende Weisungen zu erteilen (letztlich auch Konsequenz aus §§ 103 Abs. 1 und 3 sowie 103a). Grundsätzlich ist für solche Entscheidungen der **Gemeinderat zuständig** (entsprechend §§ 37 und 44 Abs. 2 und der Hauptsatzung; zu den Zuständigkeiten der Eigentümerversammlungen vgl. oben Rdn. 3 ff.; insbes. § 119 AktG und §§ 45 ff. GmbHG). Durch das Weisungsrecht soll in allen wichtigen Angelegenheiten eine Bindung der Vertreter an das gemeindliche Entscheidungsorgan sichergestellt und mögliche Interessenkonflikte vermieden werden. Das Weisungsrecht besteht gegenüber dem Bürgermeister, seinen Stellvertretern und den weiteren Vertretern. Es wird von dem Organ ausgeübt, das nach den allgemeinen Zuständigkeitsbestimmungen entscheidungsbefugt ist (im Regelfall der Gemeinderat). Für Mitarbeiter der Gemeinde ergibt sich dies auch bereits aus den dem arbeits- bzw. beamtenrechtlichen Dienstverhältnis zu Grunde liegenden Treuepflichten.

18 Problematisch ist, ob solche bindenden Weisungen nach den für privatrechtliche Unternehmen geltenden gesellschaftsrechtlichen Vorschriften zulässig sind. Die h. M. geht vom Vorrang des bundesgesetzlichen Gesellschaftsrechts gegenüber dem Landeskommunalrecht aus (vgl. Art 31 GG; BGHZ 36, 296, 305 ff.; 69, 334 ff.; 169, 98 ff.; *Keßler* GmbHR 2000, 71, 76 ff.; *Ulmer/Heermann* GmbHG § 52 Rdn. 145 ff.). Dies bedeutet, dass das Gemeindewirtschaftsrecht (hier das Weisungsrecht nach § 105) im rechtsgeschäftlichen Verkehr dann zurückzutreten hat, also im Außenverhältnis nicht gilt, wenn zwingende gesellschaftsrechtliche Bestimmungen entgegenstehen (*Pagenkopf*, a. a. O., S. 179 ff.; *Püttner* DVBl 1986, 748 ff.; *Wilhelm* DB 2009, 944 f.). Gesellschaftsrechtlich ist dabei zwischen Gesellschafterversammlung und Aufsichtsrat sowie zwischen GmbHG und AktG zu unterscheiden (vgl. dazu Teil 1 Rdn. 126 ff. und 142 sowie Rdn. 10 zu § 103a und Teil 3 Anlage 2, Muster-Gesellschaftsvertrag). Aufgrund der in der GmbH dominierenden Stellung der Gesellschafter und der Gesellschafterversammlung als oberstem, grundsätzlich allzuständigen Organ ist eine Erteilung von **Weisungen für Vertreter in der Gesellschafterversammlung** einer GmbH **zulässig** (§ 45 GmbHG i. V. m. Gesellschaftsvertrag; vgl. BGHZ 48, 163 ff.). Auch in der Hauptversammlung einer AG, deren Aufgabenkreis allerdings i. d. R. wesentlich beschränkter ist, ist dies möglich (§§ 23 Abs. 3 und 5, 119, 129 Abs. 3, 134 Abs. 3 AktG). § 105 Abs. 1 Satz 3 verstößt also nicht gegen Vorschriften des Gesellschaftsrechts (zur weisungsgebundenen Vertretung durch Kreditinstitute vgl. §§ 128 und 135 AktG; *Quack* DVBl. 1965, 345 ff.; *Nesselmüller*, a. a. O., S. 49 ff.; *Schwintowski* NJW 1995, 1316 ff.). Entscheidend ist, dass durch entspr. präzise Regelungen vor allem in dem GmbH-Gesellschaftsvertrag (Zuweisung aller besonders wichtigen Entscheidungen auf die Eigentümerversammlung usw.), aber auch durch klare Festlegungen in der Hauptsatzung die Fragen der Erteilung von Weisungen an die Vertreter zu klären und damit der kommunale Einfluss sicherzustellen ist (vgl. §§ 103 Abs. 1 und 3 sowie 103a; Rdn. 20 ff. zu § 103 und Erl. zu § 103a; Zuständigkeit für den Gemeinderat in Strategie- und Grundsatzfragen; GPA-Mitt 9/2001). Grundsätzlich anders verhält es sich bei Weisungen an den Vorstand und den Aufsichtsrat (vgl. dazu unten Rdn. 20 ff.). Gerade deshalb legen ja auch §§ 103 und 103a fest, dass für die Gemeinde wichtige Unternehmungsentscheidungen der Gesellschafterversammlung und damit letztlich dem Gemeinderat zuzuweisen sind.

19 Die Vertreter der Gemeinde können also in der Gesellschafterversammlung eines Beteiligungsunternehmens zulässigerweise an Weisungen gebunden werden. Dem Bürgermeister, der in erster Linie die ordnungsmäßige Wahrnehmung der gemeindlichen Belange sicherzustellen hat, kommt dabei primär die Aufgabe zu, dafür zu sorgen, dass der **Gemeinderat in allen wichtigen Angelegenheiten rechtzeitig unterrichtet** und ihm Vorschläge unterbreitet werden (§ 43 Abs. 5; ohne ausreichend Information des Rats keine Behandlung und Beschlussfassung möglich), dass dem Rat, der i. d. R. zuständig ist, die Möglichkeit gegeben wird, über die Erteilung von Weisungen zu entscheiden (**strategische Entschei-**

dungskompetenz des Gemeinderats; §§ 24 und 37; Hauptsatzung; vgl. GPA-Mitt. 9/2001), und dass die Vertreter der Gemeinde gemäß § 104 Abs. 1 dann über diese Weisungen informiert werden. Eine absolute Gewähr für die Beachtung der Weisungen durch die einzelnen Vertreter ist allerdings nicht gegeben, da § 104 nur das Verhältnis Gemeinde zu ihren Vertretern in Beteiligungsunternehmen regelt („interne" Rechtsbeziehungen zwischen Entsender und Entsandtem) und sich die Rechtsgültigkeit der Unternehmenshandlungen im Rechtsverkehr nach Zivil- und Handelsrecht richtet („Außenverhältnis"). Weicht ein Vertreter von der Weisung ab, kann er nur kommunalrechtlich und politisch zur Verantwortung gezogen werden (z. B. Abberufung). Seine Handlung (Abstimmung) ist aber rechtswirksam, sie kann nicht rückgängig gemacht werden (vgl. Rdn. 15). Bei Missachtung von Weisungen sind der Bürgermeister und die weiteren Vertreter der Gemeinde ggf. persönlich haftbar; Beamte können darüber hinaus disziplinarisch belangt werden (vgl. Rdn. 27 ff.; oben Rdn. 10 zu § 103a).

3. Vertretung usw. im Aufsichtsrat und Geschäftsführung/Vorstand (Abs. 2 und 3)

a) § 104 regelt in **Abs. 1** die Vertretung der Gemeinde in der **Gesellschafterver-** **20** **sammlung** oder in dem entsprechenden Organ, in **Abs. 2 und 3** die Modalitäten zur Entsendung von Mitgliedern des **Aufsichtsrats** oder eines entsprechenden Organs sowie ausdrücklich für den Aufsichtsrat deren Pflicht zur kommunalen Interessenwahrnehmung (bezügl. der Gesellschafterversammlung vgl. Rdn. 17 f.). Weitere Vorschriften für den Aufsichtsrat usw. enthält § 104 nicht (vgl. dazu I Rdn. 96 ff. und 126 ff.; Rdn. 22 zu § 103). Bezüglich der **Geschäftsführung/Vorstand** ist in § 104 nichts geregelt (vgl. bereits § 70 Abs. 2 DGO). Diese Regelungslücke ist durch Rückgriff auf die §§ 102 ff. zu schließen. Die Entsendung von Mitgliedern, die Vertretung, Mitgliedschaft, Kompetenzzuordnung usw. in bzw. für diese Geschäftsführungs- und Aufsichtsorgane der Unternehmen in Privatrechtsform und damit die gemeindliche Einflussnahme ist in Teilbereichen in §§ 103 und 103a geregelt. Die für die Eigentümerversammlung geltende Vertretungsregelung in § 104 Abs. 1, und damit auch die zwingende Vertretung durch den Bürgermeister in Satz 1, wurde für die übrigen Gesellschaftsorgane nicht übernommen. Eine spezielle Vertretungsregelung der Gemeinde im Vorstand/Geschäftsführung und im Aufsichtsrat usw. enthalten die §§ 102 ff. für private Rechtsformen nicht (anders § 102b Abs. 4 Satz 2 und EigBG). Ob und durch wen die Gemeinde hierbei vertreten wird und wie viel Sitze ihr zustehen, bestimmt zunächst – abgesehen von Teilregelungen in § 104 Abs. 2 und 3 – die Satzung bzw. der Gesellschaftsvertrag (LTDS 10/5918, S 36; 12/4055, S. 17 ff.; vgl. insb. §§ 45 Abs. 1 und 52 Abs. 1 GmbHG i. V. m. dem Gesellschaftsvertrag). Wegen der besonderen Bedeutung, die der Vertretung und Einflussnahme der Gemeinde in den Leitungs- und Aufsichtsorganen der Eigen- oder Beteiligungsgesellschaft zukommt, sollte neben einer gemeindeeinflusssichernden Zuordnung der Kompetenzen auf Gesellschafterversammlung, Aufsichtsrat und Geschäftsführung über die Bestellung, Entsendung und – soweit rechtlich zulässig – über die Erteilung von Weisungen der Gemeinderat entscheiden (**Absicherung durch Gesellschaftsvertrag und Hauptsatzung**; vgl. § 24 Abs. 1; Rdn. 14 und 20 ff. zu § 103 sowie Rdn. 10 zu § 103a; BGH BB 2010, 2657 ff.; *Koch* VerwArch 2011, 1 ff.; *Keilweit* BB 2011, 1795 ff.).

Die Aufgaben und Pflichten besonders des Aufsichtsrats sind in den letzten Jahren außergewöhnlich stark gestiegen, teils durch Gesetzgebung und Rechtsprechung, teils durch die zunehmende Komplexität (vgl. z. B. gestiegene Ingerenzpflichten, KonTraG, TransPuG, UMAG, BilMoG, BilRUG, Deutscher Kodex „Corporate Governance", Energiewende). So fordert etwa die Rspr. für die Aufsichtsratsmitglieder, dass sie die „anfallenden Geschäftsvorgänge ohne fremde Hilfe verstehen und sachgerecht beurteilen können". **Professionalisierung** und Qualifizierung sind für die Aufsichtsratstätigkeit, aber auch eine sorgfältige Auswahl der Personen und eine gute Organisation dringend gefordert (§ 104 Abs. 2 GemO BW, § 113 Abs. 3 und 4 GO NW; zu den Rechten und Pflichten der Gesellschaftsorgane: Teil 1 Rdn. 131 ff. sowie Muster-Gesellschaftsvertrag unten Teil 3, Anlage 2; vgl. BGHZ 114, 127 ff.; 153, 47 ff.; BGH DB 2009, 509; *Lohner/Zieglmeier* BayVBl. 2007, 581; *Lutter* DB 2009, 775 ff.; *Koch* VerwArch 2011, 1 ff.; zu Regierungskommission 2002 vgl. ZIP 2002, 452 ff.; *Seidel* ZIP 2004, 285 ff. und 1933 ff.). Stets sollte sichergestellt werden, dass qualifizierte Personen gewählt bzw. entsandt werden, die die kommunalen Interessen soweit möglich berücksichtigen, und dass der Bürgermeister bei allen wichtigen Beteiligungsunternehmen die Interessen der Gemeinde im Aufsichtsrat maßgeblich vertritt (neben dem Bürgermeister, die Beigeordneten, Gemeinderäte, der Kämmerer, Experten usw.; für den Vorstand oder die Geschäftsführung sollten erfahrene Fachleute, ggf. auch bewährte Mitarbeiter der Gemeinde entsandt und u. U. beurlaubt werden; zum Aufsichtsrat allgemein und zur **Auswahl von Mandatsträgern** vgl. etwa *Lutter* NJW 1995, 1133 f. und DB 2009, 775 ff.; *Heussen* NJW 2001, 708 ff.; *Gaul/Otto* GmbHR 2003, 6 ff.).

21 b) Da die Gemeinden verpflichtet sind, ihre Unternehmen so zu führen, dass der öffentliche Zweck erfüllt wird, muss sichergestellt werden, dass auf die Unternehmen im Rahmen des rechtlich Zulässigen ein für die örtliche Aufgabenerfüllung ausreichender **Einfluss der Gemeinde** gewahrt ist (notwendige Einwirkungsmöglichkeiten; vgl. dazu etwa VGH BW DVBl. 1981, 220 ff.; Rdn. 14 und 20 ff. zu § 103). Dies könnte z. B. dadurch erreicht werden, dass Unternehmensleitung und Aufsichtsrat an die Weisungen der Gemeinde, insbes des Gemeinderats, gebunden werden. Eine umfassende, stringente **Weisungsgebundenheit** wird von der h. M. aber als **unzulässig** angesehen. Begründet wird dies mit den Rechtskonflikten, die in dem dem Landeskommunalrecht grundsätzlich übergeordneten Bundesgesellschaftsrecht liegen, aber auch mit den dabei häufig auftretenden Ziel- und Interessenkollisionen. So besitzen die Vorstands- und Aufsichtsratsmitglieder eine selbstständige Stellung. Sie haben bei ihrer Arbeit die Sorgfalt eines ordentlichen und gewissenhaften Geschäftsleiters anzuwenden, haben Vertraulichkeit zu wahren und dürfen nur „zum Wohl der Gesellschaft" tätig werden (gesellschaftliches Sorgfalts- und Treueverhältnis; vgl. §§ 93 und 116 AktG; § 43 GmbHG und §§ 34, 41 GenG). Andererseits sind aber auch die öffentlich-rechtlichen Vorschriften der §§ 102 ff. nicht ohne Bedeutung und zu berücksichtigen (zu diesen Konfliktslagen, einem „**doppelten Rechtsregime**", und dem **Kollisionskonzept** vgl. eingehend Teil 1 Rdn. 126 und 131 ff. sowie *Katz* GemHH 2016, 73 ff.). Nach h. M. kann der Entsender durch die Festlegung entsprechender Regelungen im Gesellschaftsvertrag (Satzung) dem Leitungs- oder Aufsichtsratsmitglied zur Wahrung der Gemeindebelange Vorgaben machen und Richtlinien geben. Bindende Weisungen, die mit den Gesellschaftsinteressen in Konflikt treten können, sind zwar prinzipiell unzulässig, die Belange der Gesellschaft gehen zunächst den Gemeindeinteressen vor (vgl. BGHZ 36, 296, 306 ff.; 69, 334 ff.; 196, 98 ff.; *Püttner* DVBl 1986, 748 ff.; *Schwintowski* NJW 1995, 1316 ff.; *Keßler* GmbHR 2000, 71, 76 ff.; *Wilhelm* DB 2009, 944 f.). Ein absoluter Vorrang des Gesellschaftsrechts ergibt sich daraus aber nicht (vgl. §§ 103 und 103a; Teil 1 Rdn. 126, 131). Der Kommunalgesetzgeber kann, ohne gegen den Vorrang des Gesellschaftsrechts zu verstoßen, insbes. folgende Punkte regeln: Zulassungsvoraussetzungen für ein Kommunalunternehmen in Privatrechtsform (§§ 103 ff.) und Ausfüllung der gesellschaftsrechtlich möglichen **Gestaltungsspielräume** (vgl. LTDS 12/4055, S 18 f.; BVerwG NJW 2011, 3735 ff.; *Zieglmeier* LKV 2005, 338 ff.; *Pauly/Schüler* DÖV 2012, 339 ff.; Teil 1 Rdn. 126 ff. sowie Rdn. 14, 20 ff. zu § 103 und Rdn. 17 ff. zu § 104). Stets gibt es also insbes. dort „Ausnahmen", wo dies im Gesellschaftsrecht selbst ausdrücklich vorgesehen ist (vgl. §§ 291, 308 AktG; besonders in §§ 45 und 52 GmbHG). Die gesetzlich zulässigen, vor allem im GmbH-Recht beachtlichen Gestaltungsmöglichkeiten zur kommunalen Einflusssicherung sind durch eine entspr. Gestaltung der **Gesellschaftsverträge**(-satzung) abzusichern (einschließlich einer auf den kommunalen „öffentlichen Zweck" ausgerichteten konkreten Bestimmung des Gesellschaftszwecks und des **gemeindlichen Unternehmensgegenstands;** § 103 Abs. 1 Nr. 2). Die kommunalen Gemeinwohlinteressen sowie die demokratisch legitimierten Mehrheitsentscheidungen der Gemeinden, sind im Übrigen auch durch eine kommunalverfassungsrechtskonforme Interpretation der gesellschaftsrechtlichen Regelungen zu berücksichtigen (vgl. Teil 1 Rdn. 126 ff.; Rdn. 20 ff. zu § 103; Rdn. 1 ff. und 4 zu § 103a; *Katz* GemHH 2002, 54 ff.; *Altmeppen* NJW 2003, 2561 ff. und NJW 2011, 3737 ff.; *Katz* GemHH 2016, 73 ff.). Im Einzelnen gilt:

aa) Das **Aktienrecht (AG)** ist geprägt vom Grundsatz der formalen Satzungs-   **22** strenge. Vom Aktienrecht darf nur abgewichen werden, wenn dies im AktG ausdrücklich zugelassen ist (§ 23 Abs. 5 AktG; Rdn. 23 zu § 103). Das Aktienrecht ist also weitestgehend zwingendes, nicht dispositives Recht. Weisungen und dergleichen sind grundsätzlich unzulässig. Für die **Aktiengesellschaft** hat allerdings das AktG 1965 wirtschaftliche Verflechtungen erstmals anerkannt und gesetzlich geregelt (vgl. insb. §§ 15 ff. und 291 f.). Dieses Recht der verbundenen Unternehmen (Konzernrecht) ermöglicht weitgehende Einflussmöglichkeiten – einschließlich bindenden Weisungen – auf die Vorstands- und Aufsichtsratsorgane einer Aktiengesellschaft. Da die Gemeinde ein Unternehmen i. S. d. Rechts der verbundenen Unternehmen darstellt, findet das Konzernrecht auf das Verhältnis Gemeinde/Eigen- oder Beteiligungsgesellschaft mit gemeindlichem Mehrheitsbesitz, wenn nicht direkte, so doch jedenfalls entspr. Anwendung (vgl. BGHZ 36, 296 ff.; 69, 334 ff.; 74, 359 ff.; 135, 107 ff.; OLG Celle NVwZ-RR 2000, 754 ff.; *Keßler* GmbHR 2001, 320 ff.;). Maßgebend sind dabei entweder die zwischen Gemeinde und Gesellschaft geschlossenen Beherrschungsverträge (bei einer kommunalen AG wird dies der Regelfall sein; §§ 291 ff., 308 Abs. 2 AktG) oder die Bestimmungen über die faktischen Konzerne (§§ 311 ff. AktG). Mit dieser konzernrechtlichen Lösung ist es möglich,

den Gemeindeinteressen überwiegend gerecht zu werden. Ohne gegen Gesellschaftsrecht zu verstoßen, kann die Gemeinde die Geschäftspolitik dieser Unternehmen bestimmen. Der „Konflikt" zwischen Kommunalrecht und Gesellschaftsrecht ist „legalisiert", wobei allerdings die faktischen Schwierigkeiten,
die kommunalen Belange in den komplizierten Vertrags-, Organisations- und
Entscheidungsstrukturen zur Geltung zu bringen, nicht zu unterschätzen sind.
Gemäß §§ 311 ff. AktG ist die Gemeinde als herrschendes Unternehmen allerdings ggf. im Rahmen der §§ 317 und 318 AktG verpflichtet, Verluste, die auf
Grund ihrer Einwirkung auf die Gesellschaft entstanden sind, zu tragen (vgl.
dazu eingehend *Nesselmüller*, a.a.O., S. 97 ff.; *Stober* NJW 1984, 455;
Schmidt, Gesellschaftsrecht, § 31; zu den „Holding-Modellen": BerlVerfGH
DVBl. 2000, 51 ff.; *Hecker* VerwArch 2001, 261 ff.; *Benecke* BB 2003,
1190 ff.; zur Frage der Verankerung des „öffentlichen Zwecks" und zur Verwirklichung der kommunalen Einwirkungspflicht durch Regelungen im Gesellschaftsvertrag und Satzung, in den Beherrschungs- und Konzessionsverträgen
vgl. oben Teil 1 Rdn. 110 und 130 sowie Rdn. 21 ff. zu § 103; *Mayen* DÖV
2001, 110, 116 f.; *Brüning* VerwArch 2009, 453, 461 ff.; *Meier* ZKF 2011,
226).

23   bb) Aufbau und Organisation der **GmbH** sind zwar ähnlich wie bei der AG,
doch liegt der große Unterschied darin, dass weit weniger als im Aktienrecht
das GmbHG zwingende Regelungen vorschreibt, sondern als weitgehend dispositives Recht den Gesellschaftern Möglichkeiten gibt, die Rechtsverhältnisse der Gesellschaft und damit auch die Einflussrechte usw. individuell, den
örtlichen Verhältnissen angepasst selbst im **Gesellschaftsvertrag** zu regeln
(**§§ 42 und 45 GmbHG**). Nach §§ 6 Abs. 3, 37, 38, 45 und **52 GmbHG**
stehen der Gemeinde in den Gesellschaften, bei denen die gesellschaftsvertraglichen Möglichkeiten ausgeschöpft wurden und an denen sie allein oder mehrheitlich beteiligt ist, relativ umfassende Einwirkungsmöglichkeiten zu. Nach
§ 37 GmbHG ist die Geschäftsführung weisungsgebunden. Eine entspr. Bestimmung für den Aufsichtsrat enthält das GmbHG zwar nicht; über Regelungen im Gesellschaftsvertrag, die teilweise die GemO vorschreibt, kann jedoch
ein ähnliches Ergebnis erzielt werden (vgl. §§ 103 Abs. 1 und 3, 103a mit
Erl.). In § **104 Abs. 3** ist zudem festgelegt, dass die von der Gemeinde entsandten Aufsichtsratsmitglieder bei ihrer Tätigkeit auch die besonderen **Interessen der Gemeinde** zu berücksichtigen haben (vgl. die entspr. Regelungen in
§ 65 Abs. 4 LHO und § 65 Abs. 6 BHO). Zudem sollte die Gemeinde über
die personelle Auswahl und die Bestellung der Geschäftsführer Einfluss ausüben (vgl. §§ 6 Abs. 3 und 46 Nr. 5 GmbHG). Der Aufsichtsrat ist gemäß
§ 52 Abs. 1 GmbHG fakultativ und die entspr. anzuwendenden AktG-Vorschriften sind dispositiv, können durch den Gesellschaftsvertrag abgeändert
werden (vgl. § 52 Abs. 1, letzter Halbs. GmbHG, *Schwintowski* NJW 1995,
1316 ff.; *Katz* GemHH 2002, 54 ff.). Für Kommunalunternehmen mit mehr
als 500 Mitarbeitern ist allerdings ein Aufsichtsrat obligatorisch: § 1 Abs. 1
Nr. 3 DrittelbG schreibt dies für Unternehmen mit mehr als 500, §§ 1, 4 f.
und 25 MitBestG für mehr als 2000 Arbeitnehmer zwingend vor. Während
§§ 1 und 4 DrittelbG die kommunalen Einflussmöglichkeiten nur in begrenztem Umfange beeinträchtigen, bedeuten die Bestimmungen des MitBestG

doch eine Annäherung an die Regelung des AktG (vgl. BerlVerfGH NVwZ 2000, 794 ff.; *Stück* DB 2004, 2582; *Katz* GemHH 2016, 73 ff.; Teil 1 Rdn. 102 und 131 sowie Rdn. 24 zu § 103; Rdn. 4 zu § 103a).

c) In § 104 Abs. 2 wird nicht festgelegt, durch wen die Gemeinde im Aufsichts- **24** rat oder dem entspr. Organ eines Unternehmens vertreten wird. Der Gemeinderat selbst hat, wenn in der Hauptsatzung nichts anderes bestimmt ist, diese Entscheidung zu treffen (Näheres vgl. Rdn. 20). Geregelt ist in **Abs. 2** nur der **Entsendungs- bzw. Wahlmodus** für die Bestellung der Aufsichtsratsmitglieder, soweit eine Einigung über die Entsendung nicht zu Stande kommt. Wird also eine „Konsenslösung" nicht erreicht, schreibt Abs. 2 die kommunalpolitisch sachgerechte „**Proporzlösung**" nach den Grundsätzen der Verhältniswahl vor (vgl. im Einzelnen § 40 Abs. 2, § 11 DVO GemO und VwV zu § 40; oben Rdn. 10 f.).

d) Nach § 104 **Abs. 3** haben die von der Gemeinde entsandten oder auf ihren Vor- **25** schlag gewählten Mitglieder des Aufsichtsrats oder eines entspr. Überwachungsorgans eines Unternehmens bei ihrer Tätigkeit **auch** die besonderen **Interessen der Gemeinde** zu berücksichtigen (Teil des Gesamtkonzepts zur kommunalen Einflusssicherung; vgl. vor allem §§ 103 Abs. 1 und 3 sowie 103a). Abs. 3 entspricht § 65 Abs. 4 LHO und § 65 Abs. 6 BHO. Neben der Pflicht zur Sicherstellung des öffentlichen Zwecks im Gesellschaftsvertrag besteht diese Interessenwahrnehmungspflicht neben den Pflichten, die sich aus dem gesellschaftsrechtlichen Treueverhältnis zur Gesellschaft ergeben (vgl. Rdn. 20 ff.; zur Lösung entsprechender Interessenkonflikte vgl. Teil 1 Rdn. 126 und 131 ff.).

e) Die Pflicht zur Ablieferung von **Nebentätigkeitsvergütungen**, die Vertreter **26** der Gemeinde für ihre Tätigkeit in wirtschaftlichen Unternehmen erhalten, ist in besonderen Bestimmungen geregelt: Für Gemeinderäte in § 32 Abs. 5 und für Beamte in §§ 5 und 6 der LandesnebentätigkeitsVO (§ 15 Abs. 1 Nr. 5 GemHVO; zur Problematik der Ablieferungspflicht vgl. etwa OVG Münster OVGE 21, 109 ff.; Erl. V zu § 32).

II. Haftung der Gemeindevertreter bzw. Schadenersatzpflicht der Gemeinde (Abs. 4)

1. Haftung im Außenverhältnis

Die **Vertreter** der Gemeinde in Organen kommunaler Unternehmen (Eigentü- **27** merversammlung, Aufsichtsrat, Geschäftsführung oder entsprechendes Organ) haften grundsätzlich persönlich für den Schaden, den sie dem Unternehmen bei der Ausübung der Organtätigkeit durch Verletzung ihrer Obliegenheiten, der Nichtanwendung der Sorgfalt eines ordentlichen Kaufmanns bzw. eines gewissenhaften Geschäftsleiters usw. zugefügt haben (§§ 93, 116 f. und 318 AktG; §§ 43 und 52 GmbHG; §§ 34 und 41 GenG; vgl. BGH BB 2010, 2657 ff.; *Kiefner/Langen* NJW 2011, 192 ff.; *Pauly/Beutel* KommJur 2012, 446 ff.). Im Außenverhältnis, d. h. im Verhältnis zur Gesellschaft oder zu Dritten, sind alle von der Gemeinde entsandten oder vorgeschlagenen Vertreter folglich **persönlich haftbar** und zwar sowohl nach den Vorschriften des Gesellschaftsrechts als auch nach den allgemeinen Bestimmungen des bürgerlichen Rechts (Geschäftsführung ohne Auftrag, unerlaubte Handlungen usw.; *Loritz/Wagner* DStR 2012, 2189 ff.; *Meyer* DÖV 2015, 827 ff.).

2. Haftung der Gemeinde

28 Die Gemeinde selbst haftet unmittelbar gemäß §§ 117, 147 und 317 AktG (vgl. auch §§ 302 f. AktG), bei entsandten Vertretern nach § 831 BGB für deren sorgfältige Auswahl sowie in besonderen Fällen gemäß §§ 31, 89 BGB für Handlungen verfassungsmäßig berufener Gemeindevertreter (Organhaftung; BGH NVwZ 1984, 749; vgl. auch § 53). Zur Haftung der Gemeinden für ihre Gesellschaften: *Parmentier*, Gläubigerschutz in öffentlichen Unternehmen, Baden-Baden 2000. Zur Haftung eines „dominierenden" Gesellschafters bei Eingriffen oder ähnlichen Maßnahmen in eine GmbH: BGH NJW 2001, 3622 ff.; *Schmidt* NJW 2001, 3577 ff.

3. Freistellungsanspruch

29 a) Nach § 104 Abs. 4 haben die Vertreter der Gemeinde gegen den Vertretenen einen Regressanspruch, wenn sie wegen ihrer Tätigkeit in einem Organ eines kommunalen Unternehmens haftbar gemacht werden („**Freistellungsanspruch**" im Innenverhältnis; ähnliche Regelungen: Art. 93 Abs. 3 BayGO und § 113 Abs. 6 GO BW; *Keßler* GmbHR 2000, 71 ff.). § 104 Abs. 4 liegt der Gedanke zu Grunde, dass es unbillig wäre, einem Vertreter, der auf Betreiben der Gemeinde als Mitglied eines Unternehmensorgans zusätzliche Verpflichtungen übernommen hat, auch noch die Haftung für dabei verursachten Schaden aufzubürden. Der Freistellungsanspruch steht den Vertretern, die von der Gemeinde entsandt sind und damit ihre Mitgliedschaft unmittelbar von der Gemeinde ableiten, ohne weiteres zu. Entspr. dem Sinn und Zweck (ratio legis) des § 104 Abs. 4 haben aber auch Leitungs- oder Aufsichtsratsmitglieder, die von der Gesellschafterversammlung oder dem entspr. Organ lediglich auf Vorschlag der Gemeinde gewählt wurden, einen Regressanspruch gegen die Gemeinde. In den Schutzbereich des Freistellungsanspruchs fallen aber auch die Personen, die es auf Veranlassung, ausdrücklichen Wunsch usw. der Gemeinde übernommen haben, Gemeindeinteressen in den Organen kommunaler Unternehmen zu vertreten (*Surén*, a. a. O., S. 217). Es gelten demnach hier im Wesentlichen dieselben Grundsätze wie § 96 LBG; dort wird ein Regressanspruch u. a. an die Voraussetzung geknüpft, dass es sich um eine auf Verlangen, Vorschlag oder Veranlassung des Dienstvorgesetzten (Vertretenen) übernommene Tätigkeit in einem Unternehmensorgan handelt. Beamte können nen Regressansprüche nicht nur aus § 105 Abs. 2, sondern auch aus § 96 LBG geltend machen (für Angestellte und Arbeiter vgl. § 14 BAT und § 9a BMT-GII; allgemein *Müller/Beck*, Kom. zum LBG, Erl zu § 96; *Gern*, a. a. O., Rdn. 79 f).

30 Die Vorschrift des § 104 Abs. 4 stellt nicht auf bestimmte Beschäftigungsgruppen, etwa Beamte und Angestellte, sondern auf **Vertreter der Gemeinde** im vorgenannten Sinne ab. Dies bedeutet, dass sich § 104 Abs. 4 sowohl auf Beamte, Angestellte und Arbeiter der Gemeinde als auch auf Gemeinderäte und andere Personen bezieht, die die Gemeinde zur Vertretung ihrer Interessen vorgeschlagen oder veranlasst hat (vgl. § 96 LBG, § 14 BAT, § 9a BMT-GII; vgl. auch BAG NJW 1995, 210).

b) Der **Freistellungsanspruch** gemäß § 104 Abs. 4 an die Gemeinde **ist ausge-** **31** **schlossen,** wenn der Vertreter den Schaden vorsätzlich oder grob fahrlässig herbeigeführt hat. Zum **Vorsatz** genügt es, wenn der handelnde Gemeindevertreter das Bewusstsein hatte, der rechtswidrige Erfolg werde eintreten und er gleichwohl die dafür ursächliche Bedingung gesetzt hat (Billigung des als möglich erkannten Erfolgs; Bewusstsein der Pflichtwidrigkeit; Wissens- und Willenselement). **Grobe Fahrlässigkeit** liegt vor, wenn die im Verkehr erforderliche Sorgfalt in besonders schwerem Maße verletzt ist oder wenn nicht beachtet wird, was im gegebenen Fall jedem hätte einleuchten müssen (vgl. §§ 276, 277 BGB; zu Einzelheiten der Begriffe vgl. etwa *Palandt/Heinrichs*, Kom. zum BGB, § 276 Rdn. 10 ff. und § 277 Rdn. 2 ff.).

c) Aber auch bei Vorliegen von vorsätzlichem oder grob fahrlässigem Handeln **32** ist gemäß § 104 Abs. 4 Satz 2 die Gemeinde regresspflichtig, wenn der von ihr entsandte oder vorgeschlagene Vertreter nach ausdrücklicher **Weisung** der Gemeinde, des Gemeinderats, seiner beschließenden Ausschüsse oder des Bürgermeisters, gehandelt hat. Entscheidend ist dabei nicht, ob dem Vertreter zulässigerweise und rechtswirksam Weisungen erteilt werden konnten, sondern nur, ob die handelnde Person Vertreter i. S. von § 104 Abs. 4 ist und tatsächlich nach Weisung gehandelt hat. Problematisch kann allerdings im Falle des § 104 Abs. 4 Satz 2 ein Schadensersatzanspruch des Bürgermeisters sein, da er nach §§ 42 ff. eigene Entscheidungskompetenzen besitzt, nach § 43 Abs. 4 an Stelle des Gemeinderats selbstständig handeln kann (Eilentscheidungsrecht), aber auch gesetzwidrigen Beschlüssen nach § 43 Abs. 2 widersprechen muss. Da in diesen Fällen keine Weisung des Gemeinderats (beschließende Ausschüsse) vorgelegen hat, gelten – auch bei der Eilentscheidung – für den Bürgermeister die allgemeinen haftungsrechtlichen Vorschriften des Beamtenrechts (LBG) und nicht § 104 Abs. 4 Satz 2.

§ 105　Prüfung, Offenlegung und Beteiligungsbericht

(1) Ist die Gemeinde an einem Unternehmen in einer Rechtsform des privaten Rechts in dem in § 53 des Haushaltsgrundsätzegesetzes bezeichneten Umfang beteiligt, hat sie

1. die Rechte nach § 53 Abs. 1 Nr. 1 und 2 des Haushaltsgrundsätzegesetzes auszuüben,
2. dafür zu sorgen, dass
   a) der Beschluss über die Feststellung des Jahresabschlusses zusammen mit dessen Ergebnis, das Ergebnis der Prüfung des Jahresabschlusses und des Lageberichts sowie die beschlossene Verwendung des Jahresüberschusses oder die Behandlung des Jahresfehlbetrags ortsüblich bekannt gegeben werden,
   b) gleichzeitig mit der Bekanntgabe der Jahresabschluss und der Lagebericht in sieben Tagen öffentlich ausgelegt werden und in der Bekanntgabe auf die Auslegung hingewiesen wird.

(2) Die Gemeinde hat zur Information des Gemeinderats und ihrer Einwohner jährlich einen Bericht über die Unternehmen in einer Rechtsform des privaten Rechts, an denen sie unmittelbar oder mit mehr als 50 vom Hundert mittelbar beteiligt ist, zu erstellen. In dem Beteiligungsbericht sind für jedes Unternehmen mindestens darzustellen:

a) der Gegenstand des Unternehmens, die Beteiligungsverhältnisse, die Besetzung der Organe und die Beteiligungen des Unternehmens,
b) der Stand der Erfüllung des öffentlichen Zwecks des Unternehmens,
c) für das jeweilige letzte Geschäftsjahr die Grundzüge des Geschäftsverlaufs, die Lage des Unternehmens, die Kapitalzuführungen und -entnahmen durch die Gemeinde und im Vergleich mit den Werten des vorangegangenen Geschäftsjahres die durchschnittliche Zahl der beschäftigten Arbeitnehmer getrennt nach Gruppen, die wichtigsten Kennzahlen der Vermögens-, Finanz- und Ertragslage des Unternehmens sowie die gewährten Gesamtbezüge der Mitglieder der Geschäftsführung und des Aufsichtsrats oder der entsprechenden Organe des Unternehmens für jede Personengruppe; § 286 Abs. 4 des Handelsgesetzbuches gilt entsprechend.

Ist die Gemeinde unmittelbar mit weniger als 25 vom Hundert beteiligt, kann sich die Darstellung auf den Gegenstand des Unternehmens, die Beteiligungsverhältnisse und den Stand der Erfüllung des öffentlichen Zwecks des Unternehmens beschränken.

(3) Die Erstellung des Beteiligungsberichts ist ortsüblich bekannt zu geben; Absatz 1 Nr. 2 Buchst. b gilt entsprechend.

(4) Die Rechtsaufsichtsbehörde kann verlangen, dass die Gemeinde ihr den Beteiligungsbericht und den Prüfungsbericht mitteilt.

Neu gefasst durch Gesetz vom 19.7.1999 (GBl. S. 292)

Erläuterungen

Übersicht

I. Rechnungslegung, Jahresabschluss und Prüfung

1. Allgemeine Bedeutung

Die Vorschriften über die Rechnungslegung, den Jahresabschluss und die Prüfung **1** sind für ein Unternehmen und seine Organe, ebenso wie für dessen Eigentümer, Gläubiger, Kunden, Mitarbeiter und nicht selten auch für die Öffentlichkeit von **großer praktischer Bedeutung.** Auf der Grundlage eines aussagekräftigen und periodengerecht zuordnenden Rechnungswesens dienen Rechnungslegung, Jahresabschluss und Prüfung unternehmens**intern** der Dokumentation, der Information, der Planung und Entscheidungsvorbereitung, aber auch der Rechenschaftslegung und Kontrolle für die Organe und Anteilseigner der Gesellschaft und **extern** der Information der Rechenschaftslegung und Kontrolle, aber auch der Transparenz (**Dokumentations-, Informations-, Rechenschaftslegungs-, Kontroll- und Öffentlichkeitsfunktion**). Um diese wichtigen Funktionen und Aufgaben erfüllen zu können und auch eine betriebswirtschaftliche Vergleichbarkeit und Aussagekraft der Jahresabschlüsse zu erreichen, muss der Gesetzgeber Rahmenvorgaben festlegen. Mit dem Bilanzrichtliniengesetz vom 19.12.1985 (BGBl I S. 2355) und dem Gesetz zur Änderung kommunalrechtlicher Vorschriften vom 18.5.1987 (GBl. S. 161) sowie mit dem Gesetz zur Kontrolle und Transparenz im Unternehmensbereich vom 27.4.1998 (BGBl I S 786 ff.; **KonTraG**), dem Transparenz- und Publizitätsgesetz vom 19.7.2002 (BGBl. I S. 2681 ff.), dem Bilanzrechtsmodernisierungsgesetz vom 25.5.2009 (BGBl. I S. 1102, **BilMoG**), dem Bilanzrichtlinien-Umsetzungsgesetz vom 17.7.2015 (BGBl. I S. 1245; **BilRUG**) sowie der GemO-Novellen vom 19.7.1999 (GBl. S. 292 ff.) und 1.12.2005 (GBl. S. 705) wurde dieses Ziel in wesentlichen Teilen realisiert (vgl. dazu LTDS 10/5918; 12/4055; 13/4767; *Großfeld* NJW 1986, 955 ff.; *Pfründer* BWVPr 1988, 5 ff.; *Weiblen* BWGZ 1999, 1005 ff.; *Heilshorn* VBlBW 2007, 161 ff.; *Fabry/Austen*, a.a.O., S. 415 ff.). § 105 leistet für kommunale Unternehmen in Privatrechtsform dabei einen wichtigen Beitrag (zusammen mit §§ 103 Abs. 1 Nr. 5, 103a, 112 Abs. 2 und 114 Abs. 1; vgl. auch die dortigen Erl. und oben Teil 1 Rdn. 148 ff. und 174 ff.).

2. Systematik und allgemeine Anforderungen

a) Das **Bilanzrichtliniengesetz – BiRiLiG –** vom 19.12.1985 (BGBl. I S. 2355) **2** hat für die Rechnungslegung und Prüfung der Kapitalgesellschaften eine Vielzahl bundesgesetzlicher Vorschriften abgelöst. Im Unterschied zur früheren Regelung unterliegen neben der AG grundsätzlich alle Kapitalgesellschaften den Vorschriften über die Aufstellung eines Jahresabschlusses und der Prüfungspflicht (vgl. §§ 238 ff. HGB; zu den Ausnahmen bzw. Erleichterungen für kleine und mittelgroße Gesellschaften vgl. §§ 266, 267, 276, 288, 316 Abs. 1 und 319 Abs. 1 Satz 2 HGB). Die Pflichten über die Rechnungslegung und die Prüfung ergeben sich damit für Beteiligungsunternehmen grundsätzlich unmittelbar aus den Vorschriften des Dritten Buches des HGB. Die mit dem BiRiLiG eingeführten Anforderungen an Rechnungslegung und Prüfung entsprechen im Wesentlichen dem **aktienrechtlichen Standard**, die aktienrechtlichen Vorschriften sind **in das Dritte Buch des HGB weitgehend inhaltlich übernommen worden**. Die §§ 242–261 HGB enthalten für alle Kaufleute geltende Bestimmungen über den Jahresabschluss, die §§ 264–289 HGB ergänzende Vorschriften über die Rechnungslegung der Kapitalgesellschaften (insbes. AG und GmbH), die §§ 316–324 HGB einheitliche Prüfungsbestimmungen und die §§ 325–329 HGB Vorschriften zur Offenlegung des Jahresabschlusses. Für kommunale Unternehmen in Privatrechtsform enthält das Dritte Buch des HGB für Kapitalgesellschaften eine umfassende bundesrechtliche Regelung für die Rechnungslegung und Prüfung. Für landesrechtliche Bestimmungen sind grundsätzlich kein Raum und weitgehend kein praktischer Bedarf mehr vorhanden (*Pfründer* BWVPr 1988, 5 ff.).

3 b) Mit dem **Gesetz zur Kontrolle und Transparenz im Unternehmensbereich – KonTraG** – vom 27.4.1998 (BGBl I S. 786 ff.) wurden die in den letzten Jahren angestrebten Reformen des Handels- und Gesellschaftsrechts umgesetzt. Ziel dieses „Artikelgesetzes" war zum einen die Verbesserung der internen und externen Unternehmensüberwachung (Kontrolle) durch Ausweitung der Kontrollfunktion des Aufsichtsrats und der Eigentümerversammlung sowie der Ausdehnung von Inhalt und Umfang der Abschlussprüfung. Zum anderen wurde die Unternehmenspublizität gegenüber allen Marktteilnehmern durch Ausweitung der Berichterstattungs- und Offenlegungspflichten des Vorstandes sowie die Berichtspflichten des Jahres- bzw. Konzernabschlussprüfers erhöht (vgl. *Pellens/Bonse/Gassen* DB 1998, 785 ff.; *Baetge/Krumnow/Noelle* DB 2001, 769 ff.; *Gaul/Otto* GemHH 2003, 6 ff.). Mit dem Bilanzrechtsmodernisierungsgesetz vom 25.5.2009 (**BilMoG**, BGBl. I S. 1102) und dem Bilanzrichtlinien-Umsetzungsgesetz vom 17.7.2015 (**BilRUG**. BGBl. I S. 1245) wurden die Berichts-, Transparenz- und Prüfungsbestimmungen nochmals erweitert bzw. verschärft (vgl. *Lüdenbach/Freiberg* BB 2009, 1230 ff.; *Bauer/Kirchmann/Saß* WPg 2009, 143 ff.; *Papenfuß/Schmidt* DB 2012, 2585 ff.; *Schiffers* GemHR 2015, 1018 ff.; *Fink/Schmidt* DB 2015, 2157 ff.; *Zwirner/Petersen* WPg 2015, 811 ff.). Die Ausdehnung der Prüfungs- und Berichtspflichten ist nicht nur für die AG, sondern nach §§ 316 ff. HGB für alle großen und mittelgroßen Kapitalgesellschaften vorgeschrieben (vgl. §§ 317, 321, 322 HGB; im Einzelnen Rdn. 8 ff.). Da nach § 103 Abs. 1 Nr. 5 Buchst. b für alle Kommunalunternehmen die Vorschriften des Dritten Buches des HGB für **große Kapitalgesellschaften** anzuwenden sind, richtet sich die Prüfung nach den Vorschriften des HGB für große Gesellschaften (§§ 267, 316 ff. HGB). Die im HGB vorgesehenen größenabhänigen Erleichterungen für kleine und z. T. für mittelgroße Kapitalgesellschaften sind folglich nicht anwendbar (§§ 266 ff. HGB; vgl. dazu Näheres unten Rdn. 8 f.). Mit Rücksicht auf die erhöhten Transparenzanforderungen an Unternehmen der öffentlichen Hand sowie im Interesse der betriebswirtschaftlichen Vergleichbarkeit und Kontrollmöglichkeit hat der Landesgesetzgeber grundsätzlich diese **größenab-**

hängigen Erleichterungen in § 103 Abs. 1 Nr. 5 Buchst. b ausgeschlossen (für die Aufstellung des Jahresabschlusses und des Lageberichts und deren Prüfung). Zwar kann durch Landesrecht das bundesgesetzliche HGB selbst nicht geändert werden, doch kann ein Landesgesetz vorschreiben, dass die Gemeinden dafür zu sorgen haben, dass in der Satzung oder im Gesellschaftsvertrag festzulegen ist, dass bei kommunalen Beteiligungsunternehmen stets das für große Kapitalgesellschaften geltende Recht des HGB anzuwenden ist (vgl. § 65 Abs. 1 Nr. 4 BHO; *Jakobi* Der Städtetag 1986, 411; *Pfründer* BWVPr, 1988, 5 ff., 10). Damit ist die Einheitlichkeit und Kontinuität im Wesentlichen gewahrt (zum Eigenbetriebsrecht vgl. § 7 EigBVO; Rdn. 96 zu § 102). Nur in engen Grenzen kann die obere Rechtsaufsichtsbehörde davon **Ausnahmen** zulassen (in besonderen Fällen, wenn andere geeignete Maßnahmen die Prüfungserfordernisse gewährleisten; vgl. § 103 Abs. 1 Satz 2 und 3; unten Rdn. 8 ff. und § 103 Rdn. 37). Zusätzlich haben Kommunalunternehmen in Privatrechtsform nach §§ 103 Abs. 1 Nr. 5 Buchst. d und e sowie 105 Abs. 1 Nr. 1 die Rechte und Pflichten aus §§ 53 f. HGrG auszuüben (vgl. dazu eingehend unten Rdn. 6 ff.).

c) Neben den nationalen handels- und gesellschaftsrechtlichen Vorschriften finden in jüngster Zeit verstärkt international anerkannte Normensysteme Eingang in die Rechnungslegung deutscher Unternehmen (vgl. die Befreiungsoption bzw. Öffnungsklausel in § 292a HGB). Besondere praktische Bedeutung erlangen hierbei die Rechnungslegungsvorschriften des International Accounting Standards Committee (**IAS**) und die US-amerikanischen Generally Accepted Accounting Principles (**US-GAAP**). In dieser Entwicklung spiegelt sich die allgemeine Erkenntnis, dass im Zeitalter der Globalisierung und Liberalisierung die Bilanzierungs- und Rechnungslegungsvorschriften des HGB zu stark vorsichtsgeprägt, gläubiger- sowie vergangenheitsorientiert und zu wenig eigentümer-, entscheidungs-, risiken-, zukunfts- und wertorientiert ausgestaltet sind sowie mehr Transparenz und Publizität, bessere Vergleichbarkeit und tatsachengetreuere Abbildung der realen Unternehmenslage dringend geboten sind (Prinzip des „true and fair view and presentation"; Shareholder-/Stakeholder-Value-Denken; Corporate-Governance; wertorientiertes sowie Risikomanagement; möglichst Quartalsberichterstattung; Unternehmensstrategie mit qualifiziertem Controlling; Benchmarking, Best Practices usw.; vgl. etwa *Coenenberg/Haller/Schultze*, Jahresabschluss und Jahresabschlussanalyse, 24. Aufl. 2016; *Hayn/Waldersee*, IAS/US-GAAP/HGB im Vergleich, Stuttgart 2000; *Baetge/Krumnow/Noelle* DB 2001, 669 ff.; *Ruter/Sahr/Waldersee*, Public Corporate Governance, 2005). Für das öffentliche Rechnungswesen (public sector) sind entsprechende Studien und Arbeitspapiere durch den International Federation of Accountants – Public Sector Committee (IFAC-PSC) erarbeitet worden; internationale Standards für ein ressourcenorientiertes Rechnungswesen der öffentlichen Hand sind in Vorbereitung (**IPSAS**; vgl. *Lüder* DÖV 2000, 837, 841; *Vogelpoth* WPg 2001, 752 ff.; *Bolsenkötter* GemHH 2003, 169 ff.; *Gerhards* DÖV 2013, 70 ff.; *Schwemer/Hauschild* GemHH 2015, 193 ff.; oben Teil 1 Rdn. 172). Diese im Grundsatz richtige und notwendige Entwicklung, die aufgrund der Bilanzskandale Enron, Worldcom, Xerox und der die globale Finanzkrise auslösende Lehmann Brothers Insolvenz angestoßen wurde, müssen i. S. von Grundsätzen ordnungsgemäßer Rechnungslegung sachgerecht und bereichsspezifisch weiterentwickelt wer-

4

den (vgl. etwa IDW Symposion, Harmonisierung der öff. Rechnungslegung, WPg Sonderheft 1/2015, S. 1 ff.).

5 d) Im Rahmen der **Verwaltungsreform** kommt der Reform des kommunalen Haushalts- und Rechnungswesens und damit auch der Rechnungslegung und Prüfung eine Schlüsselrolle zu, die mindestens mittelbar auf die Rechnungslegung der Kommunalunternehmen Auswirkungen hat bzw. haben wird (z. B. „Konzernbilanz", EDV-Software; „Neues kommunales Finanzmanagement"; vgl. dazu im Einzelnen Rdn. 110 ff. zu § 80; *Bals* Der Städtetag 1998, 785 ff.; *Lüder*, Konzeptionelle Grundlagen des Neuen Kommunalen Rechnungswesens, Speyerer Verfahren, 2. Aufl., Stuttgart 1999; *Detemple/Marettek* ZögU 2000, 271 ff.; *Budäus/Küpper/Streitferdt* (Hrsg.), Neues öffentliches Rechnungswesen, Wiesbaden 2000; *Lüder* DÖV 2000, 837 ff.; *Vogelpoth* VM 2001, 24 ff.; *Lüder*, Neues öffentliches Haushalts- und Rechnungswesen, Berlin 2001; *Frischmuth* GemHH 2003, 75 ff.; oben § 77 Rdn. 49 ff.; zum **Rating** für Kommunen: *Pfitzer* GemHH 2003, 49 ff.; *Walter* GemHH 2004, 1 ff.; *Frischmuth/ Richter* Der Städtetag 2008, 25 ff.).

3. Prüfungsanforderungen nach § 103 Abs. 1 Nr. 5

6 Der Anwendungsbereich des § 105 umfasst alle **Kommunalunternehmen in Privatrechtsform,** soweit sie die Voraussetzungen des § 53 HGrG erfüllen. Daraus ergibt sich:

7 a) Unternehmen in Privatrechtsform i. S. des § **53 HGrG** sind solche Unternehmen, an denen die Gemeinde allein die Mehrheit besitzt oder ihr bei einem eigenen Anteil von mindestens 25 % zusammen mit anderen Gebietskörperschaften (Bund, Land, Kommunen) die Mehrheit der Anteile zusteht. Als Anteile der Kommune gelten nach § 53 Abs. 2 HGrG auch Anteile, die einem Sondervermögen der Gebietskörperschaft oder einem Unternehmen gehören, bei dem die Rechte aus Abs. 1 der Gebietskörperschaft zustehen. § 53 liegt also auch bei mittelbaren Beteiligungsunternehmen vor, wenn bei der Obergesellschaft einer Gemeinde allein oder zusammen mit mittelbaren Anteilen mehr als 50 % oder wenigstens 25 % und zusammen mit unmittelbaren und/oder zugerechneten Anteilen anderer Gemeinden oder sonstiger Gebietskörperschaften mehr als 50 % gehören (vgl. *Soldner*, Kom zum HGrG, Erl. zu § 53; *Will* DÖV 2002, 319 ff.).

8 b) Nach § **103 Abs. 1 Nr. 5 Buchst b** muss eine Gemeinde (ggf. mehrere Körperschaften) bei Beteiligungen mit Anteilen in dem in § 53 HGrG bezeichneten Umfang sicherstellen, dass – soweit die Vorschriften des Dritten Buches des HGB nicht bereits unmittelbar gelten (bei großen Kapitalgesellschaften, vgl. § 267 Abs. 3 HGB) oder andere weitergehende gesetzliche Vorschriften anzuwenden sind – die in § 103 Abs. 1 Nr. 5 festgelegten Zulässigkeitsvoraussetzungen in der Satzung oder dem Gesellschaftsvertrag des Unternehmens verankert und festgeschrieben werden (**kommunale Umsetzungs- und Verankerungspflicht** als verbindliche Vorgabe für Aufstellung und Prüfung von Jahresabschluss und Lagebericht; vgl. Rdn. 35 ff. zu § 103). Die Gemeinde muss gewährleisten, dass der aktienrechtliche Standard für die Rechnungslegung eingehalten wird. Dies ist nach § 103 Abs. 1 Nr. 5 nur sichergestellt, wenn größenabhängige Erleichterungen bei der Aufstellung und Prüfung des Jahresabschlusses und des Lageberichts nicht möglich sind, sondern an Stelle der Erleichterungstatbestände (§§ 266 f, 276, 288, 316 und 319 HGB) die **Vorschriften für große Kapitalgesellschaften** entspr. Anwendung finden. Nach Art. 8, § 1, der GemO-Novelle 1999 (GBl. S. 292 ff.) haben die Gemeinden bei bestehenden Unternehmen, soweit dies früher noch nicht erfolgt ist (Regelfall), darauf hinzuwirken, dass die Gesellschaftsverträge angepasst werden (**gesellschaftsvertragliche Verankerungspflicht**). Diese gesetzlichen Zulässigkeitsvoraussetzungen sind im Hinblick auf die angemessene Sicherstellung von Einfluss, Steuerung und Controlling grundsätzlich Pflicht (i. d. R. kein kommunaler Ermessensspielraum) und deshalb in Unternehmen, in denen die öffentliche Hand die Mehrheit besitzt, zügig umzusetzen (vgl. § 53 HGrG; § 105a Abs. 1 Nr. 2 a. F.). Ausnahmen kann die obere Rechtsaufsichtsbehörde davon nur bei einfachen Verhältnissen und in besonderen Fällen dann zulassen, wenn von dem Unternehmen andere geeignete Prüfungsmaßnahmen gewährleistet werden (Buch-, Betriebs-, Kassenprüfungen usw.; § 103 Abs. 1 Satz 2 und 3; vgl. § 103 Rdn. 37; LTDS 12/4055, S. 28; LTDS 15/7610, S. 45 f.; *Weiblen* BWGZ 1999, 1005, 1008 f.; Rdn. 35 ff. zu § 103).

aa) Erfüllen Beteiligungsunternehmen die Voraussetzungen des § 267 Abs. 3 **9** HGB, sind sie also große Kapitalgesellschaften, so findet das Dritte Buch des HGB unmittelbar volle Anwendung (§§ 238–339 HGB). § 103 Abs. 1 Nr. 5 Buchst b ist in diesem Fall, da „Erleichterungsvorschriften" nicht zum Tragen kommen, gegenstandslos.

bb) Erfüllen Beteiligungsunternehmen nicht die Voraussetzungen des § 267 **10** Abs. 3 HGB, sind sie also nur **kleine oder mittelgroße Kapitalgesellschaften,** haben die Kommunen

- für die Aufstellung des Jahresabschlusses und des Lageberichts (**Rechnungslegung**) ausschließlich die Regelungen für große Kapitalgesellschaften des Dritten Buches des HGB entsprechend anzuwenden. Die größenabhängigen Erleichterungen für die Bilanz, die Gewinn- und Verlustrechnung, den Anhang und den Lagebericht (§§ 266 Abs. 1, Satz 2 und 3, 276 und 288, 316 Abs. 1 HGB) sind durch die Satzung oder den Gesellschaftsvertrag auszuschließen;
- für die **Prüfung** des Jahresabschlusses und des Lageberichts gilt dasselbe (Pflicht zur Festlegung entsprechender Regelungen in der Satzung oder dem Gesellschaftsvertrag; gesellschaftsrechtliche Lösung). Die frühere Alternative, wonach der Jahresabschluss und der Lagebericht anstatt in entsprechender Anwendung der Vorschriften des Dritten Buches des HGB für große Kapitalgesellschaften in entsprechender Anwendung der Vorschriften über die Jahresabschlussprüfung bei Eigenbetrieben geprüft werden konnte (gemeindewirtschaftsrechtliche Lösung; § 115 a. F.), ist durch die GemO-Novelle 1999 aufgehoben worden.

c) Bezüglich der in § 103 Abs. 1 Nr. 5 Buchst d und e festgelegten Zulässig- **11** keitsvoraussetzungen, nämlich (1) der Einräumung der in § 54 HGrG vorgesehenen Befugnisse auf die örtliche und überörtliche Prüfungsbehörde (Recht der Rechnungsprüfungsbehörde, sich zur Klärung von Fragen, die bei der Prüfung der Betätigung der Gemeinde nach § 54 auftreten, unmittelbar zu unterrichten und zu diesem Zweck den Betrieb, die Bücher und die Schriften des Unternehmens einzusehen) und (2) der Einräumung des Rechts zur überörtlichen Prüfung der Haushalts- und Wirtschaftsprüfung des Unternehmens nach Maßgabe des § 114 Abs. 1 (sog. Betätigungsprüfung nach § 114 Abs. 1 i. V. m. § 112 Abs. 2 Nr. 3 i. S. eines Prüfungsrechts, nicht -pflicht) vgl. die Ausführungen zu § 103 Rdn. 39 f.; *Müller-Prothmann* BWVP 1994, 83 ff.; *Will* DÖV 2002, 319, 323 f.). Die von den Kommunen zu beachtenden und durchzuführenden Prüfungen, insb. die **örtliche und überörtliche Rechnungs- und Betätigungsprüfung**, sollten mehr sein als eine reine Finanzkontrolle (auch zeitnahe Beratung, Vergabe und Korruptionsprüfungen, Unterstützung der Gremien usw.; § 54 HGrG; vgl. SächsVerfGH NVwZ 2005, 1057; *Kölz/Strauß* GemHH 2005, 224 ff. – mit Checkliste –; *Heller*, a. a. O., S. 124 ff.; *Kämmerling* GemHH 2009, 8 ff.; oben Teil 2 Rdn. 39 f. zu § 103).

12   d) Bei Beteiligungsunternehmen, die nicht die Voraussetzungen nach § 53 HGrG erfüllen, also entweder eine Gemeinde weniger als 25 % der Anteile und/oder zusammen mit anderen Gebietskörperschaften nicht die Mehrheit der Anteile besitzt **(geringe Beteiligungen)**, kann eine Gemeinde schon allein wegen der Mehrheitsverhältnisse nicht die Aufnahme entsprechender Regelungen in die Satzung oder den Gesellschaftsvertrag verlangen bzw. durchsetzen. Auf dem Hintergrund der allgemeinen Zulässigkeitsvoraussetzungen der §§ 102 ff. und der Pflicht, die kommunalen Interessen angemessen zu vertreten, sind die Gemeinden auch bei solchen Beteiligungsunternehmen gehalten, **auf entsprechende Regelungen hinzuwirken.** Im Rahmen dieser Hinwirkungspflicht hat die Gemeinde – wenn nicht ganz besondere, atypische Umstände vorliegen – die ihr zur Verfügung stehenden Möglichkeiten auszuschöpfen.

4.   Prüfungsanforderungen nach § 105 Abs. 1 Nr. 1

13   Der Jahresabschluss und der Lagebericht sind für Kommunalunternehmen in Privatrechtsform mit Kaufmannseigenschaft nach §§ 242 ff. und 264 ff. HGB aufzustellen und nach §§ **316 ff. HGB** zu prüfen. Bei dem in § 53 HGrG bezeichneten Beteiligungsumfang sind öffentliche Unternehmen in aller Regel zusätzlich nach § 105 Abs. 1 Nr. 1 verpflichtet, die Rechte nach § 53 **Abs. 1 Nr. 1 und 2 HGrG** auszuüben (**erweiterte Jahresabschlussprüfung** als verbindliche Vorgabe). Mit dieser Regelung soll u. a. sichergestellt werden, dass die kommunalen Interessen auch bei einer Aufgabenwahrnehmung in Privatrechtsform berücksichtigt und erfüllt werden. Angemessene Einflussnahme erfordert qualifizierte Informationen und umfassende Kenntnisse gerade auch durch die Prüfungsberichte und -ergebnisse der erweiterten Prüfungshandlungen nach § 53 HGrG. Im Folgenden sollen die wichtigsten von Kommunalunternehmen in Privatrechtsform durchzuführenden Prüfungen bzw. Prüfungsteile, die sich teilweise überlappen, umschrieben werden (unter Einbeziehung von KonTraG und KapAEG, IDW-Prüfungsstandards usw.; vgl. *Soldner*, Kom. zum HGrG, Erl. zu § 53; *Will* DÖV 2002, 319 ff.; *Kämmerling* GemHH 2009, 8 ff.; *Hommelhoff* DB 2012, 445 ff.):

14   a) Die Prüfung, die die Gemeinde nach § 105 Abs. 1 Nr. 1 sicherzustellen hat, umfasst zunächst die **Jahresabschlussprüfung nach §§ 316 ff. HGB** (für große Gesellschaften mit den Änderungen durch das KonTraG, das KapAEG usw.; § 53 Abs. 1 Nr. 1 HGrG). In diese Prüfung ist die Buchführung (§§ 238–241 HGB), die Jahresbilanz (§ 266 HGB), die G+V-Rechnung (§ 275 HGB), der Anhang (§§ 284–288 HGB) und besonders auch der **Lagebericht** (§ 289 HGB; zur Aufstellung und Prüfung des Lageberichts: IDW RS HFA 1 und IDW PS 350, WPg 1998, 653 ff.) einzubeziehen. Sie hat sich weiter darauf zu erstrecken, ob die gesetzlichen Vorschriften und sie ergänzende Bestimmungen des Gesellschaftsvertrages (Satzung) beachtet worden sind. Sie ist so anzulegen, dass Unrichtigkeiten und Verstöße gegen diese Bestimmungen, die sich auf die Darstellung des sich nach § 264 Abs. 2 HGB ergebenden Bildes der Vermögens-, Finanz- und Ertragslage des Unternehmens wesentlich auswirken, bei gewissenhafter Berufsausübung erkannt werden. Die Abschlussprüfung erstreckt sich also grundsätzlich auf die Einhaltung aller für die Rechnungslegung geltenden Regeln. Die Grundsätze ordnungsgemäßer Buchführung (GoB) gehören mit dazu (vgl. §§ 317, 321 f. HGB; IDW PS 450: Grundsätze ordnungsmäßiger Berichterstattung bei Abschlussprüfungen, WPg 1999, 601 ff.; IDW PS 400: Grundsätze für ordnungsmäßige Erteilung von Bestätigungsvermerken bei Abschlussprüfungen, WPg 1999, 641 ff.; *Baumbach/Hopt*, Kommentar zum HGB, Erl. zu §§ 317, 321 und 322; *Bolsenkötter* GemHH 2003, 169 ff.; *Hommelhoff* DB 2012, 445 ff.). Zum neuen **Bestätigungsvermerk**: *Naumann/Schmidt* WPg 2015, Sonderheft S. 37 ff. Zum **Konzernabschluss** bzw. Gesamtabschluss: vgl. *Kütting/Grau/Seel* DStR 2010, Beiheft zu Heft 22, S. 33 ff.; *Weller* GemHH 2010, 135 ff.; *Schruff* WPg 2011, 855 ff.; *Semelka/Veldboer/Meier* GemHH 2012, 205 ff.; allgemein vgl. *Detemple/Marettek* ZögU 2000, 271 ff.; *Srocke* GemHH 2004, 53 ff. m. w. N.).

b) Nach § 53 Abs. 1 Nr. 1 HGrG hat die Prüfung der Kommunalunternehmen **15** in Privatrechtsform **zusätzlich** die **Ordnungsmäßigkeit der Geschäftsführung** zu umfassen. Ziel der Geschäftsführerprüfung ist es, für Unternehmen in mehrheitlich öffentlicher Trägerschaft (Mehrheitsanteile bei kommunalen Körperschaften usw.) regelmäßig eine Aussage darüber zu erhalten, ob die Geschäftsführung ihre Aufgaben und Geschäftspolitik i. S. des Trägers und damit auch der Bürger erfüllt (öffentlicher Zweck) und eine nachhaltige Erfüllung dieser Kommunalaufgaben gewährleistet ist (i. S. der Sorgfalt eines ordentlichen und gewissenhaften Geschäftsleiters, § 93 Abs. 1 Satz 1 AktG und § 43 Abs. 1 GmbHG). **Prüfungsgegenstände** sind insbes. (1) Organisation der Geschäftsführung (Aufbauorganisation, Zusammenwirken der Ebenen, Zweckmäßigkeit der Aufgaben- und Zuständigkeitsabgrenzung usw.), (2) Instrumentarien der Geschäftsführung (Rechnungswesen, Planungsinstrumente, Controlling, Informationssystem, Risikomanagement usw.) und (3) Geschäftsführungstätigkeit (Information und Dokumentation, Koordination und Entscheidungsvorbereitung, Einhaltung von Gesetz, Gesellschaftsvertrag und Organbeschlüsse, Berichterstattung, Auftragsvergaben usw.). Der Prüfungsmaßstab orientiert sich, soweit keine Zielvereinbarungen oder andere betriebswirtschaftlichen Soll-Vorgaben festgelegt sind, an der Einhaltung von gesetzlichen, gesellschaftsvertraglichen oder ähnlichen Vorschriften (vgl. § 93 AktG, § 43 GmbHG, § 103 Abs. 3 GemO). Um der Tendenz zu eher formaljuristisch und vergangenheitsbezogen geprägter Geschäftsführerprüfung entgegenzuwirken, sollte sie in dem Gesellschaftsvertrag (ggf. auch Geschäftsführungs-GeschO) und in mittelfristigen Zielvorgaben bzw. Zielvereinbarungen näher festgelegt werden (insbes. durch Beachtung des **Prüfungsstandards IDW PS 720**: Fragenkatalog zur Prüfung der Ordnungsmäßigkeit der Geschäftsführung und der wirtschaftlichen Verhältnisse nach § 53 HGrG, Stand Sept. 2010, Fragenkreise 1–16, abgedruckt unten Teil 3, **Anlage 4**; vgl. *Lenz* WPg 1987, 672 ff.; *Forster* WPg 1994, 791 ff.; *Loitz* BB 1997, 1835 ff.; oben Teil 1 Rdn. 156 und 177).

16   c) Nach § 53 Abs. 1 Nr. 2 HGrG hat die Prüfung ausdrücklich auch die **Vermögens-, Finanz- und Ertragslage**, die tatsächlichen wirtschaftlichen Verhältnisse, darzustellen und zu beurteilen (im Wesentlichen schon durch die Jahresabschlussprüfung nach HGB und die Ordnungsmäßigkeitsprüfung abgedeckt; vgl. Rdn. 14). Diese Prüfung hat insbes. anhand folgender Fragenkreise zu erfolgen: Wesentliche Veränderungen, Vorgänge von besonderer Bedeutung, ungewöhnliche Abschlussposten und stille Reserven, Finanzierung, Angemessenheit der Eigenkapitalausstattung, Ertragslage, Liquidität und Rentabilität, verlustbringende Geschäfte und ihre Ursachen, Gewinnverwendung, Jahresfehlbetrag und seine Ursachen, Möglichkeiten zur Verbesserung der Ertragslage usw. Bei der Beantwortung der Fragen sind die Größe, die Rechtsform und die Branche des jeweiligen Unternehmens angemessen zu berücksichtigen. Obwohl in § 53 Abs. 1 Nr. 2 HGrG vom Wortlaut her nur eine „Darstellung" gefordert wird, geht die ganz h. M. davon aus, dass der Darstellung eine Prüfung vorausgehen muss (vgl. IDW PS 720 Fragenkatalog zu § 53 HGrG, insbes. Fragenkreise 15–21, abgedruckt unten Teil 3, **Anlage 4**).

17   d) Sowohl auf Grund von § 53 HGrG als auch nach dem KonTraG und dem BilMoG 2009 sind Kommunalunternehmen in Privatrechtsform zur Einrichtung und Prüfung eines angemessenen **Risikofrüherkennungssystems** verpflichtet (insbes. § 91 Abs. 2 AktG, der als Neuregelung des KonTraG Ausstrahlungswirkung auf den Pflichtenrahmen der Geschäftsführer auch der anderen Gesellschaftsformen hat; vgl. §§ 264, 289, 315, 317 HGB). Mit der Einführung des Gesamt-/Konzernabschlusses, ist dies noch dringlicher geworden (§ 95a GemO BW; § 116 GO NW; Erstellung eines „Gesamtlageberichts"; *Semelka/Veldboer/Meier* GemHH 2012, 205 ff.). Für ein angemessenes Risikomanagement und ein angemessenes internes Überwachungssystem zu sorgen, gehört zu den Sorgfaltspflichten des Vorstands bzw. der Geschäftsführung (Risikovermeidung bzw. -reduktion und -kultur, Haftungsrisiken, Prüfungsbeanstandungen, Corporate **Compliance-Anforderungen**, IDW PS 980: AKEIÜ DB 2010, 1509 ff.; *Wolf* DStR 2011, 997 ff.; vgl. § 91 Abs. 2 AktG; § 43 Abs. 1 GmbHG; vgl. auch Teil 1 Rdn. 158 und 173a ff.). Die Notwendigkeit und Anforderungen an ein solches Compliance-Managementsystem sind durch das Urteil des LG München I vom 10.12.2013 noch stärker in den Fokus gerückt (AG 9/2014 mit Anm. *Simon*; *Makowicz/Wüstemann* BB 2015, 1195 ff.). Damit sollen den Fortbestand des Unternehmens gefährdende Entwicklungen wie Verstöße gegen gesetzliche Vorschriften (Legalitätspflichten) und vor allem risikobehaftete Geschäfte, Betriebsabläufe und dergleichen, Unrichtigkeiten der Rechnungslegung, die sich auf die Vermögens-, Finanz- und Ertragslage der Gesellschaft oder des Konzerns wesentlich auswirken können, möglichst frühzeitig identifiziert und analysiert, erfasst und bewertet, vermieden oder minimiert werden (rechtzeitige Information über die unternehmerische Risikolage; vgl. allgemein: IDW PS 980; *Brenner/Nehrig* DÖV 2003, 1024 ff.; *Otto/Fonk* GemHH 2011, 225 ff.; *Withus* WPg 2015, 261 ff.). Was im Einzelfall als angemessen anzusehen ist, muss nach den Verhältnissen, Eigenart und Größe des Unternehmens, nach den Erfahrungen der Vergangenheit und der Komplexität dessen Struktur entschieden werden. I. d. R. erfordert ein solches **ganzheitliches Risikomanagementsystem** folgende Teilsysteme bzw. Elemente: (1) Errichtung und Einrichtung des Risikofrüherkennungssystems; (2) Internes Überwachungssystem (organisatorische Sicherungsmaßnahmen, Interne Revision, Kontrollen). (3) Controlling als zielgerichtete Koordination von Planung, Informationsversorgung, Steuerung und Kontrolle (sog. Aktivitäten-Viereck). (4) Frühwarnsystem (Definition der Beobachtungsfelder, Risikokennzahlen usw.; möglichst auch Zukunftsstrategien etwa durch „Chancenmanagement"; *Lück* BB 2001, 2312 ff.; *Körner/Derfuß/Lenz* GemHH 2016, 129 ff.). Der Abschlussprüfer hat die Einrichtung eines angemessenen Risikomanagementsystems und eines funktionsfähigen internen Überwachungssystems zu prüfen. Das Ergebnis der Prüfung ist im Prüfungsbericht in einem besonderen Teil darzustellen. Dabei ist auch darauf einzugehen, ob es eingerichtet ist, ob es geeignet ist, seine Aufgaben zu erfüllen und ob Maßnahmen erforderlich sind, um das Überwachungssystem zu verbessern (§ 321 Abs. 4 HGB; vgl. IDW PS 340 – Prüfung nach § 317 Abs. 4 HGB – WPg 1999, 658 ff.; IDW PS 720 – Fragenkatalog zu § 53 HGrG, Risikofrüherkennungssystem –; IDW PS 980; ISO 19600; *Kless* DStR 1998, 93 ff.; *Spannagel* DStR 1999, 1826 ff.; *Lück* BB 2001, 2312 ff.; *Will* DÖV 2002, 319 ff.; *Theisen* BB 2003, 1426 ff.; *Schmitz* GemHH 2006, 154 ff.; *Glinder* GemHH 2008, 241 ff.; *Heller*, a. a. O., S. 194 ff.; *Schwarting* GemHH 2013, 121 ff.; *Körner/Derfuß/Lenz* GemHH 2016, 129 ff.; oben Teil 1 Rdn. 158).

5. Offenlegungs- und Veröffentlichungspflichten (§ 105 Abs. 1 Nr. 2)

Für die Offenlegung des Jahresabschlusses (Publizitätspflichten) bzw. dessen **18** öffentliche Bekanntmachung gelten die allgemeinen Bestimmungen des HGB (§§ 325 ff.) und die kommunalrechtliche Regelung des § 105 Abs. 1 Nr. 2.

a) Für Kommunalunternehmen in Privatrechtsform gelten zunächst die han- **19** dels- und gesellschaftsrechtlichen Vorschriften, insbes. §§ 325 ff. HGB. Danach sind als Gegenstand der **Offenlegung** Jahresabschluss und Lagebericht samt Bestätigungsvermerk, Bericht des Aufsichtsrats, Jahresüberschuss oder -fehlbetrag sowie Vorschlag und Beschluss über seine Verwendung zum Handelsregister einzureichen (Registerpublizität beim Amtsgericht des Sitzes der Kapitalgesellschaft). Anschließend ist im Bundesanzeiger bekannt zu machen, bei welchem Handelsregister unter welcher Nummer die Unterlagen eingereicht sind. Für große Kapitalgesellschaften sind nach § 325 Abs. 2 HGB zuerst die Unterlagen im Bundesanzeiger zu veröffentlichen (§ 267 Abs. 3 HGB; vgl. *Baumbach/Hopt*, Kommentar zum HGB, Erl zu §§ 325 ff.). Die Offenlegungsvorschriften des Handels- und Gesellschaftsrechts gelten ohne Einschränkung, also auch bei größenabhängigen Erleichterungen. Für die Offenlegung sind – im Unterschied zur Aufstellung und Prüfung von Jahresabschluss und Lagebericht (§ 103 Abs. 1 Nr. 5 Buchst b) – nicht stets die Regelungen für große Kapitalgesellschaften entsprechend anwendbar.

20 b) Daneben haben die Kommunen nach § 105 Abs. 1 Nr. 2 Buchst. a für eine ortsübliche öffentliche Bekanntmachung zu sorgen, in der der Beschluss über die Feststellung des Jahresabschlusses zusammen mit dessen Ergebnis, das Prüfungsergebnis von Abschluss und Lagebericht sowie die beschlossene Verwendung/Behandlung des Jahresüberschusses/-fehlbetrages dargestellt sind (zur ortsüblichen Bekanntgabe vgl. §§ 4 Abs. 3 und 81 Abs. 1; § 1 DVO GemO; VwV GemO zu § 4; *Kunze/Bronner/Katz*, a. a. O., Erl zu § 4 Rdn. 22 ff.; § 81 Rdn. 1 ff.; Hauptsatzung). Gleichzeitig mit der Bekanntmachung ist nach **Nr. 2 Buchst. b** durch **öffentliche Auslegung** dem Einwohner wie bei der Haushaltsplanung nach § 81 Abs. 3 die Möglichkeit zu geben, Jahresabschluss und Lagebericht an sieben Tagen einzusehen (vgl. *Kunze/Bronner/Katz*, a. a. O., § 81 Rdn. 4 ff.). In Ausnahmefällen des § 103 Abs. 1 Satz 2 und 3 sind diese Pflichten entspr. der Ausnahmegenehmigung zu modifizieren. Diese Publizitätspflichten dienen der Transparenz und Information der Einwohner bei der Wahrnehmung wichtiger kommunaler Aufgabenfelder durch Unternehmen in Privatrechtsform.

II. Beteiligungsbericht (§ 105 Abs. 2)

1. Beteiligungsverwaltung und -management

21 a) Zur **Aufgaben- und Finanzverantwortung** eines kommunalen Eigentümers von Unternehmen insbes. in Privatrechtsform gehört es schon immer, die Geschäftsentwicklung des Unternehmens im Sinne und Interesse der Gemeinde zu beeinflussen und zu kontrollieren sowie die Einhaltung der gesetzlichen Vorgaben sicherzustellen. Mit der GemO-Novelle 1999 ist diese Zielsetzung konkretisiert und konzeptionell in Richtung eines **Beteiligungsmanagements** weiterentwickelt und verbessert worden (Beitrag zum Aufbau eines **Steuerungs- und Controllingsystems** sowie dessen Verankerung in §§ 103 Abs. 1 Nr. 2, 3 und 5, Abs. 3, 103a, 104 Abs. 3 sowie 105; LTDS 12/4055, S. 17 ff.; *Weiblen* BWGZ 2000, 177, 183 f.; *Eujen* BWGZ 2000, 185 ff.; *Umlandt* DNV 5/2000, 12 ff.; *Katz* GemHH 2002, 265 ff.; *Heilshorn* VBlBW 2007, 161 ff.). Danach sind Eigen- und Beteiligungsgesellschaften so zu steuern und zu überwachen, dass der öffentliche Zweck usw. nachhaltig erfüllt und das Unternehmen wirtschaftlich geführt wird. Die Pflicht zur Steuerung und Überwachung hat nicht bloßen „Appellcharakter", sondern enthält die rechtlich verbindliche Vorgabe, eine umfassende Strategie für eine aktive Beteiligungsverwaltung zu entwickeln, umzusetzen und regelmäßig und konsequent zu überprüfen sowie weiterzuentwickeln. Zur Stärkung der kommunalen Selbstverwaltung, zur **Wahrung der Einheit und Gesamtbewertung der Gemeindepolitik**, zur Unterstützung der Ziele zur Reform und Modernisierung der Verwaltung sowie zur Begegnung der Gefahren aus der faktischen Entwicklung, wonach durch Ausgliederungen, durch formelle und materielle Privatisierungen wesentliche Teile der kommunalen Aufgaben nicht mehr im Gemeindehaushalt integriert, sondern ausgelagert sind, ist dies folgerichtig und auch unter dem Aspekt „Corporate Governance" geboten. Diesem Ziel dient auch der Gesamtabschluss nach § 95a (vgl. KGSt-Berichte 8 und 9/1985 sowie 5/1993; Deutscher Städtetag, Thesenpapier, 1995; *Ade* (Hrsg.), HdB kommunales Beteiligungsmanagement, Stuttgart 1997; GPA, Geschäftsbericht 2000, S. 52 ff. und 2009, C.5; *Bals*, in: Innenministerium NRW, Gestaltung der Beteiligungsberichte, 2003; *Fiedler/Kreft/Lührs* GemHH 1999, 29 ff.; *Weiblen* BWGZ 2000, 183 f.; *Hille*, Beteiligungsmanagement, S. 1 ff.; *Katz*, in: FS für Eichhorn, S. 582 ff.; *Fabry/Augsten*, a. a. O., S. 596 ff.).

b) Die Wahl privatrechtlicher Unternehmensformen durch die Gemeinde setzt die **22** Sicherstellung der öffentlichen Aufgabenerfüllung und Wahrung der kommunalen Verantwortung auch in diesen Unternehmensformen voraus. Der Trend zur Ausgliederung vor allem durch Organisationsprivatisierung darf nicht zu zu starker Atomisierung und Intransparenz, zu großem Eigenleben und zu Untersteuerungseffekten durch die demokratisch gewählten Organe der Anteilseigner führen. Mit der Erleichterung des Zugangs zu privatrechtlichen Unternehmensformen hat es der Gesetzgeber 1999 deshalb für notwendig erachtet, zur Gewährleistung dieser Ziele bzw. zur Verhinderung dieser Gefahren in den §§ 102 ff. **Mindestanforderungen** ausdrücklich festzulegen. Zwar kann der Landesgesetzgeber das bundesrechtliche Gesellschaftsrecht nicht ändern (vgl. Art 31 GG), er kann aber durch Landeskommunalrecht festlegen, unter welchen Voraussetzungen eine Kommune eine Unternehmensform des Privatrechts wählen darf. Er kann weiter normieren, ob und wie im Gesellschaftsrecht eröffnete Gestaltungsspielräume die Gemeinden zur kommunalen Aufgabenerfüllung zu nutzen oder auszuüben haben usw. (insbes. durch entspr. Gesellschaftsvertragsregelungen bei dispositiven HGB-, GmbHG- usw. Vorschriften; Informations-, Überwachungs- und Interessenvertretungspflichten usw.; vgl. etwa §§ 103 Abs. 2 und 3 sowie 103a; eingehend dazu oben Teil 1 Rdn. 126 ff.). Kommunalunternehmen haben nicht wie privatwirtschaftliche Erwerbsbetriebe das vorrangige Ziel der Gewinnmaximierung. Sie erfahren nach § 102 ihre Rechtfertigung durch die Erfüllung eines örtlichen öffentlichen Zweckes (**Primärzweck** nicht Shareholder-, sondern **Public-Welfare- bzw. Citizen-Value**; vgl. Rdn. 30 ff. zu § 102; Rdn. 14 und 20 ff. zu § 103). Im Lichte des Art. 28 GG ist es deshalb geboten, dass die kommunalpolitisch verantwortlichen, demokratisch legitimierten Vertretungsorgane nicht nur die Kernverwaltung und die Eigenbetriebe, sondern auch die Kommunalunternehmen in Privatrechtsform als Teil der Verwaltung adäquat steuern und überwachen. Dies gilt insbes. für strategische Grundentscheidungen sowie für Politik- und Sachfragen von wesentlicher Bedeutung, prinzipiell nicht für das operative Geschäft (vgl. unten Rdn. 29; *Katz* GemHH 2016, 73 ff.).

c) **Umfang und Inhalt des Beteiligungsmanagements** werden nicht einheitlich **23** definiert. Unbestritten gehören alle Unternehmen in Privatrechtsform dazu. Sinnvollerweise sollten alle kommunalen Betätigungen darunter subsumiert werden, die nicht im Kernhaushalt enthalten sind, also alle Unternehmen und Einrichtungen „jenseits" des Regiebetriebs (insbes. auch Eigenbetriebe, Kommunalanstalten, Zweckverbände, kommunale Stiftungen und Vereine). Inhaltlich fallen darunter und sind vom Beteiligungsmanagement als Service- und Kümmerereinrichtung zu bearbeiten und einzubeziehen: die zur Erfüllung der Informations-, Steuerungs- und Überwachungspflichten notwendige Festlegung der strategischen Unternehmensziele der Kommune (aus ihrer Eigentümerstellung sowie ihrer Aufgaben- und Finanzverantwortung heraus), die Koordination der kommunalen Gesamtinteressen (im gesamten kommunalen Verbund, „Konzern" Stadt), die Sicherstellung der normativen Vorgaben und die nachhaltige Verfolgung der optimalen Kommunalinteressen mit den zu Gebote stehenden kommunal- und gesellschaftsrechtlichen sowie tatsächlichen Einflussmöglichkeiten insbes. über ihre Vertreter in den Unternehmensorganen. Weiter sind die **Zielerreichung und die Geschäftsentwicklung zu überwachen** sowie bei Planabweichungen die notwendigen Konsequenzen zu ziehen (nicht i. S. von Entscheidungs-, sondern i. S. von **Koordinierungs- und Geschäftsstellenfunktionen**; vgl. dazu GPA, Geschäftsbericht 2000, S. 52 ff. und 2009, C 5; Städtetag BW, Leitfaden Beteiligungscontrolling, 1999; *Fiedler/Kreft/Lührs* GemHH 1999, 29 ff.; *Weiblen* BWGZ 2000, 183 f.; *Katz*, in: FS für Eichhorn, S. 582 ff.; *Fabry/Augsten*, a. a. O., S. 596 ff.; Teil 1 Rdn. 161 ff.). Nach überwiegender Meinung wird das Beteiligungsmanagement als Oberbegriff für alle Aktivitäten und Maßnahmen verstanden und gliedert sich aus der Sicht der Kommunen in vier wesentliche Bereiche: (a) Beteiligungspolitik, (b) Beteiligungsverwaltung, (c) Beteiligungscontrolling und (d) Mandatsbetreuung:

24 – **Beteiligungspolitik:** Aufnahme, Analyse, Überprüfung und Festlegung der strategischen Ausrichtung der Unternehmen der Gemeinde; Formulierung und Vorgabe der kommunalen Unternehmens- und Beteiligungsziele einschließlich ihrer Verträglichkeit mit den Zielen der Gemeinde; Entwicklung von Sach-, Leistungs- und Finanzvorgaben, Kennzahlen usw.; Kontrollmanagement; Finanzplanung; Portfolioanalyse, -ausrichtung, -management und Entwicklung der Geschäftsfelder; Fragen der Kooperationen, der Privatisierung und ähnliche grundsätzliche Problemfelder.

25 – **Beteiligungsverwaltung:** Funktionen der Koordination, der Information, der Dokumentation und der Überwachung, also Aufgaben i. S. einer „Geschäftsstelle" zur Abarbeitung der eher geschäftsordnungsmäßigen Aufgaben (Einhaltung formaler Kriterien; Vorbereitung, Durchführung und Nacharbeitung von Sitzungen, Überwachung der Einhaltung von Recht- und Ordnungsmäßigkeit, Beschlusskontrolle usw.; Organisation und Umsetzung von Verwaltungsaufgaben; gesellschafts- und steuerrechtliche Fragen; Informationsaustausch, ausreichende und informative Berichterstattung, Dokumentation, Archivierung usw.).

26 – **Beteiligungscontrolling:** rechtzeitige Zurverfügungstellung der steuerungsrelevanten Informationen; Aufarbeitung, Auswertung, Verdichtung und Bewertung der einschlägigen Daten und Informationen; Erarbeitung von Entscheidungsgrundlagen und -alternativen (pro und contra; Entscheidungshilfen, strategische Optionen, Abwägungsprozesse); Finanz- und Leistungscontrolling (mittelfristige Soll-/Ist-Vergleiche, Abweichungsanalysen, Kennzahlen, Betriebsvergleiche, Benchmarking, Erarbeitung von Zielvereinbarungsvorschlägen usw.); Aufbau eines Berichtswesens und Ähnliches (vgl. Städtetag BW, Leitfaden Beteiligungscontrolling, 1999; *Löhr/Rattenhuber* GemHH 2001, 1 ff.).

27 – **Mandatsbetreuung:** Fachliche Unterstützung und Beratung der von der Gemeinde in die Unternehmensorgane entsandten Mitglieder (Vertreter;

insbes. auch des Aufsichtsratsvorsitzenden); Sichtung und ggf. Kommentierung der Sitzungsvorlagen; Abgabe von Stellungnahmen, Empfehlungen und gutachterlichen Äußerungen mit pro und contra, Alternativen usw.; Information und Qualifizierung der entsandten Mitglieder und Vertreter; Steuerungs- und Entscheidungshilfen; Durchführung von Seminaren, Workshops usw.

d) Die **organisatorische Zuordnung** des Beteiligungsmanagements kann nicht **28** generell beantwortet werden. Deren Zweckmäßigkeit und Effizienz hängt von der Größe und Struktur der Gemeinde, von Art und Umfang der Beteiligungen usw., aber auch von den handelnden Akteuren ab. Allgemein ist eine Zuordnung zum Bürgermeister (OB; etwa als Stabsstelle) oder zur Kämmerei zu empfehlen (vgl. oben I Rdn. 166 f.).

e) Die Aufgaben des Beteiligungsmanagements sind von der zuständigen Organi- **29** sationseinheit in der Gemeindeverwaltung sehr sensibel auszuüben. Deren Mitarbeiter haben zwar zu initiieren, vorzubereiten, zu beraten und Controlling wahrzunehmen, sie besitzen aber weder unternehmerische Verantwortung noch Entscheidungskompetenzen. Die Geschäftsführung der einzelnen Gesellschaften hat den operativen Betrieb weitgehend selbstständig zu erledigen und auch die strategischen Angelegenheiten zu entwickeln, aufzuarbeiten und nach der Entscheidung durch Aufsichtsrat oder Gesellschafterversammlung unter Beteiligung des Rates umzusetzen. Das Beteiligungsmanagement ist also vor allem stabsähnliche „**Servicestelle**" i. S. von Geschäfts-, Koordinations-, Überwachungs- und teilweise Initiativfunktionen, als aktiver **Informationskoordinator** und -versorger, als unterstützender Berater für Verwaltungsleitung, Gemeinderat und die kommunalen Vertreter in den Unternehmensorganen (Eigentümerinteressen des Kapitaleigners; „**Kümmerer**" und „**Scharnier**" zwischen Politik und Verwaltung). Nach offener und fairer Beratung sollten diese Fragen in entsprechenden Zuständigkeits- und/oder Geschäftsordnungsregelungen festgelegt und schriftlich fixiert werden.

2. Beteiligungsbericht

a) In § 105 Abs. 2 wird seit 1999 von der Gemeinde die **jährliche Erstellung** **30** eines Beteiligungsberichts gefordert, in dem **Rechenschaft** über die Entwicklung der Unternehmen in Privatrechtsform insbes. gegenüber dem Gemeinderat und den Einwohnern gegeben wird. Mit diesem Bericht soll ein Beitrag zu größerer Transparenz hinsichtlich ihrer ausgegliederten Aufgabenerfüllung in Privatrechtsform geleistet werden und dazu dienen, Informations-, Steuerungs- und Controllingdefizite rechtzeitig zu erkennen und möglichst zu vermeiden. Er ist auch bei nur einem Kommunalunternehmen zu erstellen und sollte sich neben den zwingend vorgeschriebenen Beteiligungen auf alle Bereiche erstrecken, die nicht im Kernhaushalt der Gemeinde unmittelbar enthalten sind (Eigenbetriebe, Kommunalanstalten, Zweckverbände, kommunale Stiftungen usw.; vgl. auch den inzwischen verbindlich vorgeschriebenen konsolidierten Gesamtabschluss, § 95a; vgl. GPA, Geschäftsbericht 2009, C 5). Weiter ist zu empfehlen, auch Mitgliedschaften und dergleichen in den Bericht aufzunehmen (LTDS 12/4055, S. 30 f.). Der Beteiligungsbericht ist bei unmittelbaren Beteiligungen unabhängig von der Höhe der Anteile, bei mittelbaren Beteiligungen nur, wenn deren Höhe mehr als 50 % beträgt, zu erstellen. Bei mittelbaren Beteiligungen mit weniger als 25 % können die Angaben auf wenige Eckdaten und Grundaussagen beschränkt werden (vgl. § 105 Abs. 2 Satz 3: insb. Unternehmensgegenstand, Ertrags- und Geschäftsverlauf- und -situation, Beteiligungsverhältnisse und Stand der kommunalen Aufgabenerfüllung).

31 b) Der **Mindestinhalt** des Beteiligungsberichts ist in § 105 Abs. 2 Buchst a bis c im Einzelnen festgelegt (vgl. Städtetag BW, Leitfaden Beteiligungscontrolling, 1999, S. 15 ff.; Deutscher Städtetag, Städtische Wirtschaft, April 2002, S. 10; *Bals*, in: Innenministerium NRW, Gestaltung der Beteiligungsberichte, 2003; *Weiblen*, in: Fabry/Augsten, a. a. O., S. 443 ff.; zur gebotenen „Betätigungsprüfung" mit Checkliste: *Kölz/Strauß* GemHH 2005, 224 ff.; oben Teil 1 Rdn. 161 ff.):

> – **Gegenstand, Zweck und Ziele** des Unternehmens, Beteiligungsverhältnisse (Anteileigner mit Beteiligungsanteil);
> – **Stand der Erfüllung** des öffentlichen Zwecks des Unternehmens (Übereinstimmung mit dem Gesellschaftsvertrag, Erfüllung der Sach- und Finanzziele nach Inhalt und Umfang, quantitative und qualitative Einhaltung der Zielvorgaben, der Finanz-, Leistungs- und Wirkungsziele; Soll-/Ist-Vergleiche, Kennzahlen, Betriebsvergleiche usw.);
> – Für das letzte Geschäftsjahr die **Grundzüge des Geschäftsverlaufs**, die **Lage des Unternehmens**, die Kapitalzuführungen und -entnahmen; im Vergleich mit den Werten des vorangegangenen Geschäftsjahres die durchschnittliche Zahl der Beschäftigten (nach Gruppen), die wichtigsten Kennzahlen der Vermögens-, Finanz- und Ertragslage des Unternehmens sowie die gewährten Gesamtbezüge der Mitglieder der Geschäftsführung und des Aufsichtsrats (entspr. Geltung der §§ 285 Nr. 9 und 286 Abs. 4 HGB; vgl. Beteiligungs-, Geschäftsführer- und Risikoprüfung und -management; Kennzahlen und Früherkennungssysteme auch für die Geschäftsentwicklung, Kontraktmanagement usw.; oben Rdn. 13 ff.).

32 c) Zwar ist mit dem Beteiligungsbericht eine Grundlage geschaffen, die als Informationsquelle ein Mindestmaß an öffentlichkeits- und entscheidungsrelevanten Daten zur Verfügung stellt. Im Wesentlichen fordert allerdings § 105 Abs. 2 lediglich vergangenheitsbezogene Daten, die nur bedingt als Steuerungsinstrument für Gemeinderat und Verwaltung tauglich sind. Deshalb sollten in den Bericht auch Indikatoren und Controllingelemente aufgenommen werden, die ein **vorausschauendes Beteiligungsmanagement** sowie frühzeitige Handlungs- und Steuerungsempfehlungen ermöglichen (Vorgabe möglichst operationabler Gemeinde- und Unternehmensziele, Vereinbarung strategischer Ziele, Finanzplanung, Wirtschafts- und Vermögensplan; Chancen- und Risikenanalyse, Früherkennungssysteme und dgl.; vgl. *Weiblen* BWGZ 2000, 177, 184; *Lück* BB 2001, 2312 ff.; *Katz*, in: FS für Eichhorn, S. 582 ff.).

3. Offenlegung und Vorlage des Berichts (Abs. 3 und 4)

a) Da der Beteiligungsbericht gerade auch den Einwohner informieren soll, ist **33** er nach § 105 Abs. 3 **ortsüblich bekannt zu machen** (vgl. dazu §§ 4 Abs. 3 und 81 Abs. 1; § 1 DVO GemO; VwV GemO zu § 4; Erl. zu § 4 Rdn. 22 ff. und § 81 Rdn. 1 ff.; Hauptsatzung) sowie gleichzeitig mit der Bekanntmachung an sieben Tagen **öffentlich auszulegen** (entspr. Anwendung von Abs. 1 Nr. 2 Buchst b; § 81 Rdn. 4 ff.).

b) Nach § 105 Abs. 4 kann die **Rechtsaufsichtsbehörde** verlangen, dass ihr die **34** Gemeinde den Beteiligungsbericht und den Prüfungsbericht mitteilt. Hiermit wird ausdrücklich sichergestellt, dass ihr bei Bedarf ein entspr. Unterrichtungsrecht zusteht. Die wirtschaftliche Situation eines Unternehmens kann für die Haushaltswirtschaft, z. B. für die Frage künftiger Haushaltsbelastungen, von erheblicher Bedeutung sein. Die Prüfungsberichte müssen daher als zusätzliche Informationsquelle in solchen Fällen auch den Rechtsaufsichtsbehörden zugänglich sein (vgl. auch § 1 Abs. 3 Nr. 8 GemHVO und Rdn. 1 ff. zu § 108). Dieses Recht steht der Rechtsaufsicht neben dem Informationsrecht nach § 120 zu.

§ 105a Mittelbare Beteiligungen an Unternehmen in Privatrechtsform

(1) Die Gemeinde darf der Beteiligung eines Unternehmens, an dem sie mit mehr als 50 vom Hundert beteiligt ist, an einem anderen Unternehmen nur zustimmen, wenn
1. die Voraussetzungen des § 102 Abs. 1 Nr. 1 und 3 vorliegen,
2. bei einer Beteiligung des Unternehmens von mehr als 50 vom Hundert an dem anderen Unternehmen
   a) die Voraussetzungen des § 103 Abs. 1 Satz 1 Nr. 2 bis 4 vorliegen,
   b) die Voraussetzungen des § 103a vorliegen, sofern das Unternehmen, an dem die Gemeinde unmittelbar beteiligt ist, und das andere Unternehmen Gesellschaften mit beschränkter Haftung sind,
   c) die Voraussetzung des § 103 Abs. 2 vorliegt, sofern das andere Unternehmen eine Aktiengesellschaft ist.
Beteiligungen sind auch mittelbare Beteiligungen. Anteile mehrerer Gemeinden sind zusammenzurechnen.

(2) § 103 Abs. 3 und, soweit der Gemeinde für das andere Unternehmen Entsendungsrechte eingeräumt sind, § 104 Abs. 2 bis 4 gelten entsprechend.

(3) Andere Bestimmungen zur mittelbaren Beteiligung der Gemeinde an Unternehmen in einer Rechtsform des privaten Rechts bleiben unberührt.

Neu gefasst durch Gesetz vom 19.7.1999 (GBl. S. 292).

Erläuterungen

1. Mittelbare Beteiligungen an Unternehmen in Privatrechtsform

1 a) § 105a legt für die mittelbaren Beteiligungen durch Eigen- und Beteiligungsgesellschaften in kommunaler Trägerschaft konsequenterweise im Wesentlichen dieselben Zulässigkeitsvoraussetzungen fest wie für unmittelbare Kommunalunternehmen (§§ 102 Abs. 1, 103, 103a). Da die Gemeinden zunehmend dazu übergehen, Holding-, Tochter-, Enkel- und weitere Untergesellschaften zu gründen („**Schachtelbeteiligungen**", „Konzerne" usw.), ist dies im Interesse der kommunalen Selbstverwaltung geboten. Die wirtschaftlichen Aus- und Rückwirkungen, insbes. die finanziellen Risiken, von solchen Schachtelbeteiligung können auf die Gemeinde im Endergebnis die gleichen sein wie bei einer unmittelbaren Beteiligung (so die amtliche Begründung: LTDS 12/4055, S. 31 f.; *Weiblen* BWGZ 1999, 1005, 1011; *Linhos*, Der Konzern Stadt, in: Uni Potsdam, KWI – Arbeitshefte 11, 2006). Die Entwicklung der mittelbaren „Beteiligungen" wird besonders evident, wenn man die Organigramme vor allem der Stadtwerke mittlerer und größerer Kommunen betrachtet.
Eine **mittelbare Beteiligung** liegt vor, wenn ein kommunales Beteiligungsunternehmen i. S. von § 103 Abs. 1 sich selbst an einem anderen Unternehmen in Privatrechtsform beteiligt (Tochtergesellschaft). Nach § 105a Abs. 1 gilt dies allerdings nur, wenn die Gemeinde an der jeweiligen Obergesellschaft (unmittelbares Unternehmen) – allein oder zusammen mit anderen Kommunen unmittelbar und/oder mittelbar – mit mehr als 50 % beteiligt ist, bei denen also auf Grund der kommunalen Einfluss- und Steuerungsmöglichkeiten die kommunalen Unternehmensziele auf die Wahrnehmung des öffentlichen Zwecks ausgerichtet werden können (Beteiligungen durch jene Gesellschaften, die im kom-

munalen Allein- oder Mehrheitsbesitz sind; § 105a Abs. 1 Satz 3; vgl. auch § 53 HGrG; *Lange*, a. a. O., S. 912 f.; oben Teil 1 Rdn. 48).

b) Vor allem in Großstädten gewinnen in zunehmendem Maße solche kom- **2** munalen „**Konzerne**" an Bedeutung (sog. **verbundene Unternehmen; Holding-** sowie horizontale und vertikale **Schachtelgesellschaften** usw.; vgl. Teil 1 Rdn. 110). Die steuerrechtliche Entwicklung führt immer mehr dazu, dass die Gemeinden bestrebt sind, Gesellschaftsformen zu entwickeln, die die steuerliche Belastung der wirtschaftlichen Unternehmen möglichst niedrig halten. So wird nicht selten etwa durch die Einbringung der Kapitalanteile eines Gewinn bringenden Energieunternehmens und eines defizitären Verkehrsbetriebs in eine Holdinggesellschaft erreicht, dass Gewinne und Verluste in dieser Dachgesellschaft mit steuermindernder Wirkung zum Vorteil der Gemeinde saldiert werden (**steuerlicher „Querverbund**"; vgl. Teil 1 Rdn. 182 sowie BMF BStBl. 2012 I, 60 und 2014 I, 119; *Heine* KStZ 2009, 146 ff.; *Strahl* DStR 2010, 193 ff.; *Westermann/Prechtl* KStZ 2010, 149 ff.:; *Belcke/Westermann* BB 2012, 2473 ff., 2015 1500 ff. und 2016, 87 ff.; *Westermann/Zemke* KommJur 2013, 1 ff.; *Sterzinger* BB 2014, 479 ff.). Mit Hilfe eines Beherrschungsvertrags wird dabei auch die kommunale Einflussnahme gesichert (vgl. dazu §§ 291 ff. AktG; *Pagenkopf*, a. a. O., S. 190 f.; *Schmidt-Jortzig*, in: HKWP Bd. 5, S. 65 f.; *Cronauge*, a. a. O., Rdn. 360 ff.; *Mayen* DÖV 2001, 110 ff.; *Hecker* VerwArch 2001, 261 ff.; Teil 1 Rdn. 110 und 130; Rdn. 23 f. zu § 103; Rdn. 22 zu § 104).

2. Voraussetzungen für mittelbare Beteiligungen

Mittelbare Beteiligungen nach § 105a Abs. 1 und 2 müssen folgende Voraussetzungen erfüllen:

a) Bei der Beteiligung eines Unternehmens an einem anderen Unternehmen **3** müssen die Voraussetzungen des § 102 Abs. 1 Nr. 1 und 3 vorliegen (§ 105a Abs. 1 Nr. 1). Auch eine mittelbare Beteiligung muss also durch einen **öffentlichen Zweck** gerechtfertigt sein und einem solchen dienen (zu den Einzelheiten des öffentlichen Zwecks vgl. Rdn. 30 ff. zu § 102 und Rdn. 14 zu § 103). Dasselbe gilt für die in § 102 Abs. 1 Nr. 3 früher verankerte einfache Subsidiaritätsklausel („**Funktionssperre**" bei „Besser-Erfüllung" durch die Privatwirtschaft; *Weiblen* BWGZ 1999, 1011). Da mit dieser Regelung die gesetzgeberischen Ziele nicht erreicht wurden, hat das Land in der **Novelle 2005** die Klausel verschärft und eine **qualifizierte, echte Subsidiaritätsklausel** eingeführt (Vorrang der privaten Wirtschaft; „Funktionssperre" bei Leistungsparität mit „Drittschutz" für Private mit Ausnahme der Daseinsvorsorgeaufgaben; so die Gesetzesbegründung: LTDS 13/4767, S. 7 ff.; 13/4835; vgl. dazu eingehend Rdn. 41 f. zu § 102; *Dazert/Mahlberg* NVwZ 2004, 158 ff.; *Pegatzky/Sattler* NVwZ 2005, 1376 ff.; *Heilshorn* VBlBW 2007, 161 ff.). Die Gemeinde hat ihre Vertreter in der Gesellschaft im Rahmen des gesellschaftsrechtlich zulässigen anzuweisen, einer Beteiligung an einem anderen Unternehmen nur dann zuzustimmen, wenn die Voraussetzungen des § 102 Abs. 1 Nr. 1 und 3 gegeben sind (*Berger* DÖV 2010, 118 ff.; *Lange* NVwZ 2014, 616 f.). Die weiteren Voraussetzungen der §§ 102 ff. (Haftungsbegrenzung, Steuerungs- und Einflusspflichten usw.) werden zwar für mittelbare Beteiligungen nicht ausdrücklich gefordert, müssen aber des öffentlichen Zweckes, der stetigen gemeindlichen Aufgabenerfüllung (vgl. etwa § 77) usw. wegen, gleichwohl in einem angemessenen Umfange gegeben sein.

4   b) Will sich ein Unternehmen, an dem eine Gemeinde mit mehr als 50 % beteiligt ist, mit mehr als 50 % an einem anderen Unternehmen beteiligen, ist zusätzlich § 105a Abs. 1 Nr. 2 (Buchst a bis c) zu beachten. Nach Buchst a müssen die Voraussetzungen des § 103 Abs. 1 Nr. 2 bis 4 vorliegen (angemessener Einfluss, insbes. durch Satzung, im Aufsichtsrat usw.; Haftungsbegrenzung; vgl. dazu Rdn. 20 ff. zu § 103; gemäß § 53 Abs. 2 Satz 2 gilt § 53 HGrG unmittelbar). Nach Buchst b sind bei einer mittelbaren Beteiligung an einer GmbH die Voraussetzungen des § 103a zu erfüllen (Verankerung von Pflichtkompetenzen der Gesellschafterversammlung im Gesellschaftsvertrag; vgl. eingehend Erl zu § 103a). Schließlich ist nach Buchst c, wenn das mittelbare Beteiligungsunternehmen eine AG ist, § 103 Abs. 2 einzuhalten (Nachrang der AG; vgl. dazu Rdn. 45 zu § 103).

5   c) Nach § 105a Abs. 1 Satz. 2, wonach Beteiligungen i. S. des Satzes 1 auch mittelbare Beteiligungen sind, werden die Pflichten nach Satz 1 auch auf solche mittelbaren Beteiligungen erstreckt, bei denen die mittelbare Beteiligungsquote der Gemeinde oder jene zusammen mit einer zusätzlichen unmittelbaren Beteiligung mehr als 50 % beträgt. **Satz 3** stellt klar, dass bei der Berechnung der Beteiligungsquoten die Anteile mehrerer Gemeinden zusammenzurechnen sind.

6   d) § 105a Abs. 2 erstreckt die Pflichten der Gemeinde zur Beteiligungsverwaltung ausdrücklich auch auf mittelbare Beteiligungen (Steuerungs- und Überwachungspflicht nach § 103 Abs. 3; vgl. Rdn. 46 f. zu § 103). Nach dieser Vorschrift gelten außerdem für die in die mittelbaren Beteiligungsunternehmen entsandten Vertreter der Gemeinde die Pflichten und Rechte des § 104 Abs. 2 bis 4 entsprechend (Entsendungsmodus, kommunale Interessenwahrnehmungspflicht; vgl. Rdn. 25 ff. zu § 104).

3.   Andere Bestimmungen

7   § 105a Abs. 3 stellt klar, dass § 105a hinsichtlich anderer Bestimmungen zur mittelbaren Beteiligung der Gemeinde an Unternehmen in Privatrechtsform keine abschließende und ausschließliche Wirkung hat („bleiben unberührt"). So enthalten etwa § 105 Abs. 1 und 2 sowie § 103 Abs. 1 Nr. 5 Bestimmungen zur mittelbaren Beteiligung der Gemeinde an Unternehmen in Privatrechtsform (z. B. § 53 HGrG). Vor allem im Hinblick auf entsprechende handels- und gesellschaftsrechtliche Vorschriften ist dies sinnvoll.

§ 106 Veräußerung von Unternehmen und Beteiligungen

Die Veräußerung eines Unternehmens, von Teilen eines solchen oder einer Beteiligung an einem Unternehmen sowie andere Rechtsgeschäfte, durch welche die Gemeinde ihren Einfluss auf das Unternehmen verliert oder vermindert, sind nur zulässig, wenn die Erfüllung der Aufgaben der Gemeinde nicht beeinträchtigt wird.

Geändert durch Gesetz vom 19.7.1999 (GBl. S. 292)

Erläuterungen

Vgl. dazu ausführlich: *Katz*, in: Kunze/Bronner/Katz, Kommentar zur GemO Bad.-Württ., Stand 2016.

§ 106a Einrichtungen in Privatrechtsform

Die §§ 103 bis 106 gelten für Einrichtungen im Sinne des § 102 Abs. 3 Satz 1 Nr. 2 in einer Rechtsform des privaten Rechts entsprechend.

Eingefügt durch Gesetz vom 19.7.1999 (GBl. S. 292)

Erläuterungen

Vgl. dazu ausführlich: *Katz*, in: Kunze/Bronner/Katz, Kommentar zur GemO Bad.-Württ., Stand 2016.

§ 106b Vergabe von Aufträgen

(1) Die Gemeinde ist verpflichtet, ihre Gesellschafterrechte in Unternehmen des privaten Rechts, auf die sie durch mehrheitliche Beteiligung oder in sonstiger Weise direkt oder indirekt bestimmenden Einfluss nehmen kann, so auszuüben, dass
1. diese die Verdingungsordnung für Bauleistungen (VOB) sowie § 22 Abs. 1 bis 4 des Mittelstandsförderungsgesetzes anwenden und
2. ihnen die Anwendung der Verdingungsordnung für Leistungen (VOL) empfohlen wird,

wenn diese Unternehmen öffentliche Auftraggeber im Sinne von § 98 Nr. 2 des Gesetzes gegen Wettbewerbsbeschränkungen sind. Satz 1 gilt für Einrichtungen im Sinne des § 102 Abs. 3 Satz 1 Nr. 2 in einer Rechtsform des privaten Rechts entsprechend.

(2) Die Verpflichtung nach Absatz 1 entfällt in der Regel
1. bei wirtschaftlichen Unternehmen, soweit sie
   a) mit ihrer gesamten Tätigkeit an einem entwickelten Wettbewerb teilnehmen und ihre Aufwendungen ohne Zuschüsse aus öffentlichen Haushalten zu decken vermögen oder
   b) mit der gesamten Tätigkeit einzelner Geschäftsbereiche an einem entwickelten Wettbewerb teilnehmen und dabei ihre Aufwendungen ohne Zuschüsse aus öffentlichen Haushalten zu decken vermögen,
2. bei Aufträgen der in § 100 Abs. 2 des Gesetzes gegen Wettbewerbsbeschränkungen genannten Art,
3. bei Aufträgen, deren Wert voraussichtlich weniger als 30 000 Euro (ohne Umsatzsteuer) beträgt.

Auch bei Vorliegen der Ausnahmevoraussetzungen nach Satz 1 besteht die Verpflichtung nach Absatz 1, soweit die Unternehmen Aufträge für ein Vorhaben vergeben, für das sie öffentliche Mittel in Höhe von mindestens 30 000 Euro in Anspruch nehmen.

Neu eingefügt durch Gesetz vom 19.12.2000 (GBl. S. 745)

Erläuterungen

Vgl. dazu ausführlich: Katz, in: Kunze/Bronner/Katz, Kommentar zur GemO Bad.-Württ., Stand 2016.

Ergänzende Gesetzestexte zu § 106b:

Nr. 1: §§ 1 bis 3 und 22 MFG BW

Nr. 2: §§ 97 bis 108 und §§ 119 bis 127 GWB

1.   Gesetz zur Mittelstandsförderung des Landes Bad.-Württ. (– MFG – vom 19.12.2000, GBl. S. 745 ff.)

– Auszüge (§§ 1–3 und 22 MFG) –

Erster Teil: Allgemeines

§ 1   Zweck

(1) Das Gesetz hat im Interesse der Sicherung einer ausgewogenen Wirtschaftsstruktur des Landes den Zweck,

a) die Leistungskraft kleiner und mittlerer Unternehmen der gewerblichen Wirtschaft sowie der freien Berufe (Unternehmen der mittelständischen Wirtschaft) zu erhalten und zu stärken, insbesondere Wettbewerbsnachteile auszugleichen, die Eigenkapitalausstattung zu verbessern und die Anpassung an den wirtschaftlichen und technologischen Wandel zu fördern,

b) die Wettbewerbsfähigkeit von Unternehmen der mittelständischen Wirtschaft im europäischen Binnenmarkt und im globalen Wettbewerb zu fördern,

c) die Gründung und Festigung von selbstständigen Existenzen sowie die Übernahme von Unternehmen der mittelständischen Wirtschaft zu erleichtern,

d) die Arbeits- und Ausbildungsplätze in den Unternehmen der mittelständischen Wirtschaft zu sichern und auszubauen.

(2) Zu diesem Zweck sollen vorrangig die wirtschaftlichen Rahmenbedingungen mittelstandsgerecht gestaltet werden. Hierzu zählen als ständige Aufgaben insbesondere auch die Privatisierung von Leistungen und Unternehmen der öffentlichen Hand, vorbehaltlich spezifischer Regelungen, sowie die Vermeidung, erforderlichenfalls der Abbau von Vorschriften, die Investitionen und Innovationen hemmen.

(3) Zur Erreichung der in Absatz 1 genannten Ziele setzt das Land außerdem seine Einrichtungen und Instrumente zur Wirtschaftsförderung ein und stellt Mittel aus dem Landeshaushalt zur Verfügung.

§ 2   Allgemeine Bindung der öffentlichen Hand

(1) Die Behörden des Landes, die Gemeinden und Gemeindeverbände sowie die sonstigen der Aufsicht des Landes unterstehenden Körperschaften, Stiftungen und Anstalten des öffentlichen Rechts sind verpflichtet, bei allen Planungen, Programmen und Maßnahmen den Zweck dieses Gesetzes zu beachten.

(2) Die in Absatz 1 genannten juristischen Personen wirken in Ausübung ihrer Gesellschafterrechte in Unternehmen, an denen sie beteiligt sind, darauf hin, dass der Zweck dieses Gesetzes in gleicher Weise beachtet wird.

§ 3   Vorrang der privaten Leistungserbringung

Die öffentliche Hand soll, vorbehaltlich spezifischer Regelungen für ihre wirtschaftliche Betätigung, wirtschaftliche Leistungen nur dann erbringen, wenn sie von privaten Unternehmen nicht ebenso gut und wirtschaftlich erbracht werden können.

4. Abschnitt: **Öffentliche Aufträge**

§ 22   Beteiligung an öffentlichen Aufträgen

(1) Bei der Vergabe öffentlicher Aufträge ist neben den Gesichtspunkten der Vergabebestimmungen der Zweck dieses Gesetzes zu beachten. Durch die Streuung von Aufträgen sind Unternehmen der mittelständischen Wirtschaft im Rahmen der bestehenden Vergabevorschriften in angemessenem Umfang zu berücksichtigen. Insbesondere sind Leistungen, soweit es die wirtschaftlichen und technischen Voraussetzungen zulassen, so in Lose nach Menge und Art zu zerlegen, dass sich Unternehmen der mittelständischen Wirtschaft bewerben können.

(2) Die Zusammenfassung mehrerer oder sämtlicher Fachlose bei einem Bauvorhaben ist nur zulässig, wenn dies aus wirtschaftlichen oder technischen Gründen Vorteile bringt.

(3) Angebote von Arbeitsgemeinschaften sind grundsätzlich unter den gleichen Bedingungen wie solche von einzelnen Bietern zuzulassen.

(4) Auftragnehmer sind für den Fall der Weitergabe von Leistungen an Nachunternehmer vertraglich zu verpflichten,
1. bevorzugt Unternehmen der mittelständischen Wirtschaft zu beteiligen, soweit es mit der vertragsgemäßen Ausführung des Auftrags zu vereinbaren ist,
2. Nachunternehmen davon in Kenntnis zu setzen, dass es sich um einen öffentlichen Auftrag handelt,
3. bei der Weitergabe von Bauleistungen an Nachunternehmen die Allgemeinen Vertragsbedingungen für die Ausführung von Bauleistungen der Verdingungsordnung für Bauleistungen (VOB Teil B), bei der Weitergabe von Lieferleistungen die Allgemeinen Bedingungen für die Ausführung von Leistungen der Verdingungsordnung für Leistungen – ausgenommen Bauleistungen – (VOL Teil B) zum Vertragsbestandteil zu machen,
4. den Nachunternehmen keine, insbesondere hinsichtlich der Zahlungsweise, ungünstigeren Bedingungen aufzuerlegen, als zwischen dem Auftragnehmer und dem öffentlichen Auftraggeber vereinbart sind.

(5) Für privat finanzierte öffentliche Bauvorhaben (zum Beispiel Bauträgervertrag, Mietkauf- oder Leasingvertrag) gelten die Absätze 1 und 2 entsprechend. Ferner ist zu vereinbaren, dass die Investoren bei der Vergabe von Bauaufträgen, die mit diesen Investitionen zusammenhängen, die Absätze 3 und 4 anwenden.

(6) Juristische Personen des öffentlichen Rechts nach § 2 Abs. 1 sind, soweit nicht Absatz 7 etwas anderes bestimmt, verpflichtet, ihre Gesellschafterrechte in Unternehmen des privaten Rechts, an denen sie durch mehrheitliche Beteiligung oder in sonstiger Weise direkt oder indirekt bestimmenden Einfluss nehmen können, so auszuüben, dass
a) diese die Verdingungsordnung für Bauleistungen (VOB) sowie die Absätze 1 bis 4 anwenden und
b) ihnen die Anwendung der Verdingungsordnung für Leistungen (VOL) empfohlen wird,
wenn diese Unternehmen öffentliche Auftraggeber im Sinne von § 98 Nr. 2 des Gesetzes gegen Wettbewerbsbeschränkungen sind. Die Verpflichtung nach Satz 1 entfällt in der Regel
1. bei Unternehmen, bei denen, gemessen an ihrem Gesamtumsatz, mindestens 80 vom Hundert ihrer Tätigkeit primär der Gewinnerzielung dienen, sofern sie mindestens im genannten Umfang in einem entwickelten Wettbewerb mit ande-

ren Unternehmen stehen und ihre Aufwendungen ohne Zuwendungen aus öffentlichen Haushalten decken,

2. bei Aufträgen der in § 100 Abs. 2 des Gesetzes gegen Wettbewerbsbeschränkungen genannten Art,

3. bei Aufträgen, deren Wert voraussichtlich weniger als 30 000 Euro (ohne Umsatzsteuer) beträgt.

Auch bei Vorliegen der Ausnahmevoraussetzungen nach Satz 2 besteht die Verpflichtung nach Satz 1, soweit die Unternehmen Aufträge für ein Vorhaben vergeben, für das sie öffentliche Mittel in Höhe von mindestens 30 000 Euro in Anspruch nehmen.

(7) Bei der Vergabe von öffentlichen Aufträgen durch wirtschaftliche Unternehmen der Gemeinden und der Gemeindeverbände in einer Rechtsform des privaten Rechts findet § 106b Gemeindeordnung Anwendung.

2. Gesetz gegen Wettbewerbsbeschränkungen (GWB)

Gesetz gegen Wettbewerbsbeschränkungen in der Fassung der Bekanntmachung vom 26. Juni 2013 (BGBl. I S. 1750, 3245), das zuletzt durch Artikel 1 des Gesetzes vom 17. Februar 2016 (BGBl. I S. 203) geändert worden ist.

– Auszug (§§ 97–108 und §§ 119–127 GWB) –

Vierter Teil: **Vergabe von öffentlichen Aufträgen und Konzessionen**

Kapitel 1:   **Vergabeverfahren**

§ 97   Grundsätze der Vergabe

(1) Öffentliche Aufträge und Konzessionen werden im Wettbewerb und im Wege transparenter Verfahren vergeben. Dabei werden die Grundsätze der Wirtschaftlichkeit und der Verhältnismäßigkeit gewahrt.

(2) Die Teilnehmer an einem Vergabeverfahren sind gleich zu behandeln, es sei denn, eine Ungleichbehandlung ist aufgrund dieses Gesetzes ausdrücklich geboten oder gestattet.

(3) Bei der Vergabe werden Aspekte der Qualität und der Innovation sowie soziale und umweltbezogene Aspekte nach Maßgabe dieses Teils berücksichtigt.

(4) Mittelständische Interessen sind bei der Vergabe öffentlicher Aufträge vornehmlich zu berücksichtigen. Leistungen sind in der Menge aufgeteilt (Teillose) und getrennt nach Art oder Fachgebiet (Fachlose) zu vergeben. Mehrere Teil- oder Fachlose dürfen zusammen vergeben werden, wenn wirtschaftliche oder technische Gründe dies erfordern. Wird ein Unternehmen, das nicht öffentlicher Auftraggeber oder Sektorenauftraggeber ist, mit der Wahrnehmung oder Durchführung einer öffentlichen Aufgabe betraut, verpflichtet der öffentliche Auftraggeber oder Sektorenauftraggeber das Unternehmen, sofern es Unteraufträge vergibt, nach den Sätzen 1 bis 3 zu verfahren.

(5) Für das Senden, Empfangen, Weiterleiten und Speichern von Daten in einem Vergabeverfahren verwenden Auftraggeber und Unternehmen grundsätzlich elektronische Mittel nach Maßgabe der aufgrund des § 113 erlassenen Verordnungen.

(6) Unternehmen haben Anspruch darauf, dass die Bestimmungen über das Vergabeverfahren eingehalten werden.

§ 98   Auftraggeber

Auftraggeber im Sinne dieses Teils sind öffentliche Auftraggeber im Sinne des § 99, Sektorenauftraggeber im Sinne des § 100 und Konzessionsgeber im Sinne des § 101.

§ 99   Öffentliche Auftraggeber

Öffentliche Auftraggeber sind
1. Gebietskörperschaften sowie deren Sondervermögen,
2. andere juristische Personen des öffentlichen und des privaten Rechts, die zu dem besonderen Zweck gegründet wurden, im Allgemeininteresse liegende Aufgaben nichtgewerblicher Art zu erfüllen, sofern
   a) sie überwiegend von Stellen nach Nummer 1 oder 3 einzeln oder gemeinsam durch Beteiligung oder auf sonstige Weise finanziert werden,
   b) ihre Leitung der Aufsicht durch Stellen nach Nummer 1 oder 3 unterliegt oder
   c) mehr als die Hälfte der Mitglieder eines ihrer zur Geschäftsführung oder zur Aufsicht berufenen Organe durch Stellen nach Nummer 1 oder 3 bestimmt worden sind;
   dasselbe gilt, wenn diese juristische Person einer anderen juristischen Person des öffentlichen oder privaten Rechts einzeln oder gemeinsam mit anderen die überwiegende Finanzierung gewährt, über deren Leitung die Aufsicht ausübt oder die Mehrheit der Mitglieder eines zur Geschäftsführung oder Aufsicht berufenen Organs bestimmt hat,
3. Verbände, deren Mitglieder unter Nummer 1 oder 2 fallen,
4. natürliche oder juristische Personen des privaten Rechts sowie juristische Personen des öffentlichen Rechts, soweit sie nicht unter Nummer 2 fallen, in den Fällen, in denen sie für Tiefbaumaßnahmen, für die Errichtung von Krankenhäusern, Sport-, Erholungs- oder Freizeiteinrichtungen, Schul-, Hochschul- oder Verwaltungsgebäuden oder für damit in Verbindung stehende Dienstleistungen und Wettbewerbe von Stellen, die unter die Nummern 1, 2 oder 3 fallen, Mittel erhalten, mit denen diese Vorhaben zu mehr als 50 Prozent subventioniert werden.

§ 100   Sektorenauftraggeber

(1) Sektorenauftraggeber sind
1. öffentliche Auftraggeber gemäß § 99 Nummer 1 bis 3, die eine Sektorentätigkeit gemäß § 102 ausüben,
2. natürliche oder juristische Personen des privaten Rechts, die eine Sektorentätigkeit gemäß § 102 ausüben, wenn
   a) diese Tätigkeit auf der Grundlage von besonderen oder ausschließlichen Rechten ausgeübt wird, die von einer zuständigen Behörde gewährt wurden, oder
   b) öffentliche Auftraggeber gemäß § 99 Nummer 1 bis 3 auf diese Personen einzeln oder gemeinsam einen beherrschenden Einfluss ausüben können.

(2) Besondere oder ausschließliche Rechte im Sinne von Absatz 1 Nummer 2 Buchstabe a sind Rechte, die dazu führen, dass die Ausübung dieser Tätigkeit einem oder mehreren Unternehmen vorbehalten wird und dass die Möglichkeit anderer Unternehmen, diese Tätigkeit auszuüben, erheblich beeinträchtigt wird. Keine besonderen oder ausschließlichen Rechte in diesem Sinne sind Rechte, die aufgrund eines Verfahrens nach den Vorschriften dieses Teils oder aufgrund eines sonstigen Verfahrens gewährt wurden, das angemessen bekannt gemacht wurde und auf objektiven Kriterien beruht.

(3) Die Ausübung eines beherrschenden Einflusses im Sinne von Absatz 1 Nummer 2 Buchstabe b wird vermutet, wenn ein öffentlicher Auftraggeber gemäß § 99 Nummer 1 bis 3
1. unmittelbar oder mittelbar die Mehrheit des gezeichneten Kapitals des Unternehmens besitzt,
2. über die Mehrheit der mit den Anteilen am Unternehmen verbundenen Stimmrechte verfügt oder
3. mehr als die Hälfte der Mitglieder des Verwaltungs-, Leitungs- oder Aufsichtsorgans des Unternehmens bestellen kann.

§ 101 Konzessionsgeber

(1) Konzessionsgeber sind
1. öffentliche Auftraggeber gemäß § 99 Nummer 1 bis 3, die eine Konzession vergeben,
2. Sektorenauftraggeber gemäß § 100 Absatz 1 Nummer 1, die eine Sektorentätigkeit gemäß § 102 Absatz 2 bis 6 ausüben und eine Konzession zum Zweck der Ausübung dieser Tätigkeit vergeben,
3. Sektorenauftraggeber gemäß § 100 Absatz 1 Nummer 2, die eine Sektorentätigkeit gemäß § 102 Absatz 2 bis 6 ausüben und eine Konzession zum Zweck der Ausübung dieser Tätigkeit vergeben.

(2) § 100 Absatz 2 und 3 gilt entsprechend.

§ 102 Sektorentätigkeiten

(1) Sektorentätigkeiten im Bereich Wasser sind
1. die Bereitstellung oder das Betreiben fester Netze zur Versorgung der Allgemeinheit im Zusammenhang mit der Gewinnung, der Fortleitung und der Abgabe von Trinkwasser,
2. die Einspeisung von Trinkwasser in diese Netze.
Als Sektorentätigkeiten gelten auch Tätigkeiten nach Satz 1, die im Zusammenhang mit Wasserbau-, Bewässerungs- oder Entwässerungsvorhaben stehen, sofern die zur Trinkwasserversorgung bestimmte Wassermenge mehr als 20 Prozent der Gesamtwassermenge ausmacht, die mit den entsprechenden Vorhaben oder Bewässerungs- oder Entwässerungsanlagen zur Verfügung gestellt wird oder die im Zusammenhang mit der Abwasserbeseitigung oder -behandlung steht. Die Einspeisung von Trinkwasser in feste Netze zur Versorgung der Allgemeinheit durch einen Sektorenauftraggeber nach § 100 Absatz 1 Nummer 2 gilt nicht als Sektorentätigkeit, sofern die Erzeugung von Trinkwasser durch den betreffenden Auftraggeber erfolgt, weil dessen Verbrauch für die Ausübung einer Tätigkeit erforderlich ist, die keine Sektorentätigkeit nach den Absätzen 1 bis 4 ist, und die Einspeisung in das öffentliche Netz nur von dem Eigenverbrauch des betreffenden Auftraggebers abhängt und

bei Zugrundelegung des Durchschnitts der letzten drei Jahre einschließlich des laufenden Jahres nicht mehr als 30 Prozent der gesamten Trinkwassererzeugung des betreffenden Auftraggebers ausmacht.

(2) Sektorentätigkeiten im Bereich Elektrizität sind

1. die Bereitstellung oder das Betreiben fester Netze zur Versorgung der Allgemeinheit im Zusammenhang mit der Erzeugung, der Fortleitung und der Abgabe von Elektrizität,

2. die Einspeisung von Elektrizität in diese Netze, es sei denn,

   a) die Elektrizität wird durch den Sektorenauftraggeber nach § 100 Absatz 1 Nummer 2 erzeugt, weil ihr Verbrauch für die Ausübung einer Tätigkeit erforderlich ist, die keine Sektorentätigkeit nach den Absätzen 1 bis 4 ist, und

   b) die Einspeisung hängt nur von dem Eigenverbrauch des Sektorenauftraggebers ab und macht bei Zugrundelegung des Durchschnitts der letzten drei Jahre einschließlich des laufenden Jahres nicht mehr als 30 Prozent der gesamten Energieerzeugung des Sektorenauftraggebers aus.

(3) Sektorentätigkeiten im Bereich von Gas und Wärme sind

1. die Bereitstellung oder das Betreiben fester Netze zur Versorgung der Allgemeinheit im Zusammenhang mit der Erzeugung, der Fortleitung und der Abgabe von Gas und Wärme,

2. die Einspeisung von Gas und Wärme in diese Netze, es sei denn,

   a) die Erzeugung von Gas oder Wärme durch den Sektorenauftraggeber nach § 100 Absatz 1 Nummer 2 ergibt sich zwangsläufig aus der Ausübung einer Tätigkeit, die keine Sektorentätigkeit nach den Absätzen 1 bis 4 ist, und

   b) die Einspeisung zielt nur darauf ab, diese Erzeugung wirtschaftlich zu nutzen und macht bei Zugrundelegung des Durchschnitts der letzten drei Jahre einschließlich des laufenden Jahres nicht mehr als 20 Prozent des Umsatzes des Sektorenauftraggebers aus.

(4) Sektorentätigkeiten im Bereich Verkehrsleistungen sind die Bereitstellung oder das Betreiben von Netzen zur Versorgung der Allgemeinheit mit Verkehrsleistungen per Eisenbahn, automatischen Systemen, Straßenbahn, Trolleybus, Bus oder Seilbahn; ein Netz gilt als vorhanden, wenn die Verkehrsleistung gemäß den von einer zuständigen Behörde festgelegten Bedingungen erbracht wird; dazu gehören die Festlegung der Strecken, die Transportkapazitäten und die Fahrpläne.

(5) Sektorentätigkeiten im Bereich Häfen und Flughäfen sind Tätigkeiten im Zusammenhang mit der Nutzung eines geografisch abgegrenzten Gebiets mit dem Zweck, für Luft-, See- oder Binnenschifffahrtsverkehrsunternehmen Flughäfen, See- oder Binnenhäfen oder andere Terminaleinrichtungen bereitzustellen.

(6) Sektorentätigkeiten im Bereich fossiler Brennstoffe sind Tätigkeiten zur Nutzung eines geografisch abgegrenzten Gebiets zum Zweck

1. der Förderung von Öl oder Gas oder

2. der Exploration oder Förderung von Kohle oder anderen festen Brennstoffen.

(7) Für die Zwecke der Absätze 1 bis 3 umfasst der Begriff „Einspeisung" die Erzeugung und Produktion sowie den Groß- und Einzelhandel. Die Erzeugung von Gas fällt unter Absatz 6.

§ 103 Öffentliche Aufträge, Rahmenvereinbarungen und Wettbewerbe

(1) Öffentliche Aufträge sind entgeltliche Verträge zwischen öffentlichen Auftraggebern oder Sektorenauftraggebern und Unternehmen über die Beschaffung von Leis-

tungen, die die Lieferung von Waren, die Ausführung von Bauleistungen oder die Erbringung von Dienstleistungen zum Gegenstand haben.

(2) Lieferaufträge sind Verträge zur Beschaffung von Waren, die insbesondere Kauf oder Ratenkauf oder Leasing, Mietverhältnisse oder Pachtverhältnisse mit oder ohne Kaufoption betreffen. Die Verträge können auch Nebenleistungen umfassen.

(3) Bauaufträge sind Verträge über die Ausführung oder die gleichzeitige Planung und Ausführung

1. von Bauleistungen im Zusammenhang mit einer der Tätigkeiten, die in Anhang II der Richtlinie 2014/24/EU des Europäischen Parlaments und des Rates vom 26. Februar 2014 über die öffentliche Auftragsvergabe und zur Aufhebung der Richtlinie 2004/18/EG (ABl. L 94 vom 28.3.2014, S. 65) und Anhang I der Richtlinie 2014/25/EU des Europäischen Parlaments und des Rates vom 26. Februar 2014 über die Vergabe von Aufträgen durch Auftraggeber im Bereich der Wasser-, Energie- und Verkehrsversorgung sowie der Postdienste und zur Aufhebung der Richtlinie 2004/17/EG (ABl. L 94 vom 28.3.2014, S. 243) genannt sind, oder

2. eines Bauwerkes für den öffentlichen Auftraggeber oder Sektorenauftraggeber, das Ergebnis von Tief- oder Hochbauarbeiten ist und eine wirtschaftliche oder technische Funktion erfüllen soll.

Ein Bauauftrag liegt auch vor, wenn ein Dritter eine Bauleistung gemäß den vom öffentlichen Auftraggeber oder Sektorenauftraggeber genannten Erfordernissen erbringt, die Bauleistung dem Auftraggeber unmittelbar wirtschaftlich zugutekommt und dieser einen entscheidenden Einfluss auf Art und Planung der Bauleistung hat.

(4) Als Dienstleistungsaufträge gelten die Verträge über die Erbringung von Leistungen, die nicht unter die Absätze 2 und 3 fallen.

(5) Rahmenvereinbarungen sind Vereinbarungen zwischen einem oder mehreren öffentlichen Auftraggebern oder Sektorenauftraggebern und einem oder mehreren Unternehmen, die dazu dienen, die Bedingungen für die öffentlichen Aufträge, die während eines bestimmten Zeitraums vergeben werden sollen, festzulegen, insbesondere in Bezug auf den Preis. Für die Vergabe von Rahmenvereinbarungen gelten, soweit nichts anderes bestimmt ist, dieselben Vorschriften wie für die Vergabe entsprechender öffentlicher Aufträge.

(6) Wettbewerbe sind Auslobungsverfahren, die dem Auftraggeber aufgrund vergleichender Beurteilung durch ein Preisgericht mit oder ohne Verteilung von Preisen zu einem Plan oder einer Planung verhelfen sollen.

§ 104 Verteidigungs- oder sicherheitsspezifische öffentliche Aufträge

(1) Verteidigungs- oder sicherheitsspezifische öffentliche Aufträge sind öffentliche Aufträge, deren Auftragsgegenstand mindestens eine der folgenden Leistungen umfasst:

1. die Lieferung von Militärausrüstung, einschließlich dazugehöriger Teile, Bauteile oder Bausätze,

2. die Lieferung von Ausrüstung, die im Rahmen eines Verschlusssachenauftrags vergeben wird, einschließlich der dazugehörigen Teile, Bauteile oder Bausätze,

3. Liefer-, Bau- und Dienstleistungen in unmittelbarem Zusammenhang mit der in den Nummern 1 und 2 genannten Ausrüstung in allen Phasen des Lebenszyklus der Ausrüstung oder

4. Bau- und Dienstleistungen speziell für militärische Zwecke oder Bau- und Dienstleistungen, die im Rahmen eines Verschlusssachenauftrags vergeben werden.

(2) Militärausrüstung ist jede Ausrüstung, die eigens zu militärischen Zwecken konzipiert oder für militärische Zwecke angepasst wird und zum Einsatz als Waffe, Munition oder Kriegsmaterial bestimmt ist.

(3) Ein Verschlusssachenauftrag im Sinne dieser Vorschrift ist ein Auftrag im speziellen Bereich der nicht-militärischen Sicherheit, der ähnliche Merkmale aufweist und ebenso schutzbedürftig ist wie ein Auftrag über die Lieferung von Militärausrüstung im Sinne des Absatzes 1 Nummer 1 oder wie Bau- und Dienstleistungen speziell für militärische Zwecke im Sinne des Absatzes 1 Nummer 4, und

1.   bei dessen Erfüllung oder Erbringung Verschlusssachen nach § 4 des Gesetzes über die Voraussetzungen und das Verfahren von Sicherheitsüberprüfungen des Bundes oder nach den entsprechenden Bestimmungen der Länder verwendet werden oder

2.   der Verschlusssachen im Sinne der Nummer 1 erfordert oder beinhaltet.

§ 105   Konzessionen

(1) Konzessionen sind entgeltliche Verträge, mit denen ein oder mehrere Konzessionsgeber ein oder mehrere Unternehmen

1.   mit der Erbringung von Bauleistungen betrauen (Baukonzessionen); dabei besteht die Gegenleistung entweder allein in dem Recht zur Nutzung des Bauwerks oder in diesem Recht zuzüglich einer Zahlung; oder

2.   mit der Erbringung und der Verwaltung von Dienstleistungen betrauen, die nicht in der Erbringung von Bauleistungen nach Nummer 1 bestehen (Dienstleistungskonzessionen); dabei besteht die Gegenleistung entweder allein in dem Recht zur Verwertung der Dienstleistungen oder in diesem Recht zuzüglich einer Zahlung.

(2) In Abgrenzung zur Vergabe öffentlicher Aufträge geht bei der Vergabe einer Bau- oder Dienstleistungskonzession das Betriebsrisiko für die Nutzung des Bauwerks oder für die Verwertung der Dienstleistungen auf den Konzessionsnehmer über. Dies ist der Fall, wenn

1.   unter normalen Betriebsbedingungen nicht gewährleistet ist, dass die Investitionsaufwendungen oder die Kosten für den Betrieb des Bauwerks oder die Erbringung der Dienstleistungen wieder erwirtschaftet werden können, und

2.   der Konzessionsnehmer den Unwägbarkeiten des Marktes tatsächlich ausgesetzt ist, sodass potenzielle geschätzte Verluste des Konzessionsnehmers nicht vernachlässigbar sind.

Das Betriebsrisiko kann ein Nachfrage- oder Angebotsrisiko sein.

§ 106   Schwellenwerte

(1) Dieser Teil gilt für die Vergabe von öffentlichen Aufträgen und Konzessionen sowie die Ausrichtung von Wettbewerben, deren geschätzter Auftrags- oder Vertragswert ohne Umsatzsteuer die jeweils festgelegten Schwellenwerte erreicht oder überschreitet. § 114 Absatz 2 bleibt unberührt.

(2) Der jeweilige Schwellenwert ergibt sich

1.   für öffentliche Aufträge und Wettbewerbe, die von öffentlichen Auftraggebern vergeben werden, aus Artikel 4 der Richtlinie 2014/24/EU in der jeweils geltenden Fassung; der sich hieraus für zentrale Regierungsbehörden ergebende Schwellenwert ist von allen obersten Bundesbehörden sowie allen oberen Bundesbehörden und vergleichbaren Bundeseinrichtungen anzuwenden,

2. für öffentliche Aufträge und Wettbewerbe, die von Sektorenauftraggebern zum Zweck der Ausübung einer Sektorentätigkeit vergeben werden, aus Artikel 15 der Richtlinie 2014/25/EU in der jeweils geltenden Fassung,

3. für verteidigungs- oder sicherheitsspezifische öffentliche Aufträge aus Artikel 8 der Richtlinie 2009/81/EG des Europäischen Parlaments und des Rates vom 13. Juli 2009 über die Koordinierung der Verfahren zur Vergabe bestimmter Bau-, Liefer- und Dienstleistungsaufträge in den Bereichen Verteidigung und Sicherheit und zur Änderung der Richtlinien 2004/17/EG und 2004/18/EG (ABl. L 216 vom 20.8.2009, S. 76) in der jeweils geltenden Fassung,

4. für Konzessionen aus Artikel 8 der Richtlinie 2014/23/EU des Europäischen Parlaments und des Rates vom 26. Februar 2014 über die Konzessionsvergabe (ABl. L 94 vom 28.3.2014, S. 1) in der jeweils geltenden Fassung.

(3) Das Bundesministerium für Wirtschaft und Energie gibt die geltenden Schwellenwerte unverzüglich, nachdem sie im Amtsblatt der Europäischen Union veröffentlicht worden sind, im Bundesanzeiger bekannt.

§ 107 Allgemeine Ausnahmen

(1) Dieser Teil ist nicht anzuwenden auf die Vergabe von öffentlichen Aufträgen und Konzessionen

1. zu Schiedsgerichts- und Schlichtungsdienstleistungen,

2. für den Erwerb, die Miete oder die Pacht von Grundstücken, vorhandenen Gebäuden oder anderem unbeweglichem Vermögen sowie Rechten daran, ungeachtet ihrer Finanzierung,

3. zu Arbeitsverträgen,

4. zu Dienstleistungen des Katastrophenschutzes, des Zivilschutzes und der Gefahrenabwehr, die von gemeinnützigen Organisationen oder Vereinigungen erbracht werden und die unter die Referenznummern des Common Procurement Vocabulary 75250000-3, 75251000-0, 75251100-1, 75251110-4, 75251120-7, 75252000-7, 75222000-8, 98113100-9 und 85143000-3 mit Ausnahme des Einsatzes von Krankenwagen zur Patientenbeförderung fallen; gemeinnützige Organisationen oder Vereinigungen im Sinne dieser Nummer sind insbesondere die Hilfsorganisationen, die nach Bundes- oder Landesrecht als Zivil- und Katastrophenschutzorganisationen anerkannt sind.

(2) Dieser Teil ist ferner nicht auf öffentliche Aufträge und Konzessionen anzuwenden,

1. bei denen die Anwendung dieses Teils den Auftraggeber dazu zwingen würde, im Zusammenhang mit dem Vergabeverfahren oder der Auftragsausführung Auskünfte zu erteilen, deren Preisgabe seiner Ansicht nach wesentlichen Sicherheitsinteressen der Bundesrepublik Deutschland im Sinne des Artikels 346 Absatz 1 Buchstabe a des Vertrags über die Arbeitsweise der Europäischen Union widerspricht, oder

2. die dem Anwendungsbereich des Artikels 346 Absatz 1 Buchstabe b des Vertrags über die Arbeitsweise der Europäischen Union unterliegen.

§ 108 Ausnahmen bei öffentlich-öffentlicher Zusammenarbeit

(1) Dieser Teil ist nicht anzuwenden auf die Vergabe von öffentlichen Aufträgen, die von einem öffentlichen Auftraggeber im Sinne des § 99 Nummer 1 bis 3 an eine juristische Person des öffentlichen oder privaten Rechts vergeben werden, wenn

1. der öffentliche Auftraggeber über die juristische Person eine ähnliche Kontrolle wie über seine eigenen Dienststellen ausübt,
2. mehr als 80 Prozent der Tätigkeiten der juristischen Person der Ausführung von Aufgaben dienen, mit denen sie von dem öffentlichen Auftraggeber oder von einer anderen juristischen Person, die von diesem kontrolliert wird, betraut wurde, und
3. an der juristischen Person keine direkte private Kapitalbeteiligung besteht, mit Ausnahme nicht beherrschender Formen der privaten Kapitalbeteiligung und Formen der privaten Kapitalbeteiligung ohne Sperrminorität, die durch gesetzliche Bestimmungen vorgeschrieben sind und die keinen maßgeblichen Einfluss auf die kontrollierte juristische Person vermitteln.

(2) Die Ausübung einer Kontrolle im Sinne von Absatz 1 Nummer 1 wird vermutet, wenn der öffentliche Auftraggeber einen ausschlaggebenden Einfluss auf die strategischen Ziele und die wesentlichen Entscheidungen der juristischen Person ausübt. Die Kontrolle kann auch durch eine andere juristische Person ausgeübt werden, die von dem öffentlichen Auftraggeber auf gleiche Weise kontrolliert wird.

(3) Absatz 1 gilt auch für die Vergabe öffentlicher Aufträge, die von einer kontrollierten juristischen Person, die zugleich öffentlicher Auftraggeber im Sinne des § 99 Nummer 1 bis 3 ist, an den kontrollierenden öffentlichen Auftraggeber oder an eine von diesem öffentlichen Auftraggeber kontrollierte andere juristische Person vergeben werden. Voraussetzung ist, dass keine direkte private Kapitalbeteiligung an der juristischen Person besteht, die den öffentlichen Auftrag erhalten soll. Absatz 1 Nummer 3 zweiter Halbsatz gilt entsprechend.

(4) Dieser Teil ist nicht anzuwenden auf die Vergabe von öffentlichen Aufträgen, bei denen der öffentliche Auftraggeber im Sinne des § 99 Nummer 1 bis 3 über eine juristische Person des privaten oder öffentlichen Rechts zwar keine Kontrolle im Sinne des Absatzes 1 Nummer 1 ausübt, aber
1. der öffentliche Auftraggeber gemeinsam mit anderen öffentlichen Auftraggebern über die juristische Person eine ähnliche Kontrolle ausübt wie jeder der öffentlichen Auftraggeber über seine eigenen Dienststellen,
2. mehr als 80 Prozent der Tätigkeiten der juristischen Person der Ausführung von Aufgaben dienen, mit denen sie von den öffentlichen Auftraggebern oder von einer anderen juristischen Person, die von diesen Auftraggebern kontrolliert wird, betraut wurde, und
3. an der juristischen Person keine direkte private Kapitalbeteiligung besteht; Absatz 1 Nummer 3 zweiter Halbsatz gilt entsprechend.

(5) Eine gemeinsame Kontrolle im Sinne von Absatz 4 Nummer 1 besteht, wenn
1. sich die beschlussfassenden Organe der juristischen Person aus Vertretern sämtlicher teilnehmender öffentlicher Auftraggeber zusammensetzen; ein einzelner Vertreter kann mehrere oder alle teilnehmenden öffentlichen Auftraggeber vertreten,
2. die öffentlichen Auftraggeber gemeinsam einen ausschlaggebenden Einfluss auf die strategischen Ziele und die wesentlichen Entscheidungen der juristischen Person ausüben können und
3. die juristische Person keine Interessen verfolgt, die den Interessen der öffentlichen Auftraggeber zuwiderlaufen.

(6) Dieser Teil ist ferner nicht anzuwenden auf Verträge, die zwischen zwei oder mehreren öffentlichen Auftraggebern im Sinne des § 99 Nummer 1 bis 3 geschlossen werden, wenn
1. der Vertrag eine Zusammenarbeit zwischen den beteiligten öffentlichen Auftraggebern begründet oder erfüllt, um sicherzustellen, dass die von ihnen zu erbrin-

genden öffentlichen Dienstleistungen im Hinblick auf die Erreichung gemeinsamer Ziele ausgeführt werden,

2. die Durchführung der Zusammenarbeit nach Nummer 1 ausschließlich durch Überlegungen im Zusammenhang mit dem öffentlichen Interesse bestimmt wird und

3. die öffentlichen Auftraggeber auf dem Markt weniger als 20 Prozent der Tätigkeiten erbringen, die durch die Zusammenarbeit nach Nummer 1 erfasst sind.

(7) Zur Bestimmung des prozentualen Anteils nach Absatz 1 Nummer 2, Absatz 4 Nummer 2 und Absatz 6 Nummer 3 wird der durchschnittliche Gesamtumsatz der letzten drei Jahre vor Vergabe des öffentlichen Auftrags oder ein anderer geeigneter tätigkeitsgestützter Wert herangezogen. Ein geeigneter tätigkeitsgestützter Wert sind zum Beispiel die Kosten, die der juristischen Person oder dem öffentlichen Auftraggeber in dieser Zeit in Bezug auf Liefer-, Bau- und Dienstleistungen entstanden sind. Liegen für die letzten drei Jahre keine Angaben über den Umsatz oder einen geeigneten alternativen tätigkeitsgestützten Wert wie zum Beispiel Kosten vor oder sind sie nicht aussagekräftig, genügt es, wenn der tätigkeitsgestützte Wert insbesondere durch Prognosen über die Geschäftsentwicklung glaubhaft gemacht wird.

(8) Die Absätze 1 bis 7 gelten entsprechend für Sektorenauftraggeber im Sinne des § 100 Absatz 1 Nummer 1 hinsichtlich der Vergabe von öffentlichen Aufträgen sowie für Konzessionsgeber im Sinne des § 101 Absatz 1 Nummer 1 und 2 hinsichtlich der Vergabe von Konzessionen.

...

§ 119 Verfahrensarten

(1) Die Vergabe von öffentlichen Aufträgen erfolgt im offenen Verfahren, im nicht offenen Verfahren, im Verhandlungsverfahren, im wettbewerblichen Dialog oder in der Innovationspartnerschaft.

(2) Öffentlichen Auftraggebern stehen das offene Verfahren und das nicht offene Verfahren, das stets einen Teilnahmewettbewerb erfordert, nach ihrer Wahl zur Verfügung. Die anderen Verfahrensarten stehen nur zur Verfügung, soweit dies aufgrund dieses Gesetzes gestattet ist.

(3) Das offene Verfahren ist ein Verfahren, in dem der öffentliche Auftraggeber eine unbeschränkte Anzahl von Unternehmen öffentlich zur Abgabe von Angeboten auffordert.

(4) Das nicht offene Verfahren ist ein Verfahren, bei dem der öffentliche Auftraggeber nach vorheriger öffentlicher Aufforderung zur Teilnahme eine beschränkte Anzahl von Unternehmen nach objektiven, transparenten und nichtdiskriminierenden Kriterien auswählt (Teilnahmewettbewerb), die er zur Abgabe von Angeboten auffordert.

(5) Das Verhandlungsverfahren ist ein Verfahren, bei dem sich der öffentliche Auftraggeber mit oder ohne Teilnahmewettbewerb an ausgewählte Unternehmen wendet, um mit einem oder mehreren dieser Unternehmen über die Angebote zu verhandeln.

(6) Der wettbewerbliche Dialog ist ein Verfahren zur Vergabe öffentlicher Aufträge mit dem Ziel der Ermittlung und Festlegung der Mittel, mit denen die Bedürfnisse des öffentlichen Auftraggebers am besten erfüllt werden können. Nach einem Teilnahmewettbewerb eröffnet der öffentliche Auftraggeber mit den ausgewählten Unternehmen einen Dialog zur Erörterung aller Aspekte der Auftragsvergabe.

(7) Die Innovationspartnerschaft ist ein Verfahren zur Entwicklung innovativer, noch nicht auf dem Markt verfügbarer Liefer-, Bau- oder Dienstleistungen und zum an-

schließenden Erwerb der daraus hervorgehenden Leistungen. Nach einem Teilnahmewettbewerb verhandelt der öffentliche Auftraggeber in mehreren Phasen mit den ausgewählten Unternehmen über die Erst- und Folgeangebote.

§ 120 Besondere Methoden und Instrumente in Vergabeverfahren

(1) Ein dynamisches Beschaffungssystem ist ein zeitlich befristetes, ausschließlich elektronisches Verfahren zur Beschaffung marktüblicher Leistungen, bei denen die allgemein auf dem Markt verfügbaren Merkmale den Anforderungen des öffentlichen Auftraggebers genügen.

(2) Eine elektronische Auktion ist ein sich schrittweise wiederholendes elektronisches Verfahren zur Ermittlung des wirtschaftlichsten Angebots. Jeder elektronischen Auktion geht eine vollständige erste Bewertung aller Angebote voraus.

(3) Ein elektronischer Katalog ist ein auf der Grundlage der Leistungsbeschreibung erstelltes Verzeichnis der zu beschaffenden Liefer-, Bau- und Dienstleistungen in einem elektronischen Format. Er kann insbesondere beim Abschluss von Rahmenvereinbarungen eingesetzt werden und Abbildungen, Preisinformationen und Produktbeschreibungen umfassen.

(4) Eine zentrale Beschaffungsstelle ist ein öffentlicher Auftraggeber, der für andere öffentliche Auftraggeber dauerhaft Liefer- und Dienstleistungen beschafft, öffentliche Aufträge vergibt oder Rahmenvereinbarungen abschließt (zentrale Beschaffungstätigkeit). Öffentliche Auftraggeber können Liefer- und Dienstleistungen von zentralen Beschaffungsstellen erwerben oder Liefer-, Bau- und Dienstleistungsaufträge mittels zentraler Beschaffungsstellen vergeben. Öffentliche Aufträge zur Ausübung zentraler Beschaffungstätigkeiten können an eine zentrale Beschaffungsstelle vergeben werden, ohne ein Vergabeverfahren nach den Vorschriften dieses Teils durchzuführen. Derartige Dienstleistungsaufträge können auch Beratungs- und Unterstützungsleistungen bei der Vorbereitung oder Durchführung von Vergabeverfahren umfassen. Die Teile 1 bis 3 bleiben unberührt.

§ 121 Leistungsbeschreibung

(1) In der Leistungsbeschreibung ist der Auftragsgegenstand so eindeutig und erschöpfend wie möglich zu beschreiben, sodass die Beschreibung für alle Unternehmen im gleichen Sinne verständlich ist und die Angebote miteinander verglichen werden können. Die Leistungsbeschreibung enthält die Funktions- oder Leistungsanforderungen oder eine Beschreibung der zu lösenden Aufgabe, deren Kenntnis für die Erstellung des Angebots erforderlich ist, sowie die Umstände und Bedingungen der Leistungserbringung.

(2) Bei der Beschaffung von Leistungen, die zur Nutzung durch natürliche Personen vorgesehen sind, sind bei der Erstellung der Leistungsbeschreibung außer in ordnungsgemäß begründeten Fällen die Zugänglichkeitskriterien für Menschen mit Behinderungen oder die Konzeption für alle Nutzer zu berücksichtigen.

(3) Die Leistungsbeschreibung ist den Vergabeunterlagen beizufügen.

§ 122 Eignung

(1) Öffentliche Aufträge werden an fachkundige und leistungsfähige (geeignete) Unternehmen vergeben, die nicht nach den §§ 123 oder 124 ausgeschlossen worden sind.

(2) Ein Unternehmen ist geeignet, wenn es die durch den öffentlichen Auftraggeber im Einzelnen zur ordnungsgemäßen Ausführung des öffentlichen Auftrags festgelegten Kriterien (Eignungskriterien) erfüllt. Die Eignungskriterien dürfen ausschließlich Folgendes betreffen:
1. Befähigung und Erlaubnis zur Berufsausübung,
2. wirtschaftliche und finanzielle Leistungsfähigkeit,
3. technische und berufliche Leistungsfähigkeit.

(3) Der Nachweis der Eignung und des Nichtvorliegens von Ausschlussgründen nach den §§ 123 und 124 kann ganz oder teilweise durch die Teilnahme an Präqualifizierungssystemen erbracht werden.

(4) Eignungskriterien müssen mit dem Auftragsgegenstand in Verbindung und zu diesem in einem angemessenen Verhältnis stehen. Sie sind in der Auftragsbekanntmachung, der Vorinformation oder der Aufforderung zur Interessensbestätigung aufzuführen.

§ 123   Zwingende Ausschlussgründe

(1) Öffentliche Auftraggeber schließen ein Unternehmen zu jedem Zeitpunkt des Vergabeverfahrens von der Teilnahme aus, wenn sie Kenntnis davon haben, dass eine Person, deren Verhalten nach Absatz 3 dem Unternehmen zuzurechnen ist, rechtskräftig verurteilt oder gegen das Unternehmen eine Geldbuße nach § 30 des Gesetzes über Ordnungswidrigkeiten rechtskräftig festgesetzt worden ist wegen einer Straftat nach:
1. § 129 des Strafgesetzbuchs (Bildung krimineller Vereinigungen), § 129a des Strafgesetzbuchs (Bildung terroristischer Vereinigungen) oder § 129b des Strafgesetzbuchs (Kriminelle und terroristische Vereinigungen im Ausland),
2. § 89c des Strafgesetzbuchs (Terrorismusfinanzierung) oder wegen der Teilnahme an einer solchen Tat oder wegen der Bereitstellung oder Sammlung finanzieller Mittel in Kenntnis dessen, dass diese finanziellen Mittel ganz oder teilweise dazu verwendet werden oder verwendet werden sollen, eine Tat nach § 89a Absatz 2 Nummer 2 des Strafgesetzbuchs zu begehen,
3. § 261 des Strafgesetzbuchs (Geldwäsche; Verschleierung unrechtmäßig erlangter Vermögenswerte),
4. § 263 des Strafgesetzbuchs (Betrug), soweit sich die Straftat gegen den Haushalt der Europäischen Union oder gegen Haushalte richtet, die von der Europäischen Union oder in ihrem Auftrag verwaltet werden,
5. § 264 des Strafgesetzbuchs (Subventionsbetrug), soweit sich die Straftat gegen den Haushalt der Europäischen Union oder gegen Haushalte richtet, die von der Europäischen Union oder in ihrem Auftrag verwaltet werden,
6. § 299 des Strafgesetzbuchs (Bestechlichkeit und Bestechung im geschäftlichen Verkehr),
7. § 108e des Strafgesetzbuchs (Bestechlichkeit und Bestechung von Mandatsträgern),
8. den §§ 333 und 334 des Strafgesetzbuchs (Vorteilsgewährung und Bestechung), jeweils auch in Verbindung mit § 335a des Strafgesetzbuchs (Ausländische und internationale Bedienstete),
9. Artikel 2 § 2 des Gesetzes zur Bekämpfung internationaler Bestechung (Bestechung ausländischer Abgeordneter im Zusammenhang mit internationalem Geschäftsverkehr) oder
10. den §§ 232 und 233 des Strafgesetzbuchs (Menschenhandel) oder § 233a des Strafgesetzbuchs (Förderung des Menschenhandels).

(2) Einer Verurteilung oder der Festsetzung einer Geldbuße im Sinne des Absatzes 1 stehen eine Verurteilung oder die Festsetzung einer Geldbuße nach den vergleichbaren Vorschriften anderer Staaten gleich.

(3) Das Verhalten einer rechtskräftig verurteilten Person ist einem Unternehmen zuzurechnen, wenn diese Person als für die Leitung des Unternehmens Verantwortlicher gehandelt hat; dazu gehört auch die Überwachung der Geschäftsführung oder die sonstige Ausübung von Kontrollbefugnissen in leitender Stellung.

(4) Öffentliche Auftraggeber schließen ein Unternehmen zu jedem Zeitpunkt des Vergabeverfahrens von der Teilnahme an einem Vergabeverfahren aus, wenn
1. das Unternehmen seinen Verpflichtungen zur Zahlung von Steuern, Abgaben oder Beiträgen zur Sozialversicherung nicht nachgekommen ist und dies durch eine rechtskräftige Gerichts- oder bestandskräftige Verwaltungsentscheidung festgestellt wurde oder
2. die öffentlichen Auftraggeber auf sonstige geeignete Weise die Verletzung einer Verpflichtung nach Nummer 1 nachweisen können.
Satz 1 ist nicht anzuwenden, wenn das Unternehmen seinen Verpflichtungen dadurch nachgekommen ist, dass es die Zahlung vorgenommen oder sich zur Zahlung der Steuern, Abgaben und Beiträge zur Sozialversicherung einschließlich Zinsen, Säumnis- und Strafzuschlägen verpflichtet hat.

(5) Von einem Ausschluss nach Absatz 1 kann abgesehen werden, wenn dies aus zwingenden Gründen des öffentlichen Interesses geboten ist. Von einem Ausschluss nach Absatz 4 Satz 1 kann abgesehen werden, wenn dies aus zwingenden Gründen des öffentlichen Interesses geboten ist oder ein Ausschluss offensichtlich unverhältnismäßig wäre. § 125 bleibt unberührt.

§ 124   Fakultative Ausschlussgründe

(1) Öffentliche Auftraggeber können unter Berücksichtigung des Grundsatzes der Verhältnismäßigkeit ein Unternehmen zu jedem Zeitpunkt des Vergabeverfahrens von der Teilnahme an einem Vergabeverfahren ausschließen, wenn
1. das Unternehmen bei der Ausführung öffentlicher Aufträge nachweislich gegen geltende umwelt-, sozial- oder arbeitsrechtliche Verpflichtungen verstoßen hat,
2. das Unternehmen zahlungsunfähig ist, über das Vermögen des Unternehmens ein Insolvenzverfahren oder ein vergleichbares Verfahren beantragt oder eröffnet worden ist, die Eröffnung eines solchen Verfahrens mangels Masse abgelehnt worden ist, sich das Unternehmen im Verfahren der Liquidation befindet oder seine Tätigkeit eingestellt hat,
3. das Unternehmen im Rahmen der beruflichen Tätigkeit nachweislich eine schwere Verfehlung begangen hat, durch die die Integrität des Unternehmens infrage gestellt wird; § 123 Absatz 3 ist entsprechend anzuwenden,
4. der öffentliche Auftraggeber über hinreichende Anhaltspunkte dafür verfügt, dass das Unternehmen Vereinbarungen mit anderen Unternehmen getroffen hat, die eine Verhinderung, Einschränkung oder Verfälschung des Wettbewerbs bezwecken oder bewirken,
5. ein Interessenkonflikt bei der Durchführung des Vergabeverfahrens besteht, der die Unparteilichkeit und Unabhängigkeit einer für den öffentlichen Auftraggeber tätigen Person bei der Durchführung des Vergabeverfahrens beeinträchtigen könnte und der durch andere, weniger einschneidende Maßnahmen nicht wirksam beseitigt werden kann,
6. eine Wettbewerbsverzerrung daraus resultiert, dass das Unternehmen bereits in die Vorbereitung des Vergabeverfahrens einbezogen war, und diese Wettbe-

werbsverzerrung nicht durch andere, weniger einschneidende Maßnahmen beseitigt werden kann,

7. das Unternehmen eine wesentliche Anforderung bei der Ausführung eines früheren öffentlichen Auftrags oder Konzessionsvertrags erheblich oder fortdauernd mangelhaft erfüllt hat und dies zu einer vorzeitigen Beendigung, zu Schadensersatz oder zu einer vergleichbaren Rechtsfolge geführt hat,

8. das Unternehmen in Bezug auf Ausschlussgründe oder Eignungskriterien eine schwerwiegende Täuschung begangen oder Auskünfte zurückgehalten hat oder nicht in der Lage ist, die erforderlichen Nachweise zu übermitteln, oder

9. das Unternehmen
    a) versucht hat, die Entscheidungsfindung des öffentlichen Auftraggebers in unzulässiger Weise zu beeinflussen,
    b) versucht hat, vertrauliche Informationen zu erhalten, durch die es unzulässige Vorteile beim Vergabeverfahren erlangen könnte, oder
    c) fahrlässig oder vorsätzlich irreführende Informationen übermittelt hat, die die Vergabeentscheidung des öffentlichen Auftraggebers erheblich beeinflussen könnten, oder versucht hat, solche Informationen zu übermitteln.

(2) § 21 des Arbeitnehmer-Entsendegesetzes, § 98c des Aufenthaltsgesetzes, § 19 des Mindestlohngesetzes und § 21 des Schwarzarbeitsbekämpfungsgesetzes bleiben unberührt.

§ 125 Selbstreinigung

(1) Öffentliche Auftraggeber schließen ein Unternehmen, bei dem ein Ausschlussgrund nach § 123 oder § 124 vorliegt, nicht von der Teilnahme an dem Vergabeverfahren aus, wenn das Unternehmen nachgewiesen hat, dass es

1. für jeden durch eine Straftat oder ein Fehlverhalten verursachten Schaden einen Ausgleich gezahlt oder sich zur Zahlung eines Ausgleichs verpflichtet hat,

2. die Tatsachen und Umstände, die mit der Straftat oder dem Fehlverhalten und dem dadurch verursachten Schaden in Zusammenhang stehen, durch eine aktive Zusammenarbeit mit den Ermittlungsbehörden und dem öffentlichen Auftraggeber umfassend geklärt hat, und

3. konkrete technische, organisatorische und personelle Maßnahmen ergriffen hat, die geeignet sind, weitere Straftaten oder weiteres Fehlverhalten zu vermeiden.
    § 123 Absatz 4 Satz 2 bleibt unberührt.

(2) Öffentliche Auftraggeber bewerten die von dem Unternehmen ergriffenen Selbstreinigungsmaßnahmen und berücksichtigen dabei die Schwere und die besonderen Umstände der Straftat oder des Fehlverhaltens. Erachten die öffentlichen Auftraggeber die Selbstreinigungsmaßnahmen des Unternehmens als unzureichend, so begründen sie diese Entscheidung gegenüber dem Unternehmen.

§ 126 Zulässiger Zeitraum für Ausschlüsse

Wenn ein Unternehmen, bei dem ein Ausschlussgrund vorliegt, keine oder keine ausreichenden Selbstreinigungsmaßnahmen nach § 125 ergriffen hat, darf es

1. bei Vorliegen eines Ausschlussgrundes nach § 123 höchstens fünf Jahre ab dem Tag der rechtskräftigen Verurteilung von der Teilnahme an Vergabeverfahren ausgeschlossen werden,

2. bei Vorliegen eines Ausschlussgrundes nach § 124 höchstens drei Jahre ab dem betreffenden Ereignis von der Teilnahme an Vergabeverfahren ausgeschlossen werden.

§ 127 Zuschlag

(1) Der Zuschlag wird auf das wirtschaftlichste Angebot erteilt. Grundlage dafür ist eine Bewertung des öffentlichen Auftraggebers, ob und inwieweit das Angebot die vorgegebenen Zuschlagskriterien erfüllt. Das wirtschaftlichste Angebot bestimmt sich nach dem besten Preis-Leistungs-Verhältnis. Zu dessen Ermittlung können neben dem Preis oder den Kosten auch qualitative, umweltbezogene oder soziale Aspekte berücksichtigt werden.

(2) Verbindliche Vorschriften zur Preisgestaltung sind bei der Ermittlung des wirtschaftlichsten Angebots zu beachten.

(3) Die Zuschlagskriterien müssen mit dem Auftragsgegenstand in Verbindung stehen. Diese Verbindung ist auch dann anzunehmen, wenn sich ein Zuschlagskriterium auf Prozesse im Zusammenhang mit der Herstellung, Bereitstellung oder Entsorgung der Leistung, auf den Handel mit der Leistung oder auf ein anderes Stadium im Lebenszyklus der Leistung bezieht, auch wenn sich diese Faktoren nicht auf die materiellen Eigenschaften des Auftragsgegenstandes auswirken.

(4) Die Zuschlagskriterien müssen so festgelegt und bestimmt sein, dass die Möglichkeit eines wirksamen Wettbewerbs gewährleistet wird, der Zuschlag nicht willkürlich erteilt werden kann und eine wirksame Überprüfung möglich ist, ob und inwieweit die Angebote die Zuschlagskriterien erfüllen. Lassen öffentliche Auftraggeber Nebenangebote zu, legen sie die Zuschlagskriterien so fest, dass sie sowohl auf Hauptangebote als auch auf Nebenangebote anwendbar sind.

(5) Die Zuschlagskriterien und deren Gewichtung müssen in der Auftragsbekanntmachung oder den Vergabeunterlagen aufgeführt werden.

...

§ 107 Energie- und Wasserverträge

(1) Die Gemeinde darf Verträge über die Lieferung von Energie oder Wasser in das Gemeindegebiet sowie Konzessionsverträge, durch die sie einem Energieversorgungsunternehmen oder einem Wasserversorgungsunternehmen die Benützung von Gemeindeeigentum einschließlich der öffentlichen Straßen, Wege und Plätze für Leitungen zur Versorgung der Einwohner überlässt, nur abschließen, wenn die Erfüllung der Aufgaben der Gemeinde nicht gefährdet wird und die berechtigten wirtschaftlichen Interessen der Gemeinde und ihrer Einwohner gewahrt sind. Hierüber soll dem Gemeinderat vor der Be- schlussfassung das Gutachten eines unabhängigen Sachverständigen vorgelegt werden.

(2) Dasselbe gilt für eine Verlängerung oder ihre Ablehnung sowie eine wichtige Änderung derartiger Verträge.

Geändert durch Gesetz vom 1.12.2005 (GBl. S. 705)

Erläuterungen

Vgl. dazu ausführlich: *Katz*, in: Kunze/Bronner/Katz, Kommentar zur GemO Bad.-Württ., Stand 2016.

§ 108 Vorlagepflicht

Beschlüsse der Gemeinde über Maßnahmen und Rechtsgeschäfte nach § 103 Abs. 1 und 2, §§ 103a, 105a Abs. 1, §§ 106, 106a und 107 sind der Rechtsaufsichtsbehörde unter Nachweis der gesetzlichen Voraussetzungen vorzulegen.

Geändert durch Gesetze vom 12.12.1991 (GBl. S. 860) und vom 19.7.1999 (GBl. S. 292).

Erläuterungen

Vgl. dazu ausführlich: *Katz*, in: Kunze/Bronner/Katz, Kommentar zur GemO Bad.-Württ., Stand 2016.

Teil 3: Anlagen

Mustersatzung für Eigenbetriebe

Das nachfolgende Muster einer Eigenbetriebssatzung wurde in Anlehnung an zwischen kommunalen Landesverbänden, Landesinnenministerien und dem Verband Kommunaler Unternehmen erarbeiteten Entwürfen und Vorschlägen erstellt. Die einzelnen Rechtsvorschriften eines Landes sind in der Mustersatzung entsprechend zu berücksichtigen bzw. konkret anzupassen. Der Entwurf enthält typische Regelungsinhalte und -erfordernisse, erhebt aber keinen Anspruch auf Vollständigkeit und besonders nicht auf die stets notwendige gemeindespezifische Ausgestaltung der Eigenbetriebssatzung.

Betriebssatzung der Stadt/Gemeinde ... für den Eigenbetrieb ... vom ...

Aufgrund der §§ ... der Gemeindeordnung für das Land ... (GO) in der Fassung der Bekanntmachung vom ... zuletzt geändert durch Gesetz vom ... in Verbindung mit dem Eigenbetriebsgesetz und/oder der Eigenbetriebsverordnung für das Land ... in der Fassung der Bekanntmachung vom ... hat der Rat der Stadt/Gemeinde ... am ... folgende Betriebssatzung beschlossen:

§ 1 Eigenbetrieb, Name, Stammkapital

(1) Die ... (z. B. Stadtwerke, Entsorgungseinrichtungen, Altenheime usw.) der Stadt/Gemeinde ... werden als Eigenbetrieb (ohne eigene Rechtspersönlichkeit), als organisatorisch, verwaltungsmäßig und finanzwirtschaftlich gesondertes Unternehmen, auf der Grundlage der gesetzlichen Vorschriften und den Bestimmungen dieser Betriebssatzung geführt.

(2) Der Eigenbetrieb führt den Namen „..." (z. B. Stadtwerke X oder Entsorgungsbetriebe Y) mit dem Zusatz „Eigenbetrieb der Stadt/Gemeinde ...". Sitz des Eigenbetriebs ist .... Die Kurzbezeichnung lautet ....

(3) Das Stammkapital des Eigenbetriebes beträgt ... Euro (in Worten: ... Euro; die Höhe muss entsprechend dem Aufgabenbereich angemessen und auskömmlich, für die Funktions- und Leistungsfähigkeit ausreichend sein).

§ 2 Gegenstand des Eigenbetriebs

(1) Gegenstand des Eigenbetriebs ist ... (möglichst konkrete Beschreibung des Zwecks und der Aufgabenbereiche; z. B. Versorgung des Gemeindegebietes mit Strom, Gas, Wasser und Fernwärme sowie die Einrichtung und der Betrieb des ÖPNV unter besonderer Erfüllung des öffentlichen Zwecks, des Gemeinwohls der Einwohner und bei Sicherstellung angemessener Bedarfsdeckung, Versorgungssicherheit, sozialer Preise usw.; § 102 Abs. 3 GemOBW, § 109 GO NRW, Art. 95 BayGO).
Im Einzelnen: ....

Der Eigenbetrieb ist für die Durchführung der vorstehenden Aufgaben und aller dazu notwendigen Erfüllungs- und Vollzugsmaßnahmen zuständig und verantwortlich.

(2) Der Betriebszweck umfasst im Rahmen der Gesetze auch die Einrichtung und den Betrieb von dem Hauptzweck des Eigenbetriebs untergeordneten Neben- und Hilfsbetrieben, die den Gegenstand des Eigenbetriebs nachhaltig fördern und wirtschaftlich mit ihm zusammenhängen.

(3) Dem Eigenbetrieb können durch Ratsbeschluss weitere Einzelaufgaben übertragen werden.

(4) Der Eigenbetrieb stellt sicher, dass das von der Stadt/Gemeinde eingebrachte Vermögen vorrangig zur Erfüllung der ihm übertragenen kommunalen Aufgaben eingesetzt wird bzw. genutzt werden kann.

§ 3   Organe

(1) Organe des Eigenbetriebs sind:
1. der Rat der Stadt/Gemeinderat (§ 4),
2. der Werksausschuss (§§ 5 und 6),
3. der Bürgermeister (§ 7),
4. die Werksleitung (§§ 8 ff.).

(2) Die Mitglieder aller Organe sind zur Verschwiegenheit über alle vertraulichen Angelegenheiten sowie über Geschäfts- und Betriebsgeheimnisse des Unternehmens verpflichtet (entsprechend § … GO). Die Pflicht besteht für die Mitglieder auch nach ihrem Ausscheiden fort. Sie gilt nicht gegenüber den Organen der Stadt/Gemeinde. Organ ist auch eine Ratsfraktion und die Mitglieder des Gemeinderats.

(3) Die Befangenheitsvorschriften des § … GO sind anzuwenden.

(4) Die Organe haben im Rahmen der Gesetze insbesondere den kommunalen Zweck und die Interessen der Gemeinde/Stadt … wahrzunehmen (§ 2).

§ 4   Zuständigkeiten des Rates

(1) Der Rat entscheidet in allen Angelegenheiten, die ihm durch die Gemeindeordnung, das Eigenbetriebsrecht oder die Hauptsatzung vorbehalten sind, insbesondere über:
a) Erlass und Änderung der Betriebssatzung, Änderung der Rechtsform des Eigenbetriebs,
b) Bestellung und Abberufung des Werksausschusses sowie seiner Mitglieder und Stellvertreter,
c) Bestellung und Abberufung der Werksleitung (Geschäftsführer und Stellvertreter)
d) die Feststellung und Änderung des Wirtschaftsplans, einschließlich der Stellenübersicht und des Finanzplans,
e) die Feststellung des Jahresabschlusses und die Verwendung des Jahresgewinnes oder die Deckung eines Verlustes sowie die Entlastung der Werksleitung,
f) Bestellung des Prüfers für den Jahresabschluss,
g) die Aufstockung und Rückzahlung von Eigenkapital an die Stadt,
h) wesentliche Änderungen des Betriebsumfangs, Übernahme neuer Aufgaben von besonderer Bedeutung und dergleichen.

(2) Der Rat kann die Entscheidung in weiteren Angelegenheiten, für die der Werksausschuss zuständig ist, im Einzelfall an sich ziehen. Er kann auch Wertgrenzen

festlegen, ab denen bei Verfügungen über das Anlagevermögen, insb. Grundstücke und grundstücksgleiche Rechte, der Rat zustimmen muss. Entsprechendes gilt für Rechtsgeschäfte, bei denen Vermögensgegenstände unter dem Verkehrswert veräußert werden.

(3) Der Bürgermeister hat als Vorsitzender des Werksausschusses den Gemeinderat über alle wichtigen Angelegenheiten des Eigenbetriebs zu unterrichten (vgl. § 43 Abs. 5 GemO).

§ 5 Werksausschuss, Zusammensetzung und Bestellung

(1) Der Werksausschuss besteht aus (Anzahl) … vom Rat der Stadt/Gemeinde gewählten Mitgliedern. Der/Die OB/Bürgermeister/Beigeordneter/-in ist kraft Amtes Mitglied des Ausschusses.

(2) Wer durch seine berufliche Tätigkeit in regelmäßigen Beziehungen oder im Wettbewerb mit dem Eigenbetrieb steht oder für Betriebe tätig ist, auf welche diese Voraussetzungen zutreffen, darf nicht Mitglied des Werksausschusses sein (neben § 3 Abs. 3).

(3) Die Werksleitung nimmt an den Werksausschusssitzungen teil. Sie ist berechtigt und auf Verlangen verpflichtet, ihre Ansicht zu einem Punkt der Tagesordnung darzulegen.

(4) Der/Die Beigeordneten für den Geschäftsbereich …, der/die Stadtkämmerer/-in und der/die Leiter/-in der Beteiligungsverwaltung können an den Sitzungen des Werksausschusses teilnehmen. Ihnen ist zur Sache jederzeit auf Verlangen das Wort zu erteilen.

(5) Der Geschäftsgang erfolgt, soweit nichts anderes bestimmt ist, nach den entsprechenden Bestimmungen der GemO (insb. §§ … ff. GO/GemO). Der Ausschuss tagt grundsätzlich nichtöffentlich. Bei Tagesordnungspunkten, die unmittelbare Auswirkungen für die Einwohnerschaft der Gemeinde haben und die der Ausschuss abschließend entscheidet, ist, soweit keine besonderen Gründe dagegenstehen, öffentlich zu verhandeln.

(6) Der Werksausschuss kann sich mit Zustimmung des Rates eine Geschäftsordung geben.

§ 6 Zuständigkeit des Werksausschusses

(1) Der Werksauschuss hat die Werksleitung in ihrer Tätigkeit zu fördern, zu beraten und zu überwachen. Er kann von ihr jederzeit zu allen Angelegenheiten, über den Gang der Geschäfte und die Lage des Eigenbetriebs Berichterstattung verlangen.

(2) Er berät alle Angelegenheiten vor, die vom Rat zu entscheiden sind (§ 4). Er entscheidet in Angelegenheiten, die der Beschlussfassung des Rates unterliegen, falls die Angelegenheit keinen Aufschub duldet. In Fällen äußerster Dringlichkeit kann der Bürgermeister mit der/dem Vorsitzenden bzw. einem weiteren Mitglied des Werksausschusses entscheiden.

(3) Der Werksausschuss entscheidet in allen Angelegenheiten, soweit es sich nicht um die laufende Betriebsführung handelt oder soweit dafür nicht der Rat der Stadt/Gemeinde oder der/die Werksleitung bzw. der Bürgermeister zuständig ist (als beschließender Ausschuss). Er legt auch die Grundsätze der Betriebsführung und der strategischen Steuerung sowie des Controllings in den Grundzügen fest.

(4) Der Werksausschuss entscheidet insbesondere in folgenden Fällen *(die nachfolgenden Wertgrenzen sollten unter Berücksichtigung der örtlichen Rahmenbedingungen, der Regelungen in der Hauptsatzung usw. so festgelegt werden, dass sie für die Werksleitung „motivierend" wirken; vor allem die operativen Entscheidungen sollten dadurch möglichst umfassend der Werksleitung übertragen werden)*:

a) Erlass einer Geschäftsordnung für die Werksleitung und von allgemeinen Dienstanweisungen,

b) Festsetzung allgemeiner Benutzungsbedingungen sowie allgemeiner Tarife, Gebühren und Beiträge soweit nicht der Gemeinderat/Stadtrat zuständig ist,

c) Mehrausgaben bei der Ausführung des Vermögensplans, soweit diese ... Euro überschreiten,

d) die Verfügung über Grundvermögen im Wert von über ... Euro,

e) erfolgsgefährdende Mehraufwendungen in der GuV (Erfolgsplan) von über ... Euro,

f) die Genehmigung von Baumaßnahmen (Maßnahmenbeschluss) und die Vergabe von Bauleistungen im Wert von je über ... Euro,

g) die Vergabe von sonstigen Lieferungen und Leistungen sowie die Veräußerung von Wirtschaftsgütern des Umlauf- und Anlagevermögens im Wert von je über ... Euro,

h) die Beauftragung freiberuflicher Leistungen nach der VOF im Wert von je über ... Euro,

i) die Stundung, den Erlass und die Niederschlagung von Forderungen über je ... Euro,

j) die Ernennung von Beamten ab Besoldungsgruppe A ... sowie die Einstellung und Eingruppierung von vergleichbaren Angestellten (Entgeltgruppe ... TVöD).

(5) Der Werksausschuss kann weitere Geschäfte von seiner Zustimmung abhängig machen.

(6) Der Werksausschuss kann widerruflich die Zustimmung zu einem bestimmten Kreis von Geschäften allgemein oder für den Fall, dass das einzelne Geschäft bestimmten Bedingungen genügt, im Voraus erteilen.

(7) In Angelegenheiten, die der Beschlussfassung des Werksausschusses unterliegen, entscheidet, falls die Angelegenheit keinen Aufschub duldet, der Bürgermeister mit dem/der Ausschussvorsitzenden bzw. einem weiteren dem Ausschuss angehörenden Ratsmitglied.

§ 7   Stellung des Bürgermeisters

(1) Der Bürgermeister ist Vorgesetzter der Werksleitung und Vorsitzender des Werksausschusses. Er ist Dienstvorgesetzter der Bediensteten des Eigenbetriebes.

(2) Im Interesse der Einheitlichkeit der Verwaltungsführung oder in Einzelfällen von wesentlicher Bedeutung kann der Bürgermeister bzw. – falls er seine Befugnis delegiert hat – der/die zuständige Beigeordnete der Werksleitung Weisungen im Einzelfall erteilen.

(3) Glaubt die Werksleitung nach pflichtgemäßem Ermessen die Verantwortung für die Durchführung einer Weisung des Bürgermeisters nicht übernehmen zu können und führt ein Hinweis nicht zu einer Änderung der Weisung, so hat sie sich an den Werksausschuss zu wenden. Wird keine Übereinstimmung zwischen Werksausschuss und Bürgermeister erzielt, so ist die Entscheidung des Gemeinderats/Hauptausschusses herbeizuführen.

(4) Die Werksleitung hat den Bürgermeister bzw. den/die zuständige/n Beigeordnete/n sowie die Kämmerei und die Beteiligungsverwaltung rechtzeitig über alle wichtigen Angelegenheiten des Eigenbetriebs unabhängig von §§ 9 Abs. 7 und 13 Abs. 3 zu unterrichten (mindestens vierteljährlich/halbjährlich). Auf Aufforderung sind zu allen finanz-, betriebswirtschaftlichen und sonstigen Fragen Auskünfte zu erteilen.

§ 8   Werksleitung

(1) Die Werksleitung besteht aus ... Mitglied/Mitgliedern.

(2) Der/Die Werkleiter/innen werden vom Rat der Stadt auf die Dauer von höchstens fünf Jahren bestellt; eine erneute Bestellung ist zulässig.

(3) Besteht die Werksleitung aus mehreren Werkleitern, bestellt der Rat einen Werkleiter zum Ersten Werkleiter. Ist ein/e Werkleiter/in gleichzeitig Beigeordnete/r, so ist er/sie Erster Werkleiter.Wenn ein Eigenbetrieb nur einen Werkleiter hat, wird sein Vertreter aus dem Kreis der leitenden Mitarbeiter des Eigenbetriebs vom Rat bestellt.Bei Meinungsverschiedenheiten innerhalb der Werksleitung entscheidet der Erste Werkleiter. Sind die übrigen Werkleiter der Auffassung, die Entscheidungen des Ersten Werkleiters nach pflichtgemäßen Ermessen nicht mittragen zu können, so haben sie sich an den Bürgermeister zu wenden. Einzelheiten sollten in einer Dienstanweisung/Geschäftsordnung geregelt werden.

(4) Der/Die Werkleiter/innen können durch Beschluss des Rates abberufen werden. Rechte und Pflichten, die sich aus dem Anstellungsvertrag/Dienstverhältnis ergeben, bleiben unberührt.

§ 9   Zuständigkeiten der Werksleitung

(1) Der Eigenbetrieb wird von der Werksleitung selbständig geleitet, soweit nicht durch die Gemeindeordnung, das Eigenbetriebsrecht oder diese Betriebssatzung etwas anderes bestimmt ist. Der Werksleitung obliegt insbesondere die laufende Betriebsführung. Sie ist für die wirtschaftliche Führung des Eigenbetriebs verantwortlich. Zu den laufenden Geschäften zählen, soweit keine andere Zuständigkeit festgelegt ist, insbesondere:
a) Die selbständige verantwortliche Leitung des Eigenbetriebs (Organisation, Geschäftsgang, Personalangelegenheiten und -einsatz usw.),
b) Wiederkehrende Geschäfte wie z. B. Dienst- und Werkverträge, Beschaffungsmaßnahmen, Instandhaltungs- und Investitionsmaßnahmen, soweit sie nicht die Wertgrenzen nach § 6 überschreiten,
c) Abschluss von Verträgen mit Tarif- und Sonderkunden und dergleichen.

(2) Die Geschäftsverteilung innerhalb der Werksleitung, die aus mehreren Werkleitern besteht, regelt der Bürgermeister mit Zustimmung des Werksausschusses durch Dienstanweisung/Geschäftsordnung. Darin sollten auch die Informations-, Berichtspflichen und dergleichen an den Werksausschuss, den Bürgermeister und die Gemeinde geregelt werden.

(3) Die Werksleitung nimmt ihre Aufgaben eigenverantwortlich unter Einhaltung der jeweils vom Rat bzw. vom Bürgermeister beschlossenen Grundsätze, Managementregeln und Beteiligungsrichtlinien wahr. In Einzelfällen sind Ausnahmen in Abstimmung mit dem Bürgermeister möglich.

(4) Der/Die Werkleiter/innen haben ihre Aufgaben mit der Sorgfalt eines ordentlichen Kaufmannes wahrzunehmen. Sie sind verpflichtet, so zu handeln, wie ihnen dieses

durch den „öffentlichen Zweck", die Betriebssatzung (vgl. insbes. § 2 und § 3 Abs. 4) sowie die Beschlüsse des Rates und des Werksausschusses auferlegt wird.

(5) Die Werksleitung bereitet die Beschlüsse des Rates der Stadt und des Werksausschusses vor und ist für deren Ausführung verantwortlich. Sie vollzieht die gem. § 7 Abs. 1 erteilten Weisungen des Bürgermeisters in Angelegenheiten, die den Eigenbetrieb betreffen.

(6) Die Werksleitung stellt einen Wirtschaftsplan so rechtzeitig auf, dass der Werksausschuss und der Rat diesen vor Beginn des Geschäftsjahres beschließen können (vgl. § 13 Abs. 1). Entsprechendes gilt für den Jahresabschluss (§ 15).

(7) Die Werksleitung hat dem Bürgermeister und dem Werksausschuss regelmäßig über die Angelegenheiten des Betriebes zu berichten und in den Sitzungen des Werksausschusses Auskunft zu erteilen (i. d. R. vierteljährliche Zwischenberichte). Des Weiteren hat die Werksleitung diese beiden besonders dann zu unterrichten, wenn bei der Ausführung des Erfolgsplanes erfolgsgefährdende Mindererträge oder Mehraufwendungen zu erwarten sind. Sind darüber hinaus Verluste zu erwarten, die spürbare Auswirkungen auf den Haushalt der Stadt/Gemeinde haben können, sind die Kommune und der Verwaltungsrat hierüber unverzüglich zu unterrichten.

§ 10 Vertretung des Eigenbetriebs

(1) Unbeschadet der anderen Organen zustehenden Entscheidungsbefugnisse wird die Stadt/Gemeinde in den Angelegenheiten des Eigenbetriebes durch die Werksleitung vertreten. Verpflichtende Erklärungen bedürfen stets der Schriftform.

(2) Besteht die Werksleitung aus mehreren Werkleitern, wird sie durch zwei Werkleiter gemeinschaftlich vertreten.

(3) Die Werksleitung unterzeichnet
a) in allen Angelegenheiten, die der Werksleitung durch diese Satzung zur selbständigen Entscheidung übertragen sind, unter dem (Name des Betriebes) „..." ohne Angabe eines Vertretungsverhältnisses,
b) in allen übrigen Angelegenheiten unter dem Namen „Stadt/Gemeinde ... – der Bürgermeister – (Name des Betriebes)" mit dem Zusatz „in Vertretung".

(4) Andere Dienstkräfte des Eigenbetriebs sind vertretungsberechtigt, wenn sie hierzu besonders bevollmächtigt sind. Sie unterzeichnen stets „im Auftrag".

(5) Weitere Einzelheiten bzw. zusätzliche Punkte einschließlich der Bekanntmachung der Vertretungsberechtigten werden in einer Geschäftsordnung geregelt, die der Zustimmung des Werksausschusses bedarf.

§ 11 Personalangelegenheiten

(1) Die Werksleitung entscheidet über Anstellung, Stellenbewertung, Eingruppierung und Entlassung der Angestellten und Arbeiter/innen. Hierbei sind die vom Bürgermeister festgelegten Grundsätze der Personalwirtschaft einzuhalten. In begründeten Einzelfällen sind Ausnahmen in Abstimmung mit dem Bürgermeister möglich.

(2) Bei Anstellungen und Höhergruppierungen in den Fällen der Entgeltgruppen ... TVöD und höher sowie bei vergleichbaren Vergütungen bedarf die Werksleitung der vorherigen Zustimmung des Werksausschusses.

(3) Beamtenrechtliche Entscheidungen des Bürgermeisters oder – soweit diese übertragen sind – der beauftragten Dienstkräfte für bei dem Eigenbetrieb einge-

setzte bzw. einzusetzende Beamtinnen und Beamte, werden im Benehmen mit der Werksleitung getroffen.

(4) Die bei dem Eigenbetrieb beschäftigten Beamtinnen und Beamten werden im Stellenplan der Stadt gesondert ausgewiesen und in der Stellenübersicht des Eigenbetriebs vermerkt.

(5) Die Werksleitung ist Vorgesetzter aller Beschäftigten des Eigenbetriebs.

§ 12 Wirtschaftsführung, Wirtschaftsjahr

(1) Der Eigenbetrieb ist finanzwirtschaftlich als Sondervermögen zu verwalten und nachzuweisen. Er ist nach wirtschaftlichen Grundsätzen zu führen. Auf die Erhaltung des Sondervermögens ist Bedacht zu nehmen und die Erfüllung des „öffentlichen Zwecks" sicherzustellen (§ 2).

(2) Wirtschaftsjahr ist das Kalenderjahr.

(3) Im Übrigen gelten die Bestimmungen des GO-/Eigenbetriebsrechts.

§ 13 Wirtschaftsplan

(1) Für jedes Wirtschaftsjahr wird ein Wirtschaftsplan mit einer 5-jährigen Finanz- und Investitionsplanung rechtzeitig vor Beginn des Geschäftsjahres von der Werksleitung aufgestellt. Der Wirtschafsplan besteht aus dem Erfolgsplan, dem Vermögensplan und der Stellenübersicht. Die Finanzplanung ist zu einem mittelfristigen Steuerungsinstrument zu entwickeln.

(2) Der Entwurf des Wirtschaftsplans/Finanzplanes ist möglichst frühzeitig der Kämmerei/Beteiligungsverwaltung der Gemeinde/Stadt ... zu übersenden und rechtzeitig vor der endgültigen Aufstellung durch die Werksleitung mit ihr zu beraten. Nach der endgültigen Aufstellung sind die Entwürfe des Wirtschaftsplans und des Finanzplans rechtzeitig zur Vorberatung dem Werksausschuss und zur Beschlussfassung dem Rat der Gemeinde/Stadt ... vorzulegen.

(3) Der Eigenbetrieb führt die Geschäfte nach dem aufgestellten Wirtschaftsplan. Der Wirtschaftsplan ist in den im Eigenbetriebsrecht festgelegten Fällen durch einen Nachtrag zu ändern. Bei erfolgsgefährdenden Entwicklungen hat die Werksleitung den Werksausschuss und den Bürgermeister unverzüglich zu unterrichten.

§ 14 Rücklagen

Für die technische und wirtschaftliche Fortentwicklung des Eigenbetriebs sollen aus dem Jahresüberschuss angemessene Rücklagen gebildet werden (einschließlich künftigen Versorgungsleistungen; vgl. z. B. § 41 Abs. 2 GemHVO BW, § 36 Abs. 1 GemHVO NW).

§ 15 Wirtschaftsführung, Rechnungswesen und Jahresabschluss

(1) Jahresabschluss (Bilanz, Gewinn- und Verlustrechnung, Anhang) und Lagebericht sind entsprechend den für Große Kapitalgesellschaften geltenden Vorschriften des Dritten Buches des Handelsgesetzbuches aufzustellen und zu prüfen (§§ 316 ff. HGB).

(2) Die Werksleitung hat den Jahresabschluss und den Lagebericht innerhalb von drei Monaten nach Ende des Wirtschafsjahres aufzustellen und nach Durchführung der Abschlussprüfung unverzüglich nach Vorliegen des Prüfungsberichtes, jedoch spätestens sechs Monate nach Ende des Wirtschaftsjahres dem Werksausschuss zur Vorberatung und dem Rat der Gemeinde/Stadt ... zur Beschlussfassung vorzulegen.

(3) Der Entwurf des Jahresabschlusses ist möglichst frühzeitig dem OB/Bürgermeister/Kämmerei/Beteiligungsverwaltung der Gemeinde/Stadt ... zu übersenden und rechtzeitig vor Fertigstellung des Prüfungsberichts und vor der Gremienberatung durch die Werksleitung mit ihr zu beraten (vgl. auch §§ 7 Abs. 4 und 13 Abs. 2).

(4) Unbeschadet der Jahresabschlussprüfung kann das Rechnungsprüfungsamt der Stadt/Gemeinde die Wirtschaftsführung des Betriebes gemäß den Bestimmungen der Gemeindeordnung prüfen. Entsprechendes gilt für die überörtliche Prüfung (vgl. §§ 53 f. HGrG und z. B. §§ 111 und 114 GemO BW). Der Eigenbetrieb hat über alle prüfungsrelevanten Fragen Auskunft zu erteilen.

§ 16   Personalvertretung, Frauenförderung

Für den Eigenbetrieb gelten das Landespersonalvertretungsgesetz und die gesetzlichen Vorgaben zur Frauenförderung. Der Eigenbetrieb ist personalvertretungsrechtlich Teil der kommunalen Dienststelle.

§ 17   In-Kraft-Treten

Diese Satzung tritt am .../am Tage nach ihrer Bekanntmachung in Kraft.

Muster-Gesellschaftsvertrag für eine Kommunale GmbH

Der GmbH-Gesellschaftsvertrags-Entwurf basiert auf der Grundlage des GmbH- und Kommunalrechts, insbesondere des bad.-württ. Kommunalrechts, und geht von einer Einpersonen-/Eigengesellschaft aus. Die genannten GemO-BW-Paragraphen müssen ggf. entsprechend angepasst werden. Der Entwurf orientiert sich aus kommunaler Sicht tendenziell an einer „Maximallösung". Die kursiv gedruckten Entwurfsteile sind von jeder Kommune besonders sorgfältig zu prüfen. Der Mustervertrag enthält typische Regelungsinhalte und -erfordernisse, erhebt aber keinen Anspruch auf Vollständigkeit und besonders nicht auf die stets notwendige gemeindespezifische Ausgestaltung des Gesellschaftsvertrages.

§ 1   Firma und Sitz der Gesellschaft

Die Firma der Gesellschaft lautet: „Stadtwerke ..." Gesellschaft mit beschränkter Haftung.
Die Gesellschaft hat ihren Sitz in ....

§ 2   Gesellschaftszweck, Unternehmensgegenstand

(1) Gegenstand und Zweck des Unternehmens ist die nachhaltige Wahrnehmung und Erfüllung der nachstehend genannten kommunalen Aufgaben der Stadt ... (z. B. §§ 1, 2, 10 und 102 ff. GemO BW).
Dazu gehören im Einzelnen insbesondere: ....
(möglichst konkrete Beschreibung von öffentlichem Zweck, Aufgabenbereichen, Unternehmensgegenstand usw.). Vgl. auch § 2 Abs. 1 der Eigenbetriebssatzung – Anlage 1 –.

(2) Die Gesellschaft ist zu allen Geschäften und Maßnahmen berechtigt, die dem Gesellschaftszweck dienen, zu dessen Betriebsführung erforderlich und dem Hauptzweck untergeordnet sind sowie wirtschaftlich mit ihm zusammenhängen (vgl. auch § 17 Abs. 2 Buchst. c).

§ 3   Dauer der Gesellschaft, Geschäftsjahr

(1) Die Dauer der Gesellschaft ist nicht begrenzt.
(2) Geschäftsjahr ist das Kalenderjahr.

§ 4   Stammkapital/Stammeinlagen

(1) Das Stammkapital der Gesellschaft beträgt EUR ... (in Worten: ... EUR).
(2) Auf das Stammkapital übernehmen/haben übernommen ... (Regelfall: Eigengesellschaften, 100 %).

§ 5   Verfügung über Geschäftsanteile

Die Übertragung oder Belastung usw. von Geschäftsanteilen oder von Teilen eines Geschäftsanteils (Veräußerung, Verpfändung, Nießbrauchbestellung u. a.) ist nur mit schriftlicher Einwilligung der Gesellschaft zulässig. Sie darf nur aufgrund eines Gesellschafterbeschlusses erteilt oder verweigert werden.

§ 6   Vorkaufsrecht

(1) Beim Verkauf eines Geschäftsanteils oder von Teilen eines Geschäftsanteils haben die übrigen Gesellschafter ein Vorkaufsrecht. Der Verkäufer hat den Inhalt des mit dem Käufer abgeschlossenen Vertrages unverzüglich sämtlichen Vorkaufsberechtigten schriftlich mitzuteilen. Das Vorkaufsrecht kann nur bis zum Ablauf von einem Monat seit Empfang und nur durch schriftliche Erklärung gegenüber dem Verkäufer ausgeübt werden.

(2) Jeder Vorkaufsberechtigte kann sein Vorkaufsrecht allein geltend machen. Soweit eine Einigung nicht zustande kommt, sind die Vorkaufsberechtigten unter sich in dem Verhältnis zum Vorkauf berechtigt, in welchem die Nennbeträge der von ihnen gehaltenen Geschäftsanteile zueinander stehen.

§ 7   Organe der Gesellschaft

(1) Organe der Gesellschaft sind
1. die Geschäftsführung,
2. der Aufsichtsrat,
3. die Gesellschafterversammlung.

(2) Die Organe haben im Rahmen der Gesetze den kommunalen Zweck und die städtischen Interessen wahrzunehmen (z. B. § 104 Abs. 3 GemO BW).

(3) Als Organ der städtischen Gesellschaft (Gesellschafter) gelten der Oberbürgermeister und der Gemeinderat *sowie alle Ratsmitglieder und Fraktionen* (§ 51a GmbHG; § 394 AktG). Alle Organe sind gegenüber Dritten zur Verschwiegenheit entsprechend den gesetzlichen Vorschriften verpflichtet (§ 51a Abs. 2 GmbHG, § 394 AktG; § 35 Abs. 2 und 17 Abs. 2 GemO BW, Art. 20 BayGO, § 30 GO NRW).

(4) Die Organe haben insbesondere den kommunalen Zweck (§ 2 Abs. 1) und die Interessen der Stadt/Gemeinde wahrzunehmen.

§ 8   Geschäftsführer und Vertretung der Gesellschaft

(1) Die Gesellschaft hat einen oder mehrere Geschäftsführer. *Sie werden durch die Gesellschafterversammlung bestellt und abberufen.* Sie kann einen von ihnen zum ersten Geschäftsführer ernennen. Dessen Stimme gibt bei Meinungsverschiedenheiten zwischen den Geschäftsführern den Ausschlag.

(2) Die Geschäftsführung vertritt die Gesellschaft gerichtlich und außergerichtlich. Ist nur ein Geschäftsführer bestellt, so vertritt dieser die Gesellschaft allein. Sind mehrere Geschäftsführer bestellt, wird die Gesellschaft von zwei Geschäftsführern gemeinsam oder von einem Geschäftsführer gemeinsam mit einem Prokuristen vertreten.

(3) Durch Beschluss der *Gesellschafterversammlung/Aufsichtsrat* kann einzelnen oder allen Geschäftsführern Alleinvertretungsbefugnis und/oder Befreiung von den Beschränkungen des § 181 BGB erteilt werden.

(4) Der/Die Geschäftsführer gibt/geben sich eine Geschäftsordnung (GeschO), die der Zustimmung der *Gesellschafterversammlung/Aufsichtsrat* bedarf. Darin sind u. a.

die Einzelheiten zur Vertretungsberechtigung, Geschäftsverteilung und Geschäftsführung zu regeln. Die Geschäftsführung hat die GeschO zu beachten und die Beschlüsse der Gesellschafter und des Aufsichtsrats umzusetzen. Über den gewöhnlichen Rahmen des Geschäftsbetriebs der Gesellschaft deutlich hinausgehende Rechtshandlungen und solchen von besonderer Bedeutung bedürfen grundsätzlich der Zustimmung der Gesellschafterversammlung. Sie sollten in der GeschO konkret festgelegt werden (vgl. § 17; ggf. mit Wertgrenzen).

§ 9 Geschäftsführung

(1) Die Geschäftsführer haben die Geschäfte der Gesellschaft sorgfältig und gewissenhaft nach Maßgabe der Gesetze, des Gesellschaftsvertrages, der GeschO, der Beschlüsse der Gesellschafterversammlung und des Aufsichtsrates sowie der Anstellungsverträge eigenverantwortlich wahrzunehmen (vgl. §§ 37, 43 GmbHG). Unbeschadet weitergehender gesetzlicher und gesellschaftsvertraglicher Vorschriften haben die Geschäftsführer die Sorgfalt eines ordentlichen Geschäftsmannes zu beachten.

(2) Die Geschäftsführung hat für alle zustimmungsbedürftigen Geschäfte oder Maßnahmen die Zustimmung vor Abschluss oder Durchführung einzuholen. In zustimmungsbedürftigen Angelegenheiten, die keinen Aufschub dulden und auch ein schriftliches Verfahren nicht mehr durchgeführt werden kann, kann die Geschäftsführung mit dem Aufsichtsratvorsitzenden die notwendigen Entscheidungen oder Maßnahmen treffen. Aufsichtsrat und Gesellschafterversammlung sind unverzüglich zu informieren.

(3) Die Geschäftsführung hat Gesellschafter und Aufsichtsrat ausreichend und rechtzeitig zu informieren, insbesondere über wichtige Angelegenheiten und die inhaltlichen und terminlichen Berichtspflichten des § 90 AktG an beide Organe zu erfüllen und auf Wunsch zu allen Gesellschaftsangelegenheiten Auskunft zu erteilen. Zudem hat die Geschäftsführung der Stadt ... den Wirtschaftsplan mit dem Finanzplan, den Jahresabschluss und den Lagebericht sowie den Prüfbericht des Abschlussprüfers zu übersenden (vgl. z. B. § 103 Abs. 5 c) GemO BW).
Ferner obliegt der Geschäftsführung die rechtzeitige Einbindung der Beteiligungsverwaltung der Stadt ... in Grundsatzangelegenheiten und Fragen von wesentlicher politischer und finanzieller Bedeutung sowie die Übermittlung aller Informationen und Unterlagen, die zur Durchführung eines Beteiligungscontrollings notwendig sind (vgl. auch §§ 18 Abs. 3 und 19 Abs. 3). Diese Verpflichtungen gelten in der Regel auch für Tochtergesellschaften. Die Einzelheiten werden zwischen Stadt und Geschäftsführung geregelt.

§ 10 Aufsichtsrat

(1) Die Gesellschaft hat einen Aufsichtsrat, auf den die Bestimmungen des § 52 GmbHG Anwendung finden.

(2) Der Aufsichtsrat besteht aus ... Mitgliedern und zwar ... Vertreter des Gesellschafters X (ggf. ... Vertreter des Gesellschafters Y usw.) sowie ggf. ... Arbeitnehmervertreter.
Die Aufsichtsratsmitglieder werden von den Gesellschaftern entsandt und abberufen. Bei der Stadt ... ist dafür der Gemeinderat zuständig. Der Bürgermeister/OB ist geborenes Mitglied (Mitglied kraft Amtes).

(3) Für jedes Aufsichtsratsmitglied – mit Ausnahme des/der Aufsichtsratsvorsitzenden – kann durch den entsendungsberechtigten Gesellschafter ein Stellvertreter bestellt werden. Für die Stadtratsmitglieder im Aufsichtsrat sind vom Gemeinderat der Stadt ... die Stellvertreter (nur Stadträte/innen) nach demselben Verfahren zu benennen, das auf die Benennung der ordentlichen Aufsichtsratsmitglieder Anwendung findet. Die Stellvertreter üben das Aufsichtsratsmandat jeweils im Falle der Verhinderung des von ihnen zu vertretenden ordentlichen Aufsichtsratsmitglieds aus. Die Regelungen für ordentliche Aufsichtsratsmitglieder gelten, soweit nichts anderes bestimmt ist, für ihre Stellvertreter entsprechend.

(4) Die Amtsdauer des Aufsichtsrates endet mit Ablauf des Monats, in dem nach regelmäßigen Gemeinderatswahlen der neu gewählte Gemeinderat zu seiner konstituierenden Sitzung erstmals zusammentritt. Bis zum Zusammentreten des neu gewählten Aufsichtsrats führt der bisherige Aufsichtsrat die Geschäfte weiter.

(5) Ein Mitglied scheidet aus dem Aufsichtsrat aus, wenn die Tätigkeit, die für seine Entsendung bestimmend war, ihr Ende findet. War für die Entsendung eines Aufsichtsratsmitglieds seine Zugehörigkeit zum Gemeinderat bestimmend, so endet sein Amt mit dem Ausscheiden aus dem Gemeinderat. Entsandte Aufsichtsratsmitglieder können ohne Nennung von Gründen abberufen werden.

(6) Jedes Mitglied des Aufsichtsrats kann sein Amt unter Einhaltung einer vierwöchigen Frist durch schriftliche Erklärung gegenüber der Gesellschaft niederlegen.

(7) Scheidet ein Mitglied des Aufsichtsrates vor Ablauf seiner Amtszeit aus, so ist von dem entsendungsberechtigten Gesellschafter für die Restdauer der Amtszeit unverzüglich ein neues Mitglied zu entsenden.

(8) Die Aufsichtsratsmitglieder, die von der Stadt ... entsandt wurden, haben bei ihrer Tätigkeit im Rahmen der Gesetze in besonderer Weise die Interessen der Stadt ... zu berücksichtigen. Sie haben die Stadt ... über alle wichtigen Angelegenheiten der Gesellschaft im Aufgabenbereich des Aufsichtsrats frühzeitig zu unterrichten (§ 394 AktG). *Die Stadt ... als Alleingesellschafter (Regelfall) kann ihnen – unbeschadet ihrer Aufsichtsratspflichten – in folgenden strategisch wichtigen und wesentlichen Angelegenheiten Vorgaben machen und Weisungen erteilen (vgl. § 13 Abs. 3; §§ 37, 45 und 52 GmbHG und etwa § 104 Abs. 3 GemO BW): ... – einzeln aufzählen –.*
§ 9 Abs. 1 findet auf die Aufsichtsratsmitglieder entsprechende Anwendung.

(9) Die Tätigkeit des Aufsichtsrates ist ehrenamtlich. Die Gesellschafterversammlung kann eine Aufwandsentschädigung für die Mitglieder des Aufsichtsrates festsetzen.

(10) Der Aufsichtsrat gibt sich eine Geschäftsordnung, die der Zustimmung der Gesellschafterversammlung bedarf. Darin sollten insbesondere geregelt werden: Rechte und Pflichten der Mitglieder, Aufstellung der Tagesordnung, Einberufung und Sitzungsöffentlichkeit, Geschäftsgang, Verfahren bei Abstimmungen und bei Eilentscheidungen, Entschädigung und Auslagenersatz usw.

§ 11   Vorsitz und Einberufung des Aufsichtsrats

(1) Vorsitzender des Aufsichtsrates ist als Mitglied kraft Amtes der *Oberbürgermeister/BM der Stadt ...*. Der Aufsichtsrat wählt aus seiner Mitte einen Stellvertreter für die in § 10 Abs. 4 festgelegte Amtsdauer. Der Stellvertreter handelt bei Verhinderung des Vorsitzenden. Scheidet der Vorsitzende oder sein Stellvertreter während seiner Amtszeit aus dem Aufsichtsrat aus oder tritt er von seinem Amt zurück, so ist unverzüglich eine Neuwahl vorzunehmen.

(2) Der Vorsitzende oder im Verhinderungsfall sein Stellvertreter beruft den Aufsichtsrat ein, so oft es die Geschäfte erfordern oder wenn dies von der Geschäftsführung oder von zwei Aufsichtsratmitgliedern beantragt wird.

(3) Die Einberufung des Aufsichtsrats muss schriftlich unter Mitteilungen der Tagesordnung und Beifügung der erforderlichen Unterlagen mit einer Frist von mindestens einer Woche erfolgen. In besonders dringenden Fällen kann eine andere Form der Einberufung und eine kürzere Frist gewählt werden.

(4) *Soweit nicht das öffentliche Wohl und berechtigte Interessen einzelner oder vertraulicher Angaben bzw. schutzwürdige Geheimhaltungsinteressen der Gesellschaft entgegenstehen, kann ein Tagesordnungspunkt, insbesondere wenn er unmittelbar die Belange der Einwohnerschaft berührt, öffentlich verhandelt werden. Der Vorsitzende legt dies im Benehmen mit der Geschäftsführung fest. § 35 Abs. 1, Satz 3 GemO BW gilt entsprechend.*

(5) Die Geschäftsführer nehmen an den Sitzungen des Aufsichtsrates mit Rederecht teil, soweit der Aufsichtsrat im Einzelfall nichts anderes bestimmt. Entsprechendes gilt für einen von der Stadt ... bestimmten Vertreter der Kämmerei- bzw. Beteiligungsverwaltung. Die Teilnahme weiterer Personen, wie z. B. Experten, Berater, bestimmt der Aufsichtsrat im Einzelfall. Die Tagesordnungen mit Unterlagen sowie die Niederschriften für die Sitzungen des Aufsichtsrates sind auch der Beteiligungsverwaltung der Stadt ... *und den Stadtratsfraktionen* vertraulich zuzusenden (mindestens die Tagesordnungen und Beschlüsse; vgl. auch § 394 AktG).

§ 12   Beschlussfähigkeit und Beschlussfassung des Aufsichtsrats

(1) Der Aufsichtsrat ist beschlussfähig, wenn sämtliche Mitglieder zur Sitzung ordnungsgemäß geladen sind und mindestens die Hälfte, darunter der Vorsitzende oder sein Stellvertreter, anwesend sind. Ist der Aufsichtsrat in einer ordnungsgemäß einberufenen Sitzung nicht beschlussfähig, so kann innerhalb von zwei Wochen eine neue Sitzung mit gleicher Tagesordnung einberufen werden. Bei dieser Einberufung ist darauf hinzuweisen, dass der Aufsichtsrat in der neuen Sitzung auf jeden Fall beschlussfähig ist.

(2) Der Aufsichtsrat fasst seine Beschlüsse mit einfacher Stimmenmehrheit, soweit sich nicht aus dem Gesetz oder diesem Gesellschaftsvertrag etwas anderes ergibt (vgl. auch § 10 Abs. 8). Bei Stimmengleichheit entscheidet die Stimme des Vorsitzenden.

(3) In eiligen oder einfachen Angelegenheiten können nach dem Ermessen des Vorsitzenden Beschlüsse auch durch Einholung schriftlicher, telegrafischer oder fernmündlicher Erklärungen gefasst werden, wenn kein Aufsichtsratsmitglied dieser Art der Beschlussfassung widerspricht. In den Fällen, in denen ein unverzügliches Handeln im Interesse der Gesellschaft geboten ist, und eine Beschlussfassung des Aufsichtsrats nicht rechtzeitig herbeigeführt werden kann, besitzt der Vorsitzende ein Eilentscheidungsrecht. Die Gründe für und den Inhalt der Eilentscheidung sind dem Aufsichtsrat in der nächsten Sitzung mitzuteilen.

(4) Über die Verhandlungen und Beschlüsse in Aufsichtsratssitzungen ist eine Niederschrift zu fertigen, die vom Vorsitzenden und dem Schriftführer der jeweiligen Sitzung zu unterzeichnen und an die Mitglieder zu versenden ist.

(5) Willenserklärungen des Aufsichtsrats werden vom Vorsitzenden oder im Verhinderungsfalle von seinem Stellvertreter unter der Bezeichnung „Aufsichtsrat der ... GmbH" abgegeben.

§ 13 Aufgaben des Aufsichtsrats

(1) Der Aufsichtsrat überwacht die Tätigkeit der Geschäftsführung, insbesondere die Rechtmäßigkeit, Zweckmäßigkeit und Wirtschaftlichkeit sowie die Erfüllung des „öffentlichen Zwecks", und controllt alle wesentlichen Angelegenheiten der Gesellschaft. Er hat, unabhängig von den Informations- und Berichtspflichten nach § 9 Abs. 2, ihr gegenüber ein unbeschränktes Recht auf Auskunft. Gegenüber den Geschäftsführern vertritt der Vorsitzende die Gesellschaft gerichtlich und außergerichtlich.

(2) Der Aufsichtsrat berät die Angelegenheiten vor, über die die Gesellschafterversammlung zu beschließen hat.

(3) Der Beschlussfassung durch den Aufsichtsrat unterliegen, neben den sonst im Gesellschaftsvertrag vorgesehenen Fällen, folgende Angelegenheiten, soweit im Einzelfall eine dafür in der Geschäftsordnung des Aufsichtsrates festzulegende Wertgrenze (Geschäftswert) überschritten wird (vgl. auch §§ 9 Abs. 1 und 17; *zur Frage der Festlegung der Wertgrenzen vgl. Anlage 1 § 6 Abs. 4*):

a) Erwerb, Belastung oder Veräußerung von Grundstücken und grundstücksgleichen Rechten *oder zu für die Gesellschaft besonders bedeutsamen Verträgen (ab Wertgrenzen ...);*

b) Aufnahme von Darlehen, Übernahme von Bürgschaften, Bestellung von Sicherheiten und ähnlichen Rechtsgeschäften (ab Wertgrenze ...);

c) Maßnahmen und Vertragsabschlüsse, die über den gewöhnlichen Geschäftsbetrieb der Gesellschaft hinausgehen (insbes. Rechtsgeschäfte von wesentlicher Bedeutung oder solchen, die die Gesellschaft über das laufende Geschäftsjahr hinaus stärker belasten; ab Wertgrenze: ...; vgl. auch § 44 Abs. 2 Satz 1 GemO BW);

d) *Zustimmung zu ergebniswirksamen und erheblichen Mehraufwendungen, die beim Vollzug des Erfolgs- und Vermögensplans eintreten (wesentliche Planabweichungen; vgl. § 84 GemO BW; Wertgrenze: ...);*

e) Gewährung von Darlehen sowie Freigebigkeitsleistungen (ab Wertgrenze ...);

f) Abschluss von Vergleichen über Ansprüche, Verzicht auf Ansprüche sowie der Erlass von Forderungen;

g) Führung von Rechtsstreitigkeiten (ab Streitwert ...);

h) Entsendung von Vertretern in den Aufsichtsrat oder das entsprechende Organ eines Beteiligungsunternehmens;

i) Geltendmachung von Regressansprüchen gegen die Geschäftsführer sowie die Entscheidung über die Vertretung in entsprechenden Prozessen (ab Streitwert ...);

j) Bestellung und Abberufung von Prokuristen;

k) *Eingruppierung von Führungskräften;*

l) Geschäftsordnung und allgemeine Geschäftsanweisungen für die Geschäftsführung;

m) Festsetzung und Änderung der allgemeinen Tarife und Entgelte sowie der Grundsätze der allgemeinen Versorgungsbedingungen;

n) Abschluss von Bezugsverträgen ab einer Wertgrenze von ... und Konzessionsverträgen;

o) Zielvereinbarungen mit der Geschäftsführung.

In den Fällen von Buchst. ... – einzeln aufführen – ist vom Ausfsichtsrat die Zustimmung der Gesellschafterversammlung einzuholen.

(4) Zur Vorbereitung seiner Verhandlungen und Beschlüsse sowie zur Überwachung der Geschäftsführung und der Ausführung der Beschlüsse kann der Aufsichtsrat aus seiner Mitte Ausschüsse bestellen, sie durch Dritte ergänzen oder einzelne seiner Mitglieder damit betrauen.

§ 14   Gesellschafterversammlung

(1) Die Gesellschafter fassen ihre Beschlüsse in den Gesellschafterversammlungen.

(2) Ein Gesellschafter kann sich durch einen mit schriftlicher Vollmacht ausgestatteten Bevollmächtigten vertreten lassen.

§ 15   Vorsitz und Einberufung der Gesellschafterversammlung

(1) Den Vorsitz in der Gesellschafterversammlung führt der Vorsitzende des Aufsichtsrates (Oberbürgermeister/BM der Stadt ...) oder im Verhinderungsfalle sein Stellvertreter.

(2) Die Gesellschafterversammlung wird durch die Geschäftsführer (alternativ: Vorsitzender des Aufsichtsrats) einberufen, soweit das Gesetz nichts anderes bestimmt. Es finden jährlich mindestens zwei ordentliche Versammlungen statt. Auf Antrag der Gesellschafter ist eine Versammlung einzuberufen.

(3) Die Gesellschafterversammlung wird schriftlich unter Mitteilungen der Tagesordnung und Übersendung der erforderlichen Unterlagen mit einer Frist von mindestens zwei Wochen einberufen. In dringenden Fällen kann eine andere Form der Einberufung und eine kürzere Frist gewählt werden.

(4) Die Geschäftsführer nehmen an den Sitzungen der Gesellschafterversammlung mit Rederecht teil, sofern die Versammlung im Einzelfall nichts anderes bestimmt. Im Einzelfall können zu konkreten Punkten andere Personen hinzugezogen werden.

§ 16   Beschlussfähigkeit und Beschlussfassung der Gesellschafterversammlung

(1) Die Gesellschafterversammlung ist beschlussfähig, wenn sämtliche Mitglieder zur Sitzung ordnungsgemäß geladen sind und mehr als drei Viertel des Stammkapitals vertreten ist. Ist die Gesellschafterversammlung in einer ordnungsgemäß einberufenen Sitzung nicht beschlussfähig, so kann binnen zwei Wochen eine neue Sitzung mit gleicher Tagesordnung einberufen werden. Bei der Einberufung ist darauf hinzuweisen, dass die Gesellschafterversammlung in der neuen Sitzung auf jeden Fall beschlussfähig ist.

(2) Die Gesellschafterversammlung fasst ihre Beschlüsse, soweit im Gesetz oder Gesellschaftsvertrag nichts anderes bestimmt ist, mit einfacher Stimmmehrheit. Bei Stimmengleichheit gilt ein Antrag als abgelehnt.

(3) Über die Verhandlungen und Beschlüsse der Gesellschafterversammlung ist eine Niederschrift anzufertigen, die vom Vorsitzenden und dem Schriftführer der jeweiligen Sitzung zu unterzeichnen ist.

§ 17   Aufgaben der Gesellschafterversammlung

(1) Die Gesellschafterversammlung hat die ihr durch Gesetz, durch diesen Gesellschaftsvertrag und durch Beschluss der Gesellschafterversammlung zugewiesenen Befugnisse und Entscheidungskompetenzen wahrzunehmen. Sie kann in Einzelfällen Aufgaben des Aufsichtsrats an sich ziehen oder in folgenden hinreichend konkret zu bestimmenden wichtigen Angelegenheiten Weisungen erteilen (§ 8 Abs. 4). Im Einzelnen gilt dies für folgende Fälle: ... – einzeln aufzählen – ....

(2) Der Beschlussfassung der Gesellschafterversammlung unterliegen insbesondere:

a) Abschluss und Änderung von Unternehmensverträgen im Sinne der §§ 291 und 292 Abs. 1 AktG (§ 103a Nr. 1 GemO BW);

b) Übernahme neuer Aufgaben, Produkte, Dienstleistungen von besonderer Bedeutung im Rahmen des Unternehmensgegenstandes und darüber hinaus (§ 103a Nr. 2 GemO BW);

c) Errichtung, Erwerb und Veräußerung von Unternehmen und Beteiligungen (Tochtergesellschaften usw.), sofern dies im Verhältnis zum Geschäftsumfang der Gesellschaft wesentlich ist (§ 103a Nr. 3 GemO BW);

d) Feststellung des Jahresabschlusses sowie die Genehmigung des Lageberichts und die Verwendung des Ergebnisses (§ 103a Nr. 4 GemO BW);

e) Änderung des Gesellschaftsvertrages;

f) Festsetzung und Änderung des Wirtschaftsplans, Investitionsplans sowie des Finanzplans;

g) Umwandlung, Verschmelzung und Auflösung der Gesellschaft;

h) Einziehung von Geschäftsanteilen;

i) Geltendmachung von Ersatzansprüchen gegen Mitglieder des Aufsichtsrats;

j) Bestellung und Abberufung der Geschäftsführer, sowie Festlegung der grundsätzlichen Anstellungsbedingungen;

k) Ausübung der Gesellschafterrechte bei wesentlichen Unterbeteiligungen;

l) Festlegung der strategischen Unternehmensziele und zentralen Gesellschaftszwecken sowie Angelegenheiten von ganz besonderer, nachhaltiger politischer oder finanzieller Bedeutung für die Gesellschaft, insbesondere auch von Maßnahmen, die die Haushaltswirtschaft der Stadt über das lfd. Jahr hinaus in erheblichem Maße beeinflussen (ggf. mit Wertgrenzen) oder die Einwohnerschaft besonders stark berühren (z. B. Festsetzung der allgemeinen Tarifpreise);

m) Entlastung von Geschäftsführung und Aufsichtsrat;

n) Bestellung des Abschlussprüfers;

o) Rechtsgeschäfte über für die Gesellschaft wichtige Grundstücke, grundstücksgleiche Rechte, Geschäfts-, Produktionsanlagen und dergleichen ab einer Wertgrenze von … Euro.

p) Geschäftsordnung des Aufsichtsrats (einschließlich der Festsetzung der Aufsichtsratsvergütung).

§ 18   Wirtschaftsplan

(1) Für jedes Wirtschaftsjahr wird in sinngemäßer Anwendung der für Eigenbetriebe geltenden Vorschriften ein Wirtschaftsplan mit einer 5-jährigen Finanz- und Investitionsplanung rechtzeitig vor Beginn des Geschäftsjahres von der Geschäftsführung aufgestellt. Der Wirtschaftsplan besteht aus dem Erfolgsplan, dem Vermögensplan und der Stellenübersicht. Der Finanzplanung ist zu einem mittelfristigen Steuerungsinstrument zu entwickeln (§ 103 Abs. 1 Nr. 5 a) GemO BW).

(2) Die Gesellschaft führt den Betrieb ihres Unternehmens nach dem aufgestellten Wirtschaftsplan. Der Wirtschaftsplan ist in den Fällen des § 15 Abs. 1 des Eigenbetriebsgesetzes durch einen Nachtrag zu ändern.

(3) Der Entwurf des Wirtschaftsplans/Finanzplanes ist möglichst frühzeitig der Beteiligungsverwaltung der Stadt … zu übersenden und rechtzeitig vor der endgültigen Aufstellung durch die Geschäftsführung mit ihr zu beraten. Nach der endgültigen Aufstellung sind die Entwürfe des Wirtschaftsplans und des Finanzplans zur Vorberatung dem Aufsichtsrat und zur Festsetzung der Gesellschafterversammlung vorzulegen.

(4) Die Geschäftsführung hat vierteljährlich (bei kleineren Unternehmen halbjährlich) ihren Organen Zwischenberichte über die Abwicklung des Vermögens- und Erfolgsplanes schriftlich vorzulegen (vgl. § 90 AktG). Des Weiteren hat die Geschäftsführung den Aufsichtsrat und die Gesellschafter zu unterrichten, wenn bei der Ausführung des Erfolgsplanes erfolgsgefährdende Mindererträge oder Mehraufwendungen zu erwarten sind. Sind darüber hinaus Verluste zu erwarten, die spürbare Auswirkungen auf den Haushalt der Stadt/Gemeinde haben können, sind die Kommune und der Verwaltungsrat hierüber unverzüglich zu unterrichten. Dazu hat die Geschäftsführung ein angemessenes Controlling- und Risikomanagement einzurichten.

§ 19 Jahresabschluss und Lagebericht

(1) Der Jahresabschluss und der Lagebericht sind in entsprechender Anwendung der Vorschriften des Dritten Buches des Handelsgesetzbuches für große Kapitalgesellschaften (§§ 316 ff. HGB) aufzustellen und zu prüfen (§ 103 Abs. 1 Nr. 5b) GemO BW).

(2) Die Geschäftsführung hat den Jahresabschluss und den Lagebericht in den ersten drei Monaten des Geschäftsjahres für das vergangene Geschäftsjahr aufzustellen.Der Lagebericht hat auch Prüfungsergebnisse zur Einhaltung der öffentlichen Zwecksetzung und -erreichung sowie eingehende Ausführungen zu IDW PS 720 zu enthalten.

(3) Der Entwurf des Jahresabschlusses und der Bericht des Abschlussprüfers sind möglichst frühzeitig von der Geschäftsführung der Beteiligungsverwaltung der Stadt ... zu übersenden und rechtzeitig vor der endgültigen Aufstellung mit ihr zu beraten.

(4) Nach der endgültigen Aufstellung des Jahresabschlusses und des Lageberichts sind diese unverzüglich durch den von der Gesellschafterversammlung bestimmten Abschlussprüfer prüfen zu lassen. Den Prüfauftrag erteilt der Aufsichtsrat. Der Prüfauftrag ist auch auf die Gegenstände des § 53 Abs. 1 Nr. 1 und 2 des Haushaltsgrundsätzegesetzes zu erstrecken.

(5) Die Geschäftsführung hat den Jahresabschluss und den Lagebericht zusammen mit dem Prüfbericht des Abschlussprüfers sowie einem Vorschlag über die Behandlung des Jahresergebnisses und mit den öffentlichen Prüfungsberichten nach § 20 Abs. 1 und 2 unverzüglich dem Aufsichtsrat vorzulegen. Der Aufsichtsrat nimmt zum Jahresabschluss und Lagebericht aufgrund des Prüfungsberichts Stellung und legt den Jahresabschluss mit seinen Empfehlungen zur Beschlussfassung über die Feststellung des Jahresabschlusses, über die Verwendung des Ergebnisses und die Entlastung von Geschäftsführung und Aufsichtsrat der Gesellschafterversammlung vor.

(6) Die Gesellschafterversammlung hat spätestens bis zum Ablauf der ersten sechs Monate des Geschäftsjahres über die Feststellung des Jahresabschlusses, über die Ergebnisverwendung und die Entlastung zu beschließen (§ 103a Nr. 4 GemO BW).

(7) Der Beschluss über die Feststellung des Jahresabschlusses zusammen mit dessen Ergebnis, dem Ergebnis der Prüfung des Jahresabschlusses und des Lageberichts sowie der beschlossenen Verwendung des Jahresüberschusses oder der Behandlung des Jahresfehlbetrages ist ortsüblich bekannt zu geben und an sieben Tagen öffentlich auszulegen (§ 105 Abs. 1 Nr. 2 GemO BW).

§ 20 Öffentliche Prüfungen

(1) Für die örtliche und überörtliche Prüfung, die sog. kommunale Betätigungsprüfung, werden dem Rechnungsprüfungsamt der Stadt ... und der Gemeindeprüfungs-

anstalt Baden-Württemberg (örtliche und überörtliche Prüfungsbehörde) die in § 54 des Haushaltsgrundsätzegesetzes vorgesehenen Befugnisse eingeräumt (§ 103 Abs. 1 Nr. 5d GemO BW). Die Gesellschaft hat den Prüfungsbehörden auf alle prüfungsrelevanten Fragen Auskunft zu erteilen.

(2) Der Gemeindeprüfungsanstalt wird das Recht zur überörtlichen Prüfung der Haushalts- und Wirtschaftsführung der Gesellschaft nach Maßgabe des § 114 Abs. 1 der Gemeindeordnung Baden-Württemberg eingeräumt (§ 103 Abs. 1 Nr. 5e) GemO BW).

(3) Die Gesellschaft hat bei der Vergabe von Aufträgen § 106b GemO BW zu beachten (insbesondere Anwendung der VOB und von § 22 Abs. 1–4 Mittelstandsförderungsgesetz BW).

§ 21   Bekanntmachungen

Die Bekanntmachungen der Gesellschaft werden in der ...-zeitung und soweit – gesetzlich erforderlich – im Bundesanzeiger veröffentlicht.

§ 22   Schlussbestimmung

Sollte eine Bestimmung dieses Vertrages ganz oder teilweise unwirksam sein oder werden, so bleiben die übrigen Bestimmungen hiervon unberührt. Die Gesellschafter sind in einem solchen Fall verpflichtet, an der Schaffung von Bestimmungen mitzuwirken, durch die ein der unwirksamen Bestimmung rechtlich und wirtschaftlich möglichst nahekommendes Ergebnis rechtswirksam erzielt wird.

Muster einer Organisationssatzung für Kommunalunternehmen (Anstalt des öffentlichen Rechts – KU/AöR –)

Das nachfolgende Muster einer Anstaltssatzung wurde in Anlehnung an zwischen kommunalen Landesverbänden und Landesinnenministerien erarbeiteten Entwürfen und Vorschlägen erstellt. Die einzelnen Rechtsvorschriften eines Landes sind in der Mustersatzung entsprechend zu berücksichtigen bzw. konkret anzupassen. Der Entwurf enthält typische Regelungsinhalte und -erfordernisse, erhebt aber keinen Anspruch auf Vollständigkeit und besonders nicht auf die stets notwendige gemeindespezifische Ausgestaltung der kommunalen Unternehmens-/Anstaltssatzung.

Aufgrund von § ... der Gemeindeordnung für ... (GO) i. d. F. der Bekanntmachung vom ... wird nach Beschlussfassung durch die Gemeinderat vom ... folgende Anstaltssatzung erlassen

§ 1   Name, Sitz, Stammkapital

(1) Das Kommunalunternehmen (Kommunalanstalt) ... ist ein selbständiges Unternehmen der Gemeinde in der Rechtsform einer Anstalt des öffentlichen Rechts (§ ... GO). Es wird auf der Grundlage der gesetzlichen Vorschriften und der Bestimmungen dieser Satzung geführt.

(2) Das Kommunalunternehmen (Kommunalanstalt) führt den Namen „..." mit dem Zusatz Anstalt des öffentlichen Rechts. Es tritt unter diesem Namen im gesamten Geschäfts- und Rechtsverkehr auf. Die Kurzbezeichnung lautet "...".

(3) Das Kommunalunternehmen (Kommunalanstalt) hat seinen Sitz in der Stadt/Gemeinde ....

(4) Das Stammkapital beträgt ... Euro.

§ 2   Gegenstand des Kommunalunternehmens

(1) Aufgabe des Kommunalunternehmens ist ... (möglichst konkrete Beschreibung von Zweck, Aufgabenbereichen, Handlungsfeldern, Unternehmensgegenstand usw.). Im Einzelnen:
1. ...
2. ...
Bei einer *Aufgabenübertragung* werden dem Kommunalunternehmen von der Trägerkommune alle damit zusammenhängenden Rechte und Pflichten übertragen (alternativ: bei einer bloßen Übertragung der *Aufgabendurchführung* wird sie nur damit beauftragt).

(2) Zu diesen Aufgaben gehört auch die Errichtung und Unterhaltung von untergeordneten Neben- und Hilfsbetrieben, die die Aufgaben des Unternehmens nachhaltig fördern und wirtschaftlich mit ihnen zusammenhängen. Das Kommunalunternehmen kann die in Absatz 1 bezeichneten Aufgaben unter den jeweils geltenden gesetzlichen Voraussetzungen und der Wirtschaftlichkeit auch für andere Gemeinden wahrnehmen.

(3) Das Kommunalunternehmen ist berechtigt, anstelle der Trägergemeinde
1. Satzungen für das gemäß § 2 Abs. 1 übertragene Aufgabengebiet nach Maßgabe der §§ ... GO zu erlassen,

2. unter den Voraussetzungen des § ... GO durch Satzung einen Anschluss- und Benutzungszwang der öffentlichen Einrichtung für den übertragenen Aufgabenkreis anzuordnen.

Die Rechtssetzungsbefugnis schließt ein, dass das Kommunalunternehmen gemäß den kommunalabgabenrechtlichen Vorschriften (KAG) Gebühren, Beiträge und Entgelte im Zusammenhang mit der wahrzunehmenden Aufgabe festsetzen, erheben und vollstrecken kann.

(4) Das Kommunalunternehmen besitzt die Dienstherrnfähigkeit für Beamte und kann Beamte(-innen) ernennen, versetzen, abordnen, befördern und entlassen. Dies gilt entsprechend auch für die Arbeitnehmer(-innen).

§ 3   Organe

(1) Organe des Kommunalunternehmens, der Anstalt des öffentlichen Rechts, sind
- der Vorstand (§ 4) und
- der Verwaltungsrat (§§ 5 bis 7).

(2) Die Mitglieder des Kommunalunternehmens sind Dritten gegenüber zur Verschwiegenheit über alle vertraulichen Angelegenheiten sowie über Geschäfts- und Betriebsgeheimnisse des Unternehmens verpflichtet. Die Pflicht besteht auch nach ihrem Ausscheiden fort (vgl. §§ ... GO). BM/OB, Rat Fraktionen und Ratsmitglieder, die zur Verschwiegenheit verpflichtet sind, sind Kommunalorgan (§ 51a GmbHG, § 394 AktG).

(3) Die Befangenheits- und Mitwirkungsverbote nach §§ ... GO sind entsprechend anzuwenden.

(4) Die Organe haben insb. den kommunalen Zweck (§ 2 Abs. 1) und die Interessen der Stadt/Gemeinde wahrzunehmen.

§ 4   Der Vorstand

(1) Der Vorstand besteht aus ... Mitglied/Mitgliedern.

(2) Der Vorstand wird vom Verwaltungsrat auf die Dauer von ... Jahren bestellt; eine erneute Bestellung ist zulässig. Bei Vorliegen eines wichtigen Grundes kann der Verwaltungsrat den Vorstand mit einer Mehrheit von ... vorzeitig abberufen.

(3) Der Vorstand leitet das Kommunalunternehmen eigenverantwortlich, soweit nicht gesetzlich oder durch diese Satzung/Geschäftsordnung etwas anderes bestimmt ist.

(4) Der Vorstand vertritt das Kommunalunternehmen gerichtlich und außergerichtlich.

(5) Der Vorstand hat den Verwaltungsrat über alle wichtigen Vorgänge rechtzeitig und unaufgefordert zu unterrichten und auf Anforderung dem Verwaltungsrat oder den Gemeindeorganen über alle Angelegenheiten der Anstalt Auskunft zu geben und auch den Vorsitzenden des Verwaltungsrats bei § 5 Abs. 4 voll zu unterstützen.

(6) Der Vorstand hat dem Verwaltungsrat vierteljährlich (bei kleineren Unternehmen halbjährlich) Zwischenberichte über die Abwicklung des Vermögens- und Erfolgsplanes schriftlich vorzulegen (vgl. § 10). Des Weiteren hat der Vorstand den Verwaltungsrat zu unterrichten, wenn bei der Ausführung des Erfolgsplanes erfolgsgefährdende Mindererträge oder Mehraufwendungen zu erwarten sind. Sind darüber hinaus Verluste zu erwarten, die spürbare Auswirkungen auf den Haushalt der Stadt/Gemeinde haben können, sind die Kommune und der Verwaltungsrat hierüber unverzüglich zu unterrichten. Dazu hat die Geschäftsführung ein angemessenes Controlling- und Risikomanagement einzurichten.

(7) Der Vorstand ist auch zuständig für alle beamtenrechtlichen und arbeitsrechtlichen Entscheidungen, insb. für die Ernennung, Einstellung, Beförderung, Höhergruppierung, Abordnung, Versetzung, Ruhestandsversetzung und Entlassung von Beamtinnen und Beamten bis Besoldungsgruppe … von Angestellten bis … und von Arbeiterinnen und Arbeitern nach Maßgabe des dem Wirtschaftsplan beigefügten Stellenplan. Der Vorstand ist oberste Dienstbehörde und Dienstvorgesetzter dieser Beamtinnen und Beamten sowie der Angestellten, Arbeiterinnen und Arbeiter.

(8) Besteht der Vorstand aus mehreren Mitgliedern, gibt er sich eine Geschäftsordnung, die der Zustimmung des Verwaltungsrates bedarf. In der Geschäftsordnung sind die Einzelheiten zur Vertretungsberechtigung, Geschäftsverteilung und Geschäftsführung zu regeln.

§ 5 Der Verwaltungsrat

(1) Der Verwaltungsrat besteht aus der/dem Vorsitzende(n) und … weiteren Mitgliedern. Für die Mitglieder werden Vertreter(innen) bestellt.

(2) Die Mitglieder des Verwaltungsrats werden von der Gemeindevertretung/-rat für die Dauer von fünf Jahren gewählt. Die Amtszeit von Mitgliedern des Verwaltungsrats, die der Gemeindevertretung/-rat angehören, endet mit dem Ende der Wahlzeit oder dem vorzeitigen Ausscheiden aus der Gemeindevertretung. Ausscheidende Mitglieder des Verwaltungsrats üben ihr Amt bis zum Amtsantritt der neuen Mitglieder weiter aus.

(3) Der Verwaltungsrat wählt aus seiner Mitte eine(n) Vorsitzende(n) und eine(n) stellvertretende(n) Vorsitzende(n) bzw. *alternativ* und Regelfall: Vorsitzender des Verwaltungsrats ist der Bürgermeister/-in. Sein Stellvertreter ist sein Vertreter im Amt oder wird aus der Mitte des Verwaltungsrats gewählt.

(4) Die Mitglieder des Vorstands nehmen, soweit der Verwaltungsrat im Einzelfall nichts anderes bestimmt, an den Sitzungen mit Rederecht teil. Als ständige Gäste nehmen beratend an den Verwaltungsratssitzungen je ein Vertreter des Personalrats und der Kämmerei/Beteiligungsmanagement teil (für die Personalratsvertretung gilt das jeweilige Landespersonalvertretungsrecht).

(5) Der Verwaltungsrat hat durch ihren Vorsitzenden bzw. dessen Vertreter die Organe der Stadt/Gemeinde (einschließlich den Fraktionen) über alle wichtigen Angelegenheiten der Anstalt zu informieren und jederzeit auf Verlangen Auskunft zu geben.

(6) Die Mitglieder des Verwaltungsrats erhalten eine angemessene Entschädigung für die Teilnahme an dessen Sitzungen entsprechend den für Sitzungsgeld geltenden Bestimmungen der Satzung … oder … in der jeweils geltenden Fassung.

(7) Der Verwaltungsrat gibt sich eine Geschäftsordnung, die der Zustimmung des Gemeinderats bedarf. Darin sollten insbesondere geregelt werden: Rechte und Pflichten der Mitglieder, Aufstellung der Tagesordnung, Einberufung und Sitzungsöffentlichkeit, Geschäftsgang, Verfahren bei Abstimmungen und bei Eilentscheidungen, Entschädigung und Auslagenersatz usw.

§ 6 Zuständigkeit des Verwaltungsrats

(1) Der Verwaltungsrat überwacht die Geschäftsführung des Vorstands.

(2) Der Verwaltungsrat kann neben § 4 Abs. 5 jederzeit vom Vorstand über alle Angelegenheiten des Kommunalunternehmens Berichterstattung verlangen.

(3) Der Verwaltungsrat entscheidet über:

1. Erlass, Änderung und Aufhebung von Satzungen im Rahmen des durch diese Anstaltssatzung übertragenen Aufgabenbereichs (§ 2 Abs. 3) einschließlich der kommunalabgabenrechtlichen Festsetzung von Gebühren, Beiträgen und Kostenerstattungen;

2. Beteiligung des Kommunalunternehmens an anderen Unternehmen sowie wesentliche Änderungen im eigenen Unternehmenszweck, Betriebsumfang, die Übernahme neuer oder zusätzlicher Aufgaben von besonderer Bedeutung und dergleichen;

3. Bestellungen und Abberufungen des Vorstands sowie Regelungen des Dienstverhältnisses des Vorstands;

4. Ernennung, Einstellung, Beförderung, Höhergruppierung, Abordnung, Versetzung, Ruhestandsversetzung und Entlassung von Beamten und Angestellten, soweit nicht der Vorstand zuständig ist (§ 4 Abs. 7);

5. Feststellung und Änderung des Wirtschaftsplanes;

6. Festsetzung allgemein geltender Tarife und Entgelte für die Nutzer und Leistungsnehmer des Kommunalunternehmens;

7. Bestellung der Abschlussprüferin/des Abschlussprüfers;

8. Feststellung des Jahresabschlusses;

9. Ergebnisverwendung;

10. Entlastung des Vorstands;

11. Verfügungen über Anlagevermögen und entsprechende Verpflichtungen bei einem Gegenstandswert im Einzelfall von über ... Euro sowie von Veräußerung von Vermögensgegenständen unter dem Verkehrswert, insbesondere Erwerb, Veräußerg und Belastung von Grundstücken und grundstücksgleichen Rechten sowie für die Gewährung und Aufnahme von Darlehen, Bürgschaften, Gewährverträge und dergleichen soweit sie im Einzelfall den Betrag von ... Euro überschreiten und nicht im Wirtschaftsplan enthalten bzw. vorgesehen sind;

12. sonstige besonders wichtige Angelegenheiten oder strategische Festlegungen für das Kommunalunternehmen;

13. Verfügungen zur Veränderung und Auflösung des Kommunalunternehmens (nicht Anstaltssatzung).

(4) Die Entscheidungen des Verwaltungsrats in den Fällen ... (z. B. Nr. 1 bis 3, 8, 9 und 13) unterliegen der vorherigen Zustimmung der Gemeindevertretung/-rates. Bei Entscheidungen in den Fällen der Nr. ... (z. B. 5–7 und 12) kann die Gemeindevertretung/-rat für die von ihm entsandten Mitglieder Weisungen erteilen. In den Fällen der Nr. ... bedarf die Beschlussfassung einer ... Mehrheit der Verwaltungsratsmitglieder.

(5) Dem Vorstand gegenüber vertritt der Vorsitzende des Verwaltungsrats das Kommunalunternehmen gerichtlich und außergerichtlich. Dies gilt entsprechend auch, wenn der Vorstand nicht handlungsfähig ist.

§ 7   Einberufung und Beschlüsse des Verwaltungsrats

(1) Der Verwaltungsrat tritt auf schriftliche Einladung der/des Vorsitzende(n) des Verwaltungsrats zusammen. Die Einladung muss Tageszeit und -ort und die Tagesordnung angeben. Sie muss den Mitgliedern des Verwaltungsrats spätestens am siebten Tag vor der Sitzung zugehen. In dringenden Fällen kann die Frist bis auf 24 Stunden verkürzt werden.

(2) Der Verwaltungsrat ist jährlich mindestens ... (Anzahl der Häufigkeit, mindestens zweimal) einzuberufen. Er muss außerdem unverzüglich einberufen werden, wenn

dies ein ... (Quorum, z. B. ¼) der Mitglieder des Verwaltungsrats unter Angabe des Beratungsgegenstandes beantragt.

(3) Die Sitzungen des Verwaltungsrats werden von der/dem Vorsitzende(n) des Verwaltungsrats geleitet. Die Sitzungen sind nichtöffentlich. Im Einzelfall kann der Vorsitzende die Öffentlichkeit zulassen, insbesondere bei Satzungen (muss) und Gegenständen von besonderer Bürgerbetroffenheit. Die Einzelheiten werden in der GeschO des Verwaltungsrats geregelt.

(4) Der Verwaltungsrat ist beschlussfähig, wenn sämtliche Mitglieder ordnungsgemäß geladen sind und die Mehrheit der stimmberechtigten Mitglieder bzw. deren Stellvertreter(-innen) anwesend ist. Er gilt als beschlussfähig, solange seine Beschlussunfähigkeit nicht festgestellt ist.

Über andere als in der Einladung angegebene Beratungsgegenstände darf nur dann Beschluss gefasst werden, wenn
1. die Angelegenheit dringlich ist und der Verwaltungsrat der Verhandlung mehrheitlich zustimmt oder
2. sämtliche Mitglieder des Verwaltungsrats (bzw. deren Stellvertreter(in)) anwesend sind und kein Mitglied der Behandlung widerspricht.

(5) Ist die Angelegenheit wegen Beschlussunfähigkeit des Verwaltungsrats zurückgestellt worden und wird der Verwaltungsrat zum zweiten Mal zur Verhandlung über denselben Gegenstand zusammengerufen, so ist er ohne Rücksicht auf die Zahl der Erschienenen beschlussfähig. Bei der zweiten Ladung muss auf diese Folge ausdrücklich hingewiesen werden.

(6) Beschlüsse des Verwaltungsrats werden, soweit nichts anderes bestimmt ist, mit einfacher Mehrheit der abgegebenen Stimmen gefasst. § ... der Gemeindeordnung gilt entsprechend.

(7) Über die vom Verwaltungsrat gefassten Beschlüsse ist eine Niederschrift zu fertigen. Diese wird von der/vom Vorsitzenden unterzeichnet und dem Verwaltungsrat in der nächsten Sitzung zur Genehmigung vorgelegt.

§ 8 Beteiligung des Rates der Stadt/Gemeinde

(1) In den in § 6 Abs. 4 genannten Fällen ist vor der Beschlussfassung durch den Verwaltungsrat die Zustimmung des Rates einzuholen bzw. nach entsprechender Information der Kommune die Möglichkeit der Ausübung eines gemeinderätlichen Weisungsrechts abzuwarten.

(2) Bei weiteren Entscheidungen von grundsätzlicher Bedeutung der Organe der Anstalt ist die Zustimmung des Rates erforderlich. Dazu gehören ... (einzeln aufzählen; Fälle, die nicht in § 6 Abs. 4 enthalten sind
1. ...
2. ...

§ 9 Verpflichtungserklärung

(1) Alle Verpflichtungserklärungen bedürfen der Schriftform; die Unterzeichnung erfolgt unter dem Namen des Kommunalunternehmens ... durch den Vorstand, im Übrigen durch jeweils Vertretungsberechtigte.

(2) Der Vorstand unterzeichnet ohne Beifügung eines Vertretungszusatzes, sein Stellvertreter mit dem Zusatz „In Vertretung" und andere Vertretungsberechtigte mit dem Zusatz „Im Auftrag".

§ 10 Wirtschaftsführung und Rechnungswesen

(1) Das Kommunalunternehmen ist sparsam und wirtschaftlich sowie unter Beachtung des öffentlichen Zwecks (vgl. § 2) und der allgemeinen Haushaltsgrundsätze zu führen. Der Wirtschaftsplan ist der Gemeinde zuzuleiten. Bei wichtigen Finanzangelegenheiten ist die Kämmerei/Beteiligungsverwaltung zu beteiligen.

(2) Der Vorstand stellt vor Beginn des Wirtschaftsjahrs einen Wirtschaftsplan entsprechend §§ GO/EigBG/-VO/KUV mit einer Erfolgsübersicht nach Unternehmensbereichen sowie eine fünfjährige Finanzplanung auf.

(3) Der Vorstand hat den Jahresabschluss, den Lagebericht und die Erfolgsübersicht innerhalb von drei Monaten nach Ende des Wirtschaftsjahres aufzustellen und nach Durchführung der Abschlussprüfung und Übersendung der Berichte über die Abschlussprüfung durch die Prüfungsbehörden dem Verwaltungsrat zur Feststellung vorzulegen. Der Jahresabschluss und der Lagebericht sind von sämtlichen Vorstandsmitgliedern unter Angabe des Datums zu unterzeichnen. Der Jahresabschluss, der Lagebericht, die Erfolgsübersicht und der Bericht über die Abschlussprüfung sind der Gemeinde zuzuleiten.

(4) Für die Prüfung des Jahresabschlusses und des Lageberichts gilt § ... GO entsprechend. Darüber hinaus werden der örtlichen und überörtlichen Rechnungsprüfung nicht nur die Rechte nach § 53 f. HGrG, sondern darüber hinaus ein Informationsrecht in allen bei der Prüfung auftretenden Fragen eingeräumt (vgl. §§ ... GO/EigBG/KUV).

§ 11 Wirtschaftsjahr

Wirtschaftsjahr des Kommunalunternehmens ist das Kalenderjahr.

§ 12 Bekanntmachung, Inkrafttreten

(1) Für die von dem Kommunalunternehmen vorzunehmenden Öffentlichen Bekanntmachungen und Offenlegungen gelten die gemeinderechtlichen Bestimmungen entsprechend,

(2) Das Kommunalunternehmen entsteht am .... Gleichzeitig tritt diese Anstaltssatzung in Kraft.

IDW Prüfungsstandard:
Berichterstattung über die Erweiterung der Abschlussprüfung nach § 53 HGrG (IDW PS 720)

(Stand: 9.9.2010)

Inhaltsübersicht

1.   Vorbemerkungen

(1) Gehört einer Gebietskörperschaft die Mehrheit der Anteile eines Unternehmens in einer Rechtsform des privaten Rechts oder gehört ihr mindestens der vierte Teil der Anteile und steht ihr zusammen mit anderen Gebietskörperschaften die Mehrheit der Anteile zu, so hat das zuständige Organ des Unternehmens auf Verlangen der Gebietskörperschaft(en) den Abschlussprüfer mit einer **Erweiterung der Abschlussprüfung nach § 53 Haushaltsgrundsätzegesetz (HGrG)** zu beauftragen. Hierzu sind im Rahmen der Jahresabschlussprüfung auch die **Ordnungsmäßigkeit der Geschäftsführung** zu prüfen sowie die wirtschaftlichen Verhältnisse darzustellen. Dies gilt auch für die Prüfung kommunaler Unternehmen und Einrichtungen nach den jeweiligen landesrechtlichen Vorschriften.

(2) Bei Unternehmen in einer Rechtsform des privaten Rechts sehen die Vorschriften der jeweils heranzuziehenden Haushaltsordnungen bzw. der gemeindewirtschaftsrechtlichen Regelungen des Kommunalverfassungsrechts sowie ggf. die gesellschaftsvertraglichen Bestimmungen grundsätzlich die Verpflichtung zu einer entsprechenden Beauftragung vor. Diese hat in Form eines gesonderten Auftrags zur Erweiterung der Abschlussprüfung zu erfolgen. Wird eine derartige Auftragserteilung trotz bestehender Verpflichtungen nicht vorgenommen, so hat der Abschlussprüfer das zuständige Organ mit gesondertem Schreiben auf die noch ausstehende Erfüllung dieser Verpflichtung hinzuweisen; er ist nicht verpflichtet und nicht berechtigt, von sich aus eine Erweiterung der Abschlussprüfung nach § 53 HGrG vorzunehmen. Für Eigenbetriebe und andere Einrichtungen sehen entsprechende Vorschriften vor, dass die Erweiterungen der Prüfung gemäß § 53 HGrG Teil der gesetzlichen Abschlussprüfung sind. In diesen Fällen bedarf es daher keiner gesonderten Auftragserteilung durch das zuständige Organ.

(3) Dieser *IDW Prüfungsstandard* ersetzt den *IDW Prüfungsstandard: Fragenkatalog zur Prüfung der Ordnungsmäßigkeit der Geschäftsführung und der wirtschaftlichen Verhältnisse nach § 53 HGrG (IDW PS 720)* i. d. F. 14.2.2000. Er wurde gemeinsam durch Mitglieder des Fachausschusses für öffentliche Unternehmen und Verwaltungen (ÖFA) sowie Vertreter des Bundesfinanzministeriums, des Bundesrechnungs-

hofs und der Landesrechnungshöfe erarbeitet. Er ist auf alle Abschlussprüfungen von Unternehmen, für die eine Prüfung der Ordnungsmäßigkeit der Geschäftsführung und eine Darstellung der wirtschaftlichen Verhältnisse vorgesehen ist, anzuwenden. Dabei sind jedoch die Größe, die Rechtsform und die Branche des jeweiligen Unternehmens angemessen zu berücksichtigen.

2. Berichterstattung über die Erweiterung der Abschlussprüfung nach § 53 HGrG

2.1. Anwendung des Fragenkatalogs

(4) Der in Abschn. 3 aufgenommene Fragenkatalog gibt Hinweise für die erweiterte Prüfung und Berichterstattung über diese Prüfung nach § 53 HGrG. Aufgrund der generellen Ausrichtung des Fragenkatalogs können Besonderheiten von Unternehmen bestimmter Rechtsformen (einschließlich der Eigenbetriebe), Größe oder Branchen nicht im Einzelnen berücksichtigt werden. Auch diese Besonderheiten haben Einfluss auf die Berichterstattung nach § 53 HGrG. Deshalb kann der Katalog einerseits keinen Anspruch auf Vollständigkeit erheben; andererseits werden im Einzelfall auch nicht alle Fragen stets in gleicher Weise Bedeutung haben. So kann es notwendig werden, über die Beantwortung der genannten Fragen hinaus auf ergänzende Sachverhalte einzugehen.

(5) Im Falle einer normalen Geschäftslage wird es nicht immer erforderlich sein, bei jeder Abschlussprüfung alle Fragen des Katalogs in gleicher Intensität zu beantworten. Der Abschlussprüfer kann Prüfungsschwerpunkte i. S. einer jährlich wechselnden, besonders intensiven Prüfung einzelner Teilbereiche und einer weniger intensiven Prüfung anderer Teilbereiche bilden. Maßgebend dabei ist immer die jeweilige Situation des Unternehmens sowie die Zielsetzung des § 53 HGrG, der beteiligten Gebietskörperschaft ein zusätzliches Informations- und Kontrollinstrument zur Verfügung zu stellen.

(6) Falls eine Frage des Katalogs für das geprüfte Unternehmen nicht einschlägig ist, ist dies bei der Beantwortung des Fragenkatalogs anzugeben und zu begründen. Eine solche Begründung kann sich auch insgesamt auf alle Fragen eines Fragenkreises beziehen. Ein bloßer Hinweis darauf, dass auf die Erörterung einer Frage verzichtet wird, ist nicht ausreichend. Ebenso ist es unzulässig, der Prüfung nach § 53 HGrG nur einen Teil des Fragenkatalogs zugrunde zu legen.

(7) Der Fragenkatalog enthält auch Fragen, die sich auf die Prüfung eines Risikofrüherkennungssystems beziehen. Die Pflicht zur Einrichtung eines solchen Systems besteht nach § 91 Abs. 2 AktG zunächst nur für den Vorstand einer Aktiengesellschaft. Der Gesetzgeber hat in der Begründung zu dieser durch das KonTraG2a eingefügten Vorschrift jedoch klargestellt, dass diese Regelung Ausstrahlungswirkung auf den Pflichtenrahmen der Geschäftsführer auch anderer Gesellschaftsformen hat. Ob und in welchem Umfang diese im Rahmen ihrer allgemeinen Organisationspflicht ein System zur Risikofrüherkennung einzurichten haben, ist nach Eigenart und Größe des Unternehmens und der Komplexität der Struktur zu entscheiden.

(8) Geschäftsführer von Unternehmen im Anteilsbesitz von Gebietskörperschaften sind zum sorgsamen Umgang mit den ihnen anvertrauten Mitteln und zur Aufrechterhaltung der Funktionsfähigkeit des Unternehmens in öffentlicher Verantwortung in besonderem Maße verpflichtet. Daher ist bei § 53 HGrG unterliegenden Unternehmen (einschließlich Eigenbetrieben), unabhängig von der Rechtsform und Größe, ein nach den Verhältnissen des Einzelfalls angemessenes Risikofrüherkennungs-

system einzurichten. Im Rahmen der Prüfung der Ordnungsmäßigkeit der Geschäftsführung nach § 53 HGrG ist deshalb auch festzustellen, ob die Geschäftsführung ein Risikofrüherkennungssystem (IDW PS 340) eingerichtet hat und ob dieses geeignet ist, seine Aufgaben zu erfüllen.

(9) Die Erweiterung der Abschlussprüfung nach § 53 HGrG erfordert eigenständige Prüfungshandlungen, sofern die Beantwortung der jeweiligen Frage nicht unmittelbar aus der Jahresabschlussprüfung ableitbar ist. Die Prüfung nach § 53 HGrG erfordert keine lückenlose Prüfung, sondern kann auch in Form von Stichproben durchgeführt werden. Der Prüfer hat Art und Umfang der im Einzelfall erforderlichen Prüfungshandlungen im Rahmen der Eigenverantwortlichkeit nach pflichtgemäßem Ermessen zu bestimmen. Sollten sich Anhaltspunkte für Feststellungen ergeben, ist über diese bei der Beantwortung der entsprechenden Frage des Fragenkatalogs zu berichten.

(10) Falls dem Prüfer die Beurteilung der Angemessenheit eines Sachverhaltes nicht möglich ist, hat er dies im Prüfungsbericht unter kurzer Darstellung des Sachverhalts anzugeben. Wenn er dabei eine vertiefende Behandlung für notwendig erachtet, die den Rahmen einer Jahresabschlussprüfung übersteigt, hat er hierauf hinzuweisen.

(11) Die Geschäftsführung eines § 53 HGrG unterliegenden Mutterunternehmens umfasst auch die Leitung des Konzerns. Soweit § 53 HGrG unterliegende Unternehmen Mutterunternehmen i. S. d. § 290 HGB sind, ist deshalb insoweit bei der Beantwortung von Fragen, die sowohl das Mutterunternehmen als auch den Konzern betreffen, auf beide Bereiche einzugehen.

(12) In Einzelfällen kann die Beantwortung des Fragenkatalogs im Rahmen der Prüfung des Konzernabschlusses für alle in den Konzernabschluss einbezogenen Gesellschaften, die einer Prüfung nach § 53 HGrG unterliegen, zusammengefasst werden. Voraussetzung hierfür ist, dass die handelnden Personen und die organisatorischen Strukturen bei den Konzernunternehmen weitgehend gleich sind. Die Zusammenfassung ist mit den Auftraggebern abzustimmen, wobei auch die Frage der Verschwiegenheit zu klären ist, falls nicht alle Organe der Gesellschaften mit denselben Personen besetzt sind. Auf eine Beantwortung des Fragenkatalogs sowie eine diesbezügliche Berichterstattung im jeweiligen Prüfungsbericht der in den Konzernabschluss einbezogenen Tochterunternehmen kann dann verzichtet werden.

(13) Muss aufgrund der Unterschreitung der Größenkriterien des § 293 HGB kein Konzernabschluss aufgestellt werden, kann unter den oben genannten Voraussetzungen die Berichterstattung über die Prüfung von Mutterunternehmen und Tochterunternehmen nach § 53 HGrG auch im Bericht über die Prüfung des Jahresabschlusses des Mutterunternehmens zusammengefasst werden.

(14) Wird auf eine Einzelberichterstattung auf Ebene der Tochterunternehmen verzichtet, müssen die Prüfungsberichte der Tochterunternehmen jeweils einen Verweis auf die Berichterstattung nach § 53 HGrG im Bericht über die Prüfung des Konzernabschlusses bzw. im Prüfungsbericht des Mutterunternehmens enthalten. Ferner ist die Zusammenfassung der Berichterstattung in den jeweiligen Prüfungsberichten zu begründen.

(15) Die Einzelbeantwortung der Fragen sollte in einer Anlage zum Prüfungsbericht erfolgen. Die einzelnen Fragen und Unterfragen des Katalogs sind – sofern nicht ein gesamter Fragenkreis nicht einschlägig ist (vgl. Tz. 6) – vor der Beantwortung zu wiederholen. Es ist auch zulässig, über die Feststellungen nach § 53 HGrG in einem Teilbericht des Prüfungsberichts zu berichten, der als solcher gekennzeichnet werden muss und auf den im Prüfungsbericht im Rahmen der zusammenfassenden Darstellung der wesentlichen Ergebnisse zu verweisen ist (vgl. *IDW PS 450*, Tz. 17, WPg 2006, S. 113; WPg Supplement 4/2009, S. 1).

2.2.   Sachgerechte Form der Fragenbeantwortung

(16) Die Fragen sind klar und problemorientiert zu beantworten. Die Beantwortung ist auf das Wesentliche zu beschränken, d. h. auf solche Feststellungen und Sachverhalte, die geeignet sind, die Adressaten des Prüfungsberichts bei der Überwachung des Unternehmens zu unterstützen. Im Einzelfall kann ein „Ja" oder „Nein" als Antwort ausreichen, falls dies keine Folgefragen hervorruft.

(17) Teilweise finden sich bereits Antworten zu den Fragen im Lagebericht des Unternehmens oder im Prüfungsbericht des Abschlussprüfers. Aufgrund der jeweiligen Haushaltsordnungen haben i. d. R. alle Unternehmen, an denen die öffentliche Hand mit Mehrheit beteiligt ist, einen Lagebericht entsprechend § 289 HGB aufzustellen (z. B. § 65 Abs. 1 Nr. 4 BHO, § 108 Abs. 1 Nr. 8 GO NRW). Durch diese Berichterstattung werden die wirtschaftlichen Verhältnisse vom Unternehmen selbst umfassend dargestellt. Ferner hat der Abschlussprüfer im Prüfungsbericht gemäß § 321 HGB detaillierte Ausführungen über die Prüfung zu machen (IDW PS 450). Gemäß § 321 Abs. 1 Satz 3 HGB hat er auch über bei Durchführung der Abschlussprüfung festgestellte Unrichtigkeiten oder Verstöße gegen gesetzliche Vorschriften sowie Tatsachen zu berichten, die schwerwiegende Verstöße von gesetzlichen Vertretern oder von Arbeitnehmern gegen Gesetz, Gesellschaftsvertrag oder Satzung erkennen lassen. Daher kann bei der Fragenbeantwortung ggf. auf einschlägige Ausführungen im Lagebericht oder im Prüfungsbericht zum Jahresabschluss verwiesen werden. Dabei ist die konkrete Fundstelle anzugeben (z. B. Abschnitt, Seitenzahl, Textziffer).

2.3.   Zusammenfassung der Ergebnisse

(18) Im Interesse der Information der Adressaten der Berichterstattung über die erweiterte Prüfung (Aufsichtsrat, Beteiligungsverwaltung, Finanzkontrollorgane) ist über das Ergebnis der Prüfung nach § 53 HGrG zusammengefasst in einem gesonderten Abschnitt des Prüfungsberichts zu berichten (IDW PS 450, Tz. 108). Dabei ist darauf einzugehen, ob und wieweit Vorjahresbeanstandungen und -empfehlungen Rechnung getragen wurde.

3.   Fragenkatalog

(19) Zur Prüfung nach § 53 HGrG hat der Abschlussprüfer die **Ordnungsmäßigkeit der Geschäftsführungsorganisation** anhand des folgenden Fragenkreises zu untersuchen und in seine Berichterstattung einzubeziehen.

Fragenkreis 1:   Tätigkeit von Überwachungsorganen und Geschäftsleitung sowie individualisierte Offenlegung der Organbezüge

a)   Gibt es Geschäftsordnungen für die Organe und einen Geschäftsverteilungsplan für die Geschäftsleitung sowie ggf. für die Konzernleitung? Gibt es darüber hinaus schriftliche Weisungen des Überwachungsorgans zur Organisation für die Geschäfts- sowie ggf. für die Konzernleitung (Geschäftsanweisung)? Entsprechen diese Regelungen den Bedürfnissen des Unternehmens bzw. des Konzerns?

b)   Wie viele Sitzungen der Organe und ihrer Ausschüsse haben stattgefunden und wurden Niederschriften hierüber erstellt?

c)   In welchen Aufsichtsräten und anderen Kontrollgremien i. S. d. § 125 Abs. 1 Satz 5 AktG sind die einzelnen Mitglieder der Geschäftsleitung tätig?

d) Wird die Vergütung der Organmitglieder (Geschäftsleitung, Überwachungsorgan) individualisiert im Anhang des Jahresabschlusses/Konzernabschlusses aufgeteilt nach Fixum, erfolgsbezogenen Komponenten und Komponenten mit langfristiger Anreizwirkung ausgewiesen? Falls nein, wie wird dies begründet?

(20) Zur Prüfung nach § 53 HGrG hat der Abschlussprüfer die **Ordnungsmäßigkeit des Geschäftsführungsinstrumentariums** anhand der folgenden Fragenkreise zu untersuchen und in seine Berichterstattung einzubeziehen.

Fragenkreis 2:   Aufbau- und ablauforganisatorische Grundlagen
a) Gibt es einen den Bedürfnissen des Unternehmens entsprechenden Organisationsplan, aus dem Organisationsaufbau, Arbeitsbereiche und Zuständigkeiten/ Weisungsbefugnisse ersichtlich sind? Erfolgt dessen regelmäßige Überprüfung?
b) Haben sich Anhaltspunkte ergeben, dass nicht nach dem Organisationsplan verfahren wird?
c) Hat die Geschäftsleitung Vorkehrungen zur Korruptionsprävention ergriffen und dokumentiert?
d) Gibt es geeignete Richtlinien bzw. Arbeitsanweisungen für wesentliche Entscheidungsprozesse (insbesondere Auftragsvergabe und Auftragsabwicklung, Personalwesen, Kreditaufnahme und -gewährung)? Haben sich Anhaltspunkte ergeben, dass diese nicht eingehalten werden?
e) Besteht eine ordnungsmäßige Dokumentation von Verträgen (z. B. Grundstücksverwaltung, EDV)?

Fragenkreis 3:   Planungswesen, Rechnungswesen, Informationssystem und Controlling
a) Entspricht das Planungswesen – auch im Hinblick auf Planungshorizont und Fortschreibung der Daten sowie auf sachliche und zeitliche Zusammenhänge von Projekten – den Bedürfnissen des Unternehmens?
b) Werden Planabweichungen systematisch untersucht?
c) Entspricht das Rechnungswesen einschließlich der Kostenrechnung der Größe und den besonderen Anforderungen des Unternehmens?
d) Besteht ein funktionierendes Finanzmanagement, welches u. a. eine laufende Liquiditätskontrolle und eine Kreditüberwachung gewährleistet?
e) Gehört zu dem Finanzmanagement auch ein zentrales Cash-Management und haben sich Anhaltspunkte ergeben, dass die hierfür geltenden Regelungen nicht eingehalten worden sind?
f) Ist sichergestellt, dass Entgelte vollständig und zeitnah in Rechnung gestellt werden? Ist durch das bestehende Mahnwesen gewährleistet, dass ausstehende Forderungen zeitnah und effektiv eingezogen werden?
g) Entspricht das Controlling den Anforderungen des Unternehmens/Konzerns und umfasst es alle wesentlichen Unternehmens-/Konzernbereiche?
h) Ermöglichen das Rechnungs- und Berichtswesen eine Steuerung und/oder Überwachung der Tochterunternehmen und der Unternehmen, an denen eine wesentliche Beteiligung besteht?

Fragenkreis 4:   Risikofrüherkennungssystem
a) Hat die Geschäfts-/Konzernleitung nach Art und Umfang Frühwarnsignale definiert und Maßnahmen ergriffen, mit deren Hilfe bestandsgefährdende Risiken rechtzeitig erkannt werden können?
b) Reichen diese Maßnahmen aus und sind sie geeignet, ihren Zweck zu erfüllen? Haben sich Anhaltspunkte ergeben, dass die Maßnahmen nicht durchgeführt werden?

c) Sind diese Maßnahmen ausreichend dokumentiert?

d) Werden die Frühwarnsignale und Maßnahmen kontinuierlich und systematisch mit dem aktuellen Geschäftsumfeld sowie mit den Geschäftsprozessen und Funktionen abgestimmt und angepasst?

Fragenkreis 5: Finanzinstrumente, andere Termingeschäfte, Optionen und Derivate

a) Hat die Geschäfts-/Konzernleitung den Geschäftsumfang zum Einsatz von Finanzinstrumenten sowie von anderen Termingeschäften, Optionen und Derivaten schriftlich festgelegt? Dazu gehört:
   - Welche Produkte/Instrumente dürfen eingesetzt werden?
   - Mit welchen Partnern dürfen die Produkte/Instrumente bis zu welchen Beträgen eingesetzt werden?
   - Wie werden die Bewertungseinheiten definiert und dokumentiert und in welchem Umfang dürfen offene Posten entstehen?
   - Sind die Hedge-Strategien beschrieben, z. B. ob bestimmte Strategien ausschließlich zulässig sind bzw. bestimmte Strategien nicht durchgeführt werden dürfen (z. B. antizipatives Hedging)?

b) Werden Derivate zu anderen Zwecken eingesetzt als zur Optimierung von Kreditkonditionen und zur Risikobegrenzung?

c) Hat die Geschäfts-/Konzernleitung ein dem Geschäftsumfang entsprechendes Instrumentarium zur Verfügung gestellt insbesondere in Bezug auf
   - Erfassung der Geschäfte
   - Bewertung der Geschäfte zum Zweck der Rechnungslegung
   - Kontrolle der Geschäfte?

d) Gibt es eine Erfolgskontrolle für nicht der Risikoabsicherung (Hedging) dienende Derivatgeschäfte und werden Konsequenzen aufgrund der Risikoentwicklung gezogen?

e) Hat die Geschäfts-/Konzernleitung angemessene Arbeitsanweisungen erlassen?

f) Ist die unterjährige Unterrichtung der Geschäfts-/Konzernleitung im Hinblick auf die offenen Positionen, die Risikolage und die ggf. zu bildenden Vorsorgen geregelt?

Fragenkreis 6: Interne Revision

a) Gibt es eine den Bedürfnissen des Unternehmens/Konzerns entsprechende Interne Revision/Konzernrevision? Besteht diese als eigenständige Stelle oder wird diese Funktion durch eine andere Stelle (ggf. welche?) wahrgenommen?

b) Wie ist die Anbindung der Internen Revision/Konzernrevision im Unternehmen/Konzern? Besteht bei ihrer Tätigkeit die Gefahr von Interessenkonflikten?

c) Welches waren die wesentlichen Tätigkeitsschwerpunkte der Internen Revision/Konzernrevision im Geschäftsjahr? Wurde auch geprüft, ob wesentlich miteinander unvereinbare Funktionen (z. B. Trennung von Anweisung und Vollzug) organisatorisch getrennt sind? Wann hat die Interne Revision das letzte Mal über Korruptionsprävention berichtet? Liegen hierüber schriftliche Revisionsberichte vor?

d) Hat die Interne Revision ihre Prüfungsschwerpunkte mit dem Abschlussprüfer abgestimmt?

e) Hat die Interne Revision/Konzernrevision bemerkenswerte Mängel aufgedeckt und um welche handelt es sich?

f) Welche Konsequenzen werden aus den Feststellungen und Empfehlungen der Internen Revision/Konzernrevision gezogen und wie kontrolliert die Interne Revision/Konzernrevision die Umsetzung ihrer Empfehlungen?

(21) Zur Prüfung nach § 53 HGrG hat der Abschlussprüfer die **Ordnungsmäßigkeit der Geschäftsführungstätigkeit** anhand der folgenden Fragenkreise zu untersuchen und in seine Berichterstattung einzubeziehen.

Fragenkreis 7: Übereinstimmung der Rechtsgeschäfte und Maßnahmen mit Gesetz, Satzung, Geschäftsordnung, Geschäftsanweisung und bindenden Beschlüssen des Überwachungsorgans

a) Haben sich Anhaltspunkte ergeben, dass die vorherige Zustimmung des Überwachungsorgans zu zustimmungspflichtigen Rechtsgeschäften und Maßnahmen nicht eingeholt worden ist?

b) Wurde vor der Kreditgewährung an Mitglieder der Geschäftsleitung oder des Überwachungsorgans die Zustimmung des Überwachungsorgans eingeholt?

c) Haben sich Anhaltspunkte ergeben, dass anstelle zustimmungsbedürftiger Maßnahmen ähnliche, aber nicht als zustimmungsbedürftig behandelte Maßnahmen vorgenommen worden sind (z. B. Zerlegung in Teilmaßnahmen)?

d) Haben sich Anhaltspunkte ergeben, dass die Geschäfte und Maßnahmen nicht mit Gesetz, Satzung, Geschäftsordnung, Geschäftsanweisung und bindenden Beschlüssen des Überwachungsorgans übereinstimmen?

Fragenkreis 8: Durchführung von Investitionen

a) Werden Investitionen (in Sachanlagen, Beteiligungen, sonstige Finanzanlagen, immaterielle Anlagewerte und Vorräte) angemessen geplant und vor Realisierung auf Rentabilität/Wirtschaftlichkeit, Finanzierbarkeit und Risiken geprüft?

b) Haben sich Anhaltspunkte ergeben, dass die Unterlagen/Erhebungen zur Preisermittlung nicht ausreichend waren, um ein Urteil über die Angemessenheit des Preises zu ermöglichen (z. B. bei Erwerb bzw. Veräußerung von Grundstücken oder Beteiligungen)?

c) Werden Durchführung, Budgetierung und Veränderungen von Investitionen laufend überwacht und Abweichungen untersucht?

d) Haben sich bei abgeschlossenen Investitionen wesentliche Überschreitungen ergeben? Wenn ja, in welcher Höhe und aus welchen Gründen?

e) Haben sich Anhaltspunkte ergeben, dass Leasing- oder vergleichbare Verträge nach Ausschöpfung der Kreditlinien abgeschlossen wurden?

Fragenkreis 9: Vergaberegelungen

a) Haben sich Anhaltspunkte für eindeutige Verstöße gegen Vergaberegelungen (z. B. VOB, VOL, VOF, EU-Regelungen) ergeben?

b) Werden für Geschäfte, die nicht den Vergaberegelungen unterliegen, Konkurrenzangebote (z. B. auch für Kapitalaufnahmen und Geldanlagen) eingeholt?

Fragenkreis 10: Berichterstattung an das Überwachungsorgan

a) Wird dem Überwachungsorgan regelmäßig Bericht erstattet?

b) Vermitteln die Berichte einen zutreffenden Einblick in die wirtschaftliche Lage des Unternehmens/Konzerns und in die wichtigsten Unternehmens-/Konzernbereiche?

c) Wurde das Überwachungsorgan über wesentliche Vorgänge angemessen und zeitnah unterrichtet? Liegen insbesondere ungewöhnliche, risikoreiche oder nicht ordnungsgemäß abgewickelte Geschäftsvorfälle sowie erkennbare Fehldispositionen oder wesentliche Unterlassungen vor und wurde hierüber berichtet?

d) Zu welchen Themen hat die Geschäfts-/Konzernleitung dem Überwachungsorgan auf dessen besonderen Wunsch berichtet (§ 90 Abs. 3 AktG)?

e) Haben sich Anhaltspunkte ergeben, dass die Berichterstattung (z. B. nach § 90 AktG oder unternehmensinternen Vorschriften) nicht in allen Fällen ausreichend war?

f) Gibt es eine D&O-Versicherung? Wurde ein angemessener Selbstbehalt vereinbart? Wurden Inhalt und Konditionen der D&O-Versicherung mit dem Überwachungsorgan erörtert?

g) Sofern Interessenkonflikte der Mitglieder der Geschäftsleitung oder des Überwachungsorgans gemeldet wurden, ist dies unverzüglich dem Überwachungsorgan
offengelegt worden?

(22) Zur Prüfung nach § 53 HGrG hat der Abschlussprüfer die **Vermögens- und
Finanzlage** anhand der folgenden Fragenkreise zu untersuchen und in seine Berichterstattung einzubeziehen.

Fragenkreis 11:   Ungewöhnliche Bilanzposten und stille Reserven
a) Besteht in wesentlichem Umfang offenkundig nicht betriebsnotwendiges Vermögen?
b) Sind Bestände auffallend hoch oder niedrig?
c) Haben sich Anhaltspunkte ergeben, dass die Vermögenslage durch im Vergleich
zu den bilanziellen Werten erheblich höhere oder niedrigere Verkehrswerte der
Vermögensgegenstände wesentlich beeinflusst wird?

Fragenkreis 12:   Finanzierung
a) Wie setzt sich die Kapitalstruktur nach internen und externen Finanzierungsquel-
len zusammen? Wie sollen die am Abschlussstichtag bestehenden wesentlichen
Investitionsverpflichtungen finanziert werden?
b) Wie ist die Finanzlage des Konzerns zu beurteilen, insbesondere hinsichtlich der
Kreditaufnahmen wesentlicher Konzerngesellschaften?
c) In welchem Umfang hat das Unternehmen Finanz-/Fördermittel einschließlich
Garantien der öffentlichen Hand erhalten? Haben sich Anhaltspunkte ergeben,
dass die damit verbundenen Verpflichtungen und Auflagen des Mittelgebers
nicht beachtet wurden?

Fragenkreis 13:   Eigenkapitalausstattung und Gewinnverwendung
a) Bestehen Finanzierungsprobleme aufgrund einer evtl. zu niedrigen Eigenkapitalausstattung?
b) Ist der Gewinnverwendungsvorschlag (Ausschüttungspolitik, Rücklagenbildung)
mit der wirtschaftlichen Lage des Unternehmens vereinbar?

(23) Zur Prüfung nach § 53 HGrG hat der Abschlussprüfer die **Ertragslage** anhand
der folgenden Fragenkreise zu untersuchen und in seine Berichterstattung einzubeziehen.

Fragenkreis 14:   Rentabilität/Wirtschaftlichkeit
a) Wie setzt sich das Betriebsergebnis des Unternehmens/Konzerns nach Seg-
menten/Konzernunternehmen zusammen?
b) Ist das Jahresergebnis entscheidend von einmaligen Vorgängen geprägt?
c) Haben sich Anhaltspunkte ergeben, dass wesentliche Kredit- oder andere Leistungsbeziehungen zwischen Konzerngesellschaften bzw. mit den Gesellschaftern eindeutig zu unangemessenen Konditionen vorgenommen werden?
d) Wurde die Konzessionsabgabe steuer- und preisrechtlich erwirtschaftet?

Fragenkreis 15:   Verlustbringende Geschäfte und ihre Ursachen
a) Gab es verlustbringende Geschäfte, die für die Vermögens- und Ertragslage von
Bedeutung waren, und was waren die Ursachen der Verluste?
b) Wurden Maßnahmen zeitnah ergriffen, um die Verluste zu begrenzen, und um
welche Maßnahmen handelt es sich?

Fragenkreis 16: **Ursachen des Jahresfehlbetrags und Maßnahmen zur Verbesserung der Ertragslage**

a) Was sind die Ursachen des Jahresfehlbetrages?

b) Welche Maßnahmen wurden eingeleitet bzw. sind beabsichtigt, um die Ertragslage des Unternehmens zu verbessern?

Literaturverzeichnis

Achterberg/Püttner/Würtenberger (Hrsg.), Besonderes Verwaltungsrecht Bd. 2, 2. Aufl. 2000.

Ade/Böhmer/Brettschneider u. a., Kommunales Wirtschaftsrecht in Bad.-Württ., 8. Aufl. 2011.

Ade (Hrsg.), Handbuch kommunales Beteiligungsmanagement, 2. Aufl. 2005

Altmeppen, Die Einflussrechte der Gemeindeorgane in einer kommunalen GmbH, in: NJW 2003, S. 2561–2567.

Altmeppen, Festschrift für U. Schneider, 2011, S. 1 ff.

Aker/Hafner/Notheis, Gemeindeordnung und GemHVO Bad.-Württ., 2013.

Articus/Schneider (Hrsg.), Gemeindeordnung Nordrhein-Westfalen, 5. Aufl. 2016.

Badura, Wirtschaftliche Betätigung der Gemeinde zur Erledigung von Angelegenheiten der örtlichen Gemeinschaft im Rahmen der Gesetze, DÖV 1998, S. 818 ff.

Badura, „Dienste von allgemeinem wirtschaftlichem Interesse" unter der Aufsicht der Europäischen Gemeinschaft, in: Classen u. a. (Hrsg.), Liber amicorum Thomas Oppermann, 2001, S. 571–582.

Bals, Vorschläge und Hinweise zur Gestaltung der Beteiligungsberichte für Kommunen, in: Innenministerium NRW (Hrsg.), 2002.

Bauer/Böhler/Masson/Samper, Bayerische Kommunalgesetze, Stand 2015

Baumbach/Hefermehl, Wettbewerbsrecht, 23. Aufl. 2004.

Baumbach/Hopt, HGB, 37. Aufl. 2016.

Baumbach/Hueck, GmbHG, 20. Aufl. 2013

Boesen, Vergaberecht, 2000.

Britz, Funktion und Funktionsweise öffentlicher Unternehmen im Wandel, NVwZ 2001, S. 380–387.

Broß, Daseinsvorsorge – Wettbewerb – Gemeinschaftsrecht, JZ 2003, S. 874–879.

Brüning, Infrastrukturverantwortung zwischen Bürgern, Kommunen und Staat, in: JZ 2014, 1026 ff.

Budäus/Hilgers, Rekommunalisierung zwischen Euphorie und Staatsversagen, in: DÖV 2013, 701 ff.

Bullinger, Regulierung als modernes Instrument zur Ordnung liberalisierter Wirtschaftszweige, DVBl. 2003, S. 1355–1361.

Burgi, Die Ausschreibungsverwaltung, DVBl. 2003, 949 ff.

Burgi, Europa- und verfassungsrechtlicher Rahmen der Vergaberechtsreform, VergabeR 2016, S. 261–269.

Calliess/Ruffert (Hrsg.), Kommentar zu EU-Vertrag und AEUV, 5. Aufl. 2016.

Cronauge, Kommunale Unternehmen, 6. Aufl. 2016.

David, Wettbewerbliche Ansprüche gegen Betätigung von Kommunen und deren Gesellschaften, NVwZ 2000, S. 738–743.

Deutscher Städtetag, Städtische Wirtschaft, 2002.

Dreier (Hrsg.), Grundgesetz, Bd. 1, 3. Aufl., 2013; Bd. 2, 3. Aufl. 2015; Bd. 3, 2000.

Dreßler/Adrian, Hessische Kommunalverfassung, 21. Aufl. 2016.

Dünchheim/Schöne, Privat vor Staat? – Die Novellierung des kommunalen Wirtschaftsrechts in NRW, in: DVBl. 2009, 146 bis 155.

Ehlers, Die wirtschaftliche Betätigung der öffentlichen Hand in der BRD, JZ 1990, 1089 ff.

Ehlers, Interkommunale Zusammenarbeit in Gesellschaftsform, DVBl. 1997, S. 137–145.

Ehlers, Rechtsprobleme der Kommunalwirtschaft, DVBl. 1998, S. 497–508.

Ehlers, Das neue Kommunalwirtschaftsrecht in Nordrhein-Westfalen, NWVBl. 2000, S. 1–7.

Literaturverzeichnis

Ehlers, Empfiehlt es sich, das Recht der öffentlichen Unternehmen neu zu regeln?, NJW-Beil. 23/2002, 38 ff.

Erbguth/Mann/Schubert, Besonderes Verwaltungsrecht, 2. Aufl. 2015.

Erichsen (Hrsg.), Allgemeines Verwaltungsrecht, 14. Aufl. 2010

Fabry/Augsten (Hrsg.), Handbuch Unternehmen der öffentlichen Hand, 2. Aufl. 2011.

Gabler/Höhlein/Klöckner u.a., Kommunalverfassungsrecht Rheinland-Pfalz, Stand 2014.

Gaß, Die Umwandlung gemeindlicher Unternehmen, 2003.

Gern/Engel/Heilshorn, Kommunalrecht Bad.-Württ., 10. Aufl. 2015.

Gern/Brüning, Deutsches Kommunalrecht, 4. Aufl. 2016.

Giebler, Die wirtschaftliche Betätigung der Gemeinden, KStZ 1991, S. 185 ff. und 201 ff.

Goldbrunner, Das neue Recht der Konzessionsvergabe, VergabeR 2016, S. 365–384.

Grabitz/Hilf/Nettesheim, Das Recht der Europäischen Union: Kommentar EUV/AEUV, Stand 2015.

Gundlach/Frenzel/Schmidt, Das kommunale Aufsichtsratsmitglied im Spannungsfeld zwischen öffentlichem Recht und Gesellschaftsrecht, LKV 2001, S. 246–251.

Gusy, Die wirtschaftliche Betätigung des Staates, JA 1995, S. 166–173.

Heilshorn, Die GemO-Novelle vom 30.11.2005 zur Änderung des Gemeindewirtschaftsrechts in Bad.-Württ., in: VBlBW 2007, 161 ff.

Heintzen, Zur Tätigkeit kommunaler (Energieversorgungs-) Unternehmen außerhalb der kommunalen Gebietsgrenzen, NVwZ 2000, S. 743–746.

Held/Winkel/Wansleben (Hrsg.), Kommunalverfassungsrecht NRW, Stand 2015.

Heller, Als Aufsichtsrat in öffentlichen Unternehmen, 2013.

Hellermann, Örtliche Daseinsvorsorge und gemeindliche Selbstverwaltung, 2000.

Hellermann, Daseinsvorsorge im gemeinschaftlichen Binnenmarkt, Der Landkreis 2001, 434 ff.

Henneke, Das Recht der Kommunalwirtschaft in Gegenwart und Zukunft, NdsVBl. 1999, S. 1–10

Hille, Grundlagen des kommunalen Beteiligungsmanagements, 2003.

Hobe/Biehl/Schroeter, Der Einfluss des Rechts der EG/EU auf die Struktur der kommunalen Selbstverwaltung, DÖV 2003, S. 803–812.

Hofmann/Theisen/Bätge, Kommunalrecht in NRW, 16. Aufl. 2015.

Hoppe/Uechtritz/Reck (Hrsg.), Handbuch – Kommunale Unternehmen, 3. Aufl. 2012.

Hösch, Öffentlicher Zweck und wirtschaftliche Betätigung von Kommunen, DÖV 2000, S. 393–406.

Hüffer, AktG, 11. Aufl. 2014.

Immenga/Mestmäcker, Wettbewerbsrecht/GWB, 3 Bd., 5. Aufl. 2012–2016.

Ipsen (Hrsg.), Kommunalwirtschaft im Umbruch, 2001.

Isensee/Kirchhof (Hrsg.), Handbuch des Staatsrechts, Bd. III, 3. Aufl. 2005; Bd. IV, 3. Aufl. 2006; Bd. V, 3. Aufl. 2007; Bd. VI, 3. Aufl. 2009.

Jarass (Hrsg.), Wirtschaftsverwaltungsrecht, 3. Aufl. 1997.

Jarass, Kommunale Wirtschaftsunternehmen im Wettbewerb, 2002.

Jarass/Pieroth, Grundgesetz, 14. Aufl. 2016.

Kaltenborn, Gemeinden im Wettbewerb mit Privaten, WuW 2000, 488–495.

Kämmerer, Strategien zur Daseinsvorsorge, NVwZ 2004, S. 28–34.

Katz, Staatsrecht, 18. Aufl. 2010.

Katz, Wirtschaftliche Betätigung der Kommunen zwischen Gesetzesvorbehalten und Wettbewerb, BWGZ 1998, 687 ff.

Katz, Kommunale Steuerungs- und Controllingsysteme, GemHH 2002, 265 ff.

Katz, Privatisierung öffentlicher Aufgaben – Kommunalrechtliche Bedingungen und wirtschaftliche Zielsetzungen, in: Deutsche Notarrechtl. Vereinigung (Hrsg.), Notarielle Vertragsgestaltung für Kommunen, 2003, S. 4–35.

Katz, Neue Entwicklungen im Beteiligungsmanagement, in: Festschrift für P. Eichhorn, 2007, S. 582 ff.

Katz, Verantwortlichkeiten und Grenzen bei „Privatisierung" kommunaler Aufgaben, in: NVwZ 2010, S. 405–411.

Katz, Kommunale Informationsrechte und -pflichten, BayBM 2013, S. 398 ff.

Katz, Zukunft der Stadtwerke – Insolvenz als Alternative für kommunale Unternehmen? In: GemHH 2014, S. 245–254.

Katz, Kommunalunternehmen als GmbH (AG), in: GemHH 2016, S. 169–178.

Katz, Kommunalanstalt in Bad.-Württ., in: BWGZ 2016, 365 ff.

Keiluweit, Unterschiede zwischen obligatorischen und fakultativen Aufsichtsgremien – ein Vergleich zwischen AG und GmbH, in: BB 2011, S. 1795 ff.

KGSt, Kommunale Beteiligungen I: Steuerung und Kontrolle der Beteiligungen, KGSt-Bericht Nr. 8/1985, Köln 1985.

KGSt, Kommunale Beteiligungen II: Organisation der Beteiligungsverwaltung, KGSt-Bericht Nr. 9

KGSt, Kommunale Beteiligungen III und IV: Verselbständigung kommunaler Einrichtungen, KGSt-Berichte Nr. 7/1986 und 8/1986, Köln 1986.

KGSt, Kommunale Beteiligungen V: Prüfung der Beteiligungen, KGSt-Bericht Nr. 15/1988, Köln 1988.

KGSt, Beteiligungscontrolling, *KGSt*-Bericht 3/2012.

Klein/Ibler/Uckel, Kommunen als Unternehmen, 2015.

Kluth, Bundesverfassungsgericht und wirtschaftslenkende Gesetzgebung, ZHR 162 (1998), S. 657–684.

Knemeyer, Kommunale Wirtschaftsunternehmen zwischen Eigenverantwortlichkeit und Kontrollen, Der Städtetag 1992, 317 ff.

Knemeyer/Wehr, Die Garantie der kommunalen Selbstverwaltung nach Art. 28 Abs. 2 GG in der Rechtsprechung des Bundesverfassungsgerichts, VerwArch 2001, S. 317–343.

Köhler, Wettbewerbsrechtliche Grenzen der Betätigung kommunaler Unternehmen, WRP 1999, S. 1205–1212.

Köhler, Das neue Kommunalunternehmensrecht in Bayern, BayVBl. 2000, S. 1–12.

Koehler, Die Reform des Gemeindewirtschaftsrechts in Nordrhein-Westfalen – zu Inhalt und Verfassungsmäßigkeit des § 107 GO NRW n. F., VR 2000, S. 44–49.

Köhler/Bornkamm, UWG, 34. Aufl. 2016.

Kopp/Ramsauer, VwVfG, 16. Aufl. 2015.

Kopp/Schenke, VwGO, 21. Aufl. 2015.

Kühling, Verfassungs- und kommunalrechtliche Probleme grenzüberschreitender Wirtschaftsbetätigung der Gemeinden, NJW 2001, 177–182.

Kunze/Bronner/Katz, Gemeindeordnung für BW, Kommentar, 2016.

Lange, Kommunalrecht, 2013.

Lange, Kommunale öffentliche Einrichtungen im Licht der neuen Rechtsprechung, in: DVBl. 2014, 753 ff.

Lattmann, Die Gemeinwohlinteressen müssen erfüllt werden, Der Städtetag 7–8/2002, 17 ff.

Löwer, Die Stellung der Kommunen im liberalisierten Strommarkt, NWVBl. 2000, S. 241–245.

Löwer, Der Staat als Wirtschaftssubjekt und Auftraggeber, VVDStRL 60 (2001), S. 416–455.

Lutter/Hommelhoff, GmbHG, 18. Aufl. 2012.

Lutter/Krieger, Rechte und Pflichten des Aufsichtsrats, 6. Aufl. 2014.

Lux, Das neue kommunale Wirtschaftsrecht in Nordrhein-Westfalen, NWVBl. 2000, S. 7–14.

Mann, Die öffentlich-rechtliche Gesellschaft, 2002.

Mann, Öffentliche Unternehmen im Spannungsfeld von öffentlichem Auftrag und Wettbewerb, JZ 2002, 819 ff.

Mann/Püttner (Hrsg.), Handbuch der kommunalen Wissenschaft und Praxis, Bd. II, 3. Aufl. 2011.

Literaturverzeichnis

Maurer, Allgemeines Verwaltungsrecht, 18. Aufl. 2011.

Monopolkommission, Hauptgutachten XX (2012/2013), Kapitel V, Kommunale Wirtschaftstätigkeit, S. 439 ff.

Moraing, Kommunales Wirtschaftsrecht vor dem Hintergrund der Liberalisierung der Märkte, WiVerw 1998, S. 233–263.

Moraing, Möglichkeiten und Grenzen kommunalwirtschaftlicher Betätigung (Telekommunikation), 1995.

Möschel, Service public und europäischer Binnenmarkt, JZ 2003, S. 1021–1027.

Möstl, Grundrechtsbindung öffentlicher Wirtschaftstätigkeit, 1999, 164 ff.

Mühlenkamp, Rechtsform, Trägerschaft und Effizienz öffentlicher Unternehmen, ZögK 2001, 1524 ff.

Müller-Wrede, Die Neuregelungen zur In-House-Vergabe, VergabeR 2016, S. 292–302.

Münchner Kommentar GmbHG, Münchner Kommentar zum Gesetz betreffend die GmbH, Bd. 2, 2014.

v. Münch/Kunig (Hrsg.), Grundgesetz-Kommentar, Bd. 1, 6. Aufl. 2012; Bd. 2, 6. Aufl. 2012.

v. Mutius, Kommunalrecht, 1996.

v. Mutius/Rentsch, Kommunalverfassungsrecht Schl.-Holst., 6. Aufl. 2003.

Mutschler-Siebert/Dorschfeldt, Die Vergabe von SPNV-Leistungen nach der Vergaberechtsreform, VergabeR 2016, S. 385–395.

Nagel, Die öffentlichen Unternehmen im Wettbewerb, ZögK 2000, 428 ff.

Nagel, Norm und Markt bei den kommunalen Stromversorgern, NVwZ 2000, S. 758–762.

Nesselmüller, Rechtliche Einwirkungsmöglichkeiten der Gemeinden auf ihre Eigengesellschaften, 1977.

Oebbecke, Die örtliche Begrenzung kommunale Wirtschaftstätigkeit, ZHR 164 (2000), 375–393.

Osterloh, Privatisierung von Verwaltungsaufgaben, VVDStRL 54 (1995), S. 204–242.

Otting, Neues Steuerungsmodell und rechtliche Betätigungsspielräume der Kommunen, 1997.

Otting, Die Aktualisierung öffentlich-rechtlicher Schranken kommunalwirtschaftlicher Betätigung durch das Wettbewerbsrecht, DÖV 1999, S. 549–555.

Pagenkopf, Einige Betrachtungen zu den Grenzen für privatwirtschaftliche Betätigung der Gemeinden – Grenzen für die Grenzzieher?, GewArch 2000, S. 177–185.

Papier, Kommunale Daseinsvorsorge im Spannungsfeld zwischen nationalem Recht und Gemeinschaftsrecht, DVBl. 2003, 686 ff.

Pauly/Schüler, Der Aufsichtrat kommunaler GmbHs zwischen Gemeindewirtschafts- und Gesellschaftsrecht, in: DÖV 2012, 339 ff.

Pielow, Gemeindewirtschaft im Gegenwind?, NWVBl. 1999, S. 369–380.

Pieroth/Hartmann, Grundrechtsschutz gegen wirtschaftliche Betätigung der öffentlichen Hand, DVBl. 2002, 421–428.

Pitschas/Schoppa, Rechtsformen kommunaler Unternehmenswirtschaft, in: DÖV 2009, 469 ff..

Portz, Das neue Vergaberecht: Eine Bewertung aus kommunaler Sicht, Die Gemeinde SH 2016, S. 59–67.

Prandl/Zimmermann/Büchner/Pahlke, Kommunalrecht in Bayern, Stand 2015.

Pünder, Die kommunale Betätigung auf dem Telekommunikationssektor, DVBl. 1997, S. 1353–1360.

Püttner (Hrsg.), Handbuch der kommunalen Wissenschaft und Praxis, HKWP Bd. 5, 2. Aufl. 1984.

Püttner, Die öffentlichen Unternehmen, 2. Aufl. 1985.

Püttner (Hrsg.), Zur Reform des Gemeindewirtschaftsrechts, 2002.

Püttner, Daseinsvorsorge und Wettbewerb von Stadtwerken, in: DVBl. 2010, 1189 ff.

Rehn/Cronauge/v. Lennep/Knirsch, Gemeindeordnung für NRW, Stand 2015.

Rennert, Der Selbstverwaltungsgedanke im kommunalen Wirtschaftsrecht, JZ 2003, 385 ff.

Röhricht/von Westphalen, HGB Komm., 4. Aufl. 2014.

Rose, Kommunale Finanzwirtschaft Niedersachsen, 7. Aufl. 2016.

Roth/Altmeppen, GmbHG Komm., 8. Aufl. 2015.

Ruffert, Grundlagen und Maßstäbe einer wirkungsvollen Aufsicht über die kommunale wirtschaftliche Betätigung, VerwArch 2001, 27 ff.

PWC – PricewaterhouseCoopers (Hrsg.), Öffentlich-rechtliche Unternehmen der Gemeinden, 6. Aufl. 2015.

Sachs (Hrsg.), Grundgesetz, 7. Aufl. 2014.

Scharpf, Die Konkretisierung des öffentlichen Zwecks, in: VerwArch 2005, S. 485–512.

Scheel/Steup/Schneider/Lienen, Gemeindehaushaltsrecht NRW, 5. Aufl. 1997.

Schink, Wirtschaftliche Betätigung kommunaler Unternehmen, NVwZ 2002, S. 129–140.

Schlacke, Konkurrentenklagen gegen die Wirtschaftätigkeit von Gemeinden, JA 2002, 48–53.

Schliesky, Öffentliches Wirtschaftsrecht, 4. Aufl., 2014.

Schmahl, Umfang und Grenzen wirtschaftlicher Betätigung von Gemeinden in Brandenburg, LKV 2000, S. 47–54.

Schmidt, Gesellschaftsrecht I, 6. Aufl. 2014; II, 5. Aufl. 2016.

Schmidt, Der Übergang öffentlicher Aufgabenerfüllung in privaten Rechtsformen, ZGR 1996, S. 345–363.

Schmidt-Aßmann (Hrsg.), Besonderes Verwaltungsrecht, 14. Aufl. 2008.

Schneider, Der Staat als Wirtschaftssubjekt und Steuerungsakteur, DVBl. 2000, S. 1250–1260.

Schneider/Dreßler/Lull, Hessische Gemeindeordnung, Stand 2015.

Schoepke, Eigenbetrieb vor Eigengesellschaft, Der Städtetag 1995, 211 ff.

Scholz (Hrsg.), Kommentar zum GmbH-Gesetz, Bd. II, 11. Aufl. 2014.

Scholz, Neue Entwicklungen im Gemeindewirtschaftsrecht, DÖV 1976, 441 ff.

Scholz/Pitschas, Gemeindewirtschaft zwischen Verwaltungs- und Unternehmensstruktur, 1982.

Schulz/Wachsmuth/Zwick u. a. (Hrsg.), Kommunalverfassungsrecht Bayern, Stand Juni 2015.

Schulz, Anmerkungen zur Tätigkeit gemeindlicher Unternehmen außerhalb des Gemeindegebiets, BayVBl. 1998, S. 449–452.

Schwarze (Hrsg.), EU-Kommentar, 3. Aufl., 2012.

Schwarze, Daseinsvorsorge im Lichte des europäischen Wettbewerbsrechts, EuZW 2001, S. 334–339.

Schwintowski, Gesellschaftsrechtliche Bindungen für entsandte Aufsichtsratsmitglieder in öffentlichen Unternehmen, NJW 1995, S. 1316–1321.

Spannowsi, Der Einfluss öffentlich-rechtlicher Zielsetzungen auf das Statut privatrechtlicher Eigengesellschaften in öffentlicher Hand, ZGR 1996, S. 400–428.

Städte- und Gemeindebund NRW (Hrsg.), Anstalt des öffentlichen Rechts – Leitfaden, 2001.

Steckert, Kommunales Wirtschaftsrecht contra Diversifizierung und Wettbewerb, ZKF 1996, S. 170–174.

Steckert, Kommunale Energieversorgungsunternehmen, Daseinsvorsorge und Wettbewerb in Europa, StuGR 1997, S. 40–47.

Stehlin, Wirkt die Subsidiaritätsklausel des § 102 I Nr. 3 BadWürttGO drittschützend?, NVwZ 2001, S. 645–647.

Stelkens/Bonk/Sachs, Verwaltungsverfahrensgesetz, 86. Aufl. 2014.

Stern/Püttner, Die Gemeindewirtschaft, Recht und Realität, 1965.

Stober, Allgemeines Wirtschaftsverwaltungsrecht, 18. Aufl. 2014; Besonderes Wirtschaftsverwaltungsrecht, 15. Aufl. 2011.

Literaturverzeichnis

Stober, Neuregelungen des Rechts der öffentlichen Unternehmen, NJW 2002, 2357 ff.

Stober/Ohrtmann (Hrsg.), Compliance, Handbuch für die öffentliche Verwaltung, 2015.

Stober/Vogel (Hrsg.), Wirtschaftliche Betätigung der öffentlichen Hand, 2000.

Streinz, Europarecht, 10. Aufl. 2016.

Strobel, Weisungsfreiheit und Weisungsgebundenheit kommunaler Vertreter in Eigen- und Beteiligungsgesellschaften? In: DVBl. 2005, 77 ff.

Tettinger, Rechtsschutz gegen kommunale Wettbewerbsteilnahme, NJW 1998, S. 3473 f.

Theuvsen, Ergebnis- und Marktsteuerung öffentlicher Unternehmen, 2001.

Tomerius, Kommunale Abfallwirtschaft und Vergaberecht, NVwZ 2000, S. 727–734.

Towfigh, Überlegungen zu einer Kollisionsdogmatik für öffentliche Unternehmen in privater Rechtsform, in: DVBl. 2015, 1016 ff.

Ulmer/Habersack/Löbbe (Hrsg.), GmbG – Großkommentar, Bd. II, 2. Aufl. 2014.

Van Kann/Keiluweit, Verschwiegenheitspflichten kommunaler Aufsichtsratsmitglieder in privatrechtlich organisierten Gesellschaften, DB 2009, S. 2251 ff.

VKU, Compliance in kommunalen Unternehmen, 2. Aufl. 2014.

Widtmann/Grasser/Glaser, Bayerische Gemeindeordnung, Stand 2015.

von Wietersheim, Aufbau und Struktur des neuen Vergaberechts, VergabeR 2016, S. 269–278.

Will, Die besonderen Prüfungs- und Unterrichtungspflichten aus §§ 53, 54 HGrG, DÖV 2002, 319 ff.

Wolff/Bachof/Stober/Kluth, Verwaltungsrecht Bd. 1, 18. Aufl. 2016; Bd. 2, 7. Aufl. 2010; Bd. 3, 5. Aufl. 2010.

Zacharias, Wirtschaftliche Betätigung der Kommunen, VR 2000, 271–277.

Zeiss, Das Recht der gemeindlichen Eigenbetriebe 5. Aufl. 1998.

Zimmermann/Kröger, Going public für kommunale Unternehmen, Finanzbetrieb 1999, 88 ff.

Zugmaier, Gemeindliche Unternehmen in Privatrechtsform, BayVBl. 2001, S. 233–237.

Stichwortverzeichnis

Die römischen, fett gedruckten Ziffern bezeichnen die Teile 1 bis 3. Innerhalb des Teils 2 verweisen die fett gedruckten arabischen Zahlen auf die entsprechenden Paragrafen der GemO BW. Die übrigen, normal gedruckten Ziffern verweisen auf die jeweiligen Randnummern.

Stichwortverzeichnis

Stichwortverzeichnis